lonely planet

EUROPA

TOP-ATTRAKTIONEN, AUTHENTISCHE ERLEBNISSE

Alexis Averbuck, Anthony Ham, Catherine Le Nevez, Andy Symington, Nicola Williams
Mark Baker, Oliver Berry, Cristian Bonetto, Kerry Christiani, Belinda Dixon, Peter Dragicevich, Steve Fallon, Emilie Filou, Damian Harper, Virginia Maxwell, Christopher Pitts, Kevin Raub, Brendan Sainsbury, Andrea Schulte-Peevers, Neil Wilson

Willkommen in Europa

Wer zu einer Rundreise durch Europa aufbricht, darf sich auf herrliche Landschaften, spannende Geschichte und unglaubliche Kunstschätze freuen, ganz zu schweigen von der kulinarischen Vielfalt.

Europa prunkt mit seinem ungeheuren Reichtum an Attraktionen: Neben Klassikern wie der Renaissancekunst von Florenz, den eleganten Kanälen von Venedig, der napoleonischen Pracht von Paris und dem vielschichtigen Geschichts- und Kulturmosaik von London gehören dazu auch Kuriositäten wie Gaudís noch immer unfertige Sagrada Família in Barcelona und Islands kauzige Hauptstadt Reykjavík mit ihrer urigen Café- und Kneipenszene.

Dazu bietet der Kontinent eine unglaubliche landschaftliche Vielfalt, von den *glens* (Tälern) und *lochs* (Seen) der wilden schottischen Highlands über die Blumenfelder und Hügeldörfer der Provence bis zur Adriaküste mit ihren Tausenden von Inseln. Bergfreaks finden ihr Paradies in den Alpen, die sich in der Mitte des Kontinents quer über Frankreich, die Schweiz, Österreich und Norditalien ziehen.

London, Berlin und Paris versprechen Unterhaltung der Spitzenklasse, ob Theater, Livemusik oder Clubszene. Wer es gemütlicher mag, sollte die Pubs von Dublin oder die Kaffeehäuser von Wien auf sein Reiseprogramm setzen. Aber allenthalben steigt die Party auch auf den Straßen des Kontinents, bei einer unüberschaubaren Zahl verschiedenster Straßenfeste und Festivals.

Gleichzeitig eröffnet eine Europareise die Chance zu unvergleichlichen Gaumenabenteuern, vom berühmt-berüchtigten *haggis* der Schotten bis zur echten Pizza Romana. Und wer weiß schon, dass Amsterdam der ideale Ort ist, um eine indonesische *rijsttafel* (Reistafel) zu genießen? So hält Europa immer wieder neue Überraschungen bereit.

> *„Herrliche Landschaften, Geschichte, Kunstschätze und kulinarische Vielfalt"*

Seite 1 und 2/3: Mykonos (S. 519), Griechische Inseln
GATSI / GETTY IMAGES ©

GRÖNLAND
0
1000 km
Grönlandsee
REYKJAVÍIK (S. 167)
ISLAND
Shetland
Bergen
SCHOTTISCHE HIGHLANDS (S. 95)
Orkney
Inverness
SCHOTTLAND
Glasgow
Edinburgh
NORDIRLAND
Nordsee
Belfast
Douglas
AMSTERDAM (S. 311)
NORD-ATLANTIK
Galway
DUBLIN (S. 113)
IRLAND
Manchester
Cork
WALES
ENGLAND
Birmingham
Cardiff
NIEDERLANDE
BRÜSSEL
LONDON (S. 53)
Ärmelkanal
Lille
BELGIEN
Rouen
Caen
LUXEMBURG
Reims
Rennes
PARIS (S. 253)
Nantes
Loire
Dijon
Golf von Biskaya
FRANKREICH
Limoges
Genf
Lyon
Bordeaux
VENEDIG (S. 383)
Vigo
Bilbao
Montpellier
PYRENÄEN
Porto
ANDORRA LA VELLA
Marseille
PORTUGAL
BARCELONA (S. 185)
MADRID
Mittelmeer
LISSABON (S. 233)
Valencia
SPANIEN
Sevilla
Cordoba
PROVENCE (S. 293)
Granada
ANDALUSIEN (S. 217)
Gibraltar
MAROKKO
ALGERIEN

Murmansk
HALBINSEL
KOLA
Weißes
Meer
Tromsø
Norwegische
See
Rovaniemi
Luleå
SCHWEDEN
FINNLAND
Trondheim
Vaasa
Petrozawodsk
RUSSLAND
Sundsvall
Tampere
NORWEGEN
St. Petersburg
HELSINKI
Jaroslawl
Nischni
Nowgorod
OSLO
(S. 149)
TALLINN
STOCKHOLM
ESTLAND
Pskow
Wolga
Twer
MOSKAU
Kristiansand
Gotland
LETTLAND
RIGA
KOPENHAGEN
(S. 133)
Ostsee
Smolensk
Don
Öland
LITAUEN
Malmö
Kaliningrad
VILNIUS
MINSK
DÄNEMARK
Bornholm
Danzig
BELARUS
Hamburg
BERLIN
(S. 435)
WARSCHAU
Brest
Charkiw
Weichsel
DEUTSCHLAND
KIEW
POLEN
Schytomyr
Donezk
SCHWEIZER
ALPEN
(S. 471)
Dresden
PRAG
(S. 539)
Krakau
Dnipro
Lwiw
UKRAINE
SLOWAKEI
WIEN
(S. 581)
MOLDAWIEN
CHIŞINĂU
TSCHECHIEN
München
BRATISLAVA
Iaşi
Odessa
Zürich
ÖSTER-
REICH
BUDAPEST
(S. 563)
RUMÄNIEN
Sewastopol
VADUZ
UNGARN
BERN
SCHWEIZ
SLOWENIEN
BUKAREST
LJUBLJANA
ZAGREB
SERBIEN
Constanţa
Schwarzes
Meer
KROATIEN
BELGRAD
Mailand
BOSNIEN &
HERZEGOWINA
SAN MARINO
SARAJEVO
BULGARIEN
ISTANBUL
(S. 521)
MONACO
KOSOVO
SOFIA
DUBROVNIK
(S. 485)
MONTENEGRO
PRISTINA
ANKARA
NORD-
MAZEDONIEN
Ajaccio
PODGORICA
SKOPJE
Bursa
TIRANA
ITALIEN
Thessaloniki
TÜRKEI
ROM
(S. 331)
ALBANIEN
Bari
Ägäis
Sardinien
(Italien)
Neapel
GRIECHENLAND
Izmir
Korfu
FLORENZ &
TOSKANA
(S. 401)
Catanzaro
ATHEN
(S. 501)
Ionisches
Meer
Palermo
NICOSIA
ZYPERN
Sizilien
Kretisches
Meer
Karpathos
TUNESIEN
Malta
VALLETTA
Kreta

Inhalt

Park Güell (S. 205), Barcelona
VLADITTO / SHUTTERSTOCK ©

Reiseplanung
Top 27 in Europa

R.CLASSEN / SHUTTERSTOCK ©

London, Großbritannien

Eine der großartigsten Städte der Welt

London (S. 53) ist unendlich wandelbar. Man könnte ein Leben damit zubringen, die Stadt kennenzulernen, um dann festzustellen, dass sie sich schon wieder verändert hat. Die Parks und historischen Straßen rund um die Themse wimmeln von königlichen Palästen, Kirchen und Museen. Nimmt man dazu noch die Theater, Restaurants, Sportstätten und Geschäfte, möchte man gar nicht mehr abreisen. Links: Tower Bridge (S. 74); rechts: Nachmittagstee

VIACHESLAV LOPATIN / SHUTTERSTOCK ©

EFIRED / SHUTTERSTOCK ©

Venedig, Italien

Magische Stadt auf dem Wasser

Ein sonniger, touristenarmer Wintertag ist der ideale Zeitpunkt, um die Atmosphäre Venedigs (S. 383) zu erleben. Am besten vergisst man den Stadtplan und wandert durch die Gassen von Dorsoduro, wo jede Ecke von dunklen Geheimnissen und Verschwörungen flüstert. Unbedingt besuchen: die Gallerie dell'Accademia und die Peggy Guggenheim Collection mit Werken von vielen Giganten der Kunstwelt des 20. Jhs. Von oben: Palazzo Ducale (S. 390); Rio Marin

2

Paris, Frankreich

Zu Besuch bei einem Wahrzeichen der Moderne

Der Eiffelturm (Foto; S. 256) war nur als kurzlebige Attraktion für die Weltausstellung 1889 geplant, avancierte aber bald zum Wahrzeichen der Stadt. Die frisch renovierte 1. Etage hat jetzt zwei schicke Glaspavillons mit interaktiven Exponaten und einen Glasboden, durch den man in die Tiefe blickt. Wer gegen Abend kommt, kann Paris (S. 253) noch kurz bei Tageslicht und später im Lichterglanz der Nacht bestaunen – und in der Champagnerbar darauf anstoßen.

3

4

Rom, Italien

Antike Ruinen und moderne Eleganz

Vom halb verfallenen Kolosseum über das Forum Romanum (Foto; S. 350) bis zur Via Appia: Es gibt kaum etwas Stimmungsvolleres als die Ruinen des antiken Rom (S. 331). Vor 2000 Jahren war die Stadt das Zentrum des größten Reichs der damaligen Welt, wo Gladiatoren kämpften und Kaiser in unvorstellbarem Luxus schwelgten. Heute stößt man in den gepflasterten Sträßchen mit modernen Boutiquen überall auf die Spuren der langen Geschichte.

5

Berlin, Deutschland

Im Zeichen des Zeitgeists

30 Jahre nach dem Mauerfall ist kaum noch vorstellbar, dass durch diese weltoffene Stadt (S. 435) einst der Eiserne Vorhang verlief. Aber es gibt immer noch Spuren des geteilten Berlin: Wer das Brandenburger Tor, die Graffiti der East Side Gallery (Foto; S. 439) und die Ausstellung am Checkpoint Charlie besucht, kann verstehen, was die deutsche Hauptstadt bis heute ausmacht.

S.BORISOV / SHUTTERSTOCK ©

EWAIS / SHUTTERSTOCK ©

LEONID ANDRONOV / SHUTTERSTOCK ©

Dubrovnik, Kroatien

Spektakulär befestigt

Dubrovnik ist vor allem wegen seiner historischen Stadtmauer bekannt, die zu den schönsten der Welt zählt (S. 488). Die bemerkenswert gut erhaltenen Mauern, zwischen dem 13. und 16. Jh. errichtet, schließen marmorne Straßen und kunstvoll gestaltete Gebäude ein. Die Aussicht über die Terrakottadächer und die Adria ist grandios, ganz besonders wenn die Abenddämmerung für dramatische Farbspiele und unvergessliche Panoramen sorgt.

6

Prag, Tschechien

Mitteleuropäisches Architekturjuwel

Die Hauptstadt von Tschechien ist ebenso reizvoll wie dynamisch (S. 539). Trotz ihrer modernen Vitalität sind Teile der Stadt seit dem Mittelalter nahezu unverändert – gepflasterte Sackgässchen winden sich durch die Altstadt, gesäumt von windschiefen Häusern, Barockbauten und eleganten Brücken. Das Highlight ist die Prager Burg (S. 542), mit rund 7 ha die größte Burganlage der Welt.

7

Oben: Die Teynkirche (S. 552) am Altstädter Ring (S. 549)

8

Wien, Österreich

Herz eines versunkenen Großreichs

Die ebenso gigantische wie elegante Hofburg zu Wien (S. 581) versetzt Besucher geradewegs zurück in die Kaiserzeit. Es gibt Kronen in der Schatzkammer, das Pferdeballett der Spanischen Hofreitschule und die von Lüstern erhellten Wohngemächer von Kaiserin Elisabeth zu bestaunen. Nur zwei Schlösser können es mit der Pracht dieses Erbes der 640 Jahre währenden Habsburger-Ära aufnehmen: das zum Unesco-Welterbe gekürte Schloss Schönbrunn mit seinen 1441 Zimmern und das barocke Schloss Belvedere (Foto; S. 594), beide von herrlichen Gartenanlagen umgeben.

UHRYN LARYSA / SHUTTERSTOCK ©

ELENA ELIACHEVITCH / GETTY IMAGES ©

9

Amsterdam, Niederlande

Grachten und Giebelhäuser

Zu sagen, dass die Einwohner Amsterdams (S. 311) das Wasser lieben, wäre eine Untertreibung. Das ist schon zu sehen, wenn man an den Grachten entlangschlendert und die zahllosen Hausboote (Foto) betrachtet. Noch besser ist es, selbst auf Grachtentour zu gehen. Vom Boot präsentieren sich viele architektonische Details, wie die Verzierungen an Brücken, aus einem ganz neuen Blickwinkel. Und man kann sich unterwegs schon mal die schönste Caféterrasse am Ufer ausgucken.

ZGPHOTOGRAPHY / SHUTTERSTOCK ©

POSZTOS / SHUTTERSTOCK ©

PHOTO.UA / SHUTTERSTOCK ©

Budapest, Ungarn

Schönheit an der blauen Donau

10

Budapest (S. 563) erstreckt sich beidseits der Donau, zwischen den Budaer Bergen und der Großen Ungarischen Tiefebene, und ist die vielleicht schönste Stadt Osteuropas. Die Architektur ist grandios, die Parks reich an Attraktionen, die Museen voller Schätze, Ausflugsboote befahren den großen Fluss, in türkischen Bädern wabern Dampfschwaden und das Nachtleben tobt bis zum Sonnenaufgang.

Im Uhrzeigersinn von oben: Burgpalast (S. 566), Parlament (S. 574); Gellért-Bad (S. 569)

ORBON ALIJA / GETTY IMAGES ©

Barcelona, Spanien

11

Visionen eines genialen Architekten

Barcelona (S. 185) ist berühmt für seine Modernisme-Architektur. Vieles davon stammt von Antoni Gaudí. Sein Meisterwerk ist die Kathedrale Sagrada Família (Foto; S. 188), die fast ein Jahrhundert nach Gaudís Tod noch unvollendet ist. Niemand weiß, wann die skurrile Mischung aus Irrsinn und Klassik, gotischen Elementen, exzentrischen Experimenten und unmöglichen Winkeln fertig wird, aber selbst halb vollendet ist sie ein Wunder der Moderne.

STARCEVIC / GETTY IMAGES ©

Lissabon, Portugal

12

Metropole mit Seele und gotischem Charme

Das schattige Gassengewirr der Alfama ist ein magischer Ort, an dem man jede Orientierung verliert und tief in die Seele von Lissabon (S. 233) eintaucht. Unterwegs passiert man winzige Lädchen, bunt gekachelte Fassaden und erhascht Ausblicke über steil abfallende Dächer bis zum Tejo hinunter. Zu einer Pause laden heimelige Tavernen ein, aus denen Geplauder, der Duft gegrillter Sardinen und die Rhythmen des Fado dringen. Oben: Straßenbahn (S. 238) in Lissabon

SUSANNE POMMER / SHUTTERSTOCK ©

Schottische Highlands

Grandiose Natur und Echos der Vergangenheit

13

Atemberaubende Ausblicke gibt es reichlich in den Highlands (S. 95), vom majestätischen Charme der Royal Deeside über die schroffe Schönheit des Glen Coe bis zum geheimnisvollen Loch Ness. Wildromantische Burgen und wunderbare Wanderrouten – nimmt man dazu noch die herzliche Gastlichkeit der ländlichen Pubs und romantischen Hotels, wird schnell klar, was diesen Winkel der Erde so unvergesslich macht. Oben: Urquhart Castle (S. 102)

RODRIGO GARRIDO / SHUTTERSTOCK ©

Dublin, Irland

Guinness und literarische Größen

14

Von den georgianischen Häuserreihen rund um St. Stephen's Green bis zum einstigen Gefängnis Kilmainham Gaol (Foto; S. 121): In Dublin (S. 113) ist die nächste literarische oder historische Sehenswürdigkeit nie weit. Und dann erst die Pubs: Es gibt keinen besseren Ort für ein Pint als Dublin, wo man sogar zur ursprünglichen Guinness-Brauerei am Stadtrand pilgern kann. Hier wie dort wird man Bekanntschaft mit freundlichen Iren schließen.

CATARINA BELOVA / SHUTTERSTOCK ©

KARL ALLGAEUER / SHUTTERSTOCK ©

Florenz & die Toskana, Italien

LINKS: PETER ZELEI IMAGES / GETTY IMAGES ©

Romantisches Traumziel

15

Grüne Hügel und Weinberge in goldenem Licht, urige Hügeldörfer, köstliche Speisen und Spitzenweine: Die Toskana (S. 401) ist ein Konzentrat des Besten, was Italien zu bieten hat. Und Florenz (S. 404) beherbergt laut Unesco die weltweit größte Konzentration berühmter Kunstwerke. Die Stadt ist voll gepackt mit Schätzen, Spitzenmuseen, Kirchen und Renaissance-Fassaden. Im Uhrzeigersinn von oben: Duomo (S. 404); Salami; Weinberg

EDELLA / GETTY IMAGES ©

Ruinen von Pompeji, Italien

Vom Vesuv zerstört und bewahrt

16

Die im Moment der Zerstörung erstarrten Ruinen von Pompeji (S. 374) katapultieren Besucher 2000 Jahre zurück in die Vergangenheit. Hier wandert man über von Wagenrädern zerfurchte Römerstraßen, durch freskengeschmückte Villen und Badehäuser, Läden, Märkte, Theater und ein antikes Bordell. In der unheimlichen Stille, den Vesuv vor Augen, kann man sich die letzten Stunden der Stadt ausmalen, als die Vulkanasche den Himmel verdunkelte.

LUCVI / SHUTTERSTOCK ©

Andalusien, Spanien

Lebendige Städte mit atemberaubender Architektur

17

Andalusien (S. 217), im Mittelalter al-Andalus genannt, präsentiert sich mit grandioser Architektur aus 800 Jahren maurischer Herrschaft, die 1492 zu Ende ging. Granada, Córdoba und Sevilla sind die Höhepunkte einer Reise voll außergewöhnlicher Erlebnisse. Vor allem die Stadtburg Alhambra in Granada ist das vielleicht großartigste Beispiel islamischer Baukunst und eins der schönsten Baudenkmäler Spaniens. Oben: Sevilla (S. 228) vom Dach des Metropol Parasol, Architekt: Jürgen Mayer

BRIAN MAUDSLEY / SHUTTERSTOCK ©

Reykjavík, Island

18

Die nördlichste City Europas

Die meisten Isländer leben in Reykjavík (S. 167) und Besucher können über ihre Eigenwilligkeit und Kreativität nur staunen. Am nördlichen Außenrand Europas haben sie eine Stadt mit fesselnder Kunst, köstlicher Küche und sagenhafter Musikkultur geschaffen. Außerdem locken Zeugnisse der bis in die Wikingerzeit zurückreichenden Geschichte und Ausflüge zu den Naturwundern der Insel.

Oben: Harpa (S. 176), entworfen von Henning Larsen Architects und Olafur Eliasson

ALEXDRIM / SHUTTERSTOCK ©

Kopenhagen, Dänemark

19

Die coolste Kapitale Skandinaviens

Ein puristischer, frischer Stil ist die Spezialität der Skandinavier und die dänische Hauptstadt tut sich darin besonders hervor. Außer einer blühenden Designszene hat Kopenhagen (S. 133) auch Sternerestaurants, trendige Cafés und Bars und traumhafte Läden noch und nöcher. Dazu Top-Museen und -Galerien und ein tausend Jahre altes Hafenviertel mit attraktiver historischer Architektur – fertig ist die nordische Vorzeigestadt. Oben: Nyhavn (S. 140)

VENTDUSUD / SHUTTERSTOCK ©

Provence, Frankreich

Gallischer Charme in Südfrankreich

20

Für viele Reisenden sind die idyllischen Landschaften der Provence (S. 293) ein wahr gewordener Traum. Die Provence verkörpert die schönsten Aspekte der französischen Lebensart: köstliches Essen, Hügeldörfer, legendäre Weine, betriebsame Märkte, mildes Klima. Seit Jahrzehnten ist sie ein Magnet für Kurz- und Langzeiturlauber. Oben: Lavendelfeld

JANOKA82 / GETTY IMAGES ©

Schweizer Alpen, Schweiz

Wandern und Skilaufen zwischen mächtigen Gipfeln

21

Die spektakulären Gipfel der Schweizer Alpen (S. 471) zieren Schokoladenverpackungen und verbreiten Heidi-Romantik. Der berühmteste Gipfel ist das Matterhorn (Foto; S. 474), das über dem Bilderbuchdorf Zermatt aufragt. Besucher können es von einer Caféterrasse aus bewundern, auf Alpenpfaden in seinem Schatten wandern, während ferne Kuhglocken bimmeln, oder auf der Skipiste innehalten und die markante Silhouette bewundern.

ARTUR BOGACKI / 500PX ©

Istanbul, Türkei

Im Schnittpunkt der Kulturen

Istanbul (S. 521), einst als Konstantinopel Hauptstadt des Byzantinischen und später des Osmanischen Reichs, liegt am Begegnungspunkt von Europa, Asien und Orient und ist von alters her eine der bedeutendsten Städte der Welt. Ihre Highlights drängen sich in Sultanahmet: die Hagia Sophia (Foto; S. 524), die Blaue Moschee, der Topkapı-Palast und der Große Basar.

22

NEJDET DUZEN / SHUTTERSTOCK ©

Athen, Griechenland

LINKS: MATTEO COLOMBO / GETTY IMAGES ©

Hauptstadt der griechischen Antike

Griechenland strotzt vor antiken Ruinen, die größten und berühmtesten stehen in Athen (S. 501). Auf einem Felshügel über der Stadt verkörpert die Akropolis (Foto links; S. 504) mit dem Parthenon und dem Dionysostheater für 17 000 Zuschauer (Foto rechts; S. 507) die Pracht der griechischen Antike. Weitere markante Ruinen in der pulsierenden Großstadt sind das Olympieion und zwei Agoren (Marktplätze), dazu kommen noch erstklassige Museen.

23

YURY DMITRIENKO / SHUTTERSTOCK ©

Schloss Neuschwanstein, Deutschland

24

Märchenschloss in Traumlandschaft

Das im 19. Jh. im bayerischen Allgäu erbaute Schloss Neuschwanstein (S. 466) ragt auf wie aus einem Bilderbuch. Mit den schlanken Türmen, schwindelerregenden Mauern und der herrlichen Voralpenkulisse gehört es zu den bekanntesten Bauwerken Europas und war Vorbild für viele Schlösser in Disney-Filmen.

ANASTASIOS71 / SHUTTERSTOCK ©

CHANTAL / GETTY IMAGES ©

Griechische Inseln

25

Weiße Dörfer über türkisblauem Mittelmeer

In die griechischen Inseln (S. 516) kann man sich verlieben: Die versunkene Caldera von Santorin, umringt von Lavafelsen, auf denen weiß-blaue Dörfer thronen, ist ein Wunder der Natur. Am schönsten erlebt man sie auf einer Steilküstenwanderung vom Hauptort Fira zum nördlichen Dorf Oia. Das spektakulär am Hang balancierende Dorf verspricht umwerfende Sonnenuntergänge. Von links: Mykonos (S. 519); Oia (S. 518)

TIRAMISU STUDIO / SHUTTERSTOCK ©

Ring of Kerry, Irland

Roadtrip durch urwüchsige Landschaft

Der Ring of Kerry (S. 130), eine 179 km lange Route rund um die Halbinsel Iveragh, vereint in einer unvergesslichen Rundfahrt alles, was den einzigartigen Zauber Irlands ausmacht: wild zerklüftete Natur, einsame Strände, stimmungsvolle Burgruinen, die auf den aufgewühlten Atlantik blicken, und windumtoste Berge, die über Dörfer und Inseln wachen, wie es sie nirgends sonst auf der Welt gibt.

26

NANISIMOVA / GETTY IMAGES ©

Oslo, Norwegen

Das Tor zu den glasklaren Fjorden

Historische Prachtarchitektur wie in anderen skandinavischen Städten findet man in Oslo (S. 149) eher nicht, doch dafür punktet die norwegische Hauptstadt mit Bauten der Gegenwart. Das Opernhaus wirkt wie ein Eisberg im Fjord, Kunst begeistert im öffentlichen Raum und tolle Museen decken alles von der Wikingerzeit bis heute ab. Oslo ist viel mehr als nur ein Zwischenstopp auf dem Weg zu den Fjorden. Opernhaus Oslo (S. 152). Architekten: Snøhetta

27

Gut zu wissen

Reisezeit

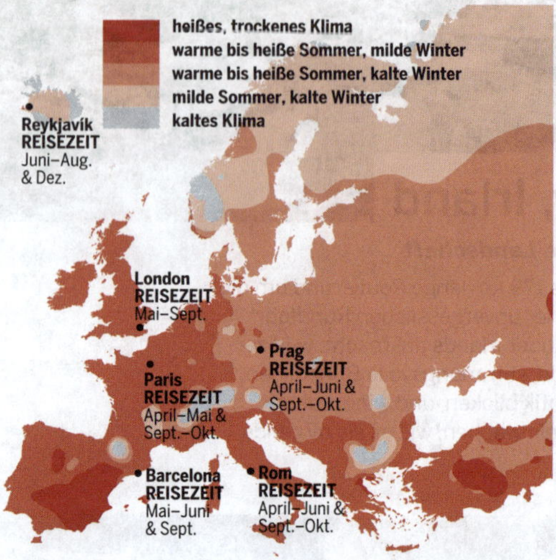

Hauptsaison (Juni–Aug.)

- Alle europäischen Länder haben in dieser Zeit Ferien.
- Höchststand bei Hotelpreisen und Temperaturen.
- Die großen Sehenswürdigkeiten sind überlaufen.

Vor- & Nachsaison (April–Mai & Sept.–Okt.)

- Weniger Andrang, zivilere Preise; Italien bleibt voll.
- Angenehme Temperaturen; in Südeuropa kann es schon bzw. noch heiß sein.
- Generell die besten Reisemonate.

Nebensaison (Nov.–März)

- Hotels senken ihre Preise oder machen zu – außer in den Skiorten, da geht es jetzt richtig los.
- Kaltes Wetter und kurze Tage, besonders in Nordeuropa.
- Einige Urlaubsorte sind völlig verwaist.

Währungen

Euro (€), Dänische Krone (Kr), Pfund (£), Kroatische Kuna (KN), Ungarischer Forint (Ft), Isländische Krone (ISK), Norwegische Krone (Nkr), Tschechische Krone (Kč), Schweizer Franken (SFr), Türkische Lira (₺)

Sprachen

Dänisch, Deutsch, Englisch, Französisch, Griechisch, Isländisch, Italienisch, Kroatisch, Niederländisch, Norwegisch, Portugiesisch, Spanisch, Tschechisch, Türkisch, Ungarisch

Visa

EU-Bürger und Schweizer benötigen keine Visa.

Geld

Geldautomaten gibt es fast überall; Kredit- und Bankkarten werden vielerorts akzeptiert.

Handys

Handys ohne SIM-Lock ggf. mit lokalen SIM-Karten ausstatten, um Kosten zu sparen. Im EU-Ausland kostet Telefonieren, Simsen und Surfen (in der Regel) genauso viel wie zuhause.

Nützliche Websites

The Man in Seat Sixty-One (www.seat61.com) Umfassende Website zum Thema Zugreisen, mit vielen Tipps.

Hidden Europe (www.hiddeneurope.co.uk) Magazin und Online-Berichte aus allen Winkeln des Kontinents.

Couchsurfing (www.couchsurfing.com) Ideal, um in jedem europäischen Land ein freies Bett und neue Freunde zu finden.

VisitEurope (www.visiteurope.com) Reiseinformationen für 33 Mitgliedsländer.

Spotted by Locals (www.spottedbylocals.com) Insidertipps für viele Städte Europas.

Lonely Planet (www.lonelyplanet.com/europe) Infos über Reiseziele, Hotelbuchungen, Traveller-Forum uvm.

Unterkünfte

Es gibt jede Art von Unterkunft in allen Preislagen. Für die Ferien im Juli und für den Skiurlaub über Weihnachten und Neujahr muss man mind. zwei Monate im Voraus buchen!

Hotels Die Bandbreite reicht vom Dorfgasthof bis zu luxussanierten Schlössern.

B&Bs Kleine Familienpensionen bieten meist ein gutes Preis-Leistungs-Verhältnis.

Hostels Hier ist alles dabei, von Backpacker-Paradiesen bis zu billigen Absteigen.

Privatunterkünfte und Urlaub auf dem Bauernhof *Die* Chance, Einblick in das Leben der Einheimischen zu bekommen.

Ankunft

Luchthaven Schiphol (Amsterdam) Züge ins Zentrum (20 Min.).

Heathrow Airport (London) Züge (15 Min.) und U-Bahn (1 Std.) ins Zentrum.

Aéroport Charles de Gaulle (Paris) Viele Busse (1 Std.) und Züge (30 Min.) ins Zentrum.

Flughafen Frankfurt Züge (15 Min.) ins Zentrum.

Aeroporto Leonardo da Vinci (Rom) Busse (1 Std.) und Züge (30 Min.) ins Zentrum.

Aeropuerto Madrid-Barajas Busse (40 Min.) und U-Bahn (15 Min.) ins Zentrum.

Unterwegs vor Ort

In den meisten Ländern kommt man am besten mit dem Zug herum.

Zug Das Zugnetz in Europa ist generell schnell und zuverlässig, aber nicht gerade billig, sofern man nicht sehr frühzeitig bucht oder den richtigen Bahnpass nutzt.

Bus Besonders geeignet für Ausflüge in ländliche Gebiete. Außerdem gibt es billige Fernbusreisen zwischen Großstädten.

Auto Das Straßennetz ist fast überall ausgezeichnet, aber viele Länder haben hohe Spritpreise und/oder nehmen Mautgebühren für Autobahnen.

Fähre Fähren verbinden Großbritannien und Irland mit dem Festland, Skandinavien mit dem Baltikum und Deutschland sowie Italien mit dem Balkan und Griechenland.

Flugzeug Für weite Strecken das schnellste Transportmittel.

Fahrrad Eine tolle aktive und entschleunigte Möglichkeit, fast überall hinzukommen.

Mehr zum Thema **Unterwegs vor Ort** siehe S. 634

Reiseplanung

Tagesbudget

Reykjavík, Island

Budget: bis 25 000 ISK (180 €)

Schlafsaalbett oder Camping; Grillimbiss oder Mittagssuppe; Museumseintritt; Busticket für den Goldenen Kreis

Mittelklasse: 25 000–41 000 ISK (180–300 €)

DZ in Pension; Essen im Bistro; Thermalbad; Kleinwagenmiete

Gehoben: über 41 000 ISK (300 €)

DZ im Boutiquehotel; Essen im guten Restaurant; Tageskarte fürs Spa; Geländewagenmiete

London, Großbritannien

Budget: bis 85 £ (95 €)

Schlafsaalbett; Imbiss vom Marktstand oder Supermarkt-Sandwich; Museen mit freiem Eintritt; Standby-Theaterkarten; tageweise Fahrradmiete

Mittelklasse: 85–200 £ (95–220 €)

DZ; 2-Gänge-Abendmenü mit Wein; Sonderausstellungen; normale Theaterkarten

Gehoben: über 200 £ (220 €)

4-Sterne- oder Boutiquehotelzimmer; 3-Gängemenü mit Wein; Taxifahrt (Black Cab); teure Theaterkarten

Barcelona, Spanien

Budget: bis 60 €

Schlafsaalbett; Mittagsgericht; stundenweise Fahrradmiete

Mittelklasse: 60–200 €

DZ; 2-Gänge-Abendmenü mit Wein; Wanderungen und geführte Touren

Gehoben: über 200 €

DZ in Boutique- oder Luxushotel; 3-Gänge-Menü im Spitzenrestaurant; Konzertkarten

Budapest, Ungarn

Budget: bis 15 000 Ft (45 €)
Schlafsaalbett; Essen im Selbstbedienungslokal; 3-Tage-Fahrkarte

Mittelklasse: 15 000–35 000 Ft (45–110 €)
Privates EZ/DZ; 2-Gänge-Menü mit Getränk; Cocktails

Gehoben: über 35 000 Ft (über 110 €)
DZ im Spitzenhotel; Abendessen für zwei Personen mit Wein im guten Restaurant; All-inclusive-Karte fürs Thermalbad

Rom, Italien

Budget: bis 110 €
Schlafsaalbett oder DZ im Billighotel; Pizza und Bier

Mittelklasse: 110–250 €
DZ im Hotel; Essen im normalen Restaurant; Eintritt zu den Vatikanmuseen; Roma Pass (72-Std.-Karte für Museen und öffentliche Verkehrsmittel)

Gehoben: über 250 €
DZ im 4- oder 5-Sterne-Hotel; Abendessen im Spitzenrestaurant; Opern-/Konzertkarten; Taxifahrt

Athen, Griechenland

Budget: bis 130 €
Schlafsaalbett oder DZ in Privatpension; Souvlaki oder Pita mit Ouzo; Eintritt zu Museum/historischer Stätte; 90-Min.-Fahrkarte

Mittelklasse: 130–250 €
DZ im Mittelklassehotel; Essen in einer traditionellen Taverne; Taxifahrt durch die Stadt

Gehoben: über 250 €
DZ im Spitzenhotel; Essen in einem angesagten Restaurant; Akropolis-Führung

Reiseplanung
Topziele für ...

NOPPASIN WONGCHUM / SHUTTERSTOCK ©

Geschichte

Berühmte Sehenswürdigkeiten machen Europas bewegte Geschichte eindringlich erlebbar – von majestätischen Ruinen bis zu prächtigen Palästen und Regierungsgebäuden.

Rom
In der Ewigen Stadt ist die Geschichte überall präsent, vom Kolosseum bis zum Vatikan.

Geburt eines Großreichs
Romulus gründete Rom auf dem Palatin (S. 356), heißt es.

London
Römische Besatzung, Großer Brand, Bombenhagel oder wilde Sixties – London bleibt unerschütterlich.

Königliche Geschichte
Monarchen krönt man in der Westminster Abbey (S. 56).

Berlin
An jeder Ecke warten Erinnerungen an die glorreiche und tragische Historie der deutschen Hauptstadt.

Brandenburger Tor
Das Symbol (S. 448) der Teilung im Kalten Krieg

CGE2010 / SHUTTERSTOCK ©

Herrliche Natur

Von mächtigen Bergen und sanften Hügeln voller Blumenwiesen und Weinstöcke bis zu Sandstränden und idyllischen Inseln sind Europas Landschaften eine Augenweide.

Schweiz
Majestätische Landschaft, gekrönt von himmelstrebenden Alpengipfeln, raubt Besuchern den Atem.

Alpine Aussichten
Zermatt hat Blick aufs legendäre Matterhorn (S. 474).

Dubrovnik
Eine alte, von Mauern umschlossene Stadt an der blauen Adria, die mit zahllosen Inseln gespickt ist.

Küstenpanoramen
Dubrovniks Mauern (S. 488) bieten Aussicht auf die Adria.

Schottische Highlands
Weiter Himmel, dramatische Landschaft, geheimnisvolle *lochs* (Seen) und spektakuläre Tierwelt.

Hauptstadt der Highlands
Inverness (S. 104) thront an der Mündung des Ness.

Kunst & Architektur

Museen von Weltrang, gut besuchte Theater und Konzertsäle, uralte Burgen und prunkvolle öffentliche Bauten: Europas Kulturschätze begeistern und beglücken.

EVGENII IAROSHEVSKII / SHUTTERSTOCK ©

Florenz
Florenz hütet einen überwältigenden Schatz an Renaissancekunst und -architektur.

Renaissanceschätze
Himmlischen Kunstgenuss gibt's in den Uffizien (S. 416).

Wien
Grandiose kaiserliche Residenzen, ehrwürdige Opernhäuser und überragende Kunstmuseen.

Kaiserliche Kunstsammlung
Das Kunsthistorische Museum (S. 586) strotzt vor Schätzen.

Amsterdam
Im Goldenen Zeitalter mit Meistern wie Rembrandt und Vermeer das Epizentrum der europäischen Kunst.

Goldenes Zeitalter
Spitzenkunst wartet im Rijksmuseum (S. 318).

Essen & Trinken

Europas kulinarische Vielfalt und Qualität hat kaum ihresgleichen. Ob Sternerestaurants oder zwanglose Cafés, überall gibt es Köstlichkeiten aus regionalen Zutaten.

BONCHAN / GETTY IMAGES ©

Paris
Essen ist hier nicht bloß ein Energielieferant, sondern eine Religion und *der* Grund, morgens aufzustehen.

Essen als Kunst
Raffinierte Meisterwerke im Bouillon Racine (S. 286).

Barcelona
Die Gourmetszene der katalanischen Stadt ist berühmt für Spitzenköche und fantasievolle Rezepte.

Avantgarde
Ausgefallene Genüsse bei Disfrutar (S. 213).

Kopenhagen
Angesagtes Gourmetziel mit mehr Michelinsternen als irgendeine andere skandinavische Stadt.

Neue Nordische Küche
Kochkunst aus regionalen Zutaten im Geranium (S. 145).

Reiseplanung
Typisch Europa

PHILIP BIRD LRPS CPAGB / SHUTTERSTOCK ©

Aktivitäten

Europa ist ein großer Tummelplatz für Fans von Outdoorabenteuern. Wander- und Radwege verlaufen kreuz und quer durch die Berge, Hügel, Felder und Wälder und entlang der Küsten. Besuchern steht eine ungeheure Vielfalt an Aktivitäten zur Wahl, wie Angeln, Reiten, Skilaufen, Klettern, Kajakfahren oder Segeln. Wer es nicht so mit der weiten Natur hat, kann in den Städten z. B. Kochkurse für regionale Spezialitäten belegen, eine neue Sprache lernen oder an speziellen Themenführungen teilnehmen.

Shoppen

Die EU mag einen „gemeinsamen Markt" anstreben, doch die alltägliche Realität sieht zum Glück anders aus: Von den schottischen Highlands bis zu den Straßen von Lissabon gibt es eine märchenhafte Vielfalt unterschiedlichster Märkte und Geschäfte zu entdecken. Die vornehmen Kaufhäuser und Modehäuser von Paris, London und Rom, die Kunsthandwerksstände und Künstlerateliers von Venedig oder Prag, die Bauernmärkte überall – es gibt Millionen Orte, um das ideale Souvenir für daheim aufzutreiben.

Unterhaltung

Die Massenunterhaltung wurde in Europa erfunden. Auch wenn das Kolosseum in Rom heute nicht mehr als Arena genutzt wird, gibt es zahllose andere gigantische Stadien und legendäre Veranstaltungsorte überall auf dem Kontinent. Das Angebot an Musik und darstellenden Künsten ist überwältigend, von Klassik bis Grunge, von Shakespeare bis zu zeitgenössischem Tanz. Obendrein ist Europa überaus sportbegeistert, wobei das größte Interesse natürlich König Fußball gilt.

Essen

Europas köstliche Küche spiegelt die Vielzahl verschiedener Länder und Regionen, aus denen sich der Kontinent zusammen-

GOSKOVA TATIANA / SHUTTERSTOCK ©

Von links: Covent Garden, London (S. 53); Spanische Tapas

setzt. Die mediterrane Kost wird von der Unesco als „Immaterielles Kulturerbe" geführt. Zu ihren zahlreichen Varianten gehören die italienische, die spanische und die griechische Küche. Die französische Kochkunst hat praktisch den Rang einer Religion. Die Nordische Küche ist der trendige Newcomer der kulinarischen Szene. Großbritannien trumpft mit kosmopolitischen asiatischen Aromen und hat seine eigene Spielart der würzigen anglo-indischen Küche erfunden. Wo man in Europa auch hinkommt, beschert das Essen nicht nur Gaumenfreuden, sondern auch interessante Einblicke in die Geschichte und Kultur der jeweiligen Region.

Ausgehen & Nachtleben

Europa bietet Nachtleben für jeden Geschmack und immer das passende Getränk dazu. Ob man die Straßen von Reykjavík, Paris oder Barcelona unsicher macht, überall finden sich pulsierende Dance Clubs mit experimentierfreudigen DJs und Designer-Cocktailbars, aber auch gemütliche Kneipen und Kaffeehäuser der dritten Generation. In Schottland lohnt ein Besuch im örtlichen Pub, um an Highland-Whiskys zu nippen, in Prag eine Kneipentour, um kreative Craft-Biere zu kosten. Ganz zu schweigen von den wunderbaren Weinen in Frankreich, Spanien und Italien – allein mit Besuchen auf den Weingütern ließe sich eine ganze Reise füllen.

★ Die besten Restaurants

Dinner by Heston Blumenthal (S. 90)

Bouillon Racine (S. 286)

Café Jacques (S. 458)

Disfrutar (S. 213)

Bonci Pizzarium (S. 367)

Reiseplanung
Monat für Monat

RANIERI PEPER / SHUTTERSTOCK ©

Februar

Wüstes Karnevalstreiben fegt durch die katholischen Regionen. Maskenbälle, Straßenkarneval und allgemeines Remmidemmi lassen das kalte Wetter vergessen.

Karneval, Italien

Bis Aschermittwoch regiert in Venedig der Maskenreigen (www.venice-carnival-italy.com). Kostümbälle, teils mit jahrhundertelanger Tradition, beleben den Veranstaltungskalender der historischen Stadt.

März

In Südeuropa bricht der Frühling an. Weiter nördlich ist es kälter, aber oftmals schon sonnig.

St Patrick's Day, Irland

Am 17. März feiert das ganze Land seinen verehrten Schutzheiligen mit Umzügen und Festen im Familien- und Freundeskreis.

☆ Budapester Frühlingsfest, Ungarn

Das zweiwöchige Festival im März/April ist ein europäisches Top-Event für Freunde der klassischen Musik (www.springfestival.hu) mit Konzerten an vielen schönen Orten, wie überwältigenden Kirchen, dem Opernhaus und dem Nationaltheater.

April

Der Frühling bringt Farbenpracht, von den bunten Tulpenfeldern der Niederlande bis zu den blühenden Obstgärten in Spanien.

Settimana Santa, Italien

Italien feiert die Karwoche mit Prozessionen und Passionsspielen. Ab dem Gründonnerstag wimmelt Rom von Hunderttausenden Gläubigen, die in den Vatikan und zum Petersdom strömen.

Koningsdag (Königstag), Niederlande

Am 27. April ist landesweit Party. Besonders Amsterdam quillt über von orangefarbe-

VIGEN M / SHUTTERSTOCK ©

nen Kostümen und Perücken, Bier, Dope, Achterbahnen, Holzpantinen und wüster Gaudi allenthalben.

Mai

Der Mai lockt mit Sonne, Wärme und einer Fülle von Aktivitäten – die ideale Reisezeit.

Bierfest, Tschechien

Das Prager Bierfest (www.ceskypivni festival.cz) von Mitte bis Ende Mai bietet außer reichlich Essen und Musik rund 70 Biersorten aus dem ganzen Land.

Juni

Die Sonne vertreibt die Wolken und beschert weiten Teilen Europas Prachtwetter.

Karneval der Kulturen, Deutschland

Das Straßenfest (www.karneval-berlin.de) feiert Berlins multikulturelle Vielfalt mit Partys, Leckereien aus aller Welt und Umzügen, an denen sich extravagant kostümierte Tanzgruppen, DJs, Künstler und Musiker beteiligen.

Festa de Santo António, Portugal

Im Lissaboner Alfama-Viertel wird am 12. und 13. Juni zu Ehren des hl. Antonius geschmaust, getrunken und getanzt. Die Festa ist ein Höhepunkt der dreiwöchigen Festas de Lisboa (http://festasdelisboa.com), zu denen u. a. Prozessionen und Dutzende von Straßenfesten gehören.

★ Top-Events

Karneval (Venedig), Februar

St Patrick's Day, März

Französischer Nationalfeiertag, Juli

Notting Hill Carnival, August

Festes de la Mercè, Oktober

Von links: Feiern zum St Patrick's Day in Dublin (S. 113); Karneval, Venedig (S. 383)

Juli

Einer der Hauptreisemonate in Europa. Straßencafés, Biergärten und Strandclubs sind brechend voll.

Sanfermines (Stierlaufen), Spanien

Die Fiesta de San Fermín (Sanfermines) ist ein einwöchiges Nonstop-Festival in Pamplona, in dessen Mittelpunkt der tägliche *encierro* (Stierlauf) steht (www.bullrunpamplona.com). Zwei Tage vorher veranstalten die Stierkampfgegner als Protestevent einen Nacktlauf (www.runningofthenudes.com).

Nationalfeiertag, Frankreich

Ganz Frankreich feiert den 14. Juli mit Feuerwerk, Bällen, Umzügen und – natürlich – gutem Essen und Wein.

August

In diesem traditionellen Ferienmonat ist halb Europa unterwegs, um in der jeweils anderen Hälfte Urlaub zu machen.

Amsterdam Gay Pride, Niederlande

Anfang August steigt eines der besten LGBT-Events (www.amsterdamgaypride.nl) Europas. Hier geht es mehr um Freiheit und Vielfalt als um Protest.

Notting Hill Carnival, Großbritannien

Europas größtes – und Londons dynamischstes – Straßenfest: Zwei Tage lang zeigt Londons karibische Bevölkerung der Stadt, was eine richtige Party ist (www.thelondonnottinghillcarnival.com).

☆ Sziget-Musikfestival, Ungarn

Bei dem hervorragenden einwöchigen Popmusikfestival (www.sziget.hu) spielen Bands aus aller Welt auf über 60 Bühnen auf einer Donauinsel in Budapest.

September

Vielleicht die beste Reisezeit: Das Wetter ist noch schön, aber der Andrang lässt nach.

☆ Internationale Filmfestspiele von Venedig, Italien

Italiens führendes Filmfestival für Mainstream- und Independent-Filme (www.labiennale.org). Die Jury-Entscheidungen gelten als Vorzeichen für die Oscar-Prämierungen des nächsten Jahres.

Festes de la Mercè, Spanien

Beim größten Stadtfest von Barcelona (um den 24. September) gibt's vier Tage lang Konzerte, Tanz, *castells* (Menschenpyramiden), Feuerwerk und die *correfoc*-Parade mit Feuer speienden Drachen und Teufeln.

November

Die Bäume haben ihre Blätter verloren und vielerorts fällt schon bald der erste Schnee. Selbst am Mittelmeer kann es kühl, regnerisch und stürmisch werden.

Guy Fawkes Night, Großbritannien

Am 5. November erinnern in ganz Großbritannien Freudenfeuer und Feuerwerk an den gescheiterten Sprengstoffanschlag auf das englische Parlament im 17. Jh. Am besten wirkt das feurige Spektakel von einer Anhöhe in London gesehen.

☆ Iceland Airwaves, Island

Bei dem riesigen Musikfestival in Reykjavík treten isländische und internationale Musiker auf (www.icelandairwaves.is).

Dezember

Trotz eisiger Kälte eine schöne Reisezeit, da Weihnachtsmärkte und -deko die dunklen Straßen verzaubern. Mit Ausnahme der Zeit um Weihnachten und Neujahr ist das Preisniveau erfreulich niedrig.

Natale, Italien

In Kirchen werden in der Adventszeit aufwendige *presepi* (Weihnachtskrippen) aufgebaut. Die meisten sind wahre Kunstwerke, einige sogar regelrecht berühmt. Viele sind Jahrhunderte alt und werden als traditionsreiche religiöse Symbole verehrt.

Reiseplanung

Tipps & Anregungen

GIORGIOGALANO / GETTY IMAGES ©

Bücher

Streifzüge durch das Abendland: Europa für Anfänger und Fortgeschrittene Bill Bryson als junger Rucksackreisender in Europa – urkomisch!

Das europäische Geschichtsbuch: Von den Anfängen bis ins 21. Jahrhundert Spannender Überblick von Historikern aus 13 Ländern.

In Europa: Eine Reise durch das 20. Jahrhundert Faszinierender Bericht von den Reisen des Journalisten Geert Mak.

Eine Karte so groß wie der Kontinent: Reisen in Europa Die schönsten Reisegeschichten von Cees Nooteboom.

Die Unperfekten Tom Rachmans Roman über die Geschicke einer internationalen Zeitung in Rom.

Filme

Der Dritte Mann (1949) Klassiker aus dem Wien der Nachkriegszeit mit Orson Welles und dem berühmten Zither-Thema.

Notting Hill (1999) *Die* Londoner Romantikkomödie mit Julia Roberts und Hugh Grant.

Die fabelhafte Welt der Amélie (2001) Anrührende Story um die Abenteuer einer versponnenen jungen Pariserin.

Vicky Cristina Barcelona (2008) Woody Allens Schilderung der verwickelten amourösen Abenteuer zweier junger Amerikanerinnen in Spanien.

Victoria (2015) Der in Berlin spielende Thriller wurde in einer einzigen, 138 Minuten langen Kameraeinstellung gedreht.

Musik

The Original Three Tenors: 20th Anniversary Edition Lieder und Arien von Pavarotti, Carreras und Domingo.

The Best of Edith Piaf Der Spatz von Paris – die Stimme Frankreichs mit einer Auswahl ihrer größten Hits.

Chambao Verschmelzung von Wohlfühl-Flamenco und Electronica aus dem tiefen Süden Spaniens.

London Calling Der Post-Punk-Klassiker von The Clash integriert eine Fülle musikalischer Einflüsse.

Fado Tradicional Mariza, ein moderner Topstar des Fado, kehrt mit diesem Album zu den Wurzeln des portugiesischen Musikstils zurück.

Oben: Portobello Road (S. 88), Notting Hill, London

Reiseplanung
Fünf-Tage-Routen

Iberische Abenteuer

Um auf einer Kurzreise reichlich Sonne zu tanken, egal zu welcher Jahreszeit, sind Portugal und Spanien unschlagbar. Diese vier Stationen versprechen dazu tolle Kunst, Architektur und Gaumenfreuden.

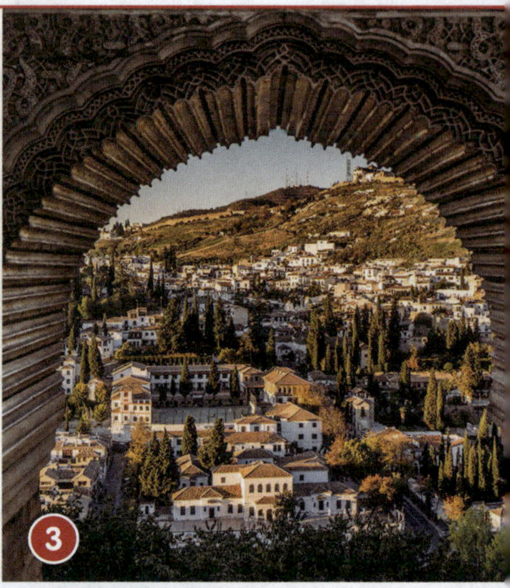

FROM LEFT: TTSTUDIO / SHUTTERSTOCK ©, JASON ROTHE / SHUTTERSTOCK ©

Lissabon (S. 233) Zwei Tage verbringt man mit der Erkundung dieser zauberhaften Stadt, von den Pflastergassen der Alfama bis zum maritimen Belem. ✈ 2 Std. bis Sevilla

Sevilla (S. 229) Einen Tag lang genießt man die fantastische maurische Architektur, leckere Tapas und eine Flamenco-Darbietung. 🚆 4 Std. bis Granada

Granada (S. 224) Ein weiterer Tag ist der fabelhaften Alhambra und dem stimmungsvollen Albayzin gewidmet, mit Pausen in Tapasbars und Teestuben unterwegs. ✈ 1½ Std. bis Barcelona

Barcelona (S. 185) Die Rambla entlangbummeln, in den mittelalterlichen Straßen des Barri Gòtic die Orientierung verlieren und die Sagrada Família bewundern.

Von Osteuropa nach Berlin

Was bis Anfang der 1990er-Jahre hinter dem Eisernen Vorhang lag, ist heute ein äußerst dynamischer und faszinierender Teil Europas. Jede der vier Städte auf dieser Route hat ihren ganz eigenen Charakter und Charme.

FROM LEFT: ILHAN EROGLU / 500PX ©, ELXENEIZE / SHUTTERSTOCK ©

Reiseplanung
Fünf-Tage-Routen

Italien & die Adriaküste

Der Trip vermittelt einen ersten Eindruck von Italiens Pracht. Vom antiken Rom geht es über Florenz, die Wiege der Renaissance, und Venedig, die magische Stadt auf dem Wasser, die Adriaküste hinunter zum historischen Dubrovnik in Kroatien.

Venedig (S. 383) Auf eine Gondel hüpfen und über die Kanäle schippern – und ehe der Tag vorbei ist, hat man sich in Venedig verliebt.
✈ 1½ Std. bis Dubrovnik

Florenz (S. 401) Um Kunst und Architektur der Renaissance-Schönheit in einen Tag zu packen, braucht es schon ein gewisses Tempo.
2 Std. bis Venedig

Rom (S. 331) Zwei Tage sind für die Ewige Stadt mit Vatikan und Kolosseum eingeplant.
1½ Std. bis Florenz

Dubrovnik (S. 485) Die wunderschöne, von eine Mauer umgebene Stadt punktet mit einer Altsta nur für Fußgänger und grandiosem Meerblick.

Grachten & Schlösser

Wer nur fünf Tage Zeit hat, muss wohl für die Route von Amsterdams Grachten zum legendären Schloss Neuschwanstein den Flieger nehmen und Stopps im supercoolen Kopenhagen und der Partyhauptstadt Berlin einplanen.

Kopenhagen (S. 133) Hier gibt's den Tivoli, Paläste, die nonkonformistische Enklave Christiania und die Kleine Meerjungfrau zu entdecken.
✈ 1 Std. bis Berlin

Amsterdam (S. 311) Per Mietfahrrad geht's entlang der Grachten durch die Stadt, mit Zwischenstopps in Kunstmuseen und Cafés.
✈ 1½ Std. bis Kopenhagen

Berlin (S. 435) In der Stadt ohne Sperrstunde wird die ganze Nacht durchgefeiert. Einen guten Einstieg bietet der historische Prater-Biergarten.
✈ 1 Std. bis München

Schloss Neuschwanstein (S. 466) Das Fantasieschloss Ludwigs II., zwei Stunden südwestlich von München, diente als Vorlage für Walt Disneys Dornröschen-Schloss.

Reiseplanung
Zehn-Tage-Route

Island bis Irland

Auf der 1500 km langen Reise am Nordwestrand Europas gibt es Wunderbares zu sehen und zu erleben, von den Geysiren bei Reykjavík über die Geschichte, Kultur und Mode von London und die georgianische Architektur Dublins bis zur wilden Schönheit der schottischen Highlands.

Reykjavík (S. 167) Zwei Tage gehören den exzellenten Museen, Geschäften und Cafés von Reykjavík, ebenso wie seinem lebhaften Nachtleben.
✈ 4 Std. bis London

Inverness (S. 104) Für drei Tage wird hier das Basislager für Erkundungen in den fantastischen schottischen Highlands aufgeschlagen.
✈ 1¼ Std. bis Dublin

Dublin (S. 113) Beim Umherschlendern zwischen den Literatentreffs, Museen und Pubs der irischen Hauptstadt das Dublin des James Joyce entdecken.

London (S. 53) Es ist erstaunlich, wie viel London man in drei Tage packen kann, wenn man es nur versucht.
✈ 1½ Std. bis Inverness

CLOCKWISE FROM TOP: GHING / SHUTTERSTOCK ©, INGUS KRUKLITIS / SHUTTERSTOCK ©, STEFANO_VALERI / SHUTTERSTOCK ©

Reiseplanung
Zehn-Tage-Route

Mittelmeertour

In Avignon kann man einen Wagen mieten, um die Hügeldörfer und die römischen Ruinen der wunderschönen Provence zu erkunden. Ein Tag ist für die kurvenreiche Küstenstraße entlang der felsigen Côte d'Azur Richtung Italien zu reservieren – eine der Traumstraßen der Welt.

1

Avignon (S. 302) Zwei Tage sind ausreichend, um die Sehenswürdigkeiten in und um die alte Festungsstadt zu besuchen.
7 ¾ Std. bis Siena

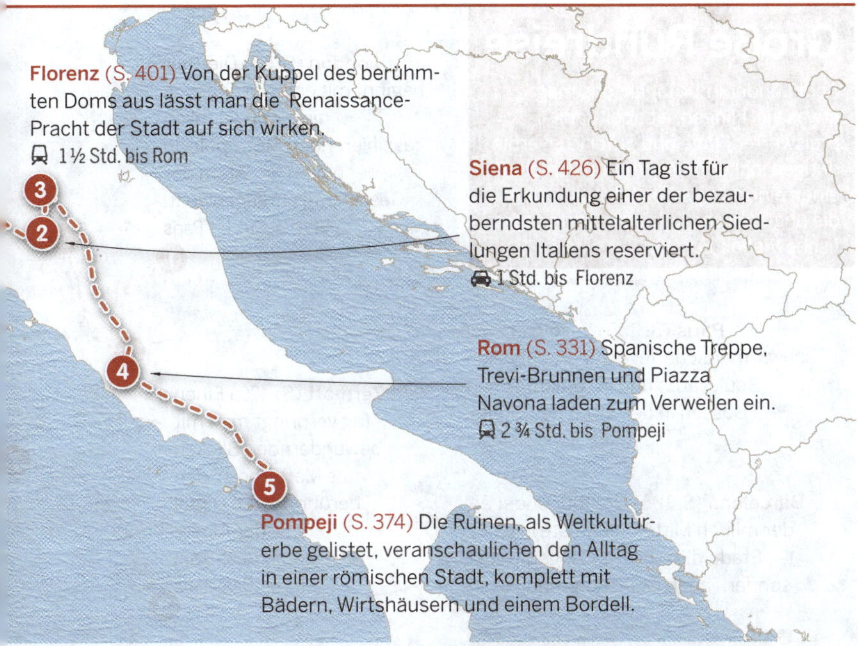

Florenz (S. 401) Von der Kuppel des berühmten Doms aus lässt man die Renaissance-Pracht der Stadt auf sich wirken.
🚌 1½ Std. bis Rom

Siena (S. 426) Ein Tag ist für die Erkundung einer der bezauberndsten mittelalterlichen Siedlungen Italiens reserviert.
🚗 1 Std. bis Florenz

Rom (S. 331) Spanische Treppe, Trevi-Brunnen und Piazza Navona laden zum Verweilen ein.
🚌 2 ¾ Std. bis Pompeji

Pompeji (S. 374) Die Ruinen, als Weltkulturerbe gelistet, veranschaulichen den Alltag in einer römischen Stadt, komplett mit Bädern, Wirtshäusern und einem Bordell.

Reiseplanung
Zwei-Wochen-Route

Große Rundreise

Acht Länder in 14 Tagen, das mag etwas viel klingen, ist aber dank preiswerter Flüge und guter Zugverbindungen locker machbar und verschafft einen eindrucksvollen Überblick über die unglaubliche kulturelle und geografische Vielfalt Europas.

London (S. 53) Die Tour beginnt mit ein paar Tagen in dieser unglaublich faszinierenden Metropole, in der einem der Atem der Geschichte entgegenweht.
🚆 2 ¼ Std. bis Paris

Paris (S. 253) Es folgen zwei schwärmerische Tage auf prachtvollen Boulevards und in romantischen Gassen in der Stadt des Lichts.
🚆 3 ½ Std. bis Amsterdam

Zermatt (S. 479) Einen Tag verbringt man mit bewundernden Blicken aufs Matterhorn, den berühmtesten Gipfel der Alpen.
🚆 4 Std. bis Genf, dann 1 Std. bis Barcelona

Barcelona (S. 185) Die Tour endet an der milden Mittelmeerküste in einer Stadt, die nicht nur Augenweide, sondern auch Gourmetparadies ist.

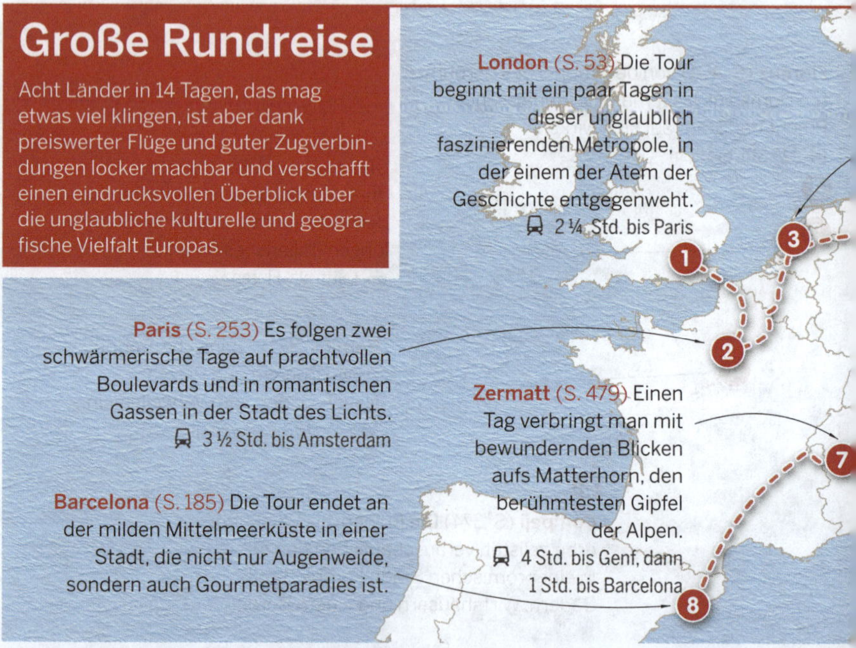

Amsterdam (S. 311) Einen Tag chillt man auf Grachtenbooten, bummelt durch Kunstmuseen und genießt die liberale Atmosphäre.

✈ 1½ Std. bis Prag

Prag (S. 539) Ein weiterer Tag ist den zwei großen Attraktionen Prags gewidmet – der Burg und dem Altstädter Ring.

🚌 4½ Std. bis Wien

Wien (S. 581) Zwei Tage gehören der Pracht der einstigen k. u. k.-Hauptstadt.

✈ 1 Std. bis Venedig

Venedig (S. 383) Hier bleibt nur die Kapitulation vor der unvergesslichen Schönheit der Serenissima mit ihrer Wasserwelt aus Piazzas, Kuppeln, Kanälen und Brücken.

🚌 6 Std. bis Zermatt

Reiseplanung
Mit Familie unterwegs

MIHASTOCK / SHUTTERSTOCK ©

Unterwegs

Generell ist Europa eine sehr familientaugliche Reiseregion, aber die Entfernungen können recht lang werden. Am besten legt man unterwegs Zwischenstopps ein, um etwas anzusehen oder zu unternehmen.

Der Verkehr ist zu den Ferienzeiten am schlimmsten, vor allem von Juni bis August. Dann kann sich die Reisedauer bis zum Ziel erheblich verlängern.

Züge können eine gute Alternative für Familien sein – hier haben die Kleinen mehr Bewegungsfreiheit und können mit Büchern, Puzzles und Computerspielen bei Laune gehalten werden.

Vielerorts bekommen Kinder und Jugendliche in öffentlichen Verkehrsmitteln Ermäßigung (normalerweise um 50 %) Oft lässt sich mit Bahnpässen zusätzliches Geld sparen. Viele Städte haben auch Besucherpässe, die freien Eintritt zu Attraktionen und die freie Fahrt mit öffentlichen Verkehrsmitteln kombinieren.

Sehenswertes & Attraktionen

Die meisten Attraktionen bieten verbilligten Eintritt für Kinder (normalerweise bis zum Alter von 12 Jahren; es gibt aber Abweichungen). Am besten ist ein Mix aus Museumsbesuchen o. ä. und Spaßaktivitäten für die Kids – nach dem Besuch der Tate Modern oder des Louvre kann man zum Ausgleich etwa einen Abstecher ins Londoner Aquarium oder einen Tag im Pariser Disneyland einplanen. Regel Nr. 1: Nicht zu viel vornehmen – das endet nur mit gestressten Eltern und genervten Kindern und ist ein sicheres Rezept für Trotzanfälle. Mit umsichtiger Planung lässt sich der Urlaub viel besser genießen.

Hotels & Restaurants

Am besten vorher nachfragen, ob die Hotels kinderfreundlich sind. Viele sind bestens auf Familien eingestellt, mit Aktivitäten für Kinder, Kinderbetreuung usw., aber manche schreiben auch ein Mindestalter vor, um Familien mit Kindern fernzuhal-

ten. Familienfreundliche Hotels haben oft große Zimmer mit zwei oder drei Betten oder zumindest benachbarte Zimmer mit Verbindungstür. Mit der Familie essen zu gehen, kann ein Riesenspaß sein, aber auch hier lohnt es sich, vorher zu checken, ob Kinder willkommen sind. Grundsätzlich gilt: Je vornehmer oder renommierter das Restaurant, desto geringer die Wahrscheinlichkeit, dass Kinder gern gesehen sind. Viele Restaurants haben eine Kinderkarte, meist mit klassischen Lieblingsgerichten wie Steak, Nudeln, Burgern oder Hühnchen. Die meisten servieren Kindern auf Wunsch auch kleinere Portionen der Erwachsenengerichte. Mit heiklen Essern kann man auf dem Markt einkaufen gehen, um sie zu Experimenten anzuregen – hier können sie die Zutaten für ihr Essen selbst auswählen und gleichzeitig die Landessprache üben.

Gut zu wissen

Wickeltische Gibt es in vielen Einkaufszentren und bei den Hauptsehenswürdigkeiten.

★ Top-Städte für Kinder

Paris (S. 253)

London (S. 53)

Barcelona (S. 185)

Kopenhagen (S. 133)

Wien (S. 581)

Beistellbetten und Hochstühle In vielen Hotels und Restaurants verfügbar, aber besser vorab nachfragen.

Gesundheitswesen Generell gut, aber für Notfälle am besten die eigene Erste-Hilfe-Ausstattung mitbringen.

Kinderkarte Gibt es in vielen Restaurants.

Windeln Überall erhältlich, u. a. in Drogerien und Supermärkten.

Kinderwagen Am besten mitbringen.

Verkehrsmittel Kinder fahren in der Regel billiger, Kleinkinder oft umsonst.

Von links: Kinder in einem Lavendelfeld in der Provence (S. 293); Karussell im Tivoli (S. 136), Kopenhagen

LONDON, GROSS-BRITANNIEN

In diesem Kapitel

London, Großbritannien

London ist eine der meistbesuchten Städte der Welt und hat viel zu bieten, von Geschichte und Kultur bis zu feiner Küche und bester Unterhaltung. Großbritannien mag zwar für den Brexit gestimmt haben (die Mehrheit der Londoner allerdings nicht), aber vorerst bleibt London eine der kosmopolitischsten Städte der Welt, in der Alltag, Essen, Musik und Mode multikulturell geprägt sind. Das trifft auch auf urbritische Institutionen zu; die Sammlungen des British Museum und des Victoria & Albert Museum sind so kulturübergreifend wie großartig und der jahrhundertealte Borough Market hält Spezialitäten aus aller Welt bereit.

Zwei Tage in London

Erstes Ziel ist die **Westminster Abbey** (S. 56) als Einführung in die Geschichte der Stadt (und des Landes), dann der **Buckingham Palace** (S. 66). Über die Mall geht's zum **Trafalgar Square** (S. 79) mit seiner Prachtarchitektur und einem fotogenen Blick über die Whitehall auf **Big Ben** (S. 78). Kunstfreunde zieht es in die **National Gallery** (S. 78).

Am zweiten Tag locken das **British Museum** (S. 62), die **Tate Modern** (S. 81), **Tate Britain** (S. 79) und ein Essen im **Claridge's Foyer & Reading Room** (S. 90).

Vier Tage in London

Ein königliches Vergnügen ist die Besichtigung der Kronjuwelen im **Tower of London** (S. 70), anschließend geht es auf Shoppingtour im **Leadenhall Market** (S. 75) und in die **St Paul's Cathedral** (S. 79).

Der vierte Tag gehört dem **V&A** (S. 84), dem **Natural History Museum** (S. 84) und dem **Hyde Park** (S. 84); abends gibt's eine Show in der **Royal Albert Hall** (S. 92).

Von London aus geht's mit dem Eurostar nach Paris (S. 253) oder Amsterdam (S. 311).

Vorhergehende Doppelseite: Tower Bridge (S. 74)

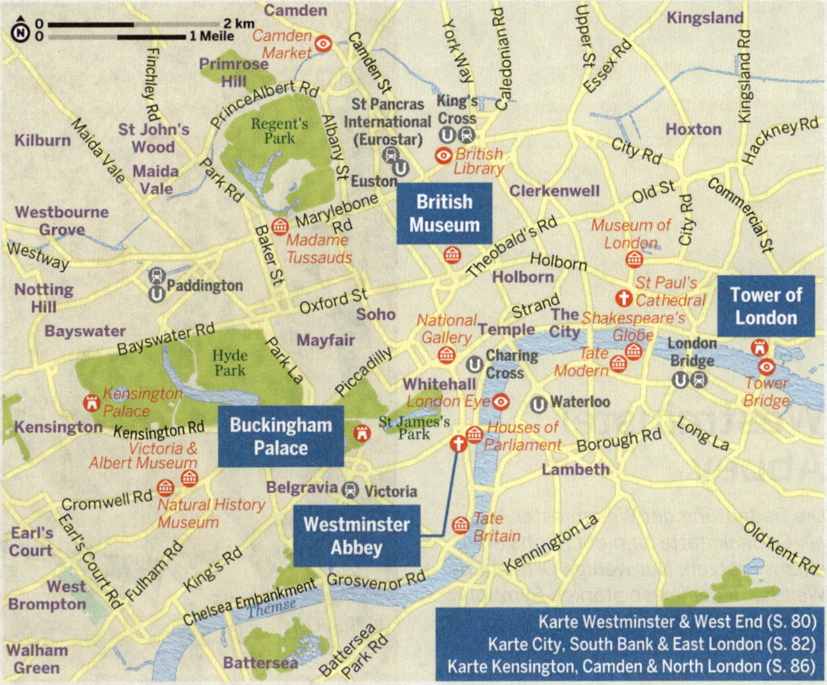

Karte Westminster & West End (S. 80)
Karte City, South Bank & East London (S. 82)
Karte Kensington, Camden & North London (S. 86)

Ankunft

Heathrow Airport Züge, U-Bahnen und Busse nach London kosten 5,10–27 £, Taxis 48–90 £. Ab 2020 werden auf der Elizabeth Line (Crossrail) Schnellzüge fahren.

Gatwick Airport Züge nach London (4.30–1.35 Uhr) kosten 10 £, Busse (stündl. rund um die Uhr) ab 8 £, Taxis 100 £.

Stansted Airport Züge nach London (5.30–0.30 Uhr) kosten 17 £, Busse (rund um die Uhr) ab 10 £, Taxis 130 £.

St Pancras Im Zentrum Londons (Eurostar-Bahnhof für Züge aus Europa), über viele U-Bahnlinien mit anderen Stadtteilen verbunden.

Schlafen

In London zu nächtigen kann ziemlich teuer werden und eine frühzeitige Reservierung ist unbedingt erforderlich. Gute Hostels sind einfach zu finden, aber nicht so billig wie möglicherweise erhofft. Das Hotelangebot reicht von Billigketten bis zu ultranoblen Häusern wie dem Ritz. B&Bs sind oft preiswerter und netter als Hotels.

Informationen darüber, was die einzelnen Londoner Stadtteile zu bieten haben, stehen auf S. 93.

Westminster Abbey

Die Bedeutung der Westminster Abbey als Gedenkstätte ist nicht hoch genug einzuschätzen. Nur wenige Orte auf der Welt haben einen so starken Symbolcharakter. Mit zwei Ausnahmen wurden hier seit Wilhelm dem Eroberer, der 1066 den Thron bestieg, alle englischen Monarchen gekrönt, viele schlossen hier auch die Ehe und 17 sind hier bestattet.

Toll für ...

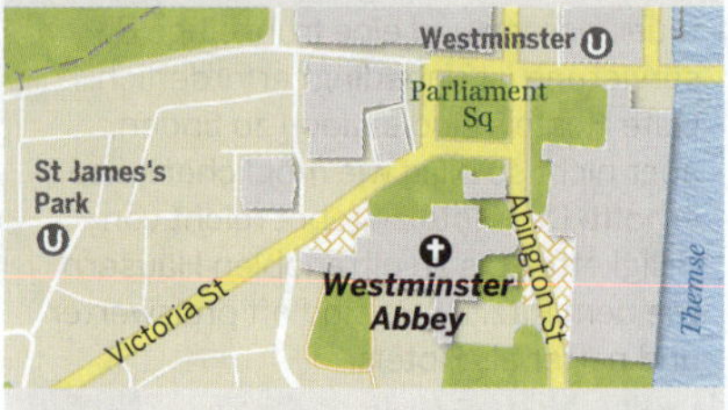

Gut zu wissen

Karte S. 80; ☎020-7222 5152; www.westminster-abbey.org; 20 Dean's Yard, SW1; Erw./Kind 22/9 £; ⌚Mai–Aug. Mo, Di, Do & Fr 9.30–15.30, Mi bis 18, Sa bis 15 Uhr, Sept.–April Sa bis 13 Uhr; Ⓤ Westminster

★ Top-Tipp

Die Kirche ist sehr gut besucht, selbst frühmorgens. Geduld ist also angesagt.

LIUDMILA KOTVITCKAIA / SHUTTERSTOCK ©

Eine königliche Geschichte

Die Abbey ist zwar eine Mischung von Architekturstilen, gilt aber als schönstes Beispiel der frühen englischen Gotik. Die ursprüngliche Kirche wurde im 11. Jh. unter König Eduard dem Bekenner (später heiliggesprochen) gebaut, der in einem kunstvollen Grab hinter dem Hochaltar bestattet ist. Unter Heinrich III. (reg. 1216–1272) begannen die Arbeiten für ein neues Gebäude, aber das gotische Kirchenschiff wurde erst 1388 unter König Richard II. vollendet. 1516 ließ Heinrich VII. die riesige und prachtvolle Lady Chapel hinzufügen.

Die Abbey war ursprünglich ein Benediktinerkloster. Viele Merkmale verweisen noch auf diese klösterliche Vergangenheit, z. B. der achteckige Kapitelsaal, der Chorraum und der College Garden. 1536 sagte sich Heinrich VIII. von der Kirche in Rom los und löste die Klöster auf. Der König wurde zum Oberhaupt der Church of England und die Abtei bekam den Status als *royal peculiar*, wodurch sie direkt der Krone untersteht und von der kirchlichen Gerichtsbarkeit entbunden ist.

Nördliches Querschiff, Altarraum & Chor

Der Eingang zur Kirche ist das Nordportal. Das nördliche Querschiff wird auch oft als Statesmen's Aisle bezeichnet: Hier erinnern große Marmorstatuen und imposante Marmortafeln an Politiker und wichtige Persönlichkeiten.

Das Herz der Abbey bildet der schön geflieste **Altarraum**, Schauplatz für Krönungen, königliche Hochzeiten und Begräbnisse. George Gilbert Scott entwarf 1873 den reich verzierten **Hochaltar**. Die

aufwendigen, zierlichen Intarsien des **Kosmaten-Marmorfußbodens** von 1268 vor dem Altar prophezeien das Ende der Welt im Jahr 19 693! Am Eingang zur hübschen **Chapel of St John the Baptist** befindet sich eine erhabene, in Kerzenlicht getauchte Jungfrau mit Kind.

Der **Quire** (Chor), ein prachtvolles, neugotisches Werk von Edward Blore in Gold, Blau und Rot, stammt aus der Mitte des 19. Jhs. Er ersetzt den ursprünglichen Chor, in dem einst die Mönche beteten, hat aber keinerlei Ähnlichkeit mit dem Original. Der Quire dient noch immer als Chorraum, hauptsächlich für den Westminster Choir – 22 Jungen und zwölf „Laienvikare" (Männer) –, der zum täglichen Gottesdienst singt.

☑ Nicht versäumen

Poet's Corner, Krönungsthron, Kreuzgang aus dem 14. Jh., die älteste Tür Großbritanniens, ein 900 Jahre alter Garten, die königlichen Sarkophage …

JULIAN ELLIOTT PHOTOGRAPHY / GETTY IMAGES ©

Kapellen & Krönungsstuhl

Der Altarraum ist von Kapellen umgeben. Die spektakulärste ist die **Lady Chapel** Heinrichs VII. im östlichsten Teil der Abtei mit ihrem Fächergewölbe, den bunten Bannern des Order of the Bath und dem extravaganten Eichengestühl. Hinter dem Altar der Kapelle steht der opulente Sarkophag von Heinrich VII. und seiner Gemahlin Elisabeth von York.

In der **Royal Air Force Chapel** in der Nähe des Altars erinnert ein Buntglasfenster an die Luftschlacht von England (1940) und an die 1500 gefallenen RAF-Piloten. Eine Steintafel auf dem Boden markiert die Stelle, an der Oliver Cromwells Leichnam zwei Jahre lang bestattet war (1658), bis er während der Restauration ausgegraben, als Toter gehängt und geköpft wurde. Die mutmaßlichen Leichen der beiden jungen, angeblich 1483 im Tower of London ermordeten Prinzen wurden hier 1674, fast 200 Jahre später, bestattet.

Beiderseits der Lady Chapel befinden sich zwei kleine Kapellen mit den Grabmälern berühmter Königinnen: Links (Nordseite) ruhen **Elisabeth I.** und ihre Halbschwester **Maria I.** („Bloody Mary"), rechts (Südseite) ist das Grab von **Maria Stuart**, die auf Anordnung ihrer Cousine Elisabeth geköpft wurde.

Im Vestibül der Lady Chapel steht meist der ziemlich gewöhnlich aussehende **Krönungsthron**, auf dem alle Monarchen seit dem frühen 14. Jh. gekrönt wurden.

✕ Kleine Stärkung

Das einzige Lokal auf dem Abbey-Gelände ist das **Cellarium** (Karte S. 80; ☎020-7222 0516; www.benugo.com/restaurants/cellarium-cafe-terrace; Hauptgerichte 9,50–13,50 £; ⊙Mo, Di, Do & Fr 8–18, Mi bis 20, Sa 9–17, So 10–16 Uhr; 📶; Ⓤ Westminster), einst ein Teil des originalen Benediktinerklosters aus dem 14. Jh.

Schrein des hl. Eduard des Bekenners

Die heiligste Ecke der Abtei befindet sich hinter dem Hochaltar und ist generell nicht zugänglich, um den Fußboden aus dem 13. Jh. zu schonen. Der hl. Eduard war der Gründer der Abtei, deren Originalbau wenige Wochen vor seinem Tod geweiht wurde. Sein Grab wurde leicht verändert, nachdem es in der Reformationszeit zerstört worden war, birgt aber immer noch die sterblichen Überreste Eduards – der einzige vollständige Heiligenleichnam in Großbritannien. Bei den 90-minütigen **Küsterführungen** (5 £ plus Eintritt) durch die Kirche wird auch der Schrein besichtigt.

Südliches Querschiff & Mittelschiff

In der **Poets' Corner** im südlichen Querschiff sind viele der bedeutendsten Schriftsteller Englands bestattet und/oder mit einem Denkmal gewürdigt.

Im nördlichen Gang des Mittelschiffs befindet sich die **Scientists' Corner** mit den Gräbern von **Sir Isaac Newton** und weiteren Wissenschaftsgrößen, darunter Charles Darwin und Stephen Hawking. Die Asche des Letzteren wurde 2018 hier beigesetzt. Gleich dahinter ist der Nordgang des Quire, der sogenannte **Musicians' Aisle**, wo der Barockkomponist Henry Purcell sowie modernere Musiker wie Benjamin Britten und Edward Elgar begraben sind.

Ausgang ist das Westportal unter den zwei Türmen, die von Nicholas Hawksmoor entworfen und 1745 fertiggestellt wurden. Direkt über der Tür stehen in Nischen aus dem 15. Jh. Figuren, die 1998 hinzukamen: zehn Steinstatuen von Märtyrern des 20. Jhs. aus aller Welt, die für ihren christlichen Glauben starben. Dazu gehören der US-Pazifist Dr. Martin Luther King, der polnische Pfarrer Maximilian Kolbe, von den Nazis in Auschwitz umgebracht, und Wang Zhiming, der während der chinesischen Kulturrevolution öffentlich hingerichtet wurde.

Außengebäude & Gärten

Der älteste Teil des Kreuzgangs ist der **östliche Kreuzgang** (oder East Walk) aus dem 13. Jh. Hinter dem Kreuzgang befindet sich das achteckige **Chapter House** mit einem der besterhaltenen mittelalterlichen Fliesenböden Europas und sakralen Wandbildern. In der zweiten Hälfte des 14. Jhs. diente es als Versammlungsraum des Unterhauses. Rechts vom Eingang zum Chapter House befindet sich die angeblich **älteste Tür in Großbritannien** – es gibt sie hier bereits seit 950 Jahren.

Die angrenzende **Pyx Chamber** mit dem **Altar von St Dunstan** aus dem 10. Jh. gehört zu den wenigen erhaltenen Überresten der ursprünglichen Abtei. In der Kammer wird die Pyxis aufbewahrt, eine Kiste mit standardisierten Gold- und Silberstücken, die beim Trial of the Pyx, einer Prüfung von

Buntglasfenster im Chapter House

Münzgewichten, benutzt wurden. Die Prüfung findet heute in der Goldsmiths' Hall in der City of London statt.

Der Weg in den 900 Jahre alten **College Garden** (Karte S. 80; ☎020-7222 5152; www.westminster-abbey.org; nahe Great College St, SW1; ⏲Di–Do 10–16 Uhr; Ⓤ Westminster) GRATIS führt über den Dean's Yard und die Little Cloisters an der Great College Street.

Queen's Diamond Jubilee Galleries

2018 wurden die **Queen's Diamond Jubilee Galleries** (5 £ Eintritt) eröffnet, ein neues Museum im mittelalterlichen Triforium, der Arkadenempore über dem Mittelschiff. Zu den Exponaten gehören die Totenmasken und Wachsfiguren mehrerer Königsgenerationen, Rüstungen und Buntglaspaneele. Highlights sind der bekritzelte Krönungsstuhl von Maria II., das schön illustrierte Manuskript des Litlyngton Missal von 1380 und das Westminster-Retabel aus dem 13. Jh., der älteste erhaltene Altaraufsatz Englands.

Die Galerien oberhalb des Gewusels in der Abtei sind viel stiller und weniger besucht als das Mittelschiff und den zusätzlichen Eintritt wirklich wert, da sie den besten Blick auf die Abbey bieten.

☑ Nicht versäumen

Die schönste Aussicht bieten die Queen's Diamond Jubilee Galleries.

★ Top-Tipp

Der Besucherandrang ist massiv, daher lohnt es sich, ein Ticket im Voraus online zu kaufen (was auch etwas billiger ist) oder sich gleich frühmorgens in die Warteschlange zu stellen.

BPPERRY / GETTY IMAGES ©

British Museum

Die meistbesuchte Attraktion Großbritanniens – 1753 gegründet, als der königliche Leibarzt Hans Sloane sein „Kuriositätenkabinett" verkaufte – ist ein umfassender und spannender Marsch durch Jahrtausende menschlicher Zivilisation.

Toll für ...

☑ Nicht versäumen

Stein von Rosette, die Mumie der Katebet und die Parthenon-Friese.

Das British Museum bietet eine enorme Auswahl an Führungen, viele davon gratis. Es gibt pro Tag 14 kostenlose 30-minütige Eye-opener-Führungen einzelner Galerien. Hinzu kommen tägliche kostenlose Vorträge, eine Highlight-Führung (14 £, Fr, Sa & So 11.30 & 14 Uhr) und freitagabends kostenlose 20-minütige Spotlight-Führungen. Audioguides (Erw./Kind 7/6 £) in zehn Sprachen sind am Schalter im Great Court erhältlich.

Great Court

Hinter der Eingangshalle liegt der **Great Court** mit seinem spektakulären Dach aus Glas und Stahl, das 2000 von Norman Foster entworfen wurde. Der derzeit geschlossene **Reading Room** in der Mitte war einst Teil der British Library und wurde von vielen Geistesgrößen der Geschichte besucht, von Mahatma Gandhi bis Karl Marx.

Sammlung Ägyptische Antike

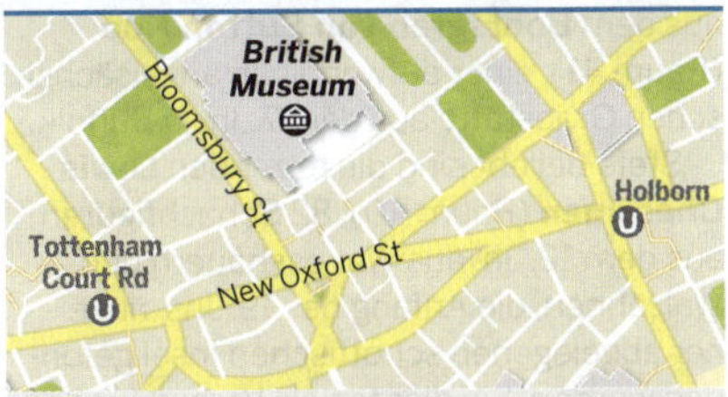

Gut zu wissen

Karte S. 80; ☎020-7323 8000; www.britishmuseum.org; Great Russell St, WC1; ⌚Sa–Do 10–17.30, Fr bis 20.30 Uhr; Ⓤ Tottenham Court Rd oder Russell Sq GRATIS

Kleine Stärkung

Gleich um die Ecke vom Museum liegt an einem malerischen Platz das reizende Pub **Queen's Larder** (Karte S. 86; ☎020-7837 5627; www.queenslarder.co.uk; 1 Queen Sq, WC1; ⌚Mo–Fr 11.30–23, Sa 12–23, So 12–22.30 Uhr; Ⓤ Russell Sq).

★ Top-Tipp

Das Museum ist riesig, daher am besten ein Interessensgebiet wählen und an einer kostenlosen Führung teilnehmen.

Ägyptische, nahöstliche & griechische Antike

Glanzlicht der Abteilung ist die Ägyptische Sammlung mit Skulpturen, Schmuck, Papyrusschriften, Särgen und Mumien, darunter die faszinierende **Mumie der Katebet** (Raum 63). Das wertvollste Stück der Sammlung ist der **Stein von Rosette** (Raum 4), der Schlüssel zur Entzifferung der ägyptischen Hieroglyphen. In derselben Galerie befindet sich auch die riesige Büste des Pharaos **Ramses des Großen** (Raum 4).

Zu den assyrischen Schätzen aus dem antiken Mesopotamien gehören die 16 t schweren **Geflügelten Stiere von Khorsabad** (Raum 10), das schwerste Objekt des Museums. Dahinter sind die herrlichen **Löwenjagdreliefs von Ninive** (Raum 10) aus dem 7. Jh. v. Chr. zu sehen, die die griechische Bildhauerei beeinflusst haben. Altertümer dieser Art sind nach der Zerstörung von Nimrud durch den „Islamischen Staat" 2015 von noch größerer Bedeutung.

Ein Highlight des Museums sind die **Parthenon-Friese** (Raum 18), die wohl die Großen Panathenäen darstellen, das größte jährliche Fest zu Ehren der Göttin Athene.

Römisches & mittelalterliches Britannien

Ebenfalls auf Ebene 3 sind Fundstücke aus Großbritannien und Europa ausgestellt (Räume 40 bis 51), viele aus der römischen Zeit. Dazu gehört der **Schatz von Mildenhall** (Raum 49), über 30 römische Silberarbeiten aus dem 4. Jh. v. Chr. aus Suffolk im Osten Englands mit heidnischen und frühchristlichen Motiven.

Der **Lindow-Mann** (Raum 50), eine gut erhaltene Moorleiche aus dem 1. Jh., wurde 1984 bei Manchester in Nordengland entdeckt. Faszinierend sind auch die Artefakte aus dem **Bootsgrab von Sutton Hoo** (Raum 41), einer aufwendigen angelsächsischen Grabstätte aus dem 7. Jh. in Suffolk.

Stets beliebt sind die reizenden **Lewis Chessmen** (Raum 40), 82 Schachfiguren aus dem 12. Jh. aus Walrosshauern und Walzähnen, die Anfang des 19. Jhs. auf einer abgelegenen schottischen Insel gefunden wurden. Sie dienten als Vorbild für das Zauberschach im ersten Harry-Potter-Film.

Enlightenment Galleries

Der hinreißende klassizistische Saal (Raum 1) gleich am Great Court, die ehemalige King's Library, entstand zwischen 1823 und 1827 und war der erste Teil des neuen Museumsbaus von heute. Mittels faszinierender Artefakte beschäftigt sich die Sammlung mit der Entwicklung von Wissenschaftszweigen wie Biologie, Archäologie, Sprachwissenschaft und Geografie während der Aufklärung im 18. Jh.

Was gibt's in der Nähe?

Sir John Soane's Museum Museum

(Karte S. 80; 020-7405 2107; www.soane.org; 13 Lincoln's Inn Fields, WC2; Mi–So 10–17 Uhr; U Holborn) GRATIS Das kleine Museum ist eins der stimmungsvollsten in London. Es ist im Haus des Architekten Sir John Soane (1753–1837) untergebracht, das er voll erstaunlicher persönlicher Gegenstände und Kuriositäten hinterließ. Soane, ein Maurersohn vom Land, ist berühmt als Architekt der Bank of England.

Das denkmalgeschützte Haus blieb seit Soanes Tod weitgehend unverändert. Durch eine Baldachinkuppel fällt Licht bis in die Krypta, einen Wandelgang mit Statuen, und eine Galerie, in der Gemälde in aufklappba-

Russell Square

ren Holztafeln gestapelt sind. Hier werden Soanes erlesenste Kunstwerke gezeigt, darunter *Riva degli Schiavoni*, *Blick nach Westen* von Canaletto, Architekturzeichnungen von Christopher Wren und Robert Adam sowie die Originale von William Hogarths *Rake's Progress*, Karikaturen der Londoner Unterschicht aus dem späten 18. Jh. Zu den ungewöhnlicheren Erwerbungen Soanes gehören ein ägyptischer, mit Hieroglyphen verzierter Sarkophag, der Nachbau einer Mönchszelle und Sklavenketten.

★ Top-Tipp

Empfehlenswert ist der herausragende BBC-Podcast *A History of the World in 100 Objects* (www.bbc.co.uk/podcasts/series/ahow), der 2 Mio. Jahre Geschichte anhand von 100 Objekten aus der Museumssammlung nachzeichnet.

CHRISPICTURES / SHUTTERSTOCK ©

Charles Dickens Museum Museum

(Karte S. 86; ☎020-7405 2127; www.dickensmuseum.com; 48–49 Doughty St, WC1; Erw./Kind 9,50/4,50 £; ⏲Di–So 10–17 Uhr; ⓊRussell Sq oder Chancery Lane) Charles Dickens lebte mit seiner wachsenden Familie nur 2½ Jahre (1837–1839) in diesem, vierstöckigen, georgianischen Reihenhaus, aber hier vollendete er *Die Pickwickier*, *Nicholas Nickleby* und *Oliver Twist*. Jedes der ein Dutzend Zimmer, teilweise im Originalzustand restauriert, enthält verschiedene Erinnerungsstücke, auch das Arbeitszimmer mit dem Schreibtisch, an dem Dickens *Große Erwartungen* schrieb.

Plätze in Bloomsbury Plätze

Die Bloomsbury-Gruppe, so hieß es einst, lebte an (viereckigen) Plätzen, verkehrte in Kreisen und liebte in Dreiecken. Mittelpunkt des Viertels ist der **Russell Square** (Karte S. 86; ⓊRussell Sq). Er wurde 1800 angelegt, zu Beginn dieses Jahrtausends saniert und mit einem 10 m hohen Springbrunnen geschmückt. Zentrum des literarischen Bloomsbury war der **Gordon Square** (Karte S. 86; ⓊRussell Sq oder Euston Sq), wo an manchen Häusern blaue Gedenktafeln angebracht sind. Der **Bedford Square** (Karte S. 80; ⓊTottenham Court Rd) ist der einzige original erhaltene georgianische Platz.

Auf dem **Tavistock Square** (Karte S. 86; ⓊRussell Sq oder Euston Sq), dem „Friedensplatz", stehen eine Statue von Mahatma Gandhi, eine Gedenkstätte für Kriegsdienstverweigerer und ein Kirschbaum, der an die Bombardierung von Hiroshima und Nagasaki im Zweiten Weltkrieg erinnert.

Viele Schriftsteller und Künstler lebten am Gordon Square, darunter Bertrand Russell (Nr. 57), Lytton Strachey (Nr. 51) und Vanessa und Clive Bell, Maynard Keynes sowie die Woolfs (Nr. 46). Strachey, Dora Carrington und Lydia Lopokova (die spätere Frau von Maynard Keynes) wohnten abwechselnd in Haus Nr. 41.

★ Schon gewusst?

Charles Dickens verbrachte nur 2½ Jahre in dem heutigen Charles Dickens Museum, aber er verfasste hier viele seiner berühmtesten Werke.

Buckingham Palace

Der Palast ist die Londoner Residenz der königlichen Familie, seit Königin Victoria 1837 vom Kensington Palace hierher zog, da der St James's Palace als zu altmodisch galt.

Toll für ...

☑ Nicht versäumen

Durch das Tor blicken, an einer Führung teilnehmen (nur im Sommer), die Wachablösung beobachten.

Die State Rooms können nur im August und September besichtigt werden, wenn Ihre Majestät in Schottland weilt. Die Queen's Gallery und die Royal Mews sind jedoch ganzjährig zugänglich.

State Rooms

Der Rundgang beginnt in der **Grand Hall** zu Füßen der monumentalen **Prunktreppe**, die 1823 von Georg IV. in Auftrag gegeben wurde. Er führt weiter durch John Nashs klassizistischen **Grünen Salon**, den **Prunkspeisesaal** (mit rotem Damast und Regency-Möbeln), den **Blauen Salon** (mit einer hinreißenden kannelierten Decke von Nash) und den **Weißen Salon**, in dem ausländische Botschafter empfangen werden.

Im Eintritt enthalten ist der Besuch einer Sonderausstellung (königliche Mode

Wachablösung

während der Regentschaft von Elisabeth II., Kindheit im Schloss usw.) im riesigen **Ballsaal**, der von 1853 bis 1855 entstand. Diese Ausstellungen sind oft der Hauptgrund für einen Besuch. Der **Thronsaal** mit den zwei rosa Stühlen mit den Initialen „ER“ und „P“ ist eher enttäuschend.

Gemäldegalerie & Garten

Am interessantesten ist die 47 m lange Gemäldegalerie mit großartigen Werken von Künstlern wie van Dyck, Rembrandt, Canaletto, Poussin, Claude Lorrain, Rubens, Canova und Vermeer.

Ein Spaziergang durch die 18 ha großen Gärten ist ein weiteres Highlight – neben den rund 350 Pflanzenarten und dem vielfältigen Vogelgesang bieten sich schöne Aussichten auf den Palast und ein Blick auf seinen berühmten See.

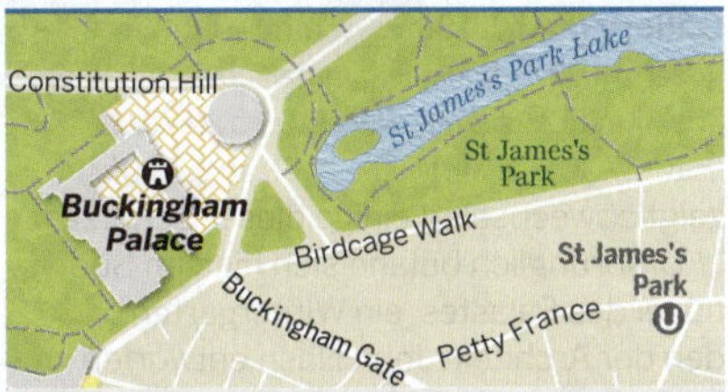

Gut zu wissen

Karte S. 80; ☎0303 123 7300; www.rct.uk/visit/the-state-rooms-buckingham-palace; Buckingham Palace Rd, SW1; Erw./Kind/unter 5 J. 25/14 £/frei, inkl. Royal Mews & Queen's Gallery 45/24,50 £/frei; Mitte Juli–Aug. 9.30–19 Uhr, Sept. bis 18 Uhr; U Green Park oder St James's Park

Kleine Stärkung

Im Sommer werden im **Garden Café** an der Westterrasse des Palastes kleine Erfrischungen serviert.

★ Top-Tipp

Wer früh kommt, hat den besten Blick auf die Wachablösung.

Wachablösung

Sonntags, montags, mittwochs und freitags (im Juni und Juli täglich) findet um 11 Uhr, wenn es das Wetter zulässt, im Vorhof des Buckingham Palace die Wachablösung statt (Foot Guards of the Household Regiment).

Zahlreiche Menschen **beobachten** (Karte S. 80; www.royal.uk/changing-guard; Aug.–Mai So, Mo, Mi Fr 11 Uhr, Juni & Juli tgl. 11 Uhr) GRATIS das sorgfältig choreografierte Marschieren und Gebrülle der Soldaten in ihren leuchtend roten Uniformen und Bärenmützen. Es dauert 45 Minuten und ist sehr beliebt. Frühe Ankunft ist also ratsam, um einen guten Platz zu ergattern.

Queen's Gallery

Seit König Karl I. hat die Königsfamilie eine unschätzbare Sammlung von Gemälden, Skulpturen, Keramiken, Möbeln und Schmuck angehäuft. Die kleine **Queen's**

Gallery (Karte S. 80; www.rct.uk/visit/the-queens-gallery-buckingham-palace; South Wing; Erw./Kind 12/6 £, inkl. Royal Mews 20,70/11,20 £; ⏲10–17.30 Uhr, Mitte Juli–Sept. ab 9.30 Uhr) zeigt abwechselnd einige dieser Schätze.

Ursprünglich befand sich hier, im Südflügel des Palastes, ein Wintergarten, den der Architekt John Nash entworfen hatte. Er wurde 1843 für Königin Victoria zur Kapelle umgebaut, 1940 bei einem Luftangriff zerstört und 1962 als Galerie wiedereröffnet. Eine 20 Mio. £ teure Renovierung zum goldenen Thronjubiläum von Elisabeth II. 2002 verdreifachte die Ausstellungsfläche.

Royal Mews

Die **Royal Mews** (Karte S. 80; www.rct.uk/visit/royalmews; Buckingham Palace Rd, SW1; Erw./Kind 12/6,80 £, mit Queen's Gallery 20,70/11,20 £; ⏲April–Okt. 10–17 Uhr, Feb., März & Nov. Mo–Sa bis 16 Uhr; Ⓤ Victoria) südwestlich des Palastes waren zunächst eine Falknerei. Heute sind hier die gestriegelten königlichen Pferde und prächtigen Kutschen und Autos der Monarchin untergebracht. Die Königin, bekanntermaßen eine Pferdenärrin, sucht für alle Rösser im Stall selbst den Namen aus.

Zu den Highlights gehören die große und opulente goldene Prunkkutsche von 1762, die seit der Krönung von Georg IV. 1821 bei jeder Krönung genutzt wird, die Staatskarosse zum 60-jährigen Thronjubiläum von 2014 (die neueste in der Flotte) und die Stallungen aus den 1820er-Jahren, in denen die Windsor Greys und Cleveland Bays untergebracht sind.

Prunkspeisesaal (S. 66)

Was gibt's in der Nähe?

St James's Park — Park

(Karte S. 80; www.royalparks.org.uk/parks/st-jamess-park; The Mall, SW1; 5–24 Uhr; U St James's Park oder Green Park) Der St James's ist mit 23 ha nach dem **Green Park** (Karte S. 80; www.royalparks.org.uk/parks/green-park; 5–24 Uhr; U Green Park) der zweitkleinste der acht königlichen Parks. Aber was ihm an Größe fehlt, macht er durch Adrettheit wieder wett, da er die gepflegteste Grünanlage Londons ist. Er bietet tolle Ausblicke auf das London Eye, Westminster, St James's Palace, Carlton House Terrace und Horse Guards Parade; der Blick auf den Buckingham Palace von der **Blue Bridge** ist bildschön und kaum zu toppen.

★ Schon gewusst?

Die State Rooms sind nur 19 der 775 Zimmer des Palastes.

UKARTPICS / ALAMY STOCK PHOTO ©

Royal Academy of Arts — Kunstgalerie

(Karte S. 80; 020-7300 8000; www.royalacademy.org.uk; Burlington House, Piccadilly, W1; Sa–Do 10–18, Fr bis 22 Uhr; U Green Park) GRATIS Der älteste Kunstverein Großbritanniens wurde 1768 gegründet und zog 100 Jahre später in das Burlington House. Zu ihrem 250. Geburtstag 2018 gönnte sich die Akademie einen 56 Mio. £ teuren Umbau, der 70 % mehr Raum schuf. Auch ist nun der Besuch der historischen Sammlung kostenlos, zu der Zeichnungen, Gemälde, Baupläne, Fotos und Skulpturen einstiger und heutiger Akademiemitglieder wie Joshua Reynolds, John Constable, Thomas Gainsborough, William Turner, David Hockney und Norman Foster gehören.

Horse Guards Parade — Platz

(Karte S. 80; nahe Whitehall, SW1; U Westminster oder Charing Cross) Der Wachwechsel der Reitertruppe der Household Cavalry montags bis samstags um 11 und sonntags um 10 Uhr ist weniger überlaufen als der vor dem Buckingham Palace (S. 66). Etwas weniger pompös geht es um 16 Uhr beim Wachwechsel der Garde zu Fuß zu. Am offiziellen Geburtstag der Königin im Juni wird hier die Militärparade **Trooping the Colour** (www.householddivision.org.uk/trooping-the-colour; Horse Guards Parade, SW1; Juni; U Westminster oder Charing Cross) abgehalten.

★ Insiderwissen

Ein wichtiger Raum für die königliche Familie ist der Music Room. Hier wurden vier königliche Babys mit Wasser aus dem Jordan getauft: der Prince of Wales (Prinz Charles), die Princess Royal (Prinzessin Anne), der Herzog von York (Prinz Andrew) und der Herzog von Cambridge (Prinz William).

Tower of London von der Themse aus gesehen

Tower of London

Der Tower of London ist mit seiner ebenso düsteren wie faszinierenden Geschichte eine der Spitzenattraktionen der Stadt – viele Besucher kommen auch allein wegen der Kronjuwelen her.

Toll für ...

☑ Nicht versäumen

Die bunt gekleideten Yeoman Warders (oder Beefeaters), die spektakulären Kronjuwelen, die wahrsagenden Raben und die königlichen Rüstungen.

Der Tower, dessen Bau unter Wilhelm dem Eroberer (1066–1087) begann, ist tatsächlich eine Burg mit 22 Türmen.

Tower Green

In den Gebäuden westlich und südlich dieser Grünanlage sind seit jeher Tower-Bedienstete untergebracht. Der derzeitige „Burgvogt" wohnt im Queen's House von 1540. Was auf den ersten Blick wie ein friedliches, fast dörfliches Areal im Burghof des Tower aussieht, ist tatsächlich eines der blutigsten.

Schafottplatz & Beauchamp Tower

Zu den wenigen „Glücklichen", die hier ihr Ende fanden (statt schmachvoll auf dem Tower Hill hingerichtet zu werden, wo Zehntausende johlten), gehörten u. a. zwei der (angeblich untreuen) Ehefrauen Heinrichs VIII., Anne Boleyn und Catherine Howard, die 16-jährige Lady Jane Grey, die

Yeomen Warders

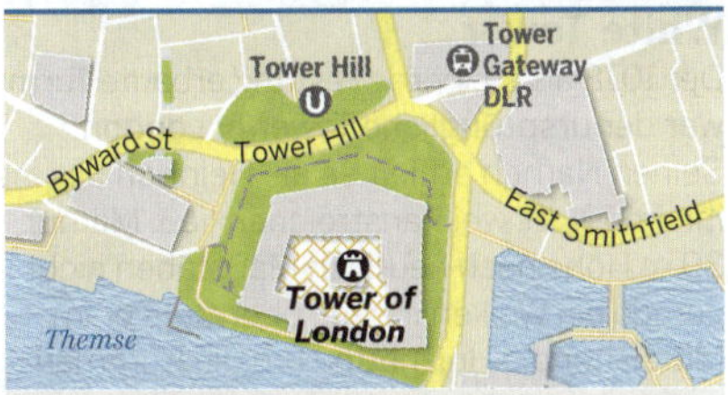

Gut zu wissen

Karte S. 82; 020-3166 6000; www.hrp.org.uk/tower-of-london; Petty Wales, EC3; Erw./Kind 26,80/12,70 £, Audioguide 4 £; Di–Sa 9–16.30, So & Mo ab 10 Uhr; Tower Hill

Kleine Stärkung

Die **Wine Library** (Karte S. 82; 020-7481 0415; www.winelibrary.co.uk; 43 Trinity Sq, EC3; Buffet 18 £; Buffet Mo–Fr 11.30–15, Sa 11–17 Uhr, Laden Mo 10–18, Di–Fr bis 20, Sa 11–17 Uhr; Tower Hill) gegenüber bietet einen leichten Mittagsimbiss mit Wein.

★ Top-Tipp

Bei Online-Buchung ist der Eintritt günstiger.

sich mit Heinrichs Tochter Maria I. überwarf, weil sie sich selbst zur Königin krönen lassen wollte, und Robert Devereux, Earl of Essex, einst Günstling von Elisabeth I.

Gleich westlich vom Schafottplatz steht der backsteinerne Beauchamp Tower, wo hochgestellte Gefangene traurige Inschriften und Zeichnungen hinterlassen haben.

St Peter ad Vincula

Nördlich des Schafottplatzes steht die Chapel Royal of St Peter ad Vincula (Sankt Petrus in Ketten) aus dem 16. Jh., ein seltenes Beispiel für sakrale Tudor-Architektur. Die Kirche kann auf einer Beefeater-Führung oder in der ersten und letzten Stunde der Öffnungszeiten besichtigt werden.

Kronjuwelen

In den **Waterloo Barracks** östlich der Chapel Royal und nördlich des White Tower werden die Kronjuwelen aufbewahrt. Auf dem Weg zur Schatzkammer gibt's Filmclips über die Juwelen und ihre Rolle in der Geschichte (auch schöne Archivaufnahmen der Krönung von Elisabeth II. 1953).

Im Raum selbst funkeln verschwenderisch mit Juwelen besetzte Zepter, Reichsäpfel und Kronen. Zwei Laufbänder transportieren Besucher an acht Kronen und anderen Krönungsinsignien vorbei, darunter die Platinkrone der verstorbenen Queen Mother mit dem 106-karätigen Diamanten Koh-i-Noor (persisch für „Berg des Lichts") und das Prunkzepter mit Kreuz und dem 530-karätigen Diamanten First Star of Africa (oder Cullinan I). Fotografieren ist verboten, wer nochmals schauen will, muss sich zurück zum Anfang der Laufbänder begeben. Ein Stück weiter wartet die Hauptattraktion: die Imperial State Crown mit 2868 Diamanten (darunter der 317-karätige Second Star of Africa oder Cullinan II), Saphiren, Smaragden, Rubinen und Perlen. Die Queen trägt sie bei der Parlamentseröffnung im Mai/Juni.

White Tower

Der 1078 als steinerne Festung erbaute Turm war der ursprüngliche Tower of London: Seinen Namen erhielt er, als Heinrich III. ihn im 13. Jh. weiß anstreichen ließ. Mit nur 30 m Höhe nach heutigen Maßstäben nicht gerade ein Wolkenkratzer, überragte er im Mittelalter die Holzhütten um die Burgmauern und schüchterte das einfache Volk ein.

In den meisten Räumen sind Kanonen, Waffen, Kettenhemden und Rüstungen für Mann und Pferd aus den **Royal Armouries** untergebracht. Zu den bemerkenswertesten Stücken in der Eingangsetage gehören zwei Rüstungen von Heinrich VIII. – eine wurde für ihn gefertigt, als er ein schneidiger 24-Jähriger war, die andere, als er ein 50-Jähriger mit einem Bauchumfang von 129 cm war. Nicht zu übersehen ist die überdimensionierte Schamkapsel.Zudem befindet sich hier die fabelhafte **Line of Kings** aus dem späten 17. Jh., eine Parade von hölzernen Pferden und Königshäuptern. Im 1. Stock stehen eine 2 m große Rüstung, von der man einst glaubte, sie sei für den riesenhaften John of Gaunt gefertigt worden, und daneben eine kleine Kinderrüstung, die für den Sohn Jakobs I., den späteren Karl I., entworfen wurde. Oben im 2. Stock sind der Holzblock und die Axt ausgestellt, mit der 1747 Simon Fraser hingerichtet wurde; es war die letzte Hinrichtung auf dem Tower Hill.

Mittelalterlicher Palast & Bloody Tower

Der mittelalterliche Palast besteht aus drei Türmen: St Thomas's, Wakefield und Langthorn. Im **St Thomas's Tower** (1279) ist zu sehen, wie Empfangssaal und Schlafkammer Eduards I. ausgesehen haben mögen.

Schlafgemach von Eduard I. im St Thomas's Tower

Hier haben Archäologen die Schichten neuerer Gebäude abgetragen, um frühere Versionen freizulegen. Gegenüber dem St Thomas's Tower steht der **Wakefield Tower**, den Eduards Vater Heinrich III. zwischen 1220 und 1240 erbauen ließ. Die oberste Etage ist über den St Thomas's Tower zu erreichen und birgt noch interessantere Objekte, so eine Thronreplik und weitere Ausstattungsstücke, die einen Eindruck von einem Empfangsraum in einem mittelalterlichen Schloss vermitteln. Während der Rosenkriege zwischen den Häusern York und Lancaster wurde Heinrich IV. (so heißt es) beim Beten in diesem Turm ermordet. Eine Tafel auf dem Boden der Kapelle erinnert an den Lancaster-König. Der **Langthorn Tower**, in dem im Mittelalter die Königinnen wohnten, steht östlich davon.

★ Insiderwissen

Die auf dem Schafott vor der Chapel Royal of St Peter ad Vincula Geköpften – darunter Anne Boleyn, Catherine Howard und Lady Jane Grey – wurden im 19. Jh. in die Kapelle umgebettet.

GOGA18128 / SHUTTERSTOCK ©

Die Water Lane vom St Thomas's Tower führt zum **Traitors' Gate**, dem Tor, durch das Gefangene per Boot in den Tower gebracht wurden. Gegenüber dem „Verrätertor" befindet sich das riesige Fallgitter des Bloody Tower. Dessen Name geht auf die Geschichte der „Prinzen im Turm" zurück: Eduard V. und sein jüngerer Bruder Richard wurden hier „zu ihrer eigenen Sicherheit" gefangen gehalten und später ermordet, um ihre Ansprüche auf den Thron zunichte zu machen. Eine Ausstellung im Innern ist dem Leben des Abenteurers Sir Walter Raleigh gewidmet, den Elisabeth I. und ihr Nachfolger Jakob I. dreimal hier einsperren ließen.

East Wall Walk

Die massive innere Mauer des Tower wurde 1220 unter Heinrich III. hinzugefügt, um die Burg besser zu befestigen. Sie ist 36 m breit und auf ganzer Länge von Türmen durchsetzt. Oben auf dem East Wall Walk kann man ab dem **Salt Tower** aus dem 13. Jh., in dem wohl Salpeter für Schießpulver gelagert wurde, über die Ostseite der Mauer laufen. Auf dem Weg liegen auch der **Broad Arrow Tower** und der **Constable Tower**, beide mit kleinen Ausstellungen. Der **Martin Tower** am Ende des Wegs zeigt eine Ausstellung mit den originalen Krönungsinsignien. Hier sind einige ältere Kronen zu sehen, deren Juwelen entfernt wurden. In diesem Turm versuchte 1671 Colonel Thomas Blood, als Pfarrer verkleidet, die Kronjuwelen zu stehlen. Er wurde gefasst, aber überraschenderweise von Karl II. begnadigt.

Yeoman Warders

Die Yeoman Warders sind ein Symbol des Tower und bewachen die Festung seit dem

★ Schon gewusst?

Im Laufe der Geschichte diente der Tower als Palast, Observatorium, Zeughaus, Münze und sogar als Zoo.

15. Jh. Es sind bis zu 40 Mann, die zuvor wenigstens 22 Jahre in der britischen Armee gedient haben müssen. 2007 erhielt erstmals eine Frau diesen Posten. Offiziell ist ihre Aufgabe zwar, den Tower zu bewachen, aber ihre Hauptaufgabe ist heute das Führen von Touristen. Die 45-minütigen kostenlosen Touren beginnen alle 30 Minuten bis 15.30 Uhr (im Winter bis 14.30 Uhr) an der Brücke in der Nähe des Haupteingangs.

Was gibt's in der Nähe?

Tower Bridge Brücke

(Karte S. 82; ✆020-7403 3761; www.towerbridge.org.uk; Tower Bridge, SE1; ⊙24 Std.; Ⓤ Tower Hill) Die Tower Bridge, eine der charakteristischsten Sehenswürdigkeiten Londons und aus Dutzenden Filmen bekannt, enttäuscht auch aus der Nähe nicht. Ihre neugotischen Türme und himmelblauen Hängestreben sorgen für Eleganz an einem überwiegend funktionalen Bauwerk. London war eine florierende Hafenstadt, als die Brücke 1894 als dringend benötigter Flussübergang im Osten gebaut und mit einem damals revolutionären dampfgetriebenen Klappmechanismus ausgerüstet wurde, der den Weg für ankommende Schiffe in nur drei Minuten freimachen konnte.

Ein Aufzug führt vom Nordturm hinauf zur **Tower Bridge Exhibition** (Karte S. 82; ✆020-7403 3761; www.towerbridge.org.uk; Tower Bridge, SE1; Erw./Kind 9,80/4,20 £, inkl. Monument 12/5,50 £; ⊙April–Sept. 10–17.30 Uhr, Okt.–März 9.30–17 Uhr; Ⓤ Tower Hill), wo die Baugeschichte der Brücke erzählt wird. Sie wurde vom Architekten Horace Jones entworfen, der auch für den Smithfield und Leadenhall Market verantwortlich war, und vom Ingenieur John Wolf Barry vollendet.

Die Brücke ist noch immer in Betrieb, wird aber heute elektrisch angetrieben und klappt meist für Freizeitboote hoch. Das geschieht rund 1000-mal im Jahr und im Sommer bis zu zehnmal täglich. Auf der Website der Exhibition stehen die Zeiten.

Monument Denkmal

(Karte S. 82; ✆020-7621 0285; www.themonument.org.uk; Fish St Hill, EC3; Erw./Kind 5/2,50 £, inkl. Tower Bridge Exhibition 12/5,50 £; ⊙April–Sept. 9.30–17.30 Uhr, Okt.–März bis 17 Uhr; Ⓤ Monument) Christopher Wrens Säule von 1677, schlicht Monument genannt, erinnert an das Große Feuer von London 1666, das folgenreich für die Geschichte der Stadt war. Die riesige dorische Säule aus Portland-Stein ist 4,5 m breit und 60,6 m hoch – die exakte Entfernung zur Bäckerei in der Pudding Lane, in der das Feuer wohl ausbrach.

Nach heutigem Maßstab winzig, überragte das Monument zur Bauzeit London. Der Aufstieg über die 311-stufige Wendeltreppe belohnt wegen der zentralen Lage noch immer mit großartigen Aussichten.

Die Säule krönt eine vergoldete bronzene Flammenurne, die manche mit einem goldenen Nadelkissen vergleichen. Ein früherer Entwurf von Wren sah einen Phönix aus der Asche vor, ein anderer eine große Statue Karls II., doch letztendlich wurde die heutige Urne ausgewählt. Der ausgemeißelte Abschnitt der lateinischen Inschrift an

Leadenhall Market

der Seite, der fälschlich die Katholiken verantwortlich machte, wurde 1830 entfernt.

Leadenhall Market Markt

(Karte S. 82; www.leadenhallmarket.co.uk; Whittington Ave, EC3; öffentliche Areale 24 Std.; Bank) Hier befand sich einst ein römisches Forum. Die überdachte Einkaufspassage nahe der Gracechurch Street stammt aus der viktorianischen Zeit, wie Kopfsteinpflaster und Schmiedeeisen zwischen den Läden und Bars bezeugen. Der Markt taucht als Winkelgasse in *Harry Potter und der Stein der Weisen* auf, ein Optikerladen mit blauer Tür in der Bull's Head Passage diente als Eingang zum „Tropfenden Kessel" in *Harry Potter und der Feuerkelch*.

30 St Mary Axe Architektur

(Karte S. 82; www.thegherkinlondon.com; 30 St Mary Axe, EC3; Aldgate) 30 St Mary Axe, wegen der markanten Form „Gherkin" (Gürkchen) genannt, ist der faszinierendste Wolkenkratzer der City, trotz der individualistischen Bauten, die ihn nun umgeben. 2003 vom Architekten Norman Foster gebaut, wurde seine futuristische Fassade zum Symbol des modernen London – unverkennbar wie Big Ben. Das Restaurant **HELIX** im 39. Stock mit Panoramablick steht allen offen (Reservierung erforderlich).

★ Insiderwissen

Raben, die sich einst von den Leichen Geköpfter ernährten, leben seit Jahrhunderten im Tower. Heute werden sie mit rohem Fleisch und Keksen gefüttert.

★ Schon gewusst?

Die Warders heißen auch Beefeaters, wohl wegen der Rindfleischrationen, die sie einst erhielten – damals ein Luxus.

PHILIP BIRD LRPS CPAGB / SHUTTERSTOCK ©

Durch den Norden Londons

Der Rundgang führt zu den interessantesten Ecken in North London, darunter das Promiviertel Primrose Hill und das chaotische Camden Town mit seinen lauten Gitarrenbands und den letzten Londoner Punks.

Start U-Bahnhof Chalk Farm
Länge 4 km
Dauer 2 Stunden

Fotospot: Londoner Skyline vom Primrose Hill

2 Ganz oben im Park von **Primrose Hill** bietet sich der klassische Blick auf die Skyline von London.

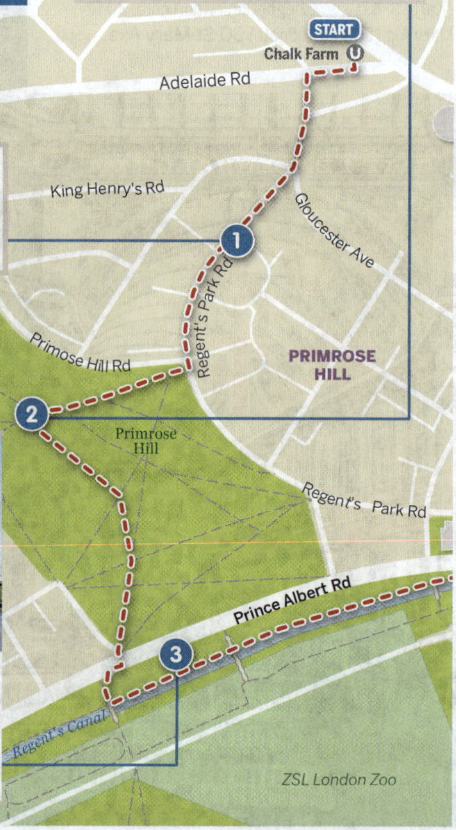

1 In der wohlhabenden **Regent's Park Road** wohnen viele Lieblinge der Regenbogenpresse, also auf bekannte Gesichter achten.

3 Unten am Regent's Canal geht's am großen Vogelhaus des **London Zoo**, an urigen Booten, tollen Villen und umgebauten Industriegebäuden vorbei.

4 Links vom **Camden Lock** liegt der quirlige Lock Market mit origineller Mode, ethnischer Kunst und Imbissständen.

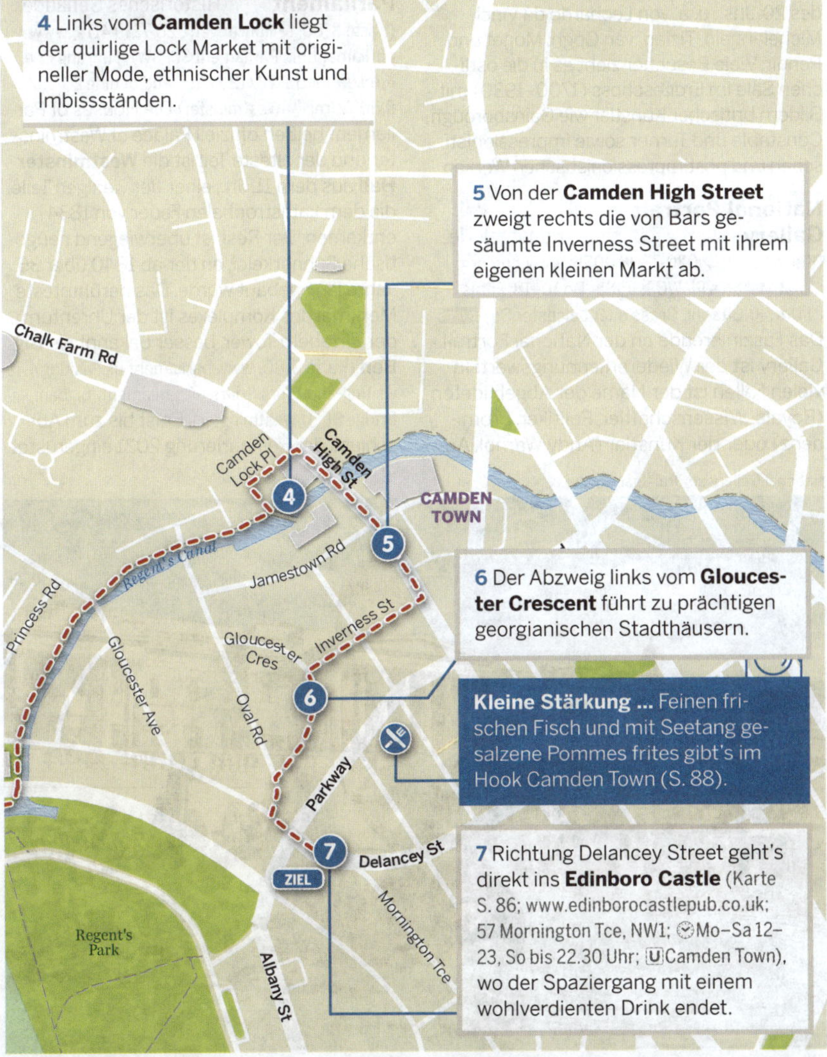

5 Von der **Camden High Street** zweigt rechts die von Bars gesäumte Inverness Street mit ihrem eigenen kleinen Markt ab.

6 Der Abzweig links vom **Gloucester Crescent** führt zu prächtigen georgianischen Stadthäusern.

Kleine Stärkung ... Feinen frischen Fisch und mit Seetang gesalzene Pommes frites gibt's im Hook Camden Town (S. 88).

7 Richtung Delancey Street geht's direkt ins **Edinboro Castle** (Karte S. 86; www.edinborocastlepub.co.uk; 57 Mornington Tce, NW1; ⏲Mo–Sa 12–23, So bis 22.30 Uhr; Ⓤ Camden Town), wo der Spaziergang mit einem wohlverdienten Drink endet.

SEHENSWERTES

Das West End

National Gallery Kunstgalerie

(Karte S. 80; 020-7747 2885; www.nationalgallery.org.uk; Trafalgar Sq, WC2; Sa–Do 10–18, Fr bis 21 Uhr; U Charing Cross) GRATIS Mit über 2300 europäischen Gemälden ist dies eine der größten Galerien der Welt. Zu sehen sind wegweisende Werke vom 13. Jh. bis zur Mitte des 20. Jhs., u. a. von Leonardo da Vinci, Michelangelo, Tizian, van Gogh, Monet und Renoir. Viele Besucher zieht es in die östlichen Säle im Erdgeschoss (1700–1930) mit Bildern britischer Künstler wie Gainsborough, Constable und Turner sowie impressionistischen und postimpressionistischen Werken.

National Portrait Gallery Kunstgalerie

(Karte S. 80; 020-7306 0055; www.npg.org.uk; St Martin's Pl, WC2; Sa–Do 10–18, Fr bis 21 Uhr; U Charing Cross oder Leicester Sq) GRATIS Das Faszinierende an der National Portrait Gallery ist der Wiedererkennungswert: In vielen Fällen ist der Name der Abgebildeten (Royals, Wissenschaftler, Politiker, Prominenz) oder der Künstler (Andy Warhol, Annie Leibovitz, Lucian Freud) bekannt, aber nicht unbedingt das Gesicht. Zu den Highlights zählen das berühmte „Chandos-Porträt“ mutmaßlich von William Shakespeare (Saal 4), das erste Kunstwerk, das die Galerie erwarb (1856), und eine anrührende Zeichnung der Schriftstellerin Jane Austen von ihrer Schwester (Saal 18).

Houses of Parliament Historisches Gebäude

(Karte S. 80; Führungen 020-7219 4114; www.parliament.uk; Parliament Sq, SW1; Führung Erw./Kind/unter 5 J. 28/12 £/frei, Audioguide 20,50/8,50 £/frei; U Westminster) Die Houses of Parliament heißen offiziell Palace of Westminster und der älteste Teil ist die **Westminster Hall** aus dem 11. Jh., einer der wenigen Teile, die dem katastrophalen Feuer von 1834 entkamen. Der Rest ist überwiegend neugotische Schnörkelei, an der ab 1840 über 36 Jahre lang gebaut wurde. Das berühmteste Merkmal des Komplexes ist der Uhrenturm, der Elizabeth Tower, besser bekannt als **Big Ben** (Karte S. 80; www.parliament.uk/visiting/visiting-and-tours/tours-of-parliament/bigben; Bridge St; U Westminster). Er ist bis zum Abschluss der Restaurierung 2021 eingerüstet.

National Gallery am Trafalgar Square

CLAUDIO DIVIZIA / SHUTTERSTOCK ©

Trafalgar Square Platz

(Karte S. 80; Ⓤ Charing Cross oder Embankment) Der 1844 angelegte Trafalgar Square ist das wahre Zentrum von London. Hier finden wichtige Kundgebungen und Demonstrationen statt, Zehntausende läuten hier das neue Jahr ein und man versammelt sich zu allen möglichen Anlässen: ob für Freilichtkino oder zu Weihnachten. Dominiert wird der Platz von der 52 m hohen **Nelson's Column**, sie ist bewacht von vier **bronzenen Löwen**. Der Platz ist von vielen prachtvollen Gebäuden umgeben, u. a. von der National Gallery und der Kirche **St Martin-in-the-Fields** (Karte S. 80; ☎020-7766 1100; www.stmartin-in-the-fields.org; Trafalgar Sq, WC2; ⌚Mo–Fr 8.30–18, Sa & So 9–18 Uhr; Ⓤ Charing Cross).

Churchill War Rooms Museum

(Karte S. 80; ☎020-7416 5000; www.iwm.org.uk/visits/churchill-war-rooms; Clive Steps, King Charles St, SW1; Erw./Kind 21/10,50 £; ⌚9.30–18 Uhr; Ⓤ Westminster) Der ehemalige Premierminister Winston Churchill koordinierte im Zweiten Weltkrieg mit einem Bakelit-Telefon in diesem unterirdischen Komplex den alliierten Widerstand gegen das deutsche Nazi-Regime. Die Cabinet War Rooms sehen heute fast genauso aus wie 1945, als hier das Licht ausgeschaltet wurde, und vermitteln noch immer die Dramatik, die jene Zeit prägte. Das moderne, multimediale Churchill Museum gewährt faszinierende Einblicke in Leben und Umstände des resoluten, Zigarre rauchenden Premiers.

Tate Britain Kunstgalerie

(Karte S. 80; ☎020-7887 8888; www.tate.org.uk/visit/tate-britain; Millbank, SW1; ⌚10–18 Uhr; Ⓤ Pimlico) GRATIS Die ältere und altehrwürdigere der beiden Tate-Galerien am Standort des ehemaligen Millbank Penitentiary (Zuchthaus) wurde 1892 eröffnet und würdigt britische Kunst von 1500 bis zur Gegenwart. Ausgestellt sind Werke von William Blake, William Hogarth, Thomas Gainsborough und John Constable sowie moderne und zeitgenössische Arbeiten von Lucian Freud, Barbara Hepworth, Francis Bacon und Henry Moore. Stars der Ausstellung sind zweifellos die lichtdurchfluteten Visionen von William Turner in der Clore Gallery.

Camden Market

Obwohl – oder vielleicht gerade weil? – der **Camden Market** (Karte S. 86; www.camdenmarket.com; Camden High St, NW1; ⌚10 Uhr–spät; Ⓤ Camden Town oder Chalk Farm) schon seit zigtausend verkauften billigen Lederjacken nicht mehr cool ist, pilgern noch immer jedes Jahr Millionen Besucher zu dieser beliebten Attraktion. Was mit ein paar Kunsthandwerksständen am Camden Lock begann, breitet sich heute fast über die gesamte Strecke zwischen den U-Bahnhöfen Camden Town und Chalk Farm aus.

IVAN / GETTY IMAGES ©

Die City

St Paul's Cathedral Kathedrale

(Karte S. 82; ☎020-7246 8357; www.stpauls.co.uk; St Paul's Churchyard, EC4; Erw./Kind 18/8 £; ⌚Mo–Sa 8.30–16.30 Uhr; Ⓤ St Paul's) Eines der majestätischsten Bauwerke Londons thront in großartiger Lage auf dem kleinen Ludgate Hill, der schon seit über 1400 Jahren eine Andachtsstätte ist (erst heidnisch, dann christlich). Für Londoner ist die mächtige Kuppel seit über 300 Jahren ein Symbol des Widerstands und Stolzes. Die Besichtigung des Kirchenschiffs, ein Meisterwerk von Christopher Wren, und der Aufstieg ganz nach oben, wo ein weiter Blick über die Hauptstadt wartet, sind ein erhebendes Erlebnis.

Westminster & West End

Westminster & West End

Sehenswertes

1 Bedford Square C1
2 Big Ben D4
3 British Museum C1
4 Buckingham Palace A4
Changing the Guard .... (s. 4)
5 Churchill War Rooms C4
6 College Garden C5
7 Green Park A4
8 Horse Guards Parade C4
9 Houses of Parliament D4
10 London Transport Museum D2
11 National Gallery C3
12 National Portrait Gallery C3
13 Queen's Gallery A5
14 Royal Academy of Arts B3
15 Royal Mews A5
16 Sir John Soane's Museum D1
17 St James's Park B4
18 St Martin-in-the-Fields C3
19 Tate Britain C6
20 Trafalgar Square C3
21 Westminster Abbey C5

Shoppen

22 Fortnum & Mason B3
23 Liberty B2

Essen

Cellarium .... (s. 21)
24 Foyer & Reading Room at Claridge's A2

Ausgehen & Nachtleben

25 Dukes London B3
26 Lamb & Flag C2

Museum of London — Museum

(Karte S. 82; 020-7001 9844; www.museumoflondon.org.uk; 150 London Wall, EC2; 10–18 Uhr; U Barbican) GRATIS In zwei Stunden führt einen dieses unterhaltsame und lehrreiche Museum durch 450 000 Jahre Londoner Geschichte. Zu sehen ist hier alles von einem Mammutkiefer, der in Ilford entdeckt wurde, verzweifeltem Gekritzel von Gefangenen in einer Zelle des Wellclose Prison bis zu Oliver Cromwells Totenmaske. Interaktive Exponate und rekonstruierte Szenen führen Besucher vom römischen Londinium und sächsischen Ludenwic bis zur Metropole des 21. Jhs. Kostenlose Führungen finden täglich statt, Termine am Eingang.

South Bank

Tate Modern — Kunstgalerie

(Karte S. 82; 020-7887 8888; www.tate.org.uk; Bankside, SE1; So–Do 10–18, Fr & Sa bis 22 Uhr; ; U Blackfriars, Southwark oder London Bridge) GRATIS Die herausragende Galerie für moderne und zeitgenössische Kunst in der kreativ umgebauten Bankside Power Station südlich der **Millennium Bridge** (Karte S. 82; U St Paul's oder Blackfriars) ist eine der größten Attraktionen Londons. In der Synthese aus moderner Kunst und hallenartigem Industriebau aus Backstein werden anspruchsvolle Werke mit großem Erfolg einem breiten Publikum nahegebracht, sowohl über die kostenlose ständige Sammlung als auch über kostenpflichtige Wechselausstellungen von berühmten Künstlern. Das umwerfende **Blavatnik Building**, 2016 eröffnet, vergrößerte die Ausstellungsfläche um 60 %.

London Eye — Aussichtspunkt

(Karte S. 82; www.londoneye.com; nahe der County Hall; Erw./Kind 28/23 £; Sept.–Mai 11–18 Uhr, Juni–Aug. 10–20.30 Uhr; U Waterloo oder Westminster) Das Riesenrad ragt 135 m hoch über die Stadt empor und bietet bei gutem Wetter einen Rundumblick über 40 km. Interaktive Tablets informieren (sechssprachig) über Wahrzeichen in der Reihenfolge, wie sie auftauchen. Jede Umdrehung – oder jeder „Flug" – dauert angenehm langsame 30 Minuten. Zu Spitzenzeiten (Juli, August und Schulferien) kann man allerdings mehr Zeit in der Warteschlange als in der Kapsel verbringen; mit einem „Fast-Track-Ticket" gegen Aufpreis spart man Zeit.

Borough Market — Markt

(Karte S. 82; www.boroughmarket.org.uk; 8 Southwark St, SE1; große Markttage Mi & Do 10–17, Fr 10–18, Sa 8–17 Uhr; U London Bridge) Der Markt, der sich schon in der einen oder anderen Form seit dem 13. Jh. (möglicherweise seit 1014) an diesem Standort befindet, ist eine echte Sehenswürdigkeit. Hier ist es immer voll – selbst an Tagen mit weniger Händlern (Mo & Di) drängeln sich Feinschmecker, staunende Besucher und

City, South Bank & East London

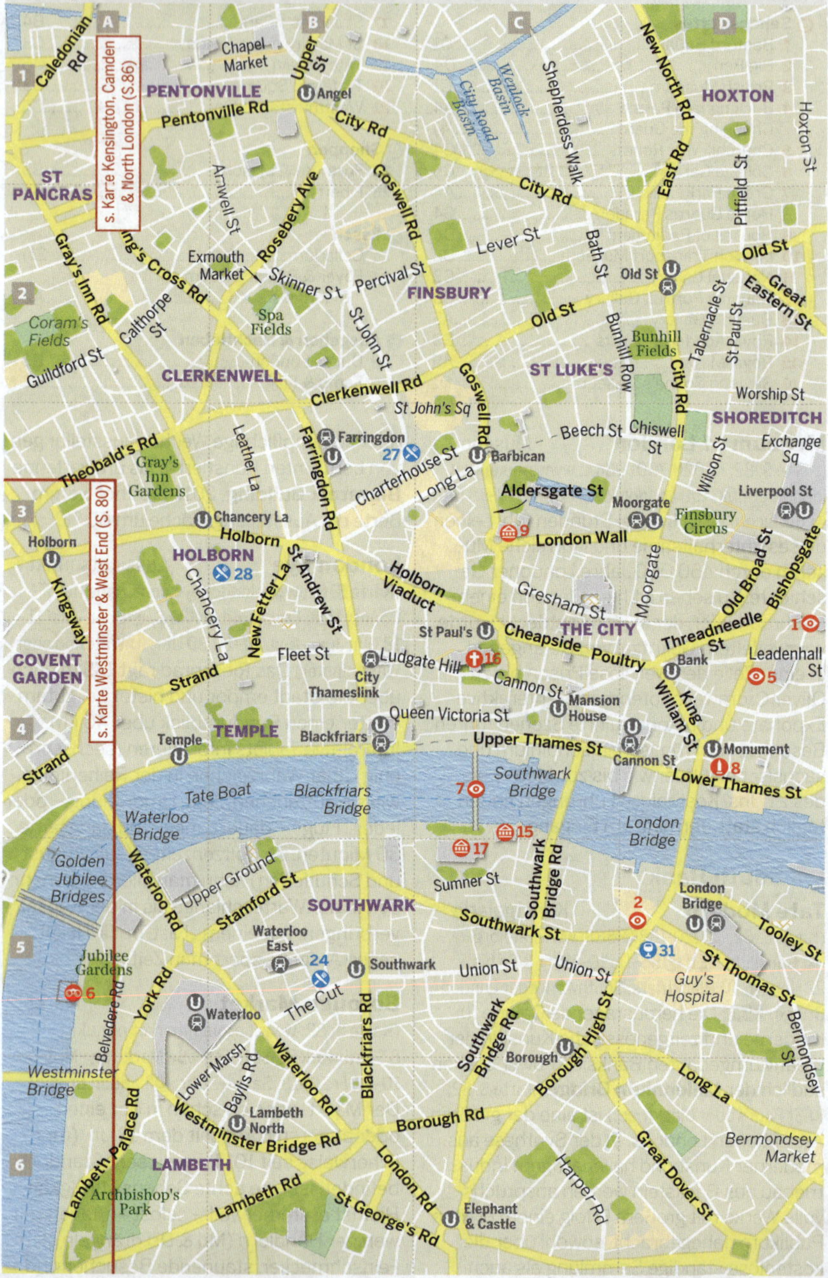

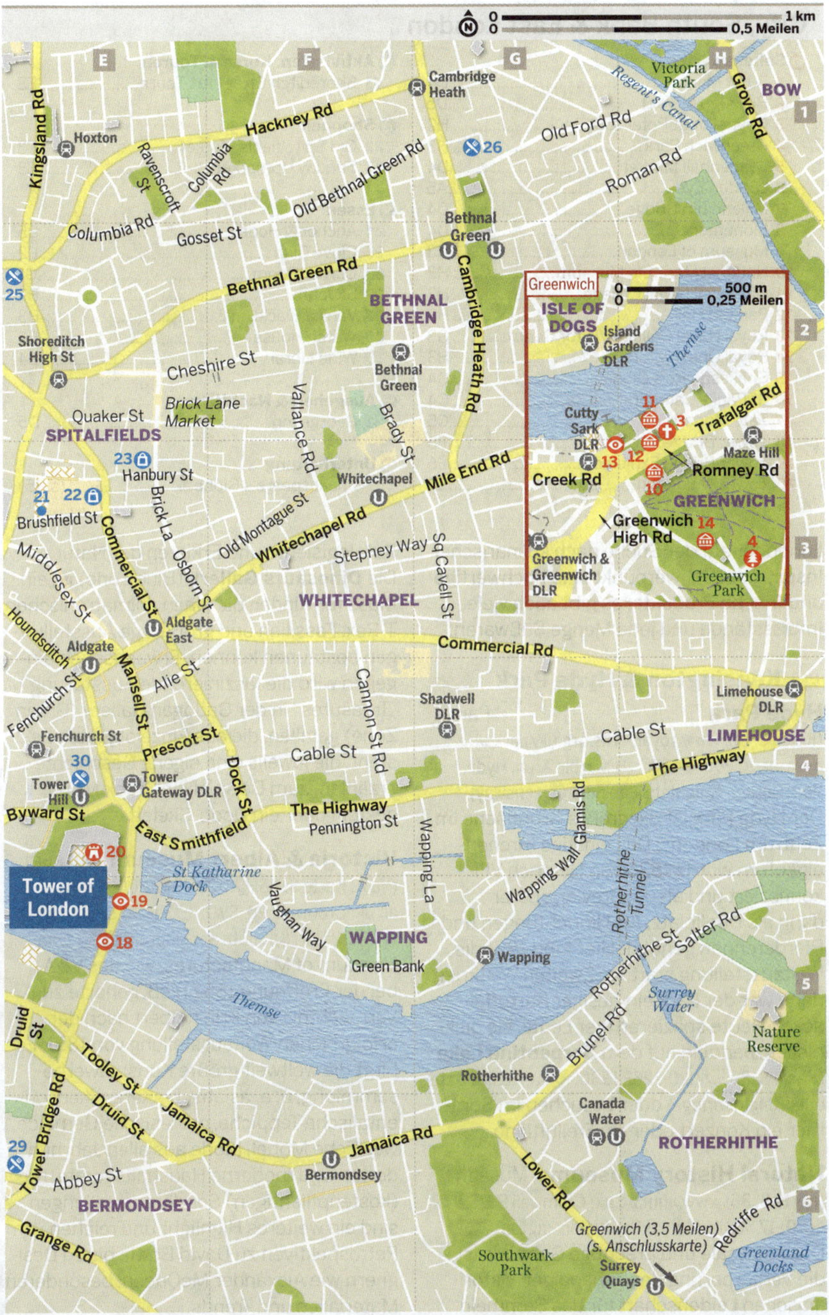
0 1 km
0 0,5 Meilen
E
F
G
H
1
2
3
4
5
6
Kingsland Rd
Hoxton
Ravenscroft St
Columbia Rd
Hackney Rd
Cambridge Heath
Old Bethnal Green Rd
26
Old Ford Rd
Victoria Park
Regent's Canal
Grove Rd
BOW
Roman Rd
Columbia Rd
Gosset St
Bethnal Green
Bethnal Green Rd
25
Shoreditch High St
Cheshire St
BETHNAL GREEN
Cambridge Heath Rd
Bethnal Green
Vallance Rd
Brady St
Quaker St
Brick Lane Market
SPITALFIELDS
23
Hanbury St
21
22
Brushfield St
Whitechapel
Mile End Rd
Brick La
Commercial St
Old Montague St
Whitechapel Rd
Stepney Way
Sq Cavell St
Middlesex St
Osborn St
WHITECHAPEL
Houndsditch
Aldgate East
Aldgate
Commercial Rd
Fenchurch St
Mansell St
Alie St
Cannon St Rd
Shadwell DLR
Limehouse DLR
Fenchurch St
Prescot St
Cable St
Cable St
LIMEHOUSE
30
Tower Hill
Tower Gateway DLR
Dock St
The Highway
The Highway
Byward St
Pennington St
Wapping La
Glamis Rd
East Smithfield
20
St Katharine Dock
Wapping Wall
Tower of London
19
Vaughan Way
Rotherhithe Tunnel
18
WAPPING
Green Bank
Wapping
Rotherhithe St
Salter Rd
Themse
Surrey Water
Druid St
Brunel Rd
Nature Reserve
Tooley St
Rotherhithe
Druid St
Jamaica Rd
Canada Water
29
Tower Bridge Rd
Jamaica Rd
Bermondsey
ROTHERHITHE
Abbey St
BERMONDSEY
Lower Rd
Redriffe Rd
Grange Rd
Greenwich (3,5 Meilen) (s. Anschlusskarte)
Southwark Park
Surrey Quays
Greenland Docks
Greenwich
0 500 m
0 0,25 Meilen
ISLE OF DOGS
Island Gardens DLR
Themse
Trafalgar Rd
Cutty Sark DLR
11
3
12
13
Maze Hill
Romney Rd
Creek Rd
10
GREENWICH
Greenwich High Rd
14
4
Greenwich & Greenwich DLR
Greenwich Park

City, South Bank & East London

Sehenswertes
1 30 St Mary Axe ... D4
2 Borough Market ... D5
3 Chapel of St Peter & St Paul ... H2
4 Greenwich Park ... H3
5 Leadenhall Market ... D4
6 London Eye ... A5
7 Millennium Bridge ... C4
8 Monument ... D4
9 Museum of London ... C3
10 National Maritime Museum ... H3
11 Old Royal Naval College ... H2
12 Painted Hall ... H3
13 Royal Naval College Visitor Centre ... G3
14 Royal Observatory ... H3
15 Shakespeare's Globe ... C4
16 St Paul's Cathedral ... C4
17 Tate Modern ... C5
18 Tower Bridge ... E5
19 Tower Bridge Exhibition ... E5
20 Tower of London ... E4

Aktivitäten, Kurse & Touren
21 Shoreditch Street Art Tours ... E3

Shoppen
22 Old Spitalfields Market ... E3
23 Sunday Upmarket ... E3

Essen
24 Anchor & Hope ... B5
25 Clove Club ... E2
26 Corner Room ... G1
27 St John ... B3
28 Vanilla Black ... B3
29 Watch House ... E6
30 Wine Library ... E4

Ausgehen & Nachtleben
31 George Inn ... D5

Unterhaltung
Shakespeare's Globe ... (s. 15)

Londoner auf der Suche nach kulinarischer Inspiration. Schwerpunkt sind hochwertige und frische Produkte; es gibt auch viele Imbissstände und jede Menge Süßwaren.

Kensington & Hyde Park

Hyde Park — Park

(Karte S. 86; www.royalparks.org.uk/parks/hyde-park; 5–24 Uhr; U Marble Arch, Hyde Park Corner, Knightsbridge oder Queensway)
Der Hyde Park ist die größte Grünfläche im Zentrum Londons. Das einstige Kircheneigentum wurde 1536 von Heinrich VIII. konfisziert und als Jagdrevier, später dann als Duellplatz, für Hinrichtungen und Pferderennen genutzt. Hier fand 1851 die Weltausstellung statt, im Zweiten Weltkrieg dann war der Park ein riesiger Kartoffelacker. Heute spazieren hier Leute, sie picknicken, paddeln auf dem **Serpentine Lake** (Karte S. 86; 020-7262 1330; U Lancaster Gate oder Knightsbridge) oder besuchen im Sommer ein Konzert oder ein Freiluftkino.

Natural History Museum — Museum

(Karte S. 86; www.nhm.ac.uk; Cromwell Rd, SW7; 10–17.50 Uhr; U South Kensington) GRATIS
Das kolossale und prächtige Gebäude ist die Verkörperung der unbändigen viktorianischen Leidenschaft für das Sammeln, Katalogisieren und Erklären der Natur. Die **Dinosaurs Gallery** (Blue Zone) ist ein Muss für Kinder, die einen animatronischen T-Rex, Fossilien und großartige Ausstellungen bestaunen können. Erwachsenen hingegen wird die faszinierende Ausstellung „Treasures" in der Cadogan Gallery (Green Zone) gefallen, die aus Einzelobjekten besteht, die jeweils eine eigene Geschichte erzählen, zum Beispiel ein Stück Mondgestein oder ein Dodo-Skelett.

Victoria & Albert Museum — Museum

(V&A; Karte S. 86; 020-7942 2000; www.vam.ac.uk; Cromwell Rd, SW7; Sa–Do 10–17.45, Fr bis 22 Uhr; U South Kensington) GRATIS Das Museum of Manufactures, wie das V&A bei der Eröffnung 1852 hieß, gehörte zum Vermächtnis von Prinz Albert nach der erfolgreichen Weltausstellung von 1851. Es birgt die weltweit größte Kunstgewerbesammlung, u. a. asiatische Keramiken, orientalische Teppiche, chinesische Gemälde, westliche Möbel, Mode aus allen Jahrhunderten und moderne Haushaltsgeräte. Die (kostenpflichtigen) Sonderausstellungen sind ein weiteres Highlight und reichen von Retrospektiven zu David Bowie bis zu Designern wie Alexander McQueen, besonderen Materialien und Trends.

Greenwich

Royal Observatory — Historisches Gebäude

(Karte S. 82; 020-8312 6565; www.rmg.co.uk/royal-observatory; Greenwich Park, Blackheath Ave, SE10; Erw./Kind 10/6,50 £, inkl. Cutty Sark 20/11,50 £; Sept.–Juni 10–17 Uhr, Juli & Aug. bis 18 Uhr; U Greenwich oder Cutty Sark) Das Observatorium auf einem Hügel in **Greenwich Park** (Karte S. 82; www.royalparks.org.uk; King George St, SE10; 6 Uhr–Sonnenuntergang; U Greenwich, Maze Hill oder Cutty Sark) ist Standort des **Nullmeridians** (Längengrad 0° 0' 0''). Das Ticket gilt auch für das von Christopher Wren entworfene **Flamsteed House** (nach dem ersten königlichen Astronomen benannt) und für den **Meridian Courtyard**, wo man gleichzeitig in der östlichen und westlichen Hemisphäre stehen kann. Im überkuppelten Observatorium befinden sich das Great Equatorial Telescope (1893) und die **Weller Astronomy Galleries**, die sich mit Raum und Zeit beschäftigen.

Old Royal Naval College — Historisches Gebäude

(Karte S. 82; www.ornc.org; 2 Cutty Sark Gardens, SE10; 10–17 Uhr, Gelände 8–23 Uhr; U Cutty Sark) GRATIS Das Old Royal Naval College ist Christopher Wrens barockes Meisterwerk und das größte Ensemble barocker Architektur Großbritanniens überhaupt. Es enthält die klassizistische **Chapel of St Peter and St Paul** (Karte S. 82; www.ornc.org/chapel; SE10; 10–17 Uhr; U Cutty Sark) und die außerordentliche **Painted Hall** (Karte S. 82; 020-8269 4799; www.ornc.org; Old Royal Naval College, SE10; Erw./Kind 12 £/frei; 10–17 Uhr; U Cutty Sark) GRATIS. Der Besuch des Komplexes, einschließlich Kapelle, **Besucherzentrum** (Karte S. 82; www.ornc.org/visitor-centre; Pepys Bldg, King William Walk, SE10; 10–17 Uhr; U Cutty Sark) GRATIS und Gelände, ist kostenlos. Ehrenamtliche Helfer bieten den ganzen Tag über ab Besucherzentrum 45-minütige Führungen an.

National Maritime Museum — Museum

(Karte S. 82; 020-8312 6565; www.rmg.co.uk/national-maritime-museum; Romney Rd, SE10; 10–17 Uhr; U Cutty Sark) GRATIS Das exzellente Museum erzählt die lange und ereignisreiche britische Seefahrtsgeschichte. Zu den Highlights der thematisch gegliederten Exponate gehören *Miss Britain III* von 1933 (das erste Boot, das 160 km/h auf offenem Gewässer erreichte), die 19 m lange goldene Staatsbarkasse, die 1732 für Frederick Prince of Wales gebaut wurde, ein riesiger Schiffspropeller und bunte Galionsfiguren im Erdgeschoss. Für Familien ist das ebenso toll wie der Schiffssimulator und die Kindergalerie „All Hands" im 2. Stock.

Kew & Hampton Court

Hampton Court Palace — Palast

(www.hrp.org.uk/hamptoncourtpalace; Hampton Court Palace, KT8; Erw./Kind/Fam. 22,70/11,35/40,40 £; Nov.–März 10–16.30 Uhr, April–Okt. bis 18 Uhr; Hampton Court Palace, Hampton Court) Der Palast, den Kardinal Thomas Wolsey 1515 baute, aber kurz bevor er (als Kanzler) in Ungnade fiel, an Heinrich VIII. abtreten musste, ist der größte und prachtvollste Tudor-Bau Englands. Er war bereits einer der raffiniertesten Paläste Europas, als Christopher Wren im 17. Jh. eine Erweiterung entwarf. Das Ergebnis ist eine herrliche Mischung aus Tudor- und „maßvoller" Barockarchitektur. Man kann gut einen Tag mit der Erkundung des Palastes und der 24 ha großen Gartenanlage am Fluss mit einem 300 Jahre alten **Labyrinth** (Erw./Kind/Fam. 4,40/2,70/12,80 £; April–Okt. 10–17.15 Uhr, Nov.–März bis 15.45 Uhr; Hampton Court Palace, Hampton Court) verbringen.

Kew Gardens — Gärten

(Royal Botanic Gardens, Kew; www.kew.org; Kew Rd, TW9; Erw./Kind 13,50/4,50 £; Sept. 10–18 Uhr, Okt. bis 17 Uhr, Nov.–Jan. bis 15 Uhr, Feb.–Aug. länger geöffnet; Kew Pier, Kew Bridge, U Kew Gardens) Ab 1759 durchstöberten Botaniker die Welt nach Pflanzen für die 3 ha großen Royal Botanic Gardens in Kew. Sie sammeln immer noch und in den Gärten, die auf 121 ha angewachsen sind, gedeiht die umfassendste botanische Sammlung der Welt (auch die größte Orchideensammlung der Welt). Die Gärten, ein Welterbe der Unesco, können leicht einen ganzen Tag beanspruchen; Besucher mit wenig Zeit

Kensington, Camden & North London

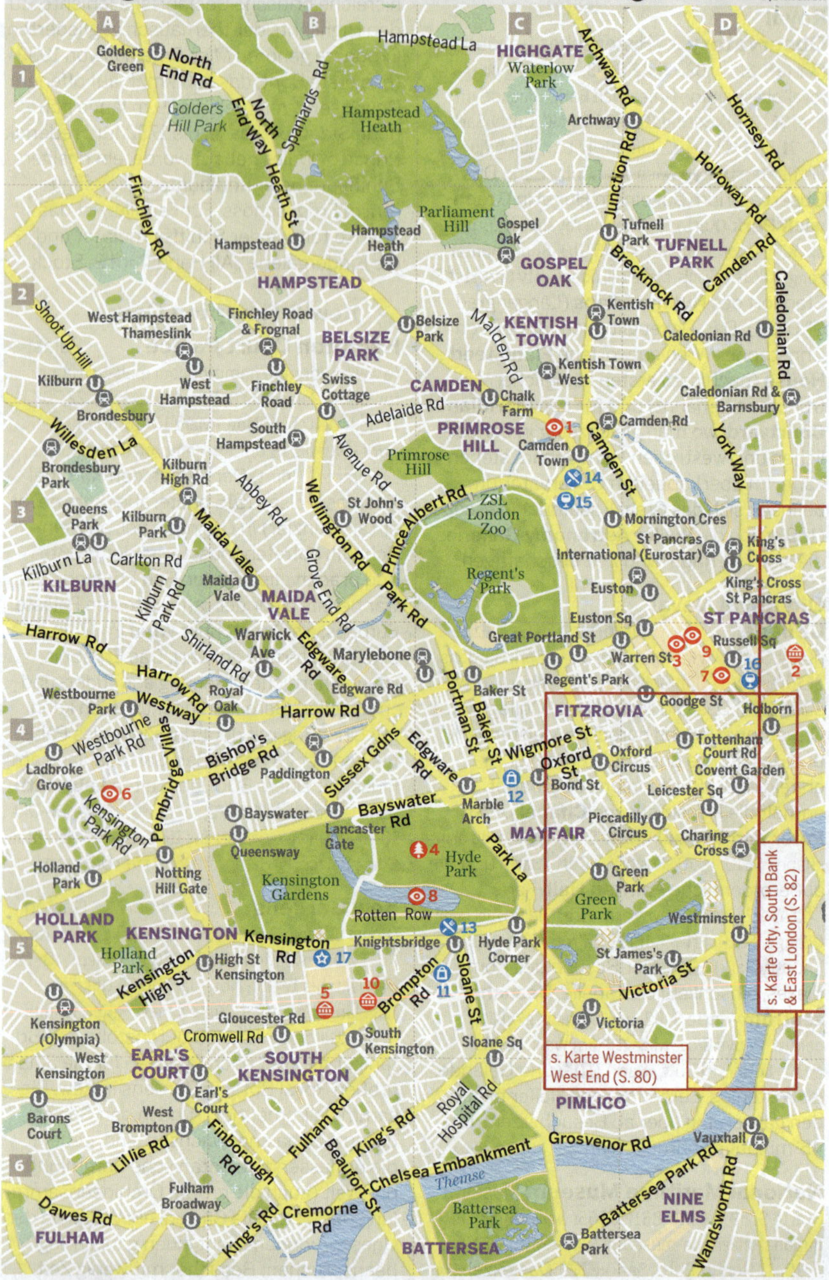

Kensington, Camden & North London

Sehenswertes

1 Camden Market ... C3
2 Charles Dickens Museum ... D4
3 Gordon Square ... D4
4 Hyde Park ... C5
5 Natural History Museum ... B5
6 Portobello Road Market ... A4
7 Russell Square ... D4
8 Serpentine Lake ... C5
9 Tavistock Square ... D4
10 Victoria & Albert Museum ... B5

Shoppen

11 Harrods ... C5
12 Selfridges ... C4

Essen

13 Dinner by Heston Blumenthal ... C5
14 Hook Camden Town ... C3

Ausgehen & Nachtleben

15 Edinboro Castle ... C3
16 Queen's Larder ... D4

Unterhaltung

17 Royal Albert Hall ... B5

können mit der kleinen Bimmelbahn **Kew Explorer** (☎020-8332 5648; www.kew.org/kew-gardens/whats-on/kew-explorer-land-train; Kew Gardens, TW9; Erw./Kind 5/2 £; Ⓡ Kew Gardens, Ⓤ Kew Gardens) die wichtigsten Stellen abklappern.

GEFÜHRTE TOUREN

Guide London — Touren

(Association of Professional Tourist Guides; ☎020-7611 2545; www.guidelondon.org.uk; halber/ganzer Tag 165/270 £) Die renommierten Blue Badge Tourist Guides sind allwissende Touristenführer, werden zwei Jahre lang ausgebildet und müssen ein Dutzend Prüfungen bestehen. Sie erzählen Geschichten zu Sehenswürdigkeiten, die nur sie kennen, oder leiten Thementouren (z B. zur Königsfamilie, zu den Beatles, zu Parks, zum Shoppen). Die Touren gibt's per Auto, Bus und Bahn, Fahrrad und zu Fuß.

Hidden London — Touren

(☎020-7565 7298; www.ltmuseum.co.uk/whats-on/hidden-london; Touren 35–85 £) Einen Insiderblick in den Untergrund Londons bieten die tollen Touren des **London Transport Museum** (Karte S. 80; ☎020-7379 6344; www.ltmuseum.co.uk; Covent Garden Piazza, WC2; Erw./Kind 17,50 £/frei; ⏰10–18 Uhr; 👪; Ⓤ Covent Garden). Die Ausflüge führen zu verlassenen U-Bahnstationen, die als Kulisse für etliche Filme dienten, z. B. *Skyfall* und *V für Vendetta*, sowie hoch auf den ersten Wolkenkratzer Londons, 55 Broadway, und zur Art-déco-Zentrale von Transport for London.

Shoreditch Street Art Tours — Rundgang

(Karte S. 82; ☎07834 088533; www.shoreditchstreetarttours.co.uk; Startpunkt an der Ziegenstatue, Brushfield St, E1; Erw./Kind unter 16 J. 15/10 £; ⏰Touren Fr–So 10 oder 13.30 Uhr; Ⓤ Liverpool St) Die Mauern in der Brick Lane und in Shoreditch sind quasi eine Openair-Galerie für Street-Art, eine inoffizielle Leinwand für Legenden wie Banksy und weniger bekannte Künstler. Der engagierte Guide Dave, den sein Job in der City langweilte, verbrachte einst seine Mittagspausen mit Spaziergängen durch diese Straßen. Heute erklärt er die Werke einem hingerissenen Publikum.

SHOPPEN

Fortnum & Mason — Kaufhaus

(Karte S. 80; ☎020-7734 8040; www.fortnumandmason.com; 181 Piccadilly, W1; ⏰Mo–Sa 10–21, So 11.30–18 Uhr; Ⓤ Green Park oder Piccadilly Circus) Der „Lebensmittelladen der Königin" in klassischem Nilgrün, 1707 gegründet, verweigert sich der Moderne. Die Angestellten, Männer wie Frauen, tragen noch immer Frack und in der prächtigen Lebensmittelabteilung gibt's Geschenkkörbe, Orangenmarmelade und Teespezialitäten. Afternoon Tea wird im Diamond Jubilee Tea Salon serviert, den Königin Elisabeth II. 2012 besuchte.

Londoner Märkte

Die vielleicht größte Attraktion sind die berühmten Märkte Londons. Diese Fundgruben mit Produkten unabhängiger Designer, einzigartigem Schmuck, originalen Fotos und Postern, farbenfroher Vintagemode und Nippes sind das Gegenstück zu den unpersönlichen und immer gleichen Malls.

Die beliebtesten Märkte sind Camden (S. 79), **Old Spitalfields** (Karte S. 82; www.oldspitalfieldsmarket.com; Commercial St, E1; ⌚Mo–Fr 10–20, Sa bis 18, So bis 17 Uhr; Ⓤ Liverpool St, Shoreditch High St oder Aldgate East) und **Portobello Road** (Karte S. 86; www.portobellomarket.org; Portobello Rd, W10; ⌚Mo–Mi, Fr & Sa 8–18.30, Do bis 13 Uhr; Ⓤ Notting Hill Gate oder Ladbroke Grove), die fast täglich stattfinden. Aber es gibt noch viele weitere, z. B. den **Sunday Upmarket** (Karte S. 82; ☎020-7770 6028; www.sundayupmarket.co.uk; Old Truman Brewery, 91 Brick Lane, E1; ⌚Sa 11–18, So 10–17 Uhr; Ⓤ Shoreditch High St) in der Brick Lane am Wochenende. Camden und Old Spitalfields sind weitgehend überdacht, aber selbst die Straßenmärkte sind bei jedem Wetter gut besucht.

Old Spitalfields Market

GRAPHICAL_BANK / SHUTTERSTOCK ©

Liberty Kaufhaus

(Karte S. 80; ☎020-7734 1234; www.libertylondon.com; Regent St, Eingang in der Great Marlborough St, W1; ⌚Mo–Sa 10–20, So 11.30–18 Uhr; 📶; Ⓤ Oxford Circus) Das Kaufhaus Liberty ist mit seiner weißen Fachwerkfassade im Tudorstil sofort zu erkennen. Kunden stöbern hier nach aktueller Luxusmode, Haushaltswaren, Kosmetik und Accessoires, alles zu gepfefferten Preisen. Liberty ist für seine Stoffe bekannt und hat eine große Kurzwarenabteilung; ein klassisches Geschenk oder Souvenir aus London ist Stoff mit Liberty-Druck, etwa in Form eines Schals.

Selfridges Kaufhaus

(Karte S. 86; ☎0800 123 400; www.selfridges.com; 400 Oxford St, W1; ⌚Mo–Sa 9–22, So 11.30–18 Uhr; Ⓤ Bond St) Selfridges in einem grandiosen, denkmalgeschützten Gebäude mit Fassadensäulen ist seit der Eröffnung 1909 stets am Puls der Zeit. Allein die abgefahrene Schaufensterdeko ist eine Attraktion, besonders Weihnachten. Eine unvergleichliche Lebensmittelabteilung, zahllose Kosmetikschalter und das übliche Kaufhausangebot werden von einem Dachrestaurant mit tollem Stadtblick gekrönt.

Harrods Kaufhaus

(Karte S. 86; ☎020-7730 1234; www.harrods.com; 87–135 Brompton Rd, SW1; ⌚Mo–Sa 10–21, So 11.30–18 Uhr; Ⓤ Knightsbridge) Das ständig volle, ebenso protzige wie stilvolle Kaufhaus ist ein obligatorisches Ziel für Besucher, egal ob sie knapp bei Kasse sind oder dicke Brieftaschen haben. Das Warenangebot ist überwältigend, ebenso viele Preise. Der „ägyptische Fahrstuhl" erinnert an einen Indiana-Jones-Film, der Gedenkbrunnen für Dodi und Di (im unteren Erdgeschoss) ist im Surrealismus-Stil gestaltet.

ESSEN

London, einst Zielscheibe vieler Witze über schlechte Küche, hat sich in den letzten Jahrzehnten gewandelt und ist heute ein Feinschmeckerparadies. Weltberühmte Köche leiten hier Spitzenrestaurants, aber vor allem die unglaubliche Vielfalt haut Besucher um: Von Afghanisch bis Zypriotisch bietet London ein A bis Z der Weltküche.

Hook Camden Town Fish & Chips £

(Karte S. 86; www.hookrestaurants.com; 63–65 Parkway, NW1; Hauptgerichte 8–12 £; ⌚unterschiedlich, meist 12–15 & 17.30–21/22 Uhr; 👪; Ⓤ Camden Town) 🌿 Das Hook bezieht nicht nur seinen Fisch ausschließlich von nachhaltigen, kleinen Fischereien und heimischen Lieferanten, sondern macht auch alle Saucen selbst, wickelt den Fisch in recyceltes Papier ein und versorgt die Kundschaft mit schmackhaften Leckerbissen. Der frische Fisch in Paniermehl oder Tempura-Teig wird mit Pommes frites serviert, die mit Seetang gesalzen sind. Dazu gibt's Craft-Bier, Wein und Cocktails.

Watch House Café £

(Karte S. 82; ☎020-7407 6431; www.thewatchhouse.com; 199 Bermondsey St, SE1; Hauptgerichte ab 4,95 £; ⌚Mo–Fr 7–18, Sa & So 8–18 Uhr; 📶; U Borough oder London Bridge) Die Sandwiches in dem spitzenmäßigen Café sind nicht nur perfekt, sondern auch köstlich. Es gibt tollen Kaffee und Leckereien für Süßmäuler. Das Café befindet sich in einem kleinen, hübsch renovierten Häuschen aus dem 19. Jh., damals für die Wächter des benachbarten Friedhofs gedacht. Keine Toilette.

St John Britisch ££

(Karte S. 82; ☎020-7251 0848; www.stjohnrestaurant.com; 26 St John St, EC1; Hauptgerichte 15,80–28 £; ⌚Mo–Fr 12–15 & 18–23, Sa 18–23; So 12.30–16 Uhr; U Farringdon) Das St John gleich um die Ecke vom letzten verbliebenen Fleischmarkt Londons ist der Bannerträger der Nose-to-Tail-Küche, die jeden Teil des Tieres verwertet. Mit weißen Wänden, hoher Decke und schlichten Holzmöbeln ist es sicher eins der bescheidensten Sternerestaurants der Welt. Die Karte wechselt täglich, aber enthält meist die Hausspezialität gebratenes Knochenmark und Petersiliensalat.

Anchor & Hope Gastropub ££

(Karte S. 82; ☎020-7928 9898; www.anchorandhopepub.co.uk; 36 The Cut, SE1; Hauptgerichte 12–20 £; ⌚Mo 17–23, Di–Sa 11–23, So 12.30–15.15 Uhr; U Southwark) Das Anchor & Hope ist ein typisches Gastropub: elegant, aber nicht förmlich und mit absolut köstlicher europäischer Küche mit britischem Touch. Die Karte wechselt täglich, es gibt etwa gegrillte Seezunge mit Spinat oder Kaninchenbraten mit grünen Bohnen in einer Senf- und Specksauce. Reservierung nur zum Sonntagsessen.

Corner Room Modern Britisch ££

(Karte S. 82; ☎020-7871 0460; www.townhallhotel.com; Patriot Sq, E2; Hauptgerichte 13–14 £, 2/3 Gänge mittags 19/23 £; ⌚Mo–Fr 12–16, Sa & So 12–14.30, So–Mi 18–21.45, Do–Sa 18–22.15 Uhr; U Bethnal Green) Das relaxte Restaurant mit

Harrods

PITK / SHUTTERSTOCK ©

Foyer & Reading Room im Claridge's

Industrieschick im 1. Stock des Town Hall Hotel serviert gekonnt zubereitete Gerichte mit komplexen, feinen Aromen, die mit französischem Touch erstklassige britische Erzeugnisse der Saison zur Geltung bringen.

Foyer & Reading Room im Claridge's Britisch £££
(Karte S. 80; 020-7107 8886; www.claridges.co.uk; Brook St, W1; Afternoon Tea 65 £, mit Champagner 75–85 £; Afternoon Tea 14.45–17.30 Uhr; ; Bond St) Beim Afternoon Tea im klassischen Art-déco-Foyer und Reading Room dieses berühmten Hotels geht es vornehm und geziert zu. Das sanfte Klirren von edlem Porzellan und Champagnergläsern könnte zur einprägsamsten Erinnerung an die Reise nach London werden. Das Ambiente ist hinreißend und der Dresscode sportlich-elegant, passend zum Ambiente.

Vanilla Black Vegetarisch £££
(Karte S. 82; 020-7242 2622; www.vanillablack.co.uk; 17–18 Took's Ct; 3/4 Gänge 31/41.50 £; Mo–Sa 12–14.30 & 18–22 Uhr; ; Chancery Lane) Um in dieser vegetarischen Institution in einer einsamen Nebenstraße hinter der Chancery Lane zu speisen ist eine Reservierung (und vielleicht ein Navi) nötig. Aber die Mühe wird mit einem der besten Restauranterlebnisse der City belohnt. Das stets wechselnde Angebot einfallsreicher Gerichte erhebt Gemüse von der Beilage zum Superstar, z. B. in Vanille geröstete Sellerie-Profiteroles mit Dill und Rosinen.

Clove Club Spitzenküche £££
(Karte S. 82; 020-7729 6496; www.theclove club.com; Shoreditch Town Hall, 380 Old St, EC1; mittags 65 £, abends 95–145 £; Di–Sa 12–13.45, Mo–Sa 18–22.30 Uhr; ; Old St) Der Clove Club hat sich von schlichten Anfängen als Supper-Club in einer Londoner Wohnung in dieses beeindruckende Sternerestaurant gewandelt und wurde 2017 zu einem der besten der Welt gekürt! Was auf den Tisch kommt, weiß man nie, aber es sind aufwendig arrangierte Speisen aus Zutaten von den britischen Inseln. Die Brieftasche mag sich leer anfühlen, der Magen sicherlich nicht.

Dinner by Heston Blumenthal Modern Britisch £££
(Karte S. 86; 020-7201 3833; www.dinner byheston.com; Mandarin Oriental Hyde Park, 66 Knightsbridge, SW1; 3-Gänge-Mittagsmenü

45 £, Hauptgerichte 33–52 £; Mo–Fr 12–14 & 18–22.15, Sa & So 12–14.30 & 18.30–22.30 Uhr; ; U Knightsbridge) Das luxuriöse Dinner ist eine gastronomische Glanzleistung und führt seine Gäste auf eine Reise durch die britische kulinarische Geschichte (mit kreativem, modernen Touch). Die Gerichte werden zwecks Kontext mit Jahresangabe gelistet. Das Restaurant ist ein Triumph des Designs, von der Küche mit Glaswänden bis zu den großen Fenstern mit Blick auf den Park. Reservierung erforderlich.

AUSGEHEN & NACHTLEBEN

William Hogarths Drucke *Gin Lane* von 1751 machen deutlich, dass Londoner und Alkohol mehr als nur eine flüchtige Bekanntschaft pflegten. Die Metropole bietet eine riesige Vielfalt an Lokalitäten, um sich die Kehle zu befeuchten, von gemütlichen Pubs bis zu glamourösen Clubs.

Lamb & Flag Pub

(Karte S. 80; 020-7497 9504; www.lambandflagcoventgarden.co.uk; 33 Rose St, WC2; Mo–Sa 11–23, So 12–22.30 Uhr; U Covent Garden) Das stets gut besuchte, winzige Lamb & Flag voller Charme und Geschichte ist schon seit mindestens 1772 ein Pub. Bei jedem Wetter muss man sich durch angeheiterte Gäste vor der Tür bis zur Bar drängeln. Der Haupteingang befindet sich am Ende der winzigen gepflasterten Rose Street.

Dukes London Cocktailbar

(Karte S. 80; 020-7491 4840; www.dukeshotel.com/dukes-bar; Dukes Hotel, 35 St James's Pl, SW1; Mo–Sa 14–23, So 16–22.30 Uhr; ; U Green Park) Martinis im Herrenclub-Ambiente bietet diese klassische Bar, wo Meister in weißen Jackets perfekte Drinks mixen. Für James-Bond-Fans: Der Schriftsteller Ian Fleming pflegte die Bar zu besuchen, wo er zweifellos seine Drinks „geschüttelt, nicht gerührt" bestellte. Raucher können sich in den Cognac and Cigar Garden verziehen, um eine hier gekaufte Zigarre zu paffen.

George Inn Pub

(NT; Karte S. 82; 020-7407 2056; www.nationaltrust.org.uk/george-inn; 77 Borough High St, SE1; Mo–Do 11–23, Fr & Sa bis 24, So 12–22.30 Uhr; U London Bridge) Die Postkutschenstation mit Außenempore ist die letzte ihrer Art in

Londoner Pubs

Das Pub *(public house)* steht im Zentrum des Londoner Lebens quer durch alle sozialen Schichten. Praktisch jeder hat ein Stammlokal. Sich auch eins zu suchen, gehört zum vergnüglichen Teil eines Besuchs der Hauptstadt.

Pubs in der City und in anderen zentralen Vierteln sind meist Feierabendkneipen, sie füllen sich werktags ab 17 Uhr. In Wohngebieten geht es erst am Wochenende rund, wenn sich ein langes Mittagessen zu einem beschwipsten Nachmittag ausdehnt und Grüppchen sich für den Abend einfinden. Viele Pubs veranstalten werktags beliebte Quizabende. Andere locken Gäste mit Livemusik oder Comedy an. Manche haben sich einen guten Ruf für ihr Essen erworben und werden dann oft Gastropub genannt.

In Pubs gibt es so ziemlich jedes Getränk: Bier, Wein, Limonade, Spirituosen und manchmal auch heiße Getränke. Einige spezialisieren sich auf Craft-Bier aus lokalen Kleinbrauereien, darunter Real Ale, Fruchtbier und Bio-Cidre. Einige Gastropubs investieren sogar in eine gute Weinkarte.

Im Winter bieten manche Pubs Glühwein an, im Sommer ist Pimm's und Limonade angesagt (im Idealfall gehören frische Minzblätter, Zitrone, Erdbeeren und Gurke dazu).

BIKEWORLDTRAVEL / SHUTTERSTOCK ©

London. Das heutige Gebäude gehört dem National Trust, stammt von 1677 und wird in Charles Dickens' *Klein Dorrit* erwähnt. Die Picknickbänke im großen, gepflasterten Hof sind an milden Abenden schnell besetzt (keine Reservierung); dann muss man sich einen Platz im Labyrinth aus dunklen Räumen und Korridoren drinnen suchen.

UNTERHALTUNG

Shakespeare's Globe Theater

(Karte S. 82; ☎020-7401 9919; www.shakespeares globe.com; 21 New Globe Walk, SE1; Sitzplatz 20–45 £, Stehplatz 5 £; Ⓤ Blackfriars oder London Bridge) Wer Shakespeare und das Theater liebt, den wird das **Globe** (☎020-7902 1500; Führungen Erw./Kind 17/10 £; ⌚9–17 Uhr; 👪) vom Hocker hauen. Das authentische shakespearische Theater ist ein hölzernes „O" ohne Dach über dem zentralen Bühnenraum. Es gibt zwar überdachte Galerien mit Holzbänken um die Bühne, aber viele Leute (es gibt Platz für 700) halten es wie die Besucher im 17. Jh. und stehen vor den Brettern, die die Welt bedeuten.

Royal Albert Hall Konzerthalle

(Karte S. 86; ☎0845 401 5034; 020-7589 8212; www.royalalberthall.com; Kensington Gore, SW7; Ⓤ South Kensington) In der prachtvollen viktorianischen Konzerthalle werden klassische Musik, Rockkonzerte und anderes Programm geboten, am berühmtesten sind die von der BBC gesponserten Proms. Reservierung ist möglich, aber von Mitte Juli bis Mitte September stehen Proms-Zuschauer Schlange, um die Stehplatzkarten für 5 £ zu ergattern, die eine Stunde vor Vorstellungsbeginn verkauft werden. Zur Theaterkasse und zum Abholschalter für bestellte Tickets geht es durch Eingang 12 (Südseite des Gebäudes).

PRAKTISCHE INFORMATIONEN

Visit London (www.visitlondon.com) informiert über alle touristischen Attraktionen und Events (wie Wachablösung und chinesische Neujahrsparade), Flussfahrten und Führungen, Unterkünfte, Restaurants, Theater, Shoppen, Kinderaktivitäten und Treffpunkte für Schwule und Lesben. Kioske, die auch Stadtpläne und Broschüren haben, gibt es in der ganzen Stadt; einige organisieren auch Theaterkarten.

AN- & WEITERREISE

Die Stadt hat fünf Flughäfen: Heathrow, der größte Flughafen, liegt im Westen, Gatwick im Süden, Stansted im Nordosten, Luton im Nordwesten und London City in den Docklands.

Besucher aus europäischen Ländern landen in der Regel in Gatwick, Stansted oder Luton (die beiden letzteren werden ausschließlich von Billigfliegern wie easyJet und Ryanair genutzt). Flugzeit ist in der Regel ein bis drei Stunden.

Immer beliebter wird der Eurostar – der Zug durch den Kanaltunnel – zwischen London und Paris oder Brüssel. Die Fahrt dauert 2¼ Stunden von Paris und knapp zwei Stunden von Brüssel.

UNTERWEGS VOR ORT

Am preisgünstigsten sind die Fahrten mit der Chipkarte Oyster Card oder einer britischen kontaktlosen Chipkarte (ausländische Karteninhaber sollten sich erst nach den Gebühren erkundigen).

U-Bahn (London Underground) Das schnellste und effizienteste Verkehrsmittel. Die Züge verkehren von etwa 5.30 bis 0.30 Uhr, freitags und samstags auf fünf Linien durchgängig.

Zug Das DLR- und Overground-Netz ist ideal für längere Strecken in der Stadt. Die Züge fahren von etlichen Bahnhöfen zu entfernteren Zielen in und um London.

Bus Das Busnetz ist umfassend und effizient; extra Busspuren schaffen zwar freie Bahn im dichten Verkehr, aber eine Busfahrt kann dennoch ziemlich viel Zeit in Anspruch nehmen.

Taxis Schwarze Taxis sind allgegenwärtig und rund um die Uhr verfügbar, allerdings nicht billig.

Fahrrad Santander Cycles sind prima für Kurzstrecken im Zentrum Londons.

Wohin zum Schlafen?

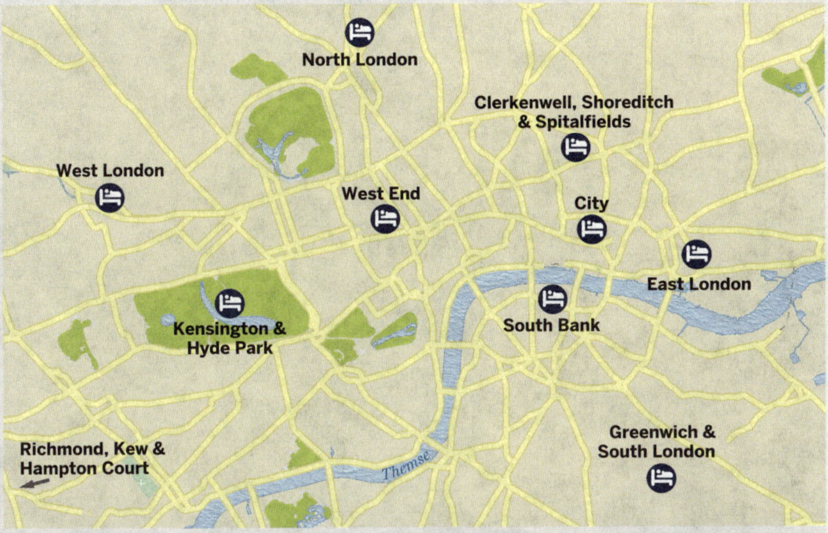

Stadtviertel	Merkmale
West End	Wichtige Sehenswürdigkeiten; gute Anbindung; breites Unterkunftsangebot in allen Preisklassen; gute Restaurants. Viele Touristen.
City	Nahe St Paul's und Tower of London; gute Anbindung; zentrale Lage; gute Hotels, teils mit Wochenendrabatt. Sehr ruhig an Wochenenden; Geschäftsviertel, entsprechend hohe Preise unter der Woche.
South Bank	Nahe Tate Modern, London Eye und Southbank Centre; billiger als das West End; tolle Pubs und Aussichten. Viele Kettenhotels.
Kensington & Hyde Park	Exzellent für Museen und zum Shoppen in South Kensington; breites Unterkunftsangebot; stilvolles Viertel; gute Anbindung; ziemlich teuer; nur wenig Nachtleben.
Clerkenwell, Shoreditch & Spitalfields	Hippe Gegend mit tollen Bars und regem Nachtleben; ausgezeichnete Boutiquehotels. Nur wenige Hauptsehenswürdigkeiten.
East London	Märkte; multikulturelles Flair; tolle Restaurants und traditionelle Pubs. Nur wenige Unterkünfte; einige Gebiete nachts unsicher.
North London	Viel Grün; dynamisches Nachtleben; etwas dörflicher Charme; exzellente Boutiquehotels und Hostels; tolle Gastropubs; ruhig unter der Woche.
West London	Gute Läden, Märkte und Pubs; hervorragende Boutiquehotels; gute Anbindung; teuer; wenige Top-Sehenswürdigkeiten.
Greenwich & South London	Tolle Boutiquehotels; grüne Oasen; Sehenswürdigkeiten von Greenwich in der Nähe und außerhalb Greenwichs; schlechte Anbindung.
Richmond, Kew & Hampton Court	Schicke Hotels am Fluss; fast ländliche Areale; tolle Flussufer-Pubs; Sehenswürdigkeiten breit verstreut; weit ab vom Zentrum Londons.

SCHOTTISCHE HIGHLANDS, GROSS-BRITANNIEN

In diesem Kapitel

Schottische Highlands, Großbritannien

Die Hügel, Täler und wilde Küste der schottischen Highlands sind eine der letzten Ecken Europas, wo noch pure Einsamkeit zu finden ist. Die Landschaft präsentiert sich hier von ihrer majestätischen Seite: hohe Berge mit blankem Fels und Heidekraut, dazwischen waldige Täler und rauschende Wasserfälle.

Aviemore, Fort William und Glen Coe sind im Sommer beliebte Ziele für Bergwanderer und Kletterer, im Winter für Skifahrer, Snowboarder und Eiskletterer. Inverness, die Hauptstadt der Highlands, sorgt für urbane Erholung und Loch Ness und seinem scheuen Ungeheuer haftet bis heute etwas Rätselhaftes an.

Zwei Tage in den Highlands

Am ersten Tag stehen die Sehenswürdigkeiten östlich von Inverness an, samt **Schlachtfeld von Culloden** (S. 106) und **Cawdor Castle** (S. 104). Am zweiten Tag geht's mit dem **Boot** (S. 104) zum Ungeheuer von Loch Ness, danach zum berühmten **Urquhart Castle** (S. 102) und schließlich ans ruhigere Ostufer des Sees und zu einem Essen im **Dores Inn** (S. 103).

Vier Tage in den Highlands

Der dritte Tag wird in **Inverness** (S. 104) verbracht oder auf einer **Bootstour** (S. 104), um Delfine zu entdecken. Den Abschluss bildet eine Fahrt zum **Glen Coe** (S. 109) im Südwesten, mit Zwischenstopp in Fort William für eine Fahrt mit der **Dampfeisenbahn** (S. 108) und einer Führung durch eine **Brennerei** (S. 99).

Genug gesehen von den Highlands? Ein Nachtzug fährt in 13 Stunden nach London (S. 53).

Vorhergehende Doppelseite:
Cairngorms National Park, nahe Aviemore
JACQUESVANDINTEREN / GETTY IMAGES ©

Karte Inverness (S. 113)

Ankunft

Flugzeug Der Inverness Airport in Dalcross hat regelmäßige Inlands- und einige internationale Flugverbindungen.

Bus Durch das Great Glen zwischen Inverness und Fort William verkehren regelmäßig Busse.

Zug Inverness hat Zugverbindungen mit Glasgow, Edinburgh und London.

Schlafen

Der Großteil der Unterkünfte ist in Inverness, Aviemore und Fort William zu finden, aber die meisten halbwegs großen Ortschaften haben ebenfalls ein paar Hotels und ein Dutzend oder mehr B&Bs – manche in prächtigen viktorianischen Villen, in Bauern- und Pfarrhäusern. Camping ist beliebt bei Touren in die freie Natur; es gibt ausreichend ausgewiesene Campingplätze, doch auch wildes Zelten ist weithin üblich.

Edradour Distillery

CORNFIELD / SHUTTERSTOCK ©

Auf dem Whisky Trail

Schottlands Nationalgetränk – auf Gälisch uisge bagh *(„Lebenswasser") – wird seit mehr als 500 Jahren gebrannt. Es gibt noch über 100 Brennereien, die Hunderte Varianten von Single Malt produzieren. Jedes Jahr entstehen weitere neue Destillerien.*

Toll für ...

☑ Nicht versäumen

Das Fèis Ìle (Islay Festival) im Mai mit traditioneller schottischer Musik und Whisky.

Whisky wird in Schottland mindestens seit dem 15. Jh. gebrannt, wahrscheinlich noch länger. Ein enorm beliebter Zeitvertreib sind mittlerweile auch Kurse, die den Unterschied zwischen den rauchigen, torfigen Whiskys von Islay und den blumigen, Sherry-ähnlichen Malts von Speyside vermitteln.

Whiskyzentrum

Die Region Speyside um Dufftown und Glenlivet ist das Epizentrum der Whiskyindustrie. Über 50 Brennereien öffnen während des zweimal jährlichen **Spirit of Speyside Festival** (www.spiritofspeyside.com; ⌚Mai & Sept.) ihre Tore, noch weitaus mehr sind das ganze Jahr über zu besichtigen.

Einige Pubs in der Region haben sich einen Namen als Whiskybars gemacht, da sie ein überwältigendes Angebot an Single Malt Whiskys führen – die berühmte Bar

GUEHOLL / GETTY IMAGES ©

Quaich im **Craigellachie Hotel** (01340-881204; www.craigellachiehotel.co.uk; Craigellachie; Zi. ab 150 £;), die seit 1894 besteht, bietet mehr als 800 Sorten.

Besuch einer Brennerei

Viele Brennereien bieten Führungen mit anschließender Whiskyprobe an, eine prima Gelegenheit, verschiedene Whiskys zu kosten und dabei die Region kennenzulernen. Der Besuch einer Brennerei kann zwar ein unvergessliches Erlebnis sein, doch nur hartgesottene Malt-Süffler werden es schaffen, mehr als eine oder zwei aufzusuchen. Die folgenden Brennereien lohnen sich für einen Tagesausflug ab Inverness.

Edradour Distillery Brennerei
(01796-472095; www.edradour.co.uk; Moulin Rd; Führung Erw./Kind 10/5 £; April–Okt. Mo–Sa 10–17 Uhr, Nov.–März Mo–Fr bis 16.30 Uhr;) Die Brennerei ist die kleinste und malerischste Schottlands und eine der besten für eine Besichtigung: Der gesamte Prozess unter einem Dach wird gezeigt und gut erklärt. Die Brennerei liegt mit dem Auto 4 km auf der Straße nach Moulin östlich von Pitlochry, zu Fuß sind es 1,6 km.

Gut zu wissen

Schottischer Whisky (immer ohne „e", „Whiskey" ist Irisch) ist Schottlands wichtigster Exportartikel. Schankeinheit in Pubs ist entweder 25 ml oder 35 ml.

Kleine Stärkung

Das **Moulin Hotel** (01796-472196; www.moulinhotel.co.uk; Kirkmichael Rd; Hauptgerichte 9–16 £; Küche 12–21.30 Uhr;) in Pitlochry serviert deftige Highland-Kost und liegt in der Näher der beiden Brennereien Edradour und Blair Athol.

Top-Tipp

Niemand bestellt „Scotch" – was sonst sollte denn in Schottland serviert werden?

Blair Athol Distillery Brennerei
(01796-482003; www.malts.com; Perth Rd; Standardführung 8 £; April–Okt. 10–17 Uhr, Nov.–März bis 16 Uhr) Die Führungen drehen sich um die Whiskyherstellung und das Blenden dieses bekannten Tröpfchens. Private Touren vermitteln noch mehr Details, geben vertiefende Einblicke und bieten bessere Verkostungen an.

Glenmorangie Brennerei
(01862-892477; www.glenmorangie.com; Führungen 7,50 £; Führungen Juni–Aug. 10–16 Uhr, April–Mai & Sept.–Okt. Mo–Sa 10–15 Uhr, Nov.–März Mo–Fr 10 & 14 Uhr) Glenmorangie (Betonung auf der zweiten Silbe) am Nordrand von Tain brennt einen feinen, eher leichten Malt, der in unterschiedlichen Fässern reift, um Geschmacksvarianten zu erzielen. Die Führung ist nicht so ausführlich wie anderswo, aber endet mit einer Gratisprobe. Die Singnet-Tour (35 £) ist umfassender; für wahre Whiskyfans gibt es die ganztägige Heritage-Tour (130 £, April–Okt.).

Nessie-Skulptur, Fort Augustus

Loch Ness

Das eisig kalte Wasser des tiefen, dunklen und schmalen Loch Ness lockt bis heute Menschen an, die das schwer fassbare Ungeheuer Nessie erwischen wollen. Trotz des Massenansturms ist es noch immer möglich, Beschaulichkeit und hinreißende Aussichten zu finden. Die fotogene Burg und tolle Wanderungen runden das Erlebnisprogramm ab.

Toll für ...

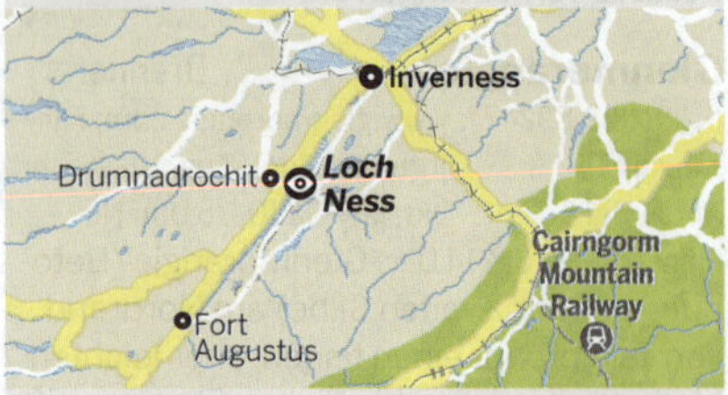

Gut zu wissen

Die komplette Umrundung des Sees ist etwa 113 km lang; bei der Fahrt gegen den Uhrzeigersinn gibt's die schönsten Ausblicke.

★ Top-Tipp

Lust auf eine Nessie-Jagd? Infos stehen auf www.lochnesssightings.com.

ANDRE GONCALVES / SHUTTERSTOCK ©

Die Geschichten um das Ungeheuer von Loch Ness entstanden in den 1930er-Jahren: Es mehrten sich Berichte, Menschen hätten ein Ungeheuer gesichtet, was zu einem Presserummel mit entsprechenden Fotos führte. In jüngster Zeit verebbten die Berichte, aber der skurrile Kommerz um Nessie ist für sich schon ein Spektakel.

Drumnadrochit

Drumnadrochit, ganz im Griff des Ungeheuerwahns und mit Geschenkeläden voller Plüsch-Nessies, ist eine Brutstätte des Monsterfiebers, in der die Nessie-Attraktionen um das Geld der Touristen buhlen.

Das **Loch Ness Centre & Exhibition** (☎01456-450573; www.lochness.com; Erw./Kind 7,95/4,95 £; ⌚Juli & Aug. 9.30–18 Uhr, Ostern–Juni, Sept. & Okt. bis 17 Uhr, Nov.–Ostern 10–16 Uhr; P) geht die Sache wissenschaftlich an und ermöglicht somit Besuchern, sich selbst ein Bild zu machen. Die Ausstellung befasst sich mit Schwindel und optischen Täuschungen, zeigt aber auch originale Fotos und Filmaufnahmen von angeblichen Sichtungen.

Nessie Hunter (☎01456-450395; www.lochness-cruises.com; Erw./Kind 16/10 £; ⌚Ostern–Okt.) bietet einstündige Bootstouren für jene an, die selbst auf Ungeheuerjagd gehen wollen. Die Boote samt Sonaranlage und Unterwasserkameras legen jeden Tag stündlich von 10 bis 18 Uhr (außer 13 Uhr) in Drumnadrochit ab.

Urquhart Castle

Urquhart Castle (HES; ☎01456-450551; Erw./Kind 9/5,40 £; ⌚Juni–Aug. 9.30–20 Uhr, April, Mai & Sept. bis 18 Uhr, Okt. bis 17 Uhr, Nov.–März bis 16.30 Uhr; P), in großartiger Lage

Urquhart Castle

2,5 km östlich von Drumnadrochit und mit hervorragenden Aussichten, ist ein beliebtes Ziel für Nessie-Jäger. In einem riesigen Besucherzentrum (überwiegend unterirdisch) sind Videos und mittelalterliche Gegenstände aus der Burg zu sehen.

Die Burg wurde im Lauf der Jahrhunderte mehrmals gebrandschatzt und wieder aufgebaut; 1692 wurde sie in die Luft gesprengt, damit die Jakobiten sie nicht benutzen konnten. Der fünfstöckige Turm an der Nordseite ist das eindrucksvollste erhaltene Fragment und bietet schöne Aussichten über den See.

☑ Nicht versäumen

Aufstieg zu den Zinnen des berühmten Turms von Urquhart Castle, um von der felsigen Landspitze einen ungehinderten Blick über Loch Ness zu genießen.

BUCCHI FRANCESCO / SHUTTERSTOCK ©

Ostseite des Loch Ness

Am Westufer des Loch Ness mit den Touristenzentren Drumnadrochit und Urquhart Castle drängen sich die Reisebusse, während die schmale Uferstraße B862 an der Ostseite relativ beschaulich ist. Sie führt zum Dorf Foyers mit einem schönen Wanderweg zu den Falls of Foyers.

Die Fahrt lohnt sich allein für einen Besuch im **Dores Inn** (☎01463-751203; www.thedoresinn.co.uk; Dores; Hauptgerichte 10–27 £; ⏲Pub 10–23 Uhr, Küche 12–14 & 18–21 Uhr; P 📶), einem sehr schön restaurierten Landgasthaus mit recycelten Möbeln, schottischen Landschaftsgemälden und frischen Blumen. Das Speisenangebot besteht aus hochwertigen schottischen Produkten, z. B. *haggis*, *neeps* (Steckrüben) und *tatties* (Kartoffeln), Schellfisch und Pommes frites, Steaks, Jakobsmuscheln und Meeresfrüchten. Der Garten des Pubs hat einen herrlichen Blick auf Loch Ness und einen speziellen Aussichtspunkt, um das Ungeheuer zu erspähen.

Wandern am Loch Ness

Der South Loch Ness Trail (www.visitinvernesslochness.com) ist eine Kombination aus Wanderwegen und Nebenstraßen an der weniger besuchten Südseite des Sees. Die 45 km vom Loch Tarff bei Fort Augustus nach Torbreck im Randgebiet von Inverness können zu Fuß, per Rad oder mit einem Pferd bewältigt werden.

Der Aufstieg auf den Meallfuarvonie (699 m) am Nordwestufer des Loch Ness ist eine schöne kurze Wanderung: Der Blick über das Great Glen vom Gipfel ist großartig. Hin und zurück sind es knapp 10 km, also etwa drei Stunden. Startpunkt ist der Parkplatz am Ende der Nebenstraße, die von Drumnadrochit südwärts nach Bunloit führt.

Kleine Stärkung

In Drumnadrochit gibt es reichlich Cafés und Restaurants, die aber oft voll sind. Ruhiger geht es im Dores Inn an der Ostseite zu.

Inverness

Inverness hat eine tolle Lage am River Ness und am nördlichen Ende des Great Glen. Im Sommer wimmelt es hier von Besuchern, die am nahen Loch Ness auf Ungeheuerjagd gehen wollen. Aber die Stadt lohnt auch selbst einen Besuch, um am malerischen Fluss zu spazieren und in einem der exzellenten Restaurants zu essen. Der breite und seichte River Ness, bekannt für seine Lachsfischerei, fließt mitten durch die Stadt.

SEHENSWERTES

Ness Islands Park

Hauptattraktion ist ein Spaziergang am Flussufer entlang zu den Ness Islands. Mit alten Kiefern, Tannen, Buchen und Ahornbäumen und den eleganten, viktorianischen Fußgängerbrücken, die die Inseln untereinander und mit dem Festland verbinden, sind sie ein reizvoller Ort für ein Picknick. Sie liegen 20 Minuten zu Fuß südlich der Burg – ein schöner Spaziergang flussaufwärts (der Startpunkt des Great Glen Way) und dann am anderen Flussufer wieder zurück.

Fort George Festung

(HES; 01667-462777; www.historicenvironment.scot; Erw./Kind 9/5,40 £; April–Sept. 9.30–17.30 Uhr, Okt.–März 10–16 Uhr; P) Das Fort wurde ab 1748 nach der Schlacht von Culloden als Highland-Stützpunkt für die Besatzungsarmee von Georg II. gebaut. Bei der Fertigstellung 1769 betrugen die Baukosten nach heutigen Maßstäben rund 1 Mrd. £. Das Fort dient noch immer als Militärkaserne; öffentlich zugänglich sind die Ausstellungen zum Militär im 18. Jh. und der knapp 2 km lange Rundweg auf der Festungsmauer mit schönen Aussichten.

Angesichts der Größe sind mindestens zwei Stunden für den Besuch einzuplanen. Das Fort liegt knapp 18 km nordöstlich von Inverness nahe der A96; mit öffentlichen Verkehrsmitteln ist es nicht zu erreichen.

Brodie Castle Schloss

(NTS; 01309-641371; www.nts.org.uk; Brodie; Erw./Kind 11/6,50 £; März–Okt. 10–17 Uhr, Nov. & Dez. 11–15 Uhr; P) Brodie Castle inmitten einer 70 ha großen Parklandschaft hat eine Bibliothek mit über 6000 verstaubten Büchern, wunderbare Uhren, eine riesige viktorianische Küche und einen Speisesaal aus dem 17. Jh. mit einer extravaganten Stuckdecke, die mythologische Szenen zeigt. Die Brodies leben hier seit 1160, aber das derzeitige Gebäude stammt überwiegend von 1567. Im Lauf der Zeit kamen zahlreiche Ergänzungen hinzu. Das Schloss liegt gut 6 km westlich von Forres.

Cawdor Castle Burg

(01667-404615; www.cawdorcastle.com; Cawdor; Erw./Kind 11,50/7,20 £; Mai–Sept. 10–17.30 Uhr; P) Die Burg, 8 km südwestlich von Nairn, war einst der Sitz des Thane of Cawdor, einer der Titel von Shakespeares Macbeth. Der echte Macbeth – ein historischer schottischer König – hat hier aber nicht gelebt, da er 1057 starb, 300 Jahre bevor die Burg gebaut wurde. Gleichwohl vermittelt die Führung einen Einblick in das Leben der schottischen Aristokratie.

AKTIVITÄTEN

Dolphin Spirit Tierbeobachtung

(07544 800620; www.dolphinspirit.co.uk; Inverness Marina, Stadium Rd; Erw./Kind 18,50/12 £; Ostern–Okt.) In der Saison gibt's täglich vier Bootstouren von Inverness in den Moray Firth, um den größten Tümmlerschwarm Großbritanniens (rund 130 Tiere) zu sichten. Die Delfine ernähren sich von Lachsen, die zu den Flüssen am Kopf des Meeresarms schwimmen, und sind oft beim Springen und Surfen auf der Bugwelle zu sehen.

Loch Ness by Jacobite Bootstour

(01463-233999; www.jacobite.co.uk; Glenurquhart Rd; Erw./Kind 23/15 £; Juni–Sept.;) Die Boote legen zweimal täglich an der Tomnahurich Bridge zu einer dreistündigen Fahrt auf dem Caledonian Canal zum Loch Ness und zurück ab, mit Kommentaren zur Geschichte und Natur der Region. Tickets bekommt man in der Touristeninformation (S. 106), wo ein kostenloser Minibus zum Boot fährt. Ebenfalls im Angebot sind an-

Inverness

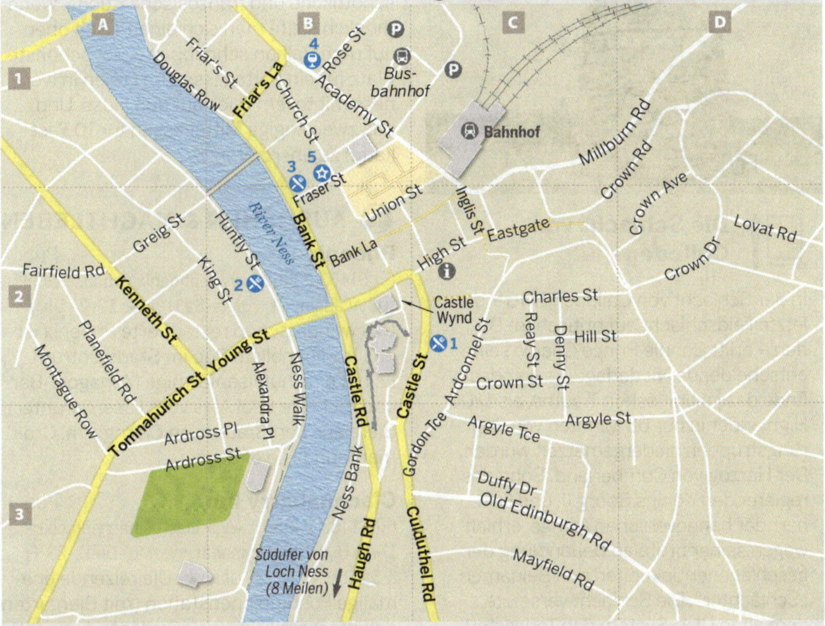

Inverness

Essen

1 Café 1 ...... C2
2 Kitchen Brasserie B2
3 Mustard Seed B1

Ausgehen & Nachtleben

4 Phoenix B1

Unterhaltung

5 Hootananny B1

dere Bootstouren sowie kombinierte Boot-/ Busfahrten mit einer Dauer von einer bis 6½ Stunden, manche auch ganzjährig.

ESSEN

Café 1 Bistro ££

(01463-226200; www.cafe1.net; 75 Castle St; Hauptgerichte 12–28 £; Mo–Fr 12–14.30 & 17–21.30, Sa 12.30–15 & 18–21.30 Uhr;) Café 1 ist ein einladendes Bistro mit Kerzen auf den Tischen und einer Einrichtung aus hellem Holz und Schmiedeeisen. Die internationalen Speisen werden mit hochwertigen schottischen Erzeugnissen zubereitet, von Aberdeen-Angus-Steaks bis zu knusprig gebratenem Seebarsch und zartem Schweinebauch. Es gibt auch eine vegane Karte.

Kitchen Brasserie Modern Schottisch ££

(01463-259119; www.kitchenrestaurant.co.uk; 15 Huntly St; Hauptgerichte 11–22 £; 12–15 & 17–22 Uhr;) Das Restaurant mit Glasfassade bietet Speisen aus schottischen Erzeugnissen mit mediterranem oder asiatischem Touch und einen Blick über den River Ness – am besten von einem Tisch oben. Sehr günstig ist das Essen mit zwei Gängen mittags (10 £; 12–15 Uhr) und am frühen Abend (14 £; 17–19 Uhr).

Mustard Seed Bistro ££

(01463-220220; www.mustardseedrestaurant.co.uk; 16 Fraser St; Hauptgerichte 13–23 £; 12–15 & 17.30–22 Uhr) Die Speisen in diesem hellen, lebhaften Bistro wechseln

Die Schlacht von Culloden

In der Schlacht von Culloden 1746 – die letzte Feldschlacht auf britischem Boden – erlitt Bonnie Prince Charlie seine entscheidende Niederlage. Es war das Ende des jakobitischen Traums, als 1200 Highlander in nur 68 Minuten von Regierungstruppen niedergemetzelt wurden. Der Herzog von Cumberland, Sohn des regierenden Königs Georg II. und Feldherr der hannoverschen Armee, erhielt wegen seiner brutalen Behandlung der geschlagenen Jakobiten den Beinamen „Schlächter". Die Schlacht versetzte dem alten Clan-System den Todesstoß, es folgten die Schrecken der *Clearances*, die Vertreibung der Pächter von ihrem Land. Das düstere Moor, auf dem die Schlacht stattfand, hat sich in den folgenden 260 Jahren kaum verändert.

Im **Culloden Visitor Centre** (NTS; www.nts.org.uk/culloden; Erw./Kind 11/9,50 £; ⏲Juni–Aug. 9–19 Uhr, März–Mai, Sept. & Okt. bis 18 Uhr, Nov.–Feb. 10–16 Uhr; P) ist alles über die Schlacht zu erfahren, mit Blickwinkel von beiden Seiten. Ein innovativer Film führt direkt aufs Schlachtfeld mitten ins Getümmel; zahlreiche andere Audiopräsentationen müssen wohl sämtliche Schauspieler von Inverness wochenlang beschäftigt haben. Im Eintrittspreis enthalten ist ein Audioguide für die Besichtigung des Schlachtfelds.

Culloden liegt knapp 10 km östlich von Inverness. Die Buslinie 5 fährt vom Einkaufszentrum Eastgate in Inverness bis zum Schlachtfeld (3,15 £, 30 Min., stündlich außer So).

Schlachtfeld von Culloden
ARGALIS / GETTY IMAGES ©

wöchentlich, Schwerpunkt ist moderne schottische und französische Küche. Wenn möglich sollte man sich einen Tisch oben auf dem Balkon schnappen – der schönste Platz für ein Mittagessen im Freien in Iverness mit tollem Blick auf den Fluss. Und das zweigängige Mittagessen für 10 £ ist kaum zu überbieten.

AUSGEHEN & NACHTLEBEN

Phoenix Pub
(☎01463-233685; www.phoenixalehouse.co.uk; 108 Academy St; ⏲Mo–Sa 11–1, So 12–24 Uhr) Das wunderschön restaurierte Phoenix ist das traditionellste Pub im Stadtzentrum. Es hat eine hufeisenförmige Mahagoni-Bar und mehrere Real Ales vom Fass, darunter Biere aus den Brauereien Cairngorm, Cromarty und Isle of Skye.

Clachnaharry Inn Pub
(☎01463-239806; www.clachnaharryinn.co.uk; 17–19 High St, Clachnaharry; ⏲Mo–Do 11–23, Fr & Sa 11–1, So 12–23 Uhr; 🐾) Die reizende ehemalige Postkutschenstation (mit Biergarten dahinter) serviert eine exzellente Auswahl an Real Ales und gutem Kneipenessen. Sie liegt nur knapp 2 km nordwestlich des Stadtzentrums am Ufer des Caledonian Canal unweit der A862.

UNTERHALTUNG

Hootananny Livemusik
(☎01463-233651; www.hootanannyinverness.co.uk; 67 Church St; ⏲Mo–Do 12–1, Fr & Sa bis 3, So 16–24 Uhr) Das beste Musiklokal der Stadt bietet jeden Abend live traditionelle Folk- und/oder Rockmusik, auch von berühmten Bands aus Schottland (und der ganzen Welt). Die Bar hat etliche Biere aus der heimischen Black Isle Brewery auf Lager.

PRAKTISCHE INFORMATIONEN

Touristeninformation Inverness (☎01463-252401; www.visithighlands.com; 36 High St; ⏲Mo & Mi–Sa 9–17, Di ab 10, So 10–15 Uhr, März–Okt. länger; 📶) Buchungsservice für Unterkünfte; auch Tickets für Führungen und Bootstouren.

AN- & WEITERREISE

BUS

Die Busse fahren am **Busbahnhof Inverness** (Margaret St) ab. Die meisten Intercitystrecken werden von **Scottish Citylink** (☎0871-266 3333; www.citylink.co.uk) und Stagecoach bedient. **National Express** (☎08717 818181; www.nationalexpress.com) fährt nach London (ab 30 £, 13½ Std., 1-mal tgl. – häufigere Verbindungen mit Umsteigen in Glasgow).

Edinburgh 32,20 £, 3½–4½ Std., 7-mal tgl.

Fort William 12,20 £, 2 Std., 6-mal tgl.

Glasgow 32,20 £, 3½–4½ Std., stündl.

Bei sehr frühen Buchungen kosten Fahrkarten von **Megabus** (☎0141-352 4444; www.megabus.com) nur 1 £ für Busse von Inverness nach Glasgow und Edinburgh bzw. 10 £ nach London.

FLUGZEUG

Der **Inverness Airport** (INV; ☎01667-464000; www.invernessairport.co.uk) ist in Dalcross, 16 km östlich der Stadt an der A96 Richtung Aberdeen. Es gibt Linienflüge nach Zürich, Amsterdam, London, Manchester, Dublin, Orkney, Shetland und zu den Äußeren Hebriden sowie zu anderen Orten in Großbritannien.

Der Bus 11/11A von **Stagecoach** (☎01463-233371; www.stagecoachbus.com) fährt vom Flughafen zum Busbahnhof Inverness (4,40 £, 25 Min., alle 30 Min.).

ZUG

Edinburgh 40 £, 3½ Std., 8-mal tgl.

Glasgow 40 £, 3½ Std., 8-mal tgl.

Kyle of Lochalsh 20 £, 2½ Std., Mo–Sa 4-mal tgl., So 2-mal; großartige Panoramazugfahrt

London 180 £, 8–9 Std., 1-mal tgl. direkt; weitere mit Umsteigen in Edinburgh

UNTERWEGS VOR ORT

AUTO

Focus Vehicle Rental (☎01463-709517; www.focusvehiclerental.co.uk; 6 Harbour Rd) Die großen Autovermieter verlangen rund 55 bis 75 £ pro Tag, Focus hat günstigere Angebote ab 45 £ pro Tag.

„Das Phoenix ist das traditionellste Pub im Stadtzentrum"

Phoenix

NICK SCOTT / ALAMY STOCK PHOTO ©

BUS

Stadtbusse und Regionalbusse zu Zielen wie Nairn, Forres, Culloden-Schlachtfeld, Beauly, Dingwall und Lairg werden von Stagecoach (S. 107) betrieben. Die Tageskarte Inverness Zone 2 Dayrider kostet 6,80 £ und gilt für unbegrenzte Fahrten bis nach Culloden, Fortrose und Drumnadrochit.

FAHRRAD

Ticket to Ride (☎01463-419160; www.tickettoridehighlands.co.uk; Bellfield Park; pro Tag ab 30 £; ⏲April–Aug. 9–18 Uhr, Sept. & Okt. Mi–Mo) Vermietet Mountainbikes, Trekkingräder und Tandems. Die Fahrräder können in Fort William abgegeben werden. Liefert auch kostenlos an Hotels und B&Bs in der Stadt.

Fort William

SEHENSWERTES

Jacobite Steam Train Traditionsbahn
(☎0844 850 4685; www.westcoastrailways.co.uk; Tageskarte hin & zurück Erw./Kind ab 35/20 £; ⏲Mitte Juni–Aug. tgl., Mitte Mai–Mitte Juni, Sept. & Okt. Mo–Fr) Der Jacobite Steam Train, der von einer alten Lokomotive der Bauart LNER K1 oder LMS Class 5MT gezogen wird, befährt die malerische zweistündige Strecke zwischen Fort William und Mallaig, sie gilt als eine der schönsten Eisenbahnfahrten der Welt. Der Zug überquert das historische Glenfinnan-Viadukt, das durch die Harry-Potter-Filme berühmt wurde. Die Besitzer des Jacobite stellten die Dampflokomotive und die Waggons für die Filmarbeiten zur Verfügung.

Die Züge fahren morgens am Bahnhof von Fort William ab und kehren nach einem 1½-stündigen Aufenthalt in Mallaig am Nachmittag zurück. Am Bahnhof Glenfinnan gibt es einen kurzen Halt.

West Highland Museum Museum
(☎01397-702169; www.westhighlandmuseum.org.uk; Cameron Sq; ⏲Mai–Sept. Mo–Sa 10–17 Uhr, Okt.–April bis 16 Uhr, Juli & Aug. So

„Eine der schönsten Eisenbahnfahrten der Welt"

Der Jacobite Steam Train quert das Glenfinnan-Viadukt

SAMOT / SHUTTERSTOCK ©

11–15 Uhr) GRATIS Das kleine Museum ist mit allen möglichen Highland-Memorabilien vollgepackt. Bemerkenswert ist das „geheime" Porträt von Bonnie Prince Charlie – nach den Jakobiten-Aufständen wurde alles verbrannt, was mit den Highlands zu tun hatte, so auch die Bilder des verbannten Anführers. Das winzige Gemälde sieht mit bloßem Auge wie ein langer Farbklecks aus, bis es in einem zylindrischen Spiegel betrachtet wird, der ein Bildnis des Prinzen reflektiert.

AKTIVITÄTEN

Nevis Range Downhill & Witch's Trails Mountainbiken
(☎01397-705825; www.nevisrange.co.uk/bike; Einfach-/Mehrfachticket 18,50/34,50 £; ⏲Downhill-Piste April–Okt. 10.15–15.45 Uhr, Waldwege 24 Std. ganzjährig) Das **Skigebiet** Nevis Range (☎01397-705825; www.nevisrange.co.uk; Tageskarte Erw./Kind 21/12 £; ⏲Juli & Aug. 10–18 Uhr, April–Juni, Sept. & Okt. bis 17 Uhr, Nov.–März 9.30 Uhr–Sonnenuntergang) hat eine Downhill-Piste der Weltklasse – nur für erfahrene Biker; die Räder werden in der Gondel hochgefahren. Hinzu kommen eine 6,5 km lange XC-Bahn, die am Restaurant Snowgoose beginnt, sowie die Witch's Trails – 40 km markierte Forstwege und Singletrails, darunter ein 8 km langer Weltmeisterschafts-Parcours.

Crannog Cruises Tierbeobachtung
(☎01397-700714; www.crannog.net/cruises; Erw./Kind 15/7,50 £; ⏲Ostern–Okt. 11, 13 & 15 Uhr) Unternimmt 1½-stündige Bootsfahrten auf dem Loch Linnhe zu einer Seehundkolonie und einer Lachsfarm.

SHOPPEN

Highland Bookshop Bücher
(www.highlandbookshop.com; 60 High St; ⏲Mo–Sa 9.30–18, So 11–16 Uhr) Der Laden führt neben einem guten Sortiment an Romanen und Kinderbüchern auch eine tolle Auswahl an Outdoor-Büchern und Karten für Kletterer, Wanderer, Rad- und Kanufahrer und anderes. In der Lounge darüber gibt's Kaffee und Tee sowie regelmäßig literarische Events.

Berühmtes Glen Coe

Schottlands berühmtestes Tal ist auch eines der grandiosesten und – bei schlechtem Wetter – trostlosesten. Die Anfahrt zum Tal von Osten führt an der Felsenpyramide des **Buachaille Etive Mor** – des Großen Hirten von Etive – und am einsamen **Kings House Hotel** vorbei. Nach der Schlacht von Culloden 1745 diente es als Garnison der königstreuen Hannoveraner, daher der Name.

Die A82 führt über den Pass of Glencoe und in das schmale Obertal. Die Südseite wird von drei massiven, düsteren Felsengipfeln, den **Three Sisters**, dominiert, die Nordseite ist vom durchgängig steilen, scharfkantigen **Aonach Eagach** gesäumt, einer schwierigen Felswand für Bergsteiger. Die Straße verläuft an tiefen Schluchten und donnernden Wasserfällen vorbei zum ländlicheren unteren Teil des Tals um den Loch Achtriochtan und nach **Glencoe**, dem einzigen Ort in der Gegend.

Buachaille Etive Mor
ADRIAN PLUSKOTA / SHUTTERSTOCK ©

ESSEN, AUSGEHEN & NACHTLEBEN

Crannog Seafood Restaurant Fisch & Meeresfrüchte ££
(☎01397-705589; www.crannog.net; Town Pier; Hauptgerichte 15–24 £; ⏲12–14.30 & 18–21 Uhr)

Aufstieg auf den Ben Nevis

Als höchster Berg der Britischen Inseln lockt der Ben Nevis (1345 m) viele Besucher an, die normalerweise keinen schottischen Berg besteigen würden. An schönen Sommertagen kann zwar jeder mit halbwegs guter Kondition den Ben Nevis besteigen, aber der Aufstieg sollte nicht auf die leichte Schulter genommen werden; jedes Jahr müssen Leute vom Berg gerettet werden. Wichtig sind gute Wanderschuhe (der Weg ist holprig und steinig, auf dem Gipfel kann Schnee liegen), warme Sachen und Regenkleidung, Karte und Kompass sowie viel Proviant und Wasser. Auf jeden Fall den Wetterbericht beachten (www.bennevisweather.co.uk)!

Es gibt drei Startpunkte: die **Achintee Farm**, die Fußgängerbrücke am Hostel **Glen Nevis SYHA** und der Parkplatz am **Glen Nevis Visitor Centre** (☎01397-705922; www.bennevisweather.co.uk; ⏱Juli & Aug. 8.30–18 Uhr, April–Juni, Sept. & Okt. 9–17 Uhr, Nov.–März 9–15 Uhr). Der Pfad führt langsam hoch zum Bergrücken am Lochan Meall an t-Suidhe (oder Halfway Lochan) und schlängelt sich dann steil neben dem Red Burn hoch zum Gipfelplateau. Der höchste Punkt ist durch eine Messsäule auf einem riesigen Steinhaufen neben der Ruine des alten Observatoriums markiert. Die Streckenlänge zum Gipfel und zurück beträgt 13 km; der Aufstieg dauert mindestens vier bis fünf Stunden, der Abstieg nochmals 2½ bis drei Stunden.

BRIAN BLADES / SHUTTERSTOCK ©

Das Crannog hat die schönste Lage der Stadt – direkt am Town Pier, was den Gästen an den Fenstertischen einen unverstellten Blick über den Loch Linnhe bietet. Spezialität des zwang- und schnörkellosen Restaurants ist frischer heimischer Fisch, es gibt drei oder vier Tagesgerichte zusätzlich zur Hauptkarte. Lamm, Wild und vegetarische Gerichte sind ebenfalls im Angebot. Das 2-/3-Gänge-Mittagsmenü kostet 16/19 £.

Lime Tree Schottisch ££

(☎01397-701806; www.limetreefortwilliam.co.uk; Achintore Rd; Hauptgerichte 16–20 £; ⏱18.30–21.30 Uhr; P 📶) Fort William ist nicht gerade mit großartigen Restaurants gesegnet, aber dieses hier in einem kleinen Hotel mit Kunstgalerie hat die „Outdoor-Hauptstadt" Großbritanniens fest auf der gastronomischen Landkarte verankert. Der Koch bereitet köstliche Gerichte mit frischen schottischen Erzeugnissen zu, von Austern aus dem Loch Fyne über Forelle aus dem Loch Awe bis zu Wild von der Halbinsel Ardnamurchan.

Grog & Gruel Pub

(☎01397-705078; www.grogandgruel.co.uk; 66 High St; ⏱12–24 Uhr; 📶) Das Grog & Gruel ist ein traditionelles, holzgetäfeltes Pub mit einem hervorragenden Ale-Angebot vom Fass aus schottischen und englischen Kleinbrauereien.

PRAKTISCHE INFORMATIONEN

Touristeninformation Fort William (☎01397-701801; www.visithighlands.com; 15 High St; Internet 1 £/20 Min.; ⏱Mo–Sa 9–17, So 10–15 Uhr, Juni–Aug. länger; 📶)

AN- & WEITERREISE

AUTO

Fort William ist 235 km von Edinburgh, 167 km von Glasgow und 106 km von Inverness entfernt. Die Touristeninformation hat ein Verzeichnis der Autovermietungen.

Crannog Seafood Restaurant (S. 109)

Easydrive Car Hire (☎01397-701616; www.easydrivescotland.co.uk; North Rd; ⏲Mo–Fr 8–17.30, Sa bis 17, So bis 16 Uhr) Vermietet Kleinwagen ab 40/175 £ pro Tag/Woche, inkl. Steuer und unbegrenzter Kilometerzahl, aber ohne Kaskoversicherung (CDW).

BUS

Die Busse von **Scottish Citylink** (☎0871 266 3333; www.citylink.co.uk) verbinden Fort William mit anderen größeren Orten und Städten:

Edinburgh 37 £, 5¼ Std., 4-mal tgl. mit Umsteigen in Glasgow; via Glencoe und Crianlarich

Glasgow 25 £, 3 Std.,4-mal tgl.

Inverness 12,20 £, 2 Std., 6-mal tgl.

Oban 9,40 £, 1½ Std., 2-mal tgl.

ZUG

Die spektakuläre West-Highland-Strecke verläuft von Glasgow über Fort William nach Mallaig. Der Nachtzug **Caledonian Sleeper** (www.sleeper.scot) verbindet Fort William mit London Euston (ab 135 £ im 2-Bett-Abteil, 13 Std.).

Edinburgh 40 £, 5 Std.; umsteigen in Glasgow am Bahnhof Queen Street, 3-mal tgl., So 2-mal

Glasgow 30 £, 3¾ Std., 3-mal tgl., So 2-mal

Mallaig 13 £, 1½ Std., 4-mal tgl., So 3-mal

UNTERWEGS VOR ORT

BUS

Die Tageskarte Zone 2 Dayrider (9,10 £) ermöglicht unbegrenzte Fahrten mit Stagecoach-Bussen im Großraum Fort William bis hin nach Glencoe und Fort Augustus; beim Busfahrer erhältlich.

FAHRRAD

Nevis Cycles (☎01397-705555; www.neviscycles.com; Ecke Montrose Ave & Locheil Rd, Inverlochy; ab 25 £ pro Tag; ⏲9–17.30 Uhr) Der Fahrradladen ca. 800 m nordöstlich des Stadtzentrums vermietet vielerlei Räder, von Trekkingrädern und Mountainbikes bis zu vollgefederten Bikes für Abfahrten. Sie können hier gemietet und in Inverness abgegeben werden.

THE TEMPLE BAR
ESTD. 1840
THE TEMPLE BAR
DUBLIN
LIVE MUSIC
TEMPLE LANE SOUTH
48
THE TEMPLE BAR
Importers of FINE SMOKING
TOBACCO
Always in Stock
THE TEMPLE BAR
DUBLIN
EST. 1840
LIVE MUSIC DAILY

DUBLIN, IRLAND

In diesem Kapitel

Dublin, Irland

Eine kleine Hauptstadt mit großem Renommee: Dublin besticht durch seine ureigene Mischung aus Tradition und Lebenslust. Es gibt hier faszinierende Museen, verlockende Restaurants und das beste Unterhaltungsangebot Irlands – ganz abgesehen von den Pubs, dem allgegenwärtigen Mittelpunkt des Stadtlebens: ein absolutes Muss für alle Besucher. Die lässigen Dubliner sind die großartigsten Gastgeber, die man sich nur wünschen kann. Ihr Charisma und ihre Geselligkeit sind so unwiderstehlich und ansteckend, dass man gar nicht wieder abreisen mag.

Zwei Tage in Dublin

Nach einem Bummel über den Campus des **Trinity College** (S. 116) mit Besichtigung des Long Room und des *Book of Kells* geht's über die Grafton Street zum **St Stephen's Green** (S. 120). Dann stehen das **National Museum of Ireland – Archaeology** (S. 121) (wenn auch nur wegen des Ardagh-Kelchs und der Tara-Brosche) oder die **National Gallery** (S. 121) zur Auswahl. Am zweiten Tag folgen die Kathedralen **St Patrick's** (S. 124) und **Christ Church** (S. 121), anschließend geht's ins **Guinness Storehouse** (S. 118).

Vier Tage in Dublin

Nach einem Spaziergang über die **O'Connell Street** folgt ein Besuch der **Dublin City Gallery – Hugh Lane** (S. 124) mit dem nachgebauten Atelier von Francis Bacon. Der vierte Tag beginnt mit irischer Geschichte im **Kilmainham Gaol** (S. 121) mit anschließendem Blick auf die schöne Sammlung des **Irish Museum of Modern Art** (S. 124).

Nächste Station: Kontrastprogramm Lissabon (S. 233) oder die schottischen Highlands (S. 95).

Vorhergehende Doppelseite: Temple Bar

Karte Dublin Zentrum (S. 122)
Karte Temple Bar, Grafton St & St Stephen's Green (S. 126)

Ankunft

Dublin Airport Busse ins Stadtzentrum fahren von 6 bis 24 Uhr alle 10 bis 15 Minuten; Taxis (25 €) brauchen rund 45 Minuten.

Dublin Port Der Fahrplan der Busse (Erw./Kind 3/1,50 €, 20 Min.) richtet sich nach dem der Fähren.

Busáras Der Endbahnhof aller Busse von Bus Eireann ist der Busáras; Busse privater Unternehmen enden in anderen Stadtteilen.

Heuston & Connolly Station Züge aus Orten südlich und westlich von Dublin enden im Bahnhof Heuston, die aus dem Nordwesten und Norden im Bahnhof Connolly.

Schlafen

In den letzten Jahren eröffnete in Dublin nur eine Handvoll neuer Hotels, die Hotelpreise sind in der Stadt daher höher als zu der Zeit, als die Tanzshow „Celtic Tiger" boomte.

Nördlich der Liffey gibt es eine gute Auswahl in der mittleren Preiskategorie, die meisten Unterkünfte befinden sich südlich des Flusses.

Informationen darüber, was die einzelnen Stadtteile Dublins zu bieten haben, stehen auf S. 129.

Trinity College

Die renommierteste Universität Irlands ist mit ihren eleganten georgianischen und viktorianischen Gebäuden, gepflasterten Plätzen und gepflegten Rasenflächen eine stille und freundliche Oase im hektischen Dublin von heute – einer der schönsten Orte zum Umherschlendern.

Toll für ...

☑ **Nicht versäumen**

Der Long Room, das *Book of Kells*, die Science Gallery und die Führung.

Das College wurde 1592 von Elisabeth I. auf dem Gelände eines konfiszierten Augustinerklosters gegründet, um die Abwanderung junger protestantischer Dubliner zu verhindern, die zum Studieren auf das europäische Festland zogen und dort vom „Papismus infiziert" wurden. Trinity ist eine der renommiertesten Universitäten Europas und brachte viele Berühmtheiten hervor – Jonathan Swift, Oscar Wilde und Samuel Beckett gehören allesamt zu den Alumni.

Bis 1793 war Trinity ausschließlich protestantisch, aber selbst als die Universität nachgab und Katholiken zuließ, blieb die katholische Kirche hart: Bis 1970 konnte sich jeder Katholik, der sich hier einschrieb, als exkommuniziert betrachten.

Der Campus ist ein Meisterwerk georgianischer Architektur und Gartengestaltung, die wunderschön erhalten blieben. Die meisten Gebäude stammen aus dem 18. und

Long Room, Old Library

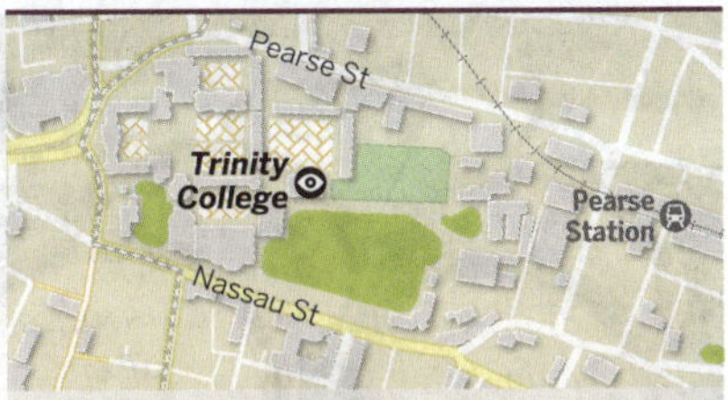

Gut zu wissen

Karte S. 126; 01-896 1000; www.tcd.ie; College Green; 8–22 Uhr; alle ins Stadtzentrum, Westmoreland oder Trinity GRATIS

Kleine Stärkung

Das Fade Street Social (S. 125) in der Nähe ist prima für ein Mittagessen.

★ Top-Tipp

Der Campus lässt sich am besten bei einer **Führung** (Authenticity Tours; Karte S. 126; www.tcd.ie/visitors/tours; Trinity College; Führungen 6 €, inkl. *Book of Kells* 15 €; Mai–Sept. Mo–Sa 9.30–15.40, So bis 15.15 Uhr, Okt. & Feb.–April weniger Touren werktags; alle ins Stadtzentrum, College Green) erleben; Start ist am Eingang College Green.

19. Jh., jedes steht auf einem gepflasterten oder rasenbedeckten Platz. Zu den neueren Bauten gehört das Arts & Social Science Building von 1978 an der Nassau Street, das den zweiten Eingang zum College bildet. Wie die Berkeley Library der Uni wurde es von Paul Koralek entworfen und beherbergt die Douglas Hyde Gallery of Modern Art.

Die **Old Library** (Karte S. 126; www.tcd.ie; Library Sq; Erw./Stud./Fam. 11/11/28 €, Fast-Track 14/11/28 €; Mai–Sept. Mo–Sa 8.30–17, So ab 9.30 Uhr, Okt.–April Mo–Sa 9.30–17, So 12–16.30 Uhr; alle ins Stadtzentrum, Westmoreland oder Trinity) südlich des Library Square wurde von 1712 bis 1732 in strengem Stil von Thomas Burgh gebaut. Sie ist eine von fünf Bibliotheken in Irland und Großbritannien, die das Recht auf ein Exemplar eines jeden Buchs haben, das auf den Inseln veröffentlicht wird – rund 5 Mio. Bücher, von denen hier nur ein Bruchteil aufbewahrt werden. Eine Führung durch die Bibliothek schließt den Long Room und das *Book of Kells* ein.

Das **Book of Kells** ist ein atemberaubend illuminiertes Manuskript der vier Evangelien des Neuen Testaments, das Mönche um 800 n. Chr. auf der schottischen Insel Iona erstellten. Andere Schätze des Trinity werden im fantastischen 65 m langen **Long Room** der Old Library aufbewahrt, der rund 200 000 der ältesten Bücher der Bibliothek enthält. Ausgestellt ist auch ein seltenes Exemplar der Oster-Proklamation, die zu Beginn des Osteraufstands 1916 von Pádraig (Patrick) Pearse vorgelesen wurde.

Auch die sogenannte Harfe des Brian Ború ist hier ausgestellt, die garantiert nicht gespielt wurde, als die Armee dieses frühen irischen Helden die Wikinger in der Schlacht von Clontarf 1014 besiegte. Sie stammt von 1400 und ist damit trotzdem eine der ältesten Harfen in Irland. Das Ticket gilt auch für die Wechselausstellungen im East Pavilion.

STEFAN DZALEV / SHUTTERSTOCK ©

Guinness Storehouse

Mehr als jedes andere Bier der Welt ist Guinness nicht nur ein Markenname – für viele Fans ist damit fast eine Geisteshaltung verbunden. Das Disneyland der Bierliebhaber ist eine multimediale Hommage an den berühmtesten Export Irlands.

Toll für ...

☑ Nicht versäumen

Die Aussicht von der Gravity Bar bei einem Pint Guinness (im Eintrittspreis enthalten).

Der Mythos um Guinness hält sich erstaunlich lang: Es vertrage keinen langen Transport, der typische Geschmack rühre vom Liffey-Wasser, es sei gesund – nicht zu vergessen der weitverbreitete Glaube, dass man die Iren erst richtig verstehen könne, wenn man selbst das schwarze Gebräu liebe. All das stimmt natürlich, weshalb es auch nicht überrascht, dass das Guinness Storehouse in der St James's Gate Brewery die meistbesuchte Touristenattraktion der Stadt ist, ein feuchtfröhliches Spektakel, das aufwendige Exponate und fantastisches Design mit einer ordentlichen Portion Marketing-Hype verbindet.

Kornspeicher & Brauerei

Der alte Kornspeicher, der einzige öffentlich zugängliche Teil in der riesigen, 26 ha großen St James's Gate Brewery, ist der passende Ort, um dem schwarzen Gold zu

VANDERWOLF IMAGES / SHUTTERSTOCK ©

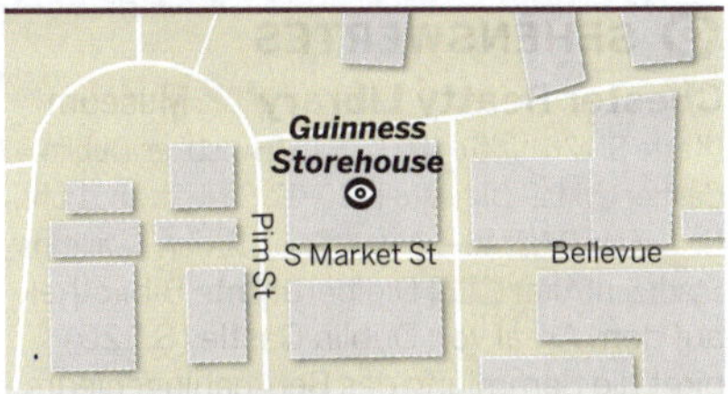

Gut zu wissen

Karte S. 122; www.guinness-storehouse.com; St James's Gate, South Market St; Erw./Kind ab 18,50/16 €, Connoisseur Experience 55 €; Sept.–Juni 9.30–19 Uhr, Juli & Aug. bis 20 Uhr; 13, 21A, 40, 51B, 78, 78A, 123 ab Fleet St, James's

Kleine Stärkung

Die 1837 Bar & Brasserie im 5. Stock des Gebäudes serviert einfaches, aber leckeres Essen.

★ Top-Tipp

Etwas für Bierfreunde ist die Connoisseur Experience, bei der vier verschiedene Guinness-Sorten probiert werden. Dazu gibt's Detailinfos vom Barkeeper.

huldigen: Er ist mit sieben Stockwerken um ein umwerfendes Atrium in der Mitte wie ein gigantisches Pint Guinness geformt, oben befindet sich die „Schaumkrone" mit der Gravity Bar und Panoramablick über Dublin.

Die Brauerei zu Füßen des Speichers wurde 1759 von Arthur Guinness gegründet und beschäftigte einst über 5000 Menschen; durch die allmähliche Automatisierung sind es heute nur noch rund 300.

Das perfekt gezapfte Pint

Beim Aufstieg nach oben, wo das zweifellos beste Guinness der Welt als Lohn wartet, werden die verschiedenen Aspekte erkundet, die das Bier zur unverkennbaren Marke machten. Vielleicht versteht man danach besser, wie das Unternehmen seinem Bier zum Kultstatus verhalf. Von der 9000-Jahre-Pacht (eine Kopie des Vertrags befindet sich in einem Glaskasten im Erdgeschoss) bis zur fast wissenschaftlichen Erläuterung, wie das perfekte Pint gezapft wird, ist alles so gestaltet, dass jeder begreift: Guinness ist nicht irgendein Bier.

Arthur Guinness

Genialität kann manchmal unbeabsichtigt sein: Im 18. Jh. ließ ein Londoner Brauer versehentlich seinen Hopfen beim Brauen von Ale anbrennen und erzeugte somit das dunkle Bier, das wir heute kennen. „Porter" wurde es genannt, weil es die Londoner Gepäckträger *(porter)* gerne tranken. In den 1770er-Jahren begann Arthur Guinness, der bislang nur Ale gebraut hatte, mit dem Brauen des dunklen Bieres und war damit allen anderen irischen Brauern voraus. 1799 beschloss er, sich nur auf dieses eine Bier zu konzentrieren. Er starb vier Jahre später im Alter von 83 Jahren, aber der Grundstein für die Weltherrschaft war gelegt.

SEHENSWERTES

Chester Beatty Library Museum

(Karte S. 126; 01-407 0750; www.cbl.ie; Dublin Castle; Mai–Okt. Mo–Fr 10–17, Sa & So ab 11 Uhr, Nov.–Feb. Di–Fr 10–17, Sa & So ab 11 Uhr; alle ins Stadtzentrum) GRATIS Die berühmte Bibliothek auf dem Areal von Dublin Castle (S. 120) birgt die Sammlung des Bergbauingenieurs Sir Alfred Chester Beatty (1875–1968), die er dem irischen Staat vermacht hat. Die fabelhafte Sammlung über zwei Stockwerke enthält über 20 000 Manuskripte, seltene Bücher, Miniaturbilder, Tontafeln, Kostüme und andere Objekte von künstlerischer, historischer oder ästhetischer Bedeutung. Kostenlose Führungen finden Mi 13 Uhr, Sa 14 Uhr und So 15 Uhr statt. Der Eintritt ist frei, aber eine Spende von 5 € wird erbeten.

Dublin Castle Historisches Gebäude

(Karte S. 126; 01-645 8813; www.dublincastle.ie; Dame St; Führungen Erw./Kind 12/6 €, Besichtigung 8/4 €; 9.45–17.45 Uhr, letzter Eintritt 17.15 Uhr; alle ins Stadtzentrum) Es mag wie ein ordentlicher Stilmix aussehen, aber Dublin Castle war, seit König Johann 1204 die anglonormannische Festung bauen ließ, über 700 Jahre lang das Bollwerk britischer Macht in Irland. Vom Original blieb nur der Record Tower (1258) erhalten; die meisten Bauten entstanden ab dem 18. Jh. – die schönsten sind immer noch beeindruckend.

St Stephen's Green Park

(Karte S. 126; Sonnenaufgang–Sonnenuntergang; alle ins Stadtzentrum, St Stephen's Green) Wer die Gruppen, Liebespärchen und Müßiggänger beobachtet, die sich auf der 9 ha großen, eleganten und beliebten grünen Lunge Dublins ausbreiten, sollte bedenken, dass einst auf diesem Platz Menschen öffentlich ausgepeitscht, verbrannt und gehängt wurden. Das Schlimmste, was einem heute passieren kann, ist, dass der Parkwächter einen vertreibt, weil man in die gepflegten Blumenbeete getreten ist.

Little Museum of Dublin Museum

(Karte S. 126; 01-661 1000; www.littlemuseum.ie; 15 St Stephen's Green N; Erw./Stud. 10/8 €; 9.30–17, Do bis 20 Uhr, letzter Eintritt 19 Uhr; alle ins Stadtzentrum, St Stephen's Green) Das preisgekrönte Museum erzählt anhand gespendeter Gegenstände und Fotos die Geschichte Dublins des letzten Jahr-

St Stephen's Green

hunderts. Zur Sammlung in den Räumen eines georgianischen Hauses gehören ein Rednerpult, an dem John F. Kennedy bei seinem Besuch in Irland 1963 sprach, und eine Originalkopie des folgenreichen Briefs, der 1921 den Gesandten für die Vertragsverhandlungen überreicht wurde und dessen widersprüchliche Anweisungen zur Teilung der Insel und zum Bürgerkrieg führten.

National Museum of Ireland – Archaeology Museum

(Karte S. 126; www.museum.ie; Kildare St; ⌚Di–Sa 10–17, So 13–17 Uhr; 🚌alle ins Stadtzentrum) GRATIS Das bedeutendste Museum des Landes wurde 1877 als Hort der kulturellen und archäologischen Schätze Irlands gegründet. Ausgestellt im ursprünglichen Gebäude von 1890 sind die großartigsten keltischen Arbeiten aus Metall, die berühmtesten Artefakte Irlands (der **Ardagh-Kelch** und die **Tara-Brosche** aus dem 12. bzw. 8. Jh.) und einige mumifizierte Leichen aus der Eisenzeit, die im irischen Moor verstörend perfekt erhalten blieben.

Christ Church Cathedral Kirche

(Church of the Holy Trinity; Karte S. 126; www.christchurchcathedral.ie; Christ Church Pl; Erw./Stud./Kind 7/5,50/2,50 €, mit Dublinia 15/12,50/7,50 €; ⌚Mo–Sa 9.30–17, So 12.30–14.30 Uhr, März–Okt. länger geöffnet; 🚌50, 50A, 56A ab Aston Quay, 54, 54A ab Burgh Quay) Dank erhöhter Lage und auffallenden Strebebogen ist die Christ Church die fotogenste Kathedrale Dublins. Sie wurde 1030 gegründet und ab 1172 neu gebaut, überwiegend auf Druck von Richard de Clare, Earl of Pembroke (besser bekannt als Strongbow): Der anglonormannische Adlige fiel 1170 in Irland ein. Sein Denkmal hat im Inneren einen Ehrenplatz.

Führungen (Karte S. 126; www.christchurchcathedral.ie; Christ Church Pl; 11 €; ⌚stündl. Mo–Fr 11–12 & 14–16, Sa 14–16 Uhr; 🚌50, 50A, 56A ab Aston Quay, 54, 54A ab Burgh Quay) beziehen den Glockenturm ein, in dem ein Glöckner die Kunst des Glockenläutens erklärt und Besucher auch läuten lässt.

Gälischer Fußball & Hurling

Gälischer Sport ist im Leben der Iren tief verwurzelt und hat einen besonderen Platz in der Kultur. Von den zwei wichtigsten Sportarten Hurling und Fußball ist Fußball bei Weitem am beliebtesten – und Dublin (www.dublingaa.ie) ist derzeit das führende Team des Landes sowie fünfmaliger Titelgewinner der All-Ireland Senior Championship von 2015 bis 2019.

Das große Event für beide Sportarten ist die All-Ireland Championship, eine Meisterschaft, die im April beginnt und am ersten (Hurling) und dritten (Fußball) Sonntag im September mit dem All-Ireland Final endet. Es findet im vollen **Croke Park** (Karte S. 122; ☎01-819 2300; www.crokepark.ie; Clonliffe Rd; 🚌3, 11, 11A, 16, 16A, 123 ab O'Connell St) statt, wo die Dubs auch alle anderen Meisterschaftsspiele austragen.

Hurling
SANDRA A. DUNLAP / SHUTTERSTOCK ©

National Gallery Kunstmuseum

(Karte S. 122; www.nationalgallery.ie; W Merrion Sq; ⌚Di–Mi, Fr & Sa 9.15–17.30, Do bis 20.30, So–Mo 11–17.30 Uhr; 🚌4, 7, 8, 39A, 46A ab Stadtzentrum) GRATIS Ein prächtiger Caravaggio und eine atemberaubende Sammlung der Werke von Jack B. Yeats – jüngerer Bruder von William Butler – sind die Hauptgründe für einen Besuch der Galerie, aber nicht die einzigen. Die hervorragende Sammlung enthält viel irische Kunst, auch gibt es hochkarätige Werke jeglicher Hauptkunstrichtung Europas.

Kilmainham Gaol Museum

(Karte S. 122; ☎01-453 5984; www.kilmainhamgaolmuseum.ie; Inchicore Rd; Erw./Kind 9/5 €;

Dublin Zentrum

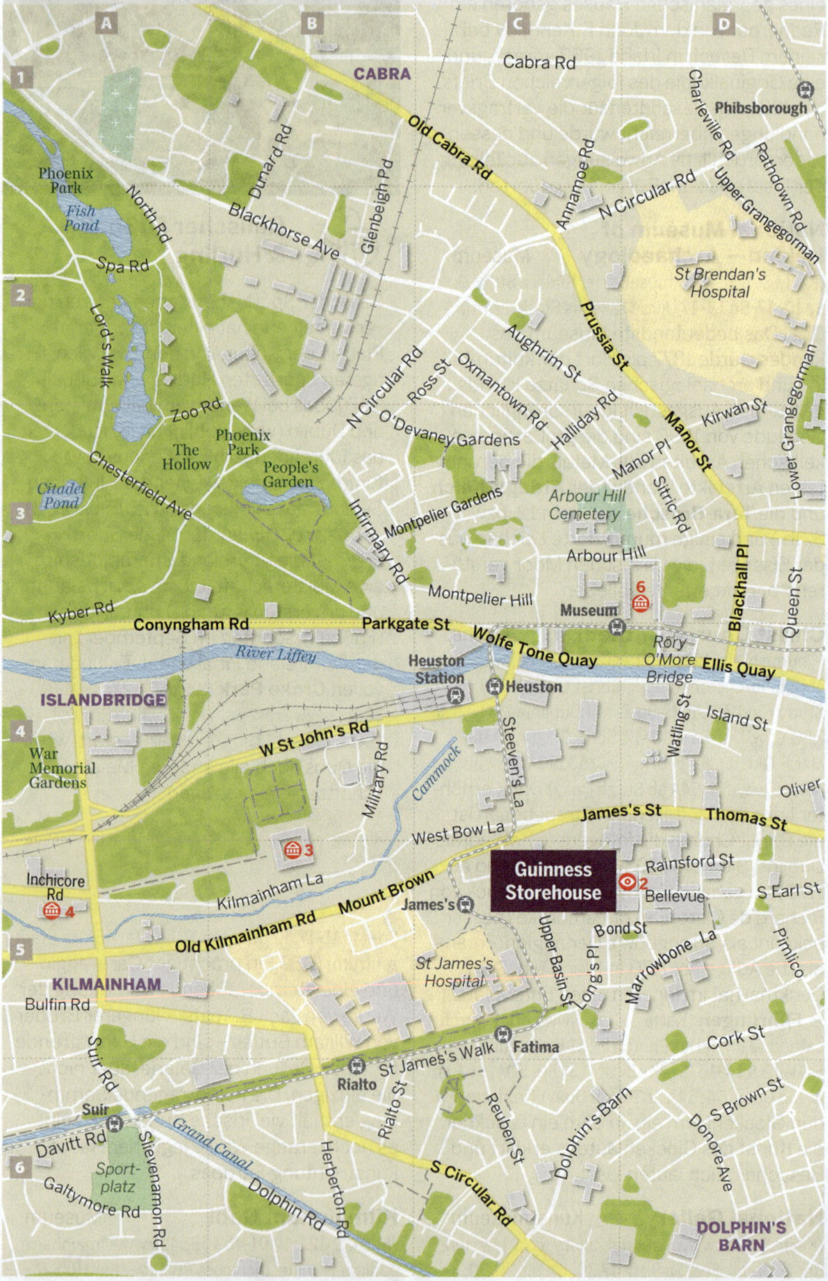

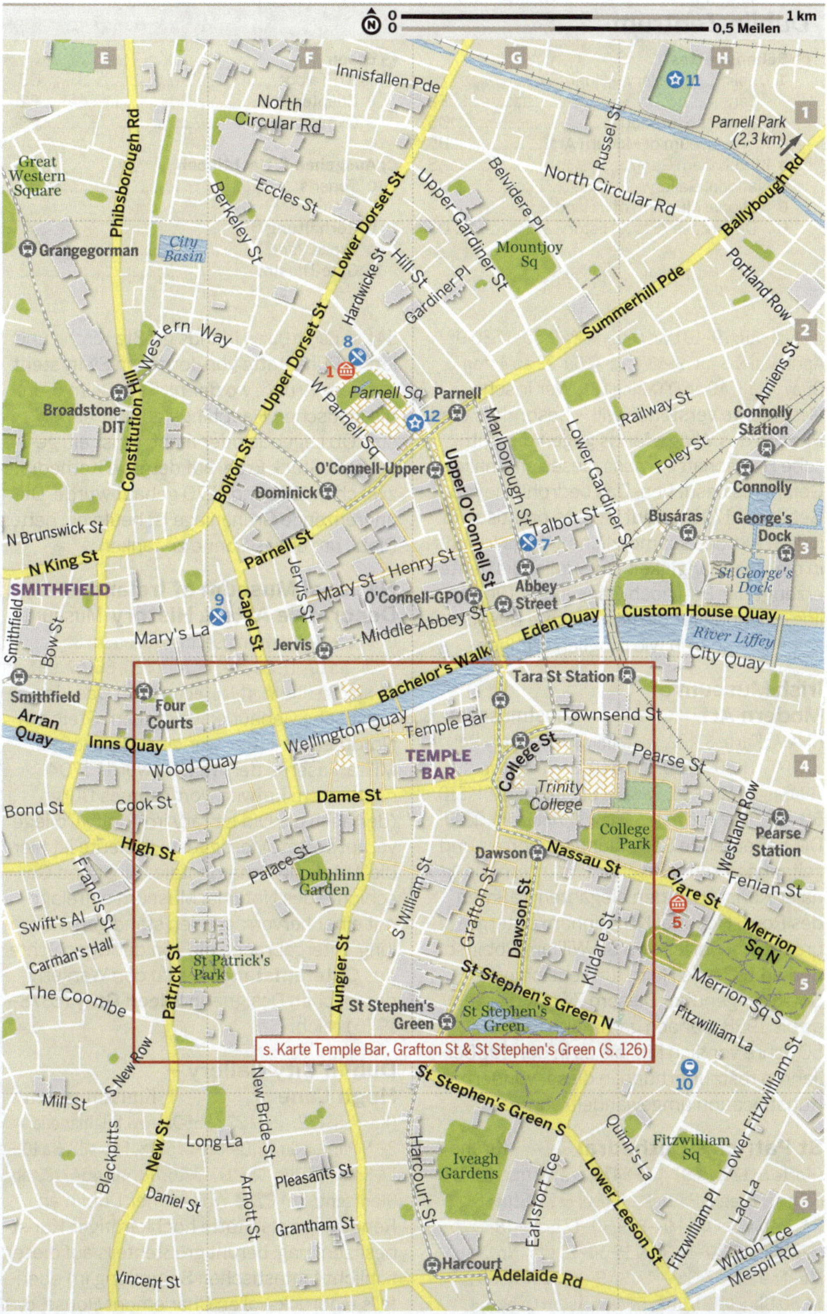
0
0
1 km
0,5 Meilen
E
F
G
H
1
2
3
4
5
6
Innisfallen Pde
North Circular Rd
Parnell Park (2,3 km)
Great Western Square
Phibsborough Rd
Eccles St
Lower Dorset St
Upper Gardiner St
Belvidere Pl
Russel St
Ballybough Rd
Berkeley St
City Basin
Grangegorman
Hardwicke St
Hill St
Gardiner Pl
Mountjoy Sq
Summerhill Pde
Portland Row
Western Way
Upper Dorset St
W Parnell Sq
Parnell Sq
Parnell
Amiens St
Railway St
Connolly Station
Broadstone-DIT
Constitution Hill
Bolton St
O'Connell-Upper
Upper O'Connell St
Marlborough St
Lower Gardiner St
Foley St
Connolly
Dominick
N Brunswick St
N King St
Parnell St
Talbot St
Busáras
George's Dock
SMITHFIELD
Jervis St
Henry St
Mary St
O'Connell-GPO
Abbey Street
St George's Dock
Smithfield
Bow St
Mary's La
Capel St
Middle Abbey St
Jervis
Eden Quay
Custom House Quay
River Liffey
City Quay
Bachelor's Walk
Tara St Station
Four Courts
Arran Quay
Inns Quay
Wellington Quay
Temple Bar
Townsend St
TEMPLE BAR
College St
Pearse St
Wood Quay
Bond St
Cook St
Dame St
Trinity College
College Park
Westland Row
Pearse Station
High St
Dawson
Nassau St
Clare St
Fenian St
Francis St
Palace St
Dubhlinn Garden
S William St
Grafton St
Dawson St
Kildare St
Merrion Sq N
Swift's Al
Carman's Hall
Patrick St
St Patrick's Park
Aungier St
St Stephen's Green N
The Coombe
St Stephen's Green
Merrion Sq S
Fitzwilliam La
s. Karte Temple Bar, Grafton St & St Stephen's Green (S. 126)
S New Row
St Stephen's Green S
Mill St
New Bride St
Quinn's La
Lower Fitzwilliam St
Fitzwilliam Sq
Long La
Iveagh Gardens
New St
Blackpitts
Harcourt St
Earlsfort Tce
Lower Leeson St
Pleasants St
Daniel St
Arnott St
Fitzwilliam Pl
Lad La
Grantham St
Wilton Tce
Mespil Rd
Vincent St
Harcourt
Adelaide Rd
1
5
7
8
9
10
11
12

Dublin Zentrum

Sehenswertes

1 Dublin City Gallery – Hugh Lane F2
2 Guinness Storehouse D5
3 Irish Museum of Modern Art B5
4 Kilmainham Gaol A5
5 National Gallery H5
6 National Museum of Ireland – Decorative Arts & History D3

Essen

7 101 Talbot G3
8 Chapter One F2
9 Oxmantown F3

Ausgehen & Nachtleben

10 Toner's H5

Unterhaltung

11 Croke Park H1
12 Gate Theatre G2

Juni–Aug. 9–19 Uhr, Okt.–März 9.30–17.30 Uhr, April, Mai & Sept. 9–18 Uhr; 69, 79 ab Aston Quay, 13, 40 ab O'Connell St) Wer irische Geschichte verstehen will – besonders die Phasen des Widerstands gegen die britische Herrschaft –, muss dieses ehemalige Gefängnis besuchen. Das bedrohliche graue Gebäude, 1796 erbaut, spielte praktisch in jedem Akt des schmerzlichen Wegs Irlands in die Unabhängigkeit eine Rolle. Bis heute erzeugt der Bau noch Gänsehaut. Die Online-Buchung für die gewünschte Besuchszeit sollte so früh wie möglich erfolgen.

Irish Museum of Modern Art — Kunstmuseum

(IMMA; Karte S. 122; www.imma.ie; Military Rd; Di–Fr 11.30–17.30, Sa ab 10, So ab 12 Uhr, Führungen Mi 13.15, Sa & So 14.30 Uhr; 51, 51D, 51X, 69, 78, 79 ab Aston Quay, Heuston) GRATIS Die bedeutende Sammlung moderner und zeitgenössischer irischer und internationaler Kunst ist in den eleganten Räumen des Royal Hospital Kilmainham untergebracht, entworfen von Sir William Robinson und ab 1684 als Heim für pensionierte Soldaten genutzt. Diesem Zweck diente es bis 1928, danach gammelte es fast 50 Jahre vor sich hin, bis es in den 1980er-Jahren restauriert und in diese wunderbare Kunstlocation umgewandelt wurde.

St Patrick's Cathedral — Kirche

(Karte S. 126; 01-453 9472; www.stpatrickscathedral.ie; St Patrick's Close; Erw./Stud. 8/7 €; März–Okt. Mo–Fr 9.30–17, Sa 9–18, So 9–10.30, 12.30–14.30 & 16.30–18 Uhr, Nov.–Feb. Mo–Fr 9.30–17, Sa 9–17, So 9–10.30 & 12.30–14.30 Uhr; 50, 50A, 56A ab Aston Quay, 54, 54A ab Burgh Quay) Irlands größte Kirche und letzte Ruhestätte von Jonathan Swift steht auf dem Grund, wo der hl. Patrick im 5. Jh. die keltischen Häuptlinge getauft haben soll. Ob Legende oder nicht, es ist ein geweihtes Stück Erde, auf dem die Kathedrale zwischen 1191 und 1270 gebaut wurde. Die angrenzende Grünanlage ist heute ein netter Platz, um etwas Sonne zu tanken.

National Museum of Ireland – Decorative Arts & History — Museum

(Karte S. 122; www.museum.ie; Benburb St; Di–Sa 10–17, So 14–17 Uhr; 25, 66, 67, 90 ab Stadtzentrum, Museum) GRATIS Das klassizistische Gebäude aus grauem Stein am Nordufer der Liffey war einst die größte Militärkaserne der Welt. Es wurde 1704 nach einem Entwurf von Thomas Burgh (der auch die Old Library im Trinity College verantwortete) fertiggestellt. Heute ist hier die Abteilung Ornamentale Kunst und Geschichte des National Museum of Ireland mit einer hervorragenden ständigen Sammlung untergebracht, die von der Geschichte des **Osteraufstands** bis zu den Werken der irischen Designerin **Eileen Gray** (1878–1976) reicht.

Dublin City Gallery – Hugh Lane — Kunstmuseum

(Karte S. 122; 01-222 5550; www.hughlane.ie; 22 N Parnell Sq; Di–Do 9.45–18, Fr bis 17, Sa 10–17, So 11–17 Uhr; 7, 11, 13, 16, 38, 40, 46A, 123 ab Stadtzentrum) GRATIS Was immer Dublin an Renommee als Stätte hochkarätiger Kunst besitzen mag, beruht größtenteils auf dieser schlicht fantastischen Sammlung im ebenfalls eindrucksvollen Charlemont House, das

William Chambers 1763 entworfen hat. Die Galerie zeigt die besten Werke zeitgenössischer irischer Kunst, ein paar Klassiker des Impressionismus und das hierher versetzte Atelier von Francis Bacon.

ESSEN

Das Restaurantangebot in Dublin war noch nie so gut. Jede Küche und jeder Trend – von Donuts bis Grünkohl – ist vertreten, um die anspruchsvollen Gaumen der Gäste der Stadt zufriedenzustellen.

Blazing Salads Vegetarisch **€**

(Karte S. 126; 01-671 9552; www.blazingsalads.com; 42 Drury St; Salate 5–10 €; Mo–Sa 9–18 Uhr; ; alle ins Stadtzentrum) Bio-Brote (auch glutenfrei uvm.), bunte Salate von der Selbstbedienungstheke, Smoothies und Pizzaschnitten gibt es in diesem vegetarischen Feinkostgeschäft zum Mitnehmen. Es bietet auch beliebte Kochkurse an, die allerdings frühzeitig gebucht werden müssen.

Oxmantown Café **€**

(Karte S. 122; www.oxmantown.com; 16 Mary's Abbey, City Markets; Sandwiches 6,50 €; Mo–Fr 8–16 Uhr; Four Courts, Jervis) Mit köstlichem Frühstück und exzellenten Sandwiches gehört das Café zu den herausragenden Tageslokalen nördlich der Liffey. Brot aus einer lokalen Bäckerei, Kaffee von Cloud Picker (Dublins einzige Kleinrösterei) und Fleisch von irischen Höfen bilden die Zutaten, aber die Zubereitung ist der eigentliche Hit.

Fade Street Social Modern Irisch **€€**

(Karte S. 126; 01-604 0066; www.fadestreetsocial.com; 4–6 Fade St; Hauptgerichte 20–36 €, Tapas 6–17 €; Mo–Mi 17–22.30, Do 12.30–15 & 17–22.30, Fr & Sa bis 23, So bis 22.30 Uhr; ; alle ins Stadtzentrum) Zwei Restaurants in einem, die dem Küchenchef Dylan McGrath zu verdanken sind: vorne die quirlige Tapasbar mit Gourmethäppchen aus einer schönen, offenen Küche, hinten das ruhigere Restaurant mit irischen Fleischgerichten (von Kalb bis Kaninchen), serviert mit selbst gezogenem Bio-Gemüse. Oben gibt's auch noch eine Bar. Reservierung ist ratsam.

Chapter One Modern Irisch **€€€**

(Karte S. 122; 01-873 2266; www.chapteronerestaurant.com; 18 N Parnell Sq; 2 Gänge mittags 36,50 €, 4 Gänge abends 80 €; Fr 12.30–14, Di–Sa 17–22.30 Uhr; 3, 10, 11, 13, 16, 19, 22 ab Stadtzentrum) Perfekte Haute Cuisine plus entspannte Atmosphäre machen dieses Sternerestaurant im Untergeschoss des Dublin Writers Museum zum besten kulinarischen Erlebnis der Stadt. Die Küche ist modern irisch mit französischen Einflüssen, die Speisekarte wechselt regelmäßig und der Service ist erstklassig. Das frühabendliche dreigängige Menü (44 €) ist super, wenn danach noch das **Gate** (Karte S. 122; 01-874 4045; www.gatetheatre.ie; 1 Cavendish Row; Vorstellung Di–Fr 19.30, Sa 14.30 & 19.30 Uhr; alle ins Stadtzentrum) um die Ecke ansteht.

AUSGEHEN & NACHTLEBEN

Seit jeher sind Dubliner stets zu einem Drink bereit. Komme, was wolle, den Pubs der Stadt mangelt es nie an Gästen. Wir vermuten, dass die legendären Pubs und Bars eigentlich der Hauptgrund für einen Besuch Dublins sind.

Toner's Pub

(Karte S. 122; 01-676 3090; www.tonerspub.ie; 139 Lower Baggot St; Mo–Do 10.30–23.30, Fr & Sa bis 0.30, So 11.30–23.30 Uhr; 7, 46 ab Stadtzentrum) Das Toner's mit Steinboden und *snugs* hat sich im Lauf der Zeit kaum verändert und wirkt trotz Citylage wie ein ländliches Pub. Toner's Yard nebenan ist das behagliche Freiluftareal. Die Regale und Schubladen erinnern daran, dass es einst auch ein Lebensmittelladen war.

Grogan's Castle Lounge Pub

(Karte S. 126; www.facebook.com/groganscastlelounge; 15 S William St; Mo–Do 10.30–23.30, Fr & Sa bis 0.30, So 12.30–23 Uhr; alle ins Stadtzentrum) Das Pub, schlicht Grogan's genannt (nach dem ursprünglichen Wirt), ist im Stadtzentrum eine Institution. Es ist schon ewig eine Lieblingskneipe der Dubliner Schriftsteller und Maler sowie der alternativen Künstlerszene und von allen,

Temple Bar, Grafton St & St Stephen's Green

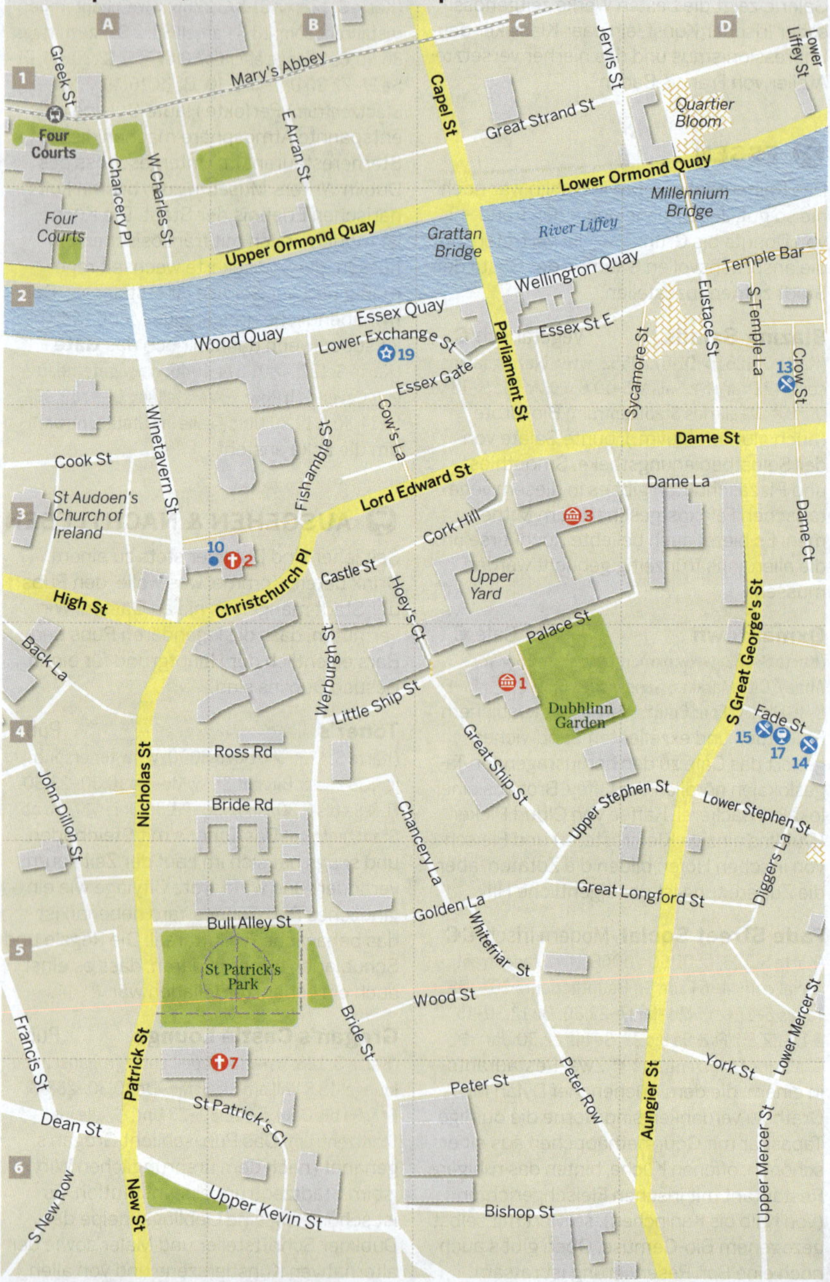

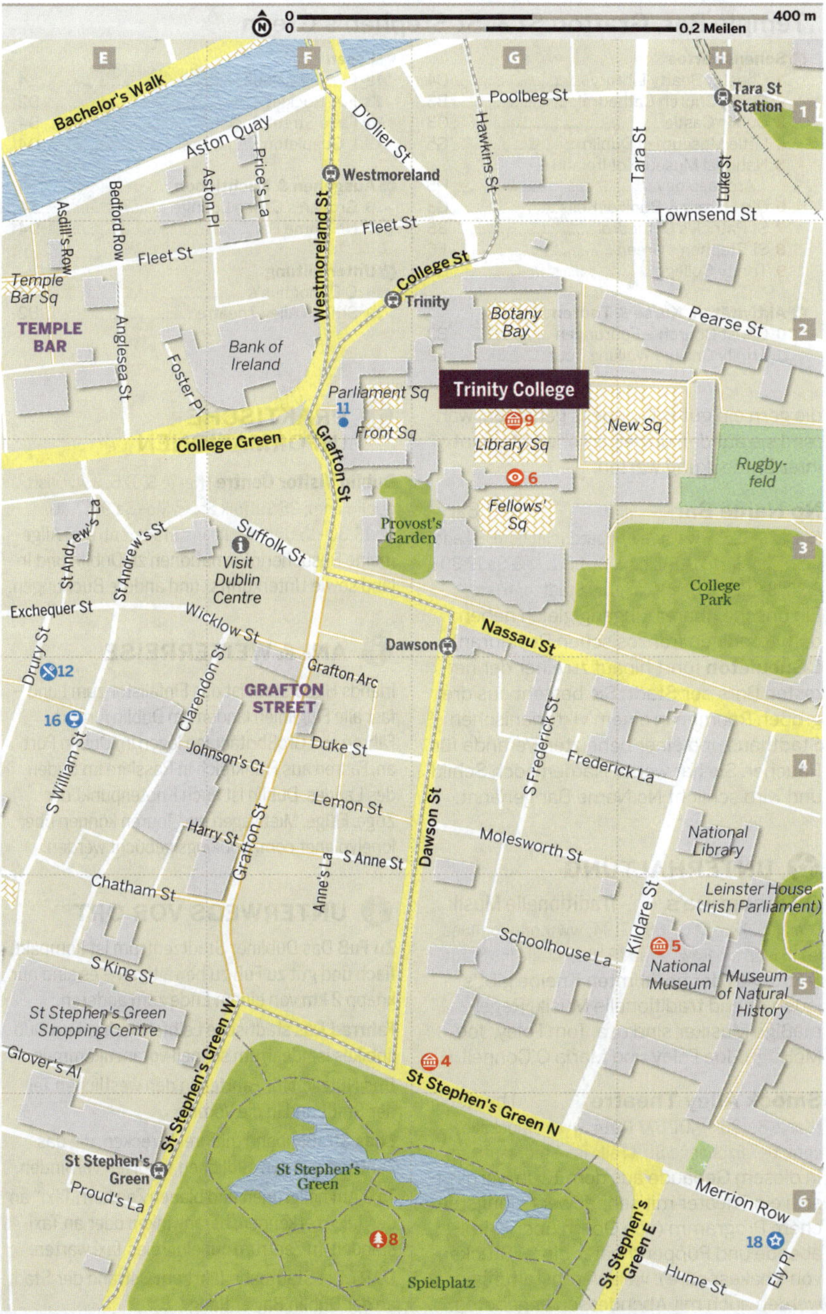

0 400 m
0 0,2 Meilen
E
F
G
H
1
2
3
4
5
6
Bachelor's Walk
Aston Quay
Price's La
Aston Pl
D'Olier St
Westmoreland
Hawkins St
Poolbeg St
Tara St
Tara St Station
Luke St
Townsend St
Bedford Row
Asdill's Row
Fleet St
Fleet St
Westmoreland St
College St
Trinity
Temple Bar Sq
TEMPLE BAR
Bank of Ireland
Anglesea St
Foster Pl
Botany Bay
Pearse St
Parliament Sq
Trinity College
11
9
Front Sq
Library Sq
New Sq
College Green
Grafton St
6
Rugby-feld
Fellows' Sq
Provost's Garden
St Andrew's La
St Andrew's St
Suffolk St
Visit Dublin Centre
College Park
Exchequer St
Wicklow St
Nassau St
Dawson
Drury St
12
Grafton Arc
GRAFTON STREET
16
Clarendon St
S Frederick St
S William St
Johnson's Ct
Duke St
Frederick La
Dawson St
Lemon St
Harry St
Grafton St
Molesworth St
National Library
S Anne St
Anne's La
Chatham St
Kildare St
Leinster House (Irish Parliament)
Schoolhouse La
5
National Museum
Museum of Natural History
S King St
St Stephen's Green Shopping Centre
St Stephen's Green W
Glover's Al
4
St Stephen's Green N
St Stephen's Green
St Stephen's Green
Proud's La
Merrion Row
8
18
St Stephen's Green E
Hume St
Ely Pl
Spielplatz

Temple Bar, Grafton St & St Stephen's Green

Sehenswertes

1	Chester Beatty Library	C4
2	Christ Church Cathedral	B3
3	Dublin Castle	C3
4	Little Museum of Dublin	G5
5	National Museum of Ireland – Archaeology	H5
6	Old Library & Book of Kells	G3
7	St Patrick's Cathedral	B6
8	St Stephen's Green	F6
9	Trinity College	G2

Aktivitäten, Kurse & Touren

10	Christ Church – Führungen	B3
11	Trinity College Walking Tour	F2

Essen

12	Blazing Salads	E4
13	F.X. Buckley	D2
14	Fade Street Social	D4
15	L'Gueuleton	D4

Ausgehen & Nachtleben

16	Grogan's Castle Lounge	E4
17	No Name Bar	D4

Unterhaltung

18	O'Donoghue's	H6
19	Smock Alley Theatre	B2

die gern ein gutes Guinness genießen, während sie auf den unweigerlichen Moment ihrer Entdeckung warten.

No Name Bar Bar

(Karte S. 126; www.nonamebardublin.com; 3 Fade St; Mo–Mi 13.30–23.30, Do bis 1, Fr & Sa 12.30–2.30, So 12–23 Uhr; alle ins Stadtzentrum) Ein unscheinbarer Eingang gleich neben dem trendigen französischen Restaurant **L'Gueuleton** führt hinauf zu einer der nettesten Bars der Stadt: Sie besteht aus drei großen Räumen in einem viktorianischen Stadthaus und einer beheizten Veranda für Raucher. Sie hat weder Namen noch Schild und wird schlicht No Name Bar genannt.

UNTERHALTUNG

O'Donoghue's Traditionelle Musik

(Karte S. 126; 01-660 7194; www.odonoghues.ie; 15 Merrion Row; ab 19 Uhr; alle ins Stadtzentrum) In der berühmten Kneipe gibt's jeden Abend traditionelle Musik. Regelmäßige Musiker sind u. a. Tom Foley, Joe McHugh, Joe Foley und Maria O'Connell.

Smock Alley Theatre Theater

(Karte S. 126; 01-677 0014; www.smockalley.com; 6–7 Exchange St; alle ins Stadtzentrum) In diesem Gebäude aus dem 17. Jh. verbirgt sich ein Theater mit sehr abwechslungsreichem Programm (von Opern über Krimiabende und Puppentheater bis zu Stücken von Shakespeare), viele Veranstaltungen werden auch mit Abendessen angeboten.

PRAKTISCHE INFORMATIONEN

Dublin Visitor Centre (Karte S. 126; www.visitdublin.com; 25 Suffolk St; Mo–Sa 9–17.30, So 10.30–15 Uhr; alle ins Stadtzentrum) Allgemeine Besucherinformationen zu Dublin und Irland sowie Unterkunfts- und andere Buchungen.

AN- & WEITERREISE

Irlands Hauptstadt ist das Einfallstor zum Land – fast alle Fluglinien landen am Dublin Airport. Fähren aus Großbritannien legen im Dublin Port an, Fähren aus Frankreich in Rosslare im Süden des Landes. Dublin ist auch Knotenpunkt der Züge. Flüge, Mietwagen und Touren können über lonelyplanet.com/bookings gebucht werden.

UNTERWEGS VOR ORT

Zu Fuß Das Dubliner Stadtzentrum ist kompakt, flach und gut zu Fuß zu bewältigen – es sind nur knapp 2 km von einem Ende zum anderen.

Fahrrad Das städtische Leihfahrradsystem Dublinbikes ist ideal, um schnell voranzukommen.

Bus Nützlich für Fahrten in den westlichen Teil der Stadt und in die Vororte.

Luas Straßenbahn mit drei Strecken, die das Zentrum mit den südlichen Vororten verbinden.

Taxi Am hellgrünen und blauen Zeichen „Taxi" an der Tür zu erkennen; heranwinken oder an Taxiständen im Zentrum auf ein freies Taxi warten.

DART Die Stadtbahn fährt am Ostrand der Stadt an der Dublin Bay entlang.

Wohin zum Schlafen?

Stadtviertel	Merkmale
Grafton Street & Umgebung	Nah an Sehenswürdigkeiten, am Nachtleben und an allem anderen; eine gute Auswahl an Mittel- und Spitzenklassehotels. Generell teurer als anderswo; nicht immer gutes Preis-Leistungs-Verhältnis und häufig eher kleine Zimmer.
Merrion Square & Umgebung	Schöner Stadtteil, elegante Hotels und Unterkünfte in Stadthäusern. Nicht viel Auswahl; praktisch keine Budgetunterkunft. Ab abends relativ ruhig.
Temple Bar	Mitten im Getümmel; dicht am Partygeschehen. Laut und touristisch, kein besonders gutes Preis-Leistungs-Verhältnis; Zimmer sind meist sehr klein und oft nicht sehr sauber.
Kilmainham & Liberties	Dicht an der Altstadt und den Sehenswürdigkeiten von Westdublin. Immer mehr tolle Restaurants. Zu den Hauptsehenswürdigkeiten der Stadt läuft man etwas länger.
Nördlich der Liffey	Breite Auswahl; in Laufnähe von Sehenswürdigkeiten und Nachtleben. Budgetunterkünfte sind nicht immer in gutem Zustand; einige Ecken sind nachts nicht besonders angenehm.
Docklands & Grand Canal	Exzellente moderne Hotels mit gutem Service, auch einige Spitzenhotels. Abgeschieden in einem Stadtteil, der abends ziemlich ausgestorben ist; man ist auf Taxis oder öffentliche Verkehrsmittel angewiesen, um ins Stadtzentrum zu kommen.
Southside	Besseres Angebot fürs Geld; generell größere Zimmer und Unterkünfte mit Garten. Sofern man nicht nahe der Luas-Linie ist, kann eine Busfahrt in die Stadt viel Zeit kosten.

Abbey Island, Derrynane National Historic Park

Ring of Kerry, Irland

Die 179 km lange Ringstraße um die Halbinsel Iveragh (gespr. ihv-rah) führt an herrlichen Stränden, mittelalterlichen Ruinen, Bergen und Seen vorbei, mit immer neuem Blick auf die Inseln im Atlantik, besonders im spektakulären Südwesten der Halbinsel.

Toll für ...

Nicht versäumen

In diesem Lichtschutzgebiet die nächtlichen Sterne beobachten.

Killorglin

Kerry Bog Village Museum Museum

(www.kerrybogvillage.ie; Ballincleave, Glenbeigh; Erw./Kind 6,50/4,50 €; ⌚9–18 Uhr; P) Das Museum ist ein nachgebautes Moordorf, typisch für jene, die im 19. Jh. in den unwirtlichen irischen Mooren ein ärmliches Dasein fristeten. Zu sehen sind die Reetdachhäuschen eines Torfstechers, Schmieds, Dachdeckers und Lohnarbeiters, auch eine Molkerei, Kerry-Bog-Ponys (eine heimische Rasse) und irische Wolfhunde. Das Dorf liegt an der N70, 8,3 km südwestlich von Killorglin bei Glenbeigh; Tickets gibt's im benachbarten Red Fox Inn, wenn niemand am Tor ist.

Cahersiveen

Old Barracks Heritage Centre Museum

(☎066-401 0430; www.theoldbarrackscahersiveen.com; Bridge St; Erw./Kind 4/2 €; ⌚März–Nov. Mo–

Steinhütte auf Skellig Michael

GAVIN QUIRKE / GETTY IMAGES ©

Gut zu wissen

Die meisten umrunden den Ring als Bustagestour ab Killarney. Dabei könnte man hier Tage zu Fuß verbringen.

Kleine Stärkung

Moderne irische Küche gibt's im **Smuggler's Inn** (☎066-947 4330; www.smugglersinn.ie; Cliff Rd; 3 Gänge mittags & früher Abend 30 €, Hauptgerichte 20–27 €; ⏲12–14.45 & 18–21.30 Uhr; 📶) in Waterville.

Top-Tipp

Zahlreiche Tourunternehmen und Hostels in Killarney bieten tägliche Ring-Bustouren für etwa 25–30 € an.

Sa 10–17, So 11–16 Uhr; P) Die Kaserne der Royal Irish Constabulary in Cahersiveen, als Reaktion auf den Fenier-Aufstand von 1887 gegründet, ist im Stil eines bayerischen Schlosses erbaut, samt Spitztürmchen und Stufengiebel. Das imposante, 1922 von Republikanern niedergebrannte Gebäude wurde restauriert und birgt nun Ausstellungen zum Fenier-Aufstand und zum Leben und Werk des Helden Daniel O'Connell.

Caherdaniel

Derrynane National Historic Park — Historische Stätte

(☎066-947 5113; www.derrynanehouse.ie; Derrynane; Erw./Kind 5/3 €; ⏲Mitte März–Sept. 10.30–18 Uhr, Okt. 10–17 Uhr, Nov.–Anfang Dez. Sa & So bis 16 Uhr; P) Derrynane House war der Wohnsitz von Maurice „Hunting Cap" O'Connell, einem berüchtigten Schmuggler, der durch Handel mit Frankreich und Spanien reich wurde. Er war der Onkel von Daniel O'Connell, dem Kämpfer für die katholische Emanzipation im 19. Jh. Daniel wuchs bei seinem Onkel auf und erbte 1825 das Haus. Es enthält viele Erinnerungsstücke an O'Connell, auch den beeindruckenden Triumphwagen, in dem er nach seiner Entlassung aus dem Gefängnis 1844 durch Dublin fuhr.

Skellig Michael

Portmagee (80 km westlich von Killarney) ist der Startpunkt für ein unvergessliches Erlebnis: eine Bootstour zu zwei kleinen Felsen 12 km vor der Küste. Den steilen Aufstieg auf der unbewohnten Insel **Skellig Michael** unternimmt man mit Ehrfurcht: Einst lebten Mönche in den dürftigen Bienenkorbhütten auf der winzigen Inselkuppe. Die dramatische Schönheit von Skellig Michael diente auch als Kulisse für Luke Skywalkers Jedi-Tempel in *Star Wars: Das Erwachen der Macht* (2015) und *Die letzten Jedi* (2017). Das lockt heute ein ganz neues Publikum auf die Insel. Von Frühjahr bis Spätsommer fahren, sofern das Wetter mitspielt, Boote von Portmagee nach Skellig Michael; sie legen morgens ab und kehren um 15 Uhr zurück. Der Preis liegt bei etwa 80 € pro Person. Reservierung ist ein Muss. Zu den Bootsanbietern gehört u. a. **Skelligs Rock** (☎087 236 2344; www.skelligsrock.com; pro Pers. 100 €; ⏲Mitte Mai–Sept).

GALIONEN

KOPENHAGEN, DÄNEMARK

In diesem Kapitel

Kopenhagen, Dänemark

Kopenhagen ist die coolste Hauptstadt Skandinaviens und eine der Städte mit der höchsten Lebensqualität weltweit. Fragt man nach dem Grund, dürfte das Wort hygge *fallen, das mit „gemütlich" nur annähernd übersetzt ist. Es ist diese relaxte Zufriedenheit, die der dänischen Kapitale ihr gewisses Etwas gibt. Umwerfend ist auch das Stadtbild: gepflasterte, fahrradfreundliche Straßen, gesäumt von einem unwiderstehlichen Mix aus bunt gestrichenen Häusern, Kunsthandwerkerateliers und stimmungsvollen Cafés. Dazu noch die überschaubare Größe, und fertig ist das vielleicht rundeste Stadterlebnis, das Europa zu bieten hat.*

Zwei Tage in Kopenhagen

Nach einer Kanal- und Hafenrundfahrt und einem Bummel um den **Nyhavn** (S. 140) ist es Zeit für das berühmte *smørrebrød* mit einem eiskalten *akvavit* (Kartoffelschnaps mit Kümmel). Dann geht es durchs Latinerkvarter und ins **Nationalmuseet** (S. 140), gefolgt von einem netten Abend im **Tivoli** (S. 136).

Am zweiten Tag wandelt man im **Rosenborg Slot** (S. 140) und **Kongens Have** (S. 141) auf königlichen Spuren. Im **Designmuseum Danmark** (S. 138) wartet außer der umfangreichen Sammlung auch ein stärkendes Mittagessen. Abends verwöhnt das **Geranium** (S. 145) mit Neuer Nordischer Küche.

Vier Tage in Kopenhagen

Wer etwas mehr Zeit hat, unternimmt am dritten Tag einen Abstecher zum Kunstmuseum **Louisiana** (S. 141), eine kurze Zugfahrt nördlich von Kopenhagen. Zum Abendessen lädt dann das ehemalige Schlachterviertel Kødbyen in Vesterbro, das sich inzwischen zum hippen Ausgehviertel gemausert hat.

Am vierten Tag wollen das **Statens Museum for Kunst** (S. 141) und die berühmte Markthalle **Torvehallerne KBH** erkundet sein.

Anschließend geht's weiter nach Berlin (S. 435), das nur eine 7½-stündige Busfahrt entfernt liegt.

Vorhergehende Doppelseite: Nyhavn (S. 140)

Ankunft

Der **Flughafen Kopenhagen** (S. 147) ist der größte Flughafen Skandinaviens, mit Direktverbindungen zu vielen Städten in Europa, Nordamerika und Asien sowie einer Handvoll dänischer Städte. Die Metro (www.m.dk) verkehrt rund um die Uhr alle 4 bis 20 Minuten zwischen Flughafen und östlichem Stadtzentrum. Außerdem fahren etwa alle 12 Minuten Züge (www.dsb.dk) ins Stadtzentrum; die Fahrt kostet 36 Kr. Eine Taxifahrt ins Zentrum dauert um die 20 Minuten und kostet ca. 300 Kr.

Alle Fernzüge fahren den **Københavns Hovedbanegård** (Hauptbahnhof) an.

Schlafen

Das Übernachtungsangebot in Kopenhagen reicht von gehobenen dänischen Designhotels bis zu ausgezeichneten Budgethotels und Hostels, die sich vor allem westlich des Hauptbahnhofs drängen. Rechtzeitige Reservierung ist ratsam, insbesondere bei den Hostels und in der sommerlichen Hauptsaison.

Das **Copenhagen Visitors Centre** (S. 147) vermittelt Zimmer in Privathäusern und je nach Verfügbarkeit auch freie Hotelzimmer zu ermäßigten Preisen.

ANASTASIA PELIKH / SHUTTERSTOCK ©

Tivoli

Die beliebteste Touristenattraktion des Landes ist der Tivoli. Der stilvolle Freizeitpark entzückt seine Besucher schon seit 1843. Was immer das Herz begehrt – adrenalintreibende Achterbahnen, lichterfunkelnde Pavillons, Freilichttheater, Openair-Pantomime oder Biergarten –, der Klassiker lässt keine Wünsche offen.

Toll für ...

☑ Nicht versäumen

Das mit 70 km/h vorbeifliegende Stadtpanorama vom Star Flyer aus, einem der höchsten Karussells der Welt.

Achterbahnen

Die populärste Achterbahn des Tivoli ist die Rutschebanen, die mit bis zu 60 km/h um und durch einen künstlichen „Berg" saust. Sie wurde 1914 gebaut und ist angeblich die älteste hölzerne Achterbahn der Welt, die noch in Betrieb ist. Wer es etwas wilder mag, kann Dæmonen (Dämon) ausprobieren, ein Monster des 21. Jhs. mit höherem Tempo und drei haarsträubenden Loopings.

Die Anlage

Abseits der Fahrgeschäfte und Buden ist der Tivoli ein gepflegter Park mit stillen Ecken und interessanter Architektur. Beim Bummel unter alten Kastanienbäumen und Ulmen und rund um den See kann sich der Puls wieder beruhigen. Am See, der aus dem alten Stadtgraben entstand, thront eine sehr fotogene Pagode von 1900.

Gut zu wissen

33 15 10 01; www.tivoligardens.com; Vesterbrogade 3; Erw./Kind 3–7 J. 120/50 Kr, Fr ab 19 Uhr 175/100 Kr; April–Sept. So–Do 11–23, Fr & Sa bis 24 Uhr, sonst eingeschränkte Öffnungszeiten; ; 2A, 5C, 9A, 12, 14, 26, 33, 250S, M København H, S København H

Kleine Stärkung

Grøften (33 75 06 75; www.groeften.dk; Tivoli, Vesterbrogade 3; Smørrebrød 89–229 Kr, Hauptgerichte 179–425 Kr; April–Sept. So–Do 12–22, Fr & Sa bis 23 Uhr, sonst nur zu Veranstaltungen; ; 2A, 5C, 9A, 26, 250S, S København H) ist eine lokale Institution.

★ Top-Tipp

Vergnügungsfahrten kosten 30–90 Kr; es kann sich lohnen, ein Mehrfahrten-ticket für 230 Kr zu kaufen.

Illuminationen & Feuerwerk

In der Sommersaison bezaubert der Tivoli-See die Besucher mit nächtlichen Laser- und Wassershows. Ein Muss im Sommer ist das Feuerwerk am Samstagabend. Vom 26. bis 30. Dezember findet im Tivoli das jährliche Feuerwerksfestival statt.

Live-Vorstellungen

In **Tivolis Koncertsal** (Konzertsaal; https://www.tivoli.dk/da/haven+og+forlystelser/spillesteder/koncertsalen; Tietgensgade 30; 1A, 2A, 5C, 9A, 37, 250S, S København H) wird vor allem Klassik geboten, gelegentlich auch Musicals oder Konzerte bekannter Pop- und Rockmusiker. Tickets gibt es beim **Tivoli Billetcenter** (Servicecenter; 33 15 10 01; Vesterbrogade 3 (Eingang im Tivoli); während der Tivoli-Saison So–Do 11–23.30, Fr & Sa bis 0.30 Uhr; 2A, 9A, 5C, 12, 14, 26, 66, 250S, S København H) oder online über die Tivoli-Website.

Pantomimentheater

Im Sommer präsentiert dieses unverschämt charmante Theater allabendlich stumme Darbietungen in der Tradition der italienischen Commedia dell'Arte. Viele Darsteller gehören dem Königlichen Ballett an.

Weihnachtsmarkt

Von Mitte November bis Anfang Januar gibt es im Tivoli einen großen **Weihnachtsmarkt** (www.tivoligardens.com /en/saesoner/jul; 1A, 2A, 9A, 5C, 14, 26, 37, 66, S København H) nebst Unterhaltung durch kostümierte Mitarbeiter und Theater. Viele Fahrgeschäfte haben zu, aber die Besucher können sich darüber mit *gløgg* (Glühwein) und *æbleskiver* (Krapfen) hinwegtrösten.

EVIKKA / SHUTTERSTOCK ©

Designmuseum Danmark

Wer den Unterschied zwischen Ei und Schwan oder einer PH4 und einer PH5 noch nicht kennen sollte, bekommt im Designmuseum Danmark, 250 m nördlich der Marmorkirken, einen erhellenden Crashkurs in die Geschichte des legendären dänischen Designs.

Toll für ...

☑ Nicht versäumen

Die Sammlung historischer Plakatkunst, u. a. mit dem Kultklassiker „Wonderful Copenhagen“ von 1959, auf dem eine Entenfamilie den Verkehr aufhält.

Das Museum in einem umgebauten Hospital aus dem 18. Jh. ist ein Muss für alle Freunde der angewandten Kunst und des Industriedesigns. Seine Sammlungen umfassen u. a. dänisches Silber und Porzellan, Textilien und Kultklassiker von revolutionären Möbeldesignern wie Kaare Klint, Poul Henningsen, Arne Jacobsen und Verner Panton.

Kunstgewerbe & Design des 20. Jhs.

Die ständige Ausstellung des Museums beleuchtet das Industriedesign und Kunstgewerbe des 20. Jhs. im Kontext des gesellschaftlichen, wirtschaftlichen, technischen und gedanklichen Wandels. Die Sammlung präsentiert legendäre Möbelstücke und kunstgewerbliche Erzeugnisse aus Dänemark und dem Rest der Welt.

EVIKKA / SHUTTERSTOCK ©

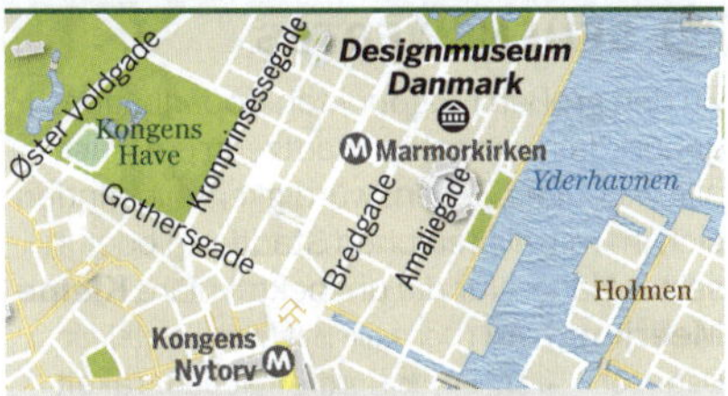

Gut zu wissen

33 18 56 56; www.designmuseum.dk; Bredgade 68; Erw./Kind 115 Kr/frei; Di & Do–So 10–18, Mi bis 21 Uhr; ; 1A, Kongens Nytorv

Kleine Stärkung

Neben der Eingangshalle serviert das hauseigene Klint Café dänische Klassiker, auch draußen im schönen Garten.

★ Top-Tipp

Der Museumsshop ist eine der besten Adressen der Stadt, um originelle und handliche Mitbringsel zu erwerben.

Mode & Textilien

Die gut vier Jahrhunderte umspannende Dauerausstellung zeigt rund 350 Stücke aus den umfangreichen Textil- und Modesammlungen des Museums. Zu ihren Schätzen gehören französische und italienische Seidengewebe, Ikat- und Batikstoffe und zwei außergewöhnliche Wandteppiche nach Vorlagen von Henri Matisse. Im Vordergrund stehen natürlich Textilien und Mode aus Dänemark, u. a. dänische *hedebo*-Stickereien aus dem 18. bis 20. Jh. und Erik Mortensens Sammlung von Haute-Couture-Kleidern der französischen Modehäuser Balmain und Jean-Louis Scherrer.

Dänische Stühle

Eine Ode an den bescheidenen Stuhl und eine Auseinandersetzung mit der Frage, was einen „guten" Stuhl ausmacht: Diese Dauerausstellung zeigt über 100 elegant gestaltete Stühle (und Sessel), darunter auch einige Beiträge aus dem Ausland. Probesitzen ist aber nicht erlaubt.

Porzellan

Die fundierte Ausstellung huldigt dem europäischen Porzellan und zeichnet seine Entwicklung von den ersten Experimenten bis zum heutigen Tag nach.

Dänisches Design heute

Eine fesselnde Präsentation des zeitgenössischen Mode-, Möbel- und Produktdesigns mit Schwerpunkt auf dänischem Design und Neuerungen des 21. Jhs.

SEHENSWERTES

Zu den großen Pluspunkten Kopenhagens gehört das kompakte Stadtzentrum. Fast alle wichtigen Sehenswürdigkeiten befinden sich im mittelalterlichen Stadtkern oder in seiner Nähe. Nur die unspektakuläre **Kleine Meerjungfrau** (Den Lille Havfrue; Langelinie, Østerport; 1A, 26, Nordre Toldbod) räkelt sich außerhalb des Zentrums am Hafen.

Nyhavn — Kanal

(Nyhavn; 1A, 26, 66, 350S, M Kongens Nytorv) Bei Sonnenschein gibt es kaum ein netteres Plätzchen als einen Cafétisch am Nyhavn. Der Stichkanal verbindet den großen Platz Kongens Nytorv mit dem Hafen und war ein traditioneller Tummelplatz von Seeleuten und Schriftstellern. Hans Christian Andersen schrieb in Haus Nr. 20 *Das Feuerzeug, Der kleine Klaus und der große Klaus* und *Die Prinzessin auf der Erbse* und wohnte zeitweise auch in Nr. 18 und 67.

Nationalmuseet — Museum

(Nationalmuseum; 33 13 44 11; https://en.natmus.dk; Ny Vestergade 10; Erw./Kind 95 Kr/frei; Di–So 10–17 Uhr; ; 1A, 2A, 9A, 12, 14, 26, 37, M Rådhuspladsen) Einen Schnellkurs in dänischer Geschichte und Kultur verspricht ein Nachmittag im Nationalmuseum. Es hat den ersten Zugriff auf praktisch alle altertümlichen Funde in Dänemark, ob Steinzeitwerkzeuge, Wikingerwaffen, Runensteine oder mittelalterlicher Schmuck. Zu den Highlights gehören ein schön gearbeiteter Sonnenwagen, der 3500 Jahre auf dem Buckel hat, und bronzene *lurs* (Hörner), die nach 3000 Jahren immer noch melodische Töne hervorbringen.

Rosenborg Slot — Schloss

(33 15 32 86; www.kongernessamling.dk/en/rosenborg; Øster Voldgade 4A; Erw./Kind 110 Kr/frei; Mitte Juni–Mitte Sept. 9–18 Uhr, sonst eingeschränkte Öffnungszeiten; 6A, 42, 184, 185, 350S, M Nørreport, S Nørreport) Ein Bilderbuchschloss mit Türmen und Türmchen, Ziergiebeln und Wassergraben: König Christian IV. ließ das Schloss im Stil der niederländischen Renaissance zwischen 1606 und 1633 als Sommerresidenz errichten. Heute beherbergen die 24 Räume eine chronologisch arrangierte Sammlung mit Möbelstücken und den Porträts sämtlicher Könige von Christian IV. bis zu Frederik VII. Das Highlight ist die Schatzkammer

Rosenborg Slot

im Untergeschoss mit Kronjuwelen wie der prachtvollen Krone Christians IV. und dem juwelenbesetzten Schwert Christians III.

Statens Museum for Kunst Museum
(☎33 74 84 94; www.smk.dk; Sølvgade 48–50; Erw./Kind 120 Kr/frei; ⌚Di & Do–So 11–17, Mi bis 20 Uhr; 🚌6A, 26, 42, 184, 185) Die dänische Nationalgalerie residiert in zwei miteinander verbundenen Gebäuden: einem Prunkbau aus dem späten 19. Jh. und einem minimalistischen Erweiterungsbau. Das Museum hütet Kunstwerke aus Mittelalter und Renaissance und Gemälde niederländischer und flämischer Künstler, u. a. von Rubens, Brueghel und Rembrandt. Es besitzt die schönste Sammlung von Werken aus dem „Goldenen Zeitalter" der dänischen Kunst im 19. Jh., u. a. von Eckersberg und Hammershøi, aber auch Werke ausländischer Künstler wie Matisse und Picasso und moderner dänischer Künstler wie Per Kirkeby.

Kongens Have Park
(Königsgarten; http://parkmuseerne.dk/kongens-have; Øster Voldgade; ⌚Mitte Juni–Mitte Aug. 7–22 Uhr, sonst kürzere Öffnungszeiten; 👪; 🚌26, Ⓜ Nørreport, Ⓢ Nørreport) GRATIS Den ältesten Park Kopenhagens ließ Christian IV. im frühen 17. Jh. als Küchengarten anlegen. Heute hat er mehr zu bieten: u. a. romantische Spazierwege, einen Rosengarten, einige der längsten Staudenbeete Nordeuropas und ein Marionettentheater, das von Mitte Juli bis Mitte August kostenlose Puppenspiele aufführt (Di–So 14 und 15 Uhr).

GEFÜHRTE TOUREN

Zum Kopenhagen-Besuch gehört auf jeden Fall eine Kanalrundfahrt – eine fantastische Möglichkeit, die Stadt von einer Seite zu erleben, die Landratten nie zu sehen kriegen. Zwei Betreiber veranstalten im Sommer Kanaltouren – **Canal Tours Copenhagen** (☎32 96 30 00; www.stromma.dk; Nyhavn; 1-std. Tour Erw./Kind 85/43 Kr; ⌚Ende Juni–Mitte Aug. 9.30–21 Uhr, sonst kürzer; 👪; 🚌1A, 26, 66, 350S, Ⓜ Kongens Nytorv) und **Netto-Bådene** (☎32 54 41 02; www.havnerundfart.dk; Holmens Bro; Erw./Kind 40/15 Kr; ⌚2–5 Fahrten pro Std., Juli & Aug. 10–19 Uhr, sonst kürzer; 🚌1A, 2A, 9A, 26, 37, 66). In den meisten Booten ist man dem Wetter schutzlos ausgesetzt (das selbst im Sommer recht rau sein kann). Von Oktober bis März bieten beide Firmen Touren mit überdachten und beheizten Booten an.

Kunstpause in Louisiana

Das außergewöhnliche **Museum** (☎49 19 07 19; www.louisiana.dk; Gammel Strandvej 13, Humlebæk; Erw./Stud./Kind 125/110 Kr/frei; ⌚Di–Fr 11–22, Sa & So bis 18 Uhr; 🚌388, 🚆Humlebæk) für moderne Kunst ist selbst für Besucher, die um Kunstmuseen sonst einen Bogen machen, absolut sehenswert. Neben topaktuellen wechselnden Ausstellungen begeistert hier vor allem die umwerfende Präsentation. Ein Labyrinth aus Sälen und gläsernen Korridoren zieht sich durch eine Gartenanlage, in der stattliche Bäume, Grünflächen, ein See und ein Strandpanorama als Kulisse für abstrakte Monumentalskulpturen (Henry Moore, Jean Arp, Max Ernst, Barbara Hepworth usw.) dienen.

Das Louisiana liegt im hübschen Humlebæk, 30 km nördlich von Kopenhagen.

Die Hauptfassade des Museums
INOK CHOI / SHUTTERSTOCK ©

Bike Copenhagen with Mike Radtouren
(☎26 39 56 88; www.bikecopenhagenwithmike.dk; Sankt Peders Stræde 47; 300 Kr pro Pers.; 🚌5C, 6A) Für alle, die sich Kopenhagen lieber erradeln, bietet Bike Mike dreistündige Stadtrundfahrten an. Startpunkt ist Sankt Peders Stræde 47 im Zentrum, gleich östlich vom Ørstedsparken (südwestlich

Kopenhagen Zentrum

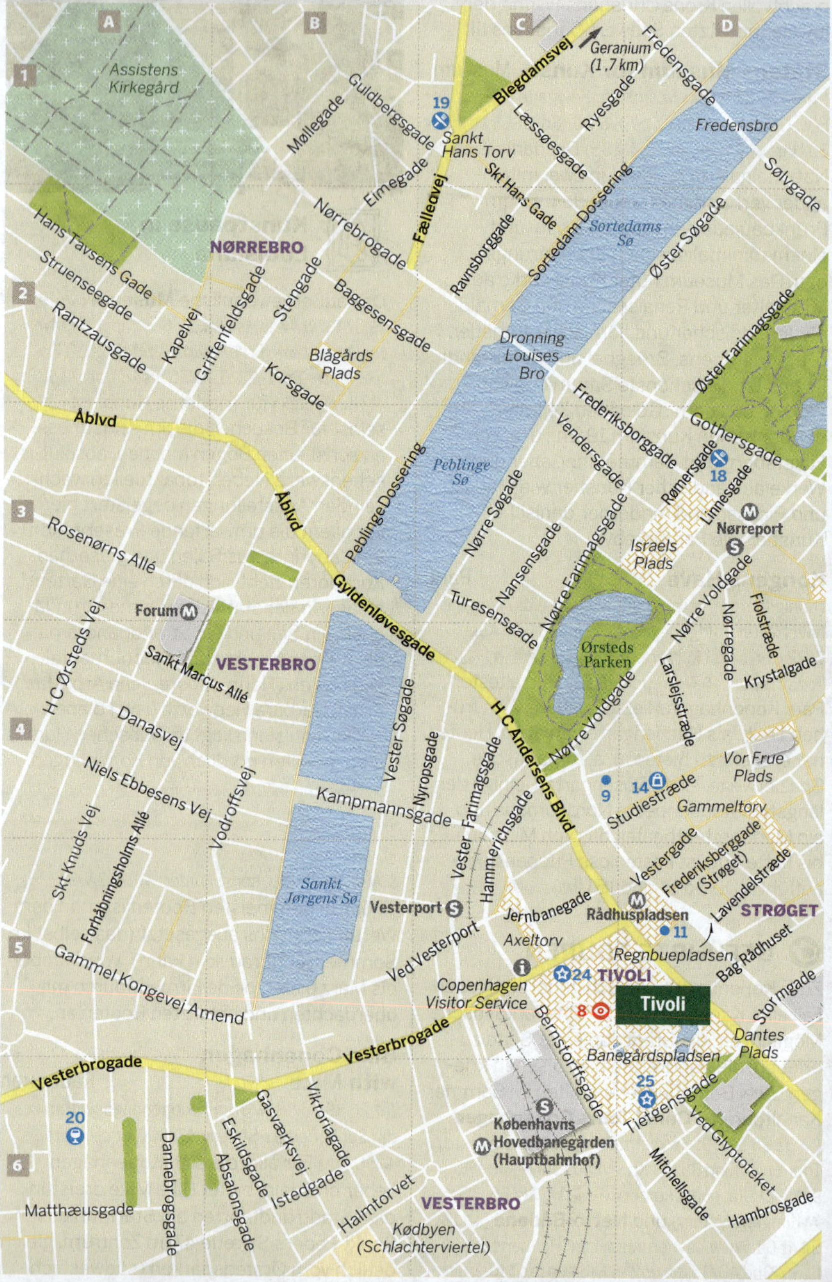

0
500 m
E
F
G
H
1
2
3
4
5
6
Østerport
Oslo Plads
Folke Bernadottes Allé
Kastellet
Langelinie
Øster Farimagsgade
Stockholmsgade
Østre
Anlæg
Sølvtorvet
Øster Voldgade
Botanisk
Have
Store Kongensgade
Grønningen
Smedelinien
Churchillparken
Esplanaden
Rigensgade
Kronprinsessegade
Gernersgade
Skt Pauls Gade
Sølvgade
Klerkegade
Fredericiagade
Designmuseum
Danmark
Amaliegade
Toldbodgade
Larsens Plads
Yderhavnen
Adelgade
Borgergade
Marmorkirken
Frederiksgade
Amalienborg
Slotsplad
Amaliehaven
NØRREPORT
Åbenrå
Landemærket
Vognmagergade
Hauser
Plads
Landgreven
Bredgade
NYHAVN
Kvæsthusgraven
Holmen
Gothersgade
Gammel Mønt
Ny Østergade
Ny Adelgade
Skt Annæ Plads
Kannikestræde
Købmagergade
Sværtegade
Pilestræde
Kongens
Nytorv
Lille
Strandstræde
Inderhavnen
Østergade
Nyhavn
Kvæsthusgade
Niels
Hemmingsensgade
Lille Kongensgade
Kongens
Nytorv
Heibergsgade
Herluf Trolles Gade
Papirøen
(Papier-
insel)
Vimmelskaftet
Højbro
Plads
Læderstræde
Nikolajgade
Holmens
Kanal
Holbergsgade
Knabrostræde
Gammel
Strand
Højbro
Laksegade
Holmens Kanal
Juels Gade
Niels
Vindebrogade
Havnegade
Rådhusstræde
Stormbro
Tøjhusgade
Slotsholmsgade
Knippelsbro
CHRISTIANSHAVN
Refshalevej
Det Kongelige
Bibiliotekshave
Prinsensbro
Søren
Kierkegaards
Plads
Christians Brygge
Strandgade
Sankt Annæ Gade
Torvegade
Prinsessegade
noma (1,3 km);
La Banchina (2 km);
Reffen (2,8 km)
SLOTSHOLMEN
Vester Voldgade
Inderhavnen
CHRISTIANIA
Christians
Brygge
Wildersgade
Christianshavn
Kalvebod
Brygge
Langebro
Langebrogade
Overgaden
Oven Vandet
Dronningensgade
Prinsessegade
Stadsgraven

Kopenhagen Zentrum

Sehenswertes
1 Designmuseum Danmark ... G2
2 Kongens Have ... E3
3 Kleine Meerjungfrau ... H1
4 Nationalmuseet ... E5
5 Nyhavn ... G4
6 Rosenborg Slot ... E3
7 Statens Museum for Kunst ... E2
8 Tivoli ... C5

Aktivitäten, Kurse & Touren
9 Bike Copenhagen with Mike ... C4
10 Canal Tours Copenhagen ... F4
11 Copenhagen Free Walking Tours ... D5
12 Netto-Bådene ... F5

Shoppen
13 Paustian ... E4
14 Project 4 ... D4
15 Rosforth & Rosforth ... F5

Essen
16 AOC ... G3
17 Geist ... F4
Grøften ... (s. 8)
18 Selma ... D3
19 Wulff & Konstali ... C1

Ausgehen & Nachtleben
20 Ancestrale ... A6
21 Den Vandrette ... G4
22 Jane ... E4
23 Nebbiolo ... G4

Unterhaltung
24 Tivoli Billetcenter ... C5
25 Tivoli Koncertsal ... D6

des Nørreport-Bahnhofs). Im Tourpreis enthalten sind Fahrrad, Helm und Mike, ein echtes Original mit eindrucksvoller Stadtkenntnis. Nur Barzahlung.

Copenhagen Free Walking Tours — Stadtrundgänge

(www.copenhagenfreewalkingtours.dk) GRATIS Kostenlose Stadtführungen: Die dreistündige Grand Tour of Copenhagen startet täglich um 11 Uhr (in den Sommermonaten häufiger) ab Rådhus. Sie besucht berühmte Sehenswürdigkeiten, zu denen interessante Anekdoten (auf Englisch) erzählt werden. Eine 90-minütige Tour durch Christianshavn geht täglich um 15 Uhr vom Højbro Plads los. Außerdem gibt es freitags, samstags und sonntags ab 12 Uhr die 90-minütige Classical Copenhagen Tour. Die Tourguides arbeiten auf Trinkgeldbasis.

SHOPPEN

Project 4 — Mode & Accessoires

(☎81 92 50 80; https://project4.dk; Larsbjørnsstræde 19; ⏲Mo–Do 11–18, Fr bis 19, Sa 10–17 Uhr; 🚌5C, 6A, 14) *Die* Adresse, um das eigene Outfit mit skandinavischem Stil aufzupeppen. Die Boutique führt handverlesene Damenmode und Accessoires von dänischen Labels wie Won Hundred, Rains und Arkk und internationalen Designern. Eine wahre Fundgrube auch für handgearbeiteten Schmuck, Taschen, Brillen und Sneaker.

Paustian — Design

(☎39 16 65 65; www.paustian.com/en; Niels Hemmingsens Gade 24; ⏲Mo–Sa 10–18, So 11–17 Uhr) Die dänische Marke Paustian betreibt seit 2018 einen Design-Concept-Store in einem historischen Bankgebäude in der Nähe des Strøget. Der Showroom mit stilvollen Möbeln und Wohnaccessoires ist schon für sich sehenswert. Elemente wie Gewölbedecken und goldene Säulen blieben erhalten; in den einstigen Tresorräumen sind Schmuck und Sonderkollektionen ausgestellt.

ESSEN

La Banchina — Café €

(☎31 26 65 61; www.labanchina.dk; Refshalevej 141A; Hauptgerichte 70–90 Kr; ⏲Mai–Sept. Mo–So 8–23 Uhr, sonst eingeschränkte Öffnungszeiten; 📶; 🚌9A, ⛴Refshaleøen) Das winzige Lokal serviert Frühstück, Mittag- und Abendessen, die bestens zubereitet und ohne Schnickschnack aufgetischt werden. Absolut genial ist das Ambiente: eine kleine Hafenbucht mit Picknicktischen und Holzsteg, von dem die Gäste im Sommer ihre Füße ins Wasser baumeln lassen, während sie Wein schlürfen, gegrillten Lachs schmausen und zusehen, wie die Sonne hinter der Stadt versinkt.

Reffen Streetfood €

(https://reffen.dk; Refshalevej 167a; Gerichte ab 80 Kr; April–Sept. Mo–So 12–20 Uhr, Okt.–März variable Öffnungszeiten; ; 9A, Refshaløen) Der Streetfood-Markt am Hafen ist ein Dorf aus umgebauten Schiffscontainern mit Snacks aus aller Welt: Bio-Polenta und -Pasta, indische Dosas, Burger, Sushi, Satay-Spieße, Filipino-Grillspezialitäten usw. Dazu gehören mehrere Bars (die freitags und samstags bis 22 Uhr oder länger aufbleiben), u. a. ein Außenposten der örtlichen Kultbrauerei Mikkeller.

Wulff & Konstali Café €€

(32 54 81 81; www.wogk.dk; Sankt Hans Torv 30, Nørrebro; Brunch 129–159 Kr; Mo–Fr 7–19, Sa & So bis 18 Uhr; ; 3A, 5C, 350S) Eins der besten Brunchangebote in dieser brunchverliebten Stadt. Die Gäste wählen fünf oder sieben Gerichte aus einer Brunchkarte mit Leckereien wie Panini mit Pilzen, Parmesan und Trüffel oder Schokowaffeln mit Sanddornsahne. Dazu schmecken frisch gepresste Säfte und Smoothies. Brunch täglich von 9 bis 15 Uhr.

AOC Neue Nordische Küche €€€

(33 11 11 45; www.restaurantaoc.dk; Dronningens Tværgade 2; Degustationsmenü 2000 Kr; Di–Sa 18.30–21.30 Uhr; ; 1A, 26, M Kongens Nytorv) Im Gewölbekeller einer Villa aus dem 17. Jh. entzückt das heimelige Zwei-Sterne-Lokal mit spannenden Aromakombinationen und Konsistenzen, wie Jakobsmuscheln mit fermentiertem Spargel oder gegrillten Kirschen an geräuchertem Mark und Taubenbrust. AOC tischt seine Kreationen ausschließlich als Degustationsmenü ab zehn Gängen aufwärts auf. Etwa eine Woche im Voraus reservieren, vor allem zum Wochenende hin.

noma Neue Nordische Küche €€€

(www.noma.dk; Refshalevej 96; Menü 2500 Kr, passende Weine 1550 Kr; Di–Sa 11.30 Uhr–open end; 9A) Nach einjähriger Pause eröffnete das Pionierlokal der Neuen Nordischen Küche im Februar 2018 am neuen Standort. Die Karte präsentiert nordische Spezialitäten im Wechsel der Jahreszeiten: Es gibt die Meeresfrüchte-Saison, die Gemüse-Saison und die Wild-&-Wald-Saison. Das skandinavisch-minimalistische Interieur und Tafelgeschirr wurde für die neuen Räume extra entworfen. Reservierung ist ein Muss.

Geist Dänisch €€€

(33 13 37 13; http://restaurantgeist.dk; Kongens Nytorv 8; Teller 69–279 Kr; tgl. 12–14 & 18–1 Uhr; 1A, 26, M Kongens Nytorv) Das schicke, monochrome Lokal wird von dem experimentierfreudigen Starkoch Bo Bech geführt. Seine vielfältigen Häppchenteller kombinieren nordische und nicht-nordische Zutaten zu aufregenden Neuschöpfungen. So entstehen individuelle Probiermenüs aus Gerichten wie Avocadoscheibchen mit schwach gesalzenem Kaviar, Steinbutt-Fenchel-Ravioli mit Greyerzer oder ausgefallenen Desserts wie gedünstetem Apfel mit Senfkörnern und süßsauren Mandarinen.

Geranium Neue Nordische Küche €€€

(69 96 00 20; www.geranium.dk; Per Henrik Lings Allé 4, Østerbro; Degustationsmenü 2500 Kr, passende Weine 1400–4200 Kr, passende Säfte 750 Kr; Mi–Sa 12–16 & 18.30–24 Uhr; ; 1A, 14, M Vibenshus Runddel) Das Geranium in der achten Etage des Parken-Stadions ist das einzige Restaurant der Stadt, das sich mit drei Michelin-Sternen schmücken darf. In seiner Küche verwandelt Rasmus Kofoed, Gewinner des Bocuse d'Or, Bio-Zutaten aus der Region in Kunstwerke wie Hummersüppchen mit Milch, Saft von fermentierten Karotten und Sanddorn oder Kohlsprossen und Huhn mit Wachteleiern, Steinpilzen und Heubier.

Selma Neue Nordische Küche €€€

(http://selmacopenhagen.dk; Rømersgade 20; Mahlzeiten 200–345 Kr, Degustationsmenüs 335–485 Kr; So–Di 11.30–15.30, Mi–Sa bis 16, Mi–Sa 17.30–24 Uhr; ; 5C, 6A, M Nørreport, S Nørreport) Selma hat die Kopenhagener *smørrebrød*-Szene im Sturm erobert: Die Dänen zeigen sich freudig überrascht, dass ein Schwede (Inhaber und Küchenchef Magnus Petersson) die traditionellen Schnittchen so innovativ verfremdet. Zu beliebten Varianten wie Hering mit schwarzen Johannisbeeren schmecken zwölf Fassbiersorten, u. a. vom Kopenhagener Partnerunternehmen Mikkeller.

Kopenhagens Cykelslangen

Die **Cykelslangen** (Fahrradschlange) kombiniert auf spektakuläre Weise zwei Lieblingsthemen der Dänen: Radfahren und Design. Der 235 m lange Radweg, der vom dänischen Architekturbüro Dissing + Weitling entworfen wurde, zieht sich als schmales orangefarbenes Band durch die klotzige Architektur seiner Umgebung. Als Hochtrasse schlängelt er sich von der Bryggebroen (Bryggebrücke) über den Hafen westwärts zum Einkaufszentrum Fisketorvet. Der Weg verspricht ein wirklich ausgefallenes Radfahrerlebnis. Für die Anfahrt mit öffentlichen Verkehrsmitteln nimmt man den Bus 30 zum Fisketorvet. Besser kommt man aber gleich mit dem Drahtesel, weil die Cykelslangen nur von Radfahrern benutzt werden darf.

Radverkehr auf der Bryggebroen
FRANCESCO DRAGONETTI / SHUTTERSTOCK ©

AUSGEHEN & NACHTLEBEN

Kopenhagen hat eine ausgesprochen vielseitige Nachtschwärmerszene. Besonders lebhafte Ausgehviertel sind Kødbyen und Istedgade in Vesterbro, Ravnsborggade, Elmegade und Sankt Hans Torv in Nørrebro und die schwulenfreundliche Studiestræde.

Den Vandrette Weinbar
(72 14 82 28; www.denvandrette.dk; Havnegade 53A; Mo–Sa 16–23 Uhr; 66, Nyhavn) Die Hafenbar des viel gepriesenen Weingroßhändlers **Rosforth & Rosforth** (33 32 55 20; www.rosforth.dk; Knippelsbrogade 10; Mo–Fr 9–17, Sa ab 12 Uhr; 2A, 9A, 37, 350S, M Christianshavn) legt den Schwerpunkt auf Natur- und Bio-Weine. Auf der kurzen, aber erlesenen Karte mit offenen Weinen stehen häufig weniger bekannte Cuvées wie Terret Bourret–Vermentino. Gäste können auch im Keller selbst nach einem ihnen genehmen Fläschchen stöbern. Im Sommer locken Tische und Liegestühle am Wasser.

Nebbiolo Weinbar
(60 10 11 09; http://nebbiolo-winebar.com; Store Strandstræde 18; So–Do 15–24, Fr & Sa bis 2 Uhr; ; 1A, 66, M Kongens Nytorv) In der Nähe des Nyhavn präsentiert die schicke moderne Weinbar mit Laden Weine kleinerer italienischer Weingüter. Die offenen Weine sind in drei Kategorien unterteilt (75/100/125 Kr pro Glas) und selbst die preiswertesten schmecken oft wunderbar.

Jane Club
(www.thejane.dk; Gråbrødretorv 8; Do–Sa 20 Uhr–open end; 5C, 6A, 14, 150S, 350S, M Nørreport, S Nørreport) Gediegene Sessel, Chesterfield-Sofas, Jazz- und Bluesmusik: Nein, dies ist keine Kulisse aus der Serie *Mad Men*, sondern eine angesagte Bar im Flüsterkneipenstil mit kompetent gemixten Cocktails und einem eleganten Bücherregal, das sich zu später Stunde öffnet, um eine versteckte Tanzfläche zu enthüllen.

Ancestrale Weinbar
(60 40 74 14; http://ancestrale.dk; Oehlenschlægersgade 12, Vesterbro; Mo–Do 16–23, Fr & Sa bis 24 Uhr) Die Weinbar in einer ruhigen Wohnstraße neben der Ausgehmeile Vesterbro ist mit Backsteinwänden, Kerzenlicht und gastlicher Atmosphäre der ideale Ort, um dänische *hygge* zu genießen. Das von ehemaligen Mitstreitern der renommierten Restaurants Noma, 108 und Radio gegründete Lokal bietet ein gutes Weinsortiment und nordisch inspirierte Häppchenteller.

PRAKTISCHE INFORMATIONEN

ERMÄSSIGUNGEN

Die **Copenhagen Card** (www.copenhagencard.com; Erw./Kind 10–15 J. 24 Std. 399/199 Kr, 48 Std. 569/289 Kr, 72 Std. 689/349 Kr, 120 Std. 899/449 Kr) gibt es beim Copenhagen Visitors

SALVADOR MANIQUIZ / SHUTTERSTOCK ©

Plankton-Küchlein bei noma (S. 145)

Centre oder online. Sie gewährt freien Eintritt zu 72 Museen und Attraktionen in Kopenhagen und Umgebung und freie Fahrt mit S-Bahnen, der Metro und Bussen innerhalb der sieben Fahrtzonen.

TOURISTENINFORMATION

Copenhagen Visitors Centre (☎70 22 24 42; www.visitcopenhagen.com; Vesterbrogade 4A; ⌚Juli & Aug. Mo–Fr 9–20, Sa & So bis 18 Uhr, sonst eingeschränkte Öffnungszeiten; 📶; 🚌2A, 5C, 6A, 12, 14, 26, Ⓜ København H, Ⓢ København H) Das ausgezeichnete Informationszentrum der Stadt hat ein tolles Café nebst Lounge mit freiem WLAN. Hier ist auch die Copenhagen Card zu kaufen.

ℹ AN- & WEITERREISE

BUS

Kopenhagen ist durch täglich (oder fast täglich) verkehrende Fernbusse gut ans restliche Europa angeschlossen. **Flixbus** (www.flixbus.dk) fährt von hier nach ganz Europa, auch nach Schweden und Norwegen. Ziele, Fahrpläne und -preise sind online zu finden. Da Flixbus mit dynamischer Preisgestaltung arbeitet, lohnt sich die frühzeitige Buchung. Die Haltepunkte der Routen liegen nicht immer an den Hauptbusbahnhöfen, also vorher informieren.

FLUGZEUG

Flughafen Kopenhagen (☎32 31 32 31; www.cph.dk; Lufthavnsboulevarden, Kastrup; Ⓜ Lufthavnen, Ⓢ Københavns Lufthavn)

ZUG

DSB Billetsalg (DSB-Fahrkartenschalter; ☎70 13 14 15; www.dsb.dk; Hauptbahnhof , Bernstorffsgade 16–22; ⌚Mo–Fr 7–20.30, Sa & So 8–18 Uhr; Ⓢ København H) ist die beste Adresse für Reservierungen und internationale Zugtickets.

ℹ UNTERWEGS VOR ORT

Am besten lässt sich Kopenhagen zu Fuß erkunden. Nur wenige wichtige Sehenswürdigkeiten oder Einkaufsviertel liegen mehr als 20 Fußminuten vom Stadtzentrum entfernt.

Kopenhagen konkurriert mit Amsterdam um den Titel der radfreundlichsten Stadt der Welt. Das hervorragende Fahrradleihsystem der Stadt heißt **Bycyklen** (www.bycyklen.dk; 30 Kr/Std.). Mehr Infos gibt es auf der Bycyklen-Website.

OSLO, NORWEGEN

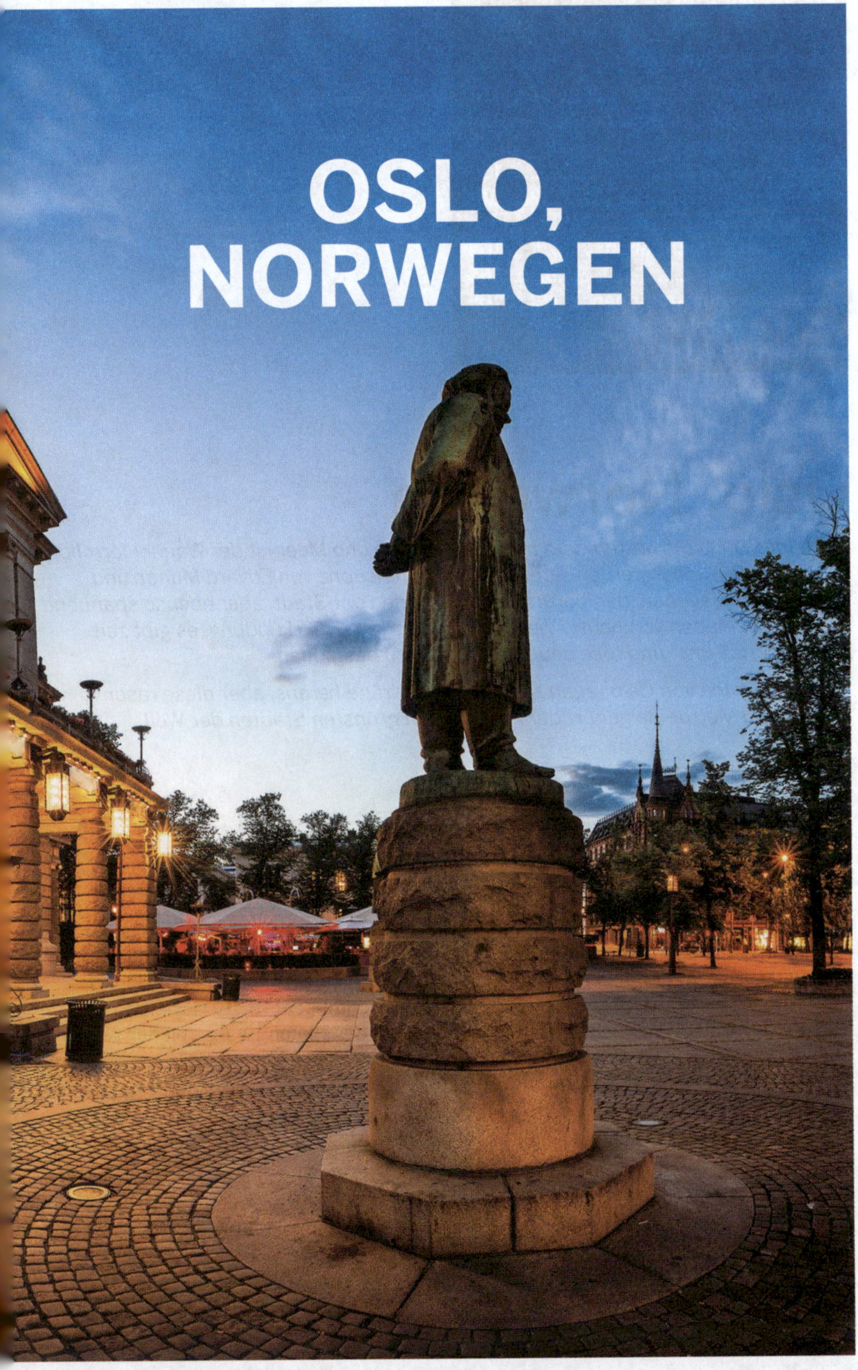

In diesem Kapitel

Oslo, Norwegen

Im kleinen und kultivierten Oslo zwischen Bergen und Meer ist der Wandel förmlich zu spüren. Besucher werden sich hier auf Spurensuche von Edvard Munch und Henrik Ibsen begeben, den berühmtesten Söhnen der Stadt, aber ebenso spannend ist das Kulturleben von heute: Viele Museen warten auf Erkundung, es gibt zeitgenössische Kunst und tolle neue Architektur zu bestaunen.

Aus der Skyline von Oslo ragen zwar zahllose Kräne heraus, aber diese rasant wachsende Metropole gehört dennoch zu den grünsten Städten der Welt.

Zwei Tage in Oslo

Den Anfang macht Edvard Munchs *Der Schrei* in der **Nasjonalgalleriet** (S. 160), gefolgt von der **Akershus Festning** (S. 160), wo man umsonst umherschlendern und die Aussicht genießen kann. Mit der nahen Fähre geht es zur hübschen Halbinsel Bygdøy und zum **Vikingskipshuset** (S. 158).

Auf der Halbinsel Tjuvholmen lassen sich am zweiten Tag zeitgenössische Kunst im **Astrup Fearnley Museet** (S. 160) und großartige Werke im **Tjuvholmen-Skulpturenpark** (S. 161) bewundern.

Vier Tage in Oslo

Vom Dach der spektakulären **Osloer Oper** (S. 152) bietet sich ein toller Blick, es folgt eine Führung durchs Haus. Im **Munchmuseet** (S. 161) lässt sich das Oslo des späten 19. Jhs. mit den Augen des Künstlers erkunden.

Ein Spaziergang im **Vigeland-Skulpturenpark** (S. 154), Teil des großen **Frognerparken** (S. 157), ist ein Muss.

Lust auf noch mehr Skandinavien? Dann ab nach Kopenhagen (S. 133) im Süden oder nach Reykjavík (S. 167) im Westen.

Vorhergehende Doppelseite: Nationaltheatret (S. 165)

Ankunft

Flughafen Oslo Gardermoen Züge des Flytoget Airport Express fahren häufig zwischen Flughafen und Stadtzentrum (19–23 Min., 190 Nkr). Regionalbahnen sind günstiger (23 Min., 101 Nkr), Busse (160 Nkr) brauchen 40 Minuten. Taxis kosten 789–1311 Nkr (30–60 Min.).

Fährhafen DFDS Seaways Alle Fähren aus Dänemark legen hier an. Die Buslinie 60 hält in der Nähe, mit dem Taxi ist es nur eine kurze Fahrt zu den Hotels.

Hauptbahnhof Oslo (Oslo S) Endbahnhof aller Züge aus Schweden.

Schlafen

Aker Brygge & Bygdøy Malerisch, zentral und dicht an den Sehenswürdigkeiten.

Stadtzentrum Mitten im Geschehen. Große Auswahl an Unterkünften.

Frogner & westliches Oslo Beschaulich und zentrumsnah.

Grünerløkka & Vulkan Fantastisch für Lokalkolorit; das Zentrum ist leicht zu Fuß oder per kurzer Straßenbahnfahrt zu erreichen.

Opernhaus & Bjørvika Tolle Aussichten, dicht am Geschehen und zunehmend attraktiv.

PLUSONE / SHUTTERSTOCK ©

Osloer Oper

Das östliche Hafenviertel Oslos wandelt sich rasant. Das umwerfende Opernhaus nicht weit vom Hauptbahnhof ist hier die Hauptattraktion, es lohnt sich, dafür etwas mehr Zeit einzuplanen.

Toll für ...

☑ Nicht versäumen

Architektonische Highlights wie der „Dachteppich" und die „Wellenwand" im Foyer.

Designbewusst

Das neue Opernhaus (2008), das an einen schwimmenden Eisberg im Oslofjord erinnert, läutete die Hafensanierung ein. Vom Osloer Architekturbüro Snøhetta entworfen, ist es eine Meditation über die Idee der Monumentalität, den Wert kultureller Inszenierung, Norwegens Stellung in der Welt und den Austausch zwischen Öffentlichkeit und persönlicher Erfahrung.

Das Gebäude an der Bjørvika-Bucht ist eine faszinierende Schöpfung in skandinavischem Design – inklusiv, sinnlich und spannend, auch wenn man kein Opernfan ist. Die Architekten planten den Bau als Einheit mit großer symbolischer Bedeutung, eine Vision der Beziehung zwischen Oslo und dem Fjord, Norwegen und der Welt, Bühnenkunst und Alltag, Künstler und Publikum. Ungewöhnlicherweise sind die mehrstöckigen Werkstätten und Büros der

Gut zu wissen

Den Norske Opera & Ballett; ☎21 42 21 21; www.operaen.no; Kirsten Flagstads plass 1; Foyer frei; Foyer Mo–Fr 10–19, Sa 11–18, So 12–18 Uhr; T Sentralstasjonen 167

Kleine Stärkung

Die **Sanguine Brasserie & Bar** (☎21 42 21 42; www.sanguinebrasserie.no; Kirsten Flagstads plass 1, Opernhaus; Hauptgerichte mittags 195–215 Nkr, abends 260–315 Nkr, 2-/3-/4-Gänge-Menü 420/535/595 Nkr; Mo–Sa 11–21, So 12–20 Uhr; T Sentralstasjonen) ist super, um die Architektur mit Muße zu genießen.

★ Top-Tipp

Unbedingt die Klangstangen mal selbst „spielen", die auf dem Dach und in der Nähe des Eingangs stehen.

vielen hundert Angestellten ein integraler und sichtbarer Teil der Gestaltung.

Das Dach

Das breite, kantige und ungleichmäßige Dach aus hellem Marmor, ein „Teppich" aus 36 000 Blöcken, ist nicht nur Selfie-Zone, sondern auch herrlich zum Schlendern, Ausruhen, Lachen und Nachdenken. Es ist ein sehr norwegischer Ausdruck, Monumentalität mit Offenheit zu kombinieren, und strahlt eine Erhabenheit aus, die horizontal und allumfassend statt vertikal ist. Das Dach fasziniert mit architektonischen Details ebenso wie mit seiner schieren Größe.

Die Räume

Der Haupteingang ist bewusst klein und unscheinbar und betont damit die Weite des sich anschließenden Foyers (die Fenster sind 15 m hoch und lassen viel Licht herein). Ein dominierendes Element im Foyer ist auch die „Wellenwand". Die komplexe Anordnung von hellen Eichennocken wölbt sich durch die Mitte des Raums und dient als Rampe zu den oberen Etagen des Gebäudes, symbolisch erinnert sie an eine Schwelle. Die Räume lassen sich am besten auf einer **Führung** (☎21 42 21 21; Kirsten Flagstads plass 1; Erw./Kind 120/70 Nkr; engl. Führungen So–Fr 13, Sa 12 Uhr, Juli & Aug. zusätzl. Führungen; T Sentralstasjonen) erkunden.

Auf dem Wasser

Vor dem Gebäude schwimmt Monica Bonvicinis **She Lies** im Wasser, eine 3D-Interpretation von Caspar David Friedrichs Gemälde *Das Eismeer* (1823/24). Die Skulptur aus Stahl und Glas dreht und wendet sich mit den Gezeiten und bietet somit einen ständig wechselnden Anblick.

Vigeland-Skulpturenpark

Gustav Vigeland ist der meistgeliebte Bildhauer Norwegens, seine über 200 Skulpturen aus Granit, Bronze und Eisen haben den Frognerparken in Oslo komplett verwandelt. Es ist der weltweit größte Skulpturenpark, der nur einem Künstler gewidmet ist. Die Figuren thematisieren allesamt den Lebenszyklus.

Toll für ...

Gut zu wissen

Vigelandsparken; www.vigeland.museum.no/no/vigelandsparken; Nobels gate 32; Vigelandsparken

★ Top-Tipp
Ein Parkbesuch ist früh oder spät am besten; vormittags und nachmittags kommen die Massen in Reisebussen.

Das Tor

Der Haupteingang des Parks besteht aus einem prächtigen Tor aus Granit und Schmiedeeisen oder eigentlich aus mehreren Toren, mit beidseitigen Bögen, die an Torhäuschen mit Kupferdach enden. Trotz der natürlichen Geometrie wirkt das Tor wie die Pforte ins Jenseits – vielleicht eine Vorbereitung auf das Kunsterlebnis im Park.

Die Brücke

Auch wenn die 100 m lange Brücke nicht das spektakulärste Werk im Park ist (das ist der *Monolith*), so war sie doch der erste eröffnete Teil des Parks. Besonders liebenswert sind die Kinderskulpturen. Darunter befindet sich auch der oft beschriebene *Sinnataggen*, der kleine „Zornige Junge" aus Bronze, gefangen in einem Wutanfall. Unter der Brücke ist ein runder Spielplatz mit acht Bronzeskulpturen von Kleinkindern sowie mit Säulen, die wie in einem Science-Fiction-Szenario Menschen im Kampf mit großen Echsen darstellen.

Der Springbrunnen

Vigeland dachte lange über einen monumentalen Brunnen nach und die stilistischen Ursprünge aus der Jahrhundertwende sowie der Jugendstileinfluss sind deutlich zu sehen. Erst 1924 fand das ungewöhnliche Werk seinen Platz. Die Formgebung wird durch das Material aus Bronze betont und Komposition und Standort vermitteln Rythmus und Eleganz. Menschengruppen drängen sich unter 20 Bäumen und stellen die Reise von der Wiege bis zur Bahre dar. Die Bronzereliefs an der Außenseite des Beckens wurden oft verändert und erst 1947 fertiggestellt. Auch sie beschreiben den Lebenszyklus.

Der *Springbrunnen*

Der Monolith

Der *Monolith* steht auf dem höchsten Punkt des Parks und ist von Stufen flankiert, die von wollüstigen Paaren aus Granit gesäumt sind. Der Turm aus einem einzigen Granitblock ragt auf seinem 3 m hohen Sockel über 14 m auf. Unzählige Figuren kriechen und klettern übereinander, gleichzeitig stützen und schieben sie sich immer weiter aufwärts. Nach der Emotionalität der Brücke und der resignierten Melancholie des Brunnens ist der Turm ein dynamisches Werk der Sehnsucht und Transzendenz (überwältigend und gleichzeitig auch ein wenig unheimlich).

☑ Nicht versäumen

Die berühmtesten Kunstwerke: der *Monolith*, der *Springbrunnen*, die *Brücke* und der *Kreis des Lebens*.

NEDOMACKI / GETTY IMAGES ©

Der Kreis des Lebens & andere Skulpturen

Der *Kreis des Lebens*, der 1933 bis 1934 entstand, ist am weitesten vom Parkeingang entfernt. Die schlichte Form aus verschlungenen Figuren symbolisiert das gesamte Thema des Parks, die unendliche Dynamik, bei der wir stets nach vorne drängen und uns stützend aneinanderklammern. Auch die Figurengruppe *Clan* lohnt einen Blick. Sie ist mit ihren 21 verschlungenen Figuren das größte Werk neben dem *Monolith*. Gleich hinter dem Haupteingang ist Vigeland in einem (Selbst-)Porträt von 1942 zu sehen, mit Werkzeuge in den Händen und in seinen groben Arbeitskittel gekleidet.

Rund um den Park

Das reizende **Osloer Stadtmuseum** (Oslo Bymuseet; ☎23 28 41 70; www.oslomuseum.no; Frognerveien 67; ⏲Di–Do 11–16 Uhr; 🚋Solli) GRATIS nahe dem Südeingang des Vigeland-Parks bietet einen Einblick in das traditionelle Bürgerleben im Norwegen vergangener Zeiten.

Der **Frognerparken** (🚋Vigelandsparken) um den Skulpturenpark lockt die Menschen der Umgebung mit seinen breiten Rasenflächen, Teichen, Bächen und schattigen Alleen zum Picknick, Spaziergang oder Faulenzen. Einen tieferen Einblick in Vigelands Werk bietet das **Vigeland Museum** (www.vigeland.museum.no; Nobelsgata 32; Erw./Kind 60/30 Nkr, mit Oslo Pass frei; ⏲Mai–Aug. Di–So 10–17 Uhr, sonst Di–So 12–16 Uhr; 🚌20, 🚋12, 🚌N12, Ⓣ Borgen) gegenüber dem Südeingang. Es gibt auch eine **Schlittschuhbahn** (☎910 05 955; www.frognerstadion.no; Middelthunsgate 26; Erw./Kind 40/15 Nkr; ⏲Dez.–März Mo–Do 11–22, Fr bis 21, Sa & So bis 18 Uhr; Ⓣ Borgen) und ein **Schwimmbad** (☎23 27 54 50; Middelthunsgate 28; Erw./Kind 98/48 Nkr; ⏲Juni–Mitte Aug. Mo–Do 7–19.30, Fr–So bis 20 Uhr; Ⓣ Borgen).

✂ Kleine Stärkung

Das **Lorry** (http://lorry.no; Parkveien 12; ⏲Mo 11–1, Di–Sa bis 3.30, So 12–1 Uhr; 🚌17B) außerhalb des Parks ist ideal für ein Bier und traditionelle norwegische Klassiker in altmodischer Atmosphäre.

Ein Tag in Bygdøy

Das hübsche Wohnviertel Bygdøy mit ländlichem Flair und faszinierenden, urnorwegischen Museen ist am besten mit der Fähre zu erreichen. Sommercafés und herrliche Aussichten sind weitere Pluspunkte.

Toll für ...

☑ **Nicht versäumen**

Die schiere Schönheit der über 900 Jahre alten Wikingerschiffe im Vikingskipshuset.

Vikingskipshuset

Vor 1100 Jahren zogen Wikinger zwei Langschiffe an Land und nutzten sie für zeremonielle Begräbnisse, wohl für Stammesfürsten oder andere Adelige. Den Schiffen legten sie Gaben für das Jenseits bei: Essen, Getränke, Schmuck, Möbel, Wagen, Waffen und sogar ein paar Hunde als Gefährten. Die Schiffe und Beigaben wurden Ende des 19. bzw. Anfang des 20. Jhs. im Oslofjord entdeckt und hier im **Wikingerschiffhaus** (☎22 13 52 80; www.khm.uio.no; Huk Aveny 35; Erw./Kind 100 Nkr/frei; ⏰Mai–Sept. 9–18 Uhr, Okt.–April 10–16 Uhr; 🚌30) restauriert. Sie bieten nun einen Einblick ins Wikingerleben.

Frammuseum

Das **Museum** (Frammuseet; ☎23 28 29 50; www.frammuseum.no; Bygdøynesveien 39; Erw./Kind 120/50 Nkr, mit Oslo Pass frei; ⏰Juni–Aug.

Norsk Folkemuseum

9–18 Uhr, Mai & Sept. 10–18 Uhr, Okt.–April bis 17 Uhr; 30, Bygdøynes) widmet sich einem der einprägsamsten Symbole der frühen Polarforschung, dem 39 m langen Schoner *Fram* („Vorwärts"). Besucher können über die Decks laufen, in die engen Schlafquartiere blicken und sich das Leben zur See und im Polareis vorstellen. Die Masse an Informationen ist überwältigend und es gibt Karten, Bilder und Gegenstände von verschiedenen Expeditionen – von Nansens Versuch, auf Skiern den Nordpol zu überqueren, bis zu Amundsens Entdeckung der Nordwestpassage.

Norsk Folkemuseum

Das **Volkskundemuseum** (22 12 37 00; www.norskfolkemuseum.no; Museumsveien 10; Erw./Kind 160/40 Nkr, mit Oslo Pass frei; Mai–Sept. 10–17 Uhr, Sept.–Mai 11–16 Uhr; 91, 30) ist das größte Freilichtmuseum Norwegens und eine der beliebtesten Attraktionen in Oslo. Es besteht aus über 140 Gebäuden, meist aus dem 17. und 18. Jh., die aus dem ganzen Land zusammengesucht, hier wieder aufgebaut und nach Herkunftsregion angeordnet wurden. Zu sehen sind alte Scheunen, *stabbur* (Speicher auf Pfählen) und grob gezimmerte Bauernhäuser mit Grassodendach, auf denen Wildblumen wachsen. Zur Freude kleiner Besucher gibt es zahlreiche Nutztiere, Kutschfahrten und andere Aktivitätsangebote.

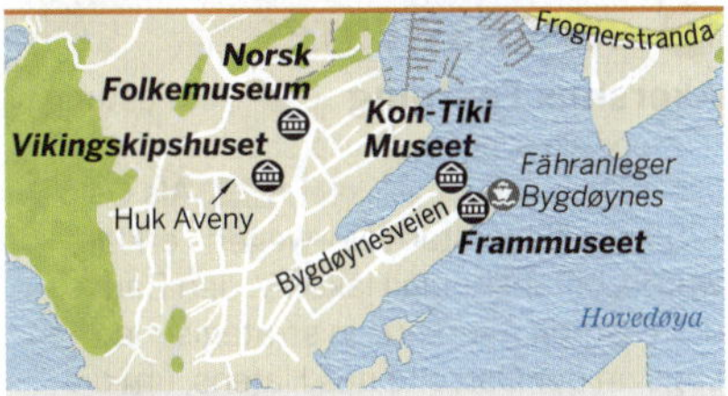

Gut zu wissen

Fähre 91 legt alle 20 bis 30 Minuten zur 15-minütigen Fahrt nach Bygdøy mit Halt in Dronningen und Bygdøynes an der Rådhusbrygge 3 ab.

Kleine Stärkung

Im Sommer verkauft ein Kiosk im Hof des Vikingskipshuset Getränke und kleine Snacks.

★ Top-Tipp

Der berührende Film *The Vikings Alive* wird an der Wand des Vikingskipshuset gezeigt und lohnt sich.

Kon-Tiki Museum

Das bei Kindern beliebte **Museum** (23 08 67 67; www.kon-tiki.no; Bygdøynesveien 36; Erw./Kind 100/50 Nkr, mit Oslo Pass frei; Juni–Aug. 9.30–18 Uhr, März–Mai, Sept. & Okt. 10–17 Uhr, Nov.–Feb. 10–16 Uhr; 91, 30) dreht sich um das Balsaholzfloß *Kon-Tiki*, mit dem der Norweger Thor Heyerdahl 1947 von Peru nach Tahiti segelte. Ausgestellt ist auch das Boot aus Totora-Schilf *Ra II*, das von den Aymara auf der bolivianischen Insel Suriqui im Titicacasee gebaut wurde. Heyerdahl überquerte damit 1970 den Atlantik.

SEHENSWERTES

Akershus Festning — Festung

(Festung Akershus; www.akershusfestning.no; 6–21 Uhr; Kontraskjæret) GRATIS Als Oslo 1299 zur Hauptstadt Norwegens erklärt wurde, befahl König Håkon V. den Bau der Festung Akershus in strategischer Lage an der Ostseite des Hafens, um die Stadt vor Eindringlingen zu schützen. Die ausgedehnte Anlage, die im Lauf der Jahrhunderte erweitert und umgebaut wurde, besteht aus einer mittelalterlichen Burg, dem **Akershus Slott** (Burg Akershus; 22 41 25 21; www.nasjonalefestningsverk.no; Kongens gate; Kontraskjæret) (derzeit wegen Renovierung geschlossen), einer Festung sowie diversen anderen Gebäuden und noch immer genutzten Militäranlagen.

Nasjonalgalleriet — Kunstgalerie

(Nationalgalerie; 21 98 20 00; www.nasjonalmuseet.no; Universitetsgata 13; Erw./Kind 120 Nkr/frei; Di, Mi & Fr 10–18, Do bis 19, Sa & So 11–17 Uhr; Tullinløkka) Die Galerie birgt die größte Sammlung traditioneller und moderner Kunst des Landes. Viele der bekanntesten Werke von Edvard Munch sind hier permanent ausgestellt, auch sein berühmtes Bild *Der Schrei*. Außerdem gibt es etliche weitere Werke von großen europäischen Künstlern, etwa Gauguin, Claudel, Picasso und El Greco sowie Manet, Degas, Renoir, Matisse, Cézanne und Monet. Auch norwegische Künstler des 19. Jhs. sind stark vertreten, darunter Schlüsselfiguren wie J. C. Dahl und Christian Krohg.

Astrup Fearnley Museet — Kunstgalerie

(Astrup-Fearnley-Museum; 22 93 60 60; www.afmuseet.no; Strandpromenaden 2; Erw./Kind 130 Nkr/frei; ganzjährig Di, Mi & Fr 12–17, Do bis 19, Sa & So 11–17 Uhr, Juli & Aug. auch Mo 12–17 Uhr; 21, 54, Aker Brygge) Das private Museum für zeitgenössische Kunst befindet sich in einem großartigen, von Renzo Piano entworfenen Gebäude aus Holz, dessen segelartiges Glasdach maritim und im Einklang mit der Landschaft des Oslo-

> *Die Akershus Festning dominiert den Osloer Hafen*

Akershus Festning

PAULO MIGUEL COSTA / SHUTTERSTOCK ©

fjords gestaltet ist. Die Sammlung enthält viele amerikanische Werke aus den 1980er-Jahren (Künstler wie Jeff Koons, Tom Sachs, Cindy Sherman und Richard Prince sind vertreten). Das Spektrum wurde mit Werken von Künstlern wie Sigmar Polke und Anselm Kiefer erweitert.

Munchmuseet Kunstgalerie

(Munch-Museum; ☎23 49 35 00; www.munchmuseet.no; Tøyengata 53; Erw./Kind 120 Nkr/frei; ⏲10–16 Uhr, Mitte Mai–Anfang Sept. bis 17 Uhr; 🚌20, Ⓣ Tøyen) Das Museum ist ausschließlich Edvard Munch (1863–1944), Norwegens größtem Künstler, gewidmet und birgt die weltweit größte Sammlung seines Werks: um die 28 000 Arbeiten, darunter 1100 Gemälde und 4500 Aquarelle, meist von Munch selbst der Stadt geschenkt. *Der Schrei* ist hier jedoch nicht zu finden – er hängt in der Nasjonalgalleriet, zusammen mit etlichen anderen seiner Meisterwerke.

Tjuvholmen-Skulpturenpark Skulpturen

(http://skulpturparken.webflow.io; Tjuvholmen; ⏲24 Std.; 🚌Aker Brygge) GRATIS Der Skulpturenpark wurde ebenso wie das Astrup Fearnley Museet in seiner Mitte von Renzo Piano entworfen und widmet sich gleichfalls internationaler zeitgenössischer Kunst. Sehenswert (und unübersehbar) sind Louise Bourgeois' großartige und ziemlich freche *Augen* (1997), Ugo Rondinones bezaubernder *Mondaufgang Ost. November* (2006) und Franz Wests bunter und taktiler *Spalt* (2003). Hinzu kommen Werke von Antony Gormley, Anish Kapoor, Ellsworth Kelly, Peter Fischli & David Weiss.

SHOPPEN

In der Kirkegaten, Nedre Slottsgate und Prinsens gate im Stadtzentrum gibt es etliche renommierte Läden für skandinavische und internationale Mode und Wohnaccessoires. Auch in Frogner und St. Hanshaugen sind hochwertige Läden zu finden. Grünerløkka bietet Unikate, Vintage und skandinavische Mode.

Holmenkollen-Skisprungschanze

Die **Holmenkollen-Skisprungschanze** (☎22 92 32 00; www.holmenkollen.com; Skiforeningen, Kongeveien 5; Erw./Kind 140/70 Nkr, mit Oslo Pass frei; ⏲Juni–Aug. 9–20 Uhr, Mai & Sept. 10–17 Uhr, sonst 10–16 Uhr; Ⓣ Holmen) hoch über der Stadt ist ein beliebtes, historisches Osloer Wahrzeichen, das scheinbar die immerwährende Möglichkeit von Wintersport bietet. Sprungschanzen gibt es am Berg seit 1892 und diese hier, die jüngste und architektonisch bemerkenswerteste, wurde 2010 eingeweiht. Sie befindet sich nur 20 Minuten vom Zentrum entfernt.

NANISIMOVA / SHUTTERSTOCK ©

ESSEN

Vippa Straßenimbiss €

(☎91 72 80 43; www.vippa.no; Akershusstranda 25; Gerichte 65–160 Nkr; ⏲Mi–Sa 12–21, So bis 20 Uhr) Die beliebte Imbisshalle in einem ehemaligen Hangar liegt etwas abseits, aber wer sie in der Nähe des Vippetangen-Kais entdeckt, findet hier massenhaft internationales Essen, von thailändisch bis syrisch, von chinesisch bis eritreisch, was immer das Herz begehrt. Gesellig wird es, wenn man sich an einem der Gemeinschaftsbänke niederlässt.

Mathallen Oslo Food Hall €€

(☎40 00 12 09; www.mathallenoslo.no; Maridalsveien 17, Vulkan; ⏲Di–Sa 10–20, So 11–18 Uhr; 🚌54) Die ehemalige Gewerbehalle am Fluss ist heute eine Food Hall, die feinstes norwegisches Essen präsentiert, auch einige

Oslo

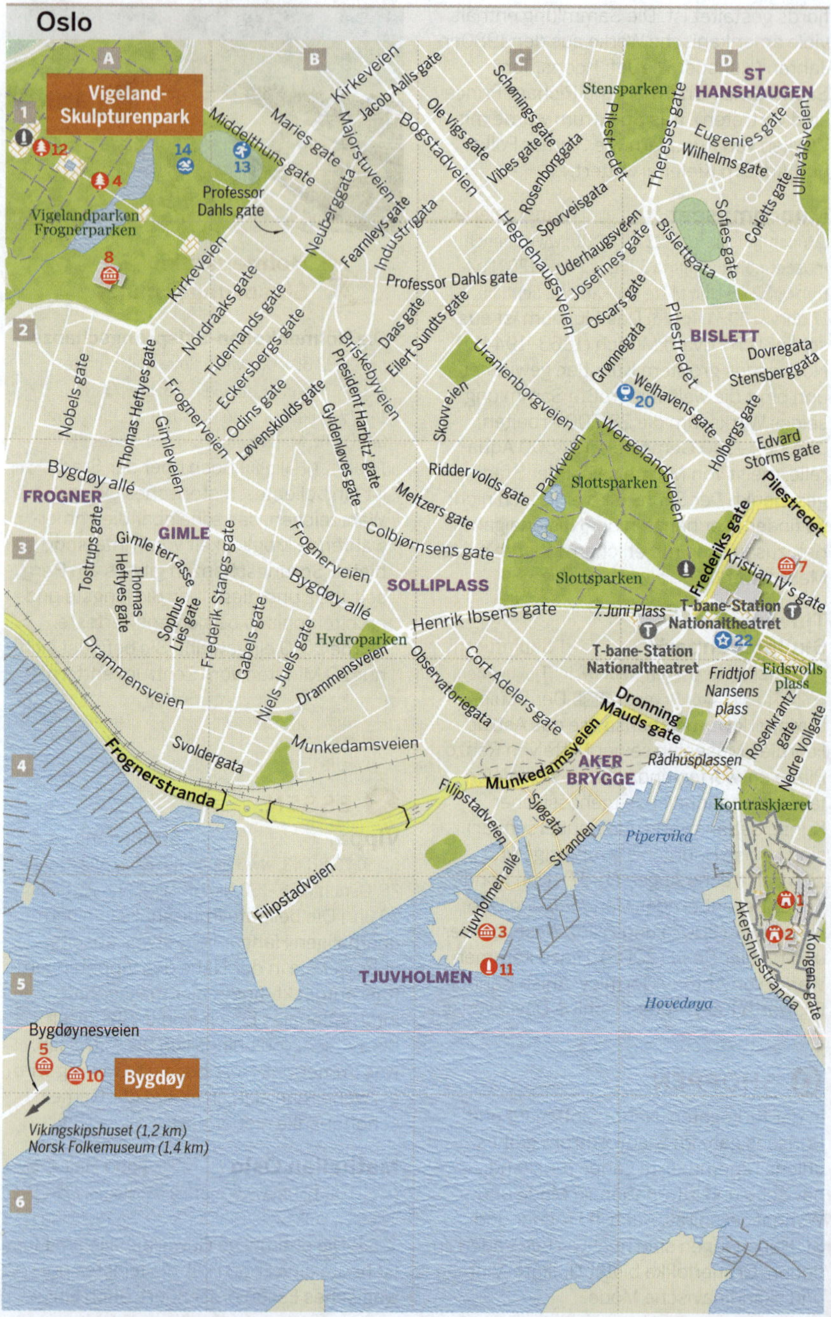
Vigeland-Skulpturenpark
Vigelandparken
Frognerparken
Professor Dahls gate
ST HANSHAUGEN
Stensparken
BISLETT
FROGNER
GIMLE
SOLLIPLASS
Slottsparken
Hydroparken
7. Juni Plass
T-bane-Station Nationaltheatret
Fridtjof Nansens plass
Eidsvolls plass
Rådhusplassen
AKER BRYGGE
Kontraskjæret
Pipervika
TJUVHOLMEN
Hovedøya
Bygdøynesveien
Bygdøy
Vikingskipshuset (1,2 km)
Norsk Folkemuseum (1,4 km)
Kirkeveien
Jacob Aalls gate
Maries gate
Middelthuns gate
Majorstuveien
Bogstadveien
Ole Vigs gate
Schønings gate
Vibes gate
Rosenborggata
Pilestredet
Thereses gate
Eugenies gate
Wilhelms gate
Ullevålsveien
Colletts gate
Sofies gate
Bislettgata
Neuberggata
Fearnleys gate
Industrigata
Hegdehaugsveien
Sporveisgata
Uderhaugsveien
Josefines gate
Oscars gate
Grønnegata
Dovregata
Stensberggata
Welhavens gate
Holbergs gate
Edvard Storms gate
Nordraaks gate
Tidemands gate
Eckersbergs gate
Odins gate
Løvenskiolds gate
Gyldenløves gate
Briskebyveien
President Harbitz' gate
Daas gate
Eilert Sundts gate
Uranienborgveien
Skovveien
Parkveien
Wergelandsveien
Riddervolds gate
Meltzers gate
Colbjørnsens gate
Frognerveien
Nobels gate
Thomas Heftyes gate
Gimleveien
Bygdøy allé
Tostrups gate
Gimle terrasse
Thomas Heftyes gate
Sophus Lies gate
Frederik Stangs gate
Gabels gate
Niels Juels gate
Drammensveien
Observatoriegata
Cort Adelers gate
Henrik Ibsens gate
Frederiks gate
Kristian IV's gate
Dronning Mauds gate
Munkedamsveien
Rosenkrantz gate
Nedre Vollgate
Svoldergata
Frognerstranda
Filipstadveien
Sjøgata
Stranden
Tjuvholmen allé
Akershusstranda
Kongens gate

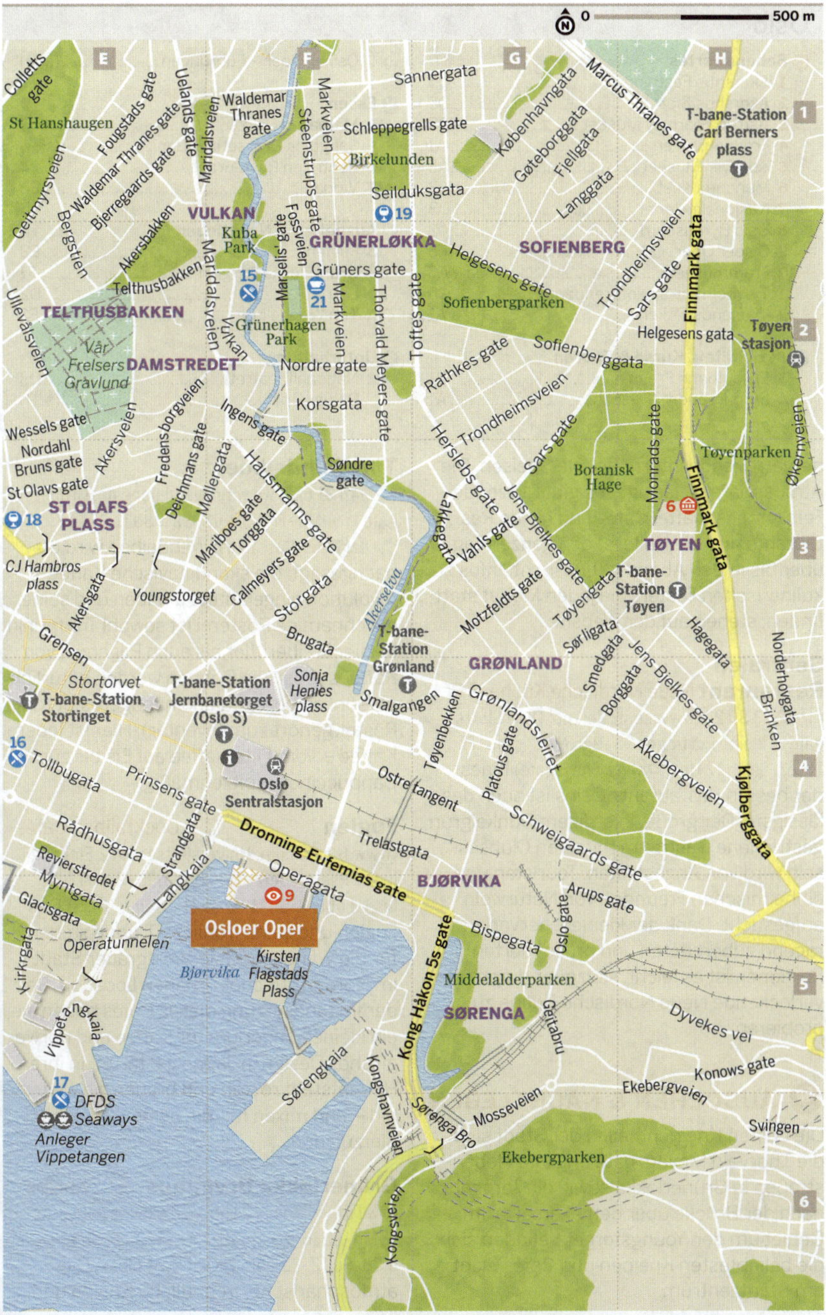

0
500 m
E
F
G
H
1
2
3
4
5
6
Colletts gate
St Hanshaugen
Geitmyrsveien
Bergstien
Fougstads gate
Waldemar Thranes gate
Bjerregaards gate
Uelands gate
Maridalsveien
Waldemar Thranes gate
Markveien
Steenstrups gate
Sannergata
Schleppegrells gate
Birkelunden
Seilduksgata
19
Københavngata
Gøteborggata
Fjellgata
Langgata
Marcus Thranes gate
T-bane-Station Carl Berners plass
VULKAN
Kuba Park
Marselis' gate
Fossveien
GRÜNERLØKKA
Akersbakken
Telthusbakken
15
21
Grüners gate
Helgesens gate
SOFIENBERG
Trondheimsveien
Sars gate
Finnmark gata
Ullevålsveien
TELTHUSBAKKEN
Maridalsveien
Vulkan
Grünerhagen Park
Markveien
Thorvald Meyers gate
Toftes gate
Sofienbergparken
Helgesens gata
Tøyen stasjon
Vår Frelsers Gravlund
DAMSTREDET
Nordre gate
Rathkes gate
Sofienberggata
Korsgata
Trondheimsveien
Wessels gate
Nordahl Bruns gate
St Olavs gate
Akersveien
Fredensborgveien
Deichmans gate
Møllergata
Ingens gate
Hausmanns gate
Søndre gate
Herslebs gate
Sars gate
Botanisk Hage
Monrads gate
Tøyenparken
Økernveien
18
ST OLAFS PLASS
Mariboes gate
Torggata
Lakkegata
Vahls gate
Jens Bjelkes gate
6
Finnmark gata
TØYEN
CJ Hambros plass
Youngstorget
Calmeyers gate
Storgata
Akerselva
Motzfeldts gate
Tøyengata
T-bane-Station Tøyen
Akersgata
Grensen
Brugata
T-bane-Station Grønland
GRØNLAND
Sørligata
Smedgata
Borggata
Jens Bjelkes gate
Hagegata
Norderhovgata
Brinken
Stortorvet
T-bane-Station Stortinget
T-bane-Station Jernbanetorget (Oslo S)
Sonja Henies plass
Smalgangen
Tøyenbekken
Grønlandsleiret
Platous gate
Åkebergveien
Kjølberggata
16
Tollbugata
Prinsens gate
Oslo Sentralstasjon
Ostre tangent
Schweigaards gate
Rådhusgata
Strandgata
Dronning Eufemias gate
Trelastgata
Revierstredet
Myntgata
Glacisgata
Langkaia
Operagata
9
BJØRVIKA
Arups gate
Oslo gate
Osloer Oper
Kong Håkon 5s gate
Bispegata
Kirkegata
Operatunnelen
Bjørvika
Kirsten Flagstads Plass
Middelalderparken
SØRENGA
Geitabru
Dyvekes vei
Vippetangkaia
Sørengkaia
Kongshavnveien
Konows gate
Ekebergveien
17
DFDS Seaways Anleger Vippetangen
Sørenga Bro
Mosseveien
Svingen
Ekebergparken
Kongsveien

Oslo

Sehenswertes

1	Akershus Festning	D5
2	Akershus Slott	D5
3	Astrup Fearnley Museet	C5
4	Frognerparken	A1
5	Kon-Tiki Museet	A5
6	Munchmuseet	H3
7	Nasjonalgalleriet	D3
8	Oslo Bymuseum	A2
9	Osloer Oper	F5
10	Frammuseet	A5
11	Tjuvholmen-Skulpturenpark	C5
12	Vigelandsparken	A1

Aktivitäten, Kurse & Touren

13	Eislaufbahn Frogner	B1
14	Frognerbadet (Freibad)	A1
	Osloer Oper – Führungen	(s. 9)

Essen

15	Mathallen Oslo	F2
	Sanguine Brasserie & Bar	(s. 9)
16	Sentralen Restaurant	E4
17	Vippa	E6

Ausgehen & Nachtleben

18	Fuglen	E3
19	Grünerløkka Brygghus	F1
20	Lorry	D2
21	Tim Wendelboe	F2

Unterhaltung

22	Nationaltheatret	D3
	Osloer Oper	(s. 9)

hervorragende internationale Speisen. Die Atmosphäre ist lässig – es gibt Dutzende Feinkostgeschäfte, Cafés und kleine Restaurants und die Halle ist den ganzen Tag über bis in den Abend gut besucht. Infos zu kulinarischen Festen, die jeden Monat stattfinden, stehen auf der Website.

Sentralen Restaurant Neue Nordische Küche €€

(☎22 33 33 22; www.sentralen.no; Øvre Slottsgate 3; kleine Portionen 95–245 Nkr; ⏲Mo–Fr 11–22, Sa ab 12 Uhr; 🚋Øvre Slottsgate) Eines der besten Restaurants Oslos ist auch das lässigste. Der große, in erdigem Dunkelgrün gestrichene Gastraum mit alten Clubsesseln wird von Angestellten, Touristen und einheimischen Freunden von Naturwein aufgesucht. Dank der kleinen, hervorragend zubereiteten und präsentierten Portionen ist es leicht, sich quer durch die verlockende Neue Nordische Küche zu probieren.

AUSGEHEN & NACHTLEBEN

Die besten Kneipenmeilen der Stadt sind die Thorvald Meyers gate und ihre Nebenstraßen in Grünerløkka sowie die Torggata nach der Brücke über den Akerselva. Im Gebiet um den Youngstorget befinden sich die beliebtesten Kneipen und Cafés dicht am Stadtzentrum.

Tim Wendelboe Kaffee

(☎944 31 627; www.timwendelboe.no; Grüners gate 1; ⏲Mo–Fr 8.30–18, Sa & So 11–17 Uhr; 🚋Olaf Ryes plass) Tim Wendelboe wird oft nachgesagt, die skandinavische Kaffeerevolution eingeläutet zu haben und seine gleichnamige Rösterei ist sowohl Treffpunkt lokaler Freiberufler als auch Pilgerziel von Kaffeesnobs. Alle Bohnen werden natürlich persönlich bezogen und handgeröstet (der Röster gehört zum Inventar). Hier ist jeder Kaffee – vom Filterkaffee auf Eis bis zum Cappuccino – spitzenmäßig.

Fuglen Cocktailbar, Café

(www.fuglen.com; Universitetsgaten 2, Eingang in der Pilestredet; ⏲Mo & Di 7.30–22, Mi & Do bis 1, Fr bis 3, Sa 11–3, So 11–18 Uhr; 🚌33) Das Fuglen und seine fröhliche Truppe stehen für die Wandlung Oslos von grauer Stadt im Norden zur cool-urbanen Location. Seit der Instandsetzung dieses Cafés haben sie ein kleines Imperium für Kaffee und norwegisches Design in Japan gestartet. In ihrer Heimatstadt rösten und brauen sie weiterhin – und mixen mit die besten Cocktails hierzulande.

Grünerløkka Brygghus Kneipe

(www.brygghus.no; Thorvald Meyers gate 30b; ⏲Mo–Mi 16–23, Do 16–1, Fr 15–3.30, Sa 12–3.30, So 12–23 Uhr; 🚋Olaf Ryes plass) Die atmosphärische, freundliche Kneipe und

Kleinbrauerei zapft hausgebrautes Bier von Pilsner bis Weißbier, aber schenkt auch spannende Ales von anderen Brauereien aus. Trinkgrundlagen – Burger, Bratwurst, Kartoffelbrei, Fish & Chips – können an der Bar bestellt werden. Die Bänke draußen sind zu recht sehr begehrt.

UNTERHALTUNG

Osloer Oper Oper

(Den Norske Opera & Ballett; ☎21 42 21 21; www.operaen.no; Kirsten Flagstads Plass 1; Karten 100–795 Nkr; Ⓣ Sentralstasjonen) Das Opernhaus ist nicht nur eines der eindrucksvollsten Beispiele zeitgenössischer Architektur (S. 152) in Norwegen, sondern bringt auch erstklassige Opern- und Ballettaufführungen auf die Bühne.

Nationaltheatret Theater

(Nationaltheater; ☎22 00 14 00; www.nationaltheatret.no; Stortingsgata; ⌚Theaterkasse Mo–Sa 11–18.30 Uhr; Nationaltheatret) Der Osloer Henrik Bull hat das Vorzeigetheater Norwegens verschwenderisch gestaltet, es wurde speziell als Bühne für die Stücke des norwegischen Dramatikers Henrik Ibsen gebaut. Seine Werke werden hier seit 1899 aufgeführt.

PRAKTISCHE INFORMATIONEN

Oslo Visitor Centre (☎23 10 62 00; www.visitoslo.com; Jernbanetorget 1; ⌚9–18 Uhr; ; Jernbanetorget, Jernbanetorget, Oslo S) Eingang im Hauptbahnhof und am Jernbanetorget. Verkauft Fahrkarten sowie den praktischen **Oslo Pass** (www.visitoslo.com/en/activities-and-attractions/oslo-pass) und bucht auf Wunsch auch Aktivitäten.

AN- & WEITERREISE

FLUGZEUG

Der **Flughafen Oslo Gardermoen** (www.avinor.no/en/airport/oslo-airport), der Hauptflughafen Oslos, liegt 50 km nördlich der Stadt. Zwischen dem Flughafen und der Stadt verkehren Hochgeschwindigkeitszüge sowie Busse und Taxis.

Den **Flughafen Torp** (www.trop.no) in Sandefjord, 123 km südwestlich von Oslo, nutzen einige Billigflieger. Der Bus **Torp-Ekspressen** (www.torpekspressen.no; einfach/hin & zurück Erw. 290/530 Nkr, Kind 150/300 Nkr) fährt vom Flughafen Torp zum Busbahnhof Galleri Oslo und braucht für die Strecke 95 Minuten.

SCHIFF/FÄHRE

Die Fähren der **DFDS Seaways** (www.dfdsseaways.com; 60) fahren täglich zwischen Oslo und Dänemark ab **Vippetangen-Kai** nahe der Skippergata. Die Buslinie 60 hält nur ein paar Minuten zu Fuß vom Fährhafen entfernt.

UNTERWEGS VOR ORT

Fahrkarten für alle öffentlichen Verkehrsmittel gibt es über **Ruter** (www.ruter.no); Fahrpläne und Streckenkarten sind online oder im **Ruters kundesenter** (Trafikanten; ☎177; www.ruter.no; Jernbanetorget; ⌚Mo–Fr 7–20, Sa & So 8–18 Uhr) erhältlich.

Straßenbahn Die Straßenbahn (*trikk*) fährt beinahe im ganzen Stadtzentrum; sie verkehrt bis 1 Uhr.

T-bane Die fünf Linien der U-Bahn Tunnelbane (*T-bane*) sind recht schnell. Sie verkehren bis kurz nach Mitternacht.

Bus Ein umfassendes Busnetz bedient die gesamte Stadt.

Ruter (www.ruter.no) Fahrkarten für die Zone 1 (fast das gesamte Stadtzentrum) kosten je Erw./Kind 35/18 Nkr, wenn sie im Voraus gekauft werden.

- Tagesfahrkarten (Erw./Kind 105/53 Nkr) und Wochenfahrkarten (Erw./Kind 249/125 Nkr) sind ebenfalls erhältlich.
- Kinder im Alter von vier bis 16 Jahren und Senioren über 67 Jahre zahlen die Hälfte.
- Tickets können im Bus und auf Fähren (in bar) für 20 Nkr mehr gekauft werden, nicht aber in Straßenbahnen oder in der Tunnelbane.

REYKJAVÍK,
ISLAND

In diesem Kapitel

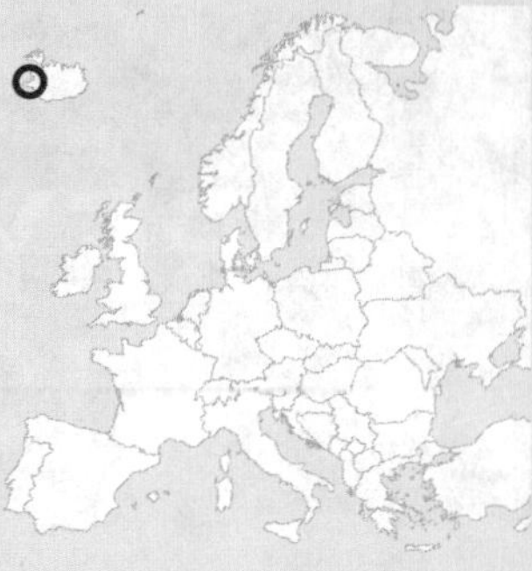

Reykjavík, Island

Reykjavík sprüht vor spannender Kunst, kulinarischen Genüssen und eigenwilligen Menschen. Geradezu sagenhaft ist die Musikszene mit tollen Festivals, angesagten DJs und unzähligen Bands.

Selbst Kurzbesucher sollten unbedingt einen Abstecher in die Natur unternehmen. Wer das raue, grandiose Land gesehen hat, wird auch Reykjavík und seine Bewohner besser verstehen. Die meisten Isländer leben in der Hauptstadt, aber ihre Seele gehört der Natur. Alles, was es hier zu sehen, hören, schmecken und riechen gibt, erschließt sich aus dem faszinierenden Erbe der Insel.

Zwei Tage in Reykjavík

Der erste Vormittag ist für die Erkundung der **Altstadt** (S. 177) reserviert. Nachmittags lockt ein Shopping- und Sightseeingbummel über die kunstsinnige **Skólavörðustígur** (S. 176). Fürs Abendessen, einen Drink und die Clubparty bis spät in die Nacht geht es dann auf den **Laugavegur** (S. 176).

Am zweiten Tag steht eine **Walbeobachtungstour** (S. 180) oder ein Abstecher zum **Alten Hafen** (S. 177) und seinen Museen auf dem Plan. Nach einem relaxten Nachmittag in **Laugardalur** (S. 177) schmeckt das Dinner im isländischen Gourmetlokal (S. 181).

Vier Tage in Reykjavík

Am dritten Tag kann man im Alten Hafen ein Rad leihen und mit der Fähre nach **Viðey** (S. 182) schippern. Anschließend geht's nochmal zum **Laugavegur** (S. 176) und zur **Skólavörðustígur** (S. 176), wo es auch gute Fischlokale, Theater, Kinos und Livemusik gibt.

Der letzte Tag gehört der Standard-Ausflugsroute **Goldener Kreis** (S. 174). Wer es nicht schafft, die **Blaue Lagune** (S. 172) auf dem Weg vom oder zum Flughafen zu besuchen, kommt am späten Abend her, wenn sich die Besucherscharen lichten.

Nur drei Flugstunden entfernt warten London (S. 53) und Dublin (S. 113).

Vorhergehende Doppelseite: Stadtpanorama

Karte Reykjavík (S. 178)

Ankunft

Internationaler Flughafen Keflavík
Der Hauptflughafen von Island liegt 48 km westlich von Reykjavík. Flybus, Airport Express und Airport Direct bieten ausgezeichnete Busverbindungen in die Stadt (ab 2700 ISK pro Strecke).

Inlandsflughafen Reykjavík Von hier sind es nur 2 km Fußweg in die Stadt.

Schlafen

In Reykjavík gibt es eine Riesenauswahl verschiedenster Unterkünfte, vor allem Hostels, Mittelklasse-Pensionen (oft mit Gemeinschaftsbädern, -küche und -lounge) und Businesshotels, aber es kommen auch laufend neue noble Boutiquehotels und Apartments dazu. Reservierung ist von Juni bis Ende August ein Muss; die Preise sind dann hoch. Geld sparen lässt sich mit Hostels, Camping oder Ferienwohnungen.

Ausstellungsbereich „Häuslicher Alltag"

VLADIMIR KOROSTYSHEVSKIY / SHUTTERSTOCK ©

Nationalmuseum

Das führende Museum Islands zeigt eine Fülle historischer Exponate und interessanter Präsentationen. Die Ausstellung gibt einen ausgezeichneten Überblick über Geschichte und Kultur des Landes, was der Audioguide mit vielen Details unterfüttert.

Toll für ...

☑ **Nicht versäumen**

Die Spielsteine aus Gehörknöchelchen eines Kabeljaus und die Holzpuppe, die gleichzeitig als Küchengerät diente.

Mit zahlreichen Zeugnissen der isländischen Vergangenheit von der Landnahme bis zur Moderne bietet das Nationalmuseum einen fundierten Überblick über Geschichte und Kultur Islands. Die glänzend kuratierte Ausstellung führt Besucher durch das mühselige Leben der ersten Siedler, den radikalen Wandel durch die Christianisierung, die harten Zeiten der Fremdherrschaft und die Erringung der Unabhängigkeit.

Zeugnisse der Landnahmezeit

Die erste Abteilung thematisiert die Ära der Landnahme – von der Häuptlingsherrschaft bis zur Christianisierung. Hier sind u. a. Schwerter, kunstvolle **Trinkhörner** und **Silberschätze** zu bewundern. Eine **Bronzefigur des Thor** soll aus der Zeit um das Jahr 1000 stammen. Die Schnitzereien der kostbaren Kirchentür von Valþjófsstaðir aus

Ausstellungsbereich „Moderne“

JONATHAN SMITH / LONELY PLANET ©

dem 13. Jh. erzählen die Sage vom Löwenritter und seinem Kampf gegen Drachen.

Häuslicher Alltag

Die Ausstellung erklärt auch, wie sich der Alltag der Isländer einst gestaltete, wie sie ihre Häuser erleuchteten und Raseneisenerz gewannen. Gezeigt werden etwa die Herstellung von *skyr* (eine Art Joghurt) sowie kunstvolle Anhänger und Broschen. Besonders sehenswert ist das **Hnefatafl-Spiel** aus der Wikingerära, dessen Entdeckung in einem Grab in Baldursheimar zur Gründung des Museums führte.

Wikingergräber

In den Boden eingelassen sind Gräber aus der Wikingerzeit mit wertvollen Grabbeigaben: Pferdeknochen, Schwerter, Nadeln, Löffel, Kamm. Eines der Gräber birgt einen acht Monate alten Säugling; es ist das einzige Grab dieser Art, das je entdeckt wurde.

Gut zu wissen

Þjóðminjasafn Íslands; ☎530 2200; www.nationalmuseum.is; Suðurgata 41; Erw./Kind 2000 ISK/frei; ⏲Mai–Mitte Sept. 10–17 Uhr, Mitte Sept.–April Mo geschl.; 🚌1, 3, 6, 12, 14

Kleine Stärkung

Das **Museumscafé** (Snacks 750–1900 ISK; ⏲Mo–Fr 9–17, Sa & So 10–17 Uhr; 📶) im Erdgeschoss ist ideal für eine Verschnaufpause.

★ Top-Tipp

Im Ticketpreis enthalten ist auch der Eintritt zum fantastischen **Kulturhaus** (Þjóðmenningarhúsið; ☎530 2210; www.culturehouse.is; Hverfisgata 15; ⏲Mai–Mitte Sept. 10–17 Uhr, Mitte Sept.–April Mo geschl.).

Sakrale Schätze

Der Bereich des Museums, der von der Einführung des Christentums erzählt, zeigt u. a. die Kirchentür von Valþjófsstaðir.

Die Moderne

Die Sammlungen im Obergeschoss umfassen die Zeit von 1600 bis heute. Thema ist der Zeitraum der Fremdherrschaft bis zur Unabhängigkeit und Modernisierung des Landes. Hier sind auch **Dokumente und Habe von Jón Sigurðsson** zu sehen, der für Islands Selbstständigkeit kämpfte.

Kostenlose Führungen

Von Mai bis Mitte September gibt es mittwochs, samstags und sonntags um 11 Uhr Gratisführungen auf Englisch.

Blaue Lagune

Das zauberhafte Thermalbad inmitten eines schwarzen Lavafelds wird mit Wasser aus dem futuristischen Geothermalkraftwerk Svartsengi gespeist. Es ist ein surrealer Ort – mit silbernen Türmen, wabernden Dampfschwaden und Badegästen, die vor Kieselerdeschlamm ganz weiß sind.

Toll für ...

☑ Nicht versäumen

Eine Rad- oder Quadtour durch die Lavafelder.

Rein ins Vergnügen

Bevor die Badegäste auch nur einen Zeh ins Wasser stecken, müssen sie (wie in allen isländischen Bädern) gründlich duschen!

Das heiße Heilwasser (70 % Meer-, 30 % Süßwasser) ist reich an Blaugrünalgen, Mineralsalzen und Kieselerdeschlamm und wirkt wie ein pflegendes Peeling – die Haut wird, so abgedroschen es klingt, zart wie ein Babypopo. Das Wasser ist an den Zuläufen am heißesten und an der Oberfläche einige Grad wärmer als am Grund. Badekleidung kann man ausleihen.

Die Anlage

Zur Lagune gehört ein riesiger moderner Komplex mit Umkleiden (und 700 Schließfächern!), Restaurants und Souvenirshop. Die Anlage hat Hot Pots, Dampfbäder, Sauna, eine Station für Schlammmasken,

Gut zu wissen

Bláa Lónið; ☎420 8800; www.bluelagoon.com; Nordurljosavegur 9; Erw./Kind ab 7000 ISK/frei, Premium-Eintritt ab 9600 ISK/frei; ⌚Juli–Mitte Aug. 7–24 Uhr, Ende Mai–Juni bis 23 Uhr, Jan–Ende Mai & Mitte Aug.–Sept. 8–22 Uhr, Okt.–Dez. bis 21 Uhr

Kleine Stärkung

Blue Café (Snacks 850 ISK, Sandwiches 1200 ISK; Mitte Aug.–Mai kürzere Öffnungszeiten; 📶) oder **LAVA Restaurant** (Hauptgerichte mittags/abends 4500/5900 ISK; ⌚Juni–Aug. 11.30–21.30 Uhr, Sept.–Mai bis 20.30 Uhr; 📶).

★ Top-Tipp

Im Sommer die Zeit von 10 bis 14 Uhr meiden; besser ist früh oder nach 19 Uhr.

eine Bar und einen heißen Wasserfall, der eine kraftvolle Massage verabreicht. Der VIP-Bereich umfasst ein Hallen-Watbecken sowie Lounge und Aussichtsterrasse.

Massagen

Wer die ultimative Entspannung sucht, lässt sich auf einer Luftmatratze treibend massieren. Spa-Behandlungen frühzeitig buchen! Pauschalangebote und Winterrabatt gibt es online.

Geführte Touren

Viele Veranstalter haben die Blaue Lagune im Programm. **ATV Adventures** (4x4 Adventures Iceland; ☎857 3001; www.4x4adventuresiceland.is; Tangasund; 1-std. Quad-Tour 13 000 ISK, 2- bis 3-std. Fahrradtour 10 900 ISK, Leihrad 4/24 Std. 4900/6900 ISK) veranstaltet Quad- und Radtouren, verleiht Fahrräder und holt Kunden ggf. von der Lagune ab und bringt sie wieder zurück.

Planungstipps

Bei vielen Tagestouren ab Reykjavík ist ein Besuch der Lagune 47 km südwestlich der Stadt eingeplant. Sie lässt sich auch gut auf dem Weg zum/vom Flughafen besuchen – am Parkplatz gibt es eine Gepäckaufbewahrung (550 ISK pro Gepäckstück und Tag).

Unbedingt reservieren, damit man überhaupt reinkommt. Bei Touren darauf achten, ob das Ticket für die Lagune enthalten ist oder separat gebucht werden muss.

Reykjavík Excursions (Kynnisferðir; ☎580 5400; www.re.is; BSÍ-Busbahnhof, Vatnsmýrarvegur 10; Touren 8000–47 300 ISK) und **Bustravel** (☎511 2600; www.bustravel.is; Goldener Kreis halber/ganzer Tag ab 6750/10 000 ISK) verbinden die Lagune mit Reykjavík und dem Flughafen (23 km).

ELXENEIZE / SHUTTERSTOCK ©

Goldener Kreis

Im Schmelzwasser eines Gletschers tauchen, am Zentralgraben des Mittelatlantischen Rückens entlangwandern, den majestätischen Tagungsort des ersten Parlaments der Welt und eine 40 m hohe Fontäne aus kochendem Wasser bestaunen – all das und noch mehr verspricht der Goldene Kreis.

Toll für ...

☑ Nicht versäumen

Den Sigríður-Gedenkstein nicht weit vom Fuß der Treppe des Gullfoss-Besucherzentrums.

Der Goldene Kreis gibt Gelegenheit, auf einer Tagestour den Treffpunkt zweier Kontinentalplatten und den Ort des historischen Parlaments (Þingvellir), eine dampfende Fontäne (Geysir) und einen donnernden Wasserfall (Gullfoss) zu besichtigen.

Wer auf eigene Faust unterwegs ist, kann die Spitzenzeiten meiden und weitere Attraktionen abseits der Hauptroute anfahren. Fast alle Tourveranstalter in und um Reykjavík bieten den Goldenen Kreis an, oft in Kombination mit weiteren Aktivitäten wie Quad-, Caving- und Rafting-Touren.

Für Besucher, die in der relativ kleinen Region nächtigen wollen, ist **Laugarvatn** ein guter Stützpunkt, auch mit Gastronomie.

Þingvellir-Nationalpark

Der Nationalpark (www.thingvellir.is; Straße 36/ Þingvallavegur; Parkgebühr 300–500 ISK) 40 km

Þingvellir-Nationalpark

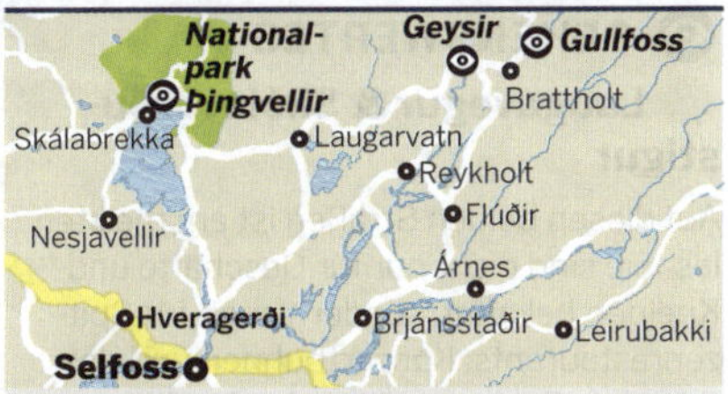

Gut zu wissen

Die Touren dauern meist von 8.30 bis 18 oder von 12 bis 19 Uhr. Im Sommer gibt es Abendtouren von 19 bis 24 Uhr.

Kleine Stärkung

Entlang der Route liegen Lokale, Mini-Supermärkte und Lebensmittelläden.

★ Top-Tipp

Wer anschließend nach Westisland reisen will, kehrt die Route am besten um und besucht Þingvellir zuletzt.

nordöstlich von Reykjavík ist der wichtigste Schauplatz der isländischen Geschichte und ein Ort von wilder Schönheit. Die Wikinger gründeten hier 930 das erste demokratische Parlament der Welt, das **Alþingi** (Straße 36 & 362). Es tagte unter freiem Himmel. Wie an vielen Saga-Schauplätzen sind nur die steinernen Fundamente der **Lagerplätze** erhalten. Das Ganze liegt inmitten herrlicher Natur im weiten Grabenbruch an der Grenze zwischen der nordamerikanischen und der eurasischen **Kontinentalplatte** (über Straße 35 & 361; Parkgebühr 300 ISK).

Geysir

Der **Geysir** (Biskupstungnabraut) GRATIS, eine der Hauptattraktionen Islands, ist die heiße Springquelle, nach der alle anderen der Welt benannt sind. Erdbeben bringen ihn mitunter noch in Wallung, aber seine Ausbrüche sind selten geworden. Zum Glück befindet sich gleich daneben der **Strokkur**, der ziemlich zuverlässig alle fünf bis zehn Minuten eine 15 bis 30 m hohe Fontäne in die Luft schießt. Wer keine Dusche braucht, sollte nicht in Windrichtung stehen!

Das Geothermalgebiet um Geysir und Strokkur war zur Zeit der Recherche frei zugänglich. Es wird überlegt, künftig eine Eintrittsgebühr zu erheben.

Gullfoss

Islands bekanntester Wasserfall **Gullfoss** (Goldener Fall; www.gullfoss.is ; Straße 35/Kjalvegur) GRATIS ist ein spektakulärer Doppelfall. Er stürzt 32 m in die Tiefe und schleudert Gischtvorhänge empor, wobei das Wasser durch eine enge Schlucht davondonnert. An sonnigen Tagen erzeugt der Dunst des Gullfoss schillernde Regenbögen; im Winter erstarrt der Fall zu glitzerndem Eis.

Ein rollstuhltauglicher Asphaltweg verläuft vom Besucherzentrum zu einem Ausguck oberhalb des Falls. Stufen führen weiter zum Rand hinab. Es gibt auch eine Zufahrtstraße zum Fall hinunter.

SEHENSWERTES

Laugavegur & Skólavörðustígur

Auf diesen beiden Straßen ist am meisten los. Sie sind nicht nur für Geschäfte und Kneipen bekannt, sondern auch für Spitzenrestaurants, Konzertbühnen und das führende Programmkino der Stadt.

Hallgrímskirkja Kirche

(510 1000; www.hallgrimskirkja.is; Skólavörðustígur; Turm Erw./Kind 1000/100 ISK; Mai–Sept. 9–21 Uhr, Okt.–April bis 17 Uhr) Die gigantische weiße Betonkirche (1945–1986) ist das Postkartenmotiv schlechthin. Sie dominiert die Skyline und ist noch aus 20 km Entfernung zu sehen. Die Aufzugfahrt auf den 74,5 m hohen Turm verspricht einen einmaligen Blick über die Stadt. Im Gegensatz zum spektakulären Äußeren wirkt das Innere der lutherischen Kirche schlicht. Augenfällig ist die gewaltige Orgel von 1992 mit 5275 Pfeifen. Die Größe und die radikale Architektur der Kirche sorgten für Kontroversen. Ihr Architekt Guðjón Samúelsson (1887–1950) erlebte die Fertigstellung nicht.

Harpa Kulturzentrum

(Kartenverkauf 528 5050; www.harpa.is; Austurbakki 2; 8–24 Uhr, Kartenschalter 12–18 Uhr) Mit seinen changierenden Facetten, die sich im Wasser spiegeln, ist Reykjavíks Konzerthaus und Kulturzentrum Harpa eine Augenweide. Abgesehen vom hochkarätigen Veranstaltungsprogramm (teils gratis) lohnt schon das schimmernde Interieur mit Hafenblick einen Besuch. Sehr empfehlenswert sind die 30-minütigen Führungen (1500 ISK), die ganzjährig zwei- bis dreimal täglich, von Mitte Juni bis Mitte August bis zu achtmal täglich angeboten werden.

Isländische Nationalgalerie Museum

(Listasafn Íslands; 515 9600; www.listasafn.is; Fríkirkjuvegur 7; Erw./Kind 1800 ISK/frei; Mitte Mai–Mitte Sept. tgl. 10–17 Uhr, Mitte Sept.–Mitte Mai Di–So 11–17 Uhr) Das Haus mit Marmoratrien und weitläufigen Sälen am Ufer des Tjörnin kann immer nur eine Auswahl seiner 10 000 Stücke umfassenden Sammlung präsentieren. Die Ausstellungen umfassen Gemälde beliebter isländischer Maler und Malerinnen des 19. und 20. Jhs. (wie Jóhan-

Hallgrímskirkja

KALAMURZING / SHUTTERSTOCK ©

nes Kjarval und Nína Sæmundsson) oder auch Skulpturen von Sigurjón Ólafsson u. a.

Isländisches Phallusmuseum Museum

(Hið Íslenzka Reðasafn; ☎561 6663; www.phallus.is; Laugavegur 116; Erw./Kind 1500 ISK/frei; ⏲10–18 Uhr, Juni–Aug. bis 21 Uhr) Stoff für tausend Witze ... Dabei ist die riesige Penissammlung des einzigartigen Museums richtig gut präsentiert. Von in Alkohol eingelegt bis zu versteinert sind 286 Exemplare von allen Säugetieren des Landes und darüber hinaus zu bestaunen. Es gibt Geschlechtsteile von Pottwalen, Eisbären und Mäuschen, silbrige Abgüsse von den besten Stücken aller Mitglieder der Handball-Nationalmannnschaft und ein einziges menschliches Original – vom verstorbenen Bergsteiger Páll Arason.

Alter Hafen

Der **Alte Hafen** (Geirsgata; 🚌1, 3, 6, 11, 12, 13, 14) hat sich zu einer Touristenattraktion mit Museen und ausgezeichneten Restaurants entwickelt. Vom Pier legen Boote zur Beobachtung von Walen und Papageitauchern ab.

Saga-Museum Museum

(☎511 1517; www.sagamuseum.is; Grandagarður 2; Erw./Kind 2200/800 ISK; ⏲10–18 Uhr; 🚌14) Das liebenswert blutrünstige Saga-Museum erweckt die isländische Geschichte mit Silikonpuppen und einem mehrsprachigen Soundtrack samt Axthieben und haarsträubendem Geschrei zum Leben. Der einen oder anderen Sagengestalt kann man auch live in der Stadt begegnen, da Reykjavíker für die Figuren Modell gestanden haben (die Töchter des Betreibers zum Beispiel für die irische Prinzessin und das Sklavenmädchen, das an einem Fisch kaut).

Seefahrtsmuseum Reykjavík Museum

(Sjóminjasafnið í Reykjavík; ☎411 6300; www.maritimemuseum.is; Grandagarður 8; Erw./Kind 1650 ISK/frei, Óðinn & Museum 2600 ISK; ⏲10–17 Uhr, Óðinn-Führungen 11, 13, 14 & 15 Uhr; 👪; 🚌14) In der einstigen Fisch-Gefrieranlage veranschaulicht die neue Dauerausstellung **Fish & folk** 150 Jahre Fischereiindustrie und zeichnet mit Exponaten, alten Fotos und interaktiven Spielen die Entwicklung

Laugardalur: Das Tal der heißen Quellen

Im Park **Laugardalur** (🚌2, 5, 14, 15, 17), 4 km östlich des Zentrums, befand sich einst die Hauptquelle der Reykjavíker Warmwasserversorgung. In seiner Mitte liegen noch Reste des alten Waschhauses. Die Einheimischen lieben den Park heute vor allem wegen des riesigen **Thermalbads** (☎411 5100; www.reykjavik.is/stadir/laugardalslaug; Sundlaugavegur 30a, Laugardalur; Erw./Kind 950/150 ISK, Ausleihe von Badekleidung/Handtuch 850/570 ISK; ⏲Mo–Fr 6.30–22, Sa & So 8–22 Uhr; 👪; 🚌12, 14). Dazu gesellen sich ein Spa, eine Eisbahn, ein Botanischer Garten, Sport- und Konzertarenen sowie ein Kinderzoo und Freizeitpark.

PALL GUDONSSON: PALLGUDJONSSON.ZENFOLIO.COM / GETTY IMAGES ©

von den Ruderbooten des späten 19. Jhs. bis zu den Fangschiffen des 21. Jhs. nach. Sehr lohnend sind die täglichen Führungen auf das ehemalige Küstenwachschiff Óðinn (1300 ISK).

Altstadt

Die Altstadt ist das Herz von Reykjavík und steht im Mittelpunkt vieler Stadtführungen.

Landnahmeausstellung Museum

(Landnámssýningin; ☎411 6370; www.reykjavikmuseum.is; Aðalstræti 16; Erw./Kind 1650 ISK/frei; ⏲9–18 Uhr) Das archäologische Museum ist rund um die Ruine eines 2001/2002 ausgegrabenen **Wikinger-Langhauses** aus dem 10. Jh. gebaut und zeigt auch Funde aus der Landnahmezeit, die im Reykjavíker Stadtkern entdeckt wurden. Die einfalls-

Reykjavík

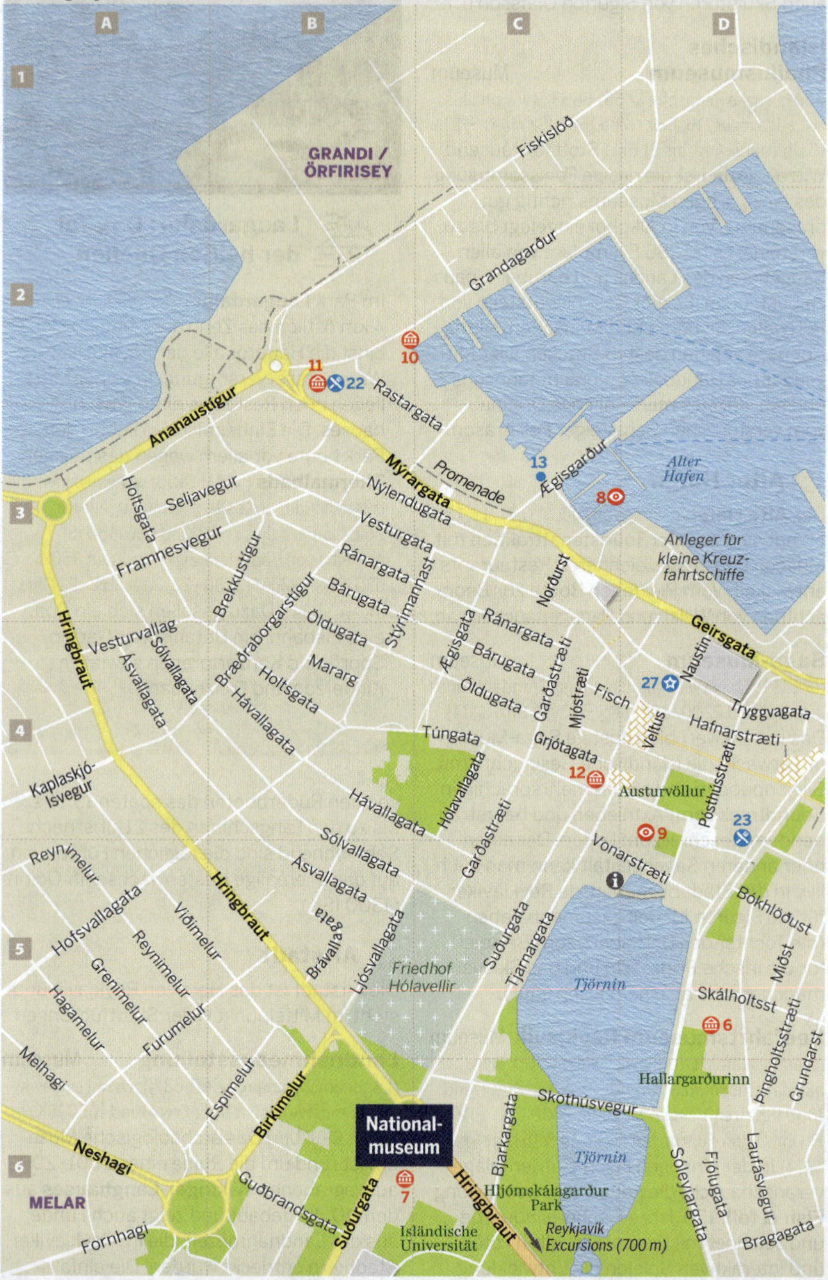
A
B
C
D
1
2
3
4
5
6
GRANDI / ÖRFIRISEY
Fiskislóð
Grandagarður
Rastargata
Ananaustígur
Mýrargata
Promenade
Ægisgarður
Alter Hafen
Anleger für kleine Kreuzfahrtschiffe
Geirsgata
Holtsgata
Seljavegur
Nýlendugata
Vesturgata
Framnesvegur
Brekkustígur
Ránargata
Bárugata
Stýrimannast
Norðurst
Naustin
Tryggvagata
Hafnarstræti
Hringbraut
Vesturvallag
Sólvallagata
Ásvallagata
Bræðraborgarstígur
Öldugata
Mararg
Holtsgata
Hávallagata
Ægisgata
Ránargata
Bárugata
Öldugata
Garðastræti
Mjóstræti
Fisch
Veltus
Túngata
Grjótagata
Austurvöllur
Pósthússtræti
Kaplaskjólsvegur
Hávallagata
Hólavallagata
Vonarstræti
Reynimelur
Sólvallagata
Garðastræti
Ásvallagata
Bókhlöðust
Hofsvallagata
Víðimelur
Hringbraut
Brávallagata
Ljósvallagata
Friedhof Hólavellir
Suðurgata
Tjarnargata
Tjörnin
Miðst
Reynimelur
Grenimelur
Hagamelur
Furumelur
Skálholtsst
Þingholtsstræti
Grundarst
Hallargarðurinn
Melhagi
Espimelur
Birkimelur
Skothúsvegur
National-museum
Neshagi
Bjarkargata
Tjörnin
Sóleyjargata
Fjólugata
Laufásvegur
MELAR
Guðbrandsgata
Suðurgata
Hringbraut
Hljómskálagarður Park
Fornhagi
Isländische Universität
Reykjavík Excursions (700 m)
Bragagata
10
11
22
13
8
27
12
23
9
6
7

0
500 m
E
F
G
H
1
2
3
4
5
6
NORDATLANTIK
Fähre nach Viðey (nur im Sommer)
Laugardalur
Sæbraut
Laugarnesvegur
Hrísateigur
Sundlaugavegur
14
Laugarásvegur
Laugardalsvöllur
Sigtún
5
Sunnuvegur
Suðurlandsbraut
Ármúli
Vegmúli
Ármúli
Síðumúli
Engjavegur
Laugardalur
Háaleitisbraut
0
500 m
3
Faxagata
Kalkofnsvegur
Skúlgata
Ingólfsstræti
Sölvhólsgata
Lindargata
Klapparstígur
1
19
21
Bankastræti
Hverfisgata
Veghst
Vatnsstígur
Laugavegur
20
Sæbraut
Skúlgata
Hallveigastígur
Spítalast
16
Grettisgata
Frakkastígur
25
24
Hverfisgata
17
Týsgata
Njálsgata
18
Bergstaðastræti
Skólavörðustígur
Bjarnarst
26
Laugavegur
Óðinsgata
Lokastígur
Þórsgata
Freyjugata
Kárastígur
Vitastígur
Grettisgata
Barónsstígur
Laugardalur (s. Detailplan) (1,5 km)
Laugavegur
Snorrabraut
4
Rauðarárstígur
Baldursgata
Bragagata
Njarðargata
Freyjugata
Eiríksgata
2
Njálsgata
Bergþórugata
Barónsstígur
15
Urðarst

Reykjavík

Sehenswertes
1 Kulturhaus ... E4
2 Hallgrímskirkja ... F6
3 Harpa ... E3
4 Isländisches Phallusmuseum ... H6
5 Laugardalur ... G3
6 Isländische Nationalgalerie ... D5
7 Nationalmuseum ... B6
8 Alter Hafen ... C3
9 Altstadt ... D4
10 Seefahrtsmuseum Reykjavík ... B2
11 Saga-Museum ... B2
12 Landnahmeausstellung ... C4

Aktivitäten, Kurse & Touren
13 Elding Adventures at Sea ... C3
14 Laugardalslaug ... G2
15 Sundhöllin ... G6

Shoppen
16 Isländischer Handstrickverband ... E5
17 Skúmaskot ... E5

Essen
18 Brauð & Co ... F5
Café Kaffitár ... (s. 7)
19 Dill ... E4
20 Gló ... E5
21 Hverfisgata 12 ... E4
22 Matur og Drykkur ... B2
23 Messinn ... D4
24 Nostra ... G5

Ausgehen & Nachtleben
25 Kaffi Vínyl ... G5
Mikkeller & Friends ... (s. 21)
26 Reykjavík Roasters ... F6

Unterhaltung
27 Húrra ... D4

reiche Kombination aus Archäologie und moderner Technik gibt interessante Einblicke in das Leben der frühen Siedler Islands. Sehenswert ist auch das Stück **Grenzmauer** hinter dem Museum, das älteste Bauwerk in Reykjavík. Ein faszinierendes Hightech-Rundumpanorama zeigt, wie das Gelände zur Zeit des Langhauses aussah.

AKTIVITÄTEN

Elding Adventures at Sea — Tierbeobachtung

(☎519 5000; www.whalewatching.is; Ægisgarður 5; Erw./Kind 11 000/5500 ISK; ⏲Hafenkiosk 8–21 Uhr; 🚌14) Traditionsreiche, umweltverträgliche Walbeobachtungstouren inklusive Walausstellung auf einem umgebauten Fischerboot; an Bord werden Erfrischungen verkauft. Elding veranstaltet auch Angelausflüge (Erw./Kind 14 900/7450 ISK), Papageitaucher-Touren (Erw./Kind ab 6500/3250 ISK) und Kombitouren, betreibt die Fähre nach Viðey (S. 182) und holt Teilnehmer auf Wunsch ab.

Creative Iceland — Kunst & Handwerk

(☎615 3500; www.creativeiceland.is) Stricken (19 500 ISK), Kochen (24 900 ISK) Grafikdesign, Kunst, Kunsthandwerk, Musik u. v. m.: Die Einrichtung vermittelt Kontakte zu einheimischen Kreativen, die Workshops in ihrer jeweiligen Disziplin anbieten.

Sundhöllin — Thermalbad

(Sundhöll Reykjavíkur; ☎411 5350; www.reykjavik.is/stadir/sundholl-reykjavikur; Barónsstígur 16; Erw./Kind 950/150 ISK; ⏲Mo–Fr 6.30–22, Sa & So ab 8 Uhr; 👪) Unser Top-Tipp für Wasserspaß im Stadtzentrum. Sundhöllin wurde 2017 nach einjähriger Sanierung wieder eröffnet und hat jetzt einen Außenbereich mit Whirlpools, Sauna und Swimmingpool. Dann gibt es noch das Hallenbad und die versteckten Pools auf der Dachterrasse mit tollem Stadtpanorama.

SHOPPEN

Laugavegur und Skólavörðustígur sind die Haupteinkaufsstraßen von Reykjavík. Hier gibt es typische Souvenirshops, aber auch Designläden und Galerien, die tolle isländische Kunst und Kunsthandwerk verkaufen.

Isländischer Handstrickverband — Bekleidung

(Handprjónasamband Íslands; ☎552 1890; www.handknit.is; Skólavörðustígur 19; ⏲Mo–Fr 9–22, Sa bis 18, So 10–18 Uhr) Die Strickgenossenschaft verkauft traditionell handgestrickte Mützen, Strümpfe und Pullover, außerdem Wolle, Stricknadeln und -muster. Ihre kleinere Filiale führt nur fertige Strickwaren.

Skúmaskot Kunsthandwerk

(663 1013; www.facebook.com/skumaskot.art.design; Skólavörðustígur 21a; Mo–Fr 10–18, Sa bis 17, So 12–16 Uhr) Die große renovierte Galerie bildet einen schönen Rahmen für die fantasievollen Kreationen isländischer Designerinnen, von handgemachten Porzellanobjekten über Damen- und Kindermode bis zu Gemälden und Karten.

ESSEN

Brauð & Co Bäckerei €

(www.braudogco.is; Frakkastígur 16; Mo–Fr 6–18, Sa & So bis 17 Uhr) In einem kunterbunt besprühten Gebäude kann man beim Anstehen um die besten *snúður* (Zimtschnecken) der Stadt zusehen, wie Wikinger-Hipster die Leckereien herstellen.

Gló Bio, Vegan €

(553 1111; www.glo.is; Laugavegur 20b; Hauptgerichte 1000–2400 ISK; 11.30–22 Uhr;) Das luftige Restaurant im Obergeschoss serviert seiner coolen Klientel Tagesgerichte mit asiatisch inspirierter Würze. Es hat eine tolle Auswahl an Roh- und Biokost, u. a. eine Salattheke – von Wurzelgemüse bis mediterrane Art.

Messinn Fisch & Meeresfrüchte €€

(546 0095; www.messinn.com; Lækjargata 6b; Mittagsgerichte 1850–2200 ISK, Abendgerichte 2700–4200 ISK; 11.30–15 & 17–22 Uhr;) Messinn hat die besten Fischgerichte von Reykjavík. Spezialität sind die Fischpfannen: Die vom Gast ausgesuchte Fischsorte kommt in der brutzelheißen Pfanne auf den Tisch, begleitet von buttrigen Kartoffeln und Salat. Nette, gemütliche Atmosphäre und freundliches Personal.

Matur og Drykkur Isländisch €€

(571 8877; www.maturogdrykkur.is; Grandagarður 2; Hauptgerichte mittags/abends ab 1900/3400 ISK, Probiermenü 10 000 ISK; 11.30–15 & 18–22 Uhr, So mittags geschl.; ; 14) Eines der besten gehobenen Restaurants in Reykjavík. *Matur og Drykkur* bedeutet „Essen und Trinken" und die Gäste bekommen hier beides vom Feinsten. Kochgenie Gísli Matthías Auðunsson, der auch das ausgezeichnete **Slippurinn** (481 1515; www.slippurinn.com; Strandvegur 76; Mittagsgerichte 2400–7200 ISK, Abendgerichte 3700–4900 ISK, Menü 6400–9900 ISK; Anfang Mai–Mitte Sept. 12–14.30 & 17–22 Uhr;) betreibt, kreiert einfallsreiche Interpretationen isländischer Klassiker. In der Hauptsaison und zum Abendessen reservieren!

Nostra Neue Nordische Küche €€€

(519 3535; www.nostrarestaurant.is; Laugavegur 59; 4/6/8 Gänge 8900/11 900/13 900 ISK; Di–Sa 17.30–22.30 Uhr;) Das Gourmetlokal verwandelt heimische Saisonzutaten (ganz im Sinne der Neuen Nordischen Küche) in französisch inspirierte Probiermenüs, auch für Veganer, Vegetarier und Fischesser. Nostra nennt seine Menüs „Erlebnisse" – angesichts ihrer Aromafülle und kunstvollen Präsentation durchaus zu recht.

Dill Isländisch €€€

(552 1522; www.dillrestaurant.is; Hverfisgata 12; 5/7 Gänge 11 900/13 900 ISK; Mi–Sa 18–22 Uhr) „Neue Isländische Sterneküche" ist die Trumpfkarte dieses eleganten Bistros. Könner ihres Fachs zaubern aus wenigen Zutaten komplexe Gerichte, die in einer ganzen Parade von Gängen aufgefahren werden. Die Inhaber sind mit den Betreibern des berühmten Kopenhagener Noma befreundet und kreieren isländische Küche auf ähnlich hohem Niveau. Reservieren!

AUSGEHEN & NACHTLEBEN

Reykjavík Roasters Café

(517 5535; www.reykjavikroasters.is; Kárastígur 1; Mo–Fr 7–18, Sa & So 8–17 Uhr) Hier sind echte Kaffeeprofis am Werk. Der kleine Hipster-Laden ist an warmen Tagen an seiner Handvoll Holztische auf einem kleinen Platz leicht zu orten. *Die* Adresse für einen perfekten Latte mit Knuspercroissant, umweht von Röstaroma.

Tagesausflug nach Viðey

Bei schönem Wetter ist die unbewohnte Insel Viðey (www.videy.com) ideal für einen Tagesausflug. Sie liegt nur 1 km nördlich vom Reykjavíker Sundahöfn-Hafen, scheint aber Welten entfernt. Historische Bauten, moderne Kunst, ein verlassenes Dorf und tolle Gelegenheiten zur Vogelbeobachtung tragen zu ihrem besonderen Reiz bei.

Im Sommer gibt es meist kostenlose Führungen. Termine stehen online.

Fähre nach Viðey (533 5055; www.videy.com; Skarfabakki; hin & zurück Erw./Kind 1500/750 ISK; ab Skarfabakki Mai–Sept. 10.15–17.15 Uhr stündl., Okt.–Mitte Mai Sa & So 13.15–16.30 Uhr) 5 Min. ab Skarfabakki (4,5 km östlich des Stadtzentrums).

OLANA22 / SHUTTERSTOCK ©

Mikkeller & Friends Craft-Bier
(437 0203; www.mikkeller.dk; Hverfisgata 12; So–Do 17–1, Fr & Sa 14–1 Uhr;) Die dänische Craft-Bier-Kneipe logiert im Obergeschoss über der ausgezeichneten Pizzeria **Hverfisgata 12** (437 0203; www.hverfisgata12.is; Hverfisgata 12; Pizza 2450–3450 ISK; Mo–Fr 17–22.30, Sa & So 11.30–22.30 Uhr;). Aus ihren 20 Zapfhähnen fließen außer Mikkellers eigenen Produkten auch isländische Biersorten. Das Ambiente ist cool, bunt und sehr relaxed.

Kaffi Vínyl Café
(537 1332; www.facebook.com/kaffivinyl; Hverfisgata 76; So–Do 8–23, Fr & Sa bis 1 Uhr;) „Vegan is the new black" verkündet die Leuchtreklame, Vinylscheiben drehen sich auf den Plattentellern und die coole Gästeschar schmaust fleischfreie Burger und Nudelgerichte (Hauptgerichte ab 1400 ISK). Die Happy Hour von 16 bis 19 Uhr ist die ideale Zeit, um ein isländisches Bier oder einen veganen Whiskey Sour zu kosten.

UNTERHALTUNG

Húrra Livemusik
(www.facebook.com/hurra.is; Tryggvagata 22; Mo–Do 18–1, Fr & Sa bis 4.30, So bis 23.30 Uhr;) Die große, düstere Bar öffnet an den meisten Abenden ihr Hinterzimmer als beliebte Location für vielseitige Livemusik oder DJs. Eine tolle Adresse, um den Tag ausklingen zu lassen. Es gibt diverse Biere vom Fass und eine Happy Hour bis 21 Uhr.

PRAKTISCHE INFORMATIONEN

Zentrale Touristeninformation (Upplýsingamiðstöð Ferðamanna; 411 6040; www.visitreykjavik.is; Ráðhús, Tjarnargata 11; 8–20 Uhr;) Nette Mitarbeiter und jede Menge Gratisbroschüren, Landkarten, die Reykjavík City Card und Fahrkarten für die Strætó-Stadtbusse. Bucht auch Unterkünfte, Touren und Aktivitäten.

AN- & WEITERREISE

Island ist in den letzten Jahren viel leichter zugänglich geworden und wird von immer mehr europäischen Städten aus angeflogen.

UNTERWEGS VOR ORT

Bus Gutes Busnetz in der Stadt und Umgebung; Betrieb täglich von 7 bis 23 bzw. 24 Uhr (So ab 11 Uhr). Freitags und samstags eingeschränkter Nachtbus bis 4.30 Uhr.

Strætó (540 2700; www.straeto.is) betreibt regelmäßige Verbindungen in und um Reykjavík. Die Fahrt kostet 460 ISK; man kann Tickets am Busbahnhof kaufen, im Bus zahlen (bekommt aber kein Wechselgeld raus) oder die Strætó-App nutzen. 1-/3-Tagestickets kosten 1700/4000 ISK.

Taxi Die Preise sind happig; der Grundpreis geht bei ca. 700 ISK los. Trinkgeld wird nicht erwartet.

Wohin zum Schlafen?

Da in Reykjavík die Nachfrage nach Unterkünften immer größer ist als das Angebot, sollte man sein Nachtlager nach Möglichkeit schon drei bis sechs Monate im Voraus reservieren. Am günstigsten sind oft Ferienwohnungen.

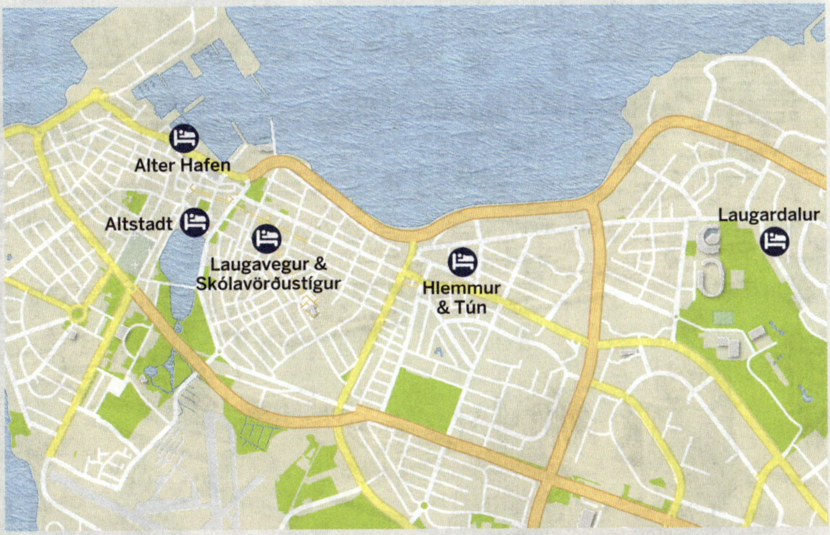

Stadtviertel	Merkmale
Altstadt	Zentral, viele Unterkünfte der gehobenen Kategorie. Kann voll, betriebsam und teuer sein.
Alter Hafen	Ein Stück abseits vom Hafen herrscht weniger Betrieb. Erschwinglichere Pensionen und Hostels, aber nicht ganz so zentral.
Laugavegur & Skólavörðustígur	Ideal zum Shoppen und Partymachen. Gute Auswahl an Unterkünften mit einigen ruhigeren Ecken. Die Hauptstraßen sind recht touristisch.
Hlemmur & Tún	Hier entstehen immer mehr Hotelhochhäuser. Die Gegend ist wenig aufregend und weiter weg vom Stadtzentrum.
Laugardalur	In nächster Nähe zu einem großen Park mit Schwimmbadkomplex. Neue Hotelhochhäuser. Noch weiter vom Stadtzentrum entfernt.

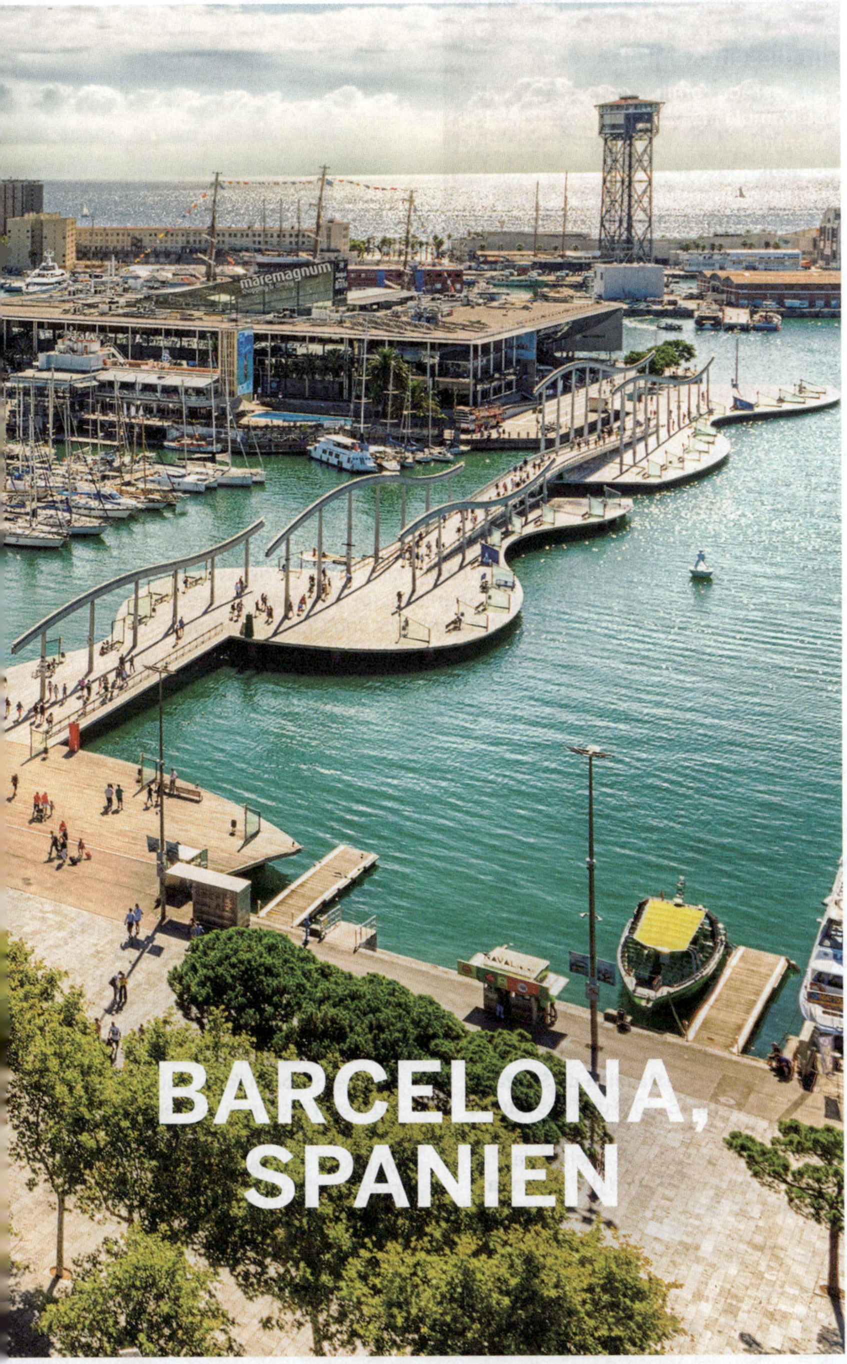

BARCELONA, SPANIEN

In diesem Kapitel

Barcelona, Spanien

Barcelona ist eine geniale Kombination aus sonnig-mediterranem Charme und europäisch-urbanem Schick. Die Stadt zeigt sich voller Kunst und Architektur, die katalanische Küche zählt zur besten Spaniens. Im Sommer tummeln sich an den Stränden die Sonnenhungrigen und in den Bars und Clubs ist immer etwas los.

Von den Anfängen der Stadt in römischer Zeit sind noch Spuren erkennbar und in der Altstadt ist so viel gotische Baukunst zu sehen, wie kaum an einem anderen Ort. Dazu erheben sich hier einige der bizarrsten Bauten der Welt, etwa Gaudís surrealer Gottesbau Sagrada Família.

Zwei Tage in Barcelona

Los geht's im Barri Gòtic. Nach einem Bummel über die **Rambla** (S. 196) stattet man der **Kathedrale** (S. 204) und dem **Museu d'Història de Barcelona** (S. 204) an der historischen **Plaça del Rei** (S. 205) einen Besuch ab, danach folgen die **Basílica de Santa Maria del Mar** (S. 205) und das **Museu Picasso** (S. 208) ganz in der Nähe. Der zweite Tag steht im Zeichen des **Park Güell** (S. 205) und der **Sagrada Família** (S. 188).

Vier Tage in Barcelona

Der dritte Tag beginnt mit noch mehr Gaudí, nämlich der **Casa Batlló** (S. 209) und **La Pedrera** (S. 209). Zum Entspannen am Strand und für ein Meeresfrüchtemahl geht's dann nach **Barceloneta** (S. 208). Der vierte Tag wird dem **Montjuïc** (S. 200) mit seinen Museen, Festungen, Gärten und dem Olympiastadion gewidmet.

Mehr von Spanien? Dann geht's per Flugzeug, Auto oder Zug nach Andalusien (S. 217).

Vorhergehende Doppelseite: Port Vell (alter Hafen)

Ankunft

Vom stark frequentierten **Flughafen El Prat** fahren von 5.35 bis 1 Uhr regelmäßig *aerobúses* (5,90 €) in die Stadt (35 Min.). Ein Taxi kostet etwa 25 €.

Der nicht weit vom Stadtzentrum entfernte Fernbahnhof **Barcelona Sants** ist ans Metronetz angeschlossen.

Der Bahnhof für Fernbusse ist die **Estació del Nord** im Eixample, etwa 1,5 km nordöstlich der Plaça de Catalunya. Er liegt nur einen kurzen Spaziergang von der Metrostation Arc de Triomf entfernt.

Schlafen

Barcelona wartet mit fabelhaften Unterkünften auf, aber man sollte nie ohne Reservierung in der Stadt ankommen. Eine Besonderheit in Barcelona sind Designunterkünfte, vor allem in der Mittel- und gehobenen Klasse. Eine gute Alternative zu Hotels sind die in ebenfalls großer Zahl vorhandenen Ferienappartements. Die Preise liegen in Barcelona in der Regel höher als im restlichen Spanien.

Passionsfassade (S. 191)

La Sagrada Família

Wer nur Zeit für eine Sehenswürdigkeit hat – dies ist sie! Die Kathedrale Sagrada Família fordert schon durch ihre himmelwärts strebenden Dimensionen, durch Gaudís geniale Nutzung des Lichts und seine bizarren Gestaltungselemente Ehrfurcht ein.

Toll für ...

☑ Nicht versäumen

Die Apsis, die außergewöhnlichen Pfeiler und die Buntglasfenster.

Wie bei mittelalterlichen Kathedralen wird auch an der Sagrada Família nach über 100 Jahren immer noch gebaut. Ihr höchster Turm wird eines Tages – vielleicht 2026 – nochmals um die Hälfte höher sein als diejenigen, die jetzt schon stehen.

Eine heilige Mission

Der Temple Expiatori de la Sagrada Família (Sühnekirche der Heiligen Familie) war Antoni Gaudís alles bestimmende Obsession. Den Auftrag erhielt er von einer konservativen Gesellschaft: Die Kirche sollte eine Buße für die Sünden der Moderne darstellen. Für Gaudí war ihre Vollendung eine heilige Mission. Als das Geld zur Neige ging, zahlte er aus eigener Tasche. Am Ende ging er jeden denkbaren Mäzen um Geld an.

Gaudí entwarf eine 95 m lange und 60 m breite Kirche mit Platz für 13 000 Men-

Weihnachtsfassade (S. 190) von der Plaça de Gaudí

REBIUS / SHUTTERSTOCK ©

Gut zu wissen

Karte S. 210; ☎93 208 04 14; www.sagradafamilia.org; Carrer de la Marina; Erw./Kind 15 €/frei; ⊙April–Sept. 9–20 Uhr, März & Okt. bis 19 Uhr, Nov.–Feb. bis 18 Uhr; Ⓜ Sagrada Família

Kleine Stärkung

Gut für ein Bier ist der Pub **Michael Collins** (Karte S. 210; ☎93 459 19 64; www.michaelcollinspubs.com; Plaça de la Sagrada Família 4; ⊙So–Do 13–2.30, Fr & Sa bis 3 Uhr; WLAN; Ⓜ Sagrada Família).

★ Top-Tipp

Die Warteschlangen können unendlich lang sein – Karten vorher übers Internet besorgen!

schen. Der Vierungsturm sollte sich 170 m hoch über der Vierung erheben. Dazu kamen weitere 17 Türme, jeder einzelne rund 100 m hoch. Die zwölf Türme an den drei Seitenfassaden repräsentieren die Apostel, die restlichen fünf die Jungfrau Maria und die vier Evangelisten. Da Gaudí gerade Linien ablehnte – er meinte, in der Natur gäbe es auch keine –, haben auch die Kirchtürme unregelmäßige Konturen und die Skulpturen scheinen aus ihnen herauszuwachsen. Als Vorbild für die Türme dienten z. B. die Gipfel des heiligen Bergs Montserrat nicht weit von Barcelona.

Als Gaudí starb, waren nur die Krypta, die Wände der Apsis, ein Portal und ein Turm fertig. Bis 1930 wurden drei weitere Türme vollendet: Sie vervollständigten die Weihnachtsfassade im Nordosten. 1936 zerstörten Anarchisten die Inneneinrichtung der Kirche, so auch Werkstätten, Pläne und Modelle. 1952 wurden die Arbeiten zwar wieder aufgenommen, aber durchgängig von Kontroversen überschattet. Die Gegner des Projekts meinen, dass die auf der Grundlage der wenigen erhaltenen Originalpläne Gaudís basierenden Computermodelle zur Schaffung eines Monstrums führen, das nur wenig mit Gaudís Plänen und seinem Stil zu tun habe. Ein Ende der Debatte ist nicht abzusehen. Ob man das Projekt nun liebt oder hasst: Seine Faszination ist unbestreitbar.

Zwar wird noch immer spekuliert, wann der Bau fertig sein wird, aber bereits jetzt müssen einige der älteren Teile der Kirche wie insbesondere die Apsis restauriert werden.

Innenraum & Apsis

2010 wurden die Dacharbeiten im Innenraum abgeschlossen. Das Gewölbe wird von einem Wald aus ungewöhnlich gewinkelten Pfeilern getragen, die sich oben zu einem Netz aus Ästen verzweigen und wie eine Baumkrone wirken – so hatte Gaudí es geplant. Denn alles war gründlich durchdacht, so auch die Form und Platzierung der Fenster: Es sollte ein Lichteffekt entstehen, als würde Sonnenlicht durch ein dichtes Blätterdach fallen. Die Pfeiler bestehen aus vier in Farbe und Tragfähigkeit unterschiedlichen Steinarten. Die Pfeiler der Seitenschiffe sind aus weichem Montjuïc-Stein, andere aus Granit und dunkelgrauem Basalt, die tragenden Säulen an der Kreuzung von Haupt- und Querschiff aus weinrot schimmerndem iranischem Porphyr. Bei Sonnenlicht erschaffen Rot, Blau, Grün und Ocker der Buntglasfenster eine zauberhaft schöne Stimmung. Auf den Emporen über den Seitenschiffen finden zwei Chöre Platz, auf der Hauptempore bis zu 1300 und auf der Kinderempore bis zu 300 Personen.

Weihnachtsfassade

Das Highlight des Bauwerks ist die Weihnachtsfassade, die größtenteils unter Gaudís persönlicher Aufsicht entstand. Mit Aufzügen und über enge Wendeltreppen gelangt man in die vier Türme hinauf – ein schwindelerregendes Erlebnis. Besucher mit Atemwegs- oder Herzproblemen sollten die Treppen lieber nicht nehmen. Das Glockenspiel, das dereinst in den Türmen hängen soll, wird anspruchsvolle Musik in großer Lautstärke zum Besten geben. Auf Mosaiken oben an den Türmen steht „Sanctus, Sanctus, Sanctus, Hosanna in Excelsis, Amen, Alleluia“. Als Gaudí gefragt wurde, weshalb er sich für die Turmspitzen, die

Weihnachtsfassade

doch niemand aus der Nähe sehen würde, so sehr ins Zeug legte, meinte er: „Die Engel werden sie sehen."

Von links nach rechts repräsentieren die drei Teile des Portals Hoffnung, Barmherzigkeit und Glauben. Unter den vielen Figuren am Barmherzigkeitsportal sind auch die von Ochse und Esel, den Hirten und den Königen umgebene Krippe sowie musizierende Engel zu sehen. Rund 30 katalanische Pflanzenarten sind hier dargestellt; die Gesichter der zahlreichen Figuren entstanden nach Gipsabgüssen von Einheimischen oder auch nach Totenmasken aus dem Leichenschauhaus.

★ Schon gewusst?

Mit 4,5 Mio. Besuchern pro Jahr ist die Sagrada Família das meistbesuchte Baudenkmal Spaniens.

PECOLD / SHUTTERSTOCK ©

Direkt über dem blauen Buntglasfenster ist Mariä Verkündigung zu sehen. Die grüne Zypresse ganz oben bietet den weißen Friedenstauben darüber Zuflucht bei Sturm. Für die Mosaiken an der Spitze der Türme benutzte Gaudí Muranoglas aus Venedig.

Rechts neben der Fassade befindet sich der merkwürdige Claustre del Roser, ein gotischer Mini-Kreuzgang an der Außenseite der Kirche (im Gegensatz zu den klassischen Rechtecken im Innern der großen gotischen Klöster). Drinnen lohnt sich der Blick zurück zum reich verzierten Eingang. Rechts unten übergibt ein reptilienhafter Teufel einem Terroristen eine Bombe (in den Jahrzehnten vor dem Bürgerkrieg wurde Barcelona regelmäßig von politischer Gewalt und Anschlägen erschüttert). Die Skulptur gehört zur Serie „Versuchungen für Männer und Frauen".

Passionsfassade

Die Passionsfassade an der Südwestseite der Kirche widmet sich den letzten Tagen und dem Tod Christi. Sie entstand nach Gaudís Originalplänen zwischen 1954 und 1978 und umfasst vier Türme und ein großes, üppig mit Skulpturen verziertes Portal. An der Ausgestaltung arbeitete der Bildhauer Josep Subirachs von 1986 bis 2006. Er versuchte nicht, Gaudí zu imitieren, sondern schuf umstrittene eigene, kantige Werke. Die Hauptserie von Skulpturen auf drei Ebenen weist eine S-Form auf: Sie beginnt links unten mit dem Abendmahl und endet rechts oben mit der Grablegung.

Die Escoles de Gaudí vor der Passionsfassade rechts zählen zu den einfacheren Glanzstücken Gaudís: eine Schule für Kinder mit einem originellen gewellten Ziegeldach, das Architekten bis heute bezaubert. Innen ist ein Nachbau von Gaudís

☑ Besuchszeit

In der Sagrada Família ist es immer voll. Am wenigsten Besucher sind gleich nach der Öffnung am Morgen anzutreffen.

bescheidenem Büro im Zustand zur Zeit seines Todes zu sehen, mit Erläuterungen der geometrischen Muster und Pläne, die den Kern seiner Baukunst darstellten.

Ein verstecktes Porträt

Bei genauem Hinschauen entdeckt man an der Passionsfassade eine Hommage des Bildhauers Josep Subirachs an Gaudí. Von rechts nach links zeigt die mittlere Skulpturengruppe unterhalb des Kruzifixes Christus, der sein Kreuz trägt, Veronika mit dem Tuch mit dem Blut Christi, zwei Soldaten und einen Evangelisten. Als Vorlage für dessen Gesicht diente Subirachs ein seltenes Foto von Gaudí, das ein paar Jahre vor seinem Tod aufgenommen worden war.

Glorienfassade

An der Glorienfassade wird noch immer gearbeitet. Wie auch die anderen soll sie von vier Türmen gekrönt werden – zusammen repräsentieren die Türme dann die zwölf Apostel. Die Glorienfassade sollte die prächtigste der Kirche werden. Innen soll ein Narthex entstehen, eine Art Vorraum aus 16 „Laternen", bestehend aus hyperbelförmigen Gebilden mit Kegeln an der Spitze. Der Gesamtbau soll ein Symbol des Christentums werden: Der 170 m hohe Turm über dem Querhaus soll Christus repräsentieren, die fünf übrigen geplanten Türme sollen die Jungfrau Maria und die vier Evangelisten symbolisieren.

Museu Gaudí

Das unterirdische Museu Gaudí beherbergt Exponate zum Leben und Werk Gaudís sowie Modelle und Fotos der Sagrada Família. Ausgestellt ist auch eines der Modelle, mit denen Gaudí feststellte, welche Belastungen sein Bau aushalten konnte. Am östlichen Ende führt ein Seitengang zu einem Aussichtspunkt oberhalb der Krypta, in dem das Genie bestattet ist. Die Krypta, in der heute Gottesdienste abgehalten werden, ist auch von der dem Carrer de Mallorca zugewandten Seite der Kirche aus zu erreichen.

Was gibt's in der Nähe?

Església de les Saleses — Kirche

(Karte S. 210; ☎93 458 76 67; Passeig de Sant Joan 90; ⏲Mo–Sa 10–13 & 17–19, So 10–14 Uhr; Ⓜ Verdaguer) Die Kirche, ein Meisterwerk neugotischer Architektur, wurde von Gaudís Architekturprofessor Joan Martorell i Montells (1833–1906) entworfen. An der Kirche und dem benachbarten Kloster, das im Bürgerkrieg stark beschädigt wurde und heute eine Schule ist, wurde von 1878 bis 1885 gebaut. Das Buntglas, der Backstein und die Mosaiken lassen erahnen, welche Richtung der Modernisme einmal einschlagen sollte.

Recinte Modernista de Sant Pau — Architektur

(☎93 553 78 01; www.santpaubarcelona.org; Carrer de Sant Antoni Maria Claret 167; Erw./Kind 14 €/frei; ⏲April–Okt. Mo–Sa 9.30–19,

Recinte Modernista de Sant Pau

So bis 15 Uhr, Nov.–März Mo–Sa 9.30–17.30, So bis 15 Uhr; Ⓜ Sant Pau/Dos de Maig) Mit dem 2014 in „Recinte Modernista" umgetauften Hospital de la Santa Creu i de Sant Pau hat sich der Architekt und Philanthrop Domènech i Montaner selbst übertroffen. Lange galt der Bau als eines der bedeutendsten Hospitäler der Stadt. Heute sind hier Kultureinrichtungen und Büroräume untergebracht. Der Komplex mit seinen einzigartigen 16 Pavillons ist üppig verziert. Zusammen mit dem Palau de la Música Catalana bildet der Recinte Modernista ein Weltkulturerbe.

Museu del Disseny de Barcelona Museum

(☎93 256 68 00; www.museudeldisseny.cat; Plaça de les Glòries Catalanes 37; Dauer-/Sonderausstellungen Erw. 6/3 €, Kind 4/2 €, Kombitickets Erw./Kind 6/4 €, So ab 15 Uhr & 1. So des Monats frei; ⌚Di–So 10–20 Uhr; Ⓜ Glòries) Barcelonas Designmuseum befindet sich in einem neuen monolithischen Bau mit geometrischen Fassaden und Anklängen an den Brutalismus – was ihm bei Einheimischen den Spitznamen *la grapadora* (der Hefter) eingebracht hat. Drinnen beeindruckt er mit einer umwerfenden Sammlung – wer sich für die Welt des Designs interessiert, ist hier goldrichtig.

★ Schon gewusst?

Im November 2010 weihte Papst Benedikt XVI. die Sagrada Família in einer gigantischen Zeremonie.

★ Top-Tipp

Führungen (24 €) dauern 50 Minuten. Für die Audiotouren (7 €) muss man einen Ausweis vorlegen.

GAGLIARDIPHOTOGRAPHY / SHUTTERSTOCK ©

La Sagrada Família

ZEITLEISTE

1882 Bauarbeiten zu einer neogotischen, von Francisco de Paula del Villar y Lozano entworfenen Kirche beginnen.

1883 Antoni Gaudí übernimmt als Chefarchitekt und plant eine weitaus größere Kirche für 13 000 Gläubige.

1926 Gaudí stirbt; die Arbeiten werden unter Domènec Sugrañes i Gras fortgeführt. Große Teile der **Apsis** ❶ und der **Weihnachtsfassade** ❷ sind fertig.

1930 **Glockentürme** ❸ der Weihnachtsfassade fertiggestellt.

1936 Bauarbeiten durch den Spanischen Bürgerkrieg unterbrochen; Gaudís Pläne werden von Anarchisten vernichtet.

1939–1940 Architekt Francesc de Paula Quintana i Vidal restauriert die Krypta und setzt viele von Gaudís verlorenen Modellen mühsam wieder zusammen; einige davon sind im **Museum** ❹ zu sehen.

1976 **Passionsfassade** ❺ fertiggestellt.

1986–2006 Bildhauer Josep Subirachs ergänzt die Passionsfassade durch Skulpturen, die u. a. den Leidensweg Jesu darstellen und für ihren Gaudí-untypischen Stil kritisiert werden.

2000 **Mittelschiffgewölbe** ❻ fertiggestellt.

2010 Vollendung des Dachs; Papst Benedikt XVI. weiht die Kirche; Arbeiten an einem Bahntunnel unter der **Fassade der Herrlichkeit** ❼ beginnen.

2026 Anvisierte Fertigstellung.

TOP-TIPPS

➡ Am späten Nachmittag fällt das Licht am schönsten durch die Buntglasfenster der Passionsfassade.

➡ Am besten kommt man an einem Werktag gleich zur Öffnungszeit.

➡ Da sich vor der Passionsfassade gewöhnlich lange Schlangen bilden, besteigt man besser die Glockentürme der Weihnachtsfassade.

KIEVVICTOR / SHUTTERSTOCK ©

Weihnachtsfassade
Als Vorlagen für die Gesichter in der Geburtsszene benutzte Gaudí Gipsabdrücke von Einheimischen und manchmal auch von Leichen aus dem Leichenschauhaus.

Mittelschiffgewölbe
Zusammen mit den 7,5 m langen Querschiffen erstreckt sich das 30 m breite Gewölbe auf 60 m. Die zentrale Kuppel erreicht 65 m Höhe.

Apsis
Die kurz nach der Krypta in überwiegend neugotischem Stil errichtete Apsis weist in ihren Fialen auf das Genie Gaudís hin, das in dem Kirchenbau zur Höchstform aufläuft.

Glockentürme

Die Türme der drei Fassaden repräsentieren die Zwölf Apostel. Acht sind bisher fertiggestellt. Fahrstühle bringen Besucher auf je einen Turm der Weihnachts- und der Passionsfassade (wo die Schlangen länger sind) hinauf.

NIKADA / GETTY IMAGES ©

Fertiggestellte Kirche

Neben der Fassade der Herrlichkeit und ihren vier Türmen müssen noch sechs weitere Türme vollendet werden. Diese stellen die vier Evangelisten, die Jungfrau Maria und – über der Vierung und mit 170 m Höhe der größte – Christus dar.

Fassade der Herrlichkeit

Dies wird die fantasievollste Fassade werden. Geplant ist eine Vorhalle mit 16 hyperboloiden Laternen, die von Kegeln gekrönt werden und wie eine Orgel aus geschmolzener Eiscreme aussehen.

Museu Gaudí

Das mit alten Fotos, Zeichnungen und restaurierten Gipsmodellen vollgestopfte Museum beherbergt auch ein an Schnüren hängendes Statikmodell, mit dem Gaudí seine ambitionierten Bauten berechnete.

Krypta

Die größtenteils neugotische Krypta unter der Apsis war der erste vollendete Teil der Kirche. Gaudís Grab ist vom Museu Gaudí aus zu sehen.

Passionsfassade

In einer S-förmigen Sequenz ist an der Fassade von unten nach oben die Geschichte der letzten Tage Christi vom Letzten Abendmahl bis zu seiner Grablegung zu sehen. In einem Kryptogramm addieren sich alle Zahlen immer zu 33, das Alter Jesu bei seinem Tod.

YURY DMITRIENKO / SHUTTERSTOCK ©

La Rambla

Barcelonas berühmteste Straße ist nicht nur ein Touristenmagnet, sondern mit Kulturzentren, Theatern und interessanten Gebäuden auch ein Fenster zur katalanischen Kultur. Auf dem Fußgängerboulevard drängt sich zwischen Souvenirverkäufern, Straßenmusikanten, Pflastermalern und lebenden Statuen eine bunte Menschenmenge.

Toll für ...

☑ Nicht versäumen

Einen Spaziergang vom einen Ende der Rambla zum anderen mit Blick auf die sich wandelnde Architektur.

Geschichte

Ihren Namen verdankt die Rambla (von Arabisch *raml*, Sand) dem meist ausgetrockneten Fluss, der einst hier verlief. Ab dem frühen Mittelalter als Cagalell (Kotfluss) bekannt, lag er bis zum 14. Jh. außerhalb der Stadtmauern. In der Folgezeit wurden Klostergebäude errichtet und vom 16. bis zum frühen 19. Jh. ließen Wohlhabende sich Häuser bauen. Inoffiziell ist die Rambla in fünf Abschnitte unterteilt, was erklärt, warum viele die Straße Las Ramblas nennen.

La Rambla de Canaletes

Der Teil der Rambla nördlich der Plaça de Catalunya verdankt seinen Namen der **Font de Canaletes** (Karte S. 206; La Rambla; Ⓜ Catalunya), einem Trinkbrunnen von der Wende zum 20. Jh. Gespeist wird er

angeblich von den einstigen sogenannten Quellen der Canaletes. Wer das Wasser von Les Canaletes trank, galt früher als echter Einwohner von Barcelona. Heute sagt man: Wer Wasser aus diesem Brunnen trinkt, kehrt bestimmt in die Stadt zurück. Außerdem feiern an dem Brunnen die Fans des FC Barcelona Meisterschaften und Pokale.

La Rambla dels Estudis

Die Rambla dels Estudis zieht sich vom Carrer de la Canuda Richtung Süden bis zum Carrer de la Portaferrissa. Hier gab es einst einen Vogelmarkt, der im Jahr 2010 nach 150 Jahren geschlossen wurde.

Església de Betlem

Bei dieser **Kirche** (Karte S. 206; ☎93 318 38 23; www.mdbetlem.net; Carrer d'en Xuclà 2; ⌚8.30–13.30 & 18–21 Uhr; Ⓜ Liceu) nördlich

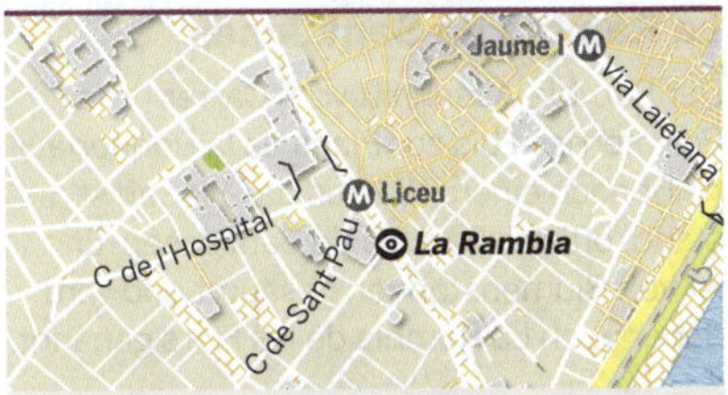

Gut zu wissen

Karte S. 206; Ⓜ Catalunya, Liceu, Drassanes
Von der Plaça de Catalunya zur Plaça del Portal de la Pau sind es 1,5 km.

★ Insiderwissen

Zwar gibt's in der Nähe einige recht gute Speiselokale, doch die meisten Cafés und Restaurants an der Rambla sind teure, mittelprächtige Touristenfallen.

★ Top-Tipp

Am schönsten ist die Rambla früh am Morgen, bevor die Kreuzfahrttouristen in die Stadt strömen.

des Carrer del Carme handelt es sich um eine im späten 17. und frühen 18. Jh. von den Jesuiten erbaute Barockkirche – die Vorgängerkirche war 1671 niedergebrannt. Aber auch die neue Kirche wurde vom Feuerteufel heimgesucht: Einst galt sie als einer der herrlichsten Barockbauten Barcelonas, bis sie 1936 von Linksradikalen in Brand gesteckt wurde.

Palau Moja

Der **Palau Moja** (Karte S. 206; ☎93 316 27 40; https://palaumoja.com; Carrer de Portaferrissa 1; ⌚10–21 Uhr, Café Mo–Fr 9.30–24, Sa & So 11–24 Uhr; Ⓜ Liceu) GRATIS auf der Ostseite der Rambla ist ein klassizistisches Gebäude aus der zweiten Hälfte des 18. Jhs. Die klaren klassischen Linien des Bauwerks sind am besten von der anderen Seite der Rambla zu erkennen. Da hier vor allem Ämter ansässig sind, ist der Zugang zum Gebäude leider beschränkt.

La Rambla de Sant Josep

Der Rambla-Abschnitt vom Carrer de la Portaferrissa bis zur Plaça de la Boqueria heißt nach einem Kloster, das hier einst stand, offiziell Rambla de Sant Josep. Er ist von Blumenständen gesäumt und wird daher auch La Rambla de les Flors genannt.

Palau de la Virreina

Der **Palau de la Virreina** (Karte S. 206; La Rambla 99; Ⓜ Liceu) ist ein Rokoko-Palais mit klassizistischen Elementen. Hier ist ein städtisches Informations- und Ticketbüro für Kultur und Unterhaltung untergebracht. Das Gebäude wurde von Manuel d'Amat i de Junyent errichtet, dem korrupten Vizekönig von Peru, damals spanische Kolonie und berühmt für die Silberminen von Potosí. Das Palais ist ein seltenes Exemplar eines Rokoko-Gebäudes in Barcelona. Hier befindet sich auch das **Centre de la Imatge** (Karte S. 206; ☎93 316 10 00; http://ajuntament.barcelona.cat/lavirreina; Palau de la Virreina; ⏲Di–So 11–20 Uhr; Ⓜ Liceu) GRATIS, in dem Fotoausstellungen stattfinden.

Mosaïc de Miró

An der Plaça de la Boqueria, wo nördlich der Metrostation Liceu vier Straßen zusammentreffen, kann man über einen echten Miró flanieren – ein buntes **Mosaik** (Karte S. 206; Plaça de la Boqueria; Ⓜ Liceu) im Bürgersteig. Eine Kachel wurde vom Künstler signiert. Miró wählte diese Stelle, da sie sich nicht weit von seinem Geburtshaus in der Passatge del Crèdit befindet. Kunstsinnige erkennen sofort Mirós kräftige Farben und prägnante Kreisformen, viele Touris-

Das *Mosaic del Pla de l'Os* von Joan Miró

ten stapfen allerdings nichtsahnend über das ausdrucksstarke Mosaik hinweg.

La Rambla dels Caputxins

Die nach dem einst hier angesiedelten Kapuzinerkloster benannte Rambla dels Caputxins reicht von der Plaça de la Boqueria bis zum Carrer dels Escudellers. Der Carrer verdankt seinen Namen der im 13. Jh. gegründeten Töpferzunft, deren Mitglieder hier arbeiteten. Auf der Westseite der Rambla steht das **Gran Teatre del Liceu** (Karte S. 206; ☎93 485 99 14; www.liceubarcelona.cat; La Rambla 51–59; Führungen Erw./erm./Kind unter 7 J. 30 Min. 6/5 €/frei, 45 Min. 9/7,50 €/frei; ⌚30-min. Führungen Mo–Sa 13 Uhr, 45-min. Führungen Mo–Fr 14–17 Uhr stündl., Sa ab 11 Uhr; M Liceu). Südöstlich befindet sich der Zugang zur palmenbeschatteten Plaça Reial. Ab diesem Punkt wird die Rambla zwielichtiger: Jetzt tauchen hier und da Stripteaselokale und Peepshows auf.

★ Schon gewusst?

Im Bürgerkrieg war auf der Rambla einiges los. In *Mein Katalonien* beschreibt George Orwell, wie die revolutionäre Glut auf dem Boulevard tobte.

ANSHARPHOTO / SHUTTERSTOCK ©

La Rambla de Santa Mònica

Das letzte Teilstück der Rambla weitet sich hin zum Mirador de Colom am Port Vell (alter Hafen). Benannt ist dieser Abschnitt nach dem ehemaligen Convent de Santa Mònica auf der Westseite der Straße. Heute ist das Kloster ein Kulturzentrum.

Was gibt's in der Nähe?

Basílica de Santa Maria del Pi — Kirche

(Karte S. 206; ☎93 318 47 43; www.basilicadelpi.cat; Plaça del Pi; Erw./erm./Kind unter 8 J. 4,50/3,50 €/frei; ⌚10–18 Uhr; M Liceu) Mit ihrer imposanten Fassade und einem weiten, einschiffigen Innenraum ist diese auffallende Kirche aus dem 14. Jh. eine klassische Vertreterin der katalanischen Gotik. Die Schlichtheit des Kirchenschiffs kontrastiert schön mit den in Gold getauchten Kapellen und den feinen Buntglasfenstern, die die Kirche in ein himmlisches Licht tauchen. Die herrliche Fensterrose über dem Hauptportal an der Plaça del Pi ist eine der größten der Welt. Gelegentlich finden hier Konzerte statt.

Plaça Reial — Platz

(Karte S. 206; M Liceu) Auf der Plaça Reial, einem der fotogensten Plätze der Stadt, kann man sich vom Trubel der nahen Rambla zurückziehen. Unter den Arkaden der klassizistischen Gebäude aus dem 19. Jh. verbergen sich viele Restaurants, Bars und Nachtlokale – hier ist immer etwas los.

★ Top-Tipp

Auf der Rambla sind Taschendiebe unterwegs – Rucksäcke vorne tragen!

FEEL GOOD STUDIO / SHUTTERSTOCK ©

Montjuïc

Auf dem von einer Burg und Gärten gekrönten Montjuïc oberhalb des Hafens sind einige der besten Kunstsammlungen der Stadt ansässig: das Museu Nacional d'Art de Catalunya, die Fundació Joan Miró sowie das CaixaForum.

Toll für ...

☑ **Nicht versäumen**

Die romanischen Fresken im Museu Nacional d'Art de Catalunya

Museu Nacional d'Art de Catalunya

Selbst vom anderen Ende der Stadt ist die bombastische neobarocke Silhouette des **Museu Nacional d'Art de Catalunya** (MNAC; Karte S. 212; ☎936 22 03 76; www.museunacional.cat; Mirador del Palau Nacional; Erw./Kind 12/frei, Sa nach 15 Uhr & 1. So des Monats frei, nur Aussichtsplattform auf dem Dach 2 €; ⏰Mai–Sept. Di–Sa 10–20, So bis 15 Uhr, Okt.–April Di–Sa bis 18, So bis 15 Uhr; Ⓜ Espanya) an den Hängen des Montjuïc zu erkennen. Das für die Weltausstellung 1929 erbaute und 2005 restaurierte Museum beherbergt eine riesige Sammlung zumeist katalanischer Kunst vom frühen Mittelalter bis ins 20. Jh. Den Höhepunkt bildet die einzigartige romanische Kunst mit 21 Fresken, Holzschnitzereien und bemalten Altarfronten, die aus Landkirchen in ganz Nordkatalonien gerettet wurden.

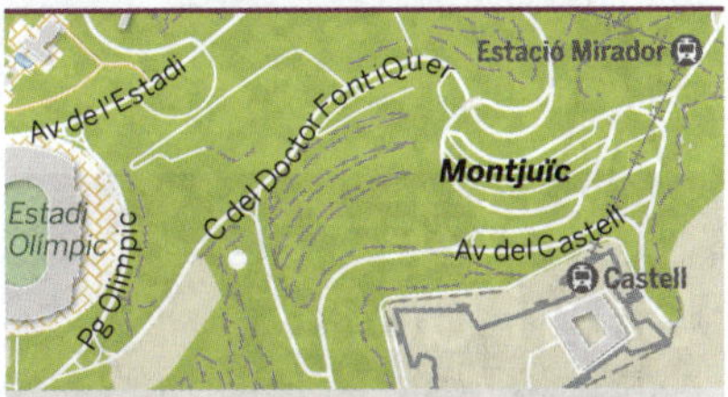

Gut zu wissen

Die Metro hält am Fuß des Montjuïc; nach oben fahren Bus und Seilbahn.

Kleine Stärkung

Die Restaurants am Montjuïc sind meist überteuert. Die Gärten des Fundació Joan Miró sind pefekt für ein Picknick.

★ Top-Tipp

Im Transbordador Aeri ab Barceloneta bietet sich ein Blick auf den Montjuïc aus der Vogelperspektive.

Fundació Joan Miró

Joan Miró, Barcelonas berühmtester Künstler des 20. Jhs., hinterließ seiner Heimatstadt 1971 den **Fundació Joan Miró** (Karte S. 212; ☎93 443 94 70; www.fmirobcn.org; Parc de Montjuïc; Erw./Kind 12 €/frei; ⏲April–Okt. Di, Mi, Fr & Sa 10–20, Do bis 21, So bis 15 Uhr, Nov.–März Di, Mi & Fr 10–18, Do bis 21, Sa bis 20, So bis 15 Uhr; 🚌55, 150, Ⓜ Paral·lel). Die lichtdurchfluteten Gebäude wurden von Mirós engem Freund errichtet, dem Architekten Josep Lluís Sert. In ihnen sind wegweisende Werke Mirós versammelt, von ersten Zeichnungen bis zu Malereien aus seinen letzten Lebensjahren. Zu den Highlights zählen die **Sala Joan Prats** mit Arbeiten aus den frühen Jahren bis 1919, die **Sala Pilar Juncosa** zur surrealistischen Phase 1932 bis 1955 und die Säle 18 und 19 mit Werken aus den Jahren 1956 bis 1983.

CaixaForum

Die Bausparkasse Caixa ist stolz darauf, die Künste zu fördern, und besitzt auch eine Menge insbesondere moderner Kunst. Ein Teil der umfangreichen Sammlung mit Werken aus aller Welt ist im **CaixaForum** (Karte S. 212; ☎93 476 86 00; www.caixaforum.es; Avinguda de Francesc Ferrer i Guàrdia 6–8; Erw./Kind 4 €/frei, 1. So des Monats frei; ⏲10–20 Uhr; Ⓜ Espanya) untergebracht, in einer komplett sanierten ehemaligen Fabrik: Die Fàbrica Casaramona ist ein einzigartiges Backsteingebäude im Modernista-Stil von Puig i Cadafalch. Manchmal werden Teile der Caixa-Sammlung ausgestellt, doch meist locken große internationale Ausstellungen zahlreiche Besucher hierher.

Castell de Montjuïc

Die eher abschreckende Burg dominiert die Südosthöhen des Montjuïc und bietet weite Ausblicke aufs Mittelmeer. Ihre heutige Form weist sie seit dem späten 17. und 18. Jh. auf. In ihrer düsteren Vergangenheit hielt sie Wache über die Stadt und wurde als politisches Gefängnis und Hinrichtungsstätte genutzt.

Schätze des Barri Gòtic

Der schöne Spaziergang durch das Barri Gòtic ermöglicht eine Zeitreise von der Frühzeit des römischen Barcino bis zum Mittelalter.

Start La Catedral
Länge 1,5 km
Dauer 1½ Stunden

Fotospot: La Catedral

1 Vor dem Rundgang durch die prächtige **Kathedrale** (S. 204) lohnt sich ein Blick auf die drei Picasso-Friese an dem Gebäude am Platz.

2 Durch die Stadttore geht's zur **Plaça de Sant Felip Neri**. Die Granateinschläge an der Kirche stammen von einem Beschuss durch Franco-Anhänger 1939.

3 Die **Basílica de Santa Maria del Pi** (S. 199) aus dem 14. Jh. ist für ihre herrliche Fensterrose Richtung Westen berühmt.

4 Der Brunnen auf der hübschen **Plaça Reial** (S. 199) ist von Lampen flankiert, die Gaudí entworfen hat.

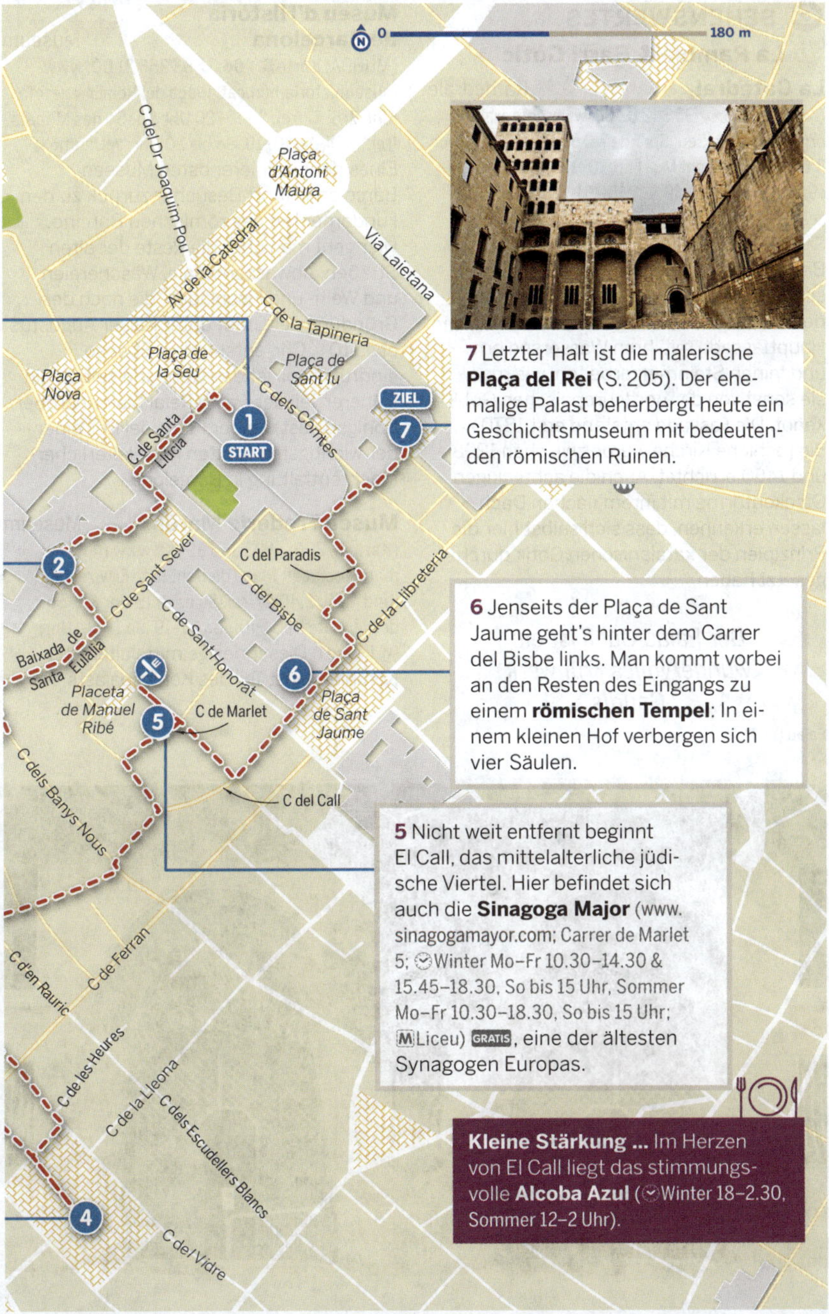

7 Letzter Halt ist die malerische **Plaça del Rei** (S. 205). Der ehemalige Palast beherbergt heute ein Geschichtsmuseum mit bedeutenden römischen Ruinen.

6 Jenseits der Plaça de Sant Jaume geht's hinter dem Carrer del Bisbe links. Man kommt vorbei an den Resten des Eingangs zu einem **römischen Tempel**: In einem kleinen Hof verbergen sich vier Säulen.

5 Nicht weit entfernt beginnt El Call, das mittelalterliche jüdische Viertel. Hier befindet sich auch die **Sinagoga Major** (www.sinagogamayor.com; Carrer de Marlet 5; Winter Mo–Fr 10.30–14.30 & 15.45–18.30, So bis 15 Uhr, Sommer Mo–Fr 10.30–18.30, So bis 15 Uhr; M Liceu) GRATIS, eine der ältesten Synagogen Europas.

Kleine Stärkung ... Im Herzen von El Call liegt das stimmungsvolle **Alcoba Azul** (Winter 18–2.30, Sommer 12–2 Uhr).

SEHENSWERTES

La Rambla & Barri Gòtic

La Catedral Kathedrale

(Karte S. 206; 93 342 82 62; www.catedralbcn.org; Plaça de la Seu; Spende 7 € oder Chor 3 €, Dach 3 €; zur Andacht Mo–Fr 8.30–12.30 & 17.45–19.30, Sa 8.30–12.30 & 17.15–20, So 8.30–13.45 & 17.15–20 Uhr, für Touristen Mo–Fr 12.30–19.45, Sa 12.30–17.30, So 14–17.30 Uhr; M Jaume I) Barcelonas prachtvolle Kathedrale unterscheidet sich von den anderen Kirchen der Stadt durch die opulent verzierte Hauptfassade mit ihren Wasserspeiern und feinen Steinmetzarbeiten, wie man sie sonst von der nordeuropäischen Gotik kennt. Die Fassade entstand erst 1870, die restliche Kirche wurde zwischen 1298 und 1460 errichtet. Auch die achteckigen Glockentürme mit ihrem flachen Dach lassen erkennen, dass sich selbst hier die Prinzipien der katalanischen Gotik durchgesetzt haben.

> *Der Palau Güell ist ein wundervolles Frühwerk Gaudís*

Palau Güell

Museu d'Història de Barcelona Museum

(MUHBA; Karte S. 206; 93 256 21 00; www.museuhistoria.bcn.cat; Plaça del Rei; Erw./erm./Kind 7/5 €/frei, So 15–20 Uhr & 1. So des Monats frei; Di–Sa 10–19, So bis 20 Uhr; M Jaume I) Eines der faszinierendsten Museen Barcelonas führt Besucher zurück zu den Fundamenten des römischen Barcino. Hier geht man über die Reste der alten Straßen, Abwasserkanäle, Wäschereien und Wein- und Fischläden, die nach der Gründung der Stadt unter Kaiser Augustus etwa 10 v. Chr. entstanden. Ebenso eindrucksvoll ist das Gebäude selbst, ein früherer Teil des Palau Reial Major (Großer Königspalast) an der Plaça del Rei, einer der wichtigsten Stätten mittelalterlicher Machtentfaltung in Barcelona.

Museu Frederic Marès Museum

(Karte S. 206; 93 256 35 00; www.museumares.bcn.cat; Plaça de Sant Iu 5; Erw./erm./Kind 4,20/2,40 €/frei, So nach 15 Uhr & 1. So des Monats frei; Di–Sa 10–19, So 11–20 Uhr; M Jaume I) Dieser riesige mittelalterliche Komplex, einst Teil des Königspalasts,

beherbergt eine wilde Sammlung historischer Kuriositäten. Hier hatte eine Weile auch die spanische Inquisition ihren Sitz, wie das verwitterte Wappen an der Mauer zeigt. Frederic Marès i Deulovol (1893–1991) war ein reicher Bildhauer, Weltenbummler und besessener Sammler und so tummeln sich in dem Museum, neben sakraler Kunst, auch kuriose Dinge.

Plaça del Rei Platz

(Königsplatz; Karte S. 206; Ⓜ Jaume I) An der malerischen Plaça del Rei sollen König Ferdinand und Isabella Kolumbus nach dessen erster Reise in die Neue Welt empfangen haben. Der Platz ist der Innenhof des ehemaligen Palau Reial Major. Im einstigen Königspalast ist heute das MUHBA (S. 204), ein Geschichtsmuseum mit römischen Ruinen, untergebracht.

El Raval

MACBA Kulturzentrum

(Museu d'Art Contemporani de Barcelona; ☎ 93 412 08 10; www.macba.cat; Plaça dels Àngels 1; Erw./erm./Kind unter 14 J. 10/8 €/frei, Sa 16–20 Uhr frei; ⌚ Mo & Mi–Fr 11–19.30, Sa 10–21, So & Feiertage 10–15 Uhr; Ⓜ Universitat) Das von Richard Meier entworfene und 1995 eröffnete MACBA hat sich zum wichtigsten Zentrum für Gegenwartskunst der Stadt entwickelt und verwöhnt Kunstliebhaber mit spannenden Ausstellungen. Die ständige Sammlung mit spanischer und katalanischer Kunst ab der zweiten Hälfte des 20. Jhs. befindet sich im Erdgeschoss. Auch Werke ausländische Künstler wie Paul Klee, Bruce Nauman und John Cage sind im MACBA zu sehen.

Palau Güell Palast

(Karte S. 206; ☎ 93 472 57 75; www.palauguell.cat; Carrer Nou de la Rambla 3–5; Erw./erm./Kind unter 10 J. inkl. Audioguide 12/9 €/frei, 1. So des Monats frei; ⌚ April–Okt. Di–So 10–20 Uhr, Nov.–März bis 17.30 Uhr; Ⓜ Drassanes) Der Palau Güell ist ein prächtiges Beispiel für Gaudís überschäumende architektonische Fantasie seiner frühen Schaffensphase. Das neugotische Stadthaus, eines der wenigen größeren Gebäude, die in jener Zeit

Park Güell

Nördlich von Gràcia liegt das Weltkulturerbe **Park Güell** (☎ 93 409 18 31; www.parkguell.cat; Carrer d'Olot 7; Erw./Kind 8,50/6 €; ⌚ Mai–Aug. 8–21.30 Uhr, April, Sept. & Okt. bis 20.30 Uhr, Nov.–Mitte Feb. bis 18.15 Uhr, Mitte Feb.–März bis 19 Uhr; 🚌 24, 92, Ⓜ Lesseps, Vallcarca), in dem sich der Architekt Gaudí der Landschaftsgestaltung zuwandte. In der seltsamen, zauberhaften Grünanlage konnte seine Leidenschaft für natürliche Formen richtig zur Geltung kommen – und hier wirkt das Künstliche fast schon natürlicher als die Natur selbst.

Der Park ist extrem beliebt und der Zugang zum mittleren Bereich ist begrenzt – übers Internet vorbuchen, was außerdem billiger ist! Der restliche Park ist frei zugänglich.

in der Altstadt entstanden, gewährt einen Einblick in das Genie seines Schöpfers.

La Ribera

Basílica de Santa Maria del Mar Kirche

(Karte S. 206; ☎ 93 310 23 90; www.santamariadelmarbarcelona.org; Plaça de Santa Maria; Führung 10 €; ⌚ Mo–Sa 9–20.30, So 10–20 Uhr, Führungen 13–17 Uhr; Ⓜ Jaume I) Am südwestlichen Ende des Passeig del Born erhebt sich die Apsis der schönsten im Stil der katalanischen Gotik erbauten Kirche Barcelonas, der Santa Maria del Mar. Die im 14. Jh. in für diese Zeit erstaunlich kurzer

Barcelona Zentrum

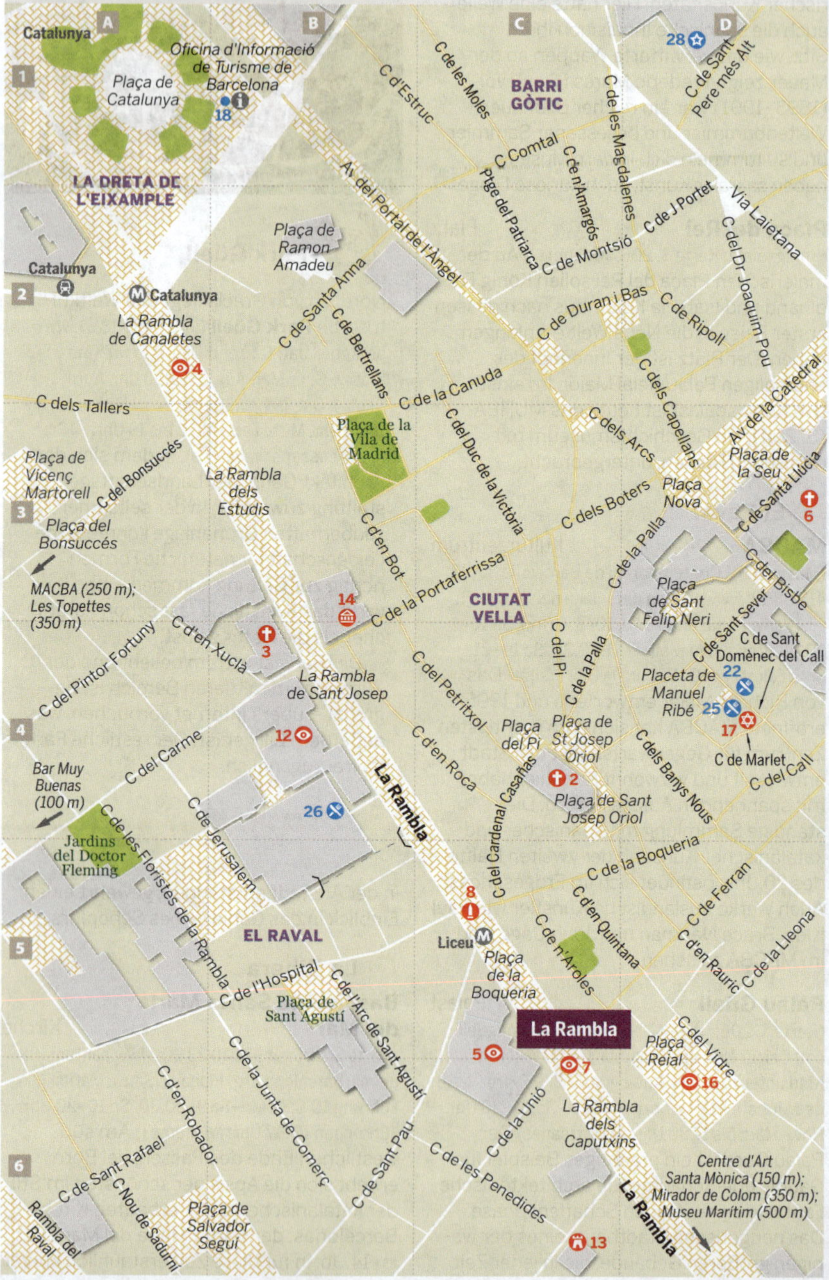

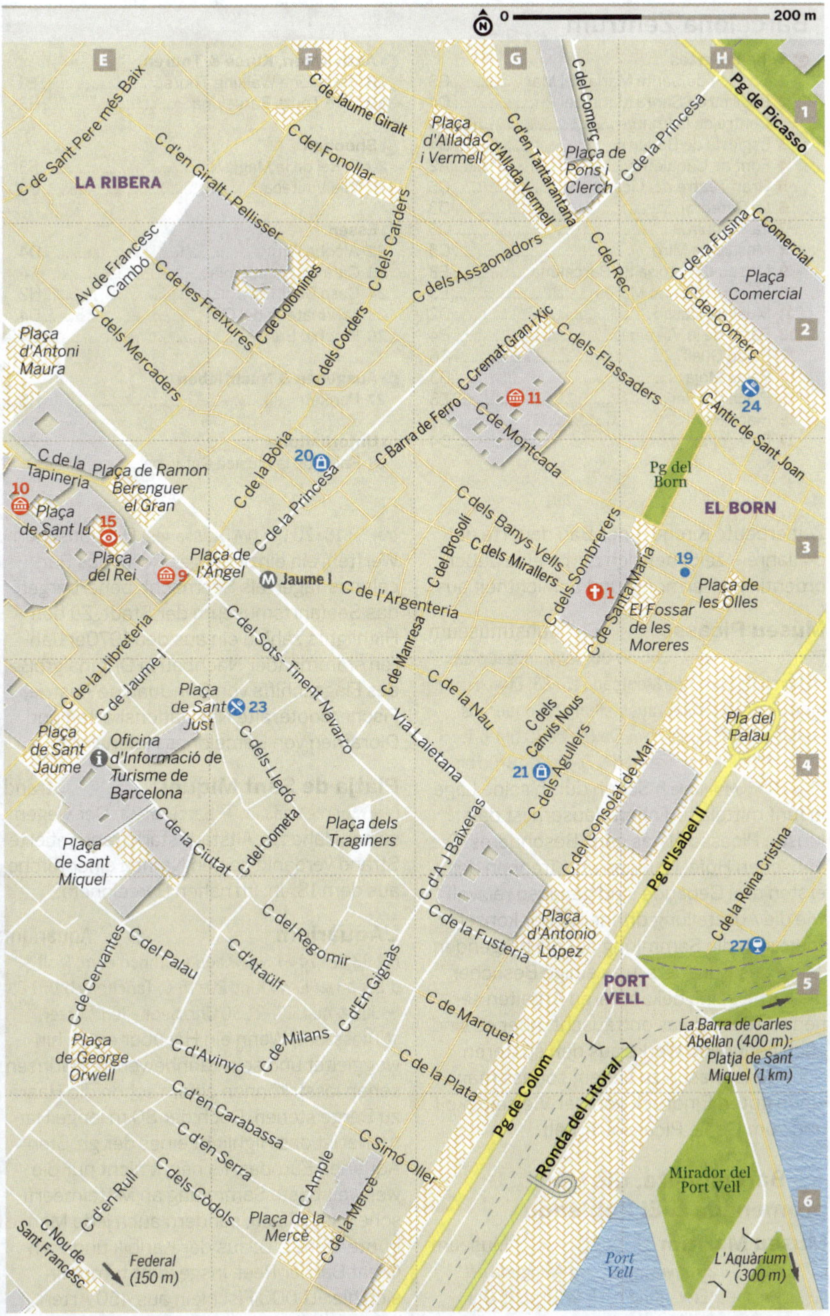
0
200 m
E
F
G
H
1
2
3
4
5
6
LA RIBERA
EL BORN
PORT VELL
C de Sant Pere més Baix
C d'en Giralt i Pellisser
C de Jaume Giralt
C del Fonollar
Plaça d'Allada i Vermell
C d'Allada Vermell
C d'en Tantarantana
C del Comerç
Plaça de Pons i Clerch
C de la Princesa
Pg de Picasso
Av de Francesc Cambó
C de les Freixures
C de Colomines
C dels Carders
C dels Corders
C dels Assaonadors
C del Rec
C de la Fusina
C Comercial
Plaça Comercial
C del Comerç
Plaça d'Antoni Maura
C dels Mercaders
C Cremat Gran i Xic
11
C dels Flassaders
24
C Antic de Sant Joan
C de Montcada
C Barra de Ferro
Pg del Born
C de la Tapineria
Plaça de Ramon Berenguer el Gran
C de la Bòria
20
C de la Princesa
10
Plaça de Sant Iu
15
Plaça del Rei
9
Plaça de l'Àngel
Jaume I
C de l'Argenteria
C del Brosoli
C dels Banys Vells
C dels Miralles
C dels Sombrerers
1
C de Santa Maria
19
Plaça de les Olles
El Fossar de les Moreres
C del Sots-Tinent Navarro
C de Manresa
C de la Nau
C de la Llibreteria
C de Jaume I
Plaça de Sant Just
23
C dels Canvis Nous
Pla del Palau
Plaça de Sant Jaume
Oficina d'Informació de Turisme de Barcelona
C dels Lledó
Via Laietana
21
C dels Agullers
C del Consolat de Mar
C del Cometa
Plaça dels Traginers
C d'A J Baixeras
Pg d'Isabel II
C de la Reina Cristina
Plaça de Sant Miquel
C de la Ciutat
C de la Fusteria
Plaça d'Antonio López
27
C del Regomir
C de Cervantes
C del Palau
C d'Ataülf
C d'En Gignàs
C de Marquet
La Barra de Carles Abellan (400 m): Platja de Sant Miquel (1 km)
Plaça de George Orwell
C d'Avinyó
C de Milans
C de la Plata
Pg de Colom
Ronda del Litoral
C d'en Carabassa
C d'en Serra
C Simó Oller
C Ample
Mirador del Port Vell
C d'en Rull
C dels Còdols
Plaça de la Mercè
C de la Mercè
C Nou de Sant Francesc
Federal (150 m)
Port Vell
L'Aquàrium (300 m)

Barcelona Zentrum

Sehenswertes

1	Basílica de Santa Maria del Mar	G3
2	Basílica de Santa Maria del Pi	C4
	Centre de la Imatge	(s. 12)
3	Església de Betlem	B4
4	Font de Canaletes	A2
5	Gran Teatre del Liceu	C5
6	La Catedral	D3
7	La Rambla	C6
8	Mosaïc de Miró	C5
9	Museu d'Història de Barcelona	E3
10	Museu Frederic Marès	E3
11	Museu Picasso	G2
12	Palau de la Virreina	B4
13	Palau Güell	C6
14	Palau Moja	B3
15	Plaça del Rei	E3
16	Plaça Reial	D6
17	Sinagoga Major	D4

Aktivitäten, Kurse & Touren

18	Barcelona Walking Tours	B1
19	Bike Tours Barcelona	H3

Shoppen

20	El Rei de la Màgia	F3
21	Vila Viniteca	G4

Essen

22	Alcoba Azul	D4
23	Cafè de l'Acadèmia	F4
24	Casa Delfín	H2
25	La Vinateria del Call	D4
26	Pinotxo Bar	B4

Ausgehen & Nachtleben

27	Perikete	H5

Unterhaltung

28	Palau de la Música Catalana	D1

Zeit erbaute Kirche – der Bau dauerte nur 54 Jahre – zeichnet sich durch eine außerordentliche Harmonie und Schlichtheit aus.

Museu Picasso — Kunstmuseum

(Karte S. 206; ☎93 256 30 00; www.museupicasso.bcn.cat; Carrer de Montcada 15–23; Erw./erm./Kind unter 16 J. Dauerausstellung & Sonderausstellungen 14/7,50 €/frei, Do 18–21.30 Uhr & 1. So des Monats frei; ⏲Di, Mi & Fr–So 9–19, Do bis 21.30 Uhr; Ⓜ Jaume I) Schon durch seine Lage in fünf mittelalterlichen Häusern ist das Museu Picasso etwas ganz Besonderes. Die hübschen Höfe, Galerien und Treppen der ersten drei Gebäude sind genauso reizvoll wie die Ausstellung drinnen. Zwar konzentriert sich die Sammlung auf die prägenden Jahre des Künstlers, was einige Besucher, die gerne seine bekannteren Arbeiten sehen würden, etwas enttäuscht. Aber es sind auch genügend Werke aus den späteren Schaffensphasen zu sehen, sodass man einen guten Eindruck von der Vielseitigkeit und vom Genie Picassos erhält.

Barceloneta, die Uferpromenade & El Poblenou

Museu Marítim — Museum

(☎93 342 99 20; www.mmb.cat; Avinguda de les Drassanes; Erw./Kind 10/5 €, So ab 15 Uhr frei; ⏲10–20 Uhr; Ⓜ Drassanes) Die gotischen Werften, ein einzigartiges Relikt aus Barcelonas Tagen als Seemacht, beherbergen das Seefahrtsmuseum der Stadt. Zu den Highlights zählen ein aus den 1970er-Jahren stammender Nachbau in Originalgröße des Flaggschiffs von Don Juan de Austria, Fischerboote, alte Navigationskarten und Dioramen von Barcelonas Hafenviertel.

Platja de Sant Miquel — Strand

(www.barcelona.cat; Ⓜ Barceloneta) Der wegen seiner Nähe zur Altstadt stark frequentierte Strand verdankt seinen Namen einer Kirche aus dem 18. Jh. im nahen Barceloneta.

L'Aquàrium — Aquarium

(☎93 221 74 74; www.aquariumbcn.com; Moll d'Espanya; Erw./Kind 20/15 €, Tauchen ab 150 €; ⏲Juli & Aug. 10–21.30 Uhr, Sept.–Juni kürzer; Ⓜ Drassanes) Wenn ein Hai über einen hinweggleitet und sein zahnbewehrtes Grinsen sehen lässt, können einem schon die Haare zu Berge stehen. Doch der 80 m lange Haitunnel ist das Highlight eines der größten Aquarien Europas. Es nennt nicht nur die weltweit beste Sammlung an Mittelmeerfischen sein Eigen, sondern auch jede Menge bunte Tiere z. B. aus der Karibik und vom Great Barrier Reef. Insgesamt tummeln sich hier 11 000 Fischlein aus 450 Arten.

L'Eixample

Casa Batlló Architektur
(Karte S. 210; ☎93 216 03 06; www.casabatllo.es; Passeig de Gràcia 43; Erw./Kind 28,50/25,50 €; ⏲9–21 Uhr, letzter Einlass 20 Uhr; Ⓜ Passeig de Gràcia) Die Casa Batlló, eines der seltsamsten Wohnhäuser Europas, zeugt von Gaudís halluzinatorischer Schöpferkraft. Die mit blauen, malvenfarbenen und grünen Kachelstücken gesprenkelte Fassade führt mit ihren wellenförmigen Fensterrahmen und Balkonen hinauf zu einem unregelmäßigen, blau gekachelten Dach und einem einzelnen Turm.

La Pedrera Architektur
(Casa Milà; Karte S. 210; ☎93 214 25 76; www.lapedrera.com; Passeig de Gràcia 92; Erw./Kind 25/14 €; ⏲März–Okt. 9–20.30 & 21–23 Uhr, Nov.–Feb. 9–18.30 & 19–21 Uhr; Ⓜ Diagonal) Das verrückte Gaudí-Meisterwerk wurde von 1905 bis 1910 als Wohn- und Bürogebäude errichtet. Offiziell heißt das Haus nach dem Geschäftsmann, der den Bau in Auftrag gegeben hatte, Casa Milà. Wegen der unebenen grauen Steinfassade, die sich um die Ecke des Carrer de Provença windet, ist das Haus aber zumeist als La Pedrera (der Steinbruch) bekannt.

GEFÜHRTE TOUREN

Barcelona Walking Tours Touren
(Karte S. 206; ☎93 285 38 32; www.barcelonaturisme.com; Plaça de Catalunya 17; Ⓜ Catalunya) Die Oficina d'Informació de Turisme de Barcelona (S. 214) organisiert mehrere ein- bis zweistündige Stadtrundgänge durchs Barri Gòtic (Erw./Kind 16 €/frei), auf Picassos Spuren (22/7 €) und zum Modernisme (16 €/frei). Die zweistündige Gourmettour (22/7 €) umfasst auch Verkostungen. Dazu kommen verschiedene Street-Art- und Radtouren (ab 21 €). Bei Online-Buchung gibt's 10 % Rabatt.

Bike Tours Barcelona Radfahren
(Karte S. 206; ☎93 268 21 05; www.biketoursbarcelona.com; Carrer de l'Esparteria 3; 25 € pro Pers.; ⏲10–19 Uhr; Ⓜ Jaume I) Einer der ältesten Anbieter von Radtouren in der Stadt bietet ab der Touristeninformation an der Plaça de Sant Jaume täglich dreistündige Touren zum Barri Gòtic, ans Meer, zur Sagrada Família und zu weiteren Gaudí-Stätten. Nähere Infos (auch zu Weinguttouren) auf der Website. Leihräder ab 5 € pro Stunde.

SHOPPEN

Les Topettes Kosmetik
(☎93 500 55 64; www.lestopettes.com; Carrer de Joaquín Costa 33; ⏲Di–Sa 11–14 & 16–21, Mo 16–21 Uhr; Ⓜ Universitat) Die Artikel in diesem schicken kleinen Seifen- und Parfümladen wurden auch wegen ihres Designs ausgewählt. So gibt's hier also wunderschön verpackte Düfte, Kerzen und Cremes von z. B. Diptyque, Cowshed und L'Artisan Parfumeur.

Joan Múrria Essen & Trinken
(☎93 215 57 89; www.murria.cat; Carrer de Roger de Llúria 85; ⏲Di–Fr 10–20.30, Sa 10–14 & 17–20.30 Uhr; Ⓜ Girona) Die Werbeschilder an der Fassade dieser katalanischen Feinkosthandlung von 1898 entwarf Ramon Casas. Verkauft werden hier u. a. Käse, Ibério-Schinken, Kaviar, Räucherfisch, *cava* und Wein sowie Kaffee und Tee.

Colmillo de Morsa Mode & Accessoires
(☎645 206 365; www.colmillodemorsa.com; Carrer de Vic 15; ⏲Mo–Fr 11–14.30 & 16.30–19, Sa 11–15 Uhr; FGC Gràcia) In seiner Flagship-Boutique präsentiert das Designduo Javier Blanco und Elisabet Vallecillo, die schon bei diversen Modewochen Aufsehen erregt haben, ihre in Barcelona gefertigte Damenmode. Außerdem können sich hier weitere aufstrebende Modeschöpfer präsentieren.

El Rei de la Màgia Zauberartikel
(☎93 319 39 20; www.elreydelamagia.com; Carrer de la Princesa 11; ⏲Mo–Fr 10.30–19.30, Sa 10.30–14 & 16–19.30 Uhr; Ⓜ Jaume I) Seit mehr als hundert Jahren erstaunen und amüsieren die Leute, die diesen Zaubereiladen betreiben, die Einheimischen. Sollte sich jemand dafür entscheiden, in Barcelona zu bleiben

Sagrada Família & L'Eixample

Sehenswertes
1 Casa Batlló C3
2 Església de les Saleses D2
3 La Pedrera B3
4 La Sagrada Família D1

Shoppen
5 Colmillo de Morsa A2
6 Joan Múrria C3

Essen
7 Lasarte B3
8 Tapas 24 .... C3

Ausgehen & Nachtleben
9 Les Gens Que J'Aime C3
10 Michael Collins Pub D1

und sich seinen Unterhalt als Zauberer zu verdienen, dann findet er hier schwebende Besen, Gläser mit verschwindender Milch und Zauberspielkarten.

Vila Viniteca Wein

(☎90 232 77 77; www.vilaviniteca.es; Carrer dels Agullers 7; ⌚Mo–Sa 8.30–20.30 Uhr; Ⓜ Jaume I) Eine der besten Weinhandlungen Barcelonas: Schon seit 1932 macht sie die besten spanischen und ausländischen Tröpfchen ausfindig. An ein paar Novemberabenden organisiert der Laden im Carrer dels Agullers und in den umliegenden Gassen eine Weinverkostung: Dabei präsentieren Winzer aus ganz Spanien ihre jungen neuen Weine.

ESSEN

Traditionelle katalanische Rezepte bringen die Erzeugnisse des Mittelmeerraums bestens zur Geltung: Fisch, Garnelen, Tintenfisch, Schwein, Kaninchen, Wild und Olivenöl. Typisch sind auch ungewöhnliche Kombinationen: Meeresfrüchte mit Fleisch, Obst mit Geflügel, Tintenfisch mit Kichererbsen, gepökeltes Schwein mit Kaviar, Kaninchen mit Garnelen, Ente mit Birnen.

La Rambla & Barri Gòtic

Federal Café €

(93 280 81 71; www.federalcafe.es; Passatge de la Pau 11; Hauptgerichte 7–10 €; Mo–Do 9–24, Fr & Sa bis 1, So bis 17.30 Uhr; ; Drassanes) Der Industrieschick, die vielen MacBooks und die Designzeitschriften sollten nicht abschrecken – diese an einem hübschen Platz gelegene Filiale des Federal in Poble Sec ist unglaublich freundlich und hat gesundes und preiswertes Essen. Am bekanntesten ist sie für ihren Brunch nach australischer Art mit z. B. gebackenen Eiern mit Feta und Chorizo.

Cafè de l'Acadèmia Katalanisch €€

(Karte S. 206; 93 319 82 53; Carrer dels Lledó 1; Hauptgerichte 8–20 €; Mo–Fr 13–15.30 & 20–23.30 Uhr; ; Jaume I) Hier werden teils mit kreativem Einschlag zubereitete traditionelle katalanische Gerichte serviert. Zur Mittagszeit laben sich die Bürokraten aus dem Rathaus am *menú del día* (Tagesmenü). Romantischer ist es abends: Dann setzt gedämpftes Licht die Deckenbalken und die Holzmöbel in Szene. An warmen Tagen kann man auch auf dem hübschen Platz vor dem Café speisen.

La Vinateria del Call Spanisch €€

(Karte S. 206; 93 302 60 92; www.lavinateriadelcall.com; Carrer Salomó Ben Adret 9; Raciones 7–12 €; 19.30–1 Uhr; ; Jaume I) Dieses klitzekleine Juwel in zauberhafter Lage im alten jüdischen Viertel serviert köstliche iberische Gerichte wie galizischen Oktopus, in Cidre gekochte Chorizo und katalanische *escalivada* (geröstete Paprika, Aubergine und Zwiebeln) mit Anchovis. Die Portionen sind klein und die Idee ist, dass man sich mehrere davon teilt. Bei den Weinen hat man die Qual der Wahl aus über 160 Tröpfchen.

El Raval

Bar Muy Buenas Katalanisch €

(93 807 28 57; http://muybuenas.cat; Carrer del Carme 63; Hauptgerichte 9–15 €; So–Do 13–15.30 & 20–23, Fr & Sa 13–16 & 20–23.30 Uhr; Liceu) Der Modernisme-Klassiker, seit 1928 eine Bar, ist stolz auf seine schönen Holzverzierungen, die Ätzglasfenster und den Marmortresen. Zwar sind die Cocktails immer noch eine Wucht, doch heute ist dies mehr ein Restaurant als eine Bar, mit ausgezeichneten katalanischen Gerichten wie *esqueixada* (Salat mit gezupftem Klippfisch) und *fricandó* (Eintopf mit Schweinefleisch und Gemüse).

Pinotxo Bar Tapas €€

(Karte S. 206; 93 317 17 31; www.pinotxobar.com; Mercat de la Boqueria, La Rambla 89; Hauptgerichte 9–17 €; Mo–Sa 6.30–16 Uhr; Liceu) Das Pinotxo ist möglicherweise die beste Tapasbar des Markts La Boqueria oder sogar von ganz Barcelona. Der reizende Eigentümer Juanito serviert vielleicht Kichererbsen mit Pinienkernen und Rosinen, eine weiche Mischung aus Kartoffeln und Spinat, zarten jungen Tintenfisch mit Cannellini-Bohnen oder süßen Schweinebauch.

La Ribera

Casa Delfín Katalanisch €€

(Karte S. 206; 93 319 50 88; www.casadelfinrestaurant.com; Passeig del Born 36; Hauptgerichte 12–18 €; So–Do 12–24, Fr & Sa bis 1 Uhr; ; Jaume I) Eines der kulinarischen Highlights Barcelonas: Die Casa Delfín bietet alles, was man sich von der katalanischen und mediterranen Küche erträumt, z. B. mit Salz beträufelte *Padrón*-Paprikas, Sardellen aus L'Escala an der Costa Brava und *suquet de los pescadores* (traditioneller katalanischer Fischeintopf; 14,50 €, mind. 2 Pers.).

Barceloneta, die Uferpromenade & El Poblenou

Can Recasens Katalanisch €€

(93 300 81 23; www.facebook.com/canrecasens; Rambla del Poblenou 102; Hauptgerichte 8–21 €; Restaurant 20–1 Uhr; Feinkost Mo–Fr 9.30–13.30 & 17–1, Sa 9.30–14 & 17–1 Uhr; Poblenou) Das Can Recasens ist eines der romantischsten Restaurants von Poblenou, ein Labyrinth aus Räumen, die in warmes Licht getaucht sind und voller Ölgemälde hängen, mit flackernden Kerzen, Lichterketten und Obstkörben. Das Essen

Montjuïc

Sehenswertes

1 CaixaForum A2
2 Fundació Joan Miró C3
3 Museu Nacional d'Art de Catalunya A2

Ausgehen & Nachtleben

4 La Confitería D1

ist herausragend: Serviert werden z. B. Salate, Fondues, Räucherfleisch und reich mit Köstlichkeiten wie Pilzen und Brie, *escalivada* (Grillgemüse) und Gruyère oder pikanter Chorizo gefüllte Sandwiches.

Jeden zweiten Mittwoch gibt's Jazz.

La Barra de Carles Abellan Meeresfrüchte **€€€**

(☎93 760 51 29; www.carlesabellan.com/mis-restaurantes/la-barra; Passeig de Joan de Borbó 19; Tapas 5–18 €, Hauptgerichte 22–36 €; ⌚Di–Sa 13.30–16 & 20–23, So 13.30–16 Uhr; Ⓜ Barceloneta) In seinem verglasten und mit Kacheln getäfelten Restaurant zelebriert der katalanische Koch Carles Abellan Meeresfrüchte in Tapas wie eingelegtem Oktopus und gebratener Auster mit Lachsrogen. Noch hinreißender sind die Hauptgerichte: gegrillte Scheidenmuscheln mit *ponzu*-Zitrussauce, mit pochiertem Eigelb gefüllte Tintenfische und pfannengerührte Seegurke. Die meisten Sitzplätze befinden sich an langen Thekentischen – toll für Alleinreisende!

L'Eixample

Tapas 24 Tapas **€**

(Karte S. 210; ☎93 488 09 77; www.carlesabellan.com; Carrer de la Diputació 269; Tapas 4–12 €; ⌚9–24 Uhr; 📶; Ⓜ Passeig de Gràcia) Starkoch Carles Abellan betreibt dieses Tapasmekka, das für seine Feinschmecker-variationen beliebter Klassiker bekannt ist. Zu den Highlights zählen *bikini* – ein getoastetes Schinken-Käse-Sandwich; dabei ist der Schinken luftgetrocknet und Trüffeln sorgen für eine besondere Note – oder auch pikante *boquerones al limón* (in Zitrone marinierte Sardellen). Man kann nicht reservieren, aber das Warten lohnt sich!

Lasarte Modern Europäisch **€€€**
(☎93 445 32 42; www.restaurantlasarte.com; Carrer de Mallorca 259; Hauptgerichte 52–70 €; ⏲Di–Sa 13.30–15 & 20.30–22 Uhr; Ⓜ Diagonal) Das vom gefeierten Koch Martín Berasategui geführte Lasarte ist eins der besten Restaurants in Barcelona und das erste der Stadt, das drei Michelin-Sterne einheimsen konnte. Das Essen, serviert in ultramodernem Ambiente, strotz vor Raffinesse, ob Duroc-Schweinsfüße mit Quitten oder Tintenfischtatar mit Kaffir-Consommé. Und das Personal kann zudem selbst noch so eingeschüchterten Gästen ihre Befangenheit nehmen.

Disfrutar Modern Europäisch **€€€**
(☎93 348 68 96; www.disfrutarbarcelona.com; Carrer de Villarroel 163; Probiermenüs 150–190 €; ⏲Mo–Fr 13–14.30 & 20–21.30 Uhr; Ⓜ Hospital Clínic) Das Disfrutar („genießen" auf Spanisch und Katalanisch) zählt mit seinen beiden Michelin-Sternen zu den besten Restaurants der Stadt. Der Gourmettempel wird von einem Koch aus Ferran Adriàs wegweisendem (und inzwischen geschlossenem) Restaurant El Bulli geführt. Hier ist nichts, was es zu sein scheint: So handelt es sich bei den schwarzen und grünen Oliven in Wahrheit um eine Schokoladenganache mit Orangenblütenwasser.

AUSGEHEN & NACHTLEBEN

Perikete Weinbar
(Karte S. 206; ☎93 024 22 29; www.gruporeini.net/perikete; Carrer de Llauder 6; ⏲11–1 Uhr; Ⓜ Barceloneta) Die seit 2017 bestehende fabelhafte Weinbar ist bei den Einheimischen ein echter Renner. Hier hängt Schinken von der Decke, über der Theke gibt's Fässer mit Wermut und überall stapeln sich Weinflaschen – es gibt über 200 Sorten per Glas oder Flasche sowie dazu über 50 verschiedene Tapas. Abends tummelt sich alles auf der Straße.

La Confitería Bar
(Karte S. 212; ☎93 140 54 35; http://confiteria.cat; Carrer de Sant Pau 128; ⏲Mo–Do 19–2, Fr & Sa 18–3, So 17–2 Uhr; 📶; Ⓜ Paral·lel) Eine Zeitreise ins 19. Jh.: Wo sich bis in die 1980er-Jahre eine Confiserie befand, hat sich das Ambiente seit dem Umbau kaum verändert, auch wenn die alten Schränke heute mit Alkoholika gefüllt sind. Auch das Hinterzimmer verströmt viel Flair.

Les Gens Que J'Aime Bar
(Karte S. 210; ☎93 215 68 79; www.facebook.com/lesgensquejaime.pub; Carrer de València 286; ⏲So–Do 18–2.30, Fr & Sa 19–3 Uhr; Ⓜ Passeig de Gràcia) Die stimmungsvolle kleine Kellerbar, ein Relikt aus den 1960er-Jahren, funktioniert nach einem scheinbar einfachen Rezept: Im Hintergrund läuft cooler Jazz, die Beleuchtung durch Lampen vom Flohmarkt ist auf das Notwendigste reduziert und um kleine dunkle Tischchen sind rote Samtstühle angeordnet.

UNTERHALTUNG

Palau de la Música Catalana Klassische Musik
(☎93 295 72 00; www.palaumusica.cat; Carrer de Palau de la Música 4–6; Tickets ab 18 €; ⏲Kasse Mo–Sa 9.30–21, So 10–15 Uhr; Ⓜ Urquinaona) Dieses Glanzstück des Modernisme ist ein Fest für die Augen! Und gleichzeitig ist dies das traditionellste Konzerthaus der Stadt für klassische Musik. Doch es werden z. B. auch Flamenco, Pop und besonders Jazz geboten. Das Gebäude ist auf jeden Fall ein Erlebnis – und am besten gönnt man sich vor dem Musikgenuss noch im Foyer mit seinen funkelnden Säulen einen Drink.

Camp Nou Fußball
(☎902 189900; www.fcbarcelona.com; Carrer d'Arístides Maillol; Ⓜ Palau Reial) Der Fußballtempel Camp Nou („Neues Feld") ist die Heimat des legendären FC Barcelona. Hier ein Spiel zu sehen ist unvergesslich; die Saison dauert von August bis Mai. Oder man stattet dem interaktiven **Barça Stadium Tour & Museum** (☎902 189900; www.fcbarcelona.com; Tor 9, Avinguda de Joan XXIII;

Shoppingmeilen

Avinguda del Portal de l'Àngel Die breite Fußgängerzone ist von Kettenfilialen sowie Läden wie Schuhgeschäften und Buchhandlungen gesäumt.

Avinguda Diagonal Auf diesem Boulevard drängen sich die großen internationalen Modemarken und Designläden.

Carrer d'Avinyó Eine dynamische Straße mit junger Mode.

Carrer del Petritxol Am besten für Schokolade und Kunst.

Passeig de Gràcia Einkaufsboulevard mit den schicken Läden der großen internationalen Designer.

Passeig de Gràcia

IVAN MARC / SHUTTERSTOCK ©

Erw./Kind Rundgang in Eigenregie 29,50/23,50 €, Führung 50/35 €; ⌚Mitte April–Mitte Okt. 9.30–19.30 Uhr, Mitte Okt.–Mitte April Mo–Sa 10–18.30, So bis 14.30 Uhr; Ⓜ Palau Reial) einen Besuch ab.

PRAKTISCHE INFORMATIONEN

In Barcelona gibt's mehrere Touristeninformationen. Außerdem gibt es noch Infoschalter am Busbahnhof Estació del Nord und am Portal de la Pau beim Mirador de Colom an dem Ende der Rambla, die auf den Hafen zuläuft.

Plaça de Catalunya (Karte S. 206; ☎93 285 38 34; www.barcelonaturisme.com; Plaça de Catalunya 17-S, unterirdisch; ⌚8.30–21 Uhr; Ⓜ Catalunya)

Plaça Sant Jaume (Karte S. 206; ☎93 285 38 34; www.barcelonaturisme.com; Plaça Catalunya 17; ⌚8.30–21 Uhr; Ⓜ Catalunya)

Estació Sants (☎93 285 38 34; www.barcelonaturisme.com; Barcelona Sants; ⌚8.30–20.30 Uhr; 🚆Sants Estació)

Flughafen El Prat (☎93 378 81 49; www.barcelonaturisme.com; ⌚8.30–20.30 Uhr)

AN- & WEITERREISE

Vom **Flughafen El Prat** (☎91 321 10 00; www.aena.es; 📶) gibt's Verbindungen nach ganz Spanien und ins Ausland.

Von Barcelona fahren Busse in andere Teile Spaniens und in größere Städte Europas. Fernbusse fahren an der **Estació del Nord** (☎93 706 53 66; www.barcelonanord.cat; Carrer d'Alì Bei 80; Ⓜ Arc de Triomf) ab.

Von Madrid und Frankreich aus fahren Hochgeschwindigkeitszüge nach Barcelona. Der Hauptbahnhof ist **Barcelona Sants** (☎912 432343; www.adif.es; Plaça dels Països Catalans; Ⓜ Sants Estació) 2,5 km westlich der Rambla.

UNTERWEGS VOR ORT

Transports Metropolitans de Barcelona (TMB; ☎93 298 70 00; www.tmb.cat) betreibt die öffentlichen Verkehrsmittel der Stadt.

Metro Das praktischste Verkehrsmittel. Verkehrt sonntags bis donnerstags von 5 bis 24 Uhr, freitags bis 2 Uhr und samstags rund um die Uhr. Am billigsten fährt man mit der Targeta T-10, einer Zehnerkarte für 10,20 €. Ansonsten kostet die einfache Fahrt 2,20 €.

Bus Für Leute, die die Highlights der Stadt an einem oder zwei Tagen sehen wollen, ist der Bus Turístic praktisch. Er fährt an der Plaça de Catalunya ab und man kann unterwegs so oft aus- und wieder zusteigen, wie man möchte.

Taxi Taxis kann man an der Straße heranwinken, z. B. an der Rambla, der Via Laietana, der Plaça de Catalunya und dem Passeig de Gràcia – oder man geht zu einem Taxistand oder ruft bei **Fonotaxi** (☎93 300 11 00; www.fonotaxi.net) an.

Wohin zum Schlafen?

Barcelona bietet eine breite Palette an Unterkünften, von billigen Hostels in der Altstadt bis zu Luxushotels am Meer. Preisgünstig sind Ferienwohnungen, die in der ganzen Stadt angeboten werden.

Stadtviertel	Merkmale
La Rambla & Barri Gòtic	Tolle Lage in der Nähe wichtiger Sehenswürdigkeiten, mit lebendigem Nachtleben und guten Restaurants; perfekt für Erkundungen zu Fuß. Kann teils sehr touristisch und laut sein.
El Raval	Zentral, mit gutem Nachtleben und Zugang zu Sehenswürdigkeiten; Künstlerflair mit nur wenigen Touristen. Kann teilweise laut, zwielichtig und heruntergekommen sein.
La Ribera	Tolle Restaurantszene und gut für Viertelerkundungen; zentral; Top-Sehenswürdigkeiten. Kann laut sein; sehr voll; touristisch.
Barceloneta & die Uferpromenade	Ausgezeichnete Fischrestaurants; lockere Stimmung, normaler Alltag; schneller Zugang zu Promenade und Stränden. Nur wenige Unterkünfte.
Sagrada Família & L'Eixample	Großes Angebot an Unterkünften in allen Preislagen; nahe bei den Jugendstil-Attraktionen; gute Restaurants und lebendiges Nachtleben; die beste LGBT-Szene (in „Gaixample"). Kann wegen des vielen Straßenverkehrs laut sein; ein bisschen weit weg von der Altstadt.

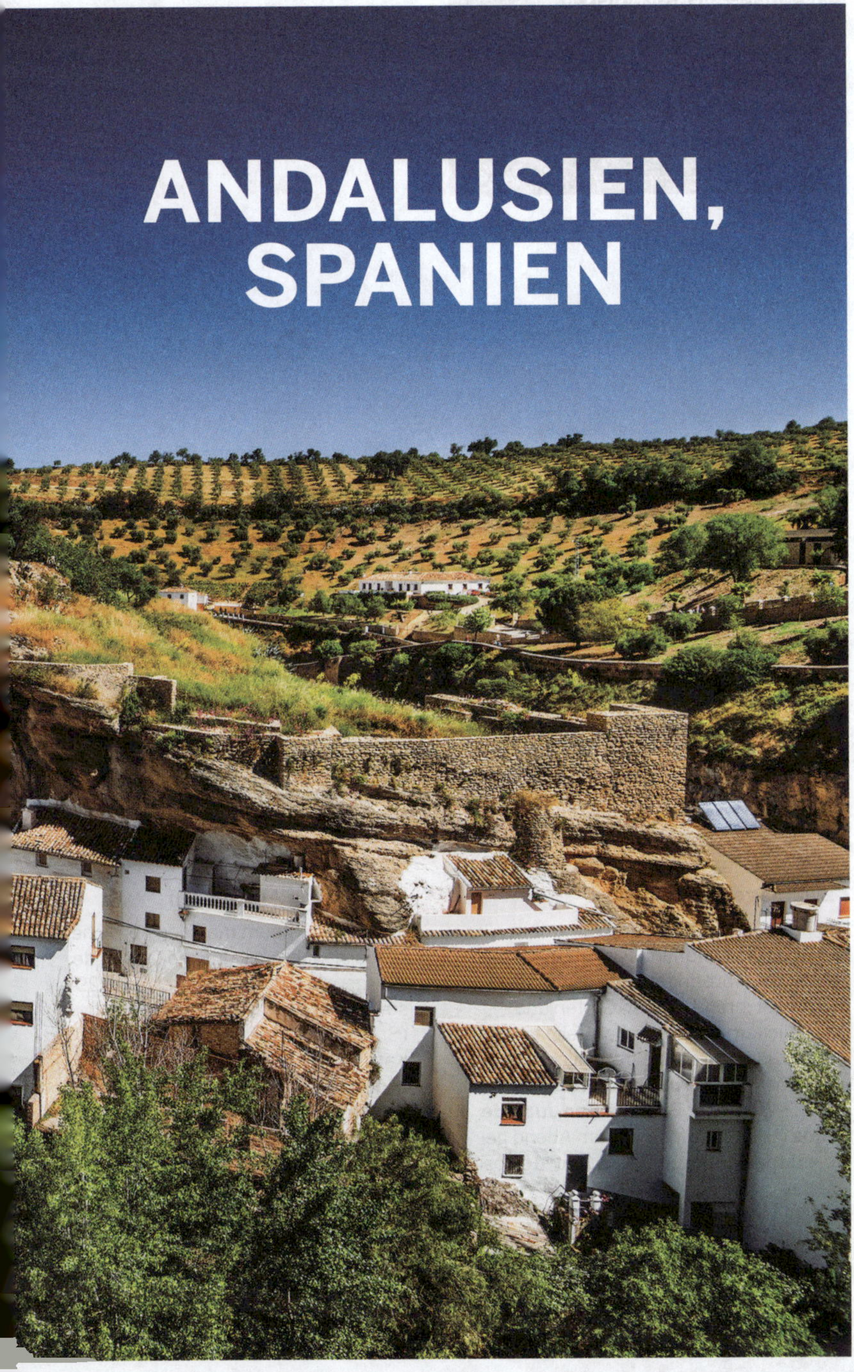
ANDALUSIEN,
SPANIEN

In diesem Kapitel

Andalusien, Spanien

Der Duft von Orangenblüten, das Rascheln eines Flamencokleids, der erste Blick auf die Alhambra: Andalusien gräbt sich tief ins Gedächtnis ein. Das in Opern wie in Kunst und Literatur des 19. Jhs. verewigte Andalusien steht oft für Spanien als Ganzes, eine Region voller Leidenschaft. Besucher werden unwillkürlich von dem Flair eingefangen – vielleicht in einer vollen Tapasbar bei einem köstlichen Sherry.

Den Ausgangspunkt einer Reise durch die Region bilden die beiden grandiosen andalusischen Städte Granada und Sevilla mit ihren architektonischen und kulturellen Schätzen, die man ein Mal im Leben gesehen haben sollte.

Zwei Tage in Andalusien

In der atemberaubenden **Alhambra** (S. 220) von Granada kann man leicht zwei Tage verbringen: Für die maurische Burg mit ihren schönen Gärten und Ausblicken sollte man sich Zeit lassen. Außerdem wartet die freundliche Stadt u. a. mit dem **Mirador San Nicolás** (S. 224) und der **Basílica San Juan de Dios** (S. 224) auf. Später am Abend genießt man auf einer Bar-Tour kostenlose Tapas.

Vorhergehende Doppelseite: Setenil de las Bodegas, eins der Weißen Dörfer Andalusiens (S. 225)

Vier Tage in Andalusien

In Sevilla bestaunt man den herrlichen Mudéjar-Schmuck und die Gärten des Königspalastes **Real Alcázar** (S. 229) sowie die Schätze der **Catedral** (S. 228), der größten gotischen Kathedrale der Welt. Den Abschluss bildet der Ausblick vom Turm **Giralda**. Das **Hospital de los Venerables Sacerdotes** (S. 229) beeindruckt mit Meisterwerken aus dem Goldenen Zeitalter Sevillas. Anschließend laden in den mittelalterlichen Straßen Cafés zum Verweilen ein.

Nächster Halt: Andalusien liegt praktisch zwischen Barcelona (S. 185) und Lissabon (S. 233).

Karte Granada (S. 226)
Karte Sevilla (S. 230)

Ankunft

Der Flughafen von Sevilla bietet Verbindungen in andere Städte Europas. Außerdem sind Sevilla und Granada von Madrid mit Schnellzügen zu erreichen. In größere und kleinere Städte Andalusiens sowie in andere Orte im restlichen Spanien verkehren Regionalbahnen und Busse. Mit einem eigenen Fahrzeug kann man auch Nebenstrecken und auf Hügeln gelegene Dörfer erkunden, aber die wichtigsten Ziele sind gut mit öffentlichen Verkehrsmitteln zu erreichen.

Schlafen

Granada wartet mit zahlreichen Hotels und Hostels auf, viele davon im kompakten Viertel rund um die Kathedrale. Einige der hübschesten Unterkünfte liegen im hügeligen Viertel Albaicín.

Sevilla bietet in seinen drei stimmungsvollsten Vierteln eine gute Auswahl an Unterkünften: im Barrio de Santa Cruz (vom Busbahnhof Prado de San Sebastián zu Fuß zu erreichen), in El Arenal und im Centro (beide näher beim Busbahnhof Plaza de Armas).

Alcazaba

DELTAOFF / SHUTTERSTOCK ©

Alhambra

Die Alhambra ist gleichzeitg Palast, Festung, Weltkulturerbe und Lehrstück in Sachen mittelalterlicher Architektur. Als historisches Monument sucht sie wirklich ihresgleichen.

Toll für ...

☑ Nicht versäumen

Patio de los Leones, Kernstück der Alhambra und Tor zu den wichtigsten Sälen.

Palacios Nazaríes

Die **Palacios Nazaríes** (Nasridenpaläste), der zentrale Palastkomplex, sind das Herzstück der Alhambra. Zu den Glanzlichtern zählen der Patio de los Arrayanes mit Blick auf ein von Myrten gesäumtes Wasserbecken und der **Salón de los Embajadores**, in dem sich mehr als 8000 Zedernholzstücke an der Decke zu einem kunstvollen Sternenmuster zusammenfügen, das die sieben Himmel respräsentiert.

Der benachbarte **Patio de los Leones** (Löwenhof) aus der zweiten Hälfte des 14. Jhs. beherbergt einen Brunnen, in dem in der Mitte Wasser aus den Mäulern von zwölf Marmorlöwen fließt. Die Stuckarbeiten sind hier besonders schön. An der Nordseite des Hofes liegt die **Sala de Dos Hermanas** (Saal der zwei Schwestern) mit einer herrlichen *muqarnas*-Kuppel mit rund 5000 winzigen Stalaktiten. Vor dem

Hof des Generalife

DAVID IONUT / SHUTTERSTOCK ©

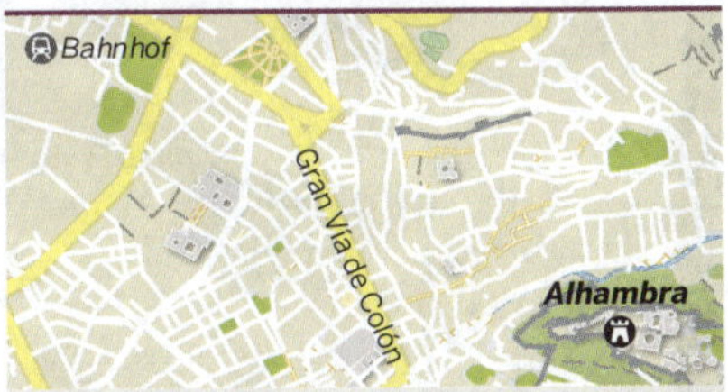

Gut zu wissen

958 02 79 71, Tickets 858 95 36 16; www.alhambra-patronato.es; Erw./Kind 12–15 J./unter 12 J. 14/8 €/frei, Generalife & Alcazaba Erw./Kind unter 12 J. 7 €/frei; April–Mitte Okt. 8.30–20 Uhr, Mitte Okt.–März bis 18 Uhr, abends April–Mitte Okt. Di & Sa 22–23.30 Uhr, Mitte Okt.–März Fr & Sa 20–21.30 Uhr

Kleine Stärkung

Mit einem Picknick in den Gärten des Generalife entspannen.

★ Top-Tipp

Tickets auf https://tickets.alhambra-patronato.es/ im Voraus buchen.

kleinen Palacio del Partal (Portalpalast), dem ältesten Teil der Alhambra aus der Zeit Mohammeds III. (reg. 1302–1309), erstrecken sich ein Wasserbecken und ein terrassierter Garten.

Generalife

Der Generalife, vom arabischen *jinan al-'arif* (Garten des Architekten), ist ein idyllischer Komplex aus Wegen, Patios, Wasserbecken, Brunnen, Bäumen und Blumen. Am Nordende steht der **Sommerpalast** des Emirs, ein weiß getünchtes Gebäude am Hügel gegenüber der Alhambra. Die Höfe hier sind besonders anmutig gestaltet. Im zweiten Hof deutet der Stamm einer 700 Jahre alten Zypresse darauf hin, dass der Hof einst im Schatten lag. Außerhalb des Hofs führen Stufen zur Escalera del Agua, einem reizenden Stück Gartenbaukunst: Hier fließt Wasser an einer schattigen Treppe entlang.

Alcazaba & christliche Gebäude

Das westliche Ende der Alhambra bilden die Überreste der Alcazaba, vor allem deren Mauern und mehrere Türme wie die Torre de la Vela (Wachturm): Hier führt eine schmale Treppe zur obersten Terrasse, auf der im Januar 1492 das Kreuz und die Banner der Reconquista aufgestellt wurden.

Der mächtige Renaissancebau des Palacio de Carlos V, erbaut 1527 nach der Reconquista, bildet einen krassen Gegensatz zu seiner Umgebung. Drinnen bietet das **Museo de la Alhambra** (958 91 80 29; www.alhambra.org/en/museum-alhambra.html; 1,50 €, EU-Bürger frei; Mitte März–Mitte Okt. Mi–Sa 8.30–20, So & Di bis 14.30 Uhr, Mitte Okt.–Mitte März Mi–Sa 8.30–18, So & Di bis 14.30 Uhr) eine Sammlung von Artefakten aus der Alhambra. Das **Museo de Bellas Artes** (958 56 35 08; 1,50 €, EU-Bürger frei; Mitte Juni–Mitte Sept. Di–So 9–15.30 Uhr, Mitte März–Mitte Juni & Mitte Sept.–Mitte Okt. Di–Sa 9–19.30 Uhr, Mitte Okt.–Mitte März bis 18, So 9–15.30 Uhr) zeigt Gemälde und Skulpturen aus der christlichen Geschichte Granadas.

Sherry und Chorizo in Jerez de la Frontera

Sherry-Proben & Tapas

In den sonnigen Weinbergen West-Andalusiens erlebt der Sherry eine Renaissance. Tiefer eintauchen in seine Kultur kann man mit Führungen, Verkostungen und Menüs mit Sherry-Begleitung. Sein Aroma lässt sich am besten im Sherry-Dreieck Jerez de la Frontera, El Puerto de Santa María und Sanlúcar de Barrameda genießen.

Toll für ...

☑ **Nicht versäumen**

Die **Fiestas de la Vendimia** (Sept.) in Jerez de la Frontera und die **Feria de la Manzanilla** (Ende Mai/Anfang Juni) in Sanlúcar de Barrameda.

Sherry verkosten

Verstärkter Weißwein wird schon seit phönizischer Zeit gekeltert. Das typisch spanische Erzeugnis ist ein Ergebnis der Alterung und der Mischung verschiedener Weine. Seine Beliebtheit schwankt, aber in letzter Zeit erlebt er wieder einen Aufschwung: Hochwertige Sherrys ersetzen immer mehr den Fusel, den man am besten nur zum Kochen verwendet.

Die wichtigsten Sherry-Sorten sind *fino*, sehr trocken und strohgelb, und *oloroso*, süß und dunkel, mit einem kräftigen Bukett. Weitere Varianten sind der *amontillado*, ein halbtrockener *fino* mit nussigem Aroma und höherem Alkoholgehalt, Cream Sherry, ein mit Süßwein kombinierter *oloroso*, und *manzanilla*, ein *fino* aus Sanlúcar de Barrameda mit feinem Aroma, das sich dem Meeresklima verdankt.

Tapas

EDWARDOLIVE / GETTY IMAGES ©

Jerez de la Frontera

Jerez ist eine quirlige moderne Stadt und Andalusiens Sherry-Metropole. An den gewundenen Gassen sind die traditionellen *tabancos* (kleine Kneipen), die Sherry vom Fass servieren, von engagierten neuen Betreibern wieder zum Leben erweckt worden. Jerez wartet außerdem mit rund 20 Sherry-Bodegas auf. Bei den meisten muss man sich für einen Besuch anmelden; Näheres weiß die **Touristeninformation** (☎956 33 88 74; www.turismojerez.com; Plaza del Arenal; ⏲Mo–Fr 9–15 & 17–18.30, Sa & So 9.30–14.30 Uhr).

El Puerto de Santa María

Mit seinen vielen hellen Sandstränden und seinem Architekturerbe verkörpert El Puerto das südliche Andalusien. Hier wurden die durch ihr Bullenlogo berühmten

ℹ Gut zu wissen

Jerez de la Frontera und El Puerto de Santa María sind mit Sevilla (1¼–1½ Std.) durch Schnellzüge verbunden, mit Sanlúcar de Barrameda durch Busse. Mit dem Auto ist El Puerto de Santa María von Jerez de la Frontera 18 km entfernt, Sanlúcar de Barrameda 25 km.

✕ Kleine Stärkung

Die **Bodegas Tradición** (☎956 16 86 28; www.bodegastradicion.com; Plaza Cordobeses 3; Führungen 25 €; ⏲Sept.–Juni Mo–Fr 9–17, Sa 10–14 Uhr, Juli & Aug. 8–15 Uhr) in Jerez de la Frontera sind bekannt für ihre 30 Jahre alten Sherrys und ihre erstklassige Kunstsammlung.

★ Top-Tipp

Sherry sollte pur genippt werden, sodass die Aromen voll zur Geltung kommen. Sie reichen von staubtrocken und salzig bis zu zuckersüß wie Rosinen.

Bodegas Osborne (☎956 86 91 00; www.bodegas-osborne.com; Calle los Moros 7; Führungen ab 12 €, Verkostungen 8–30 €) gegründet, die auch weiterhin ihren Hauptsitz in der Stadt haben. Dazu kommt noch ein halbes Dutzend weitere Sherry-Kellereien.

Sanlúcar de Barrameda

An der Strandstraße Bajo de Guía in Sanlúcar warten Restaurants mit Meeresfrüchten auf, die zu den besten der Region gehören. Der einzigartige *manzanilla* verdankt seine Aromen der Lage am Meer.

Die 1821 gegründeten **Bodegas Barbadillo** (☎956 38 55 21; www.barbadillo.com; Calle Sevilla 6; Führungen 10 €; ⏲Führungen Di–So 12 & 13 Uhr, auf Englisch Di–So 11 Uhr, Juli & Aug. auch Mo geöffnet, Nov.–März So geschl.) waren der erste Familienbetrieb, der *manzanilla* in Flaschen abfüllte. Die Führungen enden mit einer Verkostung von vier Weinen.

Granada

Die von der Alhambra angelockten Besucher entdecken Granada als faszinierende Stadt, in der islamische Architektur und arabisch anmutendes Alltagsleben Hand in Hand gehen mit monumentalen Kirchen, alteingesessenen Tapasbars und alternativer Graffitikunst.

Die am Fuße der Sierra Nevada gelegene Stadt war das letzte Bollwerk der Mauren in Spanien. Ihre Spuren sind hier überall zu finden.

Granadas Straßen mit den Bars, Studentenkneipen, Künstlercafés und kleinen Flamencoclubs vibrieren vor Energie und zusammen mit den traditionellen Sehenswürdigkeiten hinterlässt dies einen nachhaltigen Eindruck.

SEHENSWERTES

Basílica San Juan de Dios Basilika

(www.sjdgranada.es; Calle San Juan de Dios 19; 4 €; Mo–Sa 10–13 & 16–19, So 16–19 Uhr) Die zwischen 1737 und 1759 erbaute Basilika betört durch ihren opulenten Barockschmuck. Im Innern ist fast jedes Fleckchen verziert, zumeist in glitzerndem Gold und Silber. Fresken von Diego Sánchez Sarabia und dem Maler Corrado Giaquinto aus Neapel schmücken die Decke und die Seitenkapellen, darüber erheben sich die 50 m hohen Kuppeln. Das Highlight ist der goldene Altaraufsatz in der Capilla Mayor.

Mirador San Nicolás Aussichtspunkt

(Plaza de San Nicolás) Hier lassen sich bei Sonnenuntergang die klassischen Fotos der auf dem bewaldeten Hügel hingestreckten Alhambra vor der Kulisse der Sierra Nevada schießen.

Auf dem über den Callejón de San Cecilio erreichbaren Plätzchen tummeln sich zahllose Kamera- und Handybewehrte Touristen sowie Studenten und Straßenkünstler.

Auch Taschendiebe sind hier unterwegs, also trotz tollem Ausblick wachsam sein!

Capilla Real Historisches Gebäude

(Königliche Kapelle; 958 22 78 48; www.capillarealgranada.com; Calle Oficios; Erw./erm./Kind 5/3,50 €/frei; Mo–Sa 10.15–18.30,

Capilla Real

So 11–18 Uhr) Die Capilla Real ist die letzte Ruhestätte der Reyes Católicos (Katholische Könige) Isabella I. von Kastilien (1451–1504) und Ferdinand II. von Aragón (1452–1516): Sie gaben das Monument im isabellinisch-gotischen Stil in Auftrag, das ihre Überreste einmal beherbergen sollte. Es wurde erst 1517 fertig, sodass sie bis 1521 im **Convento de San Francisco** der Alhambra bestattet waren.

Ihre Marmorgrabmäler sowie die ihrer Nachfahren befinden sich im Chor hinter einem vergoldeten schmiedeeisernen Gitter, 1520 geschaffen von Bartolomé de Jaén.

Catedral de Granada Kathedrale
(☎958 22 29 59; http://catedraldegranada.com; Plaza de las Pasiegas; Erw./erm. 5/3,50 €; ⏲Mo–Sa 10–18.30, So 15–17.45 Uhr) Von der Straße aus lässt sich die Größe der riesigen Kathedrale von Granada kaum ermessen, zu sehr wird sie von anderen Gebäuden bedrängt. Wo vorher eine Moschee gestanden hatte, sollte ein gotisches Gotteshaus entstehen, doch während der zwei Jahrhunderte Bauzeit (1523–1704) änderte die Kirche ihr Aussehen stark: So baute Diego de Siloé im Stil der Renaissance weiter und Alonso Cano fügte im 17. Jh. eine prächtige Barockfassade hinzu.

GEFÜHRTE TOUREN

Play Granada Touren
(☎958 16 36 84; www.playgranada.com; Calle Santa Ana 2; Führungen ab 20 €) Zu Fuß oder per Pedelec oder Segway – dieser Anbieter hat verschiedenste Touren durch die Stadt und ihre historischen Viertel im Programm, außerdem ein Besichtigungspaket für die Alhambra (S. 220). Eine zweistündige Segway-Tour (8 km) kostet etwa 29 €, eine Alhambra-Führung 49 €.

ESSEN

Bodegas Castañeda Tapas €
(☎958 21 54 64; Calle Almireceros 1; Tapas 2–5 €; ⏲Mo–Do 11.30–16.30 & 19.30–1, Fr–So bis 2 Uhr) In dieser traditionellen Tapasbar wird das Essen zum Kontaktsport: Unter von der Decke baumelnden Schinken drängeln sich hungrige Gäste ums Essen. Hier gibt's keinen experimentellen Schnickschnack, nur klassische Tapas und *raciones*, die rasend schnell serviert werden, sowie Alkohol aus großen Fässern an der Wand.

Die Weißen Dörfer Andalusiens

Sein liebstes Weißes Dorf *(pueblo blanco)* zu finden, ist, wie ein Lieblingsalbum der Beatles zu nennen: Sie sind alle so verdammt gut. Den meisten geht es vor allem um die klassischen Merkmale „tolle Lage" und „stimmungsvolle Altstadt".

Arcos de la Frontera Typisches Weißes Dorf der Provinz Cádiz, mit Burg, Kirche und alten Häusern auf einem Bergkamm.

Vejer de la Frontera Große Restaurants, kachelverzierte Brunnen, esoterische Festivals, luxuriöse Boutiquehotels und eine zauberhafte Zeitlosigkeit.

Zahara de la Sierra Sonnige, von Bougainvilleen gesäumte Straßen unterhalb einer maurischen Burg auf einem Felsen, in bestem Wandergebiet in der Provinz Cádiz.

Segura de la Sierra Steil hochgestapeltes Dorf in der Provinz Jaén mit mittelalterlicher Burg inmitten der Berge des größten Schutzgebiets Andalusiens.

Cómpeta Eins der beliebtesten Weißen Dörfer der Provinz Málaga, mit guten Wandermöglichkeiten und ausgezeichneten Restaurants.

Zahara de la Sierra
PAWEL KAZMIERCZAK / SHUTTERSTOCK ©

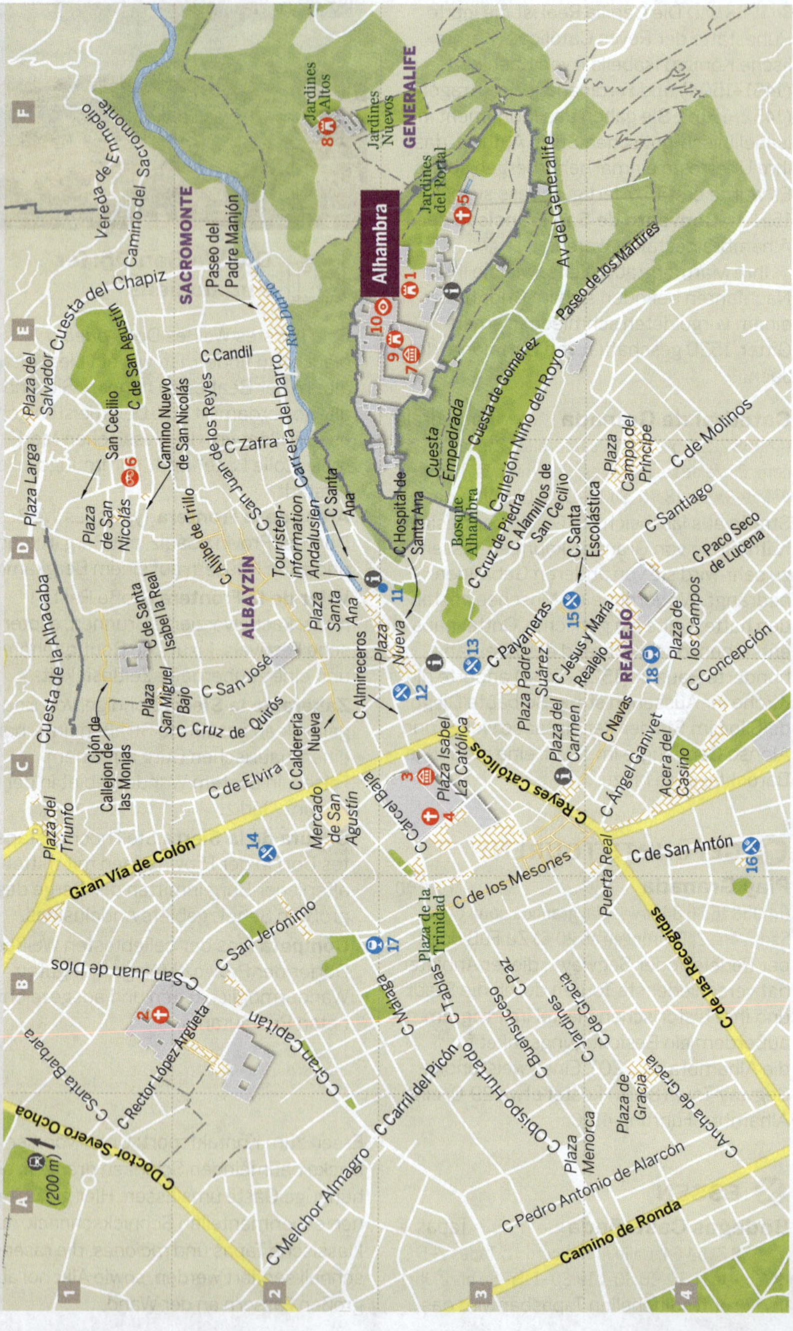
Granada
500 m
Alhambra
GENERALIFE
SACROMONTE
ALBAYZÍN
REALEJO
Jardines Altos
Jardines Nuevos
Jardines del Portal
Camino del Sacromonte
Vereda de Enmedio
Cuesta del Chapiz
Paseo del Padre Manjón
Río Darro
C Candil
C de San Agustín
Plaza del Salvador
Plaza Larga
San Cecilio
Camino Nuevo de San Nicolás
Plaza de San Nicolás
C San Juan de los Reyes
Carrera del Darro
C Zafra
C Aljibe de Trillo
C Santa Ana
Touristen-information Andalusien
C Hospital de Santa Ana
Cuesta Empedrada
Cuesta de Gomérez
Callejón Niño del Royo
Av del Generalife
Paseo de los Mártires
Bosque Alhambra
C Cruz de Piedra
C Alamillos de San Cecilio
C Santa Escolástica
Plaza Campo del Príncipe
C de Molinos
C Santiago
C Paco Seco de Lucena
Plaza de los Campos
C Concepción
Cuesta de la Alhacaba
C de Santa Isabel la Real
Plaza San Miguel Bajo
C San José
C Cruz de Quirós
Cjón de Callejón de las Monjas
Plaza Santa Ana
Plaza Nueva
C Almireceros
C Calderería Nueva
C de Elvira
C Payaneras
Plaza Padre Suárez
C Jesús y María
Realejo
Plaza del Carmen
C Navas
C Ángel Ganivet
Acera del Casino
Plaza del Triunfo
Gran Vía de Colón
Mercado de San Agustín
C Cárcel Baja
Plaza Isabel La Católica
C Reyes Católicos
C de los Mesones
Puerta Real
C de San Antón
C de las Recogidas
C San Jerónimo
Plaza de la Trinidad
C Tablas
C Málaga
C San Juan de Dios
C Gran Capitán
C Rector López Argüeta
C Santa Bárbara
C Doctor Severo Ochoa
C Carril del Picón
C Obispo Hurtado
C Buensuceso
C Paz
C Jardines
C de Gracia
Plaza de Gracia
C Ancha de Gracia
Plaza Menorca
C Melchor Almagro
C Pedro Antonio de Alarcón
Camino de Ronda
(200 m)

Granada

Hicuri Art Restaurant Vegan €
(☎858 98 74 73; www.restaurantehicuriartvegan.com; Plaza de los Girones 3; Hauptgerichte 8–12 €, menú del día 14 €; ⌚Mo–Sa 12–23 Uhr; ✎) Granadas bester Graffitikünstler, El Niño de las Pinturas, konnte sich im Hicuri austoben: Er schuf eine knallbunte Kulisse für das vegane Essen dieses netten Restaurants. Salate, Tofu und Curry-Seitan bieten eine schöne Abwechslung zu den Fleischgerichten, die sonst die lokalen Speisekarten beherrschen.

Carmela Restaurante Spanisch €€
(☎958 22 57 94; www.restaurantecarmela.com; Calle Colcha 13; Tapas 7 €, Hauptgerichte 9–20 €; ⌚8–24, Küche 12–24 Uhr) Fürs 21. Jh. modernisierte traditionelle Tapas sind das Highlight in diesem schicken Café-Restaurant im Viertel Realejo. Drinnen zwischen Backsteinmauern und auch draußen lassen sich z. B. Kroketten mit Blutwurst und karamellisierten Zwiebeln oder ein Thunfisch-*tataki* mit Sojasauce genießen.

El Bar de Fede International €€
(☎958 28 88 14; www.elbardefede.com; Calle Marqués de Falces 1; raciones 11–21 €; ⌚9–2 Uhr) Das „Fede" erinnert an den aus Granada stammenden Dichter Federico García Lorca, dessen freier Geist über dieser hippen, schwulenfreundlichen Bar zu schweben scheint. Der hübsche Laden hat gemusterte Tapeten und hohe Tische. Auch das Essen ist gut, besonders die Hühnchenpastete mit Orangensauce und der superzarte gegrillte Tintenfisch.

La Fábula Restaurante Gourmetküche €€€
(☎958 25 01 50; www.restaurantelafabula.com; Calle de San Antón 28; Hauptgerichte 23,50–34 €, Probiermenüs 75–90 €; ⌚Di–Sa 14–15.30 & 20.30–22.30 Uhr) Tatsächlich: Das Fábula ist fabelhaft! In dem formellen Gourmetrestaurant im edlen Hotel Villa Oniria zaubert Ismael Delgado López kunstvoll komponierte, eindrucksvolle Gerichte der modernen spanischen Küche. Reservieren!

AUSGEHEN & NACHTLEBEN

Botánico Bar
(☎958 27 15 98; www.botanicocafe.es; Calle Málaga 3; ⌚Mo–Do 13–1, Fr & Sa bis 2, So bis 18 Uhr) Hipster mit Szenebärtchen, Studenten, die an ihrer Lorca-Arbeit werkeln, und allerlei Künstlertypen tummeln sich im Botánico: ein legeres Café am Tag bis zur *merienda*, der Zeit der Nachmittagsmahlzeit (17–19 Uhr), und eine muntere Bar am Abend.

Taberna La Tana Weinbar
(☎958 22 52 48; Placeta del Agua 3; ⌚12.30–16 & 20.30–24 Uhr) Mit den zahllosen Weinflaschen, den von der Decke hängenden Knoblauchgirlanden und einer Einrichtung aus Holz und Backstein ist das kleine, freundliche La Tana eine typische Weinbar. Zu den meist spanischen Weinen gibt's gute Tapas. Am besten fragt man den Barkeeper nach dem „Wein des Monats" und gibt an, ob man seinen Wein lieber *suave* (sanft) oder *fuerte* (kräftig) mag.

Wunderbares Córdoba

Eines der großen Werke islamischer Baukunst, die prächtige **Mezquita** (Moschee; ☎957 47 05 12; www.mezquita-catedraldecordoba.es; Calle Cardenal Herrero; Erw./Kind 10–14 J./unter 10 J. 10/5 €/frei; ⏲März–Okt. Mo–Sa 10–19, So 8.30–11.30 & 15–19 Uhr, Nov.–Feb. Mo–Sa 8.30–18, So 8.30–11.30 & 15–18 Uhr, Messe Mo–Sa 9.30, So 12 & 13.30 Uhr) von Córdoba, ist ein mächtiges Symbol aus der Blütezeit des islamischen Spaniens, als die Stadt die größte und kultivierteste Westeuropas war. Drinnen in der Mezquita erstrecken sich die Hufeisenbögen reihenweise in alle Richtungen. Die kunstvollsten von ihnen umgeben das mit einem Goldmosaik geschmückte Portal des *mihrab* (Gebetsnische). Zwar steuern die meisten Touristen schnurstracks die Mezquita an, doch auch die Altstadt ist einen Besuch wert.

Die AVE-Hochgeschwindigkeitszüge brauchen eine gute Stunde von Sevilla nach Córdoba.

Im Inneren der Mezquita
EMPERORCOSAR / SHUTTERSTOCK ©

PRAKTISCHE INFORMATIONEN

Informationen sind an verschiedenen Stellen in der Stadt erhältlich:

Touristeninformation Alhambra (☎958 02 79 71; www.granadatur.com; Calle Real de la Alhambra Granada, Alhambra; ⏲8.30–20.30 Uhr)

Städtische Touristeninformation (☎958 24 82 80; www.granadatur.com; Plaza del Carmen 9; ⏲Mo–Sa 9–18, So bis 14 Uhr) Die offizielle Touristeninformation Granadas.

Regionale Touristeninformation (☎958 57 52 02; www.andalucia.org; Calle Santa Ana 2; ⏲Mo–Fr 9–19.30, Sa & So 9.30–15 Uhr) Infos zur gesamten Großregion Andalusien.

this.is:granada (☎958 21 02 39; www.thisisgranada.com; Plaza de Cuchilleros; ⏲Mo–Sa 9.30–14 & 16–19, So bis 18 Uhr) Verkauft Tickets für Flamencoshows, Stadttouren und Busse.

AN- & WEITERREISE

Der **Flughafen Granada** (Aeropuerto Federico García Lorca; ☎913 211 000; www.aena.es) liegt 17 km westlich der Stadt und bietet begrenzte Verbindungen innerhalb Spaniens und in andere Städte Europas.

Der **Bahnhof** (☎902 240 202; Avenida de Andaluces) liegt 1,5 km nordwestlich des Zentrums. Es fahren u. a. Züge nach Barcelona (7¾ Std.), Madrid (4 Std.) und Sevilla (3¼ Std.).

UNTERWEGS VOR ORT

Granadas 2017 eröffnete Stadtbahn, die nur auf einer Länge von 3 km unterirdisch verläuft, verkehrt zwischen Albolote im Norden und Armilla im Südwesten. Eine Busfahrt kostet 1,40 €.

Sevilla

SEHENSWERTES

Catedral de Sevilla & Giralda
Kathedrale

(☎902 09 96 92; www.catedraldesevilla.es; Av de la Constitución; Erw./Kind 9 €/frei, mit Dachführung 15 €; ⏲Mo 11–15.30, Di–Sa bis 17, So 14.30–18 Uhr) Sevillas riesige Kathedrale, die größte gotische Kirche der Welt, ist in ihren Ausmaßen und ihrer Erhabenheit wirklich Ehrfurcht gebietend. Sie entstand zwischen 1434 und 1517 auf den Überresten der ehemaligen Hauptmoschee der Stadt. Zu den Highlights zählen die Giralda, der mächtige Glockenturm mit dem Minarett der Moschee, das monumentale Grabmal von Christoph Kolumbus und die Capilla

Real Alcázar

Mayor mit einem herrlichen goldenen Altaraufsatz. Für die Dachführungen müssen Kinder mindestens elf Jahre alt sein. Ein Audioguide kostet 3 €.

Real Alcázar Palast

(☎954 50 23 24; www.alcazarsevilla.org; Patio de Banderas; Erw./erm./Kind 11,50/2 €/frei; ⊙April–Sept. 9.30–19 Uhr, Okt.–März bis 17 Uhr) Der Palastkomplex von Sevilla, ein spektakuläres Weltkulturerbe, stellt eine wundervolle Mischung aus christlicher und Mudéjar-Baukunst dar. Seit der Gründung als Festung 913 wurde die Anlage im Verlauf der Jahrhunderte vielfach umgestaltet, vor allem im 14. Jh., als König Pedro den opulenten Palacio de Don Pedro errichten ließ, auch heute noch das Kronjuwel des Komplexes. In jüngerer Zeit diente die Anlage der Serie *Game of Thrones* als Schauplatz.

Hospital de los Venerables Sacerdotes Museum

(☎954 56 26 96; www.focus.abengoa.es; Plaza de los Venerables 8; Erw./Kind 10/5 €, 1. Do des Monats frei; ⊙Do–So 10–14 Uhr) Dieses tolle Museum in einem ehemaligen Hospiz für Priester ist eins der besten Sevillas. Ein Highlight ist die Sammlung der Focus-Abengoa-Stiftung mit Gemälden aus dem 17. Jh. im Centro Velázquez. Die eher kleine Sammlung umfasst Meisterwerke wie Diego Velázquez' *Santa Rufina*, seine *Inmaculada Concepción* und ein sehr lebendiges Porträt der *Santa Catalina* von Bartolomé Murillo.

Museo del Baile Flamenco Museum

(☎954 34 03 11; www.museodelbaileflamenco.com; Calle Manuel Rojas Marcos 3; Erw./erm. 10/8; € ⊙10–19 Uhr) Das Museum, das auf eine Idee der Flamencotänzerin Cristina Hoyos aus Sevilla zurückgeht, präsentiert den leidenschaftlichen Tanz anhand von interaktiven Exponaten, Flamencokleidern, Gemälden und Fotos von gefeierten Künstlern aus Vergangenheit und Gegenwart. Noch besser sind die Vorführungen (17, 19 und 20.45 Uhr; 22 €) im Hof oder im kleineren Kellersaal (30 € inkl. 1 Getränk). Ein gutes Angebot sind die Kombitickets für das Museum und eine Flamencoshow (26 €).

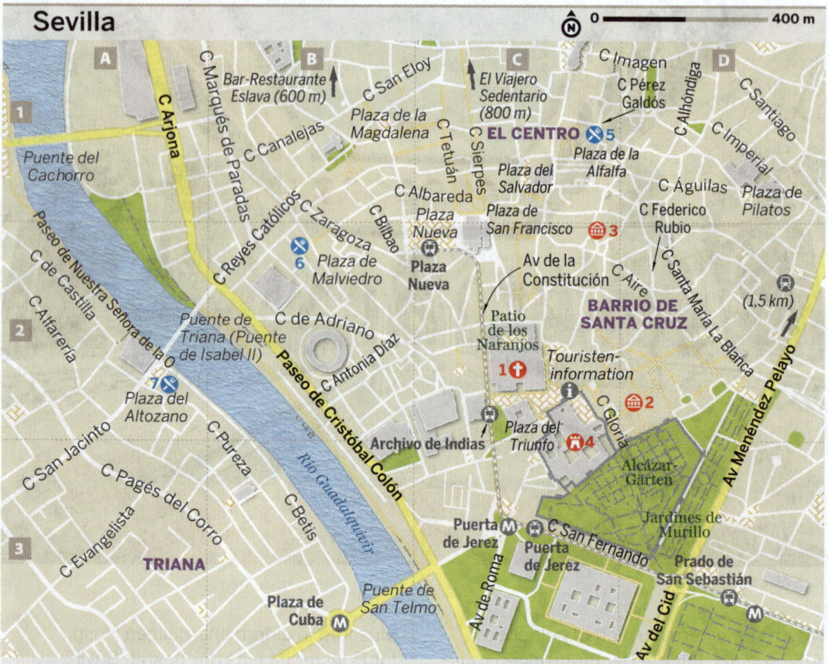

Sevilla

Sehenswertes

1 Catedral de Sevilla & Giralda C2
2 Hospital de los Venerables Sacerdotes D2
3 Museo del Baile Flamenco C2
4 Real Alcázar C3

Essen

5 Fargo C1
6 La Brunilda B2
7 Manu Jara Dulcería A2

GEFÜHRTE TOUREN

Pancho Tours Touren

(☎664 642 904; www.panchotours.com) GRATIS Pancho Tours bietet ausgezeichnete kostenlose Touren, jedoch sollte man die Guides mit ihrem enzyklopädischen Vorrat an Anekdoten und Geschichten aus der faszinierenden Geschichte Sevillas natürlich am Ende mit einem Trinkgeld bedenken. Die Führungen finden gewöhnlich täglich um 11 Uhr statt – Näheres auf der Website. Außerdem werden Radtouren (25 €), Besichtigungen der Kathedrale und des Alcázar ohne Schlangestehen (ab 12,50 €) sowie Touren durchs Nachtleben (10–15 €) geboten.

ESSEN & AUSGEHEN

Manu Jara Dulcería Backwaren €

(☎675 873 674; Calle Pureza 5; Backwaren 1,60–3,50 €; ⊙Mo–Fr 10–14 & 16.30–20.30, Sa & So 10–20.30 Uhr) Die exquisite Konditorei bietet in einem traditionellen Interieur mit Holz und Fliesen himmlische Kuchen- und Tortenkreationen wie cremige *milhojas* (Millefeuille, Vanilleschnitte) mit Sahne. Eine weitere Filiale gibt's in Nervión beim Stadion des FC Sevilla, außerdem einen Bocasú-Stand im nahen Triana-Markt.

La Brunilda Tapas €

(☎954 22 04 81; www.labrunildatapas.com; Calle Galera 5; Tapas 3,20–7,50 €; ⊙Di–Sa 13–16 &

20.30–23.30, So 13–16 Uhr) Die Bar an einer Seitenstraße in Arenal taucht regelmäßig auf Listen mit den besten Tapasläden Sevillas auf und ist wegweisend unter den neuen Gourmettempeln der Stadt. Mit großen blauen Türen, Backsteinbögen und schlichten Holztischen ist das Ambiente locker-modern und auch das kreative Essen macht was her. Früh da sein oder sich in die Warteschlange einreihen.

Fargo Andalusisch, Vegan **€€**
(☎955 27 65 52; www.facebook.com/fargobio; Calle Pérez Galdós 20; Tapas 6–9 €, Hauptgerichte 15–21 €; ⏲12.30–15 & 19.30–23 Uhr;) Das hervorragende Restaurant in der Alfalfa serviert in einem wohltuend anderen Ambiente mit einer legeren Einrichtung, sanftem Licht und ruhiger Musik fast ausschließlich Bio-Kost aus regionalen Zutaten. Am besten sind die Salate, die frischen Säfte und das Ceviche mit Fisch aus dem Parque Nacional de Doñana. Dazu kommen zahlreiche vegetarische und vegane Speisen sowie Naturweine. Hinten gibt's einen Spielbereich für Kinder.

Bar-Restaurante Eslava Fusionsküche, Andalusisch **€€**
(☎954 90 65 68; www.espacioeslava.com; Calle Eslava 3; Tapas 2,90–4,50 €, Hauptgerichte Restaurant 16,50–26 €; ⏲Bar Di–Sa 12.30–24 Uhr, Restaurant Di–Sa 13.30–16 & 20.30–24 Uhr) Das gefeierte Eslava, ein Renner bei Einheimischen wie auch eingeweihten Touristen, hat die traditionelle Tapasbar-Einrichtung mit Kacheln und Stierkampfplakaten durch schlichte blaue Räumlichkeiten und kreative moderne Gerichte ersetzt, z. B. langsam gekochtes Ei auf einem Pilzküchlein oder tolle Schweinsrippchen in einer Honig-Rosmarin-Glasur. Hier ist's stets voll und lebhaft.

El Viajero Sedentario Café
(☎677 53 55 12; Alameda de Hércules 77; ⏲9–14 & 18–2 Uhr) Mit seinen bunten Wandbildern, dem schattigen Innenhof und dem winzigen Innenraum ist dieses Büchercafé ein hübsches Plätzchen zum Abhängen. Los geht's schon mit Frühstück. Nicht selten wird hier an lauen Abenden zu sanften Jazzklängen geschwoft.

PRAKTISCHE INFORMATIONEN

Infos gibt's bei Touristeninformationen in der ganzen Stadt.

Touristeninformation Flughafen (☎954 78 20 35; www.andalucia.org; ⏲Mo–Fr 9–19.30, Sa & So 9.30–15 Uhr)

Touristeninformation (☎954 78 75 78; www.turismosevilla.org; Plaza del Triunfo 1; ⏲Mo–Fr 9–19.30, Sa & So 9.30–19.30 Uhr)

Touristeninformation Bahnhof (www.andalucia.org; Estación Santa Justa; ⏲Mo–Fr 9–19.30, Sa & So 9.30–15 Uhr)

AN- & WEITERREISE

Flughafen Sevilla (Aeropuerto de Sevilla; ☎902 44 90 00; www.aena.es; A4, Km 532), 7 km östlich der Stadt, mit Flügen innerhalb Spaniens und in andere Städte Europas. Ins Stadtzentrum fährt der **EA Bus** (☎955 01 00 10; www.tussam.es; einfach/hin & zurück 4/6 €).

Nach Madrid (2½ Std.) verkehren AVE-Hochgeschwindigkeitszüge, andere Züge fahren nach Barcelona (5½ Std.) und Sevilla (3¼ Std.).

UNTERWEGS VOR ORT

Die Innenstadt von Sevilla ist relativ kompakt und leicht zu Fuß zu erkunden. Auch mit dem Rad ist man gut unterwegs – die Stadt ist flach und es gibt überall Radwege. Busse sind gerade für Touristen eine interessante Option. Autofahren ist im Stadtzentrum eher nicht zu empfehlen.

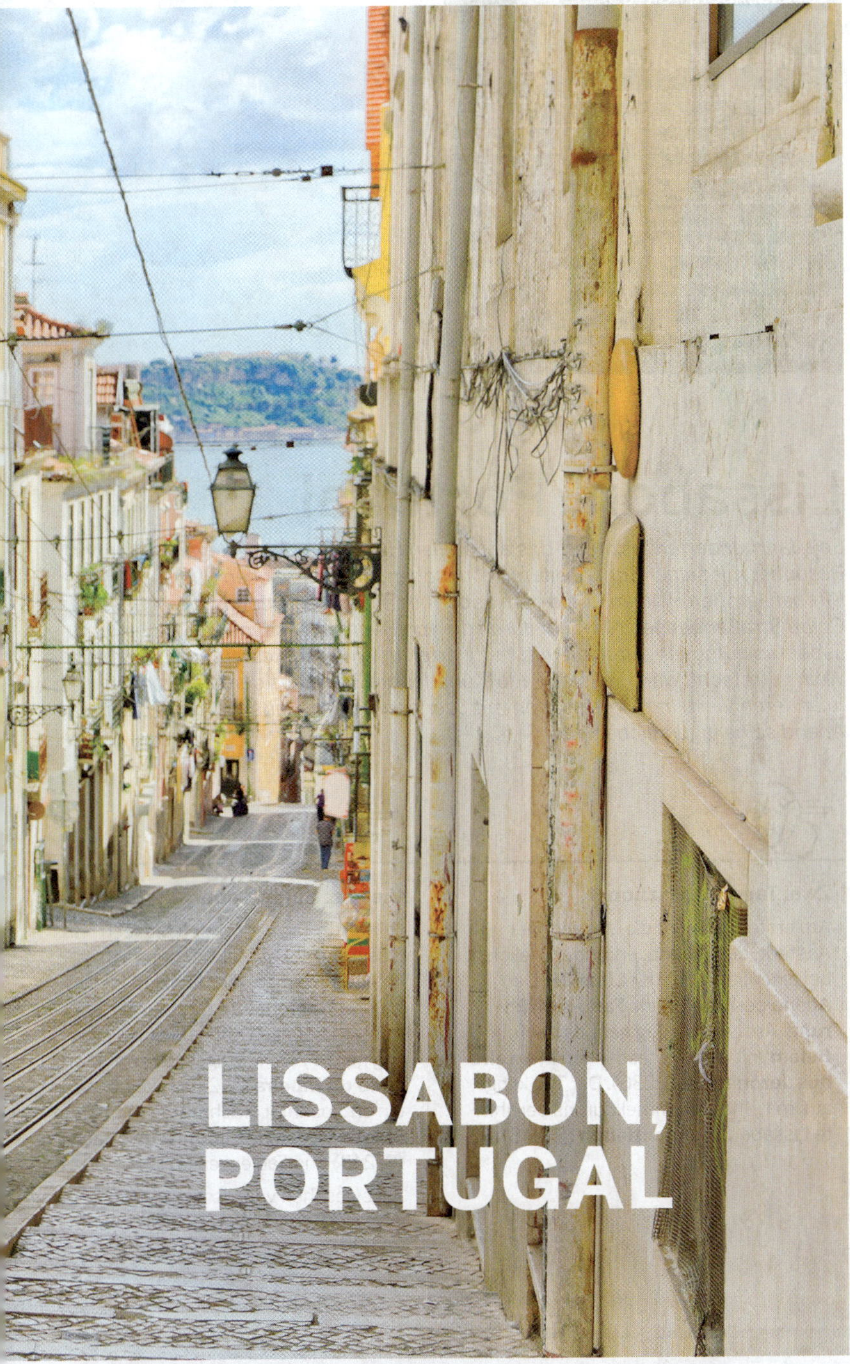

LISSABON, PORTUGAL

In diesem Kapitel

Lissabon, Portugal

Seit Jahrhunderten fasziniert das auf steilen Hügeln am Tejo gelegene Lissabon Besucher mit seiner Schönheit: mit römischen und maurischen Ruinen, weißen Kirchen, großen Plätzen und einem Labyrinth aus engen, gepflasterten Gassen. Gelbe Straßenbahnen rumpeln durch die von Bäumen gesäumten Straßen und lisboêtas *bummeln durch die Altstadtviertel. In winzigen Restaurants wird beim Wein getratscht, während sich Fado-Künstler die Seele aus dem Leib singen. In anderen Vierteln zeigt Lissabon mit Szenebars und Straßenpartys am späten Abend seine jugendliche Seite.*

Zwei Tage in Lissabon

Am ersten Tag wird die Lissabonner Altstadt, die **Alfama**, erkundet, vielleicht bei einer Fahrt mit der **Linie 28**. Den Abend beschließt eine **Fado-Aufführung**. Am zweiten Tag geht es nach **Belém** mit dem fantastischen **Mosteiro dos Jerónimos** (S. 236). Der Tag klingt aus mit einem Bummel durchs berühmte Lissabonner **Nachtleben** (S. 248).

Vier Tage in Lissabon

Der dritte Tag gehört den Museen – in Lissabon gibt es viele zu unterschiedlichsten Themen, ein Highlight ist das **Museu Nacional do Azulejo** (S. 242) mit traditionellen Kacheln. Am vierten Tag geht's zum Mittagessen zum **Mercado da Ribeira** (S. 248). Danach folgt ein entspannter Nachmittag mit tollem Stadtblick vom **Miradouro da Graça** (S. 243) und Faulenzen im Park.

Alles gesehen von Lissabon? Wie wär's jetzt mit Kopenhagen (S. 133) oder Prag (S. 539)?

Vorhergehende Doppelseite: Ascensor da Bica (S. 239)

Karte Lissabon Zentrum (S. 244)

Ankunft

Aeroporto de Lisboa Metroanschluss in die Stadt von der Station Aeroporto; umsteigen in Alameda (grüne Linie) nach Rossio und Baixa. Die 15-minütige Taxifahrt in die Stadt kostet ca. 16 €.

Busbahnhof Sete Rios Busbahnhof für Fernbusse; liegt gleich neben der Metrostation Jardim Zoológico und dem Bahnhof Sete Rios.

Gare do Oriente Größter Zug- und Busbahnhof Lissabons (Strecken in den Norden und nach Spanien) mit Metroanschluss in die übrige Stadt.

Schlafen

Lissabon hat sowohl Boutiquehotels und noble Hostels als auch moderne wie altmodische Pensionen im Angebot. Für die Hauptsaison (Juli–Sept.) muss man auf jeden Fall vorausbuchen. In vielen Pensionen gibt's übrigens keinen Aufzug – wer sein Gepäck also nicht drei Etagen hochschleppen kann oder will, sollte bei der Buchung darauf achten, dass einer vorhanden ist. In den Preisen ist die Touristensteuer von 2 € pro Person und Nacht nicht enthalten.

CHRIS-MUELLER / GETTY IMAGES ©

Mosteiro dos Jerónimos

Das Kloster in Belém ist eine der Top-Sehenswürdigkeiten von Lissabon. Es ist mit der verschnörkelten Kirche und dem Kreuzgang aus gelbem Stein, der von finsteren Wasserspeiern und anderen Fantasiefiguren bewacht wird, eines der schönsten Beispiele des manuelinischen Baustils und ein Unesco-Welterbe.

Toll für ...

☑ **Nicht versäumen**

Die Verzierungen der Kirchenbänke stellen den ersten Renaissance-Holzschmuck Portugals dar.

Die Geschichte des Klosters

Beléms unnachahmliches Highlight ist das Ergebnis einer märchenhaften Verbindung, nämlich der Kunstvorstellung von Diogo de Boitaca mit dem aus dem Gewürzhandel stammenden Reichtum von Manuel I.: Der ließ es zur Feier der Entdeckung des Seewegs nach Indien durch Vasco da Gama 1498 erbauen. Das Bauwerk verkörpert das goldene Zeitalter der portugiesischen Seefahrt und wurde durch die Gewinne aus dem Verkauf der Gewürze finanziert, die Vasco da Gama aus Indien mitbrachte. Die Bauarbeiten begannen 1502, dauerten jedoch fast ein ganzes Jahrhundert. In dem Kloster wirkten Mönche des Hieronymiter-Ordens: Deren Aufgabe bestand vier Jahrhunderte lang darin, Seeleuten Trost zu spenden und für die Seele des Königs zu beten. Dem Erdbeben von 1755 widerstand

Fassadendetail

GORAN BOGICEVIC / SHUTTERSTOCK ©

Gut zu wissen

www.mosteirojeronimos.pt; Praça do Império; Erw./Kind 10/5 €, für Bürger Portugals So bis 14 Uhr frei; Juni–Sept. Di–So 10–18.30 Uhr, Okt.–Mai bis 17.30 Uhr

Kleine Stärkung

Pastéis de Belém (Puddingtörtchen) in der Antiga Confeitaria de Belém (S. 247) einkaufen und in den Gärten gegenüber genießen.

★ Top-Tipp

Ein Kombiticket zusammen mit dem Museu Nacional de Arqueologia kostet nur 12 €; mit der Lisboa Card ist der Eintritt umsonst.

das Kloster, es verfiel aber nach der Auflösung des Ordens 1833. Später diente es bis etwa 1940 als Schule und Waisenhaus. 2007 unterzeichneten hier die EU-Staaten den Vertrag von Lissabon.

Vasco da Gama

Der in den 1460er-Jahren im Alentejo geborene Vasco da Gama war der erste Europäer, der Indien auf dem Seeweg erreichte – ein Schlüsselmoment der portugiesischen Geschichte. Die Seeroute eröffnete Handelswege nach Asien und legte den Grundstein für die Rolle Portugals als Weltmacht. Auf seiner dritten Indienfahrt starb Vasco da Gama 1524 an Malaria.

Die Kirche

Wer die Kirche durchs Westportal betritt, erblickt sogleich baumartige Säulen, die in die Decke zu wachsen scheinen, die selbst wiederum ein steinernes Spinnennetz darstellt. Durch die Fenster fällt ein sanftes goldenes Licht in den Innenraum. Superstar Vasco da Gama liegt gleich links vom Eingang bestattet, gegenüber dem bedeutenden Dichter des 16. Jhs. Luís Vaz de Camões. Von der Empore aus genießt man einen wunderschönen Blick in den Kirchenraum.

Der Kreuzgang

Die fein verzierten Bögen, Schraubenschnecken-Türmchen und mit Blättern, Ranken und Knoten verzierten Säulen des honigfarbenen manuelinischen Kreuzgangs fügen sich zu einem umwerfenden Gesamteindruck. Interessant sind die zeittypischen Symbole wie die astronomische Armillarsphäre und das Ritterordenskreuz, auch die Wasserspeier und die fantastischen Wesen an der oberen Balustrade.

FARBREGAS HARELUYA / SHUTTERSTOCK ©

Lissabons Straßenbahnen

Ein urtypisches Lissabon-Erlebnis ist eine Fahrt mit einer der gelben Straßenbahnen der Stadt. Die Linie 28E ächzt hinauf und durch die Alfama aus maurischer Zeit – mit seinem Gassengewirr und rostfarbenen Dächern das atmosphärischste Stadtviertel. Dabei werden Fahrgäste mit einer kurzweiligen Perspektive auf das urbane Leben belohnt.

Toll für ...

☑ **Nicht versäumen**

Zwei weitere Linien fahren neben der 28E durchs Zentrum: 15E und 18E.

Die alten Trambahnen

Die alten gelben Lissabonner Straßenbahnen, ein Relikt aus der Frühzeit städtischen Transportwesens, wären in den meisten anderen Ländern Europas schon längst im Ruhestand. Ihr Überleben verdanken sie vor allem der Tatsache, dass sie für einen bestimmten Zweck entwickelt wurden: Sie sollten die starken Steigungen in der Lissabonner Innenstadt überwinden und es wäre viel zu teuer, sie zu ersetzen. Die nostalgischen Bahnen, *remodelados* (die Umgestalteten) genannt, zuckeln, rattern und rollen seit 1901 durch die Stadt (davor wurden sie von Pferden gezogen). Der Name rührt daher, dass die Bahnen in den 1990er-Jahren mit „Extravaganzen“ wie besseren Bremsen leicht modernisiert wurden. Einst verkehrten in der Stadt 27 Linien, doch wegen der Metro sind es heute erheblich

weniger, nämlich nur noch fünf – alle Linien werden befahren von *remodelados*.

Haltestellen & Fahrpreise

Die Haltestellen sind an Laternenpfählen oder Oberleitungen mit kleinen gelben *paragem*-Schildern markiert. Wer sein Ticket erst an Bord kauft, zahlt 3 € pro Strecke. Eine Tageskarte kostet nur 6,40 € und ist im gesamten öffentlichen Nahverkehr 24 Stunden gültig.

Linie 28E

Die berühmte Linie 28E, die längste Straßenbahnlinie Lissabons, ist bei Touristen extrem beliebt, da sie durch die Viertel Baixa, Graça, Alfama und Estrela fährt, dabei den steilen Berg von der Baixa zur Burg und zur Alfama sowie drei der sieben anderen Hügel der Stadt erklimmt. Zwischen dem Campo Ourique westlich des Stadtzentrums und Martim Moniz liegen 34 Haltestellen; der interessanteste Teil ist der zwischen Estrela und Graça. Die Bahnen fahren alle elf Minuten, die letzte vor 22 Uhr. Die Fahrt mit den alten Klapperkisten kann unbequem sein (Holzbänke, Stufen und massenhaft Touristen, die sich in die Quere kommen), aber sie lohnt sich: Preisgünstiger lässt sich die Stadt nicht besichtigen.

Da sich in der Linie 28E auf engem Raum oft viele Menschen drängen, ist sie ein bevorzugtes Revier von Taschendieben – also die üblichen Vorsichtsmaßnahmen ergreifen!

Gut zu wissen

Carris (☎213 500 115; www.carris.pt) betreibt alle öffentlichen Verkehrsmittel außer der Metro.

Kleine Stärkung

Die Strecke der Linie 28E säumen zahlreiche Cafés und Restaurants.

★ Top-Tipp

Mit der beliebten Linie 28E fährt man am besten frühmorgens oder abends.

Andere Linien

Zwei weitere Straßenbahnlinien sind die 15E von der Praça da Figueira und Praça do Comércio über Alcântara nach Belém und die 18E von der Praça do Comércio über Alcântara nach Ajuda. Die Linie 15E wird von modernen Gelenkbahnen mit Kartenautomaten an Bord befahren.

Standseilbahnen

Standseilbahnen haben kürzere Betriebszeiten. Der **Ascensor da Bica** fährt die Rua da Bica de Duarte Belo zur Calçada do Combro hoch, der **Ascensor da Glória** von der Praça dos Restauradores zur Rua São Pedro de Alcântara und der **Ascensor da Lavra** vom Largo da Anunciada nahe der Avenida da Liberdade zur Rua Câmara Pestana in Lavra.

Palácio Nacional da Pena

LEOKS / SHUTTERSTOCK ©

Tagestour: Sintra

Ein unvergesslicher Ausflug von Lissabon ist Sintra, das mit seiner Berglandschaft, frischen Wäldern, exotischen Gärten und glanzvollen Palästen wie aus einem Märchenbuch gefallen scheint. Im Zentrum von Sintra Vila, ein Unesco-Welterbe, schmiegen sich pastellfarbene Villen in dicht bewaldete Hügel, die bis hinab zum blauen Atlantik reichen.

Toll für ...

☑ Nicht versäumen

Die außergewöhnlichen Palastküchen und Bankettsäle im Palácio Nacional de Sintra.

Palácio Nacional de Sintra

Der **Palast** (www.parquesdesintra.pt; Largo Rainha Dona Amélia; Erw./Kind 10/8,50 €; ⏲9.30–19 Uhr) ist mit seinen zwei konischen Schornsteinen und den opulent verspielten Sälen eine Mischung aus maurischem und manuelinischem Stil. Die Innenhöfe sind mit Arabesken, Spiralsäulen und *azulejos* (handbemalte Kacheln) aus dem 15. und 16. Jh. gestaltet – mit die ältesten in Portugal.

Quinta da Regaleira

Die märchenhafte **Villa** (www.regaleira.pt; Rua Barbosa du Bocage; Erw./Kind 6/4 €, Führungen 12/8 €; ⏲April–Sept. 9.30–19 Uhr, Okt.–März bis 17 Uhr) ist ein neomanuelinisches Prachtstück, entworfen vom italienischen Opernausstatter Luigi Manini für den brasilianischen „Kaffeebaron“ António Carvalho Monteiro, alias Monteiro dos Milhões

Parque da Pena

ADWO / SHUTTERSTOCK ©

Gut zu wissen

Von den Lissabonner Bahnhöfen Rossio (2,25 €, 40 Min.) und Oriente (2,25 €, 50 Min.) fahren Züge nach Sintra.

Kleine Stärkung

Günstige und moderne portugiesische Küche gibt's im trendigen Incomum (www.incomumbyluissantos.pt).

★ Top-Tipp

Früh oder spät kommen, um den größten Besucheransturm zu vermeiden.

(„Geldsack Monteiro"). Innen ist die Villa überraschend behaglich, trotz der irren Kamine, Fresken und venezianischen Glasmosaiken. Zu sehen sind auch Symbole aus der Mythologie und der Tempelritter.

Palácio Nacional da Pena

Der **Palácio Nacional da Pena** (www.parquesdesintra.pt; Kombiticket mit Parque da Pena Erw./Kind 14/12,50 €; ⏲9.45–19 Uhr) auf einem dicht bewaldeten, oft von Nebelschwaden umhüllten Hügel, ist ein wilder Mix aus Zwiebelkuppeln, maurischen Toren, steinernen Schlangen und zinnenbewehrten Türmen in Rosa und Gelb. Er gilt als großartigster Ausdruck der Romantik des 19. Jhs. in Portugal.

Castelo dos Mouros

Die von Nebel umhüllte **Burgruine** (www.parquesdesintra.pt; Erw./Kind 8/6,50 €; ⏲9.30–20 Uhr), 412 m über dem Meeresspiegel, ragt hoch aus dem Wald empor. Wenn sich die Wolken verziehen, ist der Blick – ebenso wie der Aufstieg – über Hügel und Tal von Sintra mit all den Palästen bis zum glitzernden Atlantik atemberaubend. Die hohen Mauern der maurischen Burg aus dem 10. Jh. ziehen sich am Bergkamm und an Felsbrocken entlang, die so groß wie kleine Busse sind.

Tickets und Infos gibt es am Eingang (10–18 Uhr).

Parque da Pena

Die romantischen **Gärten** (☎219 237 300; www.parquesdesintra.pt; Erw./Kind 7,50/6,50 €, Kombiticket mit Palácio Nacional da Pena 14/12,50 €; ⏲9.30–20 Uhr) voll tropischer Pflanzen, riesiger Rotholzbäume und Baumfarne, Kamelien, Rhododendren und Seen (samt Entenhaus in Form einer Burg) werden fast überragt von König Ferdinands II. schrulligem Palácio Nacional da Pena (nur die Cruz Alta liegt mit 529 m höher). Günstiger wird es mit einem Kombiticket, falls auch der Palácio Nacional da Pena auf dem Besuchsprogramm steht.

SEHENSWERTES

Castelo de São Jorge — Burg

(www.castelodesaojorge.pt; Erw./Stud./Kind 8,50/4 €/frei; ⌚März–Okt. 9–21 Uhr, Nov.–Feb. bis 18 Uhr) Die Hügelfestung Castelo de São Jorge von der Mitte des 11. Jhs. in atemberaubender Lage über Lissabon schleicht sich als Hintergrund in viele Selfies. Von den Burgmauern und schattigen Höfen bieten sich grandiose Ausblicke über die roten Dächer der Stadt hinunter zum Fluss. Im Eintrittspreis enthalten ist eine der drei täglichen Führungen (auf Portugiesisch, Englisch und Spanisch) um 10.30, 13 und 16 Uhr (zusätzliche Führungen möglich).

Convento do Carmo & Museu Arqueológico — Ruine

(www.museuarqueologicodocarmo.pt; Largo do Carmo; Erw./Kind 4 €/frei; ⌚Juni–Sept. Mo–Sa 10–19 Uhr, Okt.–Mai bis 18 Uhr) Der skelettartige Convento do Carmo hoch über Lissabon wurde vom Erdbeben von 1755 fast vollständig zerstört und ist gerade deswegen heute so fesselnd. Seine Pfeiler und Bögen sind den Elementen ausgeliefert. Das Museu Arqueológico beherbergt alte Schätze wie Sarkophage aus dem 4. Jh., mit Greifen überzogene Säulenfragmente, *azulejo*-Täfelungen aus dem 16. Jh. und zwei grausige peruanische Mumien ebenfalls aus dem 16. Jh.

Museu Nacional do Azulejo — Museum

(☎218 100 340; www.museudoazulejo.pt; Rua Madre de Deus 4; Erw./Kind 5 €/frei; ⌚Di–So 10–18 Uhr) Das in einem prächtigen Kloster aus dem 16. Jh. untergebrachte Museu Nacional do Azulejo deckt das gesamte Spektrum der Fliesenkunst ab. Zu den Highlights zählen ein 36 m langes Bild von Lissabon aus der Zeit vor dem großen Erdbeben, ein manuelinischer Kreuzgang mit Gewölbe und feinen blau-weißen *azulejos* sowie eine güldene Barockkapelle.

Sé de Lisboa — Kathedrale

(Largo de Sé; ⌚Di–Sa 9–19, So & Mo bis 17 Uhr) GRATIS Die festungsartige Sé de Lisboa, ein

> *“Das Castelo de São Jorge schleicht sich in viele Selfies”*

Castelo de São Jorge

TONY4URBAN / SHUTTERSTOCK ©

Wahrzeichen Lissabons, wurde 1150 kurz nach der Rückeroberung der Stadt von den Mauren an der Stelle einer Moschee gebaut und in den 1930er-Jahren restauriert. Trotz der Massen draußen ist es im Innenraum, in den durch eine Fensterrose Licht fällt, schön ruhig. Außen an der Kirche sind über den Orangenbäumen grinsende Wasserspeier zu erkennen.

Museu do Fado Museum

(www.museudofado.pt; Largo do Chafariz de Dentro; Erw./Kind 5/3 €; ⏲Di–So 10–18 Uhr) Der portugiesische Fado, der traditionelle melancholische Gesang, entstand in der Alfama. Im Museu do Fado sind seine bittersüßen Harmonien zu hören. Das faszinierendes Museum verfolgt die Geschichte des Fado von seinen Wurzeln in der Arbeiterklasse bis zum Weltruhm.

Igreja & Museu São Roque Kirche, Museum

(www.museu-saoroque.com; Largo Trindade Coelho; Kirche frei, Museum Erw./Kind 2,50 €/frei, So 10–14 Uhr frei; ⏲Mo 14–19, Di, Mi & Fr 10–19, Do 10–20 Uhr, im Winter kürzere Zeiten) Die schlichte Fassade der Jesuitenkirche Igreja de São Roque aus dem 16. Jh. lässt nichts ahnen vom überwältigenden Inneren aus Gold, Marmor und *azulejos* – bezahlt mit Reichtümern aus Brasilien. Highlight ist die **Capela de São João Baptista**, eine Schöpfung aus Amethyst, Alabaster, Lapislazuli und Carrara-Marmor. Das **Museum** neben der Kirche beherbergt sakrale Kunst und Reliquien.

Praça do Comércio Platz

(Terreiro do Paço; Praça do Comércio) Mit den stattlichen Arkaden aus dem 18. Jh., den zitronengelben Fassaden und dem Mosaikpflaster ist die Praça do Comércio am Tejo ein Prachtstück. Alle Schiffsreisenden stiegen hier von Bord und noch heute wirkt der quirlige Platz mit seinen rumpelnden Straßenbahnen wie das Tor zur Stadt.

Museu Nacional dos Coches Museum

(www.museudoscoches.pt; Av. da Índia 136; 8 €, Kombiticket mit Antigo Picadeiro Real 10 €, für Bürger Portugals So bis 14 Uhr frei; ⏲Di–So 10–18 Uhr) Das meistbesuchte Museum Portugals, ein Traum für Aschenputtel-Fans, überwältigt mit seiner spitzenmäßigen Sammlung von 70 Kutschen aus dem 17. bis 19. Jh. in einem hochmodernen (für manche allzu kontrastreichen) Museum, das 2015 eröffnet wurde. Besonders sehenswert sind die umwerfende Karosse von Papst Clemens XI. und die rote und goldene *Kutsche der Ozeane*. Die alte königliche Reitschule **Antigo Picadeiro Real** (Alte

Die Stadt von oben

Der **Miradouro de São Pedro de Alcântara** (Rua São Pedro de Alcântara; ⏲Aussichtspunkt 24 Std., Kiosk So–Mi 10–24, Do–Sa bis 2 Uhr) ist mit dem alten Ascensor da Glória ab der Praça dos Restauradores oder zu Fuß über die steile Calçada da Glória zu erreichen. Der Aussichtspunkt mit Springbrunnen, griechischen Büsten und einem Freiluftkiosk mit Wein, Bier und Imbiss ist umwerfend.

Der **Miradouro da Graça** (Largo da Graça) ist ein beliebter Sommertreffpunkt mit tollem Blick auf Burg und Hügel und einer der besten Orte für den Sonnenuntergang.

Von der **Torre de Belém** (www.torrebelem.pt; Av. de Brasília; Erw./Kind 6/3 €, für portugiesische Einwohner So bis 14 Uhr frei; ⏲Mai–Sept. Di–So 10–18.30 Uhr, Okt.–April bis 17.30 Uhr) in Belém bieten sich hinreißende Aussichten. Der festungsartige Turm ist ein Welterbe der Unesco.

Blick vom Miradouro da Graça

Lissabon Zentrum

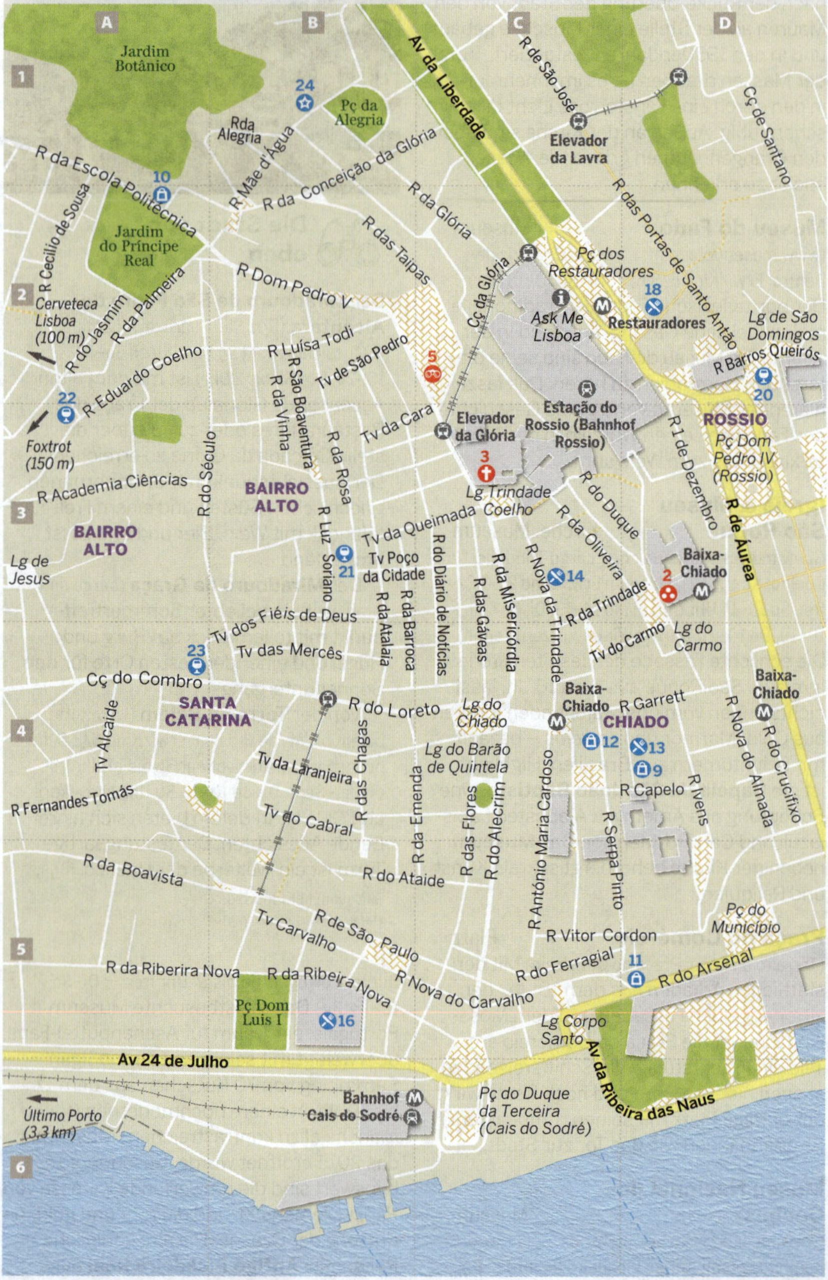

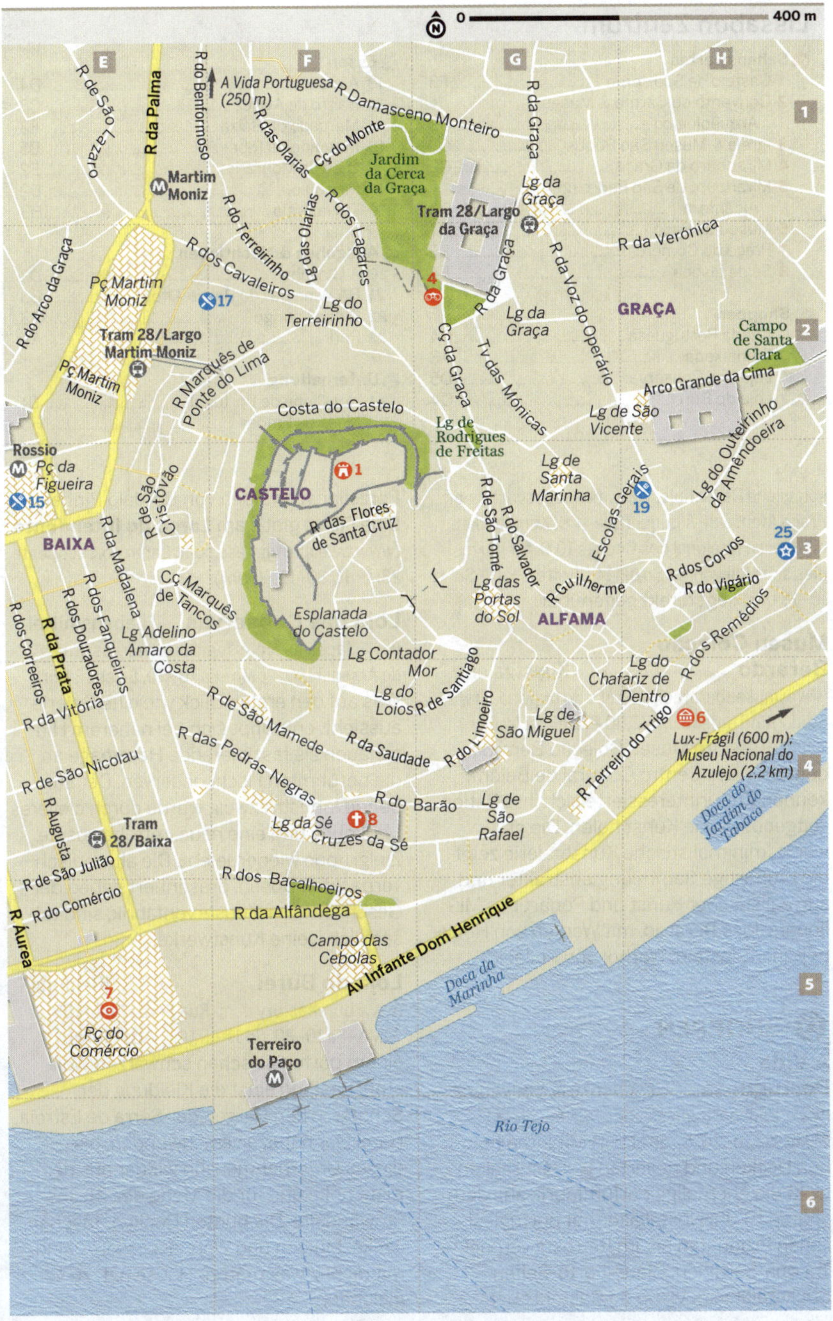
0 400 m
E
F
G
H
1
2
3
4
5
6
A Vida Portuguesa (250 m)
R Damasceno Monteiro
R de São Lazaro
R da Palma
R do Benformoso
R das Olarias
Cç do Monte
Jardim da Cerca da Graça
R da Graça
Lg da Graça
Martim Moniz
R do Terreirinho
Lg das Olarias
R dos Lagares
Tram 28/Largo da Graça
R da Verónica
R dos Cavaleiros
Pç Martim Moniz
17
Lg do Terreirinho
4
R da Graça
Lg da Graça
R da Voz do Operário
GRAÇA
Campo de Santa Clara
R do Arco da Graça
Tram 28/Largo Martim Moniz
Pç Martim Moniz
R Marquês de Ponte do Lima
Cç da Graça
Tv das Mónicas
Arco Grande da Cima
Lg de São Vicente
Costa do Castelo
Lg de Rodrigues de Freitas
Lg do Outeirinho da Amêndoeira
Rossio
Pç da Figueira
15
R de São Cristóvão
1
CASTELO
Lg de Santa Marinha
Escolas Gerais
19
R de São Tomé
R do Salvador
BAIXA
R da Madalena
R das Flores de Santa Cruz
25
R dos Corvos
R do Vigário
Cç Marquês de Tancos
R Guilherme
Lg das Portas do Sol
ALFAMA
R dos Correeiros
R da Prata
R dos Douradores
R dos Fanqueiros
Lg Adelino Amaro da Costa
Esplanada do Castelo
Lg Contador Mor
R dos Remédios
Lg do Chafariz de Dentro
Lg do Loios
R de Santiago
R do Limoeiro
R da Vitória
R de São Mamede
R das Pedras Negras
R da Saudade
Lg de São Miguel
R Terreiro do Trigo
6
Lux-Frágil (600 m); Museu Nacional do Azulejo (2,2 km)
R de São Nicolau
R Augusta
Tram 28/Baixa
R do Barão
Lg da Sé
8
Cruzes da Sé
Lg de São Rafael
Doca do Jardim do Tabaco
R de São Julião
R do Comércio
R dos Bacalhoeiros
R Áurea
R da Alfândega
Campo das Cebolas
Av Infante Dom Henrique
Doca da Marinha
7
Pç do Comércio
Terreiro do Paço
Rio Tejo

Lissabon Zentrum

Sehenswertes
1 Castelo de São Jorge F3
2 Convento do Carmo & Museu Arqueológico D3
3 Igreja & Museu São Roque C3
4 Miradouro da Graça G2
5 Miradouro de São Pedro de Alcântara C2
6 Museu do Fado H4
7 Praça do Comércio E5
8 Sé de Lisboa F4

Shoppen
9 A Vida Portuguesa D4
10 Embaixada A2
11 Loja das Conservas D5
12 Loja do Burel C4

Essen
13 Alma D4
14 Bairro de Avillez C3
15 Mercado da Baixa E3
16 Mercado da Ribeira B5
17 O Zé da Mouraria E2
18 Pinóquio D2
19 Ti-Natércia H3

Ausgehen & Nachtleben
20 A Ginjinha D2
21 BA Wine Bar do Bairro Alto B3
22 Cinco Lounge A3
23 Park A4

Unterhaltung
24 Hot Clube de Portugal B1
25 Mesa de Frades H3

königliche Reitschule; www.museudoscoches.pt; Praça Afonso de Albuquerque; 4 €, Kombiticket mit Museu Nacional dos Coches 10 €, für portugiesische Einwohner So bis 14 Uhr frei; ⌚Di–So 10–18 Uhr) liegt direkt gegenüber.

Museu Coleção Berardo Kunstgalerie
(www.museuberardo.pt; Praça do Império; Erw./Stud./Kind unter 6 J. 5/2,50 €/frei, Sa frei; ⌚10–19 Uhr) Im Museu Coleção Berardo, dem Star des Centro Cultural de Belém, können Kulturinteressierte sich ihre Ration zeitgenössische Kunst holen. Die grellweiße, minimalistische Kunstgalerie zeigt die großartige Sammlung abstrakter und surrealistischer Kunst und Popart des Millionärs José Berardo, mit Werken von Hockney, Lichtenstein, Warhol und Pollack.

SHOPPEN

A Vida Portuguesa Geschenke & Souvenirs
(www.avidaportuguesa.com; Rua Anchieta 11; ⌚Mo–Sa 10–20, So ab 11 Uhr) Mit ihren hohen Decken und polierten Holzschränken lockt die ehemalige Parfümfabrik aus dem späten 19. Jh. Nostalgiker mit portugiesischen Produkten an: im Retrostil verpackte Tricona-Sardinen, Claus-Porto-Seifen, Stickereien aus Viana do Castelo oder Porzellanschwalben von Bordalo Pinheiro. Eine Filiale gibt's am **Largo do Intendente** (www.avidaportuguesa.com; Largo do Intendente 23; ⌚10.30–19.30 Uhr).

Loja das Conservas Lebensmittel
(www.facebook.com/lojadasconservas; Rua do Arsenal 130; ⌚Mo–Sa 10–20, So ab 12 Uhr) Was auf den ersten Blick wie eine Galerie aussieht, entpuppt sich bei näherem Hinschauen als faszinierende Hommage an die berühmten Fischkonserven. Der sterbende Industriezweig wurde durch cleveres Marketing und eine neue, retrobewusste Zielgruppe wiederbelebt. Die altmodisch verpackten Dosen, präsentiert neben der Geschichte der Konservenfabrik, sind tatsächlich kleine Kunstwerke.

Loja do Burel Kleidung
(www.burelfactory.com; Rua Serpa Pinto 15B; ⌚Mo–Sa 10–20, So 11–19 Uhr) Aus Burel, einem portugiesischen schwarzen Wollstoff, bestand einst die Kleidung der Schäfer in den Bergen der Serra de Estrela. Burel war nahezu verschwunden, bis dieses Unternehmen ihn wieder aus der Kiste holte und für die Mode des 21. Jhs. umwandelte. Die bunten Decken, Taschen, Jacke, Mützen und Wohnaccessores sind mit nichts, was man zu Hause hat, zu vergleichen.

Embaixada Einkaufszentrum
(www.embaixadalx.pt; Praça do Príncipe Real 26; ⌚Mo–Fr 12–20, Sa & So 11–19 Uhr, Restaurants bis 14 Uhr) Man nehme einen schönen, neomaurischen Palast aus dem 19. Jh., fülle ihn mit Mode, Design und supercoolen Konzeptläden und schon hat man eines der spannendsten Einkaufserlebnisse Lissabons: Embaixada. Um eine breite Prachttreppe im Innenhof verkaufen Boutiquen u. a. alte Schallplatten, Biokosmetik, Öko-Wohnaccessoires, zeitgenössische portugiesische Keramik und Edelmode.

ESSEN

Antiga Confeitaria de Belém Gebäck €
(Pastéis de Belém; www.pasteisdebelem.pt; Rua de Belém 84–92; Gebäck ab 1,10 €; ⌚Okt.–Juni 8–23 Uhr, Juli–Sept. bis 24 Uhr) Seit 1837 geleitet diese Konditorei ihre Kunden mit himmlischen *pastéis de Belém* ins zuckersüße Paradies. Die knusprigen Gebäcknester werden mit Vanillecreme gefüllt, bei 200 °C gebacken, bis sie oben eine goldbraune Schicht bilden, und dann leicht mit Zimt bestäubt. Beim Schlangestehen kann man die *azulejos* in den Gewölberäumen bewundern und dann ein noch warmes Törtchen an der Theke essen und die geheimen Zutaten erraten.

Casa Bota Feijão Portugiesisch €
(☎218 532 489; www.restaurantebotafeijao.pt; Rua Conselheiro Lopo Vaz 5; halbe/ganze Portion 8,50/12 €; ⌚Mo–Fr 8–20 Uhr) Die schlichte Einrichtung und der Blick auf die Bahntrasse sollten nicht täuschen – wenn ein verstecktes Lokal unter der Woche mittags so voll mit Einheimischen ist, muss es wohl was richtig machen. Alle wollen hier nur das eine: *leitão* nach Bairrada-Art, Spanferkel, das über offenem Feuer am Spieß gebraten wird, bis es saftig und zart ist, dazu eine pfeffrige Knoblauchsauce.

Ti-Natércia Portugiesisch €
(☎218 862 133; Rua Escola Gerais 54; Hauptgerichte 5,50–12 €; ⌚Di–Fr 19–24, Sa 12–15 & 19–24 Uhr) „Tante" Natércia mit ihrer köstlichen Hausmannskost ist eine harte Nuss: Es gibt nur sechs Tische, die schnell besetzt sind. Und während man ihre hervorragenden Varianten klassischer Gerichte verschlingt, kaut sie einem ein Ohr ab (und nimmt kein Blatt vor den Mund). Reservierung ist ein Muss. Nur Barzahlung.

Pinóquio Portugiesisch €€
(☎213 465 106; www.restaurantepinoquio.pt; Praça dos Restauradores 79; Hauptgerichte 17–26 €; ⌚12–24 Uhr; 📶) Das trubelige Pinóquio ist leicht zu übersehen, da es in der Ecke einer *praça* teilweise von einem Souvenirstand verdeckt ist. Mit den weißen Tischdecken und erbsgrünen Wänden wirkt es hübsch altmodisch. Emsige Kellner servieren umwerfende Klassiker: *arroz de pato* (Reis mit Ente), *feijoada* (Eintopf) mit Meeresfrüchten, *arroz de bacalhau* (Reis mit Kabeljau) und Schweinekoteletts mit Mandeln und Koriander.

O Zé da Mouraria Portugiesisch €€
(☎218 865 436; Rua João do Outeiro 24; Hauptgerichte für 2 Pers. 16,50–33,50 €; ⌚Mo–Sa 12–16 Uhr; 📶) Hinter den Schwingtüren befindet sich eine typisch portugiesische *tasca* (Taverne): portugiesische Hausmannskost, blau-weiß gekachelte Wände, karierte Tischdecken – diese Küche ist eine der besten Lissabons. Der gebackene Kabeljau mit Kichererbsen, Zwiebeln, Knoblauch und Olivenöl ist zu recht beliebt, die Tagesgerichte (Reise mit Ente mittwochs!) verleiten zur Wiederkehr. Die Bedienung ist allerdings hoffnungslos.

Último Porto Fisch & Meeresfrüchte €€
(☎308 808 939; Estação Marítima da Rocha do Conde de Óbidos; Hauptgerichte 8,50–17 €; ⌚Mo–Sa 8–16.30 Uhr) Das Fischlokal ist aus gutem Grund ein absoluter Geheimtipp der Einheimischen: Es verbirgt sich zwischen Kränen, Containern und Hafengebäuden und ist nur mit der Hilfe Gottes zu finden. Der wunderbare, schlicht gegrillte Fisch mit Wein aus dem Alentejo und Douro lockt die Gäste in Massen an. María do Céu steht persönlich am riesigen Grill.

Essen auf dem Markt

In der überkuppelten Markthalle **Mercado da Ribeira** (www.timeoutmarket.com; Av. 24 de Julho; ⌚So–Mi 10–24, Do–Sa bis 2 Uhr, Markttage Mo–Sa 6–14 Uhr; 📶), einem Gourmet-Foodcourt und chaotischen, kulinarischen Mikrokosmos, werden schon seit 1892 Obst und Gemüse, Fisch und Blumen verkauft. Hier gibt's Wein von Garrafeira Nacional, Steaks im Café de São Bento, Wurst von Manteigaria Silva und Kreationen des Sternekochs Henrique Sá Pessoa, außerdem diverse Mittagsgerichte in den Buden. Der Markt und herrliche Foodcourt **Mercado da Baixa** (www.adbaixapombalina.pt/mercado-da-baixa; Praça da Figueira; ⌚letztes Wochenende im Monat Fr–So 10–22 Uhr) von 1855 in einem Zelt in der Baixa ist ein Feinschmeckermekka mit Käse, Wein, Räucherwurst und anderen Gourmetleckereien sowie mit Imbissbuden.

Gäste im Mercado da Ribeira
RADU BERCAN / SHUTTERSTOCK ©

Bairro de Avillez Portugiesisch €€
(☎215 830 290; www.bairrodoavillez.pt; Rua Nova da Trindade 18; kleine Tapas 2–16,50 €, große Tapas 7–18,50 €; ⌚12–24 Uhr; 📶) Dies ist der jüngste kulinarische Traum des berühmtesten Küchenchefs Portugals, des Sternekochs José Avillez. Er hat sein Feinschmeckerrestaurant als „Stadtviertel" mit Räumen im unterschiedlichen Ambiente eingerichtet, von einer traditionellen Taverne bis zu einem avantgardistischen Gourmetvarieté.

Alma Modern Portugiesisch €€€
(☎213 470 650; www.almalisboa.pt; Rua Anchieta 15; Hauptgerichte 32–36 €, Probiermenü 110–120 €; ⌚Di–So 12–15 & 19–23 Uhr; 📶) Das Alma von Henrique Sá Pessoa hat zwei Michelinsterne, ist eines der Edelrestaurants Portugals und bietet unserer bescheidenen Meinung nach das beste Gourmeterlebnis Lissabons. Mit seinen alten Steinböden und wunderschönen Holztischen verströmt das Alma eine dezente Eleganz, doch im Mittelpunkt steht ganz klar Pessoas außergewöhnliche neue portugiesische Küche, die Feinschmecker von nah und fern anlockt.

Feitoria Modern Portugiesisch €€€
(☎210 400 208; www.restaurantefeitoria.com; Altis Belém Hotel, Doca do Bom Sucesso; Hauptgerichte 39–40 €, Probiermenü 85–135 €, mit Wein 130–195 €; ⌚Mo–Sa 19.30–22 Uhr; 📶) Im schicken, zeitgenössischen Sternerestaurant des Küchenchefs João Rodrigues am Fluss wartet ein einmaliges Gourmeterlebnis. Gehaltvolle Konsistenzen und klare, leichte Aromen dominieren in allen drei Probiermenüs, die Portugals kulinarischen Reichtum präsentieren. Täubchen mit Wildpilzen, Foie gras und Trüffel, Feuergarnelen von der Algarve und iberischer Schweinenacken begeistern mit jedem Bissen.

AUSGEHEN & NACHTLEBEN

Park Bar
(www.facebook.com/parklisboaofficial; Calçada do Combro 58; ⌚Di–Sa 13–2, So bis 20 Uhr; 📶) Wenn doch nur alle Parkhäuser so aussehen würden wie dieses ... Man fährt mit dem Fahrstuhl in den fünften Stock, geht dann bis ganz nach oben und landet in einer der hippsten Dachbars Lissabons, mit weiten Ausblicken bis runter zum Rio Tejo und zu den Glockentürmen der Igreja de Santa Catarina.

BA Wine Bar do Bairro Alto Weinbar
(☎213 461 182; bawinebar@gmail.com; Rua da Rosa 107; ⌚Di–So 18–23 Uhr; 📶) Wer die beste Weinbar im Bairro Alto besuchen will, muss

reservieren. Hier bieten die wirklich netten Angestellten drei fantastische Kostproben je nach Weinvorlieben an (Wein ab 5 €; Probiergläser für 1/4 Pers. 13/47 €). Der Käse von kleinen Erzeugern und die Wurst (die zarten Iberico-*presuntos* zergehen auf der Zunge) sind ebenfalls Spitze. Reservierung ist erforderlich.

Cinco Lounge Lounge

(www.cincolounge.com; Rua Ruben António Leitão 17; ⏱21–2 Uhr) Man nehme einen mit Preisen ausgezeichneten, in London geborenen Barmixer, Dave Palethorpe, füge ein Ambiente in Türkistönen und Kerzenlicht hinzu und gebe dem Ganzen einen flippigen Touch – *et voilà* – hat man die Cinco Lounge. Geboten werden nette Unterhaltung, legendäre Cocktails (7,50–15 €) und sogar Cocktail-Workshops. Es wird nur Barzahlung akzeptiert.

Foxtrot Bar

(www.barfoxtrot.com; Tv Santa Teresa 28; ⏱Mo–Do 18–2, Fr & Sa bis 3, So 20–2 Uhr; 📶) Eine Türklingel mit Kuckucksuhrton kündigt neue Gäste in dem dunklen, dekadenten Stück Jugendstilglamour an, das seit 1978 eine Bar ist. Das Foxtrot sorgt mit jazziger Musik und einer peinlich genauen Cocktailkarte auf Transparentpapier (Cocktails 7–15 €) für eine sanfte Atmosphäre. Eine wunderbar stimmungsvolle Bar.

Cerveteca Lisboa Craft-Bier

(www.cervetecalisboa.com; Praça das Flores 62; ⏱So–Do 15.30–1, Fr & Sa bis 2 Uhr; 📶) Lissabons beste Bar für Craft-Bier ist ein Geschenk des Bierhimmels: 14 häufig wechselnde Biersorten vom Fass (zwei davon handgepumpt) stammen von portugiesischen und nordeuropäischen Kleinbrauereien, darunter zahlreiche lokale Gebräue. Bierliebhaber werden nicht nur von den IPAs aus Lissabon begeistert sein, darunter Spitzenbiere wie Dois Corvos und 8ª Colina, sondern könnten über die Auswahl allein Purzelbäume schlagen. *Adeus,* Lagerbiere!

„Hipster, Senioren, Angestellte und Touristen treffen sich in dieser ginjinha*-Bar"*

A Ginjinha

★ Das beste Essen

Alma (S. 248)

Mercado da Ribeira (S. 248)

Pinóquio (S. 247)

O Zé da Mouraria (S. 247)

Antiga Confeitaria de Belém (S. 247)

Von links: Pastéis de Belém (portugiesische Törtchen); O Zé da Mouraria (S. 247); Foxtrot (S. 249)

SABINO PARENTE / 500PX ©

HEMIS / ALAMY STOCK PHOTO ©

A Ginjinha Bar

(Largo de Saõ Domingos 8; ⌚9–22 Uhr) Hipster, Senioren mit Schiebermütze, Büroangestellte und Touristen treffen sich in dieser klitzekleinen *ginjinha*-Bar, um sich am namengebenden Sauerkirschlikör (1,40 € pro Gläschen) zu laben.

Lux-Frágil Club

(www.luxfragil.com; Av. Infante D Henrique, Armazém A, Cais de Pedra; ⌚Do–Sa 23–6 Uhr) In Lissabons supercoolem Club Lux legen bekannte DJs Electro und House auf. Der Club wurde von dem mittlerweile verstorbenen Club-Impresario Marcel Reis gegründet und gehört teilweise John Malkovich. Von der Terrasse aus kann man dem Sonnenaufgang über dem Rio Tejo zusehen oder entspannt wie ein König oder eine Königin auf einem der thronartigen Stühle sitzen.

✪ UNTERHALTUNG

Hot Clube de Portugal Jazz

(☎213 460 305; www.hcp.pt; Praça da Alegria 48; ⌚Di–Sa 22–2 Uhr) In dem kleinen, mit Plakaten zugepflasterten Keller (jetzt mit Garten) treten schon seit den 1940er-Jahren Jazzmusiker der Weltklasse auf. Der Club gilt als einer der besten Europas.

Mesa de Frades Livemusik

(☎917 029 436; www.facebook.com/mesadefradeslisboa; Rua dos Remédios 139A; Shows 50 €; ⌚Mo–Sa 20–2.30 Uhr) Das winzige Mesa de Frades war einst eine Kapelle und ist heute ein magischer Ort, um portugiesischen Fado zu hören. Es ist mit feinen *azulejos* gekachelt und hat nur ein paar Tische, alles in einem dämmrigen und reizvollen Halbgeschoss. Die Shows beginnen gegen 22.30 Uhr.

ⓘ PRAKTISCHE INFORMATIONEN

Ask Me Lisboa (☎213 463 314; www.askmelisboa.com; Praça dos Restauradores, Palácio Foz; ⌚9–20 Uhr) Die größte und nützlichste Touristeninformation Lissabons befindet sich im Palácio Foz an der Praça dos Restauradores. Der Schalter hält Karten und Infos bereit und bucht Unterkünfte und Mietwagen.

ELIJAH LOVKOFF / ALAMY STOCK PHOTO ©

AN- & WEITERREISE

BUS

Der wichtigste Fernbusbahnhof Lissabons ist der **Terminal Rodoviário de Sete Rios** (Praça General Humberto Delgado, Rua das Laranjeiras) neben der Metrostation Jardim Zoológico und dem Zugbahnhof Sete Rios.

FLUGZEUG

Der rund 6 km nördlich vom Stadtzentrum gelegene, ultramoderne **Aeroporto de Lisboa** (Flughafen Lissabon; ☎218 413 500; www.ana.pt/pt/lis/home; Alameda das Comunidades Portuguesas) hat Direktflüge zu allen wichtigen internationalen Drehscheiben wie London, Berlin, Paris und Frankfurt. Billigfluglinien (easyJet, Ryanair, Transavia, Blue Air und Wizz Air) starten am weniger gut organisierten Terminal 2 – wer mit der Metro am Flughafen ankommt, muss extra Zeit für den Shuttlebus zu diesem Terminal einplanen.

ZUG

Lissabon ist auch per Zug gut zu erreichen. Fahrpläne stehen auf der Website der **Comboios de Portugal** (☎707 210 220; www.cp.pt) – dort sind auch oft verbilligte Angebote erhältlich.

UNTERWEGS VOR ORT

Lisboa Move-me (www.move-me.mobi; iOS/Android) und **Lisboa Viagem by Transporlis** (Android) sind Apps für Echtzeitstrecken und Abfahrts-/Ankunftszeiten im Stadtverkehr.

Metro Lissabons U-Bahn ist das schnellste Verkehrsmittel der Stadt; nützlich für die Fahrt zum Gare do Oriente und Parque das Nações. Betriebszeit ist von 6.30 bis 1 Uhr.

Straßenbahn Mit ihr lassen sich die Stadtviertel auf den Hügeln (Alfama, Castelo, Graça) und im Westen (Estrela, Campo de Ourique) erkunden. Betriebszeit ist von 5/6 Uhr bis etwa 22/23 Uhr.

Bus Gut, um das Viertel Príncipe Real zu erreichen.

PARIS, FRANKREICH

In diesem Kapitel

Paris, Frankreich

Die zauberhafte Hauptstadt Frankreichs besitzt legendäre Wahrzeichen und weltberühmte Museen mit wunderbaren Kunstschätzen. Cremefarbene Stadthäuser aus der Haussmann-Ära, taubengraue Mansardendächer, von alten Laternen gesäumte Brücken und Parks mit Springbrunnen prägen das Stadtbild. Ein wesentliches Paris-Erlebnis ist Essengehen – ob in Bistros, Sternerestaurants, boulangeries *(Bäckereien) oder auf den Straßenmärkten. Jenseits der filmreifen Kulisse liegt der eigentliche Zauber der Stadt im Unerwarteten: in den versteckten grünen Oasen, den unbekannten kleinen Museen und sonnenbeschienenen Caféterrassen.*

Zwei Tage in Paris

Los geht's möglichst früh mit dem **Louvre** (S. 260) oder dem **Eiffelturm** (S. 256). Danach folgen ein Bummel über die Champs-Élysées und der Aufstieg auf den **Arc de Triomphe** (S. 277). Am zweiten Tag stehen eine Bootsfahrt auf der Seine sowie der Besuch des **Musée d'Orsay** (S. 282) und des **Musée Rodin** (S. 282) auf dem Programm. Eine gute Alternative ist ein Tagesausflug nach **Versailles** (S. 270). Zum Abendessen lädt der stimmungsvolle Stadtteil St-Germain.

Vier Tage in Paris

Tag drei gehört der Erkundung von **Montmartre** (S. 276). Am vierten Tag ist Zeit für eine Top-Sehenswürdigkeit, die man am ersten Tag ausgelassen hat. Nach einem Picknick im Park geht es nachmittags auf den **Flohmarkt St-Ouen** (S. 284) oder zum Prominentenfriedhof **Cimetière du Père Lachaise** (S. 279). Abends bieten sich eine Aufführung in der **Opéra Bastille** (S. 289) oder **Philharmonie de Paris** (S. 290) und ein Kneipenbummel im Marais an.

Noch nicht genug von Frankreich? Dann lockt im Süden die Provence (S. 293).

Vorhergehende Doppelseite: Arc de Triomphe (S. 277)

Ankunft

Aéroport Charles de Gaulle Züge (RER), Busse und Nachtbusse ins Zentrum 6 bis 18 €; Taxi 50 bis 55 €.

Aéroport d'Orly Züge (Orlyval, dann RER), Busse und Nachtbusse ins Stadtzentrum 8,70 bis 13,25 €; Tram T7 nach Villejuif–Louis Aragon, dann Métro ins Stadtzentrum (3,80 €); ein Taxi kostet 30 bis 35 €.

Bahnhof Gare du Nord Im Stadtzentrum; ans Métronetz angeschlossen (1,90 €).

Schlafen

In Paris gibt es eine reichhaltige Auswahl an Unterkünften jeder Preisklasse, aber viele sind oft *complet* (d. h. ausgebucht). Es ist immer besser, vorab zu buchen; von April bis Oktober und rund um die Feiertage sowie in den Schulferien geht ohne Reservierung praktisch gar nichts.

Pariser Hotelzimmer sind vergleichsweise klein. Das Frühstück ist meistens nicht im Übernachtungspreis inbegriffen und eher bescheiden.

RCLASSENLAYOUTS / GETTY IMAGES ©

Eiffelturm

Heute kann sich niemand mehr Paris ohne ihn vorstellen, dabei wurde der Turm eigentlich nur als temporäres Bauwerk für die Weltausstellung von 1889 errichtet. Heute ist er ein Wahrzeichen der Pariser Skyline.

Toll für ...

☑ Nicht versäumen

Nachts glitzert der Turm immer zur vollen Stunde fünf Minuten im Schein von 20 000 Sechs-Watt-Lämpchen. Der beste Blick auf die Lightshow bietet sich von den Jardins du Trocadéro am anderen Seine-Ufer.

Der nach seinem Konstrukteur Gustave Eiffel benannte Turm wurde für die Weltausstellung 1889 gebaut. An der Konstruktion, für die 2,5 Mio. Nieten verbaut wurden, schufteten 300 Arbeiter zwei Jahre lang. Bei seiner Fertigstellung war der Turm mit 324 m Höhe das höchste Bauwerk der Welt. Erst 1930 musste er den ersten Platz an das Chrysler Building in New York abgeben. Dieses Symbol der Moderne stieß bei der Kunst- und Literaturelite von Paris auf heftigen Widerstand, wurde als „Metallspargel" verunglimpft und sollte eigentlich 1909 wieder abgerissen werden. Letztlich durfte er stehen bleiben, weil er sich als Antennenmast für die neue Funktechnik anbot.

Ticketkauf

Tickets sollte man online kaufen, um sich die kolossal langen Warteschlangen zu ersparen. Tickets einfach ausdrucken bzw.

Blick vom Eiffelturm auf den Parc du Champ de Mars

ANSHARPHOTO / SHUTTERSTOCK ©

auf dem Smartphone vorzeigen. Sonst muss man in der Hauptsaison mit Wartezeiten weit über eine Stunde rechnen.

Karten für die Treppen gibt es nicht online. Der Ticketverkauf ist am Südpfeiler; dort befindet sich auch der Aufgang: Es sind 360 Stufen bis zur 1. und noch einmal 360 Stufen bis zur 2. Etage.

Hat man es zu Fuß oder mit dem Lift bis zur 2. Etage geschafft, geht es nur noch per Aufzug weiter nach oben. Kinderwagen müssen im Aufzug zusammengeklappt werden; Taschen und Rucksäcke dürfen nicht größer sein als Handgepäck im Flugzeug.

Trotz der 2,5 m hohen kugelsicheren Glaswand um den Turm ist sein Fuß immer noch kostenlos zugänglich, nachdem man die Sicherheitskontrolle passiert hat. Die Glaswand und die renovierte 2. Etage sind Teil eines auf 15 Jahre und 300 Mio. € angelegten Modernisierungsprojekts.

Gut zu wissen

☎08 92 70 12 39; www.toureiffel.paris; Champ de Mars, 7e; Aufzug zur Spitze Erw./Kind 25/12,50 €, Aufzug zur 2. Ebene 16/8 €, Treppe zur 2. Ebene 10/5 €; ⌚Aufzüge & Treppen Mitte Juni–Aug. 9–0.45 Uhr, Sept.–Mitte Juni Aufzüge 9.30–23.45 Uhr, Treppen 9.30–18.30 Uhr; Ⓜ Bir Hakeim oder RER Champ de Mars–Tour Eiffel

Kleine Stärkung

Im Turm: Restaurants, Macaroon Bar (2.) oder Bar à Champagne (3. Etage).

★ Top-Tipp

Der schönste Ausblick auf die Stadt ist zum Sonnenuntergang.

1. Etage

Von den drei Etagen des Turms bietet die erste in 57 m Höhe am meisten Platz, die Aussicht ist nicht sehr spektakulär. Im gläsernen **Pavillon Ferrié** gibt es 360°-Panoramafilme, ein kleines Café und einen Souvenirshop. Der äußere Umgang ist als Entdeckungstour zur Konstruktion des Turms gestaltet. Glasböden bieten einen schwindelerregenden Blick auf die ameisenkleinen Menschen unter einem.

Auf dieser Ebene befindet sich auch die Brasserie **58 Tour Eiffel** (Karte S. 278; ☎08 25 56 66 62; www.restaurants-toureiffel.com; Menü mittags 41 €, abends 86–125 €; ⌚11.30–15.30 & 18.30–23 Uhr;).

Nicht alle Aufzüge halten in der 1. Etage. Wer ungewollt auf der 2. Etage landet, kann aber leicht in die 1. Etage hinabsteigen.

2. Etage

Am besten ist die Aussicht von der 2. Etage (115 m): Von hier sind noch die Details der Stadt auszumachen. Teleskope und Panoramatafeln helfen, Sehenswürdigkeiten zu erkennen. Schaukästen geben Einblick in die Aufzugmechanik und durch den verglasten Sichtschacht kann man in die Tiefe gucken. Ebenfalls hier: Toiletten, ein Andenkenladen und das Gourmetrestaurant **Le Jules Verne** (Karte S. 278).

3. Etage

Auf der 3. und obersten Etage (276 m) pfeift einem der Wind um die Ohren. An klaren Tagen reicht der Blick 60 km weit – aber wer Details erkennen möchte, ist zu weit weg. Die „Bezwingung" des Eiffelturms lässt sich mit einem Gläschen Sekt (13–22 €) von der Bar à Champagne (geöffnet 11–22.30, Juli/August bis 24 Uhr) feiern. In dem nachgebauten Arbeitszimmer von Gustave Eiffel sind Wachsfiguren des Ingenieurs und seiner Tochter im Plausch mit Thomas Edison zu sehen. Von der 2. auf die 3. Etage fährt ein separater Aufzug (bei starkem Wind geschlossen).

Was gibt's in der Nähe?

Parc du Champ de Mars Park

(Karte S. 278; Champ de Mars, 7e; 24 Std.; M École Militaire oder RER Champ de Mars–Tour Eiffel) Die Grünanlage des „Marsfelds", die vom Eiffelturm nach Südosten verläuft, ist ideal für ein Picknick. Sie diente im 18. Jh. als Exerzierplatz für die Kadetten der **École Militaire**. Zu den Absolventen der klassizistischen Akademie am Südostende des Parks zählte auch Napoleon Bonaparte. Das Denkmal **Mur pour la Paix** (Mauer für den Frieden; Karte S. 278; http://wallforpeace.org; M École Militaire oder RER Champ de Mars–Tour Eiffel) aus Stahl und graviertem Glas schuf Clara Halter im Jahr 2000.

Bar à Champagne auf der obersten Ebene

Musée du Quai Branly – Jacques Chirac Museum

(Karte S. 278; ☎01 56 61 70 00; www.quaibranly.fr; 37 quai Branly, 7e; Erw./Kind 10 €/frei; ⊙Di, Mi & So 11–19, Do–Sa 11–21 Uhr, in den Schulferien auch Mo 11–19 Uhr; Ⓜ Alma Marceau oder RER Pont de l'Alma) Als Hymne auf die kulturelle Vielfalt der Menschheit präsentiert das Museum indigene und volkstümliche Kunst aus aller Welt. Die vier Hauptabteilungen (Ozeanien, Asien, Afrika, Amerika) zeigen Masken, Schnitzereien, Waffen, Schmuck und vieles mehr in einem ungewöhnlichen Interieur ohne Raumeinteilung. Auch die Wechselausstellungen des Museums sind in der Regel ausgezeichnet.

★ Schon gewusst?

Den Turm neu anzustreichen ist ein Mammutprojekt, das 25 Arbeiter 18 Monate beschäftigt. Alle sieben Jahre werden insgesamt 60 Tonnen Farbe aufgetragen.

PI03 / SHUTTERSTOCK ©

Musée Guimet des Arts Asiatiques Museum

(Karte S. 278; ☎01 56 52 54 33; www.guimet.fr; 6 place d'Iéna, 16e; Erw./Kind 8,50 €/frei; ⊙Mi–Mo 10–18 Uhr; Ⓜ Iéna) Das Musée Guimet hütet Frankreichs bedeutendste Sammlung asiatischer Kunst aus der riesigen Region von Afghanistan bis Japan. An manchen Exponaten lässt sich die Ausbreitung des Buddhismus und verschiedener Kunststile entlang der Seidenstraße verfolgen, von den Gandhara-Buddhas des 1. Jhs. aus Afghanistan und Pakistan bis zu späteren buddhistischen Kunstwerken aus Zentralasien, China und Japan. Ein Teil der Sammlung, der vor allem aus buddhistischen Gemälden und Skulpturen besteht, befindet sich in den nahen **Galeries du Panthéon Bouddhique** (Karte S. 278; www.guimet.fr; 19 av. d'Iéna, 16e; im Eintritt zum Musée Guimet enthalten; ⊙Mi–Mo 10–18 Uhr, Garten zu Sonderveranstaltungen; Ⓜ Iéna), zu denen ein **Japanischer Garten** gehört.

Palais de Tokyo Kunstgalerie

(Karte S. 278; ☎01 81 97 35 88; www.palaisdetokyo.com; 13 av. du Président Wilson, 16e; Erw./Kind 12 €/frei; ⊙Mi–Mo 12–24 Uhr; Ⓜ Iéna) Das Gebäude, das zur Weltausstellung 1937 entstand, beherbergt keine ständige Sammlung. Der Innenraum aus Beton und Stahl dient als nüchterne Kulisse für wechselnde interaktive Installationen und Ausstellungen zeitgenössischer Kunst. Der Buchladen ist eine Fundgrube für Kunst- und Designmagazine; außerdem gibt es ein fabelhaftes Angebot an Essen und Trinken.

Musée Marmottan Monet Kunstgalerie

(☎01 44 96 50 33; www.marmottan.fr; 2 rue Louis Boilly, 16e; Erw./Kind 12/8,50 €; ⊙Di, Mi & Fr–So 10–18, Do bis 21 Uhr; Ⓜ La Muette) Das kleine Museum hütet rund 100 Werke des Impressionisten Claude Monet (1840–1926): die weltweit größte Sammlung seiner Kunst. Besonders beachtenswert sind *La Barque* (1887), *Cathédrale de Rouen* (1892), *Londres, Le Parlement* (1901) und die diversen *Nymphéas* (Seerosenbilder).

Louvre

Die Mona Lisa *und die* Venus von Milo *sind nur zwei der wertvollen Schätze in der einstigen Festung, die erst zum königlichen Palast und später zu Frankreichs erstem Nationalmuseum umgewandelt wurde. Um dieses Paradestück von Paris kommt kein Erstbesucher herum.*

Toll für ...

☑ Nicht versäumen

Themenrundgänge von der Kunst des Essens bis zur Liebe – einfach von der Website herunterladen.

Nur wenige Kunstmuseen sind so berühmt und überwältigend wie das Musée du Louvre, eines der größten und vielfältigsten Museen der Welt. Da es neun Monate brauchen würde, alle 35 000 Kunstwerke anzuschauen, ist Vorausplanung ein Muss.

Europäische Kunst bildet die Basis der Dauerausstellung, dazu Kunst und Artefakte aus dem alten Mesopotamien, Ägypten, Griechenland und Rom sowie aus islamischen Ländern – das alles summiert sich zu einer faszinierenden Präsentation der Entwicklung der Kunst bis zur Mitte des 19. Jhs.

Praktische Informationen

Man steht zweimal an: am Sicherheitscheck und an der Kasse. Am längsten sind die Schlangen vor der Grande Pyramide; besser ist der Eingang Carrousel du Louvre (99 rue de Rivoli oder direkt von der Métro).

Saal 700, Denon-Flügel

Gut zu wissen

Karte S. 278; ☎01 40 20 53 17; www.louvre.fr; rue de Rivoli & quai des Tuileries, 1er; Erw./Kind 15 €/frei, 1. Sa im Monat 18–21.45 Uhr frei; ⏰Mo, Do, Sa & So 9–18, Mi, Fr & 1. Sa im Monat bis 21.45 Uhr; Ⓜ Palais Royal–Musée du Louvre

Kleine Stärkung

Ein Sandwich aus der Hall Napoléon unter der Grande Pyramide von Pei in die Tuilerien (S. 279) mitnehmen.

★ Top-Tipp

Die Eintrittskarten sind den ganzen Tag für mehrere Besuche gültig.

Mit dem Paris Museum Pass oder Paris City Passport hat man bevorzugten Zugang. Schneller geht's auch, wenn man sich das Ticket vorher auf der Louvre-Website kauft.

Es können Nintendo-3DS-Multimediaguides (5 €; Ausweis erforderlich) geliehen werden. Normale **Führungen** (Karte S. 278; ☎01 40 20 52 63; Erw./Kind 12/7 €; ⏰11 & 14 Uhr außer am 1. Di & So des Monats, Mi auch 19 Uhr; Ⓜ Palais Royal–Musée du Louvre) beginnen in der Hall Napoléon und können bis zu 14 Tage im Voraus gebucht werden – oder man meldet sich im Museum am Schalter.

Der „Schedule of Room Closures" (Zeitplan der Saalschließungen) auf der Website gibt Auskunft, ob das Gewünschte auch zu sehen ist. Seit 2018 zeigen zwei neue Säle auf der 2. Etage des Richelieu-Flügels Werke, die während der Besatzung von den Nazis gestohlen und später von der französischen Regierung zurückgeholt wurden.

Palais du Louvre

Die Schätze des Louvre verteilen sich auf vier Etagen und drei Flügel: Der **Sully-Flügel** umgibt die Cour Carrée (den „quadratischen Hof") am Ostende; der südliche **Denon-Flügel** erstreckt sich 800 m an der Seine entlang; der nördliche **Richelieu-Flügel** säumt die Rue de Rivoli. Das Gebäude wurde ursprünglich von Philipp August im 12. Jh. als Festung errichtet – mittelalterliche Reste sind noch im unteren Erdgeschoss (Sully) zu sehen. Im 16. Jh. wurde es zur königlichen Residenz ausgebaut und 1793 in ein Nationalmuseum verwandelt. Damals gehörten 2500 Gemälde und Kunstobjekte zum Bestand.

Nachfolgende französische Regierungen häuften eine gigantische Sammlung von Kunst und sonstigen Exponaten an. Das Projekt „Grand Louvre", das Staatspräsident Mitterrand 1989 einleitete, verdoppelte die Ausstellungsfläche. Seither wurden neue und renovierte Galerien eröffnet, darunter die hochmoderne **Abteilung für**

islamische Kunst (unteres EG, Denon-Flügel) in der Cour Visconti.

Unschätzbare Altertümer

Keinesfalls auslassen sollte man die Louvre-Schätze aus dem Altertum: Mesopotamien (EG, Richelieu-Flügel) und Ägypten (EG und 1. Stock, Sully-Flügel) sind sehr gut vertreten, z. B. mit der *Stele des Hammurabi* (Saal 227, EG, Richelieu-Flügel) und dem *Sitzenden Schreiber* (Saal 635, 1. Stock, Sully-Flügel). Im Saal 324 (EG, Sully-Flügel), auch als „Le Temple" (Tempelsaal) bekannt, sind beeindruckende Friese, eine enorme Säule mit einem doppelköpfigen Stierkapitell aus dem Darius-Palast im antiken Persien und eine Statue des sitzenden Pharaos Ramses II. ausgestellt. Lohnend sind auch die byzantinischen Mosaiken und Figurinen (unteres EG, Denon-Flügel) sowie die griechischen Plastiken, darunter die beiden berühmtesten armlosen Statuen der Welt: die *Venus von Milo* (Saal 346, EG, Sully-Flügel) und die wunderschöne *Nike von Samothrake* (am oberen Ende der Daru-Treppe, 1. Stock, Denon-Flügel).

Französische & italienische Meisterwerke

Der 1. Stock des Denon-Flügels, wo sich auch die *Mona Lisa* befindet, ist der beliebteste Teil des Louvre. In den Sälen 700 bis 702 hängen monumentale französische Gemälde, viele davon weltberühmt. Besonders bemerkenswert: *Die Krönung Kaiser Napoleons I.* (David), *Das Floß der Medusa* (Géricault) und *Die große Odaliske* (Ingres).

Saal 706, mit anmutigen Fresken von Botticelli, und die Grande Galerie (Säle 710,

Italienische Skulpturen, Denon-Flügel

712 und 716) mit klassischen Werken von italienischen Meistern der Renaissance wie Raffael, Tizian, Uccello, Botticini muss man gesehen haben. Menschenmassen drängen sich im Saal 711 (Salle de La Joconde), wo die legendäre *Mona Lisa* von da Vinci und gleich gegenüber Paolo Veroneses wunderbar detailreiche *Hochzeit zu Kana* hängen.

Mona Lisa

Das berühmteste Gemälde nicht nur des Louvre, sondern wohl der ganzen Welt ist die unergründlich lächelnde *Mona Lisa* (Saal 711, 1. Stock, Denon-Flügel) von Leonardo da Vinci. Sie heißt bei den Franzosen *La Joconde*, bei den Italienern *La Gioconda*.

Mona (italienisch *monna*) ist eine Kurzform von *madonna*, Gioconda die weibliche Form des Nachnamens Giocondo. Kanadische Experten haben die Farbschichten mit Infrarottechnik durchleuchtet, um zu bestätigen, dass es sich um Lisa Gherardini (1479–1542) handelt, die Frau des florentinischen Kaufmanns Francesco de Giocondo. Dabei entdeckten sie auch einen durchsichtigen Schleier über ihrem Kleid, wie er im frühen 16. Jh. in Italien von Schwangeren oder frisch Entbundenen getragen wurde. Man vermutet, dass das Bild um 1503 anlässlich der Geburt ihres zweiten Sohnes gemalt wurde, als sie ungefähr 24 Jahre alt war.

★ Italienische Skulpturen

Für die italienischen Skulpturen im Erdgeschoss des Denon-Flügels, darunter Michelangelos *Der sterbende Sklave* und Canovas *Amor und Psyche* (Saal 403), sollte genügend Zeit eingeplant werden.

HERACLES KRITIKOS / SHUTTERSTOCK ©

Die Pyramide

Fast ebenso umwerfend wie die Meisterwerke drinnen ist die 21 m hohe Pyramide des amerikanischen Architekten I. M. Pei. Sie überdacht den Haupteingang des Louvre. Unter der Grande Pyramide befindet sich die Eingangshalle **Hall Napoléon** mit Infoschalter, Ausstellungssaal, Buchladen, Andenkenshop, Café und Hörsaal. Eine weitere spektakuläre Pyramide von Pei, die gläserne **Pyramide Inversée** (umgekehrte Pyramide), ist das Herzstück des geschäftigen Shoppingcenters **Carrousel du Louvre** (Karte S. 278; www.carrouseldulouvre.com; 99 rue de Rivoli, 1er; ⌚Mi–Mo 10–20, Di 11–19 Uhr; 📶; Ⓜ Palais Royal–Musée du Louvre).

★ Das geheimnisvolle Lächeln

Tests mit „Gefühlserkennungs"-Computersoftware haben kürzlich ergeben, dass das Lächeln der *Mona Lisa* zu mindestens 83 % ein glückliches ist. Und sicher ist auch: Sie war nicht Leonardos Geliebte: Der bevorzugte nämlich seinen *Vitruvianischen Mann*.

Louvre

EIN HALBTÄGIGER RUNDGANG

Den Louvre erfolgreich zu erkunden, ist eine Kunst für sich. In seinem komplexen Labyrinth aus Galerien und Treppen, die sich über drei Flügel und vier Stockwerke erstrecken, kann ein Rundgang leicht zur Odyssee ausarten. Unser dreistündiger Besichtigungsvorschlag ist ein spielerischer Mix aus Pflichtklassikern wie der *Mona Lisa* und überraschenden Abstechern.

Am Infoschalter der frisch renovierten **1 Cour Napoléon** unter der Glaspyramide von I. M. Pei gibt's farbkodierte Orientierungspläne. Eine Rolltreppe fährt zum Sully-Flügel hinauf, an dessen Eingang man Ausweis oder Kreditkarte gegen einen Multimedia-Guide eintauschen kann (die Exponate sind sparsam beschriftet).

Die Architektur des Louvre beeindruckt nicht minder als seine Kunstsammlung. Um sie zu würdigen, geht es die Henri-II-Treppe im Sully-Flügel rauf und runter, um die **2 Venus von Milo** zu bewundern, dann die Henri-IV-Treppe hoch zur **3 Cour Khorsabad**. Den Schildern folgend nimmt man die Rolltreppe ins 1. OG zu den prunkvollen **4 Appartements Napoleons III.** Dann muss man 25 Galerien durchqueren, um das moderne **5 Deckengemälde** von Cy Twombly zu bestaunen. Die faszinierende **6 Nike von Samothrake** will von allen Seiten bewundert werden. Den krönenden Abschluss bilden die Topattraktionen **7 Floß der Medusa**, **8 Mona Lisa** und **9 Madonna mit Kind**.

TOP-TIPPS

- Niemand sollte sich ohne Museumsplan ins Labyrinth des Louvre wagen. Es gibt ihn gratis am Infoschalter in der Hall Napoléon (auch auf Deutsch).
- Der stets rappelvolle Denon-Flügel ist am späten Mittwoch- oder Freitagabend am entspanntesten. Oder man weicht in den ruhigeren Richelieu-Flügel aus.
- Tickets für den Louvre sind den ganzen Tag gültig, man kann also zwischendurch mal draußen zu Mittag essen.

BRIAN KINNEY / SHUTTERSTOCK ©

Appartements Napoleons III.
Räume 544 & 547, 1. OG, Richelieu-Flügel
Die zwischen 1854 und 1861 erbauten Gemächer Napoleons III. sind eine überwältigende Orgie aus Blattgold, Stuck und Kristalllüstern, die im Grand Salon und im Speisesaal ihren Höhepunkt erreicht.

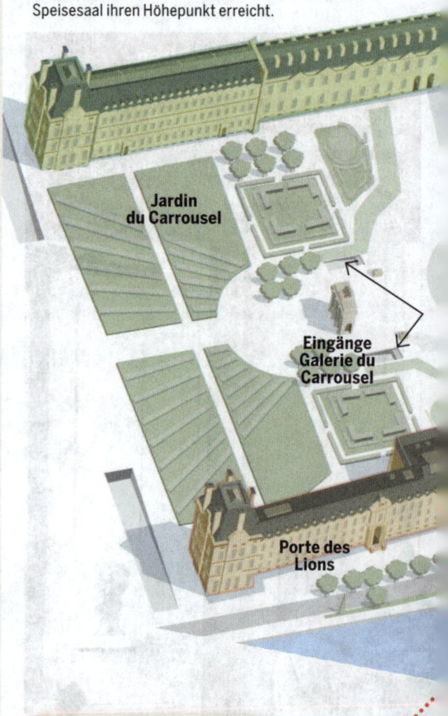

LOUVRE AUDITORIUM

Mehrmals in der Woche finden im Louvre Auditorium (zugänglich von der Haupteingangshalle) klassische Konzerte statt. Besonders interessant sind die donnerstäglichen Mittagskonzerte mit Nachwuchsmusikern, die neue Musik spielen. Die Spielzeit geht von September bis April oder Mai, je nach Konzertreihe.

Mona Lisa
Raum 711, 1. OG, Denon-Flügel
Das unergründlichste Lächeln der Welt: Da Vincis kleinformatige *La Joconde* hängt vis-à-vis vom größten Schinken des Louvre – der *Hochzeit zu Kanaan* vom italienischen Renaissancekollegen Paolo Veronese.

Das Floß der Medusa

Raum 700, 1. OG, Denon-Flügel

Französische Romantik mit politischem Anliegen: Das *Floß der Medusa* von Théodore Géricault.

Cour Khorsabad

EG, Richelieu-Flügel

Geflügelte Stiere mit Menschenköpfen entführen Betrachter auf eine Zeitreise ins uralte Mesopotamien.

ABSTECHER» Statuen in der Cour Puget.

Deckengemälde

Raum 663, Sully-Flügel

Ein blaues Wunder und gewagtes modernes Kunstexperiment ist das 400 m^2 große Deckengemälde von Cy Twombly.

ABSTECHER» Braque-Deckengemälde, Raum 662.

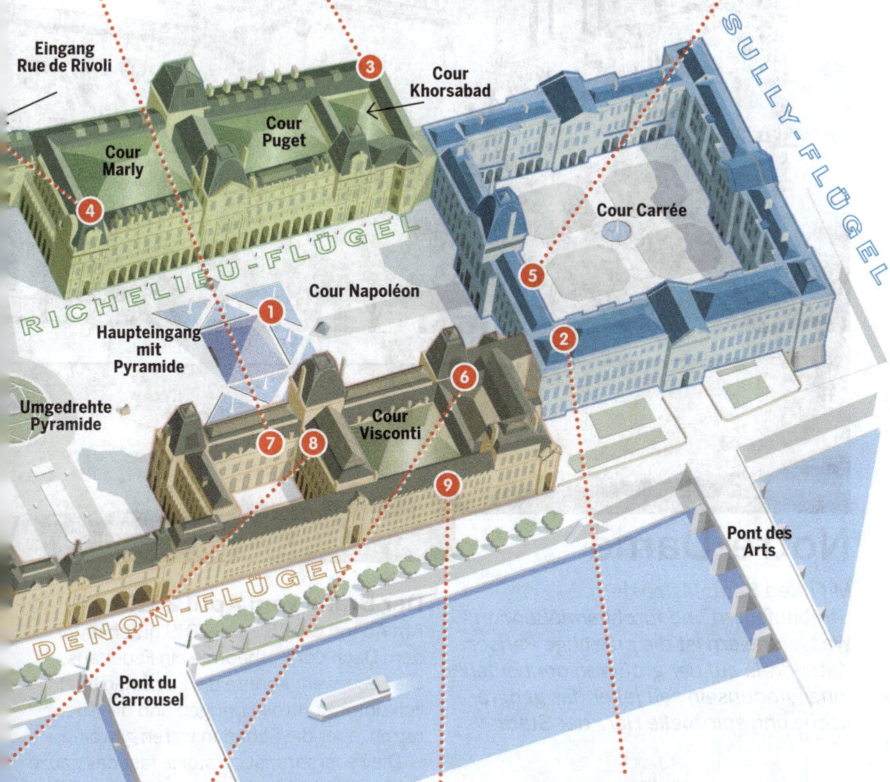

Venus von Milo

Raum 345, Erdgeschoss, Sully-Flügel

Ein Meisterwerk der hellenistischen Kunst, auch wenn keiner weiß, wer die lebensechte Verführerin aus der griechischen Antike schuf.

Nike von Samothrake

Raum 703, 1. OG, Sully-Flügel

Die kopf- und armlose griechische Siegesgöttin beeindruckt durch ihre aggressive Dynamik.

ABSTECHER» Zu den blendenden Kronjuwelen in der Galerie d'Apollon.

Madonna mit Kind

Grande Galerie, 1. OG, Denon-Flügel

Als würdiger Abschluss warten in der berühmtesten Galerie des Louvre diverse Madonnendarstellungen mit Kind u.a. von da Vici, Raffael, Domenico Ghirlandaio, Giovanni Bellini und Francesco Botticini.

Notre-Dame

Mit ihren Buntglasfenstern, Strebepfeilern und furchteinflößenden Wasserspeiern ist die prächtige Pariser Kathedrale auf der größeren der beiden Innenstadtinseln seit jeher das geografische und spirituelle Herz der Stadt.

Toll für ...

ℹ Notre-Dame ist geschlossen

Der Brand von 2019 hat die Kathedrale schwer beschädigt. Sie wird wohl jahrelang für Besucher gesperrt bleiben.

Der Brand vom April 2019

Am Abend des 15. April 2019 brach unter dem Dach der Kathedrale ein Feuer aus. Die Feuerwehr konnte die Flammen letztlich unter Kontrolle bringen und die Kirche retten, aber die Schäden waren gewaltig.

Die Feuersbrunst zerstörte fast das ganze Dach und brachte den Dachreiter aus dem 19. Jh. zum Einsturz. Zum Glück hielten die ältesten Teile der Kathedrale – wie die beiden Glockentürme, die Fensterrosen und die Westfassade – dem Feuer stand.

Weil Notre-Dame zur Zeit des Feuers gerade renoviert wurde, waren diverse Statuen und andere Gegenstände zwecks Restaurierung ausgelagert und blieben unversehrt.

Trotz der Schäden lohnen das imposante Äußere und die Umgebung von Notre-Dame einen Besuch – um die grandiose

Notre-Dame kurz nach dem Brand im April 2019

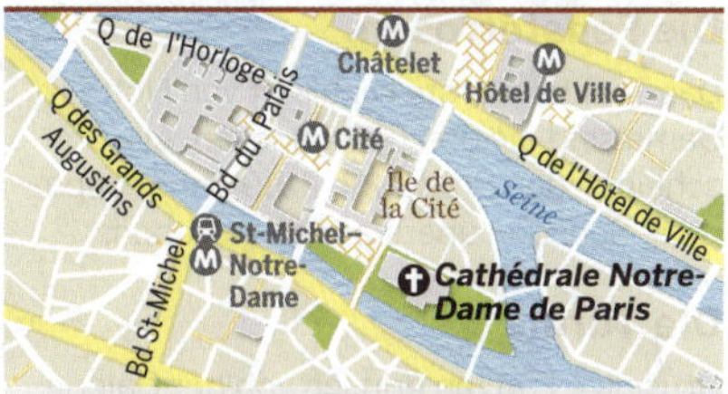

Gut zu wissen

Karte S. 280; www.notredamedeparis.fr; 6 Parvis Notre Dame – place Jean-Paul-II, 4e; auf unbestimmte Zeit geschlossen; M Cité

★ Top-Tipp

Den besten Blick auf die Strebepfeiler der Kathedrale hat man vom Square Jean XXIII, dem kleinen Park hinter der Kirche.

Architektur und die historische und kulturelle Bedeutung der Kathedrale auf sich wirken zu lassen.

Der Wiederaufbau

Präsident Emmanuel Macron verkündete, er wolle Notre-Dame bis 2024 – rechtzeitig zu den Olympischen Spielen – wiederaufbauen lassen. Andere glauben, dass die vollständige Restaurierung Jahrzehnte dauern könnte.

Diskutiert wird noch, ob die Kathedrale im Stil ihrer Entstehungszeit, nach dem Vorbild der Umgestaltung des 19. Jhs. oder in noch modernerer Form auferstehen soll.

Obwohl es lange dauern wird, bis das Innere wieder besichtigt werden kann, bleibt die Bedeutung der Kathedrale ungemindert. Das gotische Bauwerk steht unerschütterlich und löst auch über 800 Jahre nach seiner Entstehung Staunen und Andacht bei den Betrachtern aus.

Die Architektur

Der Bau der Kathedrale begann 1163 und war zu Beginn des 14. Jhs. größtenteils abgeschlossen. An dieser Stelle hatten bereits andere Kirchen und ein Jahrtausend zuvor ein gallorömischer Tempel gestanden. Während der Revolution wurde die Kathedrale schwer beschädigt. Der Architekt Eugène Emmanuel Viollet-le-Duc führte von 1845 bis 1864 umfassende Renovierungen durch.

Notre-Dame ist berühmt für ihre vollendete Ausgewogenheit. Bei genauerer Betrachtung finden sich aber allerlei kleine asymmetrische Elemente, die keinerlei Monotonie aufkommen lassen. Dazu gehören die leicht unterschiedlichen drei Hauptportale, deren Statuen einst bunt bemalt waren. Das steigerte ihre Wirkung als *Biblia pauperum* (Armenbibel), um den des Lesens unkundigen Gläubigen die Geschichten des Alten Testaments, die Passion Christi und das Leben der Heiligen nahezubringen.

Die Kathedrale hat wirklich beeindruckende Maße: Das Hauptschiff ist innen 127 m lang, 48 m breit und 35 m hoch und kann rund 6000 Gläubige aufnehmen.

Die Fensterrosen

Das spektakulärste Highlight von Notre-Dame sind die drei Fensterrosen. Alle drei scheinen den Brand von 2019 ohne irreparable Schäden überstanden zu haben.

Die Türme

Gruselige Fratzen grinsen von der Galerie des Chimères (Galerie der Wasserspeier) herab, die sich in luftiger Höhe rund um die Glockentürme zieht. Durch diese grotesken Plastiken wird das Mauerwerk der Kirche geschützt: Das Regenwasser, das sich auf dem Dach sammelt, wird durch verlängerte Öffnungen von den Mauern weggeleitet. Angeblich vertreiben die Wasserspeier außerdem böse Geister. Sie wirken zwar mittelalterlich, entstanden jedoch erst im 19. Jh. unter Eugène Viollet-le-Duc.

Im Südturm hängt die 13 t schwere Glocke Emmanuel. Am Abend des 24. August 1944, als die Île de la Cité von französischen, alliierten und Widerstandskämpfern zurückerobert wurde, kündete Emmanuel von der nahenden Befreiung der Stadt. Der besondere Wohlklang der Glocke soll daherrühren, dass bei ihrem Neuguss aus Kupfer und Bronze 1631 die Pariserinnen kostbare Schmuckstücke mit in den Tiegel warfen.

2013 erhielt die Kathedrale zum 850. Jahrestag des Baubeginns neun neue Glocken, um das ursprüngliche mittelalterliche Geläut nachzubilden.

Der Nullpunkt

Der Vorplatz von Notre-Dame heißt Place Jean-Paul II. In sein Pflaster ist ein bronzener Stern eingebettet. Von diesem Punkt aus werden die Entfernungen zwischen Paris und den anderen Städten Frankreichs gemessen. Wenn die Sonne auf die kunstvoll verzierte Hauptfassade der Kirche scheint, wimmelt der Platz von Menschen, sodass es zur Herausforderung wird, den **Point Zéro des Routes de France** (Karte S. 280; Parvis Notre Dame – place Jean-Paul II, 4e; Ⓜ Cité) ausfindig zu machen.

Die südliche Fensterrose

DANITA DELIMONT / GETTY IMAGES ©

Ausflug: Château de Versailles

Das monumentale Schloss mit seinen 700 Sälen und weitläufigen Gartenanlagen mit Brunnen, Teichen und Kanälen ist ein Unesco-Weltkulturerbe, das von Paris aus in nur 40 Minuten mit dem Zug zu erreichen ist.

Toll für ...

☑ Nicht versäumen

Die sommerlichen Wasserspiele mit Musik von Komponisten aus der Zeit des Barock und der Klassik.

Das prächtige Schloss wurde Mitte des 17. Jhs. unter Ludwig XIV. errichtet: Der „Sonnenkönig" wollte damit die Macht der französischen Monarchie demonstrieren, die zu jener Zeit ihren Höhepunkt erreicht hatte. Seit der Fertigstellung wurde das Schloss nur wenig verändert – während der Revolution verschwand aber ein Großteil der Möbel. Erst Ludwig Philipp (reg. 1830–1848) ließ viele Räume wieder herrichten.

Rund 30 000 Arbeiter und Soldaten waren an der Errichtung des Schlosses beteiligt, deren Kosten das Königshaus fast in den Ruin trieben. Die Arbeiten begannen 1661 unter dem Architekten Louis Le Vau (der Mitte der 1670er-Jahre durch Jules Hardouin-Mansart abgelöst wurde), dem Maler und Dekorateur Charles Brun und dem Gartenarchitekten André Le Nôtre. Dieser ließ ganze Hügel einebnen, Sümpfe

Der Spiegelsaal

trockenlegen und Wälder umpflanzen, um mit **Gärten** (www.chateauversailles.fr; place d'Armes; außer bei Musikveranstaltungen Eintritt frei; ⌚Gärten April–Okt. 8–20.30 Uhr, Nov.–März bis 18 Uhr, Park April–Okt. 7–20.30 Uhr, Nov.–März 8–18 Uhr), Teichen und Springbrunnen den Eindruck endloser Weite zu erzeugen.

Le Brun und seine Kunsthandwerker schmückten im Schloss jede noch so kleine Nische und jeden Vorsprung, jede Decke und jede Tür verschwenderisch mit Freskenmalereien, Marmor, Blattgold und Holzschnitzereien mit Szenen und Motiven aus der griechischen und römischen Mythologie. Die Grands Appartements du Roi et de la Reine (Prunkgemächer des Königs und der Königin) umfassen Herkules, Venus, Diana, Mars und Merkur gewidmete Räume. Besonders prachtvoll ist die

Gut zu wissen

☎01 30 83 78 00; www.chateauversailles.fr; place d'Armes; Pass inkl. Zugang zum gesamten Gelände Erw./Kind 20 €/frei, mit Musikdarbietungen 27 €/frei, Schloss 18 €/frei (außer bei Konzerten); ⌚April–Okt. Di–So 9–18.30 Uhr, Nov.–März Di–So bis 17.30 Uhr; Ⓜ RER Versailles-Château–Rive Gauche

Kleine Stärkung

Die nahe Rue de Satory ist von Restaurants und Cafés gesäumt.

★ Top-Tipp

Wer Tickets vorher über die Website oder bei Fnac (S. 291) kauft, kann direkt zum Eingang gehen.

Galerie des Glaces (Spiegelsaal), ein 75 m langer Ballsaal mit 17 funkelnden Spiegeln und ebenso vielen Fenstern, die über die Gärten gen Sonnenuntergang blicken.

Führungen

Die Privatgemächer Ludwigs XV. und Ludwigs XVI. und das Opernhaus oder die Königliche Kapelle sind nur im Rahmen einer vorausgebuchten 90-minütigen **Führung** (☎01 30 83 77 88; www.chateauversailles.fr; Château de Versailles; Führungen 10 € plus Eintritt zum Schloss; ⌚auf Englisch Di–So 11, 13.30 & 15 Uhr) zu besichtigen.

Planung

Das Schloss steht 22 km südwestlich von Paris. Die beste Verbindung nach Versailles bietet der RER C5 (hin & zurück 7,10 €), der von den Pariser RER-Bahnhöfen am linken Seine-Ufer regelmäßig nach Versailles-Château–Rive Gauche fährt.

Versailles

EIN TAG BEI HOFE

Versailles ist auf den ersten Blick überwältigend. Aber man muss es sich einmal als ein „ganz normales“ Gebäude vorstellen, in dem Menschen aßen, tranken, arbeiteten, schliefen und Komplotte schmiedeten.

Etwa zwanzig Jahre nach Beginn seiner Regentschaft ließ Ludwig XIV. das Jagdschloss seines Vaters in einen Palast umbauen, der groß genug sein sollte, um seinen gesamten Hofstaat, bestehend aus 6000 Untergebenen, zu fassen. Dabei scheute der Sonnenkönig keine Kosten: Er warb die besten Künstler und Handwerker der damaligen Zeit an. 1682 war die extravaganteste Residenz der Geschichte fertig.

Der königliche Tagesablauf war immer gleich. Der Tag begann im **1 Schlafgemach des Königs** und im **2 Schlafgemach der Königin**; das Paar wurde etwa zur selben Zeit geweckt. Anschließend zog die königliche Prozession auf dem Weg zur Morgenmesse durch den **3 Spiegelsaal** in die **4 königliche Kapelle**. Am Vormittag fanden dann Besprechungen mit Ministern im **5 Ratssaal** statt. Nach dem Mittagessen unternahm der König einen Ausritt, ging auf die Jagd oder zog sich in die **6 Bibliothek** zurück. Später traf er sich gegebenenfalls mit seinen Kurtisanen auf einen „Appartementabend“ im **7 Hercules-Salon** oder spielte vor dem Abendessen um 22 Uhr eine Runde Billard im **8 Diana-Salon**.

VERSAILLES IN ZAHLEN

Zimmer 700 (11 ha Dachfläche)
Fenster 2153
Treppen 67
Gärten und Parks 800 ha
Bäume 200 000
Springbrunnen 50 (mit 620 Spritzdüsen)
Gemälde 6300 (nebeneinandergelegt 11 km lang)
Statuen und Skulpturen 2100
Kunstobjekte und Möbel 5000
Besucher 5,3 Mio. pro Jahr

VICHIE81 / SHUTTERSTOCK ©

Schlafgemach der Königin
Chambre de la Reine
Die Öffentlichkeit verfolgte jeden Aspekt des Lebens der Königin. Selbst bei der Geburt ihrer Kinder waren Zuschauer in ihrem Schlafgemach zugegen. **ABSTECHER»** Im Wachraum standen Dutzende bewaffneter Männer Gewehr bei Fuß.

MITTAGSPAUSE
Zeitgenössische französische Küche im Restaurant Ore von Alain Ducasse oder ein Picknick im Park.

Herkules-Salon
Salon d'Hercule
Hinter dem Salon mit dem beeindruckenden Herkules-Fresko an der Decke liegen die Prunkgemächer, die den Höflingen an drei Abenden pro Woche zugänglich waren. **ABSTECHER»** Der Apollo-Salon wurde für offizielle Audienzen und als Thronsaal genutzt.

T.W.VAN URK / SHUTTERSTOCK ©

Spiegelsaal

Galerie des Glaces

Der Saal ist den militärischen Erfolgen Ludwigs XIV. gewidmet. Die Kronleuchter und Einrichtungsgegenstände aus massivem Silber wurden 1689 eingeschmolzen, um einen neuerlichen Krieg zu finanzieren. **ABSTECHER»** Das thematische Gegenstück ist der angrenzende Friedenssalon.

WALTER_G / SHUTTERSTOCK ©

Schlafgemach des Königs

Chambre du Roi

Der König hatte so gut wie keine Privatsphäre. Schon beim *lever* (Aufstehen) um 8 Uhr und auch beim *coucher* (zu Bett gehen) um 23.30 Uhr waren bis zu 150 Höflinge zugegen.

Ratssaal

Cabinet du Conseil

In diesem Saal traf der König seine Räte (den Staatsrat, den Finanzrat, den Religionsrat) an verschiedenen Tagen der Woche.

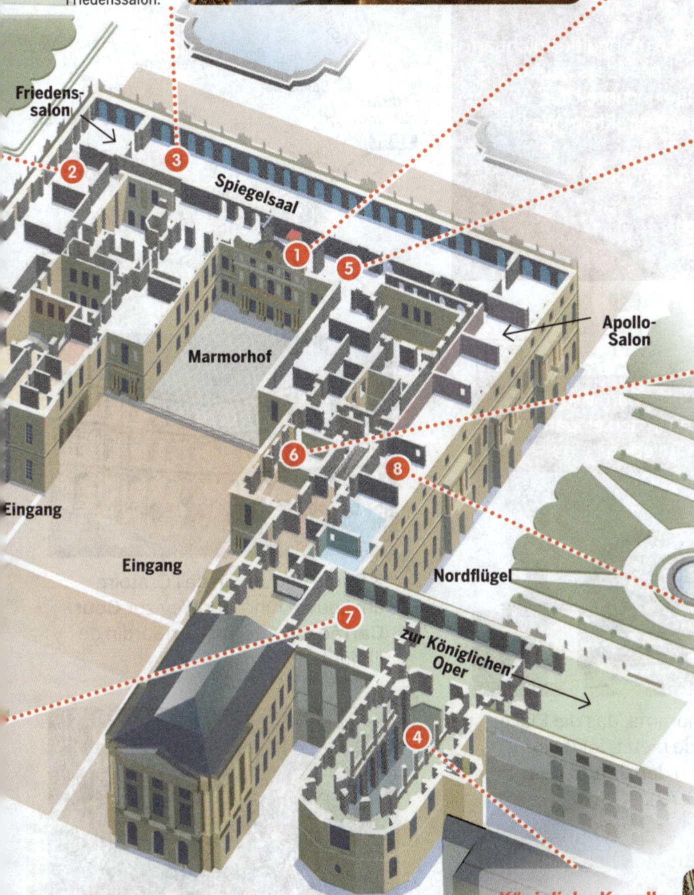

Bibliothek des Königs

Bibliothèque du Roi

Der letzte Schlossbewohner, Büchernarr Ludwig XVI., liebte Geografie. Sein Exemplar von *The Travels of James Cook* (er las auf Englisch) steht noch immer im Regal.

Diana-Salon

Salon de Diane

Fresken der mythischen Jägerin bedecken die Wände und die Decke. Früher stand hier ein großer Billardtisch; Ludwig XIV. war ein leidenschaftlicher Spieler.

Königliche Kapelle

Chapelle Royale

Die Kapelle ist dem hl. Ludwig, dem Schutzheiligen der französischen Könige, geweiht. Sie ist zweistöckig: Die Galerie war den Monarchen und wichtigen Angestellten vorbehalten, unten drängte sich das übrige Personal. **ABSTECHER»** Die opulente Königliche Oper.

COJATO / BUDGET TRAVEL ©

CLEVERES TIMING

Im Schloss ist montags Ruhetag. Dienstags strömen Besucher aus der Hauptstadt herbei, weil die Museen an diesem Tag geschlossen bleiben, sonntags ist am meisten los. Tickets am besten vorab online buchen, dann muss man nicht Schlange stehen.

Ein Bummel an der Seine

Der Stadt der Liebe mangelt es nicht an hübschen Ecken, besonders zauberhaft sind die Seine und ihre Ufer. Wo möglich, sollte man direkt am Wasser entlanggehen.

Start Place de la Concorde

Länge 7 km

Dauer 3 Stunden

3 Auf der Insel nimmt man die Treppe zum **Square du Vert Galant**, dann geht es über die Place du Pont Neuf zur Place Dauphine.

Fotospot: Wunderbare Brunnen und Skulpturen in den eleganten 28 ha großen Tuilerien.

1 Auf das Panorama, das die Place de la Concorde bietet, folgt ein Bummel durch den **Jardin des Tuileries** (S. 279).

2 Durch den Jardin de l'Oratoire am Louvre führt der Weg zur **Cour Carrée** mit Ausgang am Jardin de l'Infante.

7 Den Abschluss des Bummels bildet der stille **Jardin des Plantes** (Anfang April–Mitte Sept. 7.30–20 Uhr, sonst kürzer). Zurück geht's per Batobus über die Seine.

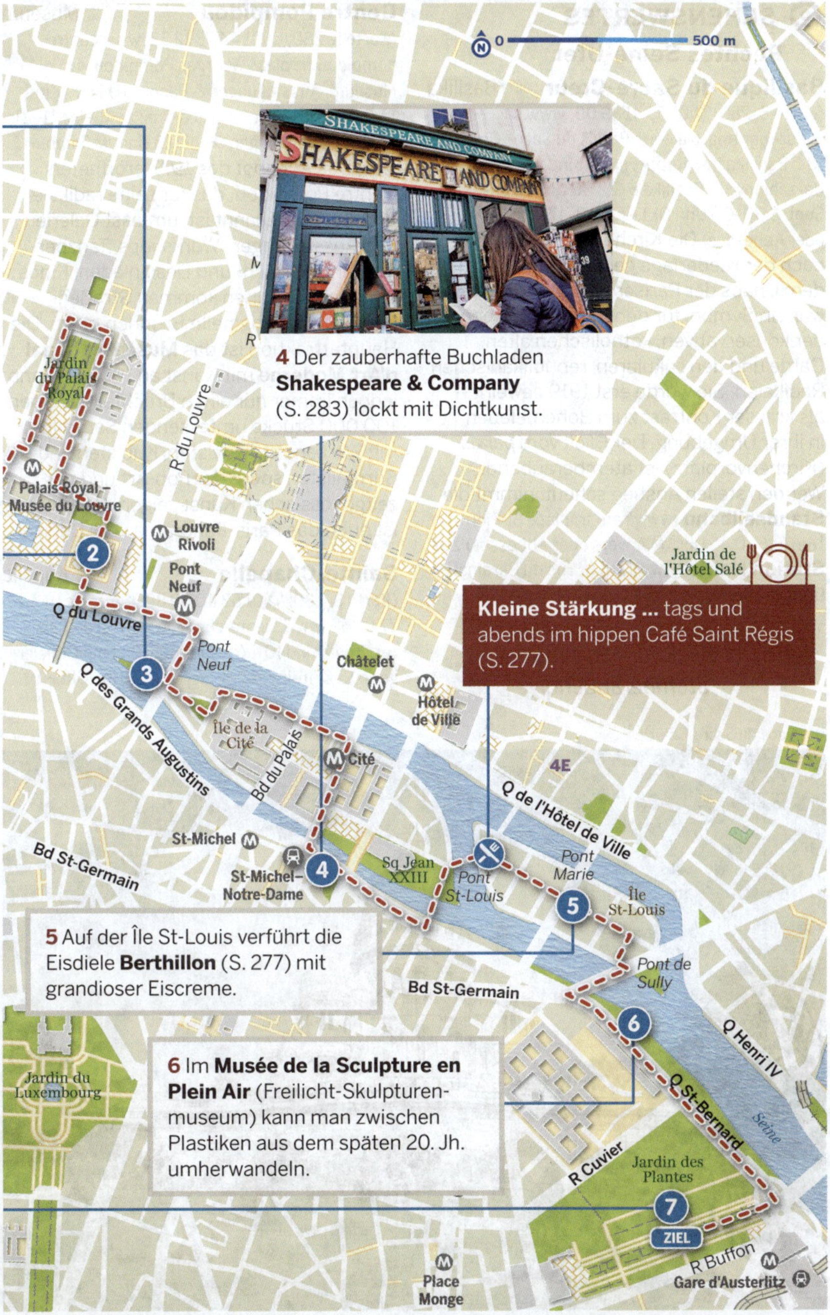

4 Der zauberhafte Buchladen **Shakespeare & Company** (S. 283) lockt mit Dichtkunst.

Kleine Stärkung ... tags und abends im hippen Café Saint Régis (S. 277).

5 Auf der Île St-Louis verführt die Eisdiele **Berthillon** (S. 277) mit grandioser Eiscreme.

6 Im **Musée de la Sculpture en Plein Air** (Freilicht-Skulpturenmuseum) kann man zwischen Plastiken aus dem späten 20. Jh. umherwandeln.

SEHENSWERTES

Rechtes Seine-Ufer

Basilique du Sacré-Cœur Basilika

(Karte S. 280; ☎01 53 41 89 00; www.sacre-coeur-montmartre.com; Parvis du Sacré-Cœur, 18e; Basilika frei, Kuppel Erw./Kind 6/4 €, nur Barzahlung; ⏲Basilika 6–22.30 Uhr, Kuppel Mai–Sept. 8.30–20 Uhr, Okt.–April 9–17 Uhr; Ⓜ Anvers oder Abbesses) Die Kirche, deren Bau 1875 nach der Niederlage gegen Preußen und dem Chaos der Pariser Kommune begann, war ein Symbol für den Kampf zwischen der konservativen, katholischen alten Garde und den säkularen, republikanischen Radikalen. Sie wurde erst 1919 geweiht – als krasser Kontrast zum Bohemeleben in ihrer Umgebung. Der Blick vom *parvis* (Kirchenvorplatz) ist atemberaubend. Wer den steilen Anstieg scheut, nimmt die **Standseilbahn** (www.ratp.fr; place St-Pierre, 18e; ⏲6–0.45 Uhr; Ⓜ Anvers oder Abbesses) zur **Station Haute** (www.ratp.fr; rue du Cardinal Dubois, 18e; ⏲6–0.45 Uhr; Ⓜ Abbesses).

> *Der Blick vom Vorplatz ist atemberaubend*

Centre Pompidou Museum

(Karte S. 280; ☎01 44 78 12 33; www.centrepompidou.fr; place Georges Pompidou, 4e; Museum, Ausstellungen & Panorama Erw./Kind 14 €/frei, nur Panorama 5 €/frei; ⏲Mi–Mo 11–21, Sonderausstellungen Do bis 23 Uhr; Ⓜ Rambuteau) Das Angebot des 1977 eröffneten Centre Pompidou, das für seine radikale Architektur bekannt ist, umfasst Galerien und Ausstellungen, Workshops, Tanzperformances, Buch- und Designläden, Kinos und mehr. Draußen kommen Straßenkünstler und originelle Brunnen hinzu. Die Hauptattraktion ist das **Musée National d'Art Moderne** mit Kunst ab 1905; es kann jedoch immer nur einen Bruchteil der über 100 000 Stücke umfassenden Sammlung mit Werken der Fauvisten, Kubisten und Surrealisten sowie der Pop-Art und der zeitgenössischen Kunst zeigen. Grandios ist auch das Paris-Panorama vom Dach.

Sainte-Chapelle Kapelle

(Karte S. 280; ☎01 53 40 60 80, Konzerte 01 42 77 65 65; www.sainte-chapelle.fr; 8 bd du Palais, 1er; Erw./Kind 10 €/frei, Kombiticket mit Conciergerie 15 €/frei; ⏲April–Sept. 9–19 Uhr, Okt.–

Basilique du Sacré-Cœur

NATTEE CHALERMTIRAGOOL / SHUTTERSTOCK ©

März bis 17 Uhr; Ⓜ Cité) An sonnigen Tagen erstrahlen die ältesten und prachtvollsten Buntglasfenster von Paris im schönsten Licht. Die Heilige Kapelle, Teil des Palais de Justice (Justizpalast), ist ein Kleinod und das herausragendste gotische Bauwerk von Paris. Sie wurde 1248 nach nur sechs Jahren Bauzeit fertig. Ludwig IX. ließ sie für seine private Reliquiensammlung errichten, zu der auch die berühmte Heilige Krone gehörte (später in die Notre-Dame umquartiert).

Musée National Picasso — Museum

(Karte S. 280; ☎ 01 85 56 00 36; www.museepicassoparis.fr; 5 rue de Thorigny, 3e; Erw./Kind 12,50 €/frei; ⌚ Di–Fr 10.30–18, Sa & So ab 9.30 Uhr; Ⓜ Chemin Vert oder St-Paul) Eine der beliebtesten Kunstsammlungen von Paris ist im Hôtel Salé aus der Mitte des 17. Jhs. untergebracht. Seit 1964 befindet sich die herrliche Villa im Besitz der Stadt. Das Museum widmet sich ganz dem exzentrischen spanischen Maler Pablo Picasso (1881–1973), der lange Zeit in Paris lebte und arbeitete. Die Sammlung umfasst über 5000 Zeichnungen, Radierungen, Gemälde, Keramikarbeiten und Skulpturen des *grand maître*, aber nicht alles ist immer zu sehen.

Arc de Triomphe — Wahrzeichen

(Karte S. 278; www.paris-arc-de-triomphe.fr; place Charles de Gaulle, 8e; Aussichtsplattform Erw./Kind 12 €/frei; ⌚ April–Sept. 10–23 Uhr, Okt.–März bis 22.30 Uhr; Ⓜ Charles de Gaulle-Étoile) Wenn ein Bauwerk mit dem Eiffelturm (S. 256) als Wahrzeichen von Paris konkurrieren kann, dann dieser prächtig verzierte Triumphbogen von 1836, den Napoleon ein Jahr nach seinem Sieg bei Austerlitz (1805) in Auftrag gab. Von der Aussichtsplattform – der Aufstieg über 284 Stufen bis in 50 m Höhe lohnt sich unbedingt – schweift der Blick über die zwölf Boulevards, die sternförmig von dem Kreisverkehr wegführen, in dessen Mitte sich der Bogen erhebt.

Im April 2020 will der Konzeptkünstler Christo – der früher gemeinsam mit seiner verstorbenen Frau Jeanne-Claude arbeitete – den Bogen für zwei Wochen in silbrig blaues Polypropylen hüllen und mit 7000 m rotem Seil verschnüren.

Pariser Inselleben

Das geografische und spirituelle Herz von Paris liegt auf den beiden Seine-Inseln. Es gibt keinen schöneren Ort, um Notre-Dame zu bewundern oder Lokalkolorit zu tanken, als die Straßentische des **Café Saint Régis** (Karte S. 280; ☎ 01 43 54 59 41; www.cafesaintregisparis.com; 6 rue Jean du Bellay, 4e; Frühstück & Snacks 3,50–15,50 €, Hauptgerichte 18–33,50 €; ⌚ 6.30–2 Uhr, Küche 8–24 Uhr; 📶; Ⓜ Pont Marie) auf der Île St-Louis. Mit Kellnern in weißen Schürzen, gefliestem Interieur und Retro-Einrichtung ist das Café ein hipper Treff für jede Tages- oder Abendzeit. Das nahe **Berthillon** (Karte S. 280; www.berthillon.fr; 29–31 & 46 rue St-Louis en l'Île, 4e; 1/2/3/4 Kugeln 3/4.50/6/7,50 €; ⌚ Mi–So 10–20 Uhr, Mitte Feb.–Anfang März & Aug. geschl.; Ⓜ Pont Marie), der berühmteste *glacier* (Eisdiele) der Stadt, wird seit 1954 von der Gründerfamilie geführt.

Café Saint Régis

Palais Garnier — Historisches Gebäude

(Karte S. 278; ☎ 08 92 89 90 90; www.operadeparis.fr; Ecke rue Scribe/rue Auber, 9e; Erw./Kind ohne Führung 12/8 €, mit Führung 15,50/8,50 €; ⌚ ohne Führung 10–17 Uhr, englischsprachige Führungen 11 & 14.30 Uhr; Ⓜ Opéra) Das legendäre „Phantom der Oper" trieb sein Unwesen in diesem prachtvollen Opernhaus, das der damals noch unbekannte Architekt Charles Garnier 1860 im Alter von 35 Jahren entwarf. Besucher können eine 90-minütige englischsprachige Führung buchen oder auf eigene Faust herumwandeln (Audioguide 5 €). Nicht verpassen

Westliches Paris, Champs-Élysées, St-Germain & Invalides

Westliches Paris, Champs-Élysées, St-Germain & Invalides

sollte man die Prunktreppe und den Zuschauersaal mit seinen Goldschnörkeln und roten Samtsesseln, dem gewaltigen Kronleuchter und dem Deckengemälde von Marc Chagall. Auch das Museum mit Plakaten, Kostümen, Kulissen, Originalpartituren und anderen Erinnerungsstücken lohnt einen Besuch.

Cimetière du Père Lachaise — Friedhof

(Karte S. 280; ☎01 55 25 82 10; www.pere-lachaise.com; 16 rue du Repos & 8 bd de Ménilmontant, 20e; ⏲Mitte März–Okt. Mo–Fr 8–18, Sa ab 8.30, So ab 9 Uhr, Nov.–Mitte März kürzer; Ⓜ Père Lachaise oder Gambetta) Der 1804 eröffnete Père Lachaise ist heute der meistbesuchte Friedhof der Welt. Auf dem 44 ha großen Gelände befinden sich über 70 000 Grabstätten. Am meisten Zulauf erhalten das Grab des Rockstars Jim Morrison (1943–1971) in Division 6 und des Schriftstellers Oscar Wilde (1854–1900) in Division 89. Lagepläne gibt es im **Bureau de la Conservation** (Karte S. 280; ⏲Mo–Fr 8.30–12.30 & 14–17 Uhr; Ⓜ Philippe Auguste, Père Lachaise) beim Haupteingang am Boulevard de Ménilmontant. Weitere Promis, die hier bestattet liegen, sind z. B. der Komponist Chopin, der Dramatiker Molière, der Dichter Apollinaire und die Literaturgrößen Balzac, Proust, Stein und Colette.

Jardin des Tuileries — Park

(Karte S. 278; rue de Rivoli, 1er; ⏲April–Ende Sept. 7–21 Uhr, Ende Sept.–März 7.30–19.30 Uhr; Ⓜ Tuileries oder Concorde) Der 28 ha große, geometrisch angelegte Park mit vielen Springbrunnen, Teichen und Skulpturen beginnt gleich westlich des Jardin du Carrousel. In seiner heutigen Form wurde er 1664 von André Le Nôtre gestaltet, der auch die Gärten von Versailles entwarf. Die Tuilerien wurden schon bald der angesagteste Ort in Paris, um fein herausgeputzt zu promenieren. Heute ist der Park Teil der Unesco-Welterbestätte „Seine-Ufer von Paris".

Canal St-Martin — Kanal

(Karte S. 280; 10e; Ⓜ République, Jaurès, Jacques Bonsergent) Der 1825 eingeweihte, 4,5 km lange Kanal sollte eine schiffbare Verbindung zwischen der Seine und den Pariser Vororten im Nordosten herstellen. Er taucht bei der Place de la République aus dem Untergrund auf. Seine schattigen Treidelpfade passieren Schleusen, Stahlbrücken und Wohnviertel und sind ideal für einen Spaziergang oder eine Radtour. Von der eisernen Fußgängerbrücke an der Ecke Rue de la Grange aux Belles und Quai de Jemmapes kann man zusehen, wie die alte Straßenbrücke für die Kanalboote geöffnet wird.

Les Halles, Marais & Seine-Inseln

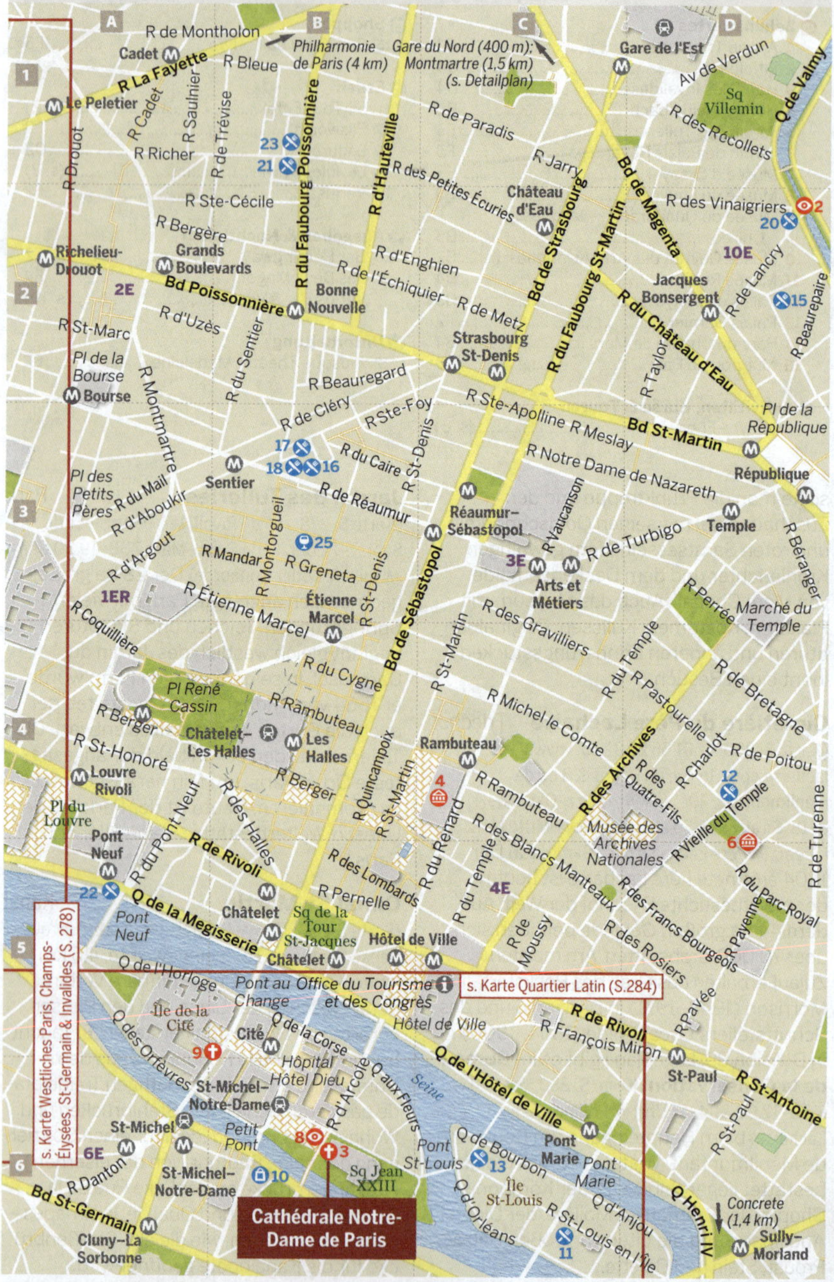

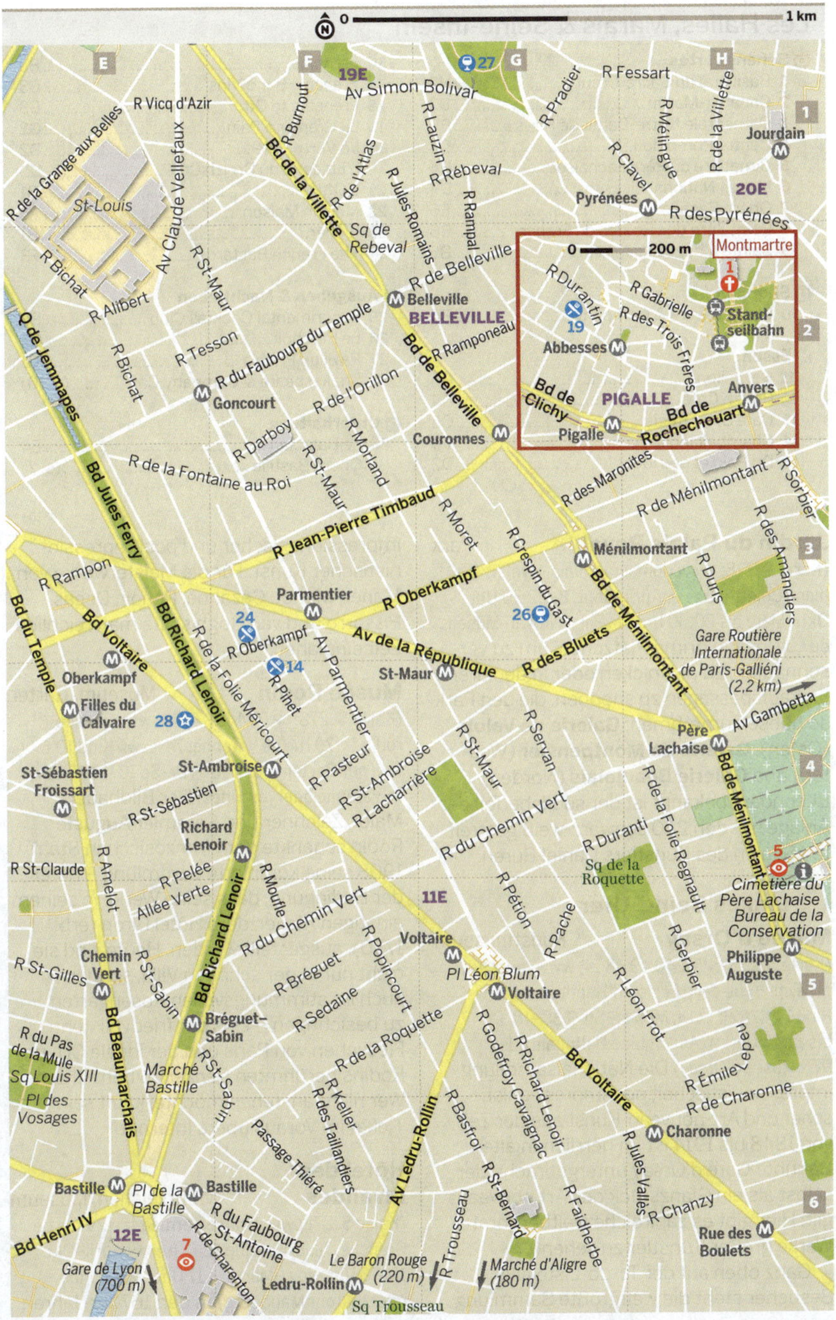
0
1 km
E
F
G
H
1
2
3
4
5
6
19E
20E
11E
12E
R Vicq d'Azir
Av Simon Bolivar
27
R Fessart
R Pradier
R Burnouf
R de la Grange aux Belles
St-Louis
Av Claude Vellefaux
R Lauzin
R Mélingue
R de la Villette
Jourdain
Bd de la Villette
R de l'Atlas
R Jules Romains
R Rébeval
R Clavel
Pyrénées
R des Pyrénées
Sq de Rebeval
R Rampal
R Bichat
R St-Maur
R de Belleville
Belleville
BELLEVILLE
R Alibert
R du Faubourg du Temple
R Ramponeau
Q de Jemmapes
R Bichat
R Tesson
Goncourt
R de l'Orillon
Bd de Belleville
R Darboy
R Morland
Couronnes
R de la Fontaine au Roi
R St-Maur
Bd Jules Ferry
R Jean-Pierre Timbaud
R Moret
R Crespin du Gast
R des Maronites
R de Ménilmontant
R Sorbier
Ménilmontant
R des Amandiers
R Duris
R Rampon
Parmentier
R Oberkampf
Bd du Temple
Bd Voltaire
Bd Richard Lenoir
24
R Oberkampf
R de la Folie Méricourt
26
Bd de Ménilmontant
Oberkampf
14
R Pihet
Av Parmentier
Av de la République
R des Bluets
St-Maur
Gare Routière Internationale de Paris-Galliéni (2,2 km)
Filles du Calvaire
28
R Servan
Père Lachaise
Av Gambetta
St-Sébastien Froissart
St-Ambroise
R Pasteur
R St-Ambroise
R Lacharrière
R St-Maur
R de la Folie Regnault
Bd de Ménilmontant
R St-Sébastien
Richard Lenoir
R du Chemin Vert
R Duranti
Sq de la Roquette
R St-Claude
R Amelot
R Pelée
Allée Verte
R Moufle
R Pétion
5
Cimetière du Père Lachaise
Bureau de la Conservation
Bd Richard Lenoir
R du Chemin Vert
11E
R Popincourt
Voltaire
R Pache
R Gerbier
Philippe Auguste
R St-Gilles
Chemin Vert
R St-Sabin
R Bréguet
Pl Léon Blum
Voltaire
R Léon Frot
R du Pas de la Mule
Bd Beaumarchais
Bréguet-Sabin
R Sedaine
Sq Louis XIII
Pl des Vosges
Marché Bastille
R St-Sabin
R de la Roquette
R Godefroy Cavaignac
R Richard Lenoir
Bd Voltaire
R Émile Lepeu
R de Charonne
R Keller
R des Taillandiers
Av Ledru-Rollin
R Basfroi
Passage Thiéré
Charonne
R Jules Vallès
Bastille
Pl de la Bastille
Bastille
R St-Bernard
R Faidherbe
R Chanzy
Bd Henri IV
R du Faubourg St-Antoine
R de Charenton
7
Rue des Boulets
Gare de Lyon (700 m)
Le Baron Rouge (220 m)
R Trousseau
Marché d'Aligre (180 m)
Ledru-Rollin
Sq Trousseau
0
200 m
Montmartre
1
R Durantin
R Gabrielle
19
R des Trois Frères
Standseilbahn
Abbesses
Bd de Clichy
PIGALLE
Anvers
Pigalle
Bd de Rochechouart

Les Halles, Marais & Seine-Inseln

Jardin du Palais Royal — Park

(Karte S. 278; www.domaine-palais-royal.fr; 2 place Colette, 1er; April–Sept. 8–22.30 Uhr, Okt.–März bis 20.30 Uhr; M Palais Royal–Musée du Louvre) Ein prima Plätzchen, um zu verschnaufen, zu picknicken oder in den drei Einkaufspassagen zu shoppen, die den Park so hübsch umrahmen: **Galerie de Valois** (Osten), **Galerie de Montpensier** (Westen) und **Galerie Beaujolais** (Norden). Besonders bekannt ist der südliche Teil der Anlage mit den 260 schwarz-weiß gestreiften Säulen des Künstlers Daniel Buren.

Linkes Seine-Ufer

Musée d'Orsay — Kunstmuseum

(Karte S. 278; 01 40 49 48 14; www.musee-orsay.fr; 1 rue de la Légion d'Honneur, 7e; Erw./Kind 14 €/frei; Di, Mi & Fr–So 9.30–18, Do bis 21.45 Uhr; M Assemblée Nationale oder RER Musée d'Orsay) Die Nationalsammlung impressionistischer, postimpressionistischer und Art-nouveau-Kunst aus der Zeit von 1848 bis 1914 ist im herrlichen alten Bahnhof Gare d'Orsay untergebracht, der selbst als ein Glanzstück des Art nouveau gilt. Hier gibt es zahlreiche weltberühmte Werke großer Künstler zu sehen.

Ganz oben auf der To-do-Liste aller Besucher steht die weltgrößte Sammlung impressionistischer und postimpressionistischer Kunst. Für die Meisterwerke von Manet, Monet, Cézanne, Renoir, Degas, Pissarro und van Gogh sollte man reichlich Zeit einplanen.

Musée Rodin — Museum, Garten

(Karte S. 278; 01 44 18 61 10; www.musee-rodin.fr; 79 rue de Varenne, 7e; Erw./Kind 10 €/frei, nur Garten 4 €/frei; Di–So 10–17.45 Uhr; M Varenne oder Invalides) Der Bildhauer, Maler, Zeichner und Sammler Auguste Rodin schenkte dem französischen Staat 1908 seine komplette Sammlung – unter der Bedingung, dass seine Werke in seinem einstigen Atelier, dem Hôtel Biron (erb. 1730), ausgestellt würden. Heute sind sie nicht nur in der schönen Villa, sondern auch im stimmungsvollen Rosengarten zu besichtigen – eins der friedvollsten Fleckchen von Paris und der ideale Ort, um Rodins berühmten *Denker* zu betrachten. Wer nicht anstehen möchte, kauft sein Ticket im Voraus übers Internet.

Hôtel des Invalides — Wahrzeichen, Museum

(Karte S. 278; www.musee-armee.fr; 129 rue de Grenelle, 7e; Erw./Kind 12 €/frei; April–Okt. 10–18 Uhr, Nov.–März bis 17 Uhr; M Varenne oder La Tour Maubourg) In den 1670er-Jahren ließ Ludwig XIV. dieses Heim für 4000 versehrte Kriegsveteranen errichten. Am 14. Juli 1789 drang ein wütender Mob in das Gebäude ein und riss 32 000 Waffen an sich, um die Bastille zu erstürmen – es war der Beginn der Französischen Revolution.

Das Ticket gilt für alle Sehenswürdigkeiten des Hôtel des Invalides (Sonderausstellungen kosten extra). Die Öffnungszeiten der Stätten variieren – Infos auf der Website!

Panthéon Mausoleum

(Karte S. 284; ☎01 44 32 18 00; www.paris-pantheon.fr; place du Panthéon, 5e; Erw./Kind 9 €/frei; ⏲April–Sept. 10–18.30 Uhr, Okt.–März bis 18 Uhr; Ⓜ Maubert-Mutualité oder RER Luxembourg) Die klassizistische Kuppel des Panthéon gehört zu den Wahrzeichen der Pariser Skyline.

Der gewaltige Innenraum ist ein architektonisches Meisterwerk. Die ursprüngliche Kirche der Abtei Sainte-Geneviève ist heute ein Mausoleum, das seit 1791 als letzte Ruhestätte einiger der berühmtesten Denker Frankreichs dient, u. a. Voltaire, Rousseau, Braille und Hugo. Einen Ehrenplatz nimmt eine Kopie des Foucault'schen Pendels ein, das 1851 zum ersten Mal von der Kuppel baumelte, um die Erdrotation zu demonstrieren.

Les Catacombes Katakomben

(☎01 43 22 47 63; www.catacombes.paris.fr; place Denfert-Rochereau, 14e; Erw./Kind 13 €/frei, Online-Buchung inkl. Audioguide 29/5 €; ⏲Di–So 10–20.30 Uhr; Ⓜ Denfert-Rochereau) Die makaberste Attraktion von Paris sind diese Tunnel und Gänge voller Schädel und Knochen. 1785 beschloss man, das Problem der überfüllten Pariser Friedhöfe zu lösen, indem man die Knochen ausgrub und in stillgelegten Steinbrüchen lagerte. Über eine enge Wendeltreppe mit 130 Stufen geht es 20 m in die Tiefe und dann durch dunkle Gänge zum eigentlichen Beinhaus (1,5 km). 112 Stufen führen hinauf zum Ausgang bei 21bis Avenue René Coty, 14e. Im Ausgangsbereich gibt es einen Souvenirshop.

Jardin du Luxembourg Park

(Karte S. 284; www.senat.fr/visite/jardin; 6e; ⏲wechselnde Öffnungszeiten; Ⓜ Mabillon, St-Sulpice, Rennes, Notre Dame des Champs oder RER Luxembourg) Die innerstädtische Oase mit Terrassen, Kastanienhainen und grünen Rasenflächen wird von den Parisern innig geliebt. Napoleon widmete den 23 ha großen Park den Kindern von Paris und viele Bürger der Stadt haben in ihrer Kindheit hier hölzerne **Modellsegelboote** (Mietgebühr 30 Min./4 €; ⏲April–Okt. 11–18 Uhr) auf dem **Grand Bassin** schwimmen lassen, das Puppentheater im **Théâtre du Luxembourg** (☎01 43 29 50 97; www.marionnettesduluxembourg.fr; Tickets 6,40 €; ⏲Mi, Sa & So, in den Schulferien tgl.) besucht, sind Karussell gefahren oder auf **Ponys** (☎06 07 32 53 95; www.animaponey.com; Ponyritt 600/900 m 6/8,50 €; ⏲Mi, Sa, So & in den Schulferien 15–18 Uhr) geritten.

SHOPPEN

La Grande Épicerie de Paris Lebensmittel

(www.lagrandeepicerie.com; 38 rue de Sèvres, 7e; ⏲Mo–Sa 8.30–21, So 10–20 Uhr; Ⓜ Sèvres-Babylone) In der grandiosen Lebensmittelabteilung des Kaufhauses **Le Bon Marché** (Karte S. 284; ☎01 44 39 80 00; www.24sevres.com; 24 rue de Sèvres, 7e; ⏲Mo–Mi, Fr & Sa 10–20, Do 10–20.45, So 11–19.45 Uhr; Ⓜ Sèvres-Babylone) werden 30 000 teils seltene und luxuriöse Lebensmittelerzeugnisse vorrätig gehalten, darunter 60 verschiedene Sorten Brot und Köstlichkeiten wie Kaviar-Ravioli. Die fantastischen Auslagen mit Schokolade, Backwaren, Käse, Obst, Gemüse und Feinschmeckerartikeln sind schon allein eine Sehenswürdigkeit. Im Keller finden Weinverkostungen statt.

Shakespeare & Company Bücher

(Karte S. 280; ☎01 43 25 40 93; www.shakespeareandcompany.com; 37 rue de la Bûcherie, 5e; ⏲10–22 Uhr; Ⓜ St-Michel) Alle Ecken und Winkel dieses zauberhaften Buchladens sind vollgestopft mit neuen und gebrauchten englischen Büchern. Der ursprüngliche Laden (12 rue l'Odéon, 6e; 1941 von den Nazis geschlossen) wurde von Sylvia Beach geführt und war ein Treffpunkt für Hemingways „Lost Generation“. Es gibt regelmäßig

Quartier Latin

Sehenswertes
1 Jardin du Luxembourg B2
2 Panthéon C2

Aktivitäten, Kurse & Touren
3 Modellsegelboote im Grand Bassin B2
4 Ponyreiten B2

Shoppen
5 La Grande Épicerie de Paris A2
6 Le Bon Marché A2

Essen
7 Bouillon Racine C2
8 Café de la Nouvelle Mairie C2
9 Huîtrerie Regis B1

Ausgehen & Nachtleben
10 Nuage C2

Unterhaltung
11 Café Universel C3
12 Théâtre du Luxembourg B2

Autorenlesungen und ein wunderbares **Café** nebenan (Karte S. 280; www.shakespeareand company.com; 2 rue St-Julien le Pauvre, 5e; ⏱Mo–Fr 9.30–19, Sa & So bis 20 Uhr; 📶; Ⓜ St-Michel).

Marché aux Puces de St-Ouen — Flohmarkt

(www.marcheauxpuces-saintouen.com; rue des Rosiers, St-Ouen; ⏱Sa–Mo; Ⓜ Porte de Clignancourt) Der 1870 gegründete Flohmarkt gilt mit seinen 9 ha als der größte Europas. Über 2000 Stände sind zu 15 einzelnen *marchés* (Märkten) gruppiert, die von Möbeln des 17. Jhs. bis zu Mode des 21. Jhs. alles anbieten. Jeder Markt hat eigene Öffnungszeiten, die der Website zu entnehmen sind. Um die kilometerlangen Reihen von Ständen abzuklappern, sollte man reichlich Zeit mitbringen.

ESSEN

Rechtes Seine-Ufer

Le Verre Volé — Bistro €

(Karte S. 280; ☎01 48 03 17 34; www.leverrevole.fr; 67 rue de Lancry, 10e; Hauptgerichte 11–22 €,

Sandwiches 7,90 €; ⌚Bistro 12.30–14.30 & 19.30–23.30 Uhr, Weinbar 10–2 Uhr; 📶; Ⓜ Jacques Bonsergent) Das „Geklaute Glas" – ein Weinladen mit einer Handvoll Tische – ist eine der beliebtesten Weinbars von Paris, mit tollen Naturweinen und kompetenter Beratung. Auch die herzhaften Tagesgerichte sind ausgezeichnet. Zum Essen reservieren oder einfach ein Gourmetsandwich (z. B. mit geräucherter Burrata und Knoblauchwurst) und eine Flasche Wein mitnehmen.

Richer Bistro **€**

(Karte S. 280; www.lericher.com; 2 rue Richer, 9e; Hauptgerichte 17–28 €; ⌚12–14.30 & 19.30–22.30 Uhr; Ⓜ Poissonnière oder Bonne Nouvelle) Das Richer wird vom gleichen Team betrieben wie das **L'Office** (Karte S. 280; ☎01 47 70 67 31; www.office-resto.com; 3 rue Richer, 9e; 2-/3-Gänge-Mittagsmenü 22/27 €, Hauptgerichte 22–29 €; ⌚Mo–Fr 12–14 & 19.30–22.30 Uhr) gegenüber. Im spartanisch-schicken Ambiente werden geniale Kreationen wie Forellentatar mit Blumenkohl und Tomaten-Zitronencreme oder Quitten-Limetten-Käsekuchen aufgetischt. Das Lokal nimmt keine Reservierungen an, serviert aber auch Snacks und chinesischen Tee und hat eine bis Mitternacht geöffnete Bar. Tolles Preis-Leistungs-Verhältnis.

Breizh Café Crêperie **€**

(Karte S. 280; ☎01 42 72 13 77; www.breizhcafe.com; 109 rue Vieille du Temple, 3e; Crêpes & Galettes 6,80–18,80 €; ⌚10–23 Uhr; Ⓜ St-Sébastien–Froissart) Alles im Breizh („Bretonisch") ist zu 100 % authentisch, vor allem die Crêpes und *galettes* (herzhafte Buchweizen-Crêpes) aus Biomehl, die viele Pariser für die besten der Stadt halten. Außerdem gibt es Austern aus Cancale und 20 Sorten Cidre. Die Tische sind knapp und begehrt; wer nicht reserviert hat, tröstet sich mit dem Feinkostladen **L'Épicerie** (Karte S. 280; ☎01 42 71 39 44; 111 rue Vieille du Temple, 3e; ⌚10–20 Uhr) nebenan.

Ladurée Konditorei **€€**

(Karte S. 278; ☎01 40 75 08 75; www.laduree.fr; 75 av. des Champs-Élysées, 8e; Backwaren 2,60–13 €, Hauptgerichte 20–45 €, 2-/3-Gänge-Mittagsmenü 35/42 €; ⌚Mo–Do 7.30–23.30, Fr 7.30–0.30, Sa 8.30–0.30, So 8.30–23.30 Uhr; 📶👪; Ⓜ George V) Als eine der ältesten Konditoreien von Paris ist Ladurée seit 1862 im Geschäft und kreierte in den 1930er-Jahren erstmals seine legendären luftig-leichten, mit Ganache gefüllten *macarons*. Der Teesalon ist eine elegante Adresse an den Champs. Die himmlischen Backwaren gibt es natürlich auch zum Mitnehmen.

Maison Maison Mediterran **€€**

(Karte S. 280; ☎09 67 82 07 32; www.restaurant-maisonmaison.com; 63 Parc Rives de Seine, 1er; 2-/3-Gänge-Mittagsmenü 20/25 €, Häppchenteller 7–16 €; ⌚Küche Mo 19–22, Di–So 12–15 & 19–22 Uhr, Bar bis 2 Uhr; Ⓜ Pont Neuf) Direkt an der Seine und am Pont Neuf versteckt sich dieses wunderbare Plätzchen unterhalb der *bouquinistes* (Buchhändler). Hier sieht man den *bateaux-mouches* (Tourbooten) zu, während man Kreationen wie Bonito mit Roter Bete und Grapefruit oder Gnocchi mit Spargel und Brokkolipesto genießt. Bei gutem Wetter locken Cocktails auf der fantastischen Uferterrasse.

Frenchie Gourmetbistro **€€€**

(Karte S. 280; ☎01 40 39 96 19; www.frenchie-ruedunil.com; 5 rue du Nil, 2e; 3-Gänge-Mittagsmenü 48 €, 5-Gänge-Abendmenü 65 €, mit Wein 175 €; ⌚Mo–Mi 18.30–22, Do & Fr 12–14.30 & 18.30–22 Uhr; Ⓜ Sentier) Das winzige Bistro mit Holztischen zwischen alten Steinmauern versteckt sich in einem Gässchen, ist aber aus gutem Grund immer voll: Küchenchef Gregory Marchand hat sich mit seinen modernen Gerichten aus marktfrischen Zutaten einen Michelin-Stern erkocht. Entweder frühzeitig reservieren oder früh aufkreuzen und beten, dass jemand abgesagt hat. Oder man versucht es bei der **Frenchie Bar à Vins** (Karte S. 280; www.frenchie-bav.com; 6 rue du Nil, 2e; Gerichte 8–28 €; ⌚Mo–Fr 18.30–23 Uhr) gegenüber. Die Weinbar nimmt keine Reservierungen vor – man schreibt seinen Namen draußen auf den Zettel und wartet, bis man aufgerufen wird. Tagsüber ist auch der Feinkost-Imbiss **Frenchie to Go** (Karte S. 280; ☎01 40 26 23 43; www.frenchie-ftg.com; 9 rue du Nil, 2e; Gerichte 11–21 €; ⌚8.30–17 Uhr; 📶) nebenan eine Option.

Verjus Modern Amerikanisch €€€
(Karte S. 278; ☎01 42 97 54 40; www.verjus paris.com; 52 rue de Richelieu, 1er; Menü 78 €, mit Wein 133 €; ⏲Mo–Fr 19–23 Uhr; ⓂBourse, Pyramides) Das Lokal des amerikanischen Duos Braden Perkins und Laura Adrian entstand aus ihrem Supper Club „Hidden Kitchen". Auf diese Tradition aufbauend bietet es die Chance, hervorragende kreative Küche in zwangloser Umgebung zu genießen. Das Probiermenü besteht aus einer Abfolge kleiner Speisen, deren Zutaten direkt von den Erzeugern bezogen werden. Frühzeitig reservieren.

Wer bloß einen Aperitif oder einen Happen vor dem Abendessen will, kann sich an die Aufschnitt- und Käseplatten der **Verjus Bar à Vins** (Karte S. 278; 47 rue de Montpensier, 1er; ⏲Mo–Fr 18–23 Uhr) halten. Eine prima Adresse fürs Mittagessen oder ein lockeres Abendessen ist das nahe gelegene Schwesterlokal des Verjus, **Ellsworth** (Karte S. 278; ☎01 42 60 59 66; www.ellsworthparis.com; 34 rue de Richelieu, 1er; 2-/3-Gänge-Menü 24/30 €, kleine Abendgerichte 12–20 €; ⏲Di–Fr 12.15–14.15 & 19–22.30, Sa 19–22.30 Uhr; ⓂPyramides).

Linkes Seine-Ufer

Café de la Nouvelle Mairie Bistro €
(Karte S. 284; ☎01 44 07 04 41; 19 rue des Fossés St-Jacques, 5e; Hauptgerichte 11–17 €; ⏲Mo–Fr 8–0.30 Uhr, Küche Mo–Do 12–14.30 & 20–22.30, Fr 20–22 Uhr; ⓂCardinal Lemoine) Beim Panthéon (S. 283) gleich um die Ecke, versteckt an einem kleinen Platz mit Brunnen, liegt diese Kreuzung aus Café-Restaurant und Weinbar – aber das wissen nur die Einheimischen. Das Lokal serviert Naturweine und leckere Bistrogerichte der Saison wie Austern, Rippchen *(à la française)* oder gegrillte Lammwürstchen auf Linsen. Für den Abend kann man reservieren, fürs Mittagessen nicht – früh da sein!

Bouillon Racine Brasserie €€
(Karte S. 284; ☎01 44 32 15 60; www.bouillon racine.fr; 3 rue Racine, 6e; 2-Gänge-Mittagsmenü wochentags 17,50 €, 3-Gänge-Menü 35 €, Hauptgerichte 17–24,50 €; ⏲12–23 Uhr; 👪; ⓂCluny–La Sorbonne) In einer ruhigen Straße steht dieses denkmalgeschützte Art-nouveau-Gebäude mit Spiegelwänden, Blumenmustern und Keramikkacheln. Die „Suppenküche" wurde 1906 für die Markt-

BRIAN KINNEY / SHUTTERSTOCK ©

arbeiter eröffnet. Zu den perfekt zubereiteten Gerichten von anno dazumal zählen gefülltes Spanferkel vom Spieß, in rotem Rodenbach-Bier marinierte Schweinshachse oder Shrimps und Muscheln in Hummersauce.

Huîtrerie Regis Meeresfrüchte €€

(Karte S. 284; www.huitrerie-regis.com; 3 rue de Montfaucon, 6e; ein Dutzend Austern ab 26 €; ⌚Mo–Fr 12–14.30 & 18.30–22.30, Sa 12–22.45, So 12–22 Uhr; Ⓜ Mabillon) Hip, trendig, winzig und weiß – *die* Adresse, um an einem kühlen Wintertag Austern zu schlürfen, ob drinnen oder auf der kleinen Straßenterrasse mit salbeigrünen Fermob-Stühlen. Die Austern werden lebend aus dem Bassin de Marennes-Oléron angeliefert und nur im Dutzend serviert. Zum Nachspülen passt ein Glas gut gekühlter Muscadet. Keine Reservierungen, also früh da sein.

AUSGEHEN & NACHTLEBEN

Bar Hemingway Cocktailbar

(Karte S. 278; www.ritzparis.com; Hôtel Ritz Paris, 15 place Vendôme, 1er; ⌚18–2 Uhr; 📶; Ⓜ Opéra) Schwarz-Weiß-Fotos und Erinnerungsstücke wie Jagdtrophäen, alte Schreibmaschine und gerahmte handgeschriebene Briefe des großen Schriftstellers füllen diese kleine Bar im Ritz. Chefbarkeeper Colin Peter Field mixt monumentale Cocktails, darunter drei verschiedene Bloody Marys mit Saft von frisch gepressten Tomaten. Angeblich soll Hemingway selbst, ein Maschinengewehr schwingend, an der Befreiung der Bar im Zweiten Weltkrieg beteiligt gewesen sein.

Le Baron Rouge Weinbar

(www.lebaronrouge.net; 1 rue Théophile Roussel, 12e; ⌚Mo 17–22, Di–Fr 10–14 & 17–22, Sa 10–22, So 10–16 Uhr; Ⓜ Ledru-Rollin) Wie eine echte Pariser Weinbar aussehen kann, zeigt dieses einfache Lokal. Ein Dutzend Fässer stapelt sich an den mit Weinregalen bestückten Wänden. Hier ist jeder willkommen und vor allem sonntags, nach einem Bummel über den Marché d'Aligre, trifft sich hier alle Welt auf ein Gläschen. Für die notwendige Grundlage sorgen Käse, Wurstwaren und Austern (in der Saison). Es gibt sogar Pfandflaschen, um den Wein vom Fass (Literpreis unter 5 €) mitnehmen zu können.

★ Top-Museen

Musée du Louvre (S. 260)
Musée d'Orsay (S. 282)
Centre Pompidou (S. 276)
Musée Rodin (S. 282)
Musée National Picasso (S. 277)

Von links: Appartements Napoleons III., Louvre (S. 260); *Der Denker*, Musée Rodin (S. 282); Musée d'Orsay (S. 282)

Die besten Boulangerien

Du Pain et des Idées (Karte S. 280; www.dupainetdesidees.com; 34 rue Yves Toudic, 10e; Brote 1,20–7 €, Gebäck 2,50–6,50 €; ⌚Mo–Fr 6.45–20 Uhr, Aug. geschl.; ⓂJacques Bonsergent) Traditionsbäckerei mit umwerfendem Interieur von 1889.

The French Bastards (Karte S. 280; 61 rue Oberkampf, 11e; Gebäck 1,50–5,50 €, Sandwiches 7,50–9 €; ⌚Mo–Mi & Fr 7–20.30, Sa 8–20, So 8–18 Uhr; ⓂParmentier) Superleckere Backwaren und Sandwiches am Canal St-Martin.

Le Grenier à Pain (Karte S. 280; www.legrenierapain.com; 38 rue des Abbesses, 18e; Gebäck 1,10–4,50 €; ⌚Do–Mo 7.30–20 Uhr; ⓂAbbesses) Perfekt für ein Picknick am Montmartre.

Chambelland (Karte S. 280; ☎01 43 55 07 30; www.chambelland.com; 14 rue Ternaux, 11e; Mittagsmenü 10–12 €, Gebäck 2,50–5,50 €; ⌚Di–Sa 8–20, So bis 18 Uhr; ⓂParmentier) 100 % glutenfrei.

Du Pain et des Idées
GORODISSKIJ / SHUTTERSTOCK ©

Coutume Café Kaffee
(☎01 45 51 50 47; www.coutumecafe.com; 47 rue de Babylone, 7e; ⌚Mo–Fr 8.30–17.30, Sa & So 9–18 Uhr; 📶; ⓂSt-François Xavier) An der Revolution der Pariser Kaffeeszene hatte diese kleine Kaffeerösterei erheblichen Anteil, sie beliefert eine ganze Reihe von Lokalen mit Premiumbohnen. Ihr helles Café im postindustriellen Look dient als Experimentierfeld für innovative Zubereitungsarten wie Kaltextraktion und Kaffee aus dem Siphon. Außer einigen der besten Kaffeesorten von Paris gibt es hier auch leckere Saisonküche, weshalb der Laden immer rappelvoll ist.

Les Deux Magots Café
(Karte S. 278; ☎01 45 48 55 25; www.lesdeuxmagots.fr; 6 place St-Germain des Prés, 6e; ⌚7.30–1 Uhr; ⓂSt-Germain des Prés) Wenn ein Café das Flair der Literaturszene im St-Germain des Prés des frühen 20. Jhs. bewahrt, dann dieses ehemalige Stammlokal damaliger Literaturgrößen und Intellektuellen. Für einen Kaffee auf der Terrasse, in einem der Korbstühle unter dunkelgrünen Markisen, zahlt man heute happige 4,80 €, darf sich dafür aber auch mitten in einem Stück Pariser Geschichte wähnen.

Le Perchoir Dachbar
(Karte S. 280; ☎01 48 06 18 48; www.leperchoir.tv; 14 rue Crespin du Gast, 11e; ⌚Di–Sa 18–2 Uhr; 📶; ⓂMénilmontant) Zum Sonnenuntergang ist die ideale Zeit, um in dieser Bar im 7. Stock einen Drink mit Blick über die Dächer von Paris zu genießen. Samstagabends legen DJs auf. Im Sommer spendet die Begrünung Schatten; im Winter verbreiten Feuer in Metallfässern Wärme unter einem Dachsegel. Zu erreichen von einem Innenhof per Aufzug oder Wendeltreppe.

Experimental Cocktail Club Cocktailbar
(ECC; Karte S. 280; www.experimentalcocktailclub.fr; 37 rue St-Sauveur, 2e; ⌚19–2 Uhr; ⓂRéaumur Sébastopol) Hinter einem schwarzen Vorhang präsentiert sich die schicke Flüsterkneipe im Retrostil – mit Schwesterlokalen in London, Ibiza und, *bien sûr,* New York – als raffinierte Rückblende auf die *années folles* (wilden Jahre) der amerikanischen Prohibition. Die Cocktails sind fabelhaft und am Wochenende sorgen DJs bis in den frühen Morgen für Partystimmung. Der Laden ist recht klein und wird rasch brechend voll.

Pavillon Puebla Biergarten
(www.leperchoir.tv; Parc des Buttes Chaumont, 39 av. Simon Bolivar, 19e; ⌚Mi–Fr 18–2, Sa ab 12, So 12–22 Uhr; 📶; ⓂButtes Chaumont) Die großen, mit Lichterketten geschmückten Terrassen des efeuberankten Landhauses

im Parc des Buttes Chaumont erinnern an eine altmodische *guinguette* (Ausflugslokal im Grünen).

Für den modernen Touch sorgen das marokkanische Dekor, trendige Möbel und DJ-Beats von donnerstags bis samstags. Außer vorwiegend französischen Weinen und Craft-Bieren werden Cocktails wie der Spritz du Pavillon (Aperol, Prosecco und Sodawasser) gereicht.

Nuage Café

(Karte S. 284; ☎09 82 39 80 69; www.nuagecafe.fr; 14 rue des Carmes, 5e; 5/25 € pro Std./Tag; ⏲Mo–Fr 9–19, Sa & So 11–20 Uhr; 📶; Ⓜ Maubert-Mutualité) Eins der diversen Co-working-Cafés, die sich in Paris ausbreiten. Das Nuage (auf Deutsch „Wolke" oder auf Englisch vielsagend „cloud") lockt mit anheimelnden Räumen in einer einstigen Kirche (und späteren Schule, in der Cyrano de Bergerac gelernt haben soll) eine treue Klientel von Digitalschaffenden an. Bezahlt wird stunden- oder tageweise, der Kaffee stammt von der Pariser Rösterei Coutume und Gourmetsnacks helfen gegen Hungerattacken.

Concrete Club

(www.concreteparis.fr; 69 Port de la Rapée, 12e; ⏲Do–Mo ab 22 Uhr; Ⓜ Gare de Lyon) Der Club mit zwei Tanzebenen schwimmt auf der Seine. Mit der ersten 24-Stunden-Lizenz des Landes hat er die Clubszene von Paris um ein „After-hours"-Angebot bereichert. Gigs von Electro-DJs der Weltklasse und das ganze Wochenende dauernde Events werden in den sozialen Medien angekündigt.

✪ UNTERHALTUNG

Opéra Bastille Oper

(Karte S. 280; ☎aus dem Ausland 01 71 25 24 23, in Frankreich 08 92 89 90 90; www.operadeparis.fr; 2–6 place de la Bastille, 12e; ⏲Kasse Mo–Sa 11.30–18.30 Uhr, So 1 Std. vor Aufführungsbeginn; Ⓜ Bastille) Der Hauptsaal des größten Opernhauses der Stadt hat 2745 Plätze. Neben Opern stehen Ballett und Klassikkonzerte auf dem Programm. Online sind Karten bis zu drei Wochen vor dem Telefon- oder Schalterverkauf erhältlich (Mi ab 12 Uhr; Online teils erhebliche Rabatte). Stehplatztickets (*places débouts;* 5 €) werden 90 Minuten

Café crème mit Croissant in einem Pariser Bistro

STRINGER / STRINGER / GETTY IMAGES ©

Sting im Bataclan

vor Vorstellungsbeginn verkauft. 90-minütige **Führungen** (Karte S. 280; ☎08 92 89 90 90; www.operadeparis.fr; 2–6 place de la Bastille, 12e; Führung Erw./Kind 17/12 €; ⏲Sept.–Mitte Juli; Ⓜ Bastille) erlauben einen Blick hinter die Kulissen.

Philharmonie de Paris Konzertsaal

(☎01 44 84 44 84; www.philharmoniedeparis.fr; 221 av. Jean Jaurès, 19e; ⏲Kasse Di–Fr 12–18, Sa & So ab 10 Uhr und zu Konzerten; Ⓜ Porte de Pantin) Die Philharmonie de Paris gehört zur Cité de la Musique (ein Komplex mehrerer Musikinstitutionen) im Parc de la Villette und ist Spielstätte für ein abwechslungsreiches Konzertprogramm, von Klassik über Jazz bis zu Weltmusik aus Nordafrika bis Japan.

Die Grande Salle Pierre Boulez fasst 2400–3600 Zuhörer. Die benachbarte Salle des Concerts der Cité de la Musique bietet Platz für 900–1600 Besucher.

Café Universel Jazz, Blues

(Karte S. 284; ☎01 43 25 74 20; www.facebook.com/cafeuniversel.paris05; 267 rue St-Jacques, 5e; ⏲Konzerte Di–Sa ab 20.30 Uhr, Café Mo 8.30–15, Di–Fr 8.30–1, Sa 16.30–1, So 13.30–1 Uhr; 📶; Ⓜ Censier Daubenton oder RER Port Royal) Hier gibt's ein tolles Konzertangebot von Bebop über Latin bis Jazz. Meist junge Künstler treten auf, die locker-gesellige Atmosphäre zieht Studenten und Jazzfans an. Die Konzerte sind kostenlos, eine angemessene Hutspende ist gern gesehen.

Le Bataclan Livemusik

(Karte S. 280; ☎01 43 14 00 30; www.bataclan.fr; 50 bd Voltaire, 11e; Ⓜ Oberkampf, Filles du Calvaire) Der Konzert-, Theater- und Tanzsaal wurde 1864 erbaut; 1910 gab hier Maurice Chevalier sein Debut. Der Saal mit 1497 Plätzen wurde am 12. November 2016 – fast ein Jahr nach dem entsetzlichen Terroranschlag vom 13. November 2015 – mit einem Konzert von Sting wiedereröffnet und bietet nun wieder eine Bühne für französische und internationale Rock- und Pop-Legenden.

ℹ PRAKTISCHE INFORMATIONEN

Office du Tourisme et des Congrès de Paris

(Karte S. 280; ☎01 49 52 42 63; www.parisinfo.com; 29 rue de Rivoli, 4e; ⏲Mai–Okt. 9–19 Uhr,

Nov.–April 10–19 Uhr; ᯤ; M Hôtel de Ville) Die Hauptfiliale befindet sich im Hôtel de Ville. Sie verkauft Tickets für Touren und verschiedene Sehenswürdigkeiten, Museumspässe und Ermäßigungskarten für die öffentlichen Verkehrsmittel.

AN- & WEITERREISE

BUS

Eurolines (Karte S. 284; ☎08 92 89 90 91; www.eurolines.fr; 55 rue St-Jacques, 5e; ⊙Mo–Fr 10–13 & 14–18 Uhr; M Cluny–La Sorbonne) verbindet alle größeren europäischen Hauptstädte mit dem Fernbusbahnhof von Paris, **Gare Routière Internationale de Paris-Galliéni** (28 av. du Général de Gaulle, Bagnolet; M Galliéni). Vom Busbahnhof im östlichen Vorort Bagnolet sind es mit der Métro 15 Minuten zur Station République.

FlixBus (www.flixbus.com) fährt **Parking Pershing** (16–24 bd Pershing, 17e; M Porte Maillot) im Westen von Paris an.

FLUGZEUG

Paris ist ein wichtiger Verkehrsknotenpunkt mit drei Flughäfen und wird von fast allen großen Airlines angeflogen.

Aéroport de Charles de Gaulle (CDG; ☎01 70 36 39 50; www.parisaeroport.fr) Der größte internationale Flughafen, auch „Roissy" genannt, liegt 28 km nordöstlich vom Pariser Stadtzentrum.

Aéroport d'Orly (ORY; ☎01 70 36 39 50; www.parisaeroport.fr) 19 km südlich von Paris, wird aber von ausländischen Fluglinien nicht so oft angeflogen wie der CDG.

Aéroport de Beauvais (BVA; ☎08 92 68 20 66; www.aeroportbeauvais.com) Wird von einigen Billigfliegern bedient; 75 km nördlich von Paris.

ZUG

Paris hat sechs große Bahnhöfe. Informationen über Zugverbindungen bietet die SNCF (www.sncf-voyages.com).

UNTERWEGS VOR ORT

Die Stadt der Flaneure lässt sich wunderbar zu Fuß erkunden und hat eins der effizientesten und günstigsten öffentlichen Verkehrsnetze der Welt – sich durch Paris zu bewegen ist überhaupt kein Problem.

Métro & RER Die schnellste Art der Fortbewegung. Die Métrozüge fahren je nach Linie von etwa 5.30 bis 1.15 Uhr (freitag- und samstagnachts bis ca. 2.15 Uhr). Die S-Bahnen des RER verkehren täglich von etwa 5.30 bis 1.20 Uhr.

Fahrrad Das supergünstige Vélib'-Radleihsystem hat Stationen in der ganzen Stadt; es gibt auch E-Bikes zu leihen.

Bus Gut für Eltern mit Kinderwagen und Personen mit eingeschränkter Mobilität.

Schiff/Fähre Der Batobus ist ein praktischer Hop-on-/Hop-off-Bootsservice mit neun Stopps an der Seine.

Eintrittskarten kaufen

Am einfachsten bekommt man Karten für Konzerte, Theater, Kultur- und Sportveranstaltungen bei **Fnac** (☎08 92 68 36 22; www.fnactickets.com), dem Kaufhaus für Unterhaltungselektronik – auch telefonisch oder online. Am Vorstellungstag gibt es Theater-, Opern- und Ballettkarten zum halben Preis (plus 3 € Vorverkaufsgebühr) beim zentralen **Kiosque Théâtre Madeleine** (Karte S. 278; www.kiosqueculture.com; gegenüber 15 place de la Madeleine, 8e; ⊙Sept.–Juni Di–Sa 12.30–14.30 & 15–19.30, So 12.30–15.45 Uhr, Juli & Aug. So geschl.; M Madeleine).

Fnac
MIKEDOTTA / SHUTTERSTOCK ©

PROVENCE, FRANKREICH

In diesem Kapitel

Provence, Frankreich

Wer in diesem sonnenverwöhnten Teil Südfrankreichs unterwegs ist, tourt auf kleinen Sträßchen durch herrliche Landschaften: Lavendelfelder, Olivenhaine, tiefe Schluchten und imposante Gipfel. Mit ihren prähistorischen Stätten, römischen Ruinen, mittelalterlichen Abteien und eleganten Kirchen wirkt die Provence wie ein lebendiges Geschichtsbuch. Hier kann man gemütlich durch Dörfer bummeln, Weine verkosten und ausgiebig unter freiem Himmel schlemmen. Außerdem ist die Region ideal zum Radfahren und Wandern, mit vielen tollen Entdeckungen wie den Ockerbrüchen des Roussillon und dem weißen Kalksteingipfel des Mont Ventoux.

Zwei Tage in der Provence

Der erste Tag gehört **Avignon** (S. 302), samt Stadterkundung und Besichtigung des **Palais des Papes** (S. 302) sowie vielleicht einer Weinprobe. Für den zweiten Tag bietet sich ein Ausflug ins Bergdorf **Les Baux-de-Provence** (S. 298) oder zum römischen **Pont du Gard** (S. 300) an, wo man auf dem Fluss Gard auch schöne Kanutouren unternehmen kann.

Vier Tage in der Provence

Am dritten Tag geht's in die Bergdörfer, mit einer Wanderung über rote Erde in **Roussillon** (S. 299) oder mit Wein und Trüffeln in **Ménerbes** (S. 299). Wenn es geht, sollte man zum Sonnenuntergang in **Gordes** (S. 298) sein. Am vierten Tag stehen die atemberaubenden **Gorges du Verdon** (S. 308) oder der **Mont Ventoux** (S. 307), der höchste Gipfel der Provence, auf dem Programm.

Fertig mit der Provence? Wie wär's mit einem Zug nach Barcelona (S. 185) oder einem Flug nach London (S. 53)?

Vorhergehende Doppelseite: Château des Baux (S. 298)

Ankunft

Aéroport Marseille-Provence (MRS; ☎08 20 81 14 14; www.marseille.aeroport.fr) Busse nach Aix-en-Provence (alle 20 Min.). Direkte Züge u. a. nach Marseille, Arles und Avignon.

Aéroport Avignon-Provence (S. 306) Bus 30 (www.tcra.fr; 1,40 €; 35 Min.) zum Postamt und LER-Bus 22 (www.info-ler.fr; 1,50 €) zum Busbahnhof und TGV-Bahnhof von Avignon. Taxis ca. 35–40 €.

Schlafen

Die Provence bietet eine riesige Vielfalt an Unterkünften, von superluxuriösen Hotels über Baumhäuser bis zu schnuckeligen Häuschen inmitten von Weinreben und Lavendelfeldern. Im Sommer explodieren die Preise und Unterkünfte sind Mangelware. Avignon ist eine ausgezeichnete Basis für den Pont du Gard (30. Min. mit dem Auto). Moustiers-Ste-Marie ist eine wichtige Zwischenstation für alle, die die Gorges du Verdon erkunden. Apt und sein Umland sind ideal für Touren zu den Bergdörfern des Luberon. Ein umfangreiches Verzeichnis an Unterkünften hat www.avignon-et-provence.com.

Gordes (S. 298)

Bergdörfer

Befestigt oder von Burgen gekrönt, schmiegen sie sich im Hinterland an die Felsen und harren der Erkundung: die eindrucksvollen villages perchés *der Provence. Die meist mittelalterlichen Dörfer sind aus goldgelbem Stein erbaut, mit Kopfsteinpflaster, blumengeschmückten Gassen und Brunnenplätzen. Unterbrochen von einem ausgedehnten Mittagessen ein perfektes Ziel für einen Tagesauflug!*

Toll für …

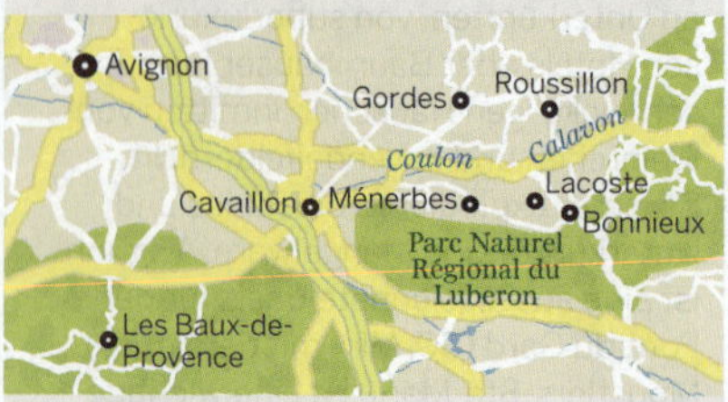

Gut zu wissen

Touristeninformation Apt (04 90 74 03 18; www.luberon-apt.fr; 788 av. Victor Hugo; Mo–Sa 9.30–12.30 & 14–18 Uhr, Juli & Aug. auch So 9.30–12.30 Uhr)

★ Top-Tipp

Am schönsten – und leersten – sind die Bergdörfer am Morgen und kurz vor Sonnenuntergang.

JEAFISH PING / SHUTTERSTOCK ©

Les Baux-de-Provence

Das befestigte Bergdorf klammert sich an einen uralten *aou* (provenzalisch für „Felsvorsprung") aus Kalkstein und ist eines der meistbesuchten Orte Frankreichs: Hier winden sich schmale Kopfsteinpflasterstäßchen an alten Häusern vorbei hoch zum prachtvollen **Château des Baux** (☎04 90 49 20 02; www.chateau-baux-provence.com; Erw./Kind April–Sept. 10/8 €, Okt.–März 8/6 €; ⏲Juli & Aug. 9–20 Uhr, April–Juni & Sept. bis 19 Uhr, Okt.–März kürzer) aus dem 10. Jh. Die Burg wurde 1633 während der Herrschaft Ludwigs XIII. größtenteils zerstört, die Ruine eignet sich toll zum Erkunden: Von zerbröselnden Türmen bieten sich unglaubliche Ausblicke, man kann in alte Kerker hinabsteigen und seine ritterlichen Künste an riesigen mittelalterlichen Waffen ausprobieren. Im Sommer gibt es Unterhaltungsangebote im Stil des Mittelalters.

Gordes

Das wie eine gigantische Hochzeitstorte über den Flüssen Sorgue und Calavon aufragende Gordes liegt spektakulär auf dem Vaucluse-Plateau. Bei Sonnenuntergang erstrahlt das Dorf in goldenem Licht. Vom Dorfplatz führt die Rue Baptistin Picca hinunter zur **Boulangerie de Mamie Jane** (☎04 90 72 09 34; rue Baptistin Picca; Gerichte 7–10 €; ⏲Winter Do–Di 7–18 Uhr, Sommer Do–Di 7–19 Uhr). Die Bäckerei verkauft Brot, Backwaren und Kuchen von außergewöhnlicher Qualität, darunter *navettes* mit Lavendelgeschmack und köstliches Erdnuss-Mandel-Krokant, das vom französischen Wort für Eichhörnchen als *écureuil* bekannt ist.

Abbaye Notre-Dame de Sénanque

Roussillon

Roussillon war einst das Zentrum des Ockerabbaus und erstrahlt noch heute in leuchtendem Rot. Die Straßen des Orts sind mit Künstlerateliers gesäumt. Der **Sentier des Ocres** (Ockerweg; Erw./Kind 3 €/frei; ⌚Juli & Aug. 9–19.30 Uhr, sonst kürzere Öffnungszeiten, Jan. geschl.; 👪) führt in eine Miniwüste mit Kastanienhainen, Kiefern und Ockerformationen in den Farben des Sonnenuntergangs. An den beiden Rundwegen (30 bzw. 50 Min.) wird auf Infotafeln die örtliche Flora vorgestellt. Wanderschuhe und keine weiße Kleidung tragen!

☑ Nicht versäumen

Vor der **Abbaye Notre-Dame de Sénanque** (www.senanque.fr), einer Zisterzienserabtei 4 km nordwestlich von Gordes, blüht im Sommer der Lavendel.

PROCHASSON FREDERIC / SHUTTERSTOCK ©

Ménerbes

Das auf einem Hügel gelegene Ménerbes wurde durch den britischen Schriftsteller Peter Mayles bekannt, der in seinem Buch *Ein Jahr in der Provence* von der Renovierung eines Bauernhauses unmittelbar außerhalb des Orts in den späten 1980er-Jahren erzählt. Die **Maison de la Truffe et du Vin** (Haus der Trüffel & des Weins; ☎04 90 72 38 37; www.vin-truffe-luberon.com; place de l'Horloge; ⌚April–Okt. 10–18 Uhr, Dez.–März Do–Sa 10–17 Uhr) gegenüber der Dorfkirche aus dem 12. Jh. repräsentiert 60 örtliche Winzer. Von April bis Oktober werden Gratis-Verkostungen angeboten, im Winter finden Schwarztrüffel-Seminare statt.

Lacoste

2001 erwarb der Modeschöpfer Pierre Cardin das aus dem 9. Jh. stammende **Château de Lacoste**. Die 45-Zimmer-Burg wurde 1789 von Revolutionären geplündert. Bis Cardin auf den Plan trat, war sie eine Ruine. Er ließ ein Theater mit 1000 Plätzen und eine Opernbühne errichten, die nur zum **Festival de Lacoste** (www.festivaldelacoste.com) im Juli geöffnet ist. Besichtigung nur mit Voranmeldung!

Bonnieux

Das schon in römischer Zeit besiedelte Bonnieux ist ein mittelalterliches Labyrinth aus Gassen und versteckten Treppen: Von der Place de la Liberté führen 86 Stufen zu einer Kirche aus dem 12. Jh. Das **Musée de la Boulangerie** (☎04 90 75 88 34; 12 rue de la République; Erw./Kind 4 €/frei; ⌚April–Okt. Do–Di 10.30–13 & 14.30–18 Uhr) in einem Gebäude des 17. Jhs. erforscht die Geschichte des Brotbackens. Am besten kommt man freitags her: Dann findet auch ein quirliger Markt statt.

Kleine Stärkung

In den Dörfern lassen sich wunderbar provenzalische Spezialitäten wie das reichhaltige Ragoutgericht *daube provençale* probieren.

Pont du Gard

Südfrankreich wartet mit einer ganzen Reihe römischer Stätten auf, der als Unesco-Welterbe gelistete Pont du Gard ist eine der Topattraktionen. Offiziell gehört der atemberaubende dreistöckige Aquädukt gar nicht zur Provence, sondern zum benachbarten Languedoc, er liegt aber nah genug für einen kurzen Abstecher: nur 25 km westlich von Avignon.

Toll für ...

☑ Nicht versäumen

Der Nachwuchs hat jede Menge Spaß im interaktiven Spielbereich Ludo.

Der dreigeschossige Aquädukt war einst Teil eines 50 km langen Kanalsystems, das um 19 v. Chr. angelegt wurde, um Wasser von Uzès nach Nîmes zu leiten. Die Ausmaße des Bauwerks sind gewaltig: 48,8 m hoch, 275 m lang und dazu 35 äußerst präzise gearbeitete Bögen – die Brücke war stabil genug, um 20 000 m³ Wasser pro Tag zu tragen.

Le Musée & Ludo

Jeder Block wurde von Hand gemeißelt und von nahen Steinbrüchen herbefördert. Das war eine beachtliche Leistung, da die größten Blöcke über 5 t wiegen. Die Brücke hat nur 2,5 cm Gefälle, gerade so viel, dass das Wasser floss – ein wunderbares Beispiel für die Präzision römischer Ingenieurskunst. Zum Besucherzentrum am linken, nördlichen Ufer gehört ein eindrucksvolles

Gut zu wissen

✆04 66 37 50 99; www.pontdugard.fr; Erw./Kind 9,50 €/frei, Führung oberste Ebene Erw./Kind 6 €/frei; ⌚Juli & Aug. 9–20 Uhr, April–Juni & Sept. bis 19 Uhr, Okt. bis 18 Uhr, Nov.–Feb. bis 17 Uhr, März bis 17.50 Uhr.

Kleine Stärkung

Im hervorragenden Neobistro **Le Tracteur** (✆04 66 62 17 33; Bord Nègre, Argilliers; Menü 27–33 €; ⌚Mo–Do 12–14, Fr 12–14 & 19.30–21.30 Uhr) in Argilliers, 6 km nordwestlich, kann man schön essen.

★ Top-Tipp

Eine gute Besuchszeit ist abends: Dann kostet der Eintritt weniger und die Brücke wird effektvoll angestrahlt.

Hightech-Museum, das die Brücke, den Aquädukt und die Rolle des Wassers in der römischen Gesellschaft erläutert. Der Spielbereich **Ludo** ist unterhaltsame interaktive Wissensvermittlung für junge Besucher.

Mémoires de Garrigue

Die Brücke bietet schöne Ausblicke auf den Fluss Gard. Den besten Blick auf den Aquädukt selbst genießt man flussabwärts am 1,4 km langen Wanderweg Mémoires de Garrigue. Wer einen **Pass Aqueduc** erwirbt, darf die oberste Ebene der Brücke begehen, auf der einst das Wasser floss (mit Führung).

Kanutouren auf dem Gard

Unter dem Pont du Gard hindurchzupaddeln ist unvergesslich! Die beste Zeit dafür ist zwischen April und Juni. Auf seinem Weg durch die Cevennen führt der Gard durch die Gorges du Gardon, bevor er unter dem Aquädukt hindurchfließt.Kanuverleihe befinden sich in Collias, 8 km von der Brücke entfernt, mit dem Kajak rund zwei Stunden.

Was gibt's in der Nähe?

Les Arènes — Römische Stätte

(✆04 66 21 82 56; www.arenes-nimes.com; place des Arènes; Erw./Kind inkl. Audioguide 10/8 €; ⌚Juli & Aug. 9–20 Uhr, Juni bis 19 Uhr, April, Mai & Sept. bis 18.30 Uhr, März & Okt. bis 18 Uhr, Jan., Feb., Nov. & Dez. 9.30–17 Uhr) Fans der Römerzeit zieht es nach Nîmes im Languedoc. Die Stadt gilt wegen ihres zweistöckigen Amphitheaters von 100 v. Chr. auch als „französisches Rom". Die Arena bot Platz für 24 000 Zuschauer, die sich an Gladiatorenkämpfen und Hinrichtungen ergötzten, und bildet heute einen eindrucksvollen Rahmen für Konzerte und andere Events. Ein Audioguide führt Besucher durch die Sitzreihen, Treppen und Gänge der Arena.

Avignon

Na, wo residierte der Papst im frühen 14. Jh.? In Rom. Falsch! Rund 70 Jahre lang war die provenzalische Stadt Avignon das Zentrum der römisch-katholischen Welt. Und auch wenn der Stadt diese Bedeutung nur für kurze Zeit vergönnt war, so bleibt ihr aus dieser Epoche doch ein beachtliches architektonisches Erbe, allen voran der gewaltige Papstpalast, ein Unesco-Weltkulturerbe.

Heute ist Avignon vor allem für sein Kulturfestival berühmt, das größte Frankreichs, das jedes Jahr im Juli Tausende von Besuchern anzieht. Das restliche Jahr ist Avignon einfach eine hübsche Stadt mit Straßen, die von kleinen Geschäften gesäumt sind, schattigen Plätzen und einigen ausgezeichneten Restaurants – sowie einer imposanten mittelalterlichen Mauer, die die gesamte Altstadt umschließt.

SEHENSWERTES

Für Museumsfans lohnt sich der Kauf eines Avignon City Pass (21/28 € für 24/48 Std.), der Zutritt zu allen wichtigen Museen gewährt. Es gibt ihn online oder bei der Touristeninformation (S. 306).

Palais des Papes Palast

(Papstpalast; ☎Kartenverkauf 04 32 74 32 74; www.palais-des-papes.com; place du Palais; Erw./Kind 12/10 €, mit Pont St-Bénézet 14,50/11,50 €; ⏰Juli 9–20 Uhr, Aug. bis 20.30 Uhr, Sept.–Juni kürzer) Der größte gotische Palast der Welt gehört zum Unesco-Weltkulturerbe und wurde erbaut, als Papst Clemens V. 1309 aus Rom floh und sich in Avignon niederließ. Der Palast war rund 70 Jahre Sitz des päpstlichen Hofstaats. Die gewaltigen Ausmaße zeugen von der ungeheuren Macht der katholischen Kirche. Die von 3 m dicken Mauern umgebenen Säle, Kapellen und Vorzimmer sind heute zumeist leer, doch ein Audioguide (2 €) liefert den historischen Hintergrund.

Pont St-Bénézet Brücke

(☎Kartenverkauf 04 32 74 32 74; bd de la Ligne; Erw./Kind 24-Std.-Ticket 5/4 €, mit Papstpalast 14,50/11,50 €; ⏰Juli 9–20 Uhr, Aug. bis 20.30 Uhr, Sept.–Juni kürzer) Der Legende

Palais des Papes

PAUL DANIELS / SHUTTERSTOCK ©

nach hatte Pastor Bénézet drei Visionen, die ihn zum Bau einer Brücke über die Rhone aufforderten. Ab 1185 verband diese Brücke mit ihren 20 Bögen Avignon und Villeneuve-lès-Avignon. Die Brücke wurde mehrfach zerstört und aufgebaut, bis im 17. Jh. alle Bögen bis auf vier fortgeschwemmt wurden.

Wer nicht für den Besuch der Brücke zahlen möchte, kann sie sich gratis vom Park Rocher des Doms, vom Pont Édouard Daladier oder vom Chemin des Berges auf der Île de la Barthelasse aus anschauen.

Musée du Petit Palais Kunstmuseum
(☎04 90 86 44 58; www.petit-palais.org; place du Palais; ⊙Mi–Mo 10–13 & 14–18 Uhr) GRATIS Der erzbischöfliche Palast des 14. und 15. Jhs. beherbergt heute eine hervorragende Gemälde- und Skulpturensammlung aus dem 13. bis 16. Jh. von Künstlern wie Botticelli, Carpaccio und Giovanni di Paolo – das berühmteste Werk ist Botticellis *Jungfrau mit Kind* (1470).

Musée Angladon Kunstmuseum
(☎04 90 82 29 03; www.angladon.com; 5 rue du Laboureur; Erw./Kind 8/1,50 €; ⊙April–Sept. Di–So 13–18 Uhr, Okt.–März Di–Sa 13–18 Uhr) Das winzige Musée Angladon zeigt impressionistische Schätze, darunter Werke von Cézanne, Sisley, Manet und Degas. Der Star der Sammlung ist das Gemälde *Wagons de chemin de fer* (Eisenbahnwaggons; 1888) von van Gogh, sein einziges Werk während seiner Zeit in der Provence – wer genau hinschaut, sieht, dass die „Erde" nicht gemalt ist, sondern aus nackter Leinwand besteht.

AKTIVITÄTEN & GEFÜHRTE TOUREN

Le Carré du Palais Weinproben
(☎04 65 00 01 01; www.carredupalais.fr; 1 place du Palais) Das historische Hôtel Calvet de la Palun ist heute ein Zentrum der Weinvermarktung, in dem Besucher Côtes-du-Rhône- und Vallée-du-Rhône-Tropfen verkosten können. Die **École des Vins** (Weinschule) bietet zweistündige Verkostungsworkshops (35 €) und Weinproben mit drei Sorten (25 €) in der **Cave de Dégustation** (Verkostungskeller). Für beides ist eine Voranmeldung erforderlich.

Avignon Wine Tour Weintouren
(☎06 28 05 33 84; www.avignon-wine-tour.com; 95–130 € pro Pers.) Hier kann man Weingüter der Region mit einem Fachmann erkunden, dabei wird auch Wein verkostet.

Festivals in Avignon

Das alljährliche dreiwöchige **Festival d'Avignon** (☎Kartenverkauf 04 90 14 14 14; www.festival-avignon.com; ⊙Juli) gehört zu den weltweit größten Festivals der darstellenden Künste. Über 100 000 Zuschauer bekommen auf Bühnen in der ganzen Stadt mehr als 40 internationale Tanz- und Theaterstücke geboten. Die Tickets gehen erst im Frühjahr in den Verkauf, doch die Hotels sind schon im Februar ausgebucht. Parallel dazu bietet das ebenso tolle Alternativevent **Festival Off** (www.avignonleoff.com; ⊙Juli) ein vielfältiges experimentelles Programm.

Von Mitte August bis Mitte Oktober verwandelt die spektakuläre *son-et-lumière*-Show **Avignon Vibrations** (http://avignon-vibrations.com; Erw./erm. 12/10 €; Aug. & Okt. 21.30 & 22.30 Uhr, Sept. Mo, Mi & So 21.30 Uhr, Fr & Sa 21.30 & 22.30 Uhr) die alten Mauern im Haupthof des Palais des Papes in ein Wunderwerk aus Klang, Licht und faszinierender digitaler Bildkunst. Die Vorführungen dauern 30 Minuten.

Plakate für das Festival d'Avignon

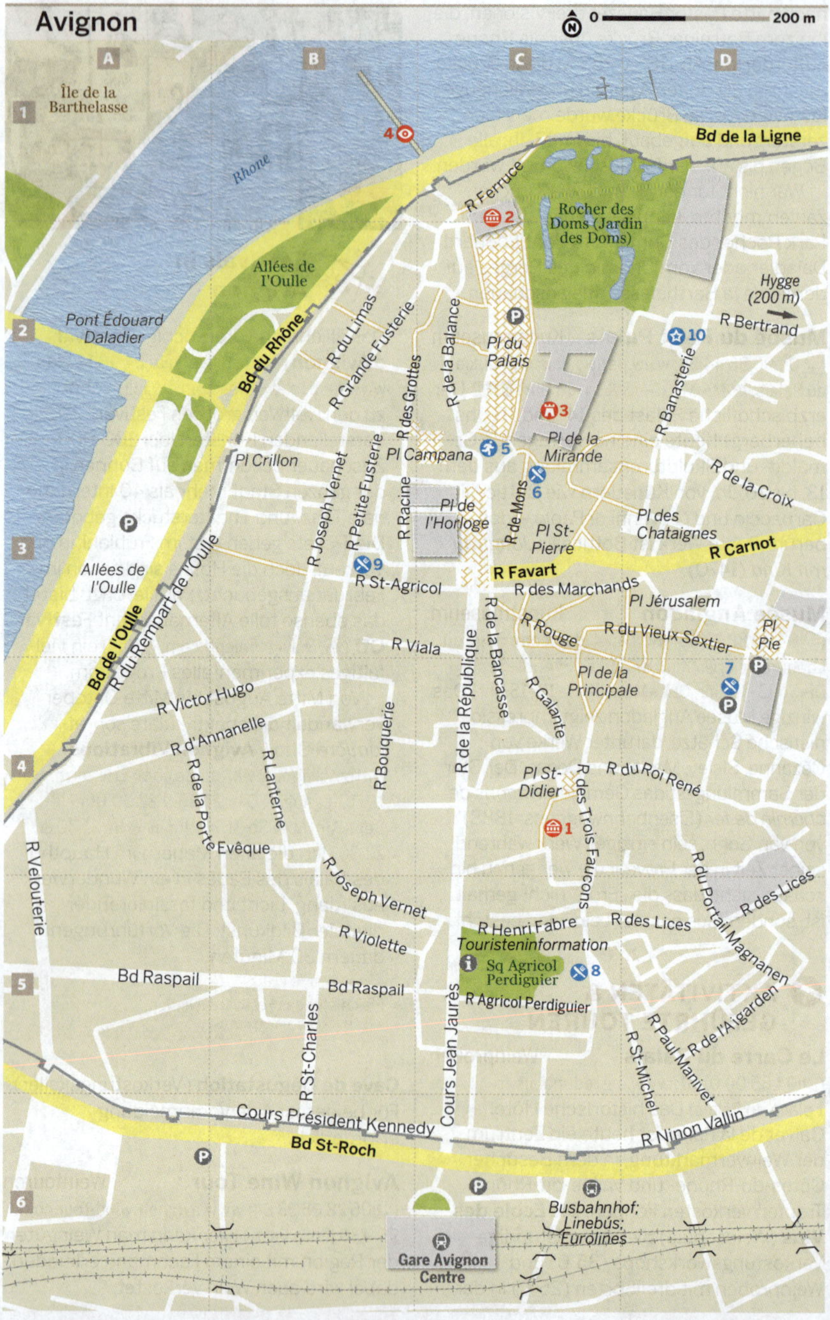
Avignon
0
200 m
A
B
C
D
1
2
3
4
5
6
Île de la Barthelasse
Rhône
Bd de la Ligne
R Ferruce
Rocher des Doms (Jardin des Doms)
Allées de l'Oulle
Hygge (200 m)
Pont Édouard Daladier
Bd du Rhône
R du Limas
R Grande Fusterie
R de la Balance
Pl du Palais
R Bertrand
R Banasterie
R des Grottes
Pl Campana
Pl de la Mirande
Pl Crillon
R Petite Fusterie
R Joseph Vernet
R Racine
Pl de l'Horloge
R de Mons
R de la Croix
Pl des Chataignes
Pl St-Pierre
R Carnot
R Favart
Allées de l'Oulle
R St-Agricol
R des Marchands
Pl Jérusalem
R du Rempart de l'Oulle
Bd de l'Oulle
R Rouge
R du Vieux Sextier
Pl Pie
R Viala
R de la Bancasse
Pl de la Principale
R Victor Hugo
R Galante
R de la République
R d'Annanelle
R Bouquerie
R Lanterne
R de la Porte Evêque
Pl St-Didier
R des Trois Faucons
R du Roi René
R Velouterie
R Joseph Vernet
R du Portail Magnanen
R des Lices
R Henri Fabre
R des Lices
Touristeninformation
R Violette
Sq Agricol Perdiguier
Bd Raspail
Bd Raspail
R Agricol Perdiguier
R de l'Aigarden
R St-Charles
Cours Jean Jaurès
R St-Michel
R Paul Manivet
Cours Président Kennedy
R Ninon Vallin
Bd St-Roch
Busbahnhof; Linebús; Eurolines
Gare Avignon Centre

Avignon

ESSEN

Die Place de l'Horloge ist von touristischen Restaurants gesäumt, die keineswegs die beste Küche der Stadt oder das beste Preis-Leistungs-Verhältnis bieten. Stattdessen sollte man sich in die autofreie Altstadt aufmachen: Besonders schöne Plätze mit Restaurants sind die Place des Châtaignes und die Place de la Principle.

Während der Festivalsaison im Sommer sind die Restaurants jeden Tag geöffnet; dann ist reservieren unerlässlich.

Maison Violette — Bäckerei €

(☎06 59 44 62 94; www.facebook.com/maisonvioletteavignon/; 30 place des Corps Saints; ⏲Di–Sa 7–19.30 Uhr) Keine Frage: Wer diese Bäckerei betritt, wird magnetisch von den Baguettes, *ficelles* und *pains de campagne* am Tresen sowie den ordentlich aufgereihten *eclairs*, *millefeuilles*, Obsttörtchen und Keksen in der Vitrine angezogen. Keine falsche Bescheidenheit. Ein bisschen was Süßes kann doch nicht schaden, oder?

Hygge — Bio-Café €

(☎04 65 81 06 87; https://hygge.bio/; 25 place des Carmes; 2-/3-Gänge-Mittagsmenü 15,90/17,90 €; ⏲Mo–Sa 9–16 Uhr) Jacques Pampiri war schon bei diversen Kultrestaurants (u. a. beim Noma in Kopenhagen und La Mirande in Avignon) tätig und hat nun sein eigenes Lokal in Avignon eröffnet, das bei den Einheimischen bestens ankommt. Er bietet herzhafte Biokost in Selbstbedienung, um die Kosten niedrig zu halten. Die zusammengewürfelte Einrichtung wirkt sehr nett. Für die besten Tische draußen auf dem Platz sollte man früh da sein.

Les Halles — Markthalle €

(www.avignon-leshalles.com; place Pie; ⏲Di–Fr 6–13.30, Sa & So bis 14 Uhr) Über 40 Stände verkaufen provenzalische Lebensmittel der Saison. Samstags um 11 Uhr gibt es Kochvorführungen. Draußen an der Place Pie ist Patrick Blancs Pflanzenwand zu bewundern.

Restaurant L'Essentiel — Französisch €€

(☎04 90 85 87 12; www.restaurantlessentiel.com; 2 rue Petite Fusterie; Mittags-/Abendmenü 25/36–48 €; ⏲Di–Sa 12–14 & 19–21.45 Uhr) In dem *hôtel particulier* ist eins der besten Restaurants der Stadt. Sitzen kann man drinnen oder auf der wunderbaren Terrasse. Zum Auftakt schmecken Zucchiniblüten an Langusten-Trüffel-Sauce, danach Kaninchen mit kandierter Auberginenfüllung.

Christian Etienne — Französisch €€€

(☎04 84 88 51 27; www.christianetienne.fr; 10 rue de Mons; Mittags-/Abendmenü 38–51/78–133 €; ⏲Aug.–Juni Fr–Di 12–13.30 & 19.30–21 Uhr, Juli tgl.) Eins der besten Häuser am Platz ist dieses Sternerestaurant in einem Palais des 12. Jhs. mit schattiger Terrasse neben dem Papstpalast. Chef Guilhem Sevin ändert seine ausgeklügelte Karte je nach Jahreszeit und zaubert raffinierte provenzalische Küche aus lokalen Zutaten der Saison.

AUSGEHEN & NACHTLEBEN

Das schicke und entspannte Avignon präsentiert sich mit schönen, autofreien und schattigen Plätzen, auf denen sich Cafés ausbreiten. Zu den schönsten Orten zählen die Place Crillon, die Place Pie, die Place de l'Horloge und die Place des Corps Saints.

Rue des Teinturiers

Die am Fluss gelegene Rue des Teinturiers (Straße der Färber) ist eine malerische, für ihr alternatives Flair bekannte Fußgängerstraße im alten Färberviertel der Stadt. Bis ins 19. Jh. hinein war die Straße von hart arbeitenden Webern und Tapisserie-Wirkern bevölkert. Heute ist sie für ihre Szenebistros, Cafés, Ateliers und Werkstätten bekannt. Hier kann man auf Steinbänken unter alten Platanen sitzen und die Sorgue vorbeiplätschern sehen, an deren Ufer seit dem 16. Jh. die Chapelle des Pénitents Gris wacht.

TSTGRAPH / SHUTTERSTOCK ©

Die Studenten zieht es hauptsächlich in die vielen Kneipen an der passend benannten Rue de la Verrerie (Glaswarenstraße).

La Manutention Kulturzentrum
(☎04 90 86 86 77; 4 rue des Escaliers Ste-Anne; ⏲12–24 Uhr) Kein Lokal verkörpert die kunstsinnige Seele Avignons besser als diese Bistro-Bar im Kulturzentrum La Manutention. Ihre begrünte Terrasse liegt im Schatten der Mauern des Papstpalastes. Durch große Wintergartenfenster blickt man auf die urige Einrichtung der klitzekleinen Bar Utopia. Auch ein Kino gibt es hier.

PRAKTISCHE INFORMATIONEN

Touristeninformation (☎04 32 74 32 74; www.avignon-tourisme.com; 41 cours Jean Jaurès; ⏲April–Okt. Mo–Sa 9–18, So 10–17 Uhr, Nov.–März kürzer) Bietet geführte Stadtrundgänge und hat Infos über andere Touren und Aktivitäten wie Bootsfahrten auf der Rhone und Weinproben auf Weingütern der Umgebung.

AN- & WEITERREISE

BUS

Der **Busbahnhof** (bd St-Roch; ⏲Informationsschalter Mo–Fr 8–19, Sa bis 13 Uhr) befindet sich neben dem Hauptbahnhof. Fahrkarten sind im Bus erhältlich. Fahrpläne gibt's auf www.lepilote.com, www.info-ler.fr und www.vaucluse.fr. Die Fernbusgesellschaften **Linebús** (☎04 90 85 30 48; www.linebus.com) und **Eurolines** (☎04 90 85 27 60; www.eurolines.com) haben Büros am Ende der Bussteige und bieten Busverbindungen z. B. nach Barcelona.

FLUGZEUG

Aéroport Avignon-Provence (AVN; ☎04 90 81 51 51; www.avignon.aeroport.fr; Caumont) In Caumont, 8 km südöstlich von Avignon. Direktflüge vor allem nach Großbritannien.

ZUG

In Avignon gibt es zwei Bahnhöfe: die **Gare Avignon Centre** (42 bd St-Roch) am Südrand der Innenstadt und die **Gare Avignon TGV** (Courtine) 4 km südwestlich in Courtine. Zwischen beiden verkehren alle 15–20 Minuten Züge (1,60 €, 6 Min., 6–23 Uhr). Keine Gepäckaufbewahrung.

UNTERWEGS VOR ORT

AUTO & MOTORRAD

An beiden Bahnhöfen sind Autovermietungen vertreten (besonders für den Juli reservieren!). Aufgrund schmaler Einbahnstraßen und einer verheerenden Parkplatzsituation ist das Fahren in der Altstadt schwierig: Am besten parkt man außerhalb der Stadtmauern. 900 bzw. 1150 Plätze gibt es auf den bewachten Parkplätzen **Parking de l'Île Piot** und **Parking des Italiens**. Von beiden fährt der kostenlose **TCRA-Shuttlebus** (Transports en Commun de la Région d'Avignon; ☎04 32 74 18 32; www.tcra.fr).

FAHRRAD

Vélopop (☎08 10 45 64 56; www.velopop.fr; 0,50 € pro ½ Std.) Fahrradleihsystem mit 17 Stationen in der Stadt. Die Mitgliedschaft kostet 1/5 € pro Tag/Woche.

Provence Bike (☎04 90 27 92 61; www.provence-bike.com; 7 av. St-Ruf; Leihräder pro Tag/Woche ab 12/65 €, Motorroller 25/150 €; ⌚Mo–Sa 9–18.30 Uhr, Juli außerdem So 10–13 Uhr) Verleiht Stadträder, Mountainbikes, Motorroller und Motorräder.

Mont Ventoux

Weithin sichtbar wacht der Mont Ventoux (1912 m) über die nördliche Provence. Von seinem Gipfel, der von Mai bis Oktober über eine Straße erreichbar ist, schweift der Blick bis zu den Alpen und an klaren Tagen sogar bis in die Camargue. Sein weißer Kalksteingipfel liegt nur eine gute Autostunde nordöstlich von Avignon – das ideale Ziel für einen Tagesausflug.

Dank der großen Ausdehnung des Bergs sind an seinen Hängen alle europäischen Klimatypen vertreten, vom mediterranen Klima an den tieferen Südausläufern bis zum arktischen am exponierten Nordkamm. Auf dem Weg nach oben können die Temperaturen um bis zu 20 °C sinken. Der unerbittliche Mistral bläst an 130 Tagen im Jahr mit bis zu 250 km/h. Warme Kleidung und Regenzeug sind auch im Sommer unentbehrlich. Die Straße zum Gipfel ist ganzjährig befahrbar, doch vom 15. November bis 15. April kann der Gipfel nicht überquert werden.

Seine vielfältige Tier- und Pflanzenwelt hat dem Berg den Status eines Unesco-Biosphärenreservats eingebracht. Einige Arten kommen nur in dieser Region vor.

AKTIVITÄTEN

Auf Gratiskarten der Touristeninformationen in **Malaucène** (http://villagemalaucene.free.fr), **Bédoin** (www.bedoin.org) und **Sault** (www.ventoux-sud.com) sind Radrouten von leicht bis schwer und gastliche Bauernhöfe verzeichnet. Noch mehr Radrouten gibt es unter www.lemontventoux.net. Die Radverleiher haben auch E-Bikes.

Die Straße zum Gipfel des Mont Ventoux

DANIEL HARWARDT / SHUTTERSTOCK ©

Gorges du Verdon

Ventoux Bike Park Radfahren
(☎04 90 61 84 55; www.facebook.com/VentouxBikePark; Chalet Reynard; halber/ganzer Tag 10/14 €; ⏲Sa & So 10–17 Uhr, Mo–Fr variabel) Am Chalet Reynard nahe dem Gipfel lassen sich Mountainbiker vom Schlepplift nach oben ziehen (ab 10 J.) und rasen dann über Rampen und Schanzen auf drei Routen von insgesamt 5 km Länge wieder bergab. Im Winter sind Mountainbikefahrten auf Schnee möglich. Fahrrad, Helm und Handschuhe mitbringen oder beim Chalet Reynard mieten. Öffnungszeiten vorher telefonisch erfragen, da sie stark wetterabhängig sind.

AN- & WEITERREISE

Mit öffentlichen Verkehrsmitteln kommt man nicht auf den Berg, nur per Auto oder Fahrrad (für Fitte).

Gorges du Verdon

An wildromantischer Dramatik können es nur wenige Orte Frankreichs mit den Gorges du Verdon aufnehmen. Der über Jahrmillionen durch den Fluss Verdon ausgewaschene „Grand Canyon von Europa" hat sich auf 25 km Länge tief ins Kalksteinplateau der Haute-Provence gefressen. Gute Stützpunkte, um die Schlucht zu erkunden, sind Moustiers Ste-Marie (im Westen) und Castellane (im Osten).

SEHENSWERTES & AKTIVITÄTEN

Castellane ist die Wassersportbasis (April–September) der Region; die **Touristeninformation** (☎04 92 83 61 14; www.castellane-verdontourisme.com; rue Nationale; ⏲Juli & Aug. tgl. 9–19.30 Uhr, Mai–Juni & Sept. Mo–Sa 9–12 & 14–18, So 10–13 Uhr, sonst So geschl.) hat Listen mit Anbietern von Rafting-, Canyoning-, Kajak- und Hydrospeed-Touren.

Route des Crêtes Panoramastrecke
(D952 & D23; ⏲Mitte März–Mitte Nov.) Eine 23 km lange Rundstrecke mit 14 atemberaubenden Aussichtspunkten am Nordrand der tiefen Gorges du Verdon. Das aufregendste Panorama bietet sich vom **Belvédère de l'Escalès** – einer der besten Orte, um Geier am Himmel zu erspähen.

Die Route ist von der Straße durch La Palud-sur-Verdon ausgeschildert. Achtung: Wegen Schneefällen ist sie normalerweise nur von April bis Oktober geöffnet.

Verdon Nature Wandertouren
(☎06 82 23 21 71; www.verdon-nature.com; 25 € pro Pers.) Laurent Pichard bietet ausgezeichnete Wandertouren in die Schlucht an, u. a. Geierbeobachtungstouren, Naturwanderungen und Touren auf klassischen Wanderwegen. Es gibt auch eine Wanderung bei Sonnenuntergang mit Übernachtung unterm Sternenzelt auf dem höchsten Gipfel der Schlucht, Le Grand Margès.

Sortie de Découverte des Vautours du Verdon Tierbeobachtung
(☎04 92 83 61 14; Erw./Kind 10/6 €; ⊙Mitte Juni–Mitte Sept. Di, Mi & Fr 9.30 & 18 Uhr) Auf zweistündigen Wanderungen in die Gorges du Verdon kann man Geier entdecken und beobachten. Start und Ziel ist das Dorf Rougon, 18 km südwestlich von Castellane. Ferngläser werden gestellt. Zu buchen bei der Touristeninformation in Castellane.

Latitude Challenge Abenteuersport
(☎04 91 09 04 10; www.latitude-challenge.fr; Bungeesprung 130 €) Bungeespringen vom höchsten Absprungpunkt Europas, der 182 m hohen Brücke Pont de l'Artuby. Auch Fallschirmspringen ist im Angebot.

ESSEN

In der Schlucht selbst ist das gastronomische Angebot begrenzt. Es gibt einige Dörfchen mit saisonal geöffneten Lokalen und vereinzelte Imbissstände am Straßenrand. Angesichts der traumhaften Landschaft bietet sich ein Picknick an – vor dem Ausflug in Les Halles (S. 305) in Avignon einkaufen. Oder man plant ein Essen in Moustiers Ste-Marie ein: mediterrane Küche auf der Sonnenterrasse von **La Ferme Ste-Cécile** (☎04 92 74 64 18; www.ferme-ste-cecile.com; D952; 2-/3-Gänge-Menü 30/39 €; ⊙Di–Sa 12–14 & 19.30–22, So 12–14 Uhr) oder das absolute Gourmeterlebnis bei Frankreichs legendärem Starkoch Alain Ducasse im Sternerestaurant

Châteauneuf-du-Pape

Nur 20 Autominuten nördlich von Avignon lockt die Welt der erlesenen Weine. Das Weinbaugebiet Châteauneuf-du-Pape, die vielleicht bekannteste Appellation des Rhone-Tals, wird von Weinkennern auf der ganzen Welt hoch geschätzt. Das Château, nach dem der Wein benannt wurde, diente ursprünglich den Päpsten von Avignon als Sommerresidenz. Heute ist es nur noch eine Ruine – nach der Revolution wurden die Steine als Baumaterial geplündert und im Zweiten Weltkrieg wurde es von deutschen Bomben getroffen. Aber der Rundumblick übers Rhone-Tal und die Weinberge bis zum Mont Ventoux ist immer noch sagenhaft. Im Dorf nimmt die **Touristeninformation** (☎04 90 83 71 08; www.ot-chateauneuf-du-pape.mobi; place du Portail; ⊙Mo–Sa 9.30–18 Uhr, Okt.–Mai mittags & Mi geschl.) Buchungen für Weinproben und Weingüter vor, die teils englischsprachige Führungen anbieten.

La Bastide de Moustiers (☎04 92 70 47 47; www.bastide-moustiers.com; chemin de Quinson; Menü 60–90 €; ⊙12.30–13.30 & 19.30–21 Uhr, Okt.–Feb. geschl.).

AN- & WEITERREISE

Mit einem Auto lassen sich die Gorges du Verdon erheblich leichter erkunden, aber wer fit ist, kann auch radeln. Busse verkehren nach Castellane und Moustiers, doch in den Schluchten selbst fahren kaum öffentliche Verkehrsmittel.

l'invité
BR1

AMSTERDAM, NIEDERLANDE

In diesem Kapitel

Amsterdam, Niederlande

Amsterdam strahlt etwas Märchenhaftes aus. Die Giebelhäuser aus dem Goldenen Zeitalter, die glitzernden Grachten mit den Hausbooten und die urgemütlichen, jahrhundertealten Kneipen mit schummerigem Kerzenlicht und schäumendem Bier ergeben zusammen diese typische Atmosphäre. Dazu kommen großartige Kunstmuseen und tolle Straßenmärkte. So wundert es nicht, dass die stimmungsvolle Stadt eines der beliebtesten Reiseziele Europas ist.

Zwei Tage in Amsterdam

Nach Besichtigung der Meisterwerke im **Van Gogh Museum** (S. 314) und im **Rijksmuseum** (S. 318) im Viertel Oud Zuid geht es nachmittags ins Stadtzentrum zum Begijnhof oder zum Königlichen Palast. Abends locken das Rotlichtviertel und ein Absacker in einem typischen *bruin café* (Kneipe), z. B. **In 't Aepjen** (S. 327).

Der nächste Tag beginnt auf dem **Albert Cuypmarkt** (S. 322). Dann steht eine Bootstour auf dem südlichen Grachtengürtel an. Abends lädt der quirlige **Leidseplein** (S. 327) zur Party.

Vier Tage in Amsterdam

Am dritten Tag steht das bewegende **Anne Frank Huis** (S. 316) auf dem Programm. Der Jordaan wartet mit Abendessen und Drinks am Grachtufer auf.

Der vierte Tag startet im **Museum het Rembrandthuis** (S. 318) oder mit einer Radtour durch den **Vondelpark** (S. 318). Nächste Station ist die Bio-Brauerei **Brouwerij 't IJ** (S. 327) am Fuß einer Windmühle.

Von Amsterdam ist man mit dem Zug in 3¼ Stunden in Paris (S. 253) oder mit dem Flieger in einer guten Stunde in Kopenhagen (S. 133).

Vorhergehende Doppelseite: Gracht im Herbst
SKREIDZELEU / SHUTTERSTOCK ©

Ankunft

Flughafen Schiphol Züge zur Centraal Station verkehren von 6 bis 0.30 Uhr etwa alle 10 Minuten. Die 17-minütige Fahrt kostet 5,20 €; ein Taxi kostet ca. 40 €.

Centraal Station Hauptbahnhof im Stadtzentrum. Von hier fahren Straßenbahnen in alle Richtungen. Der Taxistand befindet sich beim Vordereingang.

Station Duivendrecht An diesem Bahnhof südlich des Stadtzentrums halten die Busse von Eurolines. Es gibt gute Verkehrsverbindungen zur Centraal Station.

Schlafen

Amsterdam hat jede Menge urige und originelle Nachtquartiere, denn ideenreiche Architekten haben alten Gemäuern neues Leben eingehaucht. Darunter sind umgebaute Schulen, Fabrikgebäude und Stadthäuser in Reihe, die im Inneren miteinander verbunden sind. Viele Zimmer blicken auf stimmungsvolle Grachten oder Höfe.

Hostels gibt es reichlich; die meisten sind auf junges, partyfreudiges Publikum eingestellt. Viele kleine Hotels befinden sich in reizenden alten Häusern.

Möglichst frühzeitig reservieren, besonders für den Sommer und ganzjährig fürs Wochenende.

ALEXANDER TOLSTYKH / SHUTTERSTOCK ©

Van Gogh Museum

Die weltweit größte Van-Gogh-Sammlung ist überwältigend. Das 1973 eröffnete Museum wurde für die Sammlung von Vincents jüngerem Bruder Theo erbaut und hütet rund 200 Gemälde und 500 Zeichnungen von Vincent van Gogh und seinen Zeitgenossen.

Toll für ...

☑ Nicht versäumen

Die Kartoffelesser, Das gelbe Haus, Kornfeld mit Krähen und *Sonnenblumen.*

Planung

Für die Ausstellungssäle auf vier Etagen sind mindestens zwei Stunden einzuplanen. Hilfreich ist der Multimedia-Guide (Erw./Kind 5/3 €), auch in der Familienversion für Besucher mit Kindern von sechs bis zwölf Jahren; beim Ticketkauf online reservieren.

Die Kartoffelesser

Van Goghs Frühwerke sind eher düster. Sie entstammen seiner Zeit in der niederländischen Provinz und in Antwerpen von 1883 bis 1885. Das Leben der Bauern hatte sein Interesse geweckt. *Die Kartoffelesser* (1885) ist das berühmteste Bild dieser Phase.

Bibel & Schädel

Das *Stillleben mit Bibel* (1885), ein weiteres Frühwerk, zeugt von van Goghs religiöser

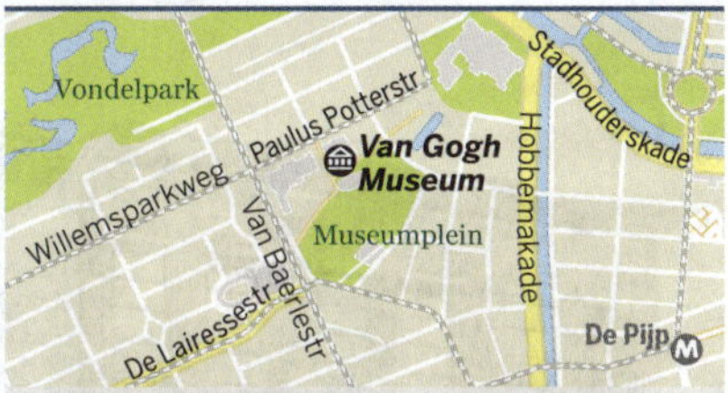

Gut zu wissen

020-570 52 00; www.vangoghmuseum.nl; Museumplein 6; Erw./Kind 19 €/frei, Audioguide 5/3 €; Ende Juni–Aug. So–Do 9–19, Fr & Sa bis 21 Uhr, Sept.–Ende Okt. & Mai–Ende Juni Sa–Do 9–18, Fr bis 21 Uhr, Nov.–März Sa–Do 9–17, Fr bis 21 Uhr; 2/3/5/12 Van Baerlestraat

Kleine Stärkung

Das Museumscafé serviert Quiche und Wein; die Tische am Fenster bieten Blick auf den Museumplein.

★ Top-Tipp

Um nicht anzustehen, nach 15 Uhr oder am langen Freitagabend kommen.

Hinwendung. Die erloschene Kerze steht wohl für den Tod seines kurz zuvor verstorbenen Vaters, eines protestantischen Geistlichen. *Schädel mit brennender Zigarette* (1886) malte van Gogh, als er an der Antwerpener Kunstakademie studierte.

Schuhe

Wer hätte gedacht, dass ein Paar zerfledderter alter *Schuhe* (1886) zum Meisterwerk werden könnte? Van Gogh kaufte sie auf einem Flohmarkt und stapfte mit ihnen durch den Matsch, bis sie reif zum Malen waren.

Selbstporträts

1886 zog van Gogh nach Paris, wo sein Bruder Theo als Kunsthändler tätig war. Vincent wollte die Porträtmalerei erlernen, hatte aber kein Geld für Modelle. So entstanden mehrere Selbstporträts. An ihnen ist zu beobachten, wie sich seine Farbpalette unter dem Einfluss der Pariser Impressionisten aufhellte.

Skizzenbücher & Briefe

Die Kunstwerke des Museums werden durch Displays ergänzt. So befindet sich z. B. neben van Goghs Original-Skizzenbuch eine interaktive Station, an der man virtuell durch das Buch blättern oder sich van Goghs Korrespondenz anhören kann – hauptsächlich mit seinem Lieblingsbruder Theo, der seine Kunst unterstützte. Das Museum hat van Goghs sämtliche Briefe unter www.vangoghletters.org online gestellt.

Weitere Künstler

Theo van Goghs Sammlerinstinkt und den Kuratoren des Museums ist es zu verdanken, dass hier auch Werke von Vincents Zeitgenossen, wie Paul Gauguin, Claude Monet, Henri de Toulouse-Lautrec u. a., ausgestellt sind.

Anne Frank Huis

Eine der bewegendsten Geschichten des 20. Jhs. ist die eines jüdischen Mädchens, das sich mit Familie und Freunden versteckte, um dem Zugriff der Nazis zu entgehen. Durch eine als Regal getarnte Tür betreten Besucher heute eine Zeit, die weit zurückliegt, hier aber erschütternd real und präsent wird.

Toll für ...

☑ Nicht versäumen

Annes rot kariertes Tagebuch, historische Wochenschauen und ein Video von Annes Schulfreundin Hanneli Goslar

Hintergrund

Die deutsche Wehrmacht brauchte nur fünf Tage, um die Niederlande, Belgien und weite Teile Frankreichs zu erobern. Nach der Besetzung versuchten viele Juden unterzutauchen – wie Anne Frank und ihre Familie. Annes Tagebuch erzählt, wie Juden immer mehr Beschränkungen auferlegt wurden: Erst durften sie nicht mehr Straßenbahn fahren, dann mussten sie ihre Fahrräder abgeben, zuletzt durften christliche Freunde sie nicht mehr besuchen. Die Franks zogen zusammen mit dem Ehepaar van Pels (in Annes Tagebuch van Daans genannt) und deren Sohn Peter ins Obergeschoss eines speziell hergerichteten Hinterhauses. Vier Monate später stieß noch Fritz Pfeffer (im Tagebuch Herr Dussel) hinzu. Hier lebten sie versteckt, bis die Gestapo sie im August 1944 aufspürte und ins KZ deportierte.

Anne-Frank-Skulptur des Bildhauers Mari Andriessen

GIANNIS PAPANIKOS / SHUTTERSTOCK ©

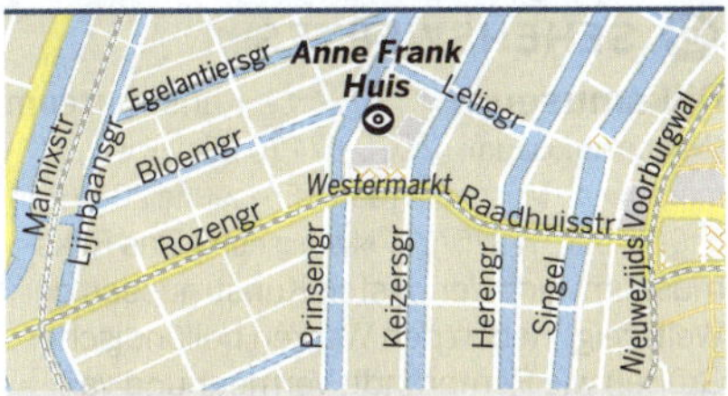

Gut zu wissen

☎020-556 71 05; www.annefrank.org; Prinsengracht 263–267; Erw./Kind 10,50/5,50 €; ⏲April–Okt. 9–22 Uhr, Nov.–März So–Fr 9–19, Sa bis 22 Uhr; 🚊13/17 Westermarkt

Kleine Stärkung

Pfannkuchen im historischen Ambiente des 18. Jhs. gibt es bei 't Smalle (S. 327).

★ Top-Tipp

Vor Ort gibt es keinen Ticketverkauf! Tickets für ein festes Zeitfenster bekommt man online bis zu zwei Monate im Voraus.

Erdgeschoss

Heute umschließt ein moderner, rechteckiger Außenbau das Haus. Er soll den Originaleindruck des Gebäudes bewahren, das während des Zweiten Weltkriegs als Büro- und Lagerhaus diente. Seit der Renovierung 2018 befindet sich der Eingang zum Museum um die Ecke am Westermarkt 20.

Büros & Lager

Das Haus war das Firmengebäude des von Otto Frank geleiteten Pektinhandels. Im 1. Stock sind die Büros von Ottos Geschäftspartner Victor Kugler und die Schreibtische von Miep Gies, Bep Voskuijl und Johannes Kleiman zu besichtigen. Die Angestellten versorgten die Untergetauchten mit Essen, Kleidung und allem Nötigen.

Das Versteck

Die oberen Geschosse des *achterhuis* (Hinterhaus) beherbergen das Versteck. Die Wohnräume sind in ihrer bedrückenden Kargheit erhalten. Annes Zimmer bewahrt die Zeugnisse ihrer Jungmädchenträume: An den Wänden hängen immer noch Fotos von Hollywoodstars und Postkarten der niederländischen Königsfamilie.

Das Tagebuch

Im Vorderhaus befinden sich weitere sehr berührende Exponate – u. a. Annes rot kariertes Tagebuch in einer Glasvitrine. In weiteren Notizbüchern hielt Anne ihre Lieblingszitate fest und verfasste Kurzgeschichten. In einem Film erzählt Annes Schulfreundin Hanneli Goslar, wie sie Anne in Bergen-Belsen wiedertraf. Außerdem sind Briefe von Otto Frank zu lesen, der als Einziger der Gruppe die Konzentrationslager überlebte.

SEHENSWERTES

Rijksmuseum Kunstmuseum

(Nationalmuseum; ☎020-674 70 00; www.rijksmuseum.nl; Museumstraat 1; Erw./Kind 20 €/frei; ⏲9–17 Uhr; 🚊2/5/12 Rijksmuseum) Das Rijksmuseum, eins der besten Kunstmuseen der Welt, zeigt neben den Werken holländischer Größen wie Rembrandt, Vermeer und van Gogh viele weitere Meisterwerke – insgesamt 8000 in 1,5 km langen Galerien. Um den größten Andrang zu vermeiden, sollte man vor 10 oder nach 15 Uhr kommen. Der beste Startpunkt ist die Ehrengalerie im 2. Stock mit den genialen Werken des Goldenen Zeitalters. Wer sein Ticket vorab online erwirbt, kommt auf der Überholspur rein.

Museum het Rembrandthuis Museum

(Rembrandthaus-Museum; ☎020-520 04 00; www.rembrandthuis.nl; Jodenbreestraat 4; Erw./Kind 14/5 €; ⏲10–18 Uhr; Ⓜ Waterlooplein) Das Museum ist in Rembrandts einstigem Wohnhaus untergebracht, wo der Meister seine erfolgreichsten Jahre zubrachte, Großaufträge wie *Die Nachtwache* malte und das größte Atelier der Niederlande betrieb. Doch dann kam sein Stil aus der Mode, er hatte kostspielige Beziehungsprobleme und ging pleite. Als er sein Haus räumen musste, wurde eine Inventarliste aufgestellt, anhand derer die Kuratoren es später originalgetreu wieder einrichten konnten.

Vondelpark Park

(www.hetvondelpark.net; 🚊12 Van Baerlstraat, 5 Museumplein) Der Vondelpark, bis 1953 ein Privatpark, ist heute ein Lieblingsort aller Amsterdamer. Die märchenhafte Idylle ist zugleich ein Ort der Geselligkeit, mit Radwegen, adretten Rasenflächen, Schwanenteichen, schnuckeligen Cafés, Fußgängerbrücken und gewundenen Pfaden. An sonnigen Tagen verbreiten Touristen, Liebespaare, Radler, Inline-Skater, Eltern mit Kinderwagen, Rad schlagende Kids, Fußballer, Freunde, die sich einen Joint teilen, und Picknickgruppen ausgelassene Stimmung.

Stedelijk Museum Kunstmuseum

(☎020-573 29 11; www.stedelijk.nl; Museumplein 10; Erw./Kind 18,50 €/frei; ⏲10–18, Fr bis 22 Uhr; 🚊2/3/5/12 Van Baerlestraat) Die Sammlung des fabelhaften Museums wurde nach dem Zweiten Weltkrieg von Willem Sandberg

Vondelpark

zusammengetragen. Im Erdgeschoss präsentiert die Stedelijk Base wechselnde Highlights der Sammlung von Picasso, Matisse, Mondrian, van Gogh, Rothko, Jeff Koons, Yves Klein, Lichtenstein, Yayoi Kusama u. a. und ein überbordendes Wandgemälde von Karel Appel. Dazu kommen ausgezeichnete Sonderausstellungen. Es gibt einen fantastischen Audioguide und online buchbare Themenführungen. Anstehen muss man hier nur selten.

Königlicher Palast Palast
(Koninklijk Paleis; ☎020-522 61 61; www.paleisamsterdam.nl; Dam; Erw./Kind 10 €/frei; ⌚10–17 Uhr; 🚋4/14/24 Dam) Das prächtige Gebäude wurde 1655 als Rathaus eingeweiht und im 19. Jh. zum Palast umgewidmet. In den glanzvollen Innenräumen beeindrucken die Marmorarbeiten und ganz besonders der mit Weltkarten geschmückte Marmorboden im großen *burgerzaal* (Bürgersaal). An der Theke beim Eingang gibt es kostenlose Audioguides. König Willem-Alexander nutzt den Palast nur zu zeremoniellen Anlässen. Auf der Website steht, wann aus solchen Gründen geschlossen ist.

A'DAM Tower Architektur
(www.adamlookout.com; Overhoeksplein 1; Aussichtsplattform Erw./Kind/Familie 13,50/7,50/32 €, Schaukel 5 €; ⌚Aussichtsplattform 10–22, Einlass bis 21 Uhr; ⛴Buiksloterweg) Das einstige Bürogebäude von Royal Dutch Shell gehört seit seiner Umgestaltung zu den größten Attraktionen von Amsterdam. Ein psychedelischer Lift befördert Besucher aufs Dach des 22-stöckigen Hochhauses. Dort warten ein atemberaubender Rundumblick und eine Riesenschaukel für sechs Personen, die weit über die Gebäudekante hinausschwingt (nichts für Leute mit Höhenangst).

Hermitage Amsterdam Museum
(☎020-530 87 55; www.hermitage.nl; Amstel 51; einzelne Ausstellungen Erw./Kind 18 €/frei, alle Ausstellungen Erw./Kind 25 €/frei; ⌚10–17 Uhr; Ⓜ Waterlooplein, 🚋Waterlooplein) Zwischen Russland und den Niederlanden gibt es althergebrachte Beziehungen, spätestens seit Zar Peter der Große hier 1697 den Schiffsbau erlernte. Daher auch dieser Ableger der Staatlichen Eremitage von Sankt Petersburg. Wechselausstellungen zeigen Werke aus den gewaltigen Beständen der Eremitage. Die Porträtgalerie des Goldenen Zeitalters präsentiert Gruppenbilder von niederländischen Größen des 17. Jhs. Die Outsider Art Gallery zeigt ebenfalls Wechselausstellungen.

Alternativkultur auf der NDSM-werf

15 Minuten flussaufwärts von der City hat sich das einstige Werftgelände der **NDSM-werf** (www.ndsm.nl; NDSM-plein; ⛴NDSM-werf) in ein alternatives Kreativzentrum verwandelt. Das Ganze wirkt etwas postapokalyptisch: Im Hafen dümpelt ein U-Boot, am Ufer rosten alte Straßenbahnwagen, die meisten Fassaden haben Graffitis. Junge Kreative hängen in coolen Cafés ab und hippe Unternehmen wie MTV und Red Bull haben hier ihre Europazentralen. Zugleich floriert die Underground-Kultur mit Events wie dem **Over het IJ Festival**. Ende 2019 soll hier das angeblich größte Streetart-Museum der Welt eröffnen; aktuelle Infos unter www.streetart.today.

Alter Straßenbahnwagen auf der NDSM-werf

Museum Willet-Holthuysen Museum
(☎020-523 18 70; www.willetholthuysen.nl; Herengracht 605; Erw./Kind 12,50 €/frei; ⌚10–17 Uhr; 🚋4/14 Rembrandtplein) Das elegante Grachtenhaus wurde 1687 für Bürgermeister Jacob Hop erbaut und 1739 umgestaltet. Benannt ist es nach Louisa Willet-Holthuysen, die das Haus von ihrem Vater, einem

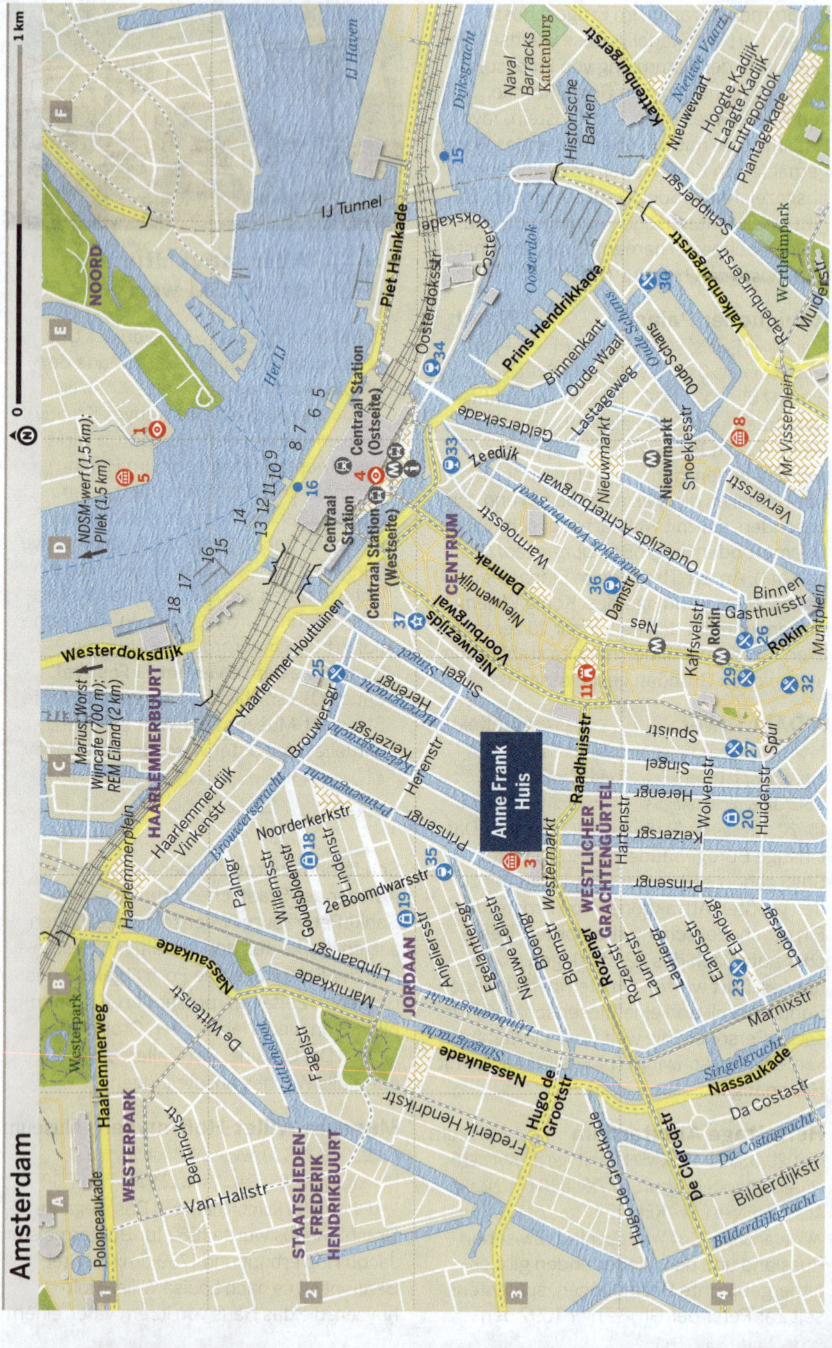
Amsterdam
0
1 km
A
B
C
D
E
F
1
2
3
4
NOORD
Het IJ
IJ Haven
IJ Tunnel
NDSM-werf (1,5 km);
Pllek (1,5 km)
Marius; Worst
Wijncafe (700 m);
REM Eiland (2 km)
Westerdoksdijk
HAARLEMMERBUURT
Haarlemmerplein
Haarlemmerdijk
Haarlemmer Houttuinen
Vinkenstr
Centraal Station
Centraal Station (Ostseite)
Centraal Station (Westseite)
Piet Heinkade
Oosterdokskade
Oosterdokstr
Oosterdok
Dijksgracht
Naval Barracks Kattenburg
Historische Barken
Kattenburgerstr
Nieuwe Vaart
Nieuwevaart
Hoogte Kadijk
Laagte Kadijk
Entrepotdok
Plantagekade
Prins Hendrikkade
Schippersgr
Valkenburgerstr
Rapenburgerstr
Wertheimpark
Muiderstr
Binnenkant
Oude Waal
Oude Schans
Lastageweg
Geldersekade
Zeedijk
Nieuwmarkt
Snoekjesstr
Mr Visserplein
Verversstr
Oudezijds Achterburgwal
Oudezijds Voorburgwal
Warmoesstr
CENTRUM
Damrak
Nieuwendijk
Nieuwezijds Voorburgwal
Damstr
Nes
Rokin
Kalfsvelstr
Binnen Gasthuisstr
Muntplein
Spui
Spuistr
Singel
Herengr
Herengracht
Keizersgr
Keizersgracht
Prinsengr
Prinsengracht
Brouwersgr
Brouwersgracht
Herenstr
Anne Frank Huis
Westermarkt
Raadhuisstr
WESTLICHER GRACHTENGÜRTEL
Hartenstr
Wolvenstr
Huidenstr
Rozengr
Rozenstr
Laurierstr
Lauriergr
Elandsstr
Elandsgr
Looiersgr
Bloemstr
Bloemgr
Nieuwe Leliestr
Egelantiersgr
Anjeliersstr
JORDAAN
2e Boomdwarsstr
2e Lindenstr
Goudsbloemstr
Willemsstr
Palmgr
Noorderkerkstr
Lijnbaansgr
Lijnbaansgracht
Marnixkade
Marnixstr
Singelgracht
Nassaukade
De Wittenstr
Westerpark
WESTERPARK
Haarlemmerweg
Polonceaukade
Bentinckstr
Van Hallstr
STAATSLIEDEN-FREDERIK HENDRIKBUURT
Kattensloot
Fagelstr
Frederik Hendrikstr
Hugo de Grootstr
Hugo de Grootkade
De Clercqstr
Da Costastr
Da Costagracht
Bilderdijkstr
Bilderdijkgracht

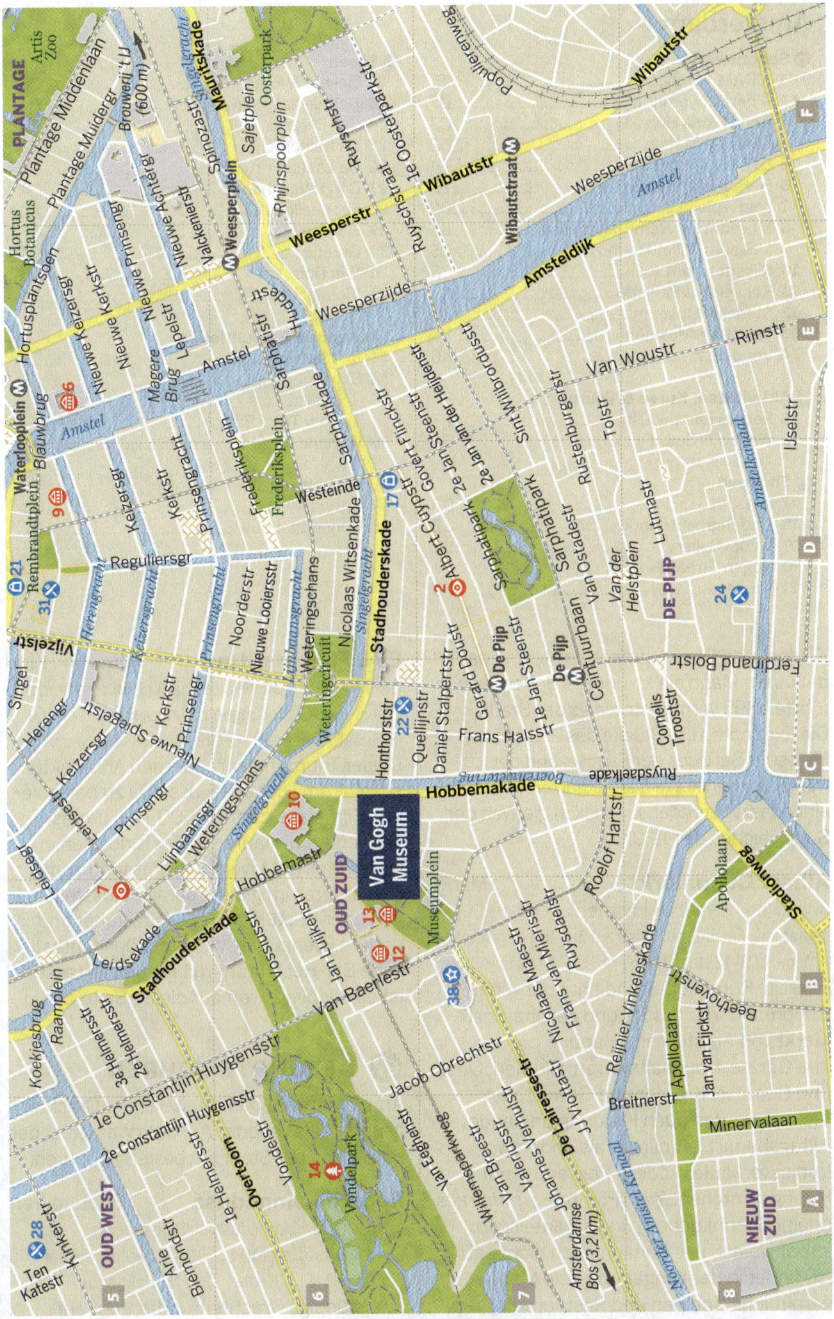
PLANTAGE
Artis Zoo
Plantage Middenlaan
Plantage Muidergr
Brouwerij 't IJ (600 m)
Hortus Botanicus
Hortusplantsoen
Nieuwe Keizersgr
Nieuwe Kerkstr
Nieuwe Prinsengr
Nieuwe Achtergr
Nieuwe Herengr
Valckenierstr
Spinozastr
Singelgracht
Mauritskade
Oosterpark
Sajetplein
Rhijnspoorplein
Weesperplein
Weesperstr
Wibautstr
Wibautstraat
Ruyschstr
Ruyschstraat
1e Oosterparkstr
Populierenweg
Weesperzijde
Amstel
Amsteldijk
Waterlooplein
Blauwbrug
Magere Brug
Lepelstr
Sarphatistr
Huddestr
Sarphatikade
Frederiksplein
Westeinde
Rembrandtplein
Reguliersgr
Herengracht
Keizersgracht
Prinsengracht
Lijnbaansgracht
Kerkstr
Vijzelstr
Noorderstr
Nieuwe Looiersstr
Weteringschans
Nicolaas Witsenkade
Stadhouderskade
Weteringcircuit
Govert Flinckstr
Albert Cuypstr
1e Jan Steenstr
Sarphatipark
2e Jan van der Heijdenstr
Sint Willibrordusstr
Rustenburgerstr
Van Woustr
Tolstr
Ceintuurbaan
Van Ostadestr
Van der Helstplein
Lutmastr
DE PIJP
De Pijp
Ferdinand Bolstr
Amstelkanaal
IJsselstr
Rijnstr
Singel
Herengr
Keizersgr
Leidsestr
Nieuwe Spiegelstr
Prinsengr
Leidsegr
Lijnbaansgr
Weteringschans
Hobbemastr
Honthorststr
Quellijnstr
Daniel Stalpertstr
Gerard Doustr
Frans Halsstr
Cornelis Troostr
Boerenwetering
Hobbemakade
Ruysdaelkade
Van Gogh Museum
Museumplein
OUD ZUID
Jan Luijkenstr
Vossiusstr
Van Baerlestr
Leidsekade
Raamplein
Koekjesbrug
3e Helmersstr
2e Helmersstr
1e Constantijn Huygensstr
2e Constantijn Huygensstr
1e Helmersstr
Overtoom
Vondelstr
Vondelpark
Van Eeghenstr
Jacob Obrechtstr
Willemsparkweg
Nicolaas Maesstr
Frans van Mierisstr
Ruysdaelstr
Roelof Hartstr
Valeriusstr
Van Breestr
Johannes Verhulststr
De Lairessestr
JJ Viottastr
Reijnier Vinkeleskade
Breitnerstr
Apollolaan
Beethovenstr
Stadionweg
Jan van Eijckstr
Minervalaan
Noorder Amstel Kanaal
Amsterdamse Bos (3,2 km)
NIEUW ZUID
OUD WEST
Arie Biemondstr
Ten Katestr
Kinkerstr
A
B
C
D
E
F
5
6
7
8

Amsterdam

Sehenswertes
- 1 A'DAM Toren E1
- 2 Albert Cuypmarkt D7
- 3 Anne Frank Huis C3
- 4 Centraal Station D2
- 5 EYE Film Instituut D1
- 6 Hermitage Amsterdam E5
- 7 Leidseplein B5
- 8 Museum het Rembrandthuis E4
- 9 Museum Willet-Holthuysen D5
- 10 Rijksmuseum C6
- 11 Königlicher Palast C3
- 12 Stedelijk Museum B6
- 13 Van Gogh Museum B6
- 14 Vondelpark A6

Aktivitäten, Kurse & Touren
- 15 Rederji Lampedusa F3
- 16 Wetlands Safari D2

Shoppen
- 17 Hutspot D6
- 18 Lindengracht-Markt C2
- 19 Moooi Gallery B2
- 20 Negen Straatjes C4
- 21 Vlieger D5

Essen
- 22 Bakers & Roasters C6
- 23 Balthazar's Keuken B4
- 24 Ciel Bleu D8
- 25 De Belhamel C2
- 26 De Laatste Kruimel D4
- 27 D'Vijff Vlieghen C4
- 28 Foodhallen A5
- 29 Gartine C4
- 30 Greetje E4
- 31 Van Dobben D5
- 32 Vleminckx C4

Ausgehen & Nachtleben
- 33 In 't Aepjen D3
- 34 SkyLounge E3
- 35 't Smalle C3
- Twenty Third Bar ...... (s. 24)
- 36 Wynand Fockink D3

Unterhaltung
- 37 Bitterzoet D3
- 38 Concertgebouw B7

Kohlen- und Glaskaufmann, erbte und darin mit ihrem Mann ein luxuriöses Bohemeleben führte. 1895 vermachte sie es der Stadt. Die Exponate, u. a. Stücke des 275-teiligen Meissner Services der Familie, und der makellos manikürte Barockgarten eröffnen einen faszinierenden Einblick in die Welt der Superreichen des 19. Jhs.

Albert Cuypmarkt Markt

(www.albertcuyp-markt.amsterdam; Albert Cuypstraat, zw. Ferdinand Bolstraat & Van Woustraat; ⏲Mo–Sa 9–17 Uhr; Ⓜ De Pijp, 🚋24 Marie Heinekenplein) Rund 260 Stände hat der Albert Cuypmarkt, der größte und geschäftigste Markt von Amsterdam. Händler preisen ihre Geräte, Haushaltswaren, Blumen, Obst und Gemüse, Kräuter und Gewürze an. Viele verkaufen auch Kleidung und anderen Alltagsbedarf, oft billiger als anderswo. Imbissverkäufer ködern Passanten mit Heringsbrötchen, *friet* (Pommes), *poffertjes* (kleine Pfannkuchen) und karamelligen *stroopwafels*. Wer danach noch nicht satt ist, findet in der Umgebung jede Menge gemütliche Kneipen und Restaurants.

EYE Film Instituut Museum, Kino

(☎020-589 14 00; www.eyefilm.nl; IJpromenade 1; Erw./Kind Ausstellungen 11 €/frei, Filme 11/7,50 €; ⏲Ausstellungen 10–19 Uhr; ⛴Buiksloterweg) Dieser Triumph der modernen Architektur scheint am Ufer des Flusses IJ zu balancieren. Filme aus dem 40 000 Titel umfassenden Archiv laufen in vier Kinosälen, manchmal mit Livemusik. Passend zum Filmprogramm gibt es parallel Ausstellungen über Kostüme oder Digitalkunst und andere Events für Cineasten. Das fantastische Bar-Restaurant mit großer Terrasse ist ein Lieblingstreff auf dieser Seite des IJ.

GEFÜHRTE TOUREN

Amsterdam hat mehr Kanäle (hier Grachten genannt) als Venedig. Auf dem Wasser ist der Pulsschlag der Stadt am besten zu spüren.

Rederji Lampedusa Bootstouren

(http://rederijlampedusa.nl; Dijksgracht 6; 2-std. Grachtenrundfahrt 19 €; ⏲Grachtentouren Mai–Sept. Sa 11 & 13.30 Uhr; 🚋26 Muziekgebouw) Zweistündige Grachtenrundfahrten auf einem Flüchtlingsboot, das der niederländische Gründer Tuen von Lampedusa herbrachte. Die Touren bieten Einblick in die Geschichten heutiger Flüchtlinge und informieren darüber, wie die Zuwanderung die Geschichte Amsterdams geprägt hat. Die Boote legen neben dem Mediamatic ab.

Wetlands Safari Bootstouren
(06 5355 2669; www.wetlandssafari.nl; inkl. Anfahrt & Picknick Erw./Kind 64/35 €; An-fang April–Sept. Mo–Fr 9.30, Sa & So 10 Uhr; 2/4/11/12/13/14/17/24/26 Centraal Station) Abwechslung von den Grachten verspricht dieser fünfstündige Bootsausflug durch die Feuchtgebiete der Umgebung. Die Teilnehmer fahren per Bus nach Norden, wo sie in Kanus umsteigen und auf Wasserwegen an Windmühlen und Dörfern aus dem 17. Jh. vorbeipaddeln. Abfahrt hinter der Centraal Station an der Bushaltestelle „G". Vierstündige Sonnenuntergangstouren (Erw./Kind 54/33 €) starten von Anfang Mai bis Ende August um 17 Uhr.

SHOPPEN

Die betriebsamsten Einkaufsstraßen sind die Kalverstraat am Dam und die Leidsestraat, die zum Leidseplein führt. Am Vondelpark säumen schicke Modeboutiquen die Cornelis Schuytstraat und den Willemsparkweg.

Moooi Design
(020-528 77 60; www.moooi.com; Westerstraat 187; Di–Sa 10–18 Uhr; 3/5 Marnixplein) Die von Marcel Wanders gegründete Galerie zeigt niederländisches Design von seiner schrägsten Seite, von der Leuchte in Form eines lebensgroßen Pferdes über die „Blow Away Vase" (witzige Neuinterpretation der Delfter Vase) bis zum Porzellan-Sparschwein mit goldenem Hammer zum Schlachten.

Hutspot Design
(www.hutspot.com; Van Woustraat 4; Mo–Sa 10–19, So 12–18 Uhr; ; 4 Stadhouderskade) Der nach dem niederländischen Stampfkartoffelgericht benannte Laden gibt Jungunternehmern die Chance, ihre Produkte zu verkaufen. So präsentiert der Concept Store einen spannenden Mix aus Möbeln, Wohnaccessoires, Kunst, Haushaltwaren und Mode von niederländischen Designern, dazu ein Café, einen Barbershop, einen Fotoautomaten und verschiedene Pop-up Stores.

Negen Straatjes Stadtviertel
(Neun Sträßchen; www.de9straatjes.nl; 2/11/12 Spui) In dieser Stadt mit tollen Shoppingmöglichkeiten verkörpern die Negen Straatjes Konsumfreuden in höchster Konzentration. Die „neun Sträßchen" sind wirklich klein, jede nur einen Häuserblock lang. Auch die Läden sind winzig und zumeist hoch spezialisiert, ob auf Brillen, Käse oder Kunstbücher.

Lindengracht-Markt Markt
(www.jordaanmarkten.nl; Lindengracht; Sa 9–16 Uhr; 3 Nieuwe Willemsstraat) Der Samstagsmarkt an der Lindengracht besteht seit 1895 und strotzt von Lokalkolorit. 232 Stände verkaufen Lebensmittel, u. a. Fisch, eine tolle Auswahl an Käse und Leckereien wie *stroopwafels*, aber auch Blumen, Kleidung und Haushaltswaren. Möglichst früh da sein, bevor es voll wird.

Vlieger Schreibwaren
(020-623 58 34; www.vliegerpapier.nl; Amstel 34; Mo 12–18, Di–Fr ab 9, Sa 11–17.30 Uhr; 4/14 Rembrandtplein) Wer Schreibwaren und Papier liebt, ist bei Vlieger goldrichtig. Seit 1869 gibt es in dem Laden auf zwei Etagen einfach alles: ägyptischen Papyrus, wunderschöne handgeschöpfte Papiere aus Asien und Zentralamerika, Papier mit eingebetteten Blütenblättern oder Bambus, Papier mit Schlangenhautstruktur ...

ESSEN

Vleminckx Fast Food €
(www.vleminckxdesausmeester.nl; Voetboogstraat 33; Pommes 3–5 €, Saucen 0,70 €; Mo 12–19, Di, Mi & Fr–So 11–19, Do 11–20 Uhr; 2/11/12 Koningsplein) Die beste *frituur* von Amsterdam brutzelt ihre *friet* (Pommes) schon seit 1887 und ist seit 1957 in diesem winzigen Imbiss in der Nähe des Spui ansässig. Standardmäßig werden die perfekt frittier-

Grüne Stadt

Amsterdamse Bos (Amsterdamer Wald; www.amsterdamsebos.nl; Bosbaanweg 5; 24 Std.; Van Boshuizenstraat, 347, 357) heißt der Stadtwald von Amsterdam, rund 1000 ha naturnahe Landschaft 20 Fahrradminuten südlich vom Vondelpark (S. 318). Er wurde 1934, in der Weltwirtschaftskrise, als Beschäftigungsmaßnahme angelegt. Zwischen Seen, Wäldchen und Wiesen verlaufen zahlreiche Wege. Es gibt Cafés und die Besucher können Räder mieten, im Frühjahr die Zicklein füttern, reiten, Boot fahren, Theater auf der Freilichtbühne sehen und im Kletterpark in die Wipfel steigen.

Ein toller Tummelplatz für Kinder – seiner Größe wegen aber am besten per Fahrrad zu erkunden. Es gibt einen **Radverleih** gegenüber dem Eingang und ein **Besucherzentrum** mit Informationen. Im dichten Dickicht vergisst man die nahe Stadt (obwohl der Flughafen Schiphol nebenan liegt). Viele Amsterdamer nutzen den Park, aber er ist selten übervölkert.

Brücke im Amsterdamse Bos

ten Knusperpommes hier in Mayo ertränkt, aber es stehen insgesamt 28 verschiedene Saucen zur Wahl, u. a. Apfel, grüner Pfeffer, Ketchup, Erdnuss, Sambal und Senf. Die Warteschlange ist oft ellenlang, bewegt sich aber zügig voran.

Foodhallen Gastronomiehalle €

(www.foodhallen.nl; De Hallen, Hannie Dankbaar Passage 3; Gerichte 3–20 €; So–Do 11–23.30, Fr & Sa bis 1 Uhr; ; 7/17 Ten Katestraat) Die internationale Gastronomiehalle in einem einstigen Straßenbahndepot lockt mit Imbissständen um einen zentralen Essbereich. Es gibt auch Ableger beliebter Amsterdamer Lokale und Brauereien. Top: Vietnamesisches Streetfood von Viet View, Schinken von Jabugo/Bar Iberico und die Beer Bar mit lokalen Bieren von Two Chefs und Oedipus.

Gartine Café €

(020-320 41 32; www.gartine.nl; Taksteeg 7; Gerichte 6,50–15 €, High Tea 18–25,50 €; Mi–Sa 10–18 Uhr; ; Rokin, 4/14/24 Rokin) Das bezaubernde Café in einem Seitengässchen der Kalverstraat serviert auf zusammengewürfeltem Geschirr himmlische Frühstücksgerichte wie Schokoladensoufflé mit Honig und Himbeeren, Sandwiches und Salate mit Zutaten aus dem eigenen Garten und Eiern von eigenen Hühnern. Ein Gaumenschmaus ist der High Tea (14–17 Uhr) mit süßen und herzhaften Leckereien.

De Laatste Kruimel Café, Bäckerei €

(020-423 04 99; www.delaatstekruimel.nl; Langebrugsteeg 4; Gerichte 3–10,50 €; Mo–Sa 8–20, So ab 9 Uhr; Rokin, 4/14/24 Rokin) „Der letzte Krümel" ist mit antikem Kram vom Noordermarkt und Möbeln aus Holzpaletten eingerichtet und hat eine winzige Terrasse am Grachtufer. In der Auslage stapeln sich Quiches, Brote, Kuchen und Mohn-Zitronen-Scones. Großmütter, Kinder, Paare und Gott und die Welt genießen in kuschliger Enge süße Leckereien und fantastische Bio-Sandwiches.

Bakers & Roasters Café €

(www.bakersandroasters.com; 1e Jacob van Campenstraat 54; Gerichte 9–16,50 €; 8.30–16 Uhr; ; 24 Marie Heinekenplein) Das Lokal unter brasilianisch-neuseeländischer Leitung serviert köstliche Brunchgerichte wie French Toast aus Bananen-Nussbrot mit Bananenmarmelade und Knusperspeck, Navajo-Eier mit Schweinebraten, Avocado, Mango-Salsa und Chipotle-Sahne oder Räucherlachs mit pochierten Eiern, Kartoffelpuffern und Hollandaise. Zum Nachspülen passt eine feurige Bloody Mary. Auch Kuchen und Sandwiches sind lecker.

Van Dobben Niederländisch €
(☎020-624 42 00; www.eetsalonvandobben.nl; Korte Reguliersdwarsstraat 5–9; Gerichte 3–8 €; ⏲Mo–Do 10–21, Fr & Sa bis 2, So 10.30–20 Uhr; 🚋4/14 Rembrandtplein) Das Imbisslokal aus den 1940er-Jahren verströmt mit seinen weißen Fliesen und der knallroten Decke echtes Retroflair. Der Schwerpunkt liegt auf fleischlastiger niederländischer Traditionskost wie Roastbeef-Sandwiches mit Senf zum kleinen Preis, *pekelvlees* (Pökelfleisch) oder *halfom* (wenn man *pekelvlees* mit Leberanteil mag).

Balthazar's Keuken Mediterran €€
(☎020-420 21 14; www.balthazarskeuken.nl; Elandsgracht 108; 3-Gänge-Menü 34,50 €; ⏲Di–So 18–22.30 Uhr; 🚋5/7/19 Elandsgracht) In einer ehemaligen Schmiede mit modern-rustikalem Interieur und offener Küche residiert eins der bewährtesten Restaurants der Stadt. Die Karte ist nicht lang; serviert wird, was zur Hand ist, mal Gnocchi mit Wolfsbarsch und Krabbe, mal Kaninchen mit Sauerkrautgelee und Birnensauce. Alles schmeckt ausnahmslos köstlich. Reservierung ist ratsam.

D'Vijff Vlieghen Niederländisch €€
(☎020-530 40 60; www.vijffvlieghen.nl; Spuistraat 294–302; Hauptgerichte 19,50–26,50 €; ⏲18–22 Uhr; 🚋2/11/12 Spui) Das „Fünf Fliegen" erstreckt sich über fünf Grachtenhäuser aus dem 17. Jh. Seine holzgetäfelten Speisesäle mit Delfter Kacheln strömen viel Charakter aus; an den Stühlen erinnern Kupferplaketten an berühmte Gäste wie Walt Disney und Mick Jagger. Das erlesene Speisenangebot reicht von geräucherter Gänsebrust mit Äpfeln bis zu Kalbsbraten und Rübchen mit Krabbenmayonnaise.

De Belhamel Europäisch €€
(☎020-622 10 95; www.belhamel.nl; Brouwersgracht 60; Hauptgerichte 24–26 €, 3-/4-Gänge-Menü 38/48 €; ⏲12–16 & 17.30–22 Uhr; 🚋18/21/22 Buiten Brouwersstraat) Bei warmem Wetter locken die Tische draußen an der Herengracht. Sonst bildet das Jugendstil-Interieur auf zwei Ebenen den perfekten Rahmen für wunderschön angerichtete Köstlichkeiten wie gedünstete Seezunge mit Wildspinat, Kalbsbries mit Polenta und Frühlingszwiebel-Jus oder einen halben Hummer mit samtiger Trüffelmayonnaise.

Foodhallen

HURRICANEHANK / SHUTTERSTOCK ©

Marius Europäisch €€€
(☎020-422 78 80; www.restaurantmarius.nl; Barentszstraat 173; 4-Gänge-Menü 49 €; ⏲Mo–Sa 18.30–22 Uhr; 🚊3 Zoutkeetsgracht) Gourmets schwärmen von dem winzigen Lokal, das sich zwischen Künstlerateliers auf den Westelijke Eilanden versteckt. Küchenchef Kees Elfring kreiert aus dem, was er auf dem Markt bekommt, ein 4-Gänge-Tagesmenü ohne Wahlmöglichkeiten. Das können gegrillte Garnelen mit Saubohnenpüree sein oder Hochrippe mit Polenta und Ratatouille. Marius betreibt auch die fabelhafte Wein- und Tapasbar **Worst Wijncafe** (☎020-625 61 67; www.deworst.nl; Barentszstraat 171; Tapas 9–17 €, Brunchgerichte 9–13 €; ⏲Mo–Sa 12–24, So 10–22 Uhr; 🚊3 Zoutkeetsgracht) nebenan.

Greetje Niederländisch €€€
(☎020-779 74 50; www.restaurantgreetje.nl; Peperstraat 23–25; Hauptgerichte 24–29 €; ⏲18–22 Uhr; 🚊22/48 Prins Hendrikkade) Greetje ist das kreativste niederländische Restaurant der Stadt. Hier werden mit den besten Zutaten der Saison niederländische Traditionsrezepte neu erfunden, etwa sanft gegartes Kalbfleisch mit in Weinbrand eingelegten Aprikosen oder Spanferkel in Apfelsirup mit klassischer Senfsauce. Das Degustationsmenü (55 €) startet mit dem Big Beginning – einer Auswahl von sechs Vorspeisen.

Ciel Bleu Sterneküche €€€
(☎020-678 74 50; www.cielbleu.nl; Hotel Okura Amsterdam, Ferdinand Bolstraat 333; Degustationsmenü ab 195 €; ⏲Mo–Sa 18.30–22 Uhr; 🚊4/12 Cornelius Troostplein) Die atemberaubenden, mit zwei Michelin-Sternen prämierten Kreationen dieses Tempels der Gastronomie wechseln mit den Jahreszeiten: Im Frühling gibt es z. B. Jakobsmuscheln und Austern mit Vanille-Meersalz und Gin-Tonic-Schaum, Königskrabbe mit gesalzener Zitrone, Buttersaucen-Eiscreme und Kaviar oder Taube in Salzkruste mit Granatapfel-Gelee und Pistazienstaub. Die Lage im 23. Stock eröffnet einen grandiosen Blick über die Stadt nach Norden.

Wenn das Reisebudget dafür nicht reicht, kann man stattdessen auf die Thekensnacks der benachbarten **Twenty Third Bar** (www.okura.nl; Hotel Okura Amsterdam, Ferdinand Bolstraat 333; ⏲So–Do 18–1, Fr & Sa bis 2 Uhr; 🚊12 Cornelius Troostplein) ausweichen.

ANGEL L / SHUTTERSTOCK ©

AUSGEHEN & NACHTLEBEN

Bars, Clubs und Musikkneipen scharen sich um die Zentren der Nachtschwärmerszene, den **Leidseplein** und den **Rembrandtplein** im südlichen Bereich des Grachtengürtels.

In 't Aepjen Bruin Café

(Zeedijk 1; Mo–Do 12–1, Fr & Sa bis 3 Uhr; 2/4/11/12/13/14/17/24/26 Centraal Station) Selbst tagsüber flackern Kerzen in dem Haus aus dem 15. Jh. (eins von zwei verbliebenen Holzgebäuden der Stadt). Seit 1519 dient das Gebäude als Wirtshaus. Im 16. und 17. Jh. war es ein Gasthof für Seeleute aus dem Fernen Osten, die oft mitgebrachte *aapjes* (Affen) gegen ein Nachtlager tauschten. Jazzklassiker aus der Stereoanlage unterstreichen das nostalgische Flair.

't Smalle Bruin Café

(www.t-smalle.nl; Egelantiersgracht 12; So–Do 10–1, Fr & Sa bis 2 Uhr; 13/17 Westermarkt) Seit 1786 existiert hier eine *jenever*-Brennerei mit Verkostungsraum. In den 1970er-Jahren wurde das Haus mit antiken Bierzapfhähnen aus Porzellan und Bleiglasfenstern restauriert. Heute ist das bei den Einheimischen sehr beliebte 't Smalle eins der charmantestens *bruine cafés* der Stadt. Die gesellige Terrasse ist vor allem abends ein unglaublich romantisches Plätzchen.

SkyLounge Cocktailbar

(020-530 08 75; www.skyloungeamsterdam.com; Oosterdoksstraat 4; So–Di 11–1, Mi & Do bis 2, Fr & Sa bis 3 Uhr; ; 4/12/14/24/26 Centraal Station) Bei jedem Wetter umwerfend ist der Rundumblick über Amsterdam aus dieser Bar im 11. Stock des DoubleTree by Hilton Hotel Amsterdam Centraal Station. Die Außenbar der weitläufigen SkyTerrace setzt dann noch einmal einen drauf und eine Riesenauswahl an Cocktails, Craft-Bieren und Spirituosen rundet das Erlebnis ab. Ab 21 Uhr legen regelmäßig DJs auf.

Brouwerij 't IJ Brauerei

(www.brouwerijhetij.nl; Funenkade 7; Brauerei 14–20 Uhr, englischsprachige Führung Fr–So 15.30 Uhr; 7 Hoogte Kadijk) Niederländisches Craft-Bier unter den knarrenden Flügeln der Windmühle De Gooyer (Baujahr 1725): Amsterdams führende Mikrobrauerei braut köstliche Standard-, Saison- und Limited-Edition-Biere. Das fruchtige Tripel-Bier

★ Top-Museen

Van Gogh Museum (S. 314)
Anne Frank Huis (S. 316)
Rijksmuseum (S. 318)
Museum het Rembrandthuis (S. 318)
Stedelijk Museum (S. 318)

Von links: 't Smalle; Nachtisch im Ciel Bleu; *Die Nachtwache*, Rijksmuseum (S. 318)

SIMON MONTGOMERY / GETTY IMAGES ©

Pllek

Zatte, die erste Kreation des Hauses aus dem Jahr 1985, schmeckt in der gekachelten Probierstube genauso gut wie auf der Terrasse unter schattigen Platanen.

Wynand Fockink Brennerei
(☎020-639 26 95; www.wynand-fockink.nl; Pijlsteeg 31; Führungen 17,50 €; ⊙Probierstube tgl. 14–21 Uhr, Führungen Sa & So 15, 16.30, 18 & 19.30 Uhr; 🚋4/14/24 Dam) Die Probierstube aus dem Jahr 1679 schenkt in einer Galerie hinter dem NH Grand Hotel Krasnapolsky vielfältige *jenever*- und Likörsorten aus. Auch ohne Sitzplätze ist sie ein gemütlicher Ort für das eine oder andere Gläschen. Am Wochenende gibt es 45-minütige englischsprachige Brennereiführungen, gefolgt von sechs Kostproben; online reservieren.

Pllek Strandbar
(www.pllek.nl; TT Neveritaweg 59; ⊙So–Do 9.30–1, Fr & Sa bis 3 Uhr; ⛴NDSM-werf) Das megacoole Pllek ist ein Topziel in Amsterdam Noord. Hippe Gäste jeden Alters hängen in dem Interieur aus alten Schiffscontainern ab oder aalen sich bei geeignetem Wetter auf dem künstlichen Sandstrand. Ein geniales Plätzchen für ein Bier oder ein Glas Wein mit Blick aufs Wasser.

✪ UNTERHALTUNG

Amsterdam hat eine blühende Kunst- und Kulturszene mit vielen großen Konzertsälen, Theatern, Kinos, Comedy-Clubs usw., die immer gut besucht sind. Musikfans kommen voll auf ihre Kosten, denn es gibt liebevoll gepflegte Subkulturen für praktisch jedes Genre, ganz besonders für Jazz, Klassik, Rock und Avantgarde-Beats.

Concertgebouw Klassik
(Konzertgebäude; ☎020-671 83 45; www.concertgebouw.nl; Concertgebouwplein 10; ⊙Kartenverkauf Mo–Fr 13–19, Sa & So ab 10 Uhr; 🚋3/5/12 Museumplein) Das Gebäude mit nahezu perfekter Akustik wurde 1888 von A. L. van Gendt gebaut. Der ehemalige Dirigent des Königlichen Konzertgebäude-Orchesters, Bernard Haitink, sagte, das weltberühmte Konzerthaus sei das beste Instrument des Orchesters. Von September bis Juni gibt es jeden Mittwoch um 12.30 Uhr kostenlose halbstündige Konzerte, zu denen man früh

da sein sollte. Für andere Konzerte hat der **Last Minute Ticket Shop** (www.lastminuteticketshop.nl; Online-Ticketverkauf am Veranstaltungstag ab 10 Uhr) Karten zum halben Preis.

Bitterzoet Livemusik
(020-421 23 18; www.bitterzoet.com; Spuistraat 2; 20 Uhr–open end; 2/11/12/5/13/17 Nieuwezijds Kolk) Immer voll, immer wieder anders: Der Club fasst knapp 350 Besucher und gehört mit seinem gemischten Publikum zu den sympathischsten Läden der Stadt. Die Musik (mal live, mal DJ) reicht von Funk, Roots, Drum'n'Bass über Latin und Afro-Beat bis zu Jazz und Hip-Hop-Groove.

PRAKTISCHE INFORMATIONEN

I Amsterdam Visitor Centre (020-702 60 00; www.iamsterdam.com; Stationsplein 10; 9–18 Uhr; 2/4/11/12/13/14/17/24/26 Centraal Station) Draußen vor dem Hauptbahnhof.

I Amsterdam Visitor Centre Schiphol (www.iamsterdam.com; 7–22 Uhr) In der Ankunftshalle 2 des Flughafens Schiphol.

AN- & WEITERREISE

Der **Flughafen Schiphol** (AMS; www.schiphol.nl) gehört zu den größten Flughäfen Europas und bietet Verbindungen in alle Welt.

Züge aus dem In- und Ausland halten in der **Centraal Station** (Stationsplein; 2/4/11/12/13/14/17/24/26 Centraal Station). Es gibt gute Zugverbindungen zu diversen deutschen und anderen europäischen Großstädten. Infos zu internationalen Zugverbindungen (inkl. ICE) gibt es bei NS International (www.nsinternational.nl).

Busse von Eurolines (www.eurolines.com) und FlixBus (www.flixbus.com) fahren in alle großen Hauptstädte und viele kleinere Städte Europas.

UNTERWEGS VOR ORT

GVB-Pässe im Chipkarten-Format sind am praktischsten für öffentliche Verkehrsmittel. Es gibt sie an GVB-Ticketschaltern und in Besucherzentren. In den Verkehrsmitteln werden keine Karten verkauft. Karte beim Betreten und Verlassen eines Verkehrsmittels vor das rosafarbene Lesegerät halten.

Zu Fuß Das kompakte Stadtzentrum ist sehr leicht zu Fuß zu erkunden.

Fahrrad Fahrradverleiher gibt es überall in der Stadt; ein Fahrrad kostet um die 12 €/Tag.

Straßenbahn Die Bahnen verkehren von 6 bis 0.30 Uhr schnell und häufig in der ganzen Stadt.

Bus und Metro Bedienen vor allem die Außenbezirke; im Stadtzentrum nicht sehr nützlich.

Fähre Von Anlegern hinter der Centraal Station fahren kostenlose Fähren nach Amsterdam Noord.

Taxi Teuer und im Amsterdamer Straßenlabyrinth nicht besonders schnell unterwegs.

Abgehoben speisen im Jordaan

Das gründlich gentrifizierte Viertel Jordaan war bis Mitte des 20. Jhs. ein raues Arbeiterviertel *(volksbuurt)*. Zwischen seinen Kneipen, Galerien und Märkten scheint diese Vergangenheit heute noch durch. Wer den Houthaven aus der Vogelperspektive sehen will, kann das vom **REM Eiland** (020-688 55 01; www.remeiland.com; Haparandadam 45; Mittagsgerichte 8,50–13 €, Abendgerichte 18,50–29,50 €; Küche 12–16 & 17.30–22 Uhr, Bar bis 23 Uhr; 48 Koivistokade) tun. Die feuerrote Plattform ragt 22 m hoch aus dem IJ. In den 1960er-Jahren als Piratensender gebaut, beherbergt sie heute ein Spitzenrestaurant. Die Speiseräume sind von umlaufenden Terrassen umgeben und der ehemalige Hubschrauberlandeplatz ist heute eine Dachbar.

REM Eiland
RAFAEL CROONEN / SHUTTERSTOCK ©

ROM, ITALIEN

In diesem Kapitel

Rom, Italien

Mit stimmungsvollen Ruinen, Kunst von Weltrang, quirligen Straßen und tollem Essen ist die Hauptstadt Italiens eine der herrlichsten Städte Europas. Antike Wahrzeichen wie Kolosseum, Forum Romanum und Pantheon erinnern an das goldene Zeitalter der Stadt als Caput Mundi (Hauptstadt der Welt), monumentale Kirchen zeugen von der machtvollen Rolle, die große Päpste einst gespielt haben. Das architektonische Erbe Roms ist einzigartig und bei einem Bummel durch das Zentrum stößt man überall auf Werke der ganz großen Meister: Skulpturen von Michelangelo, Gemälde von Caravaggio, Fresken von Raffael und Brunnen von Bernini.

Zwei Tage in Rom

Los geht's am **Kolosseum** (S. 334), gefolgt vom **Palatin** (S. 356) und **Forum Romanum** (S. 350). Am Nachmittag erkundet man das *centro storico* (Altstadt) mit der **Piazza Navona** (S. 357) und dem **Pantheon** (S. 338). Am zweiten Tag stehen die **Vatikanischen Museen** (S. 346) und der **Petersdom** (S. 342) auf dem Programm. Danach schaut man noch bei der **Spanischen Treppe** (S. 363) und dem **Trevi-Brunnen** (S. 362) vorbei. Auf dem **Campo de' Fiori** (S. 359) kann der Tag ausklingen.

Vier Tage in Rom

Der dritte Tag gehört der **Villa Borghese** (S. 363) – vorher für das **Museo e Galleria Borghese** (S. 364) Tickets besorgen! Den Tag beschließt ein Abendessen in Trastevere. Am nächsten Morgen steht klassische antike Kunst in den **Kapitolinischen Museen** (S. 356) an. Anschließend schaut man sich die Kirchen auf dem Esquilin an.

Nächster Halt? Mit dem Zug nach Florenz und in die Toskana (S. 401) oder eine Zeitreise nach Pompeji (S. 374).

Vorhergehende Doppelseite: Petersdom (S. 342)
CGE2010 / SHUTTERSTOCK ©

Karte Antikes Rom (S. 358)
Karte Centro Storico (S. 360)
Karte Trevi & Esquilino (S. 364)

Ankunft

Flughafen Leonardo da Vinci (Fiumicino) Jede halbe Stunde fahren Leonardo-Express-Züge zur Stazione Termini (14 €, 30 Min.). Ein Taxi ins Zentrum kostet 48 €.

Flughafen Ciampino Busse zur Stazione Termini 4–0.15 Uhr, 6 €; Shuttles vom Flughafen zum Hotel 25 € pro Person; Taxi 30 €.

Stazione Termini Roms Hauptbahnhof.

Schlafen

Rom wartet mit zahlreichen Boutiquehotels auf, die schicke Übernachtungsmöglichkeiten auf mittlerem bis hohem Preisniveau bieten. Oder man versucht es mit einer *pensione*, einem kleinen Familienbetrieb mit einfachen Zimmern, zumeist mit eigenem Bad. Christliche Einrichtungen bieten ebenfalls preiswerte Zimmer, jedoch gelten hier teils strenge Sperrstunden und die Zimmer sind sehr schlicht.

Informationen darüber, was die einzelnen Stadtviertel Roms zu bieten haben, stehen auf S. 373.

Kolosseum

Unter allen antiken Sehenswürdigkeiten Roms ist das Kolosseum, ein Monument überragender Macht, sicherlich das spannendste. Hier fanden vor einem tobenden Publikum Gladiatoren- und Tierkämpfe statt. Nach 2000 Jahren ist dieses Bauwerk immer noch Italiens Top-Attraktion: Jedes Jahr strömen über 5 Mio. Besucher her.

Toll für ...

Gut zu wissen

Colosseo; ☎06 3996 7700; www.parcocolosseo.it; Piazza del Colosseo; Erw./erm. mit Forum Romanum & Palatin 12/7,50 €, SUPER-Ticket 18/13,50 €; ⌚8.30 Uhr bis 1 Std. vor Sonnenuntergang; Ⓜ Colosseo

★ Top-Tipp

Am besten besorgt man sich Karten fürs Kolosseum auf dem Palatin (Via di San Gregorio 30).

BELENOS / SHUTTERSTOCK ©

Die Arena wurde unter Vespasian (reg. 69–79 n. Chr.) auf dem Gelände des riesigen Nero-Palastes Domus Aurea errichtet und 80 n. Chr. eingeweiht, nur acht Jahre, nachdem sie in Auftrag gegeben worden war. Zur Eröffnung veranstaltete Vespasians Sohn und Nachfolger Titus (reg. 79–81) 100 Tage und Nächte andauernde Spiele, bei denen 5000 Tiere getötet wurden. Trajan (reg. 98–117) setzte später noch eins drauf: Er organisierte einen 117-tägigen Blutmarathon mit 9000 Gladiatoren und 10 000 Tieren.

Die Arena mit 50 000 Plätzen war zwar die berüchtigste Roms und das größte Amphitheater der damaligen Welt, aber im benachbarten Circus Maximus fanden bis zu 250 000 Zuschauer Platz. Der ab dem Mittelalter verwendete Name Kolosseum bezieht sich nicht auf die Größe des Baus, sondern geht auf den Colosso di Nerone zurück, eine riesige Nerostatue in der Nähe.

Nach dem Untergang des Römischen Reiches im 5. Jh. wurde das Kolosseum aufgegeben und verfiel. Im Mittelalter diente es als Festung für zwei rivalisierende Familien der Stadt, die Frangipani und die Annibaldi. In der Renaissance- und Barockzeit wurde der kostbare Travertin der Arena geplündert und der Marmor fand Wiederverwendung u. a. im Palazzo Venezia, Palazzo Barberini und Palazzo della Cancelleria.

In jüngerer Zeit haben Umweltverschmutzung und vom Straßen- und U-Bahn-Verkehr verursachte Erschütterungen ihren Tribut gefordert, doch nach einer 25 Mio. € teuren Sanierung erstrahlen die Mauern heute wieder in ihren ursprünglichen Cremetönen.

Innenraum des Kolosseums

Das Äußere

Die Außenmauern sind auf drei Ebenen mit Bögen gestaltet, die von ionischen, dorischen und korinthischen Säulen getragen werden. Diese waren ursprünglich mit Travertin verkleidet, in den Nischen der zweiten und dritten Ebene standen Marmorstatuen. Die oberste Ebene mit Fenstern und schlanken korinthischen Pilastern verfügte über Stützen für 240 Masten, an denen eine riesige Plane über die Arena gespannt wurde, die die Zuschauer vor Sonne und Regen schützte. Durch 80 Eingangsbogen gelangte das Publikum in die Arena.

☑ Nicht versäumen

Für den Kellerbereich (Hypogäum) und die oberen Ränge (Belvedere) sind zusätzlich zum normalen Ticket je 9 € Eintritt fällig (zusammen 15 €).

ALENA STALMASHONAK / SHUTTERSTOCK ©

Die Arena

Ursprünglich verfügte die Arena über einen Holzboden, der mit Sand bedeckt war, damit die Kämpfer nicht ausrutschten und das Blut aufgesaugt wurde. Außerdem konnte die Arena für Wasserschlachten geflutet werden. Durch Klappen geht es hinunter ins Hypogäum unter dem Boden der Arena in einen unterirdischen Komplex mit Gängen, Käfigen und Hebebühnen.

Die Zuschauerränge

Die *cavea* (Plätze für die Zuschauer) war in drei Ränge untergliedert: Auf dem untersten Rang saßen Magistrate und Staatsbeamte, in der Mitte reiche Bürger und auf dem obersten Rang die Plebejer (das Volk). Frauen – mit Ausnahme der Vestalinnen – mussten mit den billigsten Plätzen ganz oben Vorlieb nehmen. Wie in modernen Stadien waren die Plätze nummeriert. Das Podium vor den Rängen war dem Kaiser, den Senatoren und anderen Persönlichkeiten vorbehalten.

Nach langer Zeit sind jetzt im Rahmen von Führungen wieder die drei obersten Ränge (Belvedere) zugänglich.

Das Hypogäum

Das Hypogäum war quasi der Backstage-Bereich. Hier wurden die Kulissen für die inszenierten Schlachten gebaut und mit einem komplizierten System von Seilzügen in die Arena befördert. Hier wurden auch in Käfigen die Tiere gehalten und versammelten sich die Gladiatoren vor dem Kampf; sie gelangten durch einen unterirdischen Gang aus dem Ludus Magnus (Gladiatorenschule) hierher.

✕ Kleine Stärkung

In der Via Cavour kann man sich im **Cavour 313** (Karte S. 358; ☎06 678 54 96; www.cavour313.it; Via Cavour 313; ⏱tgl. 12.30–14.45 & Mo–Do 18–23.30, Fr & Sa bis 24, So 19–23 Uhr, Aug. geschl.; Ⓜ Cavour) mit einem Glas Wein und Wurst- und Käseplatten stärken.

Pantheon

Das Pantheon, ein 2000 Jahre alter Tempel, der heute als Kirche genutzt wird, ist das besterhaltene antike Bauwerk Roms und eines der architektonisch wegweisendsten Gebäude der Welt. Von außen ist sein Alter zwar nicht zu leugnen, doch wer durch die riesigen Bronzetüren schreitet und in die gewaltige Kuppel hinaufschaut, wird überwältigt sein.

Toll für ...

Gut zu wissen

Karte S. 360; www.pantheonroma.com; Piazza della Rotonda; Mo–Sa 8.30–19.30, So 9–18 Uhr; Largo di Torre Argentina

GRATIS

★ Top-Tipp

Im Pantheon werden samstags um 17 Uhr und sonntags um 10.30 Uhr Messen gelesen.

TTSTUDIO / SHUTTERSTOCK ©

In seiner heutigen Form stammt das Pantheon von etwa 125 n. Chr. Der ursprüngliche, unter Marcus Agrippa 27 v. Chr. erbaute Tempel brannte 80 n. Chr. nieder; er wurde zwar unter Domitian wieder aufgebaut, 110 n. Chr. jedoch durch einen Blitzeinschlag erneut zerstört. Kaiser Hadrian ließ den Tempel zwischen 118 und 125 rekonstruieren – es ist die Version, die noch heute steht.

Hadrian weihte den Tempel den römischen Göttern – daher der Name Pantheon, eine Ableitung der griechischen Worte *pan* (alle) und *theos* (Gott). Im Jahr 608 wurde das Pantheon in eine christliche Kirche umgewidmet. Der offizielle Name lautet Basilica di Santa Maria ad Martyres.

Da der Bau als Kirche geweiht war, entging er im Mittelalter dem Schicksal so vieler antiker Gebäude in Rom, aus denen man sich allseits als Steinbruch bediente. Doch ganz ohne Plünderung ging es auch hier nicht vonstatten: Die bronzene Kuppelverkleidung wurde entfernt und Bernini nutzte Bronze aus der Vorhalle für seinen Baldachin im Petersdom.

Das Äußere

An den dunkelgrauen Außenmauern an der geschäftigen, von Cafés gesäumten Piazza della Rotonda hat der Zahn der Zeit zwar schon sichtbar genagt, doch das Pantheon ist noch immer ein imposanter Anblick. Die monumentale **Vorhalle** besteht aus 16 korinthischen Säulen aus ägyptischem Granit (je 13 m hoch), die das **Giebeldreieck** tragen. Hinter den Säulen geht es durch zwei 20 t schwere **Bronzetüren**, Nachbildungen der Originaltüren aus dem 16. Jh., und man gelangt in die Rotunde.

Innenansicht des Pantheons

Inschrift

Gemäß der Inschrift unter dem Giebeldreieck – M:AGRIPPA.L.F.COS.TERTIUM.FECIT (Marcus Agrippa, Sohn des Lucius, Konsul zum dritten Mal, erbaute dies) – nahm die Forschung lange an, dass es sich bei dem heutigen Bau um Agrippas ursprünglichen Tempel handelte. Jedoch förderten Ausgrabungen im 19. Jh. Reste eines älteren Tempels zutage. Hadrian hatte also offenbar die alte Inschrift einfach beibehalten.

Das Innere

Erst im Inneren erschließt sich die gewaltige Größe des Pantheons. Der zylindrische, mit Marmor verkleidete Innenraum, in den Licht durch das 8,7 m messende **Kuppelauge** fällt, ist schlicht überwältigend.

Gegenüber dem Eingang liegt der **Hauptaltar** der Kirche. Über ihm hängt die Ikone *Madonna col Bambino* (Madonna mit Kind) aus dem 7. Jh. Links befinden sich die Gräber des Renaissancekünstlers Raffael, von König Umberto I. und Margarethe von Italien. Auf der anderen Seite der Rotunde ist das Grabmal von König Vittorio Emanuele II.

☑ Nicht versäumen

Die 7 m hohen Bronzetüren bilden einen angemessenen Auftakt für die Innenbesichtigung des Pantheons.

TTSTUDIO / SHUTTERSTOCK ©

Die Kuppel

Die Kuppel des Pantheons – sie gilt als größte architektonische Leistung der römischen Antike – war die größte Kuppel der Welt, bis Brunelleschi sie mit seiner Domkuppel in Florenz übertraf. Die harmonische Anmutung verdankt sie ihrer präzisen Symmetrie: Der Durchmesser entspricht genau der Höhe des Gebäudes (43,3 m). Eine wichtige statische Rolle spielt das Kuppelauge, die symbolische Verbindung der Menschen zu den Göttern.

Was gibt's in der Nähe?

Basilica di Santa Maria Sopra Minerva — Basilika

(Karte S. 360; www.santamariasopraminerva.it; Piazza della Minerva 42; ⏱Mo–Fr 6.55–19, Sa 10–12.30 & 15.30–19, So 8.10–12.30 & 15.30–19 Uhr; 🚌Largo di Torre Argentina) Die dominikanische Basilica di Santa Maria Sopra Minerva wurde an der Stelle erbaut, an der drei heidnische Tempel gestanden hatten – einer war Minerva geweiht. Sie ist Roms einzige gotische Kirche. Vom ursprünglichen Bau aus dem 13. Jh. ist nur noch wenig übrig. Heute kommen die Besucher vor allem, um die reiche Innenausstattung zu bewundern, darunter eine Statue von Michelangelo.

✗ Kleine Stärkung

Die nahe **Casa del Caffè Tazza d'Oro** (Karte S. 360; ☎06 678 97 92; www.tazzadorocoffeeshop.com; Via degli Orfani 84–86; ⏱Mo–Sa 7–20, So 10.30–19.30 Uhr; 🚌Via del Corso) ist eins der besten Cafés der Stadt.

Petersdom

In dieser Stadt der grandiosen Kirchen kann keine dem Petersdom, Italiens größtem, reichstem und spektakulärstem Gotteshaus, auch nur das Wasser reichen.

Toll für ...

☑ Nicht versäumen

Den langen, steilen und mühsamen Aufstieg zur Kuppel – von oben bieten sich Panoramablicke weit über die Stadt.

Schon Kaiser Konstantin ließ etwa 349 an der Stelle, wo der hl. Petrus zwischen 64 und 67 n. Chr. begraben worden sein soll, eine Kirche errichten, doch diese verfiel im Laufe der Jahrhunderte zusehends. Mitte des 15. Jhs. setzten Bemühungen ein, diese Kirche zu restaurieren, zuerst unter Papst Nikolaus V. und dann – erfolgreicher – unter Julius II.

Mit den Bauarbeiten wurde 1506 nach Plänen von Bramante begonnen. Als der Architekt 1514 starb, kamen die Arbeiten zum Erliegen. 1547 übernahm Michelangelo das Projekt. Er vereinfachte Bramantes Pläne und präsentierte gleichzeitig seinen größten architektonischen Wurf: die Kuppel. Ihre Vollendung erlebte er nicht mehr. Giacomo della Porta, Domenico Fontana und Carlo Maderno brachten den Bau zu Ende, der schließlich 1626 geweiht wurde.

Innenraum

WDG PHOTO / SHUTTERSTOCK ©

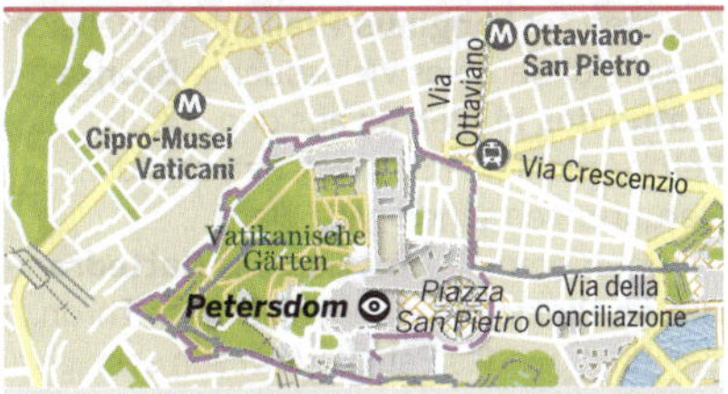

Gut zu wissen

Basilica di San Pietro; 06 6988 3731; www.vatican.va; Petersplatz; April–Sept. 7–19 Uhr, Okt.–März bis 18.30 Uhr; Piazza del Risorgimento, M Ottaviano-San Pietro GRATIS

Kleine Stärkung

Salate und köstiche Panini bietet der Bio-Imbiss **Fa-Bìo** (06 3974 6510; Via Germanico 71; Essen 5–7 €; Mo–Fr 10.30–17.30, Sa bis 16 Uhr; Piazza del Risorgimento, M Ottaviano-San Pietro); die Modebewussten treffen sich im **Il Sorpasso** (06 8902 4554; www.sorpasso.info; Via Properzio 31–33; Essen 20–35 €; Mo–Fr 7.30–1, Sa 9–1 Uhr; Piazza del Risorgimento).

★ Top-Tipp

Im Petersdom gilt ein strenger Dresscode: keine Shorts, Miniröcke oder freie Schultern!

Die Fassade

Madernos von 1608 bis 1612 errichtete Fassade ist gewaltig: 48 m hoch und 118,6 m breit. Acht 27 m hohe Säulen stützen die Attika mit 13 Statuen von Christus dem Erlöser, Johannes dem Täufer und elf Aposteln. Von der **Loggia della Benedizione** in der Mitte spricht der Papst zu Weihnachten und Ostern den Segen *Urbi et Orbi*.

Der Innenraum

Im rechten Seitenschiff steht direkt zu Beginn Michelangelos betörend schöne **Pietà**. Diese Darstellung der Muttergottes mit dem toten Jesus schuf er 1499 im Alter von 25 Jahren und sie ist das einzige Werk, das er je signierte: Sein Name ist auf der Schärpe über Marias Brust zu finden.

Am Pfeiler gleich hinter der *Pietà* erinnert Carlo Fontanas **Denkmal für Königin Christina von Schweden** aus Gold und Bronze an die Monarchin, die 1655 im protestantischen Schweden zum Katholizismus konvertierte und abdankte. Anschließend kommt man zur **Cappella di San Sebastiano** mit dem Grabmal von Papst Johannes Paul II. und zur opulenten **Cappella del Santissimo Sacramento**.

Die Mitte der Kirche beherrscht Berninis 29 m hoher **Baldachin**. Er wird von vier gewundenen Säulen getragen und besteht aus Bronze vom Pantheon. Er überspannt den **Hochaltar**, der sich über dem Grab des Petrus befinden soll. Über dem Baldachin erhebt sich 119 m hoch Michelangelos **Kuppel**. Sie wird von vier gewaltigen Vierungspfeilern getragen, die nach den Heiligen benannt sind, die in den von Bernini entworfenen Nischen stehen: Longinus, Helena, Veronika und Andreas.

Unten am **Longinus-Pfeiler** befindet sich Arnolfo di Cambios vielbesuchte **Bronzestatue des hl. Petrus** aus dem 13. Jh.: Petrus' rechter Fuß ist von den zahllosen Berührungen schon ganz blank.

Hinter dem Altar ist Berninis **Cattedra di San Pietro** mit einem hölzernen Thron, der einst der des Petrus' gewesen sein soll, aber aus dem 9. Jh. stammt. Berninis **Grabmal für Urban VIII.** rechts vom Thron zeigt den Papst flankiert von Allegorien der Barmherzigkeit und der Gerechtigkeit.

Fast am Ende des linken Seitenschiffs befinden sich die **Stuart-Grabmäler**. Rechts ist das Grabmal von Clementina Sobieska, der Gattin von James Stuart, gestaltet von Filippo Barigioni, links Canovas fast erotisches Grabmal der letzten drei Angehörigen des Stuart-Clans, die einen Anspruch auf den englischen Thron erhoben.

Die Kuppel

Vom Eingang zur **Kuppel** (Petersplatz; mit/ohne Lift 10/8 €; ⌚April–Sept. 8–18 Uhr, Okt.–März bis 17 Uhr; 🚌Piazza del Risorgimento, Ⓜ Ottaviano-San Pietro) rechts in der Vorhalle der Kirche führen 551 Stufen nach oben – oder man nimmt für die Hälfte der Strecke einen Aufzug und muss dann nur noch 320 Stufen bewältigen. Der Aufstieg ist lang und steil und nichts für Menschen mit Klaustrophobie oder Höhenangst. Von oben bieten sich atemberaubende Aussichten.

Museo Storico Artistico

Das vom Langhaus zugängliche **Museo Storico Artistico** (Tesoro, Schatzkammer; ☎06 6988 1840; Petersdom, Petersplatz; 5 € inkl. Audioguide; ⌚April–Sept. 9–18.10 Uhr, Okt.–März bis 17.10 Uhr, letzter Einlass 30 Min. vor Schließung; 🚌Piazza del Risorgimento, Ⓜ Ottavia-

Petersplatz

no-San Pietro) stellt allerlei glänzende sakrale Gegenstände aus. Zu den Highlights zählen ein Tabernakel von Donatello und die *Crux Vaticana* (Vatikan-Kreuz) aus dem 6. Jh.

Vatikanische Grotten

Die **Vatikanischen Grotten** (Petersdom, Petersplatz; ⌚April–Sept. 8–17 Uhr, Okt.–März bis 16 Uhr) GRATIS unter der Kirche beherbergen Gräber und Sarkophage zahlreicher Päpste sowie mehrere Säulen der ursprünglichen Kirche aus dem 4. Jh. Der Eingang befindet sich im Andreas-Pfeiler.

★ Kostenlose Führungen

Montags, mittwochs und freitags beginnen am Ufficio Pellegrini e Turisti (S. 371) um 14.15 Uhr kostenlose zweistündige Führungen auf Englisch (Termine siehe Website).

JEMINA VIRTANEN / EYEEM / GETTY IMAGES ©

Petrusgrab

Durch Ausgrabungen unter dem Petersdom sind Teile der ursprünglichen Kirche sowie – vielleicht – auch das **Petrusgrab** (☎06 6988 5318; www.scavi.va; Petersdom, Petersplatz; 13 €; 🚌Piazza del Risorgimento, Ⓜ Ottaviano-San Pietro) freigelegt worden.

Die Ausgrabungen sind nur im Rahmen von Führungen zu besichtigen, für die man sich beim **Ufficio Scavi** (Grabungsbüro; Fabbrica di San Pietro; ☎06 6988 5318; www.scavi.va; 13 €; ⌚Mo–Fr 9–18, Sa bis 17 Uhr; 🚌Piazza del Risorgimento, Ⓜ Ottaviano-San Pietro) anmeldet.

Was gibt's in der Nähe?

Petersplatz — Piazza

(Piazza San Pietro; 🚌Piazza del Risorgimento, Ⓜ Ottaviano-San Pietro) Der Petersplatz wurde 1656 bis 1667 nach Plänen von Gian Lorenzo Bernini angelegt. Von oben sieht er aus wie ein riesiges Schlüsselloch mit zwei halbrunden Kolonnaden aus jeweils vier Reihen dorischer Säulen und dem sich zur Kirche hin verbreiternden Vorplatz. So wurden die Gläubigen in die Kirche geleitet – Bernini beschrieb die Kolonnaden als „die mütterlichen Arme der Kirche".

Castel Sant'Angelo — Museum, Burg

(Karte S. 360; ☎06 681 91 11; www.castelsantangelo.beniculturali.it; Lungotevere Castello 50; Erw./erm. 14/7 €, Okt.–März 1. So des Monats frei; ⌚9–19.30 Uhr, Ticketschalter bis 18.30 Uhr; 🚌Piazza Pia) Mit ihrem massiven runden Aufbau ist die Engelsburg ein gut sichtbares Wahrzeichen. Sie wurde als Mausoleum für Kaiser Hadrian errichtet, dann im 6. Jh. in eine päpstliche Festung verwandelt und nach einer Engelserscheinung benannt, die Papst Gregor der Große 590 hatte. Heute ist hier das **Museo Nazionale di Castel Sant'Angelo** mit Gemälden, Skulpturen und mittelalterlichen Waffen untergebracht.

★ Insiderwissen

Beim Haupteingang markiert eine rote Scheibe im Boden die Stelle, an der Karl der Große im Jahr 800 vom Papst zum römischen Kaiser gekrönt wurde.

KIEVVICTOR / SHUTTERSTOCK ©

Vatikanische Museen

Die im 16. Jh. gegründeten Vatikanischen Museen bergen eine der bedeutendsten Kunstsammlungen der Welt. Zu den Highlights zählen antike Statuen, Fresken von Raffael und die von Michelangelo ausgeschmückte Sixtinische Kapelle.

Toll für ...

☑ **Nicht versäumen**

Die unvergleichliche Sixtinische Kapelle und die Stanze di Raffaello (Raffael-Säle).

Die Museen sind in den opulenten Sälen des Palazzo Apostolico Vaticano untergebracht. Der 5,5 ha große Komplex besteht aus zwei Palästen am Petersdom, die durch lange Galerien miteinander verbunden sind: dem Papstpalast und dem Belvedere. Dazu kommen drei Höfe: Cortile della Pigna, Cortile della Biblioteca und im Süden Cortile del Belvedere. Das alles ist natürlich nicht an einem Tag zu schaffen – auswählen!

Pinacoteca

Die päpstliche Gemäldegalerie wird relativ wenig besucht, dabei beherbergt sie Raffaels letztes Werk, *La Trasfigurazione* (1517–1520), sowie Gemälde von Giotto, Fra Angelico, Filippo Lippi, Perugino, Tizian, Caravaggio und Leonardo da Vinci, dessen ergreifender *San Gerolamo* (hl. Hieronymus; um 1480) unvollendet blieb.

Museo Pio-Clementino

Gut zu wissen

Musei Vaticani; ☎06 6988 4676; www.museivaticani.va; Viale Vaticano; Erw./erm. 17/8 €; ⊙Mo–Sa 9–18, letzter So des Monats bis 14 Uhr, letzter Einlass 2 Std. vor Schließung; 🚌Piazza del Risorgimento, Ⓜ Ottaviano-San Pietro

Kleine Stärkung

Das Bonci Pizzarium (S. 367) ist einer der besten Läden für *pizza al taglio* (Pizzastücke) in Rom.

★ Top-Tipp

Tickets gibt's online auf http://biglietteriamusei.vatican.va/musei/tickets/do (Gebühr 4 €; Voucher ausdrucken und am Eingang zur angegebenen Zeit in ein Ticket umtauschen) oder beim Ufficio Pellegrini e Turisti (S. 371).

Museo Chiaramonti & Braccio Nuovo

Beim Museo Chiaramonti handelt es sich um den langen Korridor an der Ostseite des Belvedere. An den Wänden sind Tausende Statuen und Büsten aneinandergereiht – sie verkörpern unsterbliche Götter, verspielte Engelchen und römische Patrizier. Am Ende der Halle geht rechts der Braccio Nuovo (Neue Flügel) ab, mit einer berühmten Statue des Nils als liegendem Gott mit 16 Babys.

Museo Pio-Clementino

Hier sind einige besonders schöne Statuen der Vatikanischen Museen zu sehen, etwa der *Apoll von Belvedere* und die *Laokoon-Gruppe* aus dem 1. Jh., beide im **Cortile Ottagono** (Achteckiger Hof). Bevor es in den Hof geht, sollte man sich noch den *Apoxyomenos* aus dem 1. Jh. anschauen: Es ist eine der ersten bekannten Skulpturen mit erhobenem Arm.

Museo Gregoriano Egizio

Das 1839 von Gregor XVI. gegründete Museum beherbergt Stücke, die in römischer Zeit aus Ägypten mitgebracht wurden. Zur kleinen Sammlung gehören faszinierende Objekte wie der *Thron Ramses II.* (Teil einer Statue des sitzenden Königs), bunt bemalte Sarkophage von etwa 1000 v. Chr. und einige (makabre) Mumien.

Museo Gregoriano Etrusco

Das Museo Gregoriano Etrusco ganz oben an der Simonetti-Treppe aus dem 18. Jh. umfasst Artefakte aus etruskischen Grabstätten im nördlichen Latium sowie eine erstklassige Sammlung von Vasen und römischen Antiken. Besonders interessant ist der *Mars von Todi*, die schwarze Bronze eines Kriegers aus dem späten 5. Jh. v. Chr.

Galleria delle Carte Geografiche & Sala Sobieski

Die letzte von drei Galerien – die anderen beiden sind die **Galleria dei Candelabri** (Galerie der Kandelaber) und die **Galleria degli Arazzi** (Galerie der Wandteppiche) – ist ein 120 m langer Korridor mit 40 topografischen Karten. Sie entstanden zwischen 1580 und 1583 für Papst Gregor XIII. nach Entwürfen von Ignazio Danti, einem der führenden Kartografen seiner Zeit.

Die **Sala Sobieski** ist nach einem gewaltigen Gemälde aus dem 19. Jh. benannt, auf dem der Sieg des polnischen Königs Johann III. Sobieski über die Türken 1683 dargestellt ist.

Stanze di Raffaello

Diese vier mit Fresken verzierten Räume, die derzeit teils restauriert werden, gehörten zu den Privatgemächern Papst Julius II. Raffael selbst schuf die Stanza della Segnatura (1508–11) und die Stanza d'Eliodoro (1512–14), während die Stanza dell'Incendio (1514–17) und die Sala di Costantino (1517–24) nach seinen Entwürfen von seinen Schülern ausgestaltet wurden.

Sixtinische Kapelle

Das Highlight im Vatikan, die Sixtinische Kapelle (Cappella Sistina), birgt zwei der berühmtesten Kunstwerke der Welt: Michelangelos Deckenfresken und sein *Giudizio Universale* (Das Jüngste Gericht).

Ursprünglich wurde die 1483 geweihte Kapelle für Papst Sixtus IV. erbaut, nach dem sie auch benannt ist. Jedoch ist außer

Marmorskulpturen in einem der Vatikanischen Museen

den Wandfresken und dem Boden von der ursprünglichen Ausgestaltung kaum etwas erhalten – sie musste Michelangelos beiden Meisterwerken weichen. Die Decke entstand zwischen 1508 und 1512, das zweite Meisterwerk, das spektakuläre *Jüngste Gericht*, zwischen 1535 und 1541.

Michelangelos Fresken füllen die gesamten 800 m² der Decke aus. Sie nehmen architektonische Elemente auf und zeigen verschiedene biblische Figuren. Auf neun zentralen Bildfeldern sind Szenen aus der

★ Insiderwissen

Die ruhigsten Tage sind Dienstag und Donnerstag; auch gut ist Mittwoch vormittags, sonst sind Nachmittage besser als Vormittage. Am schlechtesten ist montags, denn dann sind viele andere Museen geschlossen.

IR STONE / SHUTTERSTOCK ©

Schöpfungsgeschichte, die Geschichte von Adam und Eva, der Sündenfall und das Opfer Noahs dargestellt.

Von der Ostwand aus gesehen zeigt das erste Feld die *Trunkenheit Noahs*, gefolgt von der *Sintflut* und dem *Opfer Noahs*. *Der Sündenfall und die Vertreibung aus dem Paradies* zeigt Adam und Eva, wie sie aus dem Paradies verjagt werden, nachdem sie vom Teufel in Form einer um einen Baum gewickelten Schlange die verbotene Frucht angenommen haben. Auf die *Erschaffung Evas* folgt die *Erschaffung Adams*. Letzteres, eines der berühmtesten Bilder der Kunstgeschichte, zeigt Gott, der mit seinem Finger auf Adam zeigt und ihn so zum Leben erweckt. Den Abschluss bilden die *Scheidung von Land und Wasser*, die *Erschaffung der Sonne, des Mondes und der Pflanzen* und die *Scheidung von Licht und Finsternis* mit einem Furcht einflößenden Gott, der seinen Arm ausstreckt, um die Sonne zu berühren. Zwischen den mittleren Bildfeldern sind 20 athletische nackte Männer, die sogenannten *ignudi*, abgebildet.

An der Westwand befindet sich Michelangelos *Jüngstes Gericht*: Es zeigt Christus, wie er über die Seelen der Toten zu Gericht sitzt. Die Geretteten dürfen im Himmel bleiben (oben rechts), die Verdammten müssen sich den Teufeln in der Hölle stellen (unten rechts).

Auch an den Wänden der Kapelle sind einzigartige Fresken zu sehen. Sie wurden 1481 und 1482 von anderen Superstars der Renaissance wie Botticelli, Ghirlandaio, Pinturicchio, Perugino und Luca Signorelli geschaffen und zeigen Szenen aus dem Leben Mose und Christi. Zu den Highlights zählen Botticellis *Versuchung Christi* und Peruginos *Schlüsselübergabe*.

In der Sixtinischen Kapelle kommt übrigens auch das Konklave zusammen, um einen neuen Papst zu wählen.

★ Top-Tipp

Die Ausstellungsstücke sind nur sparsam beschriftet – da hilft ein Audioguide (8 €) oder der *Guide to the Vatican Museums and City* (13 €).

Forum Romanum

Das Forum Romanum war Glanzstück und Mittelpunkt des alten Roms, ein grandioser Bezirk mit Tempeln, Basiliken und öffentlichen Plätzen. Heute ist es eine Ansammlung eindrucksvoller, wenn auch schlecht beschrifteter Ruinen. Doch mit ein bisschen Fantasie ist dies eine wirklich faszinierende Stätte– man stelle sich vor, auf den Spuren Julius Cäsars und anderer legendärer Römer zu wandeln.

Toll für ...

Gut zu wissen

Foro Romano; Karte S. 358; ☎06 3996 7700; www.parcocolosseo.it; Largo della Salara Vecchia, Piazza di Santa Maria Nova; Erw./erm. mit Kolosseum & Palatin 12/7,50 €, SUPER-Ticket 18/13,50 €; ⏲8.30 Uhr bis 1 Std. vor Sonnenuntergang; SUPER-Ticket-Stätten nur So Nachmittag, Di, Do & Sa; 🚌Via dei Fori Imperiali

★ Top-Tipp

Vom Palatin und Kapitolsplatz bieten sich großartige Ausblicke auf das Forum Romanum.

XANTANA / GETTY IMAGES ©

Das Gelände einer alten etruskischen Begräbnisstätte wurde ab dem 7. Jh. v. Chr. erschlossen und entwickelte sich im Laufe der Zeit zum sozialen, politischen und wirtschaftlichen Zentrum des Römischen Reiches. Im Mittelalter diente es als Weideland und Steinbruch. Im 18. und 19. Jh. wurde das Areal umfassend ausgegraben und bis heute finden noch Grabungen statt.

Via Sacra Richtung Campidoglio

Wer das Forum vom Largo della Salara Vecchia betritt, sieht links den **Tempio di Antonino e Faustina** (Karte S. 358; Largo della Salara Vecchia, Forum Romanum; Via dei Fori Imperiali). Der 141 n. Chr. erbaute Tempel wurde im 8. Jh. zur Kirche, der **Chiesa di San Lorenzo in Miranda** (Karte S. 358; Largo della Salara Vecchia, Forum Romanum; Via dei Fori Imperiali), umgewidmet. Rechts ist die **Basilica Fulvia Aemilia** (Karte S. 358; Largo della Salara Vecchia, Forum Romanum; Via dei Fori Imperiali) von 179 v. Chr.

Am Ende des Wegs gelangt man zur **Via Sacra** (Karte S. 358; Largo della Salara Vecchia, Forum Romanum; Via dei Fori Imperiali), der Hauptstraße des Forums, und zum Tempio di Giulio Cesare: Er steht an der Stelle, an der Julius Cäsar eingeäschert wurde.

Rechts geht's zur **Curia** (Karte S. 358; Largo della Salara Vecchia, Forum Romanum; Via dei Fori Imperiali), dem Sitz des römischen Senats. Was man heute hier sieht, ist allerdings ein Nachbau der Kurie, wie sie zur Zeit Diokletians (reg. 284–305) aussah.

Der **Arco di Settimio Severo** (Septimius-Severus-Bogen; Karte S. 358; Largo della Salara Vecchia, Forum Romanum; Via dei Fori Imperiali) am Ende der Via Sacra ist dem namensgebenden Kaiser gewidmet. In der Nähe erhebt sich über dem einstigen

Basilica di Massenzio und Tempio di Romolo

Hauptplatz des Forums, der Piazza del Foro, die **Colonna di Foca** (Phokas-Säule; Karte S. 358; Largo della Salara Vecchia, Forum Romanum; Via dei Fori Imperiali).

Die acht Granitsäulen hinter der Colonna sind alles, was vom **Tempio di Saturno** (Saturntempel; Karte S. 358; Largo della Salara Vecchia, Forum Romanum; Via dei Fori Imperiali) übrig ist: In dem bedeutenden Tempel wurde teils der Staatsschatz verwahrt.

Tempio di Castore e Polluce & Casa delle Vestali

Auf dem Pfad, der parallel zur Via Sacra verläuft, kommt man an den Ruinen der

☑ Nicht versäumen

Die Basilica di Massenzio: Hier erhält man einen Eindruck von der gewaltigen einstigen Größe der Gebäude.

STEFANO_VALERI / SHUTTERSTOCK ©

Basilica Giulia (Karte S. 358; Largo della Salara Vecchia, Forum Romanum; Via dei Fori Imperiali) vorbei. Am Ende der Basilika sind noch drei Säulen vom **Tempio di Castore e Polluce** (Castor-und-Pollux-Tempel; Karte S. 358; Largo della Salara Vecchia, Forum Romanum; Via dei Fori Imperiali) aus dem 5. Jh. v. Chr. übrig. Die **Chiesa di Santa Maria Antiqua** (Karte S. 358; Largo della Salara Vecchia, Forum Romanum; SUPER-Ticket Erw./erm. 18/13,50 €; Sommer Di, Do & Sa 9–18.30, So ab 14 Uhr, Winter Di, Do & Sa 9–15.30, So ab 14 Uhr; Via dei Fori Imperiali) aus dem 6. Jh. ist die älteste christliche Kirche auf dem Forum.

Zurück Richtung Via Sacra ist die derzeit nicht zugängliche **Casa delle Vestali** (Haus der Vestalinnen; Karte S. 358; Largo della Salara Vecchia, Forum Romanum; Via dei Fori Imperiali); hier waren die Jungfrauen zu Hause, die über die Flamme im **Tempio di Vesta** (Karte S. 358; Largo della Salara Vecchia, Forum Romanum; Via dei Fori Imperiali) wachten.

Via Sacra Richtung Kolosseum

Geht man am **Tempio di Romolo** (Romulustempel; Karte S. 358; Largo della Salara Vecchia, Forum Romanum; SUPER-Ticket Erw./erm. 18/13,50 €; Sommer Di, Do & Sa 9–18.30, So ab 14 Uhr, Winter Di, Do & Sa 9–15.30, So ab 14 Uhr; Via dei Fori Imperiali) vorbei die Via Sacra hinauf, gelangt man zur **Basilica di Massenzio** (Basilica di Costantino; Karte S. 358; Piazza di Santa Maria Nova, Forum Romanum; Via dei Fori Imperiali), dem größten Gebäude auf dem heutigen Forum.

Der **Arco di Tito** (Titusbogen; Karte S. 358; Piazza di Santa Maria Nova, Forum Romanum; Via dei Fori Imperiali) hinter der Basilika wurde 81 n. Chr. zu Ehren der Siege Vespasians und Titus' gegen die aufständischen Juden in Jerusalem errichtet.

Kleine Stärkung

Für eine Kaffeepause bietet sich die **Terrazza Caffarelli** (Caffetteria dei Musei Capitolini; Karte S. 358; 06 6919 0564; Piazzale Caffarelli 4; 9.30–19 Uhr; Piazza Venezia) an, das Dachcafé der Kapitolinischen Museen.

Piazzas im Centro Storico

Das historische Zentrum Roms wimmelt von bekannten sowie unbekannten, aber ebenso hübschen Plätzen. Jeder ist in seinem Flair einzigartig, alle zusammen ergeben sie ein wunderbares und geschichtsträchtiges Kaleidoskop.

Start Piazza Colonna
Länge 1,5 km
Dauer 3½ Stunden

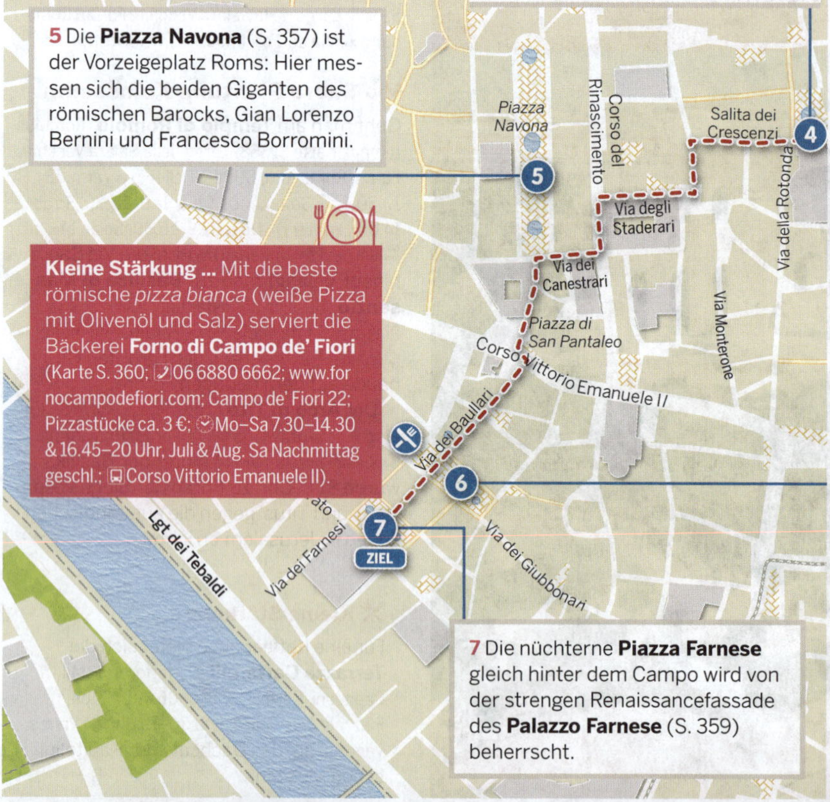

Fotospot: Die Piazza della Rotonda mit dem herrlichen Pantheon im Hintergrund.

4 Über die Via del Seminario gelangt man schnell zur Piazza della Rotonda mit dem berühmten **Pantheon** (S. 338).

5 Die **Piazza Navona** (S. 357) ist der Vorzeigeplatz Roms: Hier messen sich die beiden Giganten des römischen Barocks, Gian Lorenzo Bernini und Francesco Borromini.

Kleine Stärkung ... Mit die beste römische *pizza bianca* (weiße Pizza mit Olivenöl und Salz) serviert die Bäckerei **Forno di Campo de' Fiori** (Karte S. 360; ☎06 6880 6662; www.fornocampodefiori.com; Campo de' Fiori 22; Pizzastücke ca. 3 €; ⏲Mo–Sa 7.30–14.30 & 16.45–20 Uhr, Juli & Aug. Sa Nachmittag geschl.; 🚌Corso Vittorio Emanuele II).

7 Die nüchterne **Piazza Farnese** gleich hinter dem Campo wird von der strengen Renaissancefassade des **Palazzo Farnese** (S. 359) beherrscht.

1 Die **Piazza Colonna** wird von der 30 m hohen Marc-Aurel-Säule bestimmt. Der Palazzo Chigi ist die offizielle Residenz des italienischen Ministerpräsidenten.

2 Durch die Via dei Bergamaschi geht's anschließend zur schönen **Piazza di Pietra** mit dem Tempio di Adriano aus dem 2. Jh.

3 Die Via de' Burro führt sodann zur kleinen **Piazza di Sant'Ignazio Loyola**. Hier steht eine Kirche mit wunderbaren Trompe-l'œil-Fresken.

6 Auf dem **Campo de' Fiori** (S. 359) auf der anderen Seite des Corso Vittorio Emanuele II findet ein quirliger Markt statt.

SEHENSWERTES

Antikes Rom

Palatino Archäologische Stätte

(Palatinhügel; Karte S. 358; 06 3996 7700; www.parcocolosseo.it; Via di San Gregorio 30, Piazza di Santa Maria Nova; Erw./erm. mit Kolosseum & Forum Romanum 12/7,50 €, SUPER-Ticket 18/13,50 €; 8.30 Uhr bis 1 Std. vor Sonnenuntergang; einige SUPER-Ticket-Stätten nur So Vormittag, Mo, Mi & Fr; M Colosseo) Der Palatin zwischen Forum Romanum und Circus Maximus ist ein stimmungsvoller Hügel mit hohen Pinien, majestätischen Ruinen und wundervollen Ausblicken. Hier gründete Romulus 753 v. Chr. der Legende nach die Stadt und hier lebten die römischen Kaiser in Saus und Braus. Ein Erlebnis sind das **Stadio** (Stadion; Karte S. 358; Via di San Gregorio 30, Palatino; M Colosseo), die Ruinen des **Domus Flavia** (Kaiserpalast; Karte S. 358; Via di San Gregorio 30, Palatino; M Colosseo) und die tollen Blicke aufs Forum von den **Orti Farnesiani** (Karte S. 358; Via di San Gregorio 30, Palatino; M Colosseo).

Kapitolinische Museen Museum

(Musei Capitolini; Karte S. 358; 06 06 08; www.museicapitolini.org; Piazza del Campidoglio 1; Erw./erm. 11,50/9,50 €; 9.30–19.30 Uhr, letzter Einlass 18.30 Uhr; Piazza Venezia) Die 1471 gegründeten Kapitolinischen Museen sind die ältesten öffentlichen Museen der Welt. Ihre Sammlung antiker Skulpturen zählt zu den schönsten Italiens, darunter sind Publikumsrenner wie die berühmte *Lupa Capitolina* (Kapitolinische Wölfin, die Romulus und Remus säugt) und der *Galata morente* (Sterbender Gallier), eine bewegende Darstellung eines sterbenden Kriegers. Auch die Gemäldesammlung kann sich sehen lassen, mit Meisterwerken u. a. von Tizian, Tintoretto, Rubens und Caravaggio.

Wenn Sonderausstellungen stattfinden, ist der Eintritt teurer.

Vittoriano Wahrzeichen

(Viktor-Emanuel-Denkmal; Karte S. 358; Piazza Venezia; Sommer 9.30–17.30 Uhr, Winter bis 16.30 Uhr; Piazza Venezia) GRATIS Ob man

> *„Die Piazza Navona ist der eleganteste Platz im Zentrum"*

Piazza Navona

BELENOS / SHUTTERSTOCK ©

ihn nun mag oder ablehnt, ignorieren kann man den gewaltigen Vittoriano (oder Altare della Patria) aus weißem Marmor an der Piazza Venezia nicht. Der „Altar des Vaterlands" wurde im späten 19. Jh. zu Ehren des ersten Königs Italiens errichtet: Viktor Emanuel II. ist hier in einem großen Reiterstandbild verewigt. Das Nationaldenkmal umfasst das **Grab des unbekannten Soldaten** und das kleine **Museo Centrale del Risorgimento** (Karte S. 358; ☎06 679 35 98; www.risorgimento.it; Vittoriano, Piazza Venezia; Erw./erm. 5/2,50 €; ⌚9.30–18.30 Uhr; 🚌Piazza Venezia), das sich mit der Entstehung des italienischen Nationalstaats befasst.

Drinnen befindet sich außerdem der **Complesso del Vittoriano** (Karte S. 358; ☎06 871 51 11; www.ilvittoriano.com; Via di San Pietro in Carcere; Eintritt unterschiedlich; ⌚Mo–Do 9.30–19.30, Fr & Sa bis 22, So bis 20.30 Uhr; 🚌Via dei Fori Imperiali), wo große Kunstausstellungen stattfinden. Ebenso schön sind auch die Rundumblicke vom Dach des Denkmals: Zur Terrazza delle Quadrighe fährt der Aufzug **Roma dal Cielo** (Karte S. 358; Vittoriano, Piazza Venezia; Erw./erm. 10/5 €; ⌚9.30–19.30 Uhr, letzter Einlass 18.45 Uhr; 🚌Piazza Venezia).

Bocca della Verità — Legende

(Mund der Wahrheit; Karte S. 358; Piazza Bocca della Verità 18; freiwillige Spende; ⌚Sommer 9.30–17.50 Uhr, Winter bis 16.50 Uhr; 🚌Piazza Bocca della Verità) Dies ist eine der beliebtesten Kuriositäten Roms. Gemeint ist ein großes rundes Marmorrelief, das ein bärtiges Gesicht zeigt. Wer – der Legende nach – seine Hand in den Mund hält und dabei lügt, dem wird die Hand abgebissen.

Der Mund, einst Teil eines Brunnens oder vielleicht ein antiker Kanaldeckel, befindet sich in der Vorhalle der **Chiesa di Santa Maria in Cosmedin**, einer hübschen mittelalterlichen Kirche.

Centro Storico

Piazza Navona — Piazza

(Karte S. 360; 🚌Corso del Rinascimento) Mit ihren protzigen Brunnen, barocken Palazzi und der bunten Mischung aus Straßenkünstlern, Händlern und Touristen ist die elegante Piazza der Vorzeigeplatz im Stadtzentrum. Im 1. Jh. befand sich hier der **Stadio di Domiziano** (Stadion des Domitian; Karte S. 360; ☎06 6880 5311; www.stadiodomiziano.com; Via di Tor Sanguigna 3; Erw./erm. 8/6 €; ⌚So–Fr 10–18.30, Sa bis 19.30 Uhr). Die Piazza wurde im 15. Jh. gepflastert und fast 300 Jahre lang fand hier der Hauptmarkt statt. Den Mittelpunkt des Platzes bildet Berninis **Fontana dei Quattro Fiumi** (Brunnen der vier Flüsse; Karte S. 360), ein prächtiger Brunnen mit einem ägyptischen Obelisken und den muskulösen Personifizierungen der Flüsse Nil, Ganges, Donau und Río de la Plata.

Rom gratis

Alle Kirchen der Stadt sind kostenlos, staatliche Museen und Monumente sind am ersten Sonntag des Monats gratis. Die Vatikanischen Museen (S. 346) sind am letzten Sonntag des Monats kostenlos.

Trevi-Brunnen (s. Foto, S. 362)

Spanische Treppe (S. 363)

Pantheon (S. 338)

Petersdom (S. 342)

LEOKS / SHUTTERSTOCK ©

Galleria Doria Pamphilj — Kunstgalerie

(Karte S. 360; ☎06 679 73 23; www.doriapamphilj.it; Via del Corso 305; Erw./erm. 12/8 €; ⌚9–19 Uhr, letzter Einlass 18 Uhr; 🚌Via del Corso) Verborgen hinter der grauen Fassade des Palazzo Doria Pamphilj wartet diese Galerie mit einer der bedeutendsten privaten Kunstsammlungen Roms auf. Sie umfasst

Antikes Rom

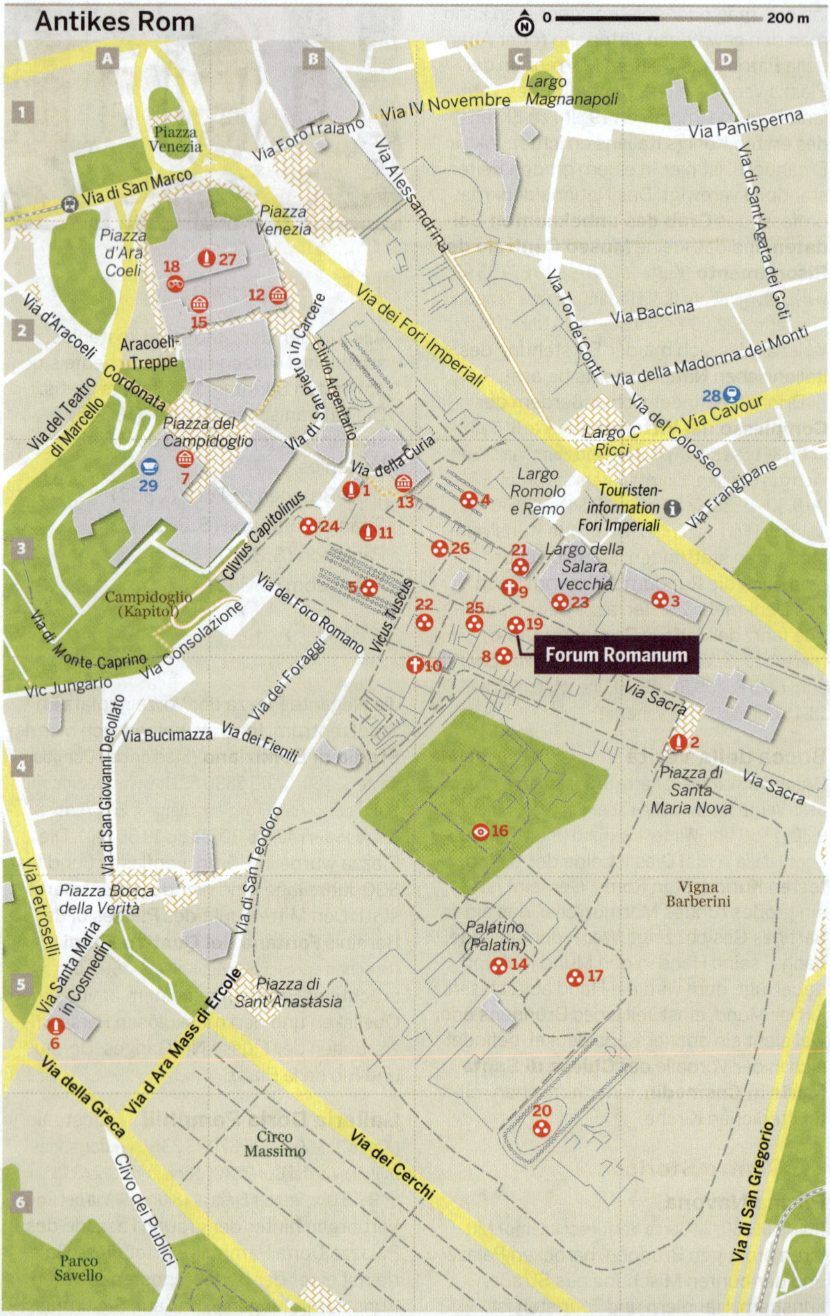
N
0
200 m
A
B
C
D
1
2
3
4
5
6
Piazza Venezia
Via di San Marco
Via Fori Traiano
Via IV Novembre
Largo Magnanapoli
Via Panisperna
Via Alessandrina
Piazza Venezia
Piazza d'Ara Coeli
18
27
12
15
Via d'Aracoeli
Aracoeli-Treppe
Cordonata
Via del Teatro di Marcello
Via di San Pietro in Carcere
Clivio Argentario
Via dei Fori Imperiali
Via Tor de' Conti
Via Baccina
Via di Sant'Agata dei Goti
Via della Madonna dei Monti
28
Via Cavour
Via del Colosseo
Largo C Ricci
Piazza del Campidoglio
7
29
Via della Curia
1
13
4
Largo Romolo e Remo
Touristen-information
Fori Imperiali
Via Frangipane
Clivius Capitolinus
24
11
26
21
Largo della Salara Vecchia
5
9
23
3
22
25
19
Campidoglio (Kapitol)
Via del Foro Romano
Vicus Tuscus
Via di Monte Caprino
Via Consolazione
10
8
Forum Romanum
Vic Jungario
Via dei Foraggi
Via Sacra
Via Bucimazza
Via dei Fienili
2
Via di San Giovanni Decollato
Piazza di Santa Maria Nova
Via Sacra
16
Via di San Teodoro
Via Petroselli
Piazza Bocca della Verità
Vigna Barberini
Palatino (Palatin)
14
17
Via Santa Maria in Cosmedin
Piazza di Sant'Anastasia
6
Via d Ara Mass di Ercole
Via della Greca
20
Circo Massimo
Via dei Cerchi
Clivo dei Publici
Via di San Gregorio
Parco Savello

Antikes Rom

Sehenswertes

1	Arco di Settimio Severo	B3
2	Arco di Tito	D4
3	Basilica di Massenzio	D3
4	Basilica Fulvia Aemilia	C3
5	Basilica Giulia	B3
6	Bocca della Verità	A5
7	Kapitolinische Museen	A3
8	Casa delle Vestali	C3
9	Chiesa di San Lorenzo in Miranda	C3
10	Chiesa di Santa Maria Antiqua	B4
11	Colonna di Foca	B3
12	Complesso del Vittoriano	B2
13	Curia	B3
14	Domus Flavia	C5
15	Museo Centrale del Risorgimento	A2
16	Orti Farnesiani	C4
17	Palatino	C5
18	Roma dal Cielo	A2
19	Forum Romanum	C3
20	Stadio	C6
21	Tempio di Antonino e Faustina	C3
22	Tempio di Castore e Polluce	C3
23	Tempio di Romolo	C3
24	Tempio di Saturno	B3
25	Tempio di Vesta	C3
26	Via Sacra	C3
27	Vittoriano	A2

Ausgehen & Nachtleben

28	Cavour 313	D2
29	Terrazza Caffarelli	A3

Werke von Raffael, Tintoretto, Tizian, Caravaggio, Bernini und Velázquez sowie von flämischen Meistern. Das unbestrittene Highlight ist Velázquez' Porträt des unerbittlichen Papstes Innozenz X., der sich darüber beschwerte, dass die Darstellung „zu realistisch" geraten sei. Zum Vergleich schaue man sich Gian Lorenzo Berninis Skulptur des Papstes an.

Chiesa del Gesù — Kirche

(Karte S. 360; ☎06 69 70 01; www.chiesadelgesu.org; Piazza del Gesù; ⏰6.45–12.45 & 16–19.30 Uhr, St.-Ignatius-Räume Mo–Sa 16–18, So 10–12 Uhr; 🚌Largo di Torre Argentina) Die bedeutendste Jesuitenkirche Roms, ein imposantes Beispiel gegenreformatorischer Architektur, ist eine Schatzkammer barocker Kunst. Zu den Glanzlichtern zählen ein Gewölbefresko von Giovanni Battista Gaulli (Il Baciccia) und Andrea del Pozzos opulentes Grabmal für Ignatius Loyola, den spanischen Soldaten und Heiligen, der den Jesuitenorden 1540 gründete. Der hl. Ignatius lebte von 1544 bis zu seinem Tod 1556 in der Kirche. Seine Privaträume sind rechts vom Hauptgebäude zu besichtigen.

Palazzo Farnese — Palast

(Karte S. 360; www.inventerrome.com; Piazza Farnese; Führung 9 €; ⏰Führungen Mo, Mi & Fr 15, 16 & 17 Uhr; 🚌Corso Vittorio Emanuele II) Mit dem Bau dieses Renaissancepalastes, eines der schönsten Roms, wurde 1514 unter Antonio da Sangallo d. J. begonnen, er wurde von Michelangelo fortgeführt und von Giacomo della Porta abgeschlossen. Der Palast wartet mit Fresken von Annibale und Agostino Carracci auf, die es einigen Kennern zufolge mit denen von Michelangelo in der Sixtinischen Kapelle aufnehmen können. Das Highlight, entstanden zwischen 1597 und 1608, ist das monumentale Deckenfresko *Amori degli Dei* (Die Lieblinge der Götter) in der Galleria dei Carracci.

Campo de' Fiori — Piazza

(Karte S. 360; 🚌Corso Vittorio Emanuele II) Der bunte „Campo" ist ein Herzstück des römischen Alltags: Tagsüber findet hier einer der bekanntesten Märkte Roms statt, abends tummelt man sich in den zahlreichen Lokalen. Jahrhundertelang fanden hier Hinrichtungen statt: 1600 wurde der Philosoph und Astronom Giordano Bruno wegen Ketzerei auf dem Scheiterhaufen verbrannt. Die Stelle ist heute mit einer Statue des Mönchs mit Kapuze markiert, geschaffen 1889 von Ettore Ferrari.

Monti & Esquilino

Museo Nazionale Romano: Palazzo Massimo alle Terme — Museum

(Karte S. 364; ☎06 3996 7700; www.coopculture.it; Largo di Villa Peretti 1; Erw./erm. 10/5 €; ⏰Di–So 9–19.45 Uhr; Ⓜ Termini) Diese Schatzkammer antiker Kunst ist eines der bedeu-

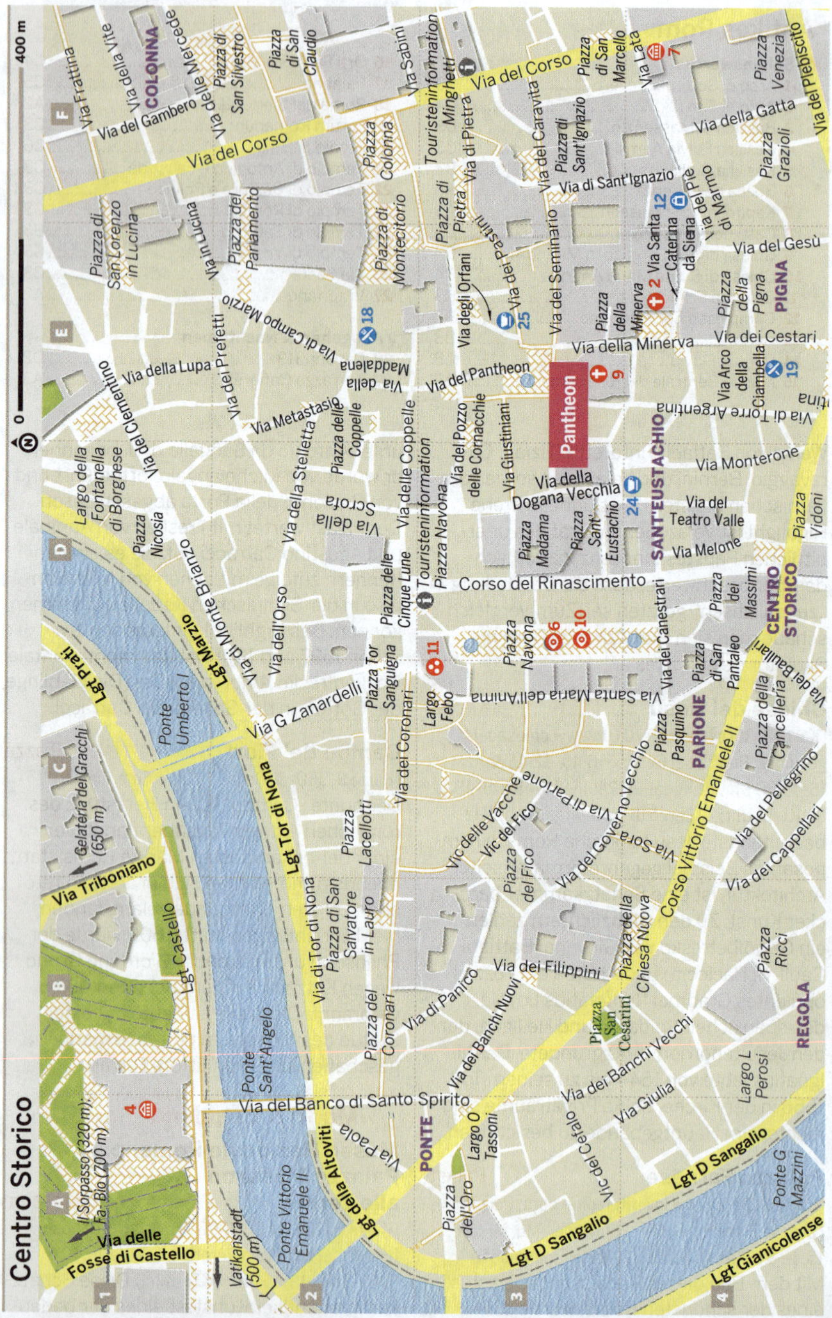
Centro Storico
0
400 m
N
A
B
C
D
E
F
1
2
3
4
Via delle Fosse di Castello
Il Sorpasso (320 m); Fa-Bìo (700 m)
4
Vatikanstadt (500 m)
Ponte Vittorio Emanuele II
Lgt della Altoviti
Ponte Sant'Angelo
Via del Banco di Santo Spirito
Via Paola
PONTE
Piazza dell'Oro
Largo O Tassoni
Lgt D Sangallo
Vic del Cefalo
Via Giulia
Via dei Banchi Vecchi
Lgt D Sangallo
Ponte G Mazzini
Lgt Gianicolense
Largo L Perosi
REGOLA
Piazza Ricci
Lgt Castello
Via Tribonaiano
Gelateria del Gracchi (650 m)
Via di Tor di Nona
Piazza di San Salvatore in Lauro
Piazza del Coronari
Via di Panico
Via dei Banchi Nuovi
Piazza San Cesarini
Via dei Filippini
Piazza della Chiesa Nuova
Corso Vittorio Emanuele II
Lgt Tor di Nona
Piazza Lacellotti
Via dei Coronari
Vic delle Vacche
Vic del Fico
Piazza del Fico
Via del Governo Vecchio
Via Sora
Via di Parione
Via dei Cappellari
Via del Pellegrino
Piazza della Cancelleria
Via dei Baullari
Ponte Umberto I
Lgt Prati
Via G Zanardelli
Piazza Tor Sanguigna
Largo Febo
11
Via Santa Maria dell'Anima
Piazza Pasquino
PARIONE
Piazza di San Pantaleo
CENTRO STORICO
Lgt Marzio
Via di Monte Brianzo
Via dell'Orso
Piazza delle Cinque Lune
Touristeninformation Piazza Navona
Piazza Navona
6
10
Via dei Canestrari
Piazza dei Massimi
Corso del Rinascimento
Largo della Fontanella di Borghese
Piazza Nicosia
Via della Stelletta
Via della Scrofa
Via delle Coppelle
Via del Pozzo delle Cornacchie
Piazza Madama
Piazza Sant'Eustachio
24
SANT'EUSTACHIO
Via Melone
Via del Teatro Valle
Piazza Vidoni
Via del Clementino
Via Metastasio
Piazza delle Coppelle
Via Giustiniani
Via della Dogana Vecchia
Pantheon
Via Monterone
Via di Torre Argentina
Via della Lupa
Via dei Prefetti
Via della Maddalena
Via del Pantheon
9
Via Arco della Ciambella
19
Via di Campo Marzio
18
Via degli Orfani
25
Via della Minerva
Via dei Cestari
Piazza di San Lorenzo in Lucina
Via in Lucina
Piazza del Parlamento
Piazza di Montecitorio
Piazza di Pietra
Via dei Pastini
Via del Seminario
Piazza della Minerva
2
Via Santa Caterina da Siena
12
Via del Piè di Marmo
Piazza della Pigna
PIGNA
Via del Gesù
Via del Corso
Via Frattina
Via della Vite
COLONNA
Via del Gambero
Via delle Mercede
Piazza di San Silvestro
Piazza di San Claudio
Piazza Colonna
Touristeninformation Minghetti
Via Sabini
Via di Pietra
Via del Caravita
Piazza di Sant'Ignazio
Via di Sant'Ignazio
Piazza di San Marcello
Via Lata
7
Via della Gatta
Piazza Grazioli
Piazza Venezia
Via del Plebiscito

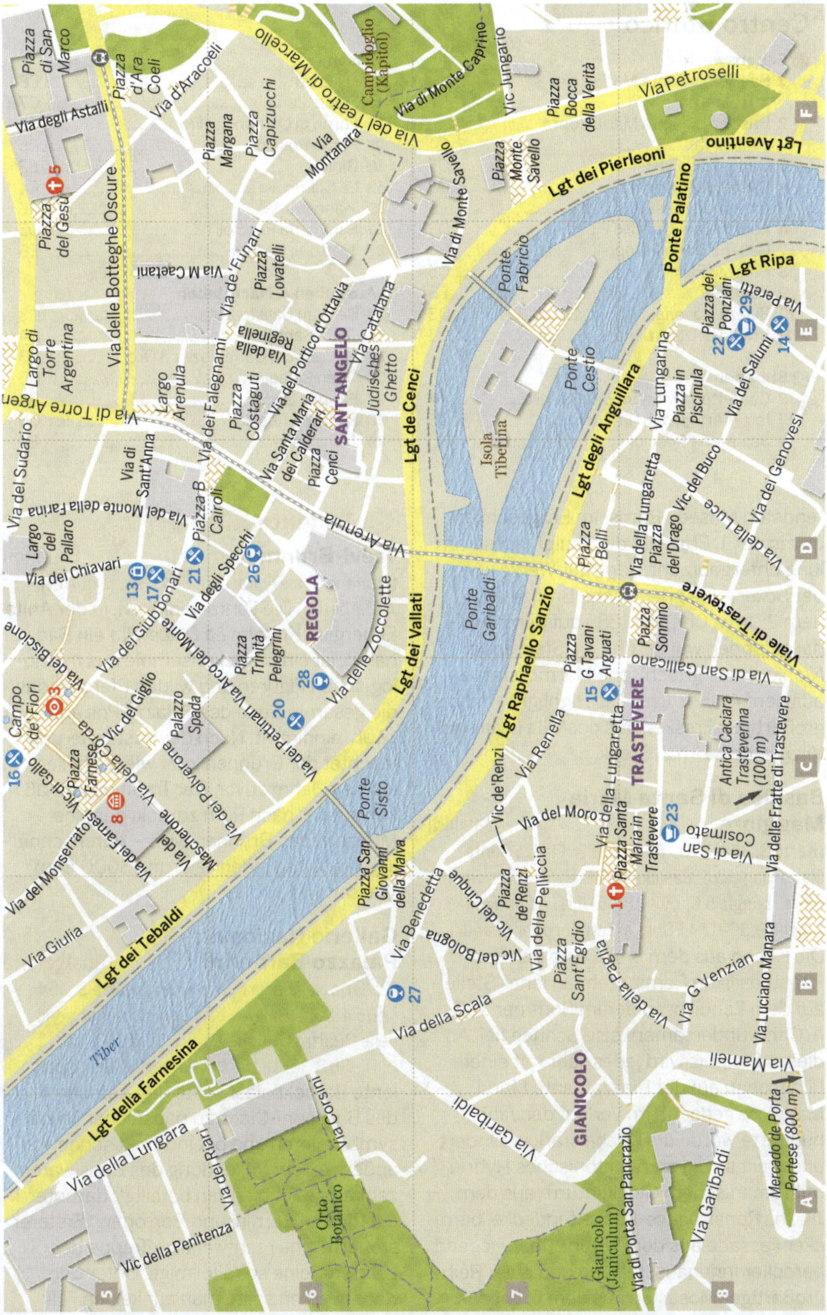
Piazza di San Marco
Piazza d'Ara Coeli
Via d'Aracoeli
Via degli Astalli
Via del Teatro di Marcello
Campidoglio (Kapitol)
Via di Monte Caprino
Vic Jungario
Via Petroselli
Piazza Bocca della Verità
Piazza Margana
Piazza Capizucchi
Via Montanara
Lgt Aventino
Piazza del Gesù
Via delle Botteghe Oscure
Via M Caetani
Via de' Funari
Piazza Lovatelli
Via di Monte Savello
Piazza Monte Savello
Lgt dei Pierleoni
Ponte Fabricio
Ponte Palatino
Lgt Ripa
Largo di Torre Argentina
Via della Reginella
Via del Portico d'Ottavia
Via Catalana
SANT'ANGELO
Jüdisches Ghetto
Via di Torre Argentina
Largo Arenula
Via dei Falegnami
Piazza Costaguti
Via Santa Maria dei Calderari
Piazza Cenci
Lgt de Cenci
Isola Tiberina
Ponte Cestio
Lgt degli Anguillara
Via Lungarina
Piazza in Piscinula
Piazza dei Ponziani
Via Peretti
Via dei Salumi
Via del Sudario
Via di Sant'Anna
Via del Monte della Farina
Piazza B Cairoli
Via Arenula
Largo del Pallaro
Via dei Chiavari
Via dei Giubbonari
Via degli Specchi
REGOLA
Via delle Zoccolette
Lgt dei Vallati
Ponte Garibaldi
Piazza Belli
Via della Lungaretta
Piazza dell'Drago
Vic del Buco
Via della Luce
Via dei Genovesi
Viale di Trastevere
Via dei Biscione
Campo de' Fiori
Vic del Giglio
Via del Monte
Via Arco del Monte
Piazza Trinità Pelegrini
Lgt Raphaello Sanzio
Piazza G Tavani Arguati
Piazza Sonnino
Via di San Gallicano
Via dei Pettinari
Palazzo Spada
Via del Polverone
Piazza Farnese
Via della Corda
Vic di Gallo
Via dei Farnesi
Via del Monserrato
Via del Mascherone
Via dei Polverone
Ponte Sisto
Via Renella
Vic de' Renzi
Via del Moro
TRASTEVERE
Antica Caciara Trasteverina (100 m)
Via delle Fratte di Trastevere
Via di San Cosimato
Piazza Santa Maria in Trastevere
Piazza San Giovanni della Malva
Via Benedetta
Vic del Cinque
Piazza de'Renzi
Via della Pelliccia
Vic del Bologna
Piazza Sant'Egidio
Via della Paglia
Via G Venzian
Via Luciano Manara
Via Giulia
Lgt dei Tebaldi
Tiber
Lgt della Farnesina
Via della Scala
Via Mameli
Via Garibaldi
GIANICOLO
Mercado de Porta Portese (800 m)
Via della Lungara
Via dei Riari
Via Corsini
Orto Botanico
Vic della Penitenza
Gianicolo (Janiculum)
Via di Porta San Pancrazio
A
B
C
D
E
F
5
6
7
8

Centro Storico

tendsten Museen Roms. Im Erdgeschoss und in der 1. Etage ist die Skulpturensammlung untergebracht, darunter Werke wie der *Boxer*, eine griechische Bronze aus dem 2. Jh. v. Chr., die 1885 auf dem Quirinal gefunden wurde, und die *Sterbende Niobide*, eine griechische Marmorstatue aus dem 4. Jh. v. Chr. Das Highlight sind die großartigen Fresken aus der Villa Livia und Villa Farnesia im 2. Stock.

Basilica di Santa Maria Maggiore — Basilika

(Karte S. 364; ☎06 6988 6800; Piazza Santa Maria Maggiore; Basilika frei, Erw./erm. Museum 3/2 €, Loggia 5 €; ⏲7–18.45 Uhr, Loggia-Führungen 9.30–17.45 Uhr; Ⓜ Termini oder Cavour) Die Kirche aus dem 5. Jh., eine der vier Papstbasiliken Roms, steht an jener Stelle auf dem Esquilin, an der im Sommer 358 n. Chr. wundersamerweise Schnee fiel. An dieses Ereignis wird jedes Jahr mit einer Lichtschau auf der Piazza Santa Maria Maggiore gedacht. Im Verlauf der Jahrhunderte wurde die Kirche stark verändert und stellt so ein architektonisches Hybrid mit romanischem Glockenturm aus dem 14. Jh., Renaissance-Kassettendecke, barocker Fassade aus dem 18. Jh., überwiegend barocker Innenausstattung und einer Reihe großartiger Mosaiken aus dem 5. Jh. dar.

Tridente & Trevi

Trevi-Brunnen — Brunnen

(Fontana di Trevi; Karte S. 364; Piazza di Trevi; Ⓜ Barberini) Die Fontana di Trevi, in der Anita Ekberg im Kultfilm *La Dolce Vita* ein Bad nahm, ist ein Barockensemble aus mythologischen Figuren und wilden Pferden, das die gesamte Seite des Palazzo Poli aus dem 17. Jh. einnimmt. Nach der Restaurierung leuchtet der Brunnen jetzt wieder heller als viele Jahre zuvor. Der Tradition gemäß kehrt jeder nach Rom zurück, der eine Münze in den Brunnen wirft – durchschnittlich landen so jeden Tag rund 3000 € im Wasser.

Gallerie Nazionali: Palazzo Barberini — Kunstgalerie

(Galleria Nazionale d'Arte Antica; Karte S. 364; ☎06 481 45 91; www.barberinicorsini.org; Via delle Quattro Fontane 13; Erw./erm. 12/6 €; ⏲Di–So 8.30–18 Uhr; Ⓜ Barberini) Der opulente Barockpalast sollte den Aufstieg des Barberini-Clans zu päpstlicher Macht symbolisieren und beeindruckt schon von außen. An der Vollendung des Baus waren zahlreiche Architekten beteiligt, darunter die Rivalen Bernini und Borromini: Ersterer steuerte eine rechtwinklige Treppe bei, Letzterer eine spiralförmige. Unter den Kunstwerken sollte man auf keinen Fall

Filippo Lippis *Annunciazione* (Verkündigung; 1440–45) und Pietro da Cortonas Deckenfresko *Il Trionfo della Divina Provvidenza* (Triumph der göttlichen Vorsehung; 1632–39) versäumen.

Piazza di Spagna & Spanische Treppe Piazza

(Karte S. 364; Ⓜ Spagna) Die Spanische Treppe (Scalinata della Trinità dei Monti) lockt schon seit dem 18. Jh. Rombesucher an: Von ihren Stufen lässt sich wunderbar das Treiben beobachten. Die glänzenden 135 Stufen führen von der Piazza di Spagna zur **Chiesa della Trinità dei Monti** (Karte S. 364; ☎ 06 679 41 79; http://trinitadeimonti.net/it/chiesa/; Piazza Trinità dei Monti 3; ⏲ Di–Do 10.15–20, Fr 12–21, Sa 9.15–20, So 9–20 Uhr).

Die Piazza ist nach der Spanischen Botschaft beim Heiligen Stuhl benannt, finanziert wurde die von dem Italiener Francesco De Sanctis entworfene und 1725 angelegte Treppe hingegen von einem französischen Diplomaten.

Villa Medici Palast

(☎ 06 676 13 11; www.villamedici.it; Viale Trinità dei Monti 1; Führung Erw./erm. 12/6 €; ⏲ Di–So 10–19 Uhr; Ⓜ Spagna) Der opulente Renaissancepalast wurde 1540 ursprünglich für Kardinal Ricci da Montepulciano errichtet, dann aber 1576 von Ferdinando de' Medici gekauft. In den Händen der Medici verblieb er bis 1801, als Napoleon ihn für die Französische Akademie erwarb. Auf den mehrsprachigen Führungen (1½ Std.) gelangen die Teilnehmer in die mit Skulpturen bestückten Gärten, ein von Jacopo Zucchi 1577 fein ausgemaltes Gartenatelier und die Privatgemächer des Kardinals. In den Mauern der Villa sind Stücke römischer Skulpturen von der Ara Pacis zu finden.

Trastevere

Trastevere ist eines der quirligsten Viertel im Zentrum von Rom, es ist ein dichtes Labyrinth aus ockerfarbenen Palazzi, efeuberankten Fassaden und fotogenen Gassen. Der alte Arbeiterbezirk ist heute ein angesagtes Ausgehviertel mit vielen Bars und Restaurants.

Basilica di Santa Maria in Trastevere Basilika

(Karte S. 360; ☎ 06 581 48 02; Piazza Santa Maria in Trastevere; ⏲ Sept.–Juli 7.30–21 Uhr, Aug. 8–12 & 16–21 Uhr; 🚌 Viale di Trastevere, 🚋 Belli) Bei der Basilika am Hauptplatz von Trastevere soll es sich um die älteste Marienkirche Roms handeln. In ihrer ursprünglichen Form stammt sie aus dem frühen 3. Jh., jedoch erhielt sie bei einem Umbau im 12. Jh. einen romanischen Glockenturm und eine goldglitzernde Fassade. Die Vorhalle wurde 1702 von Carlo Fontana hinzugefügt. Das Glanzstück im Innern sind die Mosaiken aus dem 12. Jh.

San Giovanni & Testaccio

Basilica di San Giovanni in Laterano Basilika

(☎ 06 6988 6493; Piazza di San Giovanni in Laterano 4; Basilika frei, Kreuzgang 5 € mit Museo del Tesoro; ⏲ 7–18.30 Uhr, Kreuzgang 9–18 Uhr; Ⓜ San Giovanni) Tausend Jahre lang war diese monumentale Kirche das wichtigste Gotteshaus der Christenheit. Die erste christliche Basilika Roms wurde von Kaiser Konstantin in Auftrag gegeben und 324 n. Chr. geweiht; bis zum späten 14. Jh. war sie die päpstliche Hauptkirche. Noch heute ist die Lateranbasilika der Sitz des Papstes als Bischof von Rom.

Basilica di San Clemente Basilika

(☎ 06 774 00 21; www.basilicasanclemente.com; Piazza di San Clemente; Basilika frei, Ausgrabungen Erw./erm. 10/5 €; ⏲ Mo–Sa 9–12.30 & 15–18, So 12.15–18 Uhr; 🚌 Via Labicana) Kein anderes Bauwerk verkörpert die unterschiedlichen Epochen der Geschichte Roms so wie diese faszinierende Kirche. Die Basilika aus dem 12. Jh. steht auf einer Kirche aus dem 4. Jh.; diese wiederum ist an der Stelle eines heidnischen Tempels aus dem 2. Jh. und eines römischen Hauses aus dem 1. Jh. Unter all dem befinden sich Fundamente aus der Zeit der Römischen Republik.

Villa Borghese

Villa Borghese (Eingänge an der Piazzale San Paolo del Brasile, Piazzale Flaminio, Via Pinciana, Via Raimondo und am Largo Pablo

Trevi & Esquilino

Sehenswertes

1 Basilica di Santa Maria Maggiore D3
2 Chiesa della Trinità dei Monti A1
3 Gallerie Nazionali: Palazzo Barberini B2
4 Museo Nazionale Romano: Palazzo Massimo alle Terme D2
5 Piazza di Spagna & Spanische Treppe A1
6 Trevi-Brunnen A2

Essen

7 La Barrique B3

Unterhaltung

8 Teatro dell'Opera di Roma C2

Picasso; Sonnenauf- bis Sonnenuntergang; Via Pinciana) bezeichnet die bekannteste Parkanlage Roms. Erreichbar ist sie über die Piazzale Flaminio, den Pincio-Hügel und das obere Ende der Via Vittorio Veneto.

Museo e Galleria Borghese Museum

(06 3 28 10; http://galleriaborghese.beniculturali.it; Piazzale del Museo Borghese 5; Erw./erm. 15/8,50 €; Di–So 9–19 Uhr; Via Pinciana) Wer nur Zeit für eine einzige Kunstgalerie in Rom hat, sollte diese hier ansteuern. Sie beherbergt Gemälde von Caravaggio, Raffael und Tizian sowie Skulpturen von Bernini. Highlights gibt es in Hülle und Fülle, etwa Berninis *Ratto di Proserpina* (Raub der Proserpina) und Antonio Canovas *Venere vincitrice* (Siegreiche Venus).

Um die Zahl der Besucher zu begrenzen, werden sie in Zweistundenintervallen eingelassen – die Eintrittskarte muss weit im Voraus für eine feste Zeit gebucht werden.

Museo Nazionale Etrusco di Villa Giulia Museum

(06 322 65 71; www.villagiulia.beniculturali.it; Piazzale di Villa Giulia; Erw./erm. 8/4 €; Di–So 9–20 Uhr; Via delle Belle Arti) Die Villa aus dem 16. Jh. von Papst Julius III. stellt eine bezaubernde Kulisse für die beste italieni-

sche Sammlung etruskischer und vorrömischer Schätze dar. Die zum großen Teil aus Grabstätten der Region Latium stammenden Exponate reichen von Bronzestatuetten und schwarzem *bucchero*-Geschirr bis zu Tempelornamenten, Terrakottavasen und wunderbar filigranen Schmuckstücken.

Sehenswert sind auch eine mehrfarbige Terrakottastatue des Apollon aus einem Tempel in Veio und der *Sarcofago degli Sposi* (Sarkophag der Brautleute) aus dem 6. Jh. v. Chr., gefunden 1881 in Cerveteri.

SHOPPEN

Was das Einkaufen in Rom so interessant macht, sind die vielen kleinen Geschäfte, die familiengeführten Feinkostläden, kleinen Boutiquen, alten Handwerkstätten und ganz alltäglichen Wochenmärkte.

Confetteria Moriondo & Gariglio — Schokolade

(Karte S. 360; ☎06 699 08 56; Via del Piè di Marmo 21–22; ⌚Mo–Sa 9–19.30 Uhr; 🚌Via del Corso) Der römische Dichter Trilussa (1871–1950) war so angetan von diesem von den Turiner Hofkonditoren des Hauses Savoyen gegründeten Pralinenladen, dass er ihn in seinen Versen verewigte. Mit den purpurfarbenen Wänden, den Tischen und Glasvitrinen ist er wie ein eleganter Teesalon eingerichtet. Spezialisiert ist er auf köstliche handgemachte Pralinen, die teils auf Rezepten des 19. Jhs. basieren.

Antica Caciara Trasteverina — Lebensmittel & Getränke

(☎06 581 28 15; www.facebook.com/anticacaciaratrasteverina; Via di San Francesco a Ripa 140; ⌚Mo–Sa 7.30–20 Uhr; 🚌Viale di Trastevere, 🚋Trastevere/Mastai) In diesem Feinkostladen ist frischer Ricotta ein so heiß begehrtes Gut, dass er in der Regel schon mittags ausverkauft ist. Wer zu spät kommt, kann sich mit dem himmlischen *ricotta infornata* (im Ofen gebackener Ricotta), dem berühmten *pecorino romano* DOP und *guanciale* (Schweinsbackenspeck) trösten. Letzterer ist eine perfekte Zutat zu einer Carbonara. Das reizende Personal beantwortet gern Fragen und kann Käse und Schinken transportgerecht verpacken.

Salumeria Roscioli — Lebensmittel & Getränke

(Karte S. 360; ☎06 687 52 87; www.salumeriaroscioli.com; Via dei Giubbonari 21; ⌚Mo–Sa 8.30–20.30 Uhr; 🚋Via Arenula) Roms bekanntester Feinkostladen bietet eine tolle Auswahl erstklassiger Erzeugnisse, von Schinken und Käse bis zu Pasta, Olivenöl, Balsamessig und Wein. Dazu kommen noch ausländische Leckereien wie französischer Käse und Ibérico-Schinken.

Außerdem kann man hier ausgezeichnet essen (S. 366).

Ibiz – Artigianato in Cuoio — Mode & Accessoires

(Karte S. 360; ☎06 6830 7297; www.ibizroma.it; Via dei Chiavari 39; ⌚Mo–Sa 10–19.30 Uhr; 🚌Corso Vittorio Emanuele II) In ihrem winzigen Atelier schafft Elisa Nepi schöne Portemonnaies, Taschen, Gürtel, Schlüsselanhänger und Sandalen aus superweichem Leder in eleganten Designs und zahlreichen Farben. Ein Gürtel kostet etwa 35 €, eine Schultertasche 145 €.

Mercado de Porta Portese — Markt

(Piazza Porta Portese; ⌚So 6–14 Uhr; 🚌Viale di Trastevere, 🚋Trastevere/Min P Istruzione) Eine andere Seite Roms präsentiert sich auf diesem riesigen Flohmarkt. An Tausenden von Ständen wird hier alles von seltenen Büchern und Fahrrädern zweifelhafter Herkunft bis zu peruanischen Schultertüchern und Handys verkauft. Es ist jede Menge los und ein Bummel ist ein tolles Vergnügen. Auf sein eigenes Hab und Gut passt man hier am besten höllisch auf. Feilschen ist angesagt!

ESSEN

Die schönsten Viertel zum Essengehen sind das *centro storico* und Trastevere. Auch Monti und Testaccio warten mit tollen Restaurants auf. Von den Touristenfallen rund um den Bahnhof Termini und den Vatikan hält man sich am besten fern.

Centro Storico

Forno Roscioli Bäckerei €
(Karte S. 360; ☎06 686 40 45; www.anticoforno roscioli.it; Via dei Chiavari 34; Pizzastücke ab 2 €, Snacks 2,50 €; ⊙Mo–Sa 7–20, So 8.30–19 Uhr; 🚊Via Arenula) Diese Bäckerei, eine der besten Roms, erfreut sich mittags mit ihren opulenten Pizzastücken, leckeren Backwaren und sättigenden *suppli* (frittierte Reiskroketten) großer Beliebtheit. Hervorragend, wenn auch nicht leicht zu essen, ist die Pizza Margherita. An einem Tresen sind außerdem warme Pastagerichte und Gemüsebeilagen zu haben.

La Ciambella Italienisch €€
(Karte S. 360; ☎06 683 29 30; www.la-ciambella.it; Via dell'Arco della Ciambella 20; Mahlzeiten 35–45 €; ⊙Di–So 12–23 Uhr; 🚌Largo di Torre Argentina) Das freundliche Restaurant liegt zwar beim Pantheon, wurde von den Touristen aber bisher kaum entdeckt. Die hübschen, hellen Räumlichkeiten befinden sich über den Ruinen der Terme di Agrippa, die unter durchsichtigen Bodenplatten zu sehen sind – ein schönes Ambiente für interessantes und kreatives Essen.

Pianostrada Ristorante €€
(Karte S. 360; ☎06 8957 2296; www.facebook.com/pianostrada; Via delle Zoccolette 22; Mahlzeiten 40–45 €; ⊙Di–Fr 13–16 & 19–24, Sa & So 10–24 Uhr; 🚊Via Arenula) Das superhippe Bistro in weißen Räumlichkeiten mit alten Möbeln und toller Sommerterrasse ist ein Must. Wer nicht reserviert, muss mit einem Hocker an der Bar Vorlieb nehmen, wo er in die Küche schauen kann. Das Essen ist kreativ, saisonal und voller Gemüse, u. a. gibt's Sandwiches und fantastische Focaccia sowie komplette Hauptgerichte.

Salumeria Roscioli Ristorante €€€
(Karte S. 360; ☎06 687 52 87; www.salumeria roscioli.com; Via dei Giubbonari 21; Mahlzeiten 55 €; ⊙Mo–Sa 12.30–16 & 19–24 Uhr; 🚊Via Arenula) Der Name Roscioli steht in Rom schon lange für kulinarische Spitze, und hier kann man sich davon überzeugen. Die Tische säumen den mit Köstlichkeiten aus dem In- und Ausland beladenen Tresen und in einem kleinen Raum voller Flaschen gibt's weitere. Das Essen wie traditionelle römische Pasta ist erstklassig, mit teils herausragenden Weinen. Reservieren!

EVGENII IAROSHEVSKII / SHUTTERSTOCK ©

Vatikanstadt, Borgo & Prati

Bonci Pizzarium Pizza €

(06 3974 5416; www.bonci.it; Via della Meloria 43; Pizzastücke 5 €; Mo–Sa 11–22, So ab 12 Uhr; Cipro) Das Pizzarium, der Takeaway von Gabriele Bonci, Roms gefeiertem Pizzakönig, serviert die absolut beste Pizza der Stadt. Die mit Scheren zugeschnittenen Rechtecke mit weichem, fedrigem Boden sind mit originell kombinierten saisonalen Zutaten belegt und werden zum sofortigen Verzehr gereicht. Im oft proppenvollen Laden gibt's für die Touristenhorden nur ein paar Bänke und Hocker; weitere Sitzplätze gibt's auf dem Platz beim U-Bahnhof.

Monti & Esquilino

La Barrique Italienisch €€

(Karte S. 364; 06 4782 5953; www.facebook.com/la.barrique.94/; Via del Boschetto 41b; Mahlzeiten 40 €; Mo–Fr 13–14.30 & 19.30–23, Sa 19.30–23.30 Uhr; Cavour) Diese traditionelle *enoteca* ist sowohl edel als auch leger – hier kann man toll bei einer Mahlzeit verweilen. Die Weine, darunter viele Naturweine, stammen überwiegend von kleinen Erzeugern. Dazu passen die kreativen Pasta- und Hauptgerichte – dies ist eins der besten Speiselokale in Monti. Reservierung empfohlen.

Trastevere

Trattoria Da Teo Trattoria €€

(Karte S. 360; 06 581 83 55; www.facebook.com/Trattoria.da.teo; Piazza dei Ponziani 7; Mahlzeiten 35–45 €; Mo–Sa 12.30–15 & 19.30–23.30 Uhr; Viale di Trastevere, Belli) Im Da Teo, eine der klassischen Trattorien Roms, genießen die Einheimischen römische Standardgerichte wie Carbonara, *pasta cacio e pepe* (Pasta mit Käse und schwarzem Pfeffer) und (in der entsprechenden Jahreszeit) fabelhafte Artischocken – sowohl „jüdisch" (frittiert) als auch römisch (mit Petersilie und Koblauch gefüllt und gekocht). Ganz gemäß eiserner Trattoria-Tradition gibt's Gnocchi nur donnerstags. Reservieren!

Da Enzo Trattoria €€

(Karte S. 360; 06 581 22 60; www.daenzoal29.com; Via dei Vascellari 29; Mahlzeiten 30–35 €; Mo–Sa 12.30–15 & 19.30–23 Uhr; Lungo-

ANNA PAKUTINA / SHUTTERSTOCK ©

★ Top 5: Kunstsammlungen

Petersdom (S. 342)
Kapitolinische Museen (S. 356)
Museo Nazionale Romano: Palazzo Massimo alle Terme (S. 359)
Museo e Galleria Borghese (S. 364)
Galleria Doria Pamphilj (S. 357)

Von links: Galleria Borghese (S. 364); Galleria Doria Pamphilj (S. 357); Palazzo Massimo alle Terme (S. 359)

ANNA PAKUTINA / SHUTTERSTOCK ©

Das beste Gelato in Rom

Fior di Luna (Karte S. 360; 06 6456 1314; http://fiordiluna.com; Via della Lungaretta 96; Gelato ab 2,50 €; So & Mo 13–20, Di–Sa 13–23 Uhr; Belli, Viale di Trastevere) Aus natürlichen, saisonalen Zutaten in kleinen Mengen hergestellt.

Gelateria dei Gracchi (06 321 66 68; www.gelateriadeigracchi.it; Via dei Gracchi 272; Gelato ab 2,50 €; 12–0.30 Uhr; Piazza Cola Di Rienzo) Täglich wechselndes Angebot je nach Saison, aber immer großartig!

Neve di Latte (06 320 84 85; www.facebook.com/NevedilatteRomaFlaminio; Via Poletti 6; Gelato 2,50–5 €; Sommer So–Do 12–23, Fr & Sa bis 24 Uhr, Winter 12–22 Uhr; Viale Tiziano) Die Klassiker, alle hergestellt aus erstklassigen saisonalen Zutaten.

Giolitti (Karte S. 360; 06 699 12 43; www.giolitti.it; Via degli Uffici del Vicario 40; Gelato 2,80–5 €; 7–1 Uhr; Via del Corso) Roms berühmteste *gelateria*.

TUZEMKA / SHUTTERSTOCK ©

tevere Ripa, Belli) Verblichene ockerfarbene Wände, gelb-weiß karierte Tischtücher und eine Karte mit römischen Klassikern: Was diese traditionelle Trattoria so außergewöhnlich macht, sind die sorgsam ausgewählten Zutaten, viele von Bauernhöfen in Latium. Die frittierten Artischocken, ein Gericht aus der römisch-jüdischen Küche, und die *pasta cacio e pepe* (Pasta mit Käse und schwarzem Pfeffer) zählen zu den besten der Stadt.

San Giovanni & Testaccio

Flavio al Velavevodetto Römisch €€

(06 574 41 94; www.ristorantevelavevodetto.it; Via di Monte Testaccio 97-99; Mahlzeiten 30–35 €; 12.30–15 & 19.45–23 Uhr; Via Galvani) Das legere Lokal, die beste Trattoria in Testaccio, ist bekannt für seine bodenständige, schnörkellose *cucina romana* (römische Küche). Einen Eindruck davon vermittelt ein Mahl mit *carciofo alla giudia* (frittierte Artischocke), *rigatoni alla carbonara* (Rigatoni in Eiersahnesauce mit Schweinebackenspeck) und zum Abschluss einem Tiramisu.

AUSGEHEN & NACHTLEBEN

Ein großer Teil der Ausgehszene ist im *centro storico* angesiedelt: jung und lebendig auf dem Campo de' Fiori, etwas vornehmer geht's rund um die Piazza Navona zu. Beliebt ist auch Trastevere auf der anderen Seite des Tiber mit Dutzenden von Bars und Kneipen.

Roms Clubszene konzentriert sich in den Stadtvierteln Testaccio und Ostiense.

Caffè Sant'Eustachio Kaffee

(Karte S. 360; 06 6880 2048; www.santeustachioilcaffe.it; Piazza Sant'Eustachio 82; So–Do 7.30–1, Fr bis 1.30, Sa bis 2 Uhr; Corso del Rinascimento) Das immer volle, unscheinbare Café beim Pantheon serviert den vielleicht besten Kaffee der Stadt. Er wird zubereitet, indem die ersten Tropfen Espresso mit Zucker zu einer schaumigen Paste verrührt werden – erst dann kommt der restliche Kaffee hinzu, was das Endprodukt wunderbar cremig macht.

Rimessa Roscioli Weinbar

(Karte S. 360; 06 6880 3914; www.winetastingrome.com; Via del Conservatorio 58; Mo–Fr 18.30–23.30, Sa & So 12–15 & 18.30–23.30 Uhr; ; Lungotevere dei Tebaldi) Das Rimessa, das zum beliebten Roscioli-Imperium gehört, ist ein Mekka für Weinliebhaber, mit Tröpfchen aus ganz Italien und dem Ausland, es werden auch exquisite Weinverkostungsessen (33–65 €, auf Italienisch und

Englisch) angeboten. Außerdem kann man sich von einem Sommelier eine Verkostung ganz nach dem eigenen Budget und Geschmack zusammenstellen lassen.

Open Baladin Craft-Bier

(Karte S. 360; ☎06 683 89 89; www.openbaladinroma.it; Via degli Specchi 6; ⏰12–2 Uhr; 📶; 🚊Via Arenula) Schon seit Langem ist die moderne Bar beim Campo de' Fiori wegweisend in der Craft-Bier-Szene Roms. Mit mehr als 40 Bieren vom Fass und bis zu 100 Sorten aus der Flasche, viele davon aus italienischen Kleinbrauereien, ist sie eine tolle Adresse für Gerstensäfte.

Das recht gute Angebot an Speisen umfasst z. B. Panini, Hamburger und Tagesgerichte.

Terra Satis Café, Weinbar

(Karte S. 360; ☎06 9893 6909; Piazza dei Ponziani 1a; ⏰Mo–Do 7–1, Fr & Sa bis 2 Uhr; 📶; 🚌Viale di Trastevere, 🚊Belli) Diese hippe Kombi aus Café und Weinbar hat alles: Zeitungen, tollen Kaffee und charmantes Personal, außerdem alte Möbel, bequeme Sitzbänke und wirklich gute Snacks. An warmen Tagen sitzt man draußen auf der kleinen Terrasse an der Piazza di Ponziani. Gute Auswahl an Wein und Bier.

Bar San Calisto Café

(Karte S. 360; Piazza San Calisto 3–5; ⏰Mo–Sa 6–2 Uhr; 🚌Viale di Trastevere, 🚊Viale di Trastevere) Das „Sanca" bietet ein schlichtes, zeitloses Flair, günstige Preise und eine große Terrasse und lockt alles von Intellektuellen bis zu Tagedieben und ausländischen Studenten an. Berühmt ist es für seine Schokolade, heiß mit Sahne im Winter und als Schokoeis im Sommer. Probierenswert ist der *sambuca con la mosca* mit rohen Kaffeebohnen. Manchmal gibt's abends Livemusik.

Pimm's Good Bar

(Karte S. 360; ☎06 9727 7979; www.pimmsgood.it; Via di Santa Dorotea 8; ⏰10–2 Uhr; 📶; 🚌Piazza Trilussa) Die nach dem fruchtigen englischen Likör benannte, stets beliebte Bar serviert tatsächlich Pimm's, auf klassische Weise oder in verschiedenen Cocktails. Die munteren Barkeeper sind echte Mixkönner und zaubern erstklassige Cock-

Open Baladin

Auditorium Parco della Musica. Architekturbüro: Renzo Piano Building Workshop

> *Das Auditorium Parco della Musica ist das Zentrum der reichen Kulturszene Roms*

tails. Auch draußen auf der Terrasse an der Straßenecke ist immer was los.

UNTERHALTUNG

Rom hat eine lebendige Kulturszene. Infos stehen auf www.060608.it, www.romeing.it und www.inromenow.com.

Auditorium Parco della Musica Konzerthaus

(☎06 8024 1281; www.auditorium.com; Viale Pietro de Coubertin; Viale Tiziano) Das Auditorium ist das Zentrum der florierenden Kulturszene der Stadt und das wichtigste Konzerthaus Roms. Die drei Konzertsäle verfügen über eine perfekte Akustik. Hier und in einer Freiluftarena mit 3000 Plätzen finden alle möglichen Veranstaltungen statt, von Klassik bis zu Jazz und von Lesungen bis zu Filmabenden.

Im Auditorium ist auch das Orchestra dell'Accademia Nazionale di Santa Cecilia (www.santacecilia.it) zu Hause.

Teatro dell'Opera di Roma Oper

(Karte S. 364; ☎06 48 16 01; www.operaroma.it; Piazza Beniamino Gigli 1; Kasse Mo–Sa 10–18, So 9–13.30 Uhr; M Repubblica) Roms führendes Opernhaus beeindruckt mit opulenten goldglitzernden Räumen, einer Fassade aus der Zeit des Faschismus der 1920er-Jahre und einer imposanten Geschichte: Hier fanden die Premieren von Puccinis *Tosca* und Mascagnis *Cavalleria rusticana* statt. Die Spielzeit für Oper und Ballett dauert von November bis Juni.

PRAKTISCHE INFORMATIONEN

ÄRGERNISSE & SICHERHEIT

Rom ist keine gefährliche Stadt, aber an touristischen Hauptorten, an der Stazione Termini und in öffentlichen Verkehrsmitteln (Bus 64 zum Vatikan) sollte man vor Taschendieben auf der Hut sein.

MEDIZINISCHE VERSORGUNG

Policlinico Umberto I (☎06 4 99 71; www.policlinicoumberto1.it; Viale del Policlinico 155; Ⓜ Policlinico, Castro Pretorio) Größtes Krankenhaus Roms, nahe Stazione Termini.

TOURISTENINFORMATION

Touristeninformationen gibt's an den Flughäfen **Fiumicino** (Internationale Ankünfte, Terminal 3; ⊙8–20.45 Uhr) und **Ciampino** (Ankunftshalle; ⊙8.30–18 Uhr) sowie über die Stadt verteilt. Alle bieten Stadtpläne und verkaufen den Roma Pass.

Infopunkte:

Piazza delle Cinque Lune (Karte S. 360; Piazza delle Cinque Lune; ⊙9.30–19 Uhr; 🚌Corso del Rinascimento) Bei der Piazza Navona.

Stazione Termini (☎06 06 08; www.turismoroma.it; Via Giovanni Giolitti 34; ⊙8–18.45 Uhr; Ⓜ Termini) In der Halle neben Gleis 24.

Fori Imperiali (Karte S. 358; Via dei Fori Imperiali; ⊙9.30–19 Uhr, Juli & Aug. bis 20 Uhr; 🚌Via dei Fori Imperiali)

Via Marco Minghetti (Karte S. 360; ☎06 06 08; www.turismoroma.it; Via Marco Minghetti; ⊙9.30–19 Uhr; 🚌Via del Corso) Zwischen Via del Corso und dem Trevi-Brunnen.

Castel Sant'Angelo (Karte S. 360; www.turismoroma.it; Piazza Pia; ⊙Sommer 9.30–19 Uhr, Winter 8.30–18 Uhr; 🚌Piazza Pia)

Trastevere (Karte S. 360; www.turismoroma.it; Piazza Sonnino; ⊙10.30–20 Uhr; 🚌Viale di Trastevere, 🚋Belli)

Auskünfte über den Vatikan erteilt das **Ufficio Pellegrini e Turisti** (☎06 6988 1662; www.vatican.va; Petersplatz; ⊙Mo–Sa 8.30–18.30 Uhr; 🚌Piazza del Risorgimento, Ⓜ Ottaviano-San Pietro).

Roms offizielle Tourismus-Website, Turismo Roma (www.turismoroma.it), bietet umfassende Informationen zu Sehenswürdigkeiten, Unterkünften und Verkehrsmitteln sowie aktuelle Verzeichnisse.

Die **Comune di Roma** (☎06 06 08; www.060608.it; ⊙9–19 Uhr) betreibt ein kostenloses mehrsprachiges Informationstelefon für Touristen mit Infos zu Kultur, Shows, Hotels, Verkehrsmitteln usw. Auch die Website ist eine ausgezeichnete Infoquelle.

Sightseeing mit dem Roma Pass

Der Roma Pass (www.romapass.it), eine Ermäßigungskarte für Sehenwürdigkeiten und Verkehrsmittel, ist im Internet, in den Touristeninformationen und teils in Museen erhältlich. Es gibt ihn in zwei Varianten:

72 Stunden (38,50 €) Freier Eintritt zu zwei Museen oder Stätten sowie Ermäßigungen bei weiteren Stätten, unbegrenzte Nutzung der Verkehrsmittel und ermäßigter Eintritt zu Ausstellungen und Veranstaltungen.

48 Stunden (28 €) Freier Eintritt zu einem Museum oder einer Stätte, ansonsten wie die 72-Stunden-Karte.

Straßenbahn in Rom

AN- & WEITERREISE

AUTO & MOTORRAD

Um Rom führt die Ringautobahn Grande Raccordo Anulare (GRA), von der sämtliche *autostrade* (Autobahnen) abzweigen, so auch die A1, die Nord-Süd-Hauptverbindung, und die A12 nach Civitavecchia und zum Flughafen Fiumicino.

Autos kann man am Flughafen und an der Stazione Termini mieten.

BUS

Fernbusse aus dem In- und Ausland nutzen die **Autostazione Tibus** (Autostazione Tiburtina; ☎06 44 25 95; www.tibusroma.it; Largo Guido Mazzoni; Ⓜ Tiburtina). Tickets sind am Busbahnhof und in Reisebüros erhältlich.

FLUGZEUG

Roms internationaler Flughafen, **Leonardo da Vinci** (☎06 6 59 51; www.adr.it/fiumicino), besser bekannt als Fiumicino, liegt 30 km westlich der Stadt.

Der viel kleinere **Flughafen Ciampino** (☎06 6 59 51; www.adr.it/ciampino) 15 km südöstlich des Stadtzentrums wird von der Billigfluglinie Ryanair bedient.

SCHIFF/FÄHRE

Der Rom am nächsten gelegene Hafen ist Civitavecchia rund 80 km nördlich. Hier kommen Fähren aus Barcelona, Tunis, Sizilien und Sardinien an. Einzelheiten zu Fahrplänen, Preisen und Buchungen auf www.traghettiweb.it.

Halbstündlich fahren Züge zwischen Civitavecchia und Termini (5–16,45 €, 45 Min.–1½ Std.).

ZUG

Roms Hauptbahnhof ist die **Stazione Termini** (www.romatermini.com; Piazza dei Cinquecento; Ⓜ Termini). Von hier gibt's zahlreiche Verbindungen ins In- und Ausland. Die **Gepäckaufbewahrung** (Stazione Termini; erste 5 Std. 6 €, 6–12 Std. 1 € pro Std., 13 Std. & mehr 0,50 € pro Std.; ⏲6–23 Uhr; Ⓜ Termini) befindet sich beim Gleis 24 auf der der Via Giolitti zugewandten Seite des Bahnhofs.

UNTERWEGS VOR ORT

VON/ZU DEN FLUGHÄFEN

FIUMICINO

Leonardo Express zur Stazione Termini 6.08–23.23 Uhr, 14 €; langsamere FL1-Bahnen zu den Bahnhöfen Trastevere, Ostiense und Tiburtina 5.57–22.42 Uhr, 8 €; Busse zur Stazione Termini 6.05–0.40 Uhr, 6–6,90 €; Shuttles vom Flughafen zu den Hotels ab 22 € pro Pers.; Taxi 48 € (Festpreis innerhalb der Aurelischen Mauern).

CIAMPINO

Busse zur Stazione Termini 4–0.15 Uhr, 6 €; Shuttles vom Flughafen zu den Hotels 25 € pro Pers.; Taxi 30 € (Festpreis innerhalb der Aurelischen Mauern).

ÖFFENTLICHE VERKEHRSMITTEL

Zum Nahverkehrsnetz Roms gehören Busse, Straßenbahnen, U-Bahnen und Vorortzüge.

Fahrkarten gelten außer für die Strecken zum Flughafen Fiumicino für alle öffentlichen Verkehrsmittel. Erhältlich sind sie in *tabaccherie*, an Zeitungskiosken und an Fahrkartenautomaten.

BIT (1,50 €) Gültig für 100 Minuten und eine U-Bahn-Fahrt.

Roma 24h (7 €) 24 Stunden gültig.

Roma 48h (12,50 €) 48 Stunden gültig.

Roma 72h (18 €) 72 Stunden gültig.

BUS

- Die Busse in Rom werden von **ATAC** (☎06 5 70 03; www.atac.roma.it) betrieben.
- Der zentrale Busbahnhof befindet sich vor der Stazione Termini an der Piazza dei Cinquecento. Hier gibt's auch einen **Informationsschalter** (Karte S. 364; Piazza dei Cinquecento; ⏲8–20 Uhr; Ⓜ Termini).
- Wichtige Busknotenpunkte sind außerdem der Largo di Torre Argentina und die Piazza Venezia.
- Die Busse fahren gewöhnlich von etwa 5.30 bis 24 Uhr; nachts verkehren nur wenige Busse.

U-BAHN

- Die beiden U-Bahn-Linien Roms, die Linie A (orange) und die Linie B (blau), treffen sich am Bahnhof Termini.
- Die U-Bahnen fahren von 5.30 bis 23.30 Uhr, freitags und samstags bis 1.30 Uhr.

TAXI

- Offiziell lizenzierte Taxis sind weiß mit einem Taxischild auf dem Dach und dem Schriftzug *Roma Capitale* sowie der Taxinummer an der Vordertür.
- Außer bei den Flughafenfahrten sollte man sich nie auf Festpreise einlassen, sondern auf dem Taxameterpreis bestehen.
- Eine gute App ist MyTaxi. Mit ihr kann man ohne eventuelle Sprachprobleme leicht ein Taxi bestellen.

Wohin zum Schlafen?

Unterkünfte in Rom sind oft teuer und da in der Ewigen Stadt das ganze Jahr über etwas los ist, sollte man seine Unterkunft so weit im Voraus wie möglich buchen. In der warmen Jahreszeit nach Unterkünften mit Dachterrasse Ausschau halten!

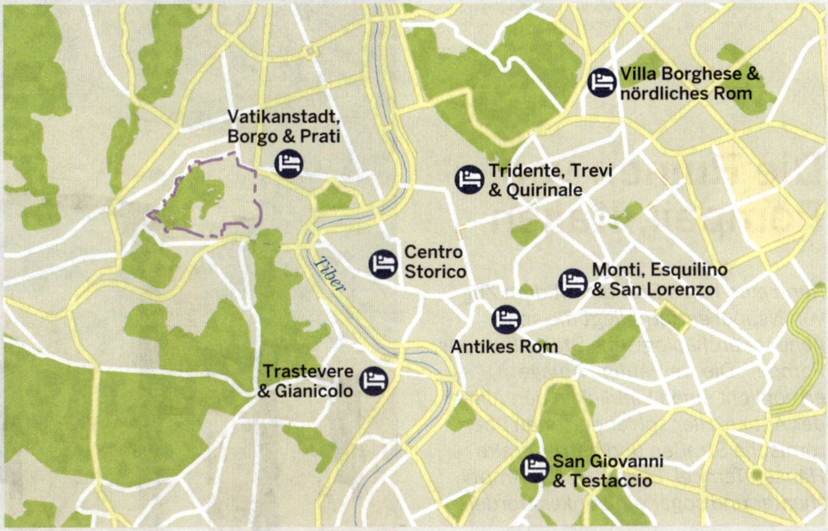

Stadtviertel	Merkmale
Antikes Rom	Hauptattraktionen wie das Kolosseum und das Forum Romanum; abends ruhig; nicht billig; Restaurants touristisch.
Centro Storico	Straßen mit Flair, viele Sehenswürdigkeiten und Einrichtungen direkt vor der Tür: Pantheon, Piazza Navona, Restaurants, Bars, Geschäfte; teuerster Teil der Stadt; kann laut sein.
Tridente, Trevi & Quirinale	Spanische Treppe, Trevi-Brunnen und Designer-Läden; tolle Mittelklasse- bis Top-Unterkünfte; gute Verkehrsanbindung.
Vatikanstadt, Borgo & Prati	Beim Petersdom; gute Palette an Unterkünften; einige tolle Läden und Restaurants; liegt an der U-Bahn; nicht viel Nachtleben; an katholischen Feiertagen schnell ausgebucht.
Monti, Esquilino & San Lorenzo	Viele Unterkünfte rund um die Stazione Termini; Top-Restaurants in Monti und gutes Nachtleben in San Lorenzo; gute Verkehrsanbindung; einige zwielichtige Straßen beim Bahnhof.
Trastevere & Gianicolo	Schöne Gegend mit Atmosphäre; Partyviertel mit Bars, Cafés und Restaurants; teuer; besonders im Sommer laut.
San Giovanni & Testaccio	Authentische Viertel mit guten Restaurants und Kneipen; Top-Ausgehmeile Testaccio; wenige Hauptattraktionen.
Villa Borghese & nördliches Rom	Überwiegend Wohngebiet, gut fürs Auditorium und Stadio Olimpico; einige Top-Museen; gewöhnlich abends ruhig.

Die Ruinen von Pompeji, Italien

Rund eine halbe Stunde mit dem Zug von Neapel entfernt liegt die spannendste archäologische Stätte Europas: Pompeji. Die weitläufige Anlage ermöglicht einen Einblick in den Alltag der Antike. Hier schlendert man über römische Straßen und betritt uralte Häuser, Tempel, Läden, Cafés, Amphitheater und sogar ein antikes Bordell.

Toll für ...

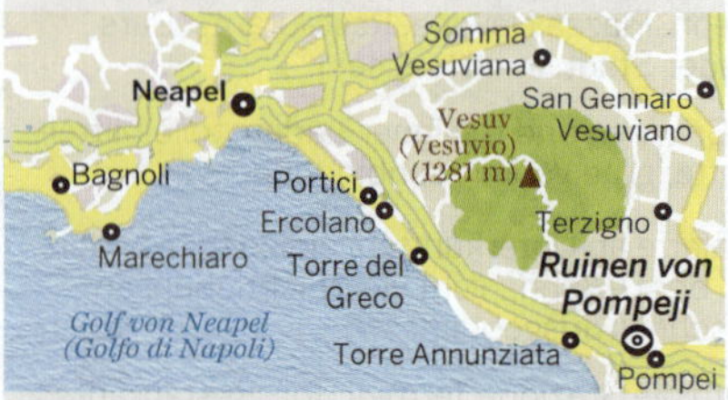

Gut zu wissen

081 857 53 47; www.pompeiisites.org; Eingänge Porta Marina & Piazza Anfiteatro; Erw./erm. 13/7,50 €, mit Oplontis & Boscoreale 18/9 €; April–Okt. Mo–Fr 9–19.30, Sa & So ab 8.30 Uhr, letzter Einlass 18 Uhr, Nov.–März Mo–Fr 9–17.30, Sa & So ab 8.30 Uhr, letzter Einlass 15.30 Uhr

Bronzekopf im antiken Pompeji

★ Top-Tipp

Besonders in der Hauptsaison Tickets am besten vorher online besorgen!

MARTINM303 / GETTY IMAGES ©

Praktische Informationen

Der Wert der Stätte liegt u. a. darin begründet, dass die Stadt 79 n. Chr. vom Vesuv nicht einfach hinweggefegt wurde, sondern unter Asche und Bimsstein begraben wurde. Die Ruinen kamen 1594 ans Tageslicht, doch mit der systematischen Erforschung wurde erst 1748 begonnen. Seitdem sind 44 ha der ursprünglich 66 ha großen Stadt ausgegraben worden.

Auf dem Gelände gibt's eine Cafeteria und direkt vor den Toren der Stätte mittelprächtige Esslokale. Bessere Restaurants finden sich in der modernen Stadt. Oder man bringt sich seinen Proviant selbst mit.

Bevor man die Stätte durch die **Porta Marina** betritt, das Tor, das früher eine Verbindung zwischen Stadt und Hafen darstellte, sieht man die **Terme Suburbane**: Das Badehaus aus dem 1. Jh. v. Chr. ist berühmt für seine erotischen Fresken, die, als sie 2001 freigelegt wurden, den Vatikan in Aufruhr versetzten. Die Terme ist allerdings bis auf Weiteres geschlossen. Durch das Tor in der Stadtmauer geht's nun in den Hauptteil der Stätte. Zu den Highlights hier zählen:

Foro

Das **Foro** (Forum), ein riesiges Rasenrechteck mit Kalksteinsäulen an den Rändern, war der Hauptplatz des antiken Pompeji. Hier fanden vor dem Bau des Amphitheaters die Gladiatorenkämpfe statt. Die Gebäude um das Forum herum zeugen von der Bedeutung des Platzes als Mittelpunkt des städtischen Lebens. Am nördlichen Ende sind die Überreste des **Tempio di Giove** (Jupitertempel; Capitolium) zu sehen – hier schlug das religiöse Herz Pompejis.

Teatro Grande

Lupanare

Beim **Lupanare**, dem einzigen offiziellen Bordell des antiken Pompeji, handelt es sich um ein kleines zweistöckiges Gebäude mit fünf Zimmern auf jeder Etage. Die anzüglichen Fresken stellten für die Kundschaft eine Art „Speisekarte" dar. Die Wände sind mit Kritzeleien in verschiedenen Sprachen versehen, in denen die Prostituierten wie die Freier ihre Gedanken hinterließen.

Teatro Grande

Das **Teatro Grande** aus dem 2. Jh. v. Chr. war ein Theater mit 5000 Plätzen. Es war in die Lava gehauen worden, auf der Pompeji ursprünglich erbaut worden war.

★ Top-Tipp

Am Eingang zu den Ruinen gibt's kostenlose Schließfächer.

DIEGO FIORE / SHUTTERSTOCK ©

Anfiteatro

Im 70 v. Chr. erbauten **Anfiteatro**, dem ältesten bekannten römischen Amphitheater, das es noch gibt, wohnten den Gladiatorenkämpfen bis zu 20 000 Zuschauer bei.

Casa del Fauno

Die **Casa del Fauno** (Haus des Fauns), das größte Privathaus von Pompeji, nahm einen ganzen Häuserblock ein und verfügte vorne über zwei Atrien – andere Häuser hatten nur eins. Seinen Namen verdankt es einer Bronzestatue im *impluvium* (Regenbecken). Hier wurden zu Beginn der Ausgrabungen die schönsten Mosaiken gefunden – die meisten sind heute im Museo Archeologico Nazionale in Neapel. Noch im Haus zu sehen ist ein schöner Marmorboden mit geometrischem Muster.

Villa dei Misteri

Die **Villa** mit 90 Zimmern zählt zu den vollständigsten Bauten Pompejis. Die Wände des Speisezimmers zieren dionysische Friese, das bedeutendste Fresko, das noch an Ort und Stelle ist, und eins der größten und faszinierendsten Gemälde der antiken Welt. Es zeigt die Einführung einer angehenden Braut in den Kult des Dionysos.

Die Villa diente zumeist als Gutshaus und verfügt am nördlichen Ende über einen Bereich zum Weinkeltern.

Die Via Consolare führt Richtung Nordwesten durch die **Porta Ercolano** aus der Stadt hinaus. Hinter der **Villa di Diomede** geht's zur Villa dei Misteri.

Kleine Stärkung

Tolles Essen bietet das Sternerestaurant **President** (☎081 850 72 45; www.ristorantepresident.it; Piazza Schettini 12; Mahlzeiten 60 €, Probiermenüs 65–95 €; ⏲Di–So 12–15.30 & 19 Uhr bis spät; 🚆FS bis Pompei, Circumvesuviana bis Pompei Scavi–Villa dei Misteri) in Pompei.

Körperabgüsse

Einer der bewegendsten Anblicke in Pompeji sind die Gipsabgüsse im **Granai del Foro** (Forumskornspeicher). Diese wurden Ende des 19. Jhs. angefertigt, indem die von verwesten Leichnamen hinterlassenen Hohlräume mit Gips ausgegossen wurden. Unter den Gipsabgüssen befindet sich auch der einer schwangeren Sklavin.

Führungen

Vor dem Kartenschalter wird man wahrscheinlich von Guides angesprochen – die offiziellen tragen ein Ausweisschildchen. Zu den zuverlässigen Anbietern zählen **Yellow Sudmarine** (☎329 1010328; www.yellowsudmarine.com; 2 Std. Pompeji 150 € plus Eintritt) und **Walks of Italy** (www.walksofitaly.com; 3 Std. Pompeji 59 € pro Pers.).

Anfahrt nach Pompeji

Wer mit dem Zug **Circumvesuviana** (☎800 211388; www.eavsrl.it) ankommt (2,80 € ab Neapel, 36 Min.; 2,40 € ab Sorrento, 30 Min.), steigt am Bahnhof Pompei Scavi–Villa dei Misteri beim Haupteingang an der Porta Marina aus. Regionalzüge (www.trenitalia.com) halten am Bahnhof Pompei im Zentrum der modernen Stadt.

Von Mitte März bis Mitte Oktober verkehrt viermal täglich zwischen Neapel (Bahnhöfe Porta Nolana und Piazza Garibaldi Circumvesuviana) und Sorrento die Touristenbahn *Campania Express*, mit den Stopps Ercolano–Scavi, Torre Annunziata (Oplontis), Pompei Scavi–Villa dei Misteri, Castellammare und Vico Equense. Einen Tag lang gültige Rückfahrkarten von Neapel nach Pompeji (11 €, 29 Min.) oder von Sorrento nach Pompeji (7 €, 24 Min.) sind an den Bahnhöfen und online beim **EAV** (☎800 211388; www.eavsrl.it) erhältlich.

Was gibt's in der Nähe?

Ruinen von Herculaneum — Archäologische Stätte

(☎081 777 70 08; http://ercolano.beniculturali.it; Corso Resina 187, Ercolano; Erw./erm. 11/5,50 €; ⏲April–Okt. 8.30–19.30 Uhr, Nov.–März bis 17 Uhr; P; Circumvesuviana nach Ercolano–Scavi) Herculaneum wartet mit einem reichen Schatz archäologischer Funde auf, u. a. mit alter Werbung und stilvollen Mosaiken, verkohlten Möbeln und erstarrten Skeletten. Der gut erhaltene antike Fischerort mit 4000 Einwohnern ist leichter zu erkunden als Pompeji – mit Karte und sehr empfehlenswertem Audioguide (8 €).

MAV — Museum

(Museo Archeologico Virtuale; ☎081 777 68 43; www.museomav.com; Via IV Novembre 44; Erw./erm. 10/8 €; ⏲März–Mai tgl. 9–17.30 Uhr, Juni–Sept. tgl. 10–18.30 Uhr, Okt.–Feb. Di–So bis 16 Uhr; ; Circumvesuviana nach Ercolano–Scavi) Mit computergenerierten Nachbildungen erweckt dieses Museum die Ruinen wie die des Forums von Pompeji und der Villa Jovis auf Capri zum Leben. Ein kurzer Film gibt einen Überblick über die Geschichte des Vesuvs und seinen berühmten Ausbruch

Der Vesuv

79 n. Chr. – in etwas lustlosem 3D. Das Museum befindet sich an der Hauptstraße zwischen dem Bahnhof Ercolano–Scavi und den Ruinen von Herculaneum.

Vesuv Vulkan

(☎081 239 56 53; www.parconazionaledelvesuvio.it; Krater Erw./erm. 10/8 €; ⊙Krater Juli & Aug. 9–18 Uhr, April–Juni & Sept. bis 17 Uhr, März & Okt. bis 16 Uhr, Nov.–Feb. bis 15 Uhr, Ticketschalter schließt 1 Std. vorher) Seit seiner geschichtsträchtigen Eruption 79 n. Chr. ist der Vesuv mehr als 30-mal ausgebrochen. Das macht er wieder gut durch das spektakuläre Panorama, das sich von seinem Krater auf Neapel und die weltberühmte Bucht sowie Teile des Apennin bietet. Der Vesuv bildet den Kern des **Parco Nazionale del Vesuvio** (Vesuv-Nationalpark; ☎081 239 56 53; www.parconazionaledelvesuvio.it) mit neun Wanderwegen rund um den Vulkan – auf der Website des Parks kann man sich eine einfache Karte herunterladen. **Horse Riding Tour Naples** (☎345 8560306; www.horseridingnaples.com; geführte Tour 60 €) bietet täglich Ausritte an.

Man nimmt an, dass der Berg einst höher war als jetzt, mit einem rund 3000 m hohen Gipfel statt der heutigen 1281 m. Durch den Ausbruch im Jahr 79 wurde nicht nur Pompeji unter Bimsstein begraben und die Küste mehrere Kilometer zurückgedrängt, sondern auch ein Großteil der Bergspitze zerstört, und es entstanden eine riesige Kaldera und zwei neue Gipfel. Der verheerendste Ausbruch nach dem von 79 erfolgte 1631, der letzte 1944.

★ Top-Tipp

Der Vesuv ist von Pompeji und Ercolano mit dem Bus zu erreichen.

TATIANA DYUVBANOVA / SHUTTERSTOCK ©

Tragödie in Pompeji

24. AUGUST 79 N. CHR.

8 Uhr Gebäude wie die **1 Terme Suburbane** und das **2 Forum** werden noch nach einem Erdbeben im Jahr 63 n. Chr., das der Stadt erheblichen Schaden zugefügt hatte, repariert. Trotz heftiger nächtlicher Erdbeben ahnen die Einwohner nichts von der kommenden Katastrophe.

Mittags Hungrige Bewohner strömen ins **3 Thermopolium di Vetutius Placidus**. Lüsterne schleichen ins **4 Lupanare** und Gladiatoren trainieren für die abendlichen Spiele im **5 Amphitheater**. Ein gewaltiger Knall kündigt den Ausbruch an. Geschockte Menschen beobachten, wie eine dunkle Wolke aus Vulkanasche um die 14 km aus dem Krater emporschießt.

15–17 Uhr Lapilli (brennende Bimssteine) regnen auf Pompeji. Entsetzte Menschen fliehen oder suchen Schutz. Nach zwei Stunden ist die Aschewolke 25 km hoch und der Himmel schwarz. Dächer stürzen unter dem schweren Geröll ein und begraben die Bewohner unter sich.

25. AUGUST 79 N. CHR.

Mitternacht Schlammlawinen stürzen auf Herculaneum herab. Lapilli und Asche regnen weiterhin auf Pompeji, brechen durch Gebäude und ersticken alle, die in ihnen Zuflucht suchen.

4–8 Uhr Asche und Gas rollen über Herculaneum. Weitere Ströme bedecken Pompeji und töten alle verbliebenen Einwohner, auch jene im **6 Orto dei Fuggiaschi**. Die vulkanische „Decke" wird über zwei Jahrtausende Schätze wie die **7 Casa del Menandro** und die **8 Villa dei Misteri** bewahren.

TOP-TIPPS

- Besichtigung am Nachmittag
- Drei Stunden einplanen
- Bequeme Schuhe und Hut tragen
- Trinkwasser nicht vergessen
- Nicht mit Blitzlicht fotografieren

CRYSTALTMC / GETTY IMAGES ©

Villa dei Misteri
In der Villa befindet sich der weltberühmte *Dionysische Fries*. Weitere Highlights sind die Trompe-l'œil-Wandverzierungen im *cubiculum* (Schlafzimmer) und die ägyptisierenden Kunstwerke im *tablinum* (Empfangsraum).

Forum
Das Forum, eine Art antiker Times Square, liegt an der Kreuzung der Hauptstraßen von Pompeji und war im 1. Jh. n. Chr. für den Verkehr gesperrt. Auf den Sockeln am Südrand standen Statuen der kaiserlichen Familie.

PHOOEY / GETTY IMAGES ©

Lupanare

Die Prostituierten in dem Bordell waren zumeist griechische oder asiatische Sklavinnen. Auf den Steinbetten lagen einst Matratzen und bei den eingravierten Namen an den Wänden handelt es sich wohl um die der Frauen und ihrer Kunden.

POROJNICU STELIAN / SHUTTERSTOCK ©

Thermopolium di Vetutius Placidus

Auf der Theke dieser antiken Snackbar standen einst Urnen mit warmem Essen. Das *lararium* (Hausschrein) an der Rückwand stellt Dionysos (Gott des Weins) und Merkur (Gott der Diebe und Kaufleute) dar.

AUGENZEUGENBERICHT

In seinen Briefen an Tacitus (56–117 n. Chr.) gibt Plinius der Jüngere (61–112 n. Chr.) einen spannenden Katastrophenbericht.

Orto dei Fuggiaschi

Der Garten der Flüchtenden zeigt die Gipsformen von 13 Menschen, die dort beim Vesuvausbruch Zuflucht suchten – die höchste Opferzahl, die an einem Ort gefunden wurde. Die zusammengekauerten Leichen sind ein bewegender Anblick.

Casa del Menandro

Das Haus gehörte wahrscheinlich der Familie von Poppaea Sabina, Neros zweiter Frau. Im Raum links vom Atrium sind Gemälde zum Trojanischen Krieg und ein mehrfarbiges Mosaik von Pygmäen, die auf dem Nil rudern.

EDELLA / GETTY IMAGES ©

Amphitheater

Richter, Senatoren und die Sponsoren und Veranstalter der Spiele saßen in dem altgedienten Amphitheater bei Gladiatorenkämpfen und gelegentlichen Krawallen in der ersten Reihe. Die Brüstung um das Stadion ist mit Szenen von Kämpfen, Siegesfeiern und Jagden bemalt.

VENEDIG, ITALIEN

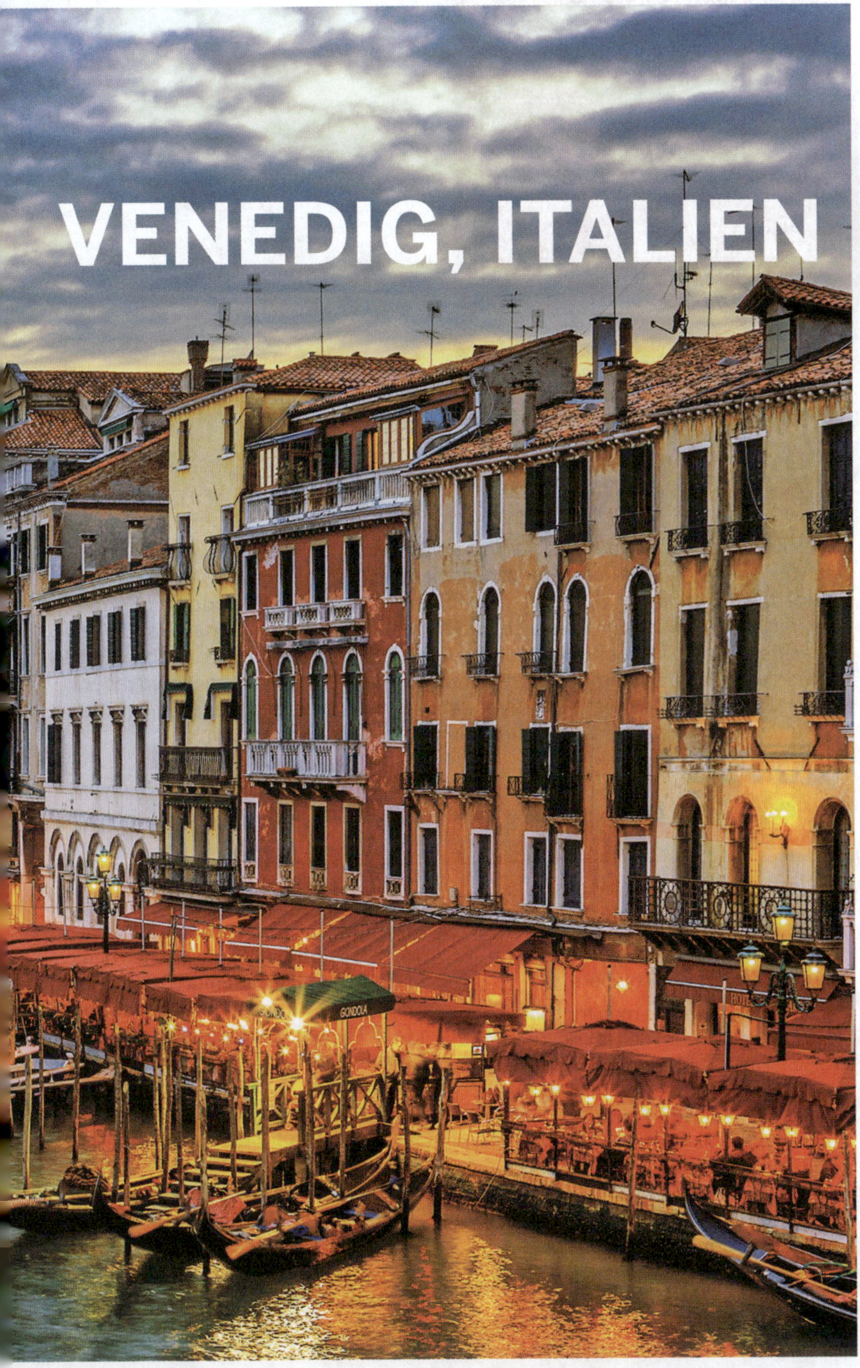

In diesem Kapitel

Venedig, Italien

Welch Kühnheit, eine Stadt aus Marmorpalästen mitten in eine Lagune zu bauen! Und von hier aus überfluteten die Venezianer die Welt mit großartiger Malerei, Barockmusik, moderner Oper, exotischen Gewürzen, schicker Mode und Spritz, dem berühmten Drink aus Prosecco und Aperol. Am Ende des Canal Grande setzen der Dogenpalast und der Markusdom ein doppeltes Ausrufezeichen. Heute vermischt sich in der Stadt modernste Kunst mit zeitloser Schönheit und jeder Bummel durch die Seitenstraßen birgt zahlreiche Überraschungen. In einer Welt der Massenkultur sticht Venedig noch immer außergewöhnlich hervor.

Zwei Tage in Venedig

Am ersten Tag erkundet man den Canal Grande, indem man mit dem *vaporetto* (Linienboot) umherschippert.

Am zweiten Tag sollte man früh auf den Beinen sein, um den **Markusdom** (S. 388) und den **Dogenpalast** (S. 390) zu besichtigen. Für eine Stärkung bietet sich dann das **Caffè Florian** (S. 398) an – auch wenn die Preise hier gepfeffert sind. Danach lockt das Opernhaus **La Fenice** (S. 399) und schließlich sollte man Venedig nicht verlassen, ohne eine abendliche **Gondelfahrt** unternommen zu haben.

Vier Tage in Venedig

Nach der **Ca' Rezzonico** (S. 394) hat man die Qual der Wahl zwischen den **Gallerie dell'Accademia** (S. 394) und der **Peggy Guggenheim Collection** (S. 394); den Abschluss bildet die **Basilica di Santa Maria della Salute** (S. 394). Der vierte Tag beginnt auf dem **Rialto-Markt** (S. 395), danach geht's hinüber zur gotischen Kirche **I Frari** (S. 395). Abschließend bestaunt man vom **Grancaffè Quadri** (S. 399) aus den Sonnenuntergang über der Piazza.

Im Anschluss geht's mit dem Zug entweder nach Rom (S. 331) oder in die Schweizer Alpen (S. 471).

Vorhergehende Doppelseite: Canal Grande (S. 386)

Ankunft

Flughafen Marco Polo Auf dem Festland 12 km von Venedig entfernt. Vom Flughafen-Fähranleger bietet Alilaguna eine Fährverbindung (15 €) nach Venedig. Wassertaxis kosten ab 110 €. Busse (8 €, alle 15 Min.) fahren zur Piazzale Roma.

Stazione Santa Lucia Der Bahnhof von Venedig. *Vaporetti* (Linienboote) fahren von den Anlegern am Bahnhof (Ferrovia).

Stazione Venezia Mestre Der Bahnhof auf dem Festland; hier steigt man Richtung Stazione Santa Lucia um.

Schlafen

Da viele Venezianer ihre Wohnungen für Besucher öffnen, kann man über Nacht zum Einheimischen werden. Einst war Venedig für seine charmant heruntergekommenen Hotels bekannt, in denen englische Poeten in aller Stille das Zeitliche segneten, mittlerweile sind in alten Palästen zahlreiche schicke Boutiquehotels entstanden. In den Hauptreisezeiten füllen sich die besseren Unterkünfte sehr schnell. Im Sommer weichen viele Besucher auf den Lido aus, wo die Preise vernünftiger sind.

YASONYA / SHUTTERSTOCK ©

Canal Grande

Kaum je erhielt eine Verkehrsader einen passenderen Namen als die Hauptwasserstraße Venedigs. Auf seinem gewundenen Weg durch die Stadt wird der berühmte Große Kanal von prachtvollen gotischen, maurischen, Renaissance- und Rokoko-Palästen flankiert.

Toll für ...

☑ Nicht versäumen

Die Rialto-Brücke und die berühmte Basilica di Santa Maria della Salute.

Die Tour auf dem Canal Grande beginnt beim Bahnhof in der Nähe des Ponte di Calatrava. Die 2008 vom spanischen Architekten Santiago Calatrava entworfene Brücke, offiziell Ponte della Costituzione (Verfassungsbrücke), ist einer der wenigen modernen Bauten im Zentrum Venedigs.

Richtung Rialto-Brücke

Eines der ersten Wahrzeichen ist links die **Ca' d'Oro** (☎041 522 23 49; www.cadoro.org; Calle di Ca' d'Oro 3932; Erw./erm. 8,50/2 €; ⏲Mo 8.15–14, Di–So bis 19.15 Uhr, 2. OG Di–So 10–18 Uhr; ⛴Ca' d'Oro), ein Palazzo aus dem 15. Jh. mit gotischer Fassade, in dem heute ein Kunstmuseum untergebracht ist.

Rialto-Brücke & Umgebung

Der **Ponte di Rialto** (⛴Rialto) ist die älteste der vier Brücken über den Canal Grande. Die im späten 16. Jh. nach Plänen von Anto-

Rialto-Brücke und Canal Grande

Gut zu wissen

Mit dem *vaporetto* 1 oder 2 dauert die Fahrt vom Anleger Ferrovia bis zum Markusplatz 35 bis 40 Minuten.

Kleine Stärkung

Ein gemütlicher Drink in der **Cantina Do Spade** (S. 399) an der Rialto-Brücke.

★ Top-Tipp

Am besten unternimmt man diese Kanaltour am frühen Abend.

nio da Ponte erbaute Brücke verbindet die *sestrieri* San Marco und San Polo. Ganz in der Nähe drängen sich die Einheimischen auf dem **Rialto-Markt** (S. 395) und dem Fischmarkt **Pescaria** (S. 395).

Palazzo Grassi

Nach der ersten Biegung hinter der Rialto-Brücke erscheint der **Palazzo Grassi** (☎041 200 10 57; www.palazzograssi.it; Campo San Samuele 3231; Erw./erm. mit Punta della Dogana 18/15 €; ⏲Mitte März–Nov. Mi–Mo 10–19 Uhr; ⛴San Samuele). Der Palast aus dem 18. Jh. beherbergt eindrucksvolle Gegenwartskunst. Auf der anderen Seite des Kanals befindet sich die opulente Ca' Rezzonico (S. 394).

Ponte dell'Accademia & Umgebung

Bald erreicht man den hölzernen Ponte dell' Accademia; mit ihrer schlichten Erscheinung ist die Brücke inmitten all der Pracht wie fehl am Platze. Die nahen Gallerie dell' Accademia (S. 394) sind das wichtigste Kunstmuseum von Venedig, die Peggy Guggenheim Collection (S. 394) besticht mit ihrer Sammlung moderner Malerei.

Basilica di Santa Maria della Salute

Die mächtige Kuppel der Basilica di Santa Maria della Salute (S. 394) wacht schon seit dem 17. Jh. über den Eingang des Canal Grande. Die sowohl von außen als auch innen eindrucksvolle Kirche beherbergt wichtige Werke des venezianischen Malers Tizian. Die **Punta della Dogana** (☎041 200 10 57; www.palazzograssi.it; Fondamenta Salute 2; Erw./erm. 15/10 €, mit Palazzo Grassi 18/15 €; ⏲April–Nov. Mi–Mo 10–19 Uhr; ⛴Salute) hinter der Basilika ist eine ehemalige Zollstation, in der heute Ausstellungen moderner Kunst stattfinden.

Markusdom & Dogenpalast

Am Ende des Kanals kann man am Markusplatz aussteigen. Hier prägt der Dogenpalast (S. 390), die alte Residenz der venezianischen Dogen, das Bild.

Der Markusdom vom Markusplatz aus gesehen

Basilica di San Marco

Mit seinen zahlreichen Türmen und Kuppeln, seinem verschwenderischen Marmorschmuck und 8500 m² glitzernder Mosaiken bietet der Markusdom, die berühmteste Kirche Venedigs, einen unvergesslichen Anblick.

Toll für …

☑ Nicht versäumen

Die Loggia dei Cavalli, auf der vier galoppierende Bronzepferde vom Balkon der Basilica auf den Markusplatz blicken.

Die Basilika wurde im 9. Jh. als Schrein für den Leichnam des hl. Markus gegründet; venezianische Kaufleute hatten ihn in einem Fass aus Ägypten herausgeschmuggelt. Als der Bau 932 niederbrannte, wurde die heutige Basilika errichtet – mit byzantinischen Kuppeln, dem Grundriss in der Form eines griechischen Kreuzes und Marmor aus Syrien, Ägypten und Palästina.

Fassade & Portale

Von vorn präsentiert sich der Markusdom mit fünf Portalen und reich verzierten Bögen. Das älteste Mosaik an der Fassade (1270) befindet sich im Bogenfeld über dem Portal ganz links: Es zeigt, wie der gestohlene Leichnam des hl. Markus an der Basilika eintrifft. Ein weiteres Bogenfeld zeigt, wie Beamte vor dem Fass mit dem Leichnam des Heiligen zurückweichen.

Im Markusdom

VIACHESLAV LOPATIN / SHUTTERSTOCK ©

Gut zu wissen

Markusdom; 041 270 83 11; www.basilicasanmarco.it; Piazza San Marco; Mo–Sa 9.30–17 Uhr, Sommer So 14–17 Uhr, Winter So bis 16.30 Uhr; San Marco GRATIS

Kleine Stärkung

Bei einem *bellini* (Cocktail) in der weltberühmten **Harry's Bar** (041 528 57 77; www.cipriani.com; Calle Vallaresso 1323; 10.30–23 Uhr; San Marco) ausruhen.

Top-Tipp

Der Markusdom kostet keinen Eintritt, doch haben sich Besucher angemessen zu kleiden: Knie und Schultern müssen bedeckt sein! Große Taschen müssen in der nahen Gepäckaufbewahrung Ateneo San Basso abgegeben werden.

Mosaiken

Wer die Deckenmosaiken, viele aus 24-karätigem Blattgold, erblickt, muss erst einmal die Augen zusammenkneifen. Die ältesten Mosaiken befinden sich gleich in der Vorhalle: Schon seit über 950 Jahren bewachen die Apostel zusammen mit Maria das Hauptportal. Im Dom selbst ringen drei goldene Kuppeln um Aufmerksamkeit. In der Pfingstkuppel schickt der Heilige Geist, dargestellt als Taube, Flammen auf die Köpfe der im Kreis sitzenden Heiligen. In der mittleren Himmelfahrtskuppel aus dem 13. Jh. umkreisen Engel Christus in der Mitte. Über dem Chor liegt die Kuppel der Propheten.

Pala d'Oro

Der goldene Altaraufsatz hinter dem Hauptaltar (2 €) ist mit 2000 Smaragden, Amethysten, Saphiren, Rubinen, Perlen und anderen Edelsteinen geschmückt. Wertvoller noch sind die biblischen Figuren in lebhaftem Cloisonné (Email), begonnen 976 in Konstantinopel und von venezianischen Goldschmieden 1209 fortgeführt.

Tesoro & Museum

Reliquien und Beute von den Kreuzzügen füllen den Tesoro (Schatzkammer; 3 €). Im **Museum** (041 2730 8311; www.basilicasanmarco.it; Basilica di San Marco; Erw./erm. 5/2,50 €; 9.45–16.45 Uhr San Marco) sind die Schätze der Dogen ausgestellt. Ein Glanzlicht ist die Quadriga: Die vier Bronzerosse wurden einst in Konstantinopel geraubt und viel später von Napoleon nach Paris verschleppt, bevor sie zum Markusdom zurückkehrten und auf dem Balkon eine Heimat fanden.

Sala del Maggior Consiglio

VIACHESLAV LOPATIN / SHUTTERSTOCK ©

Palazzo Ducale

Der Dogenpalast in venezianischer Gotik war mehr als 700 Jahre lang offizielle Residenz der Dogen und Sitz der Regierung der Republik Venedig. Die Seufzerbrücke verbindet den Palast mit dem Gefängnis.

Toll für ...

☑ Nicht versäumen

Die Fratze eines Mannes mit offenem Mund oben an der Scala d'Oro: Hier konnten anonym Briefe mit Denunziationen von Bürgern hinterlegt werden.

Der viel bewunderte Komplex nahm ab etwa 1340 seine heutige Form an, ein Vorgängerbau des Dogenpalasts stand wohl schon im 9. Jh. an dieser Stelle. 1424 kam der Flügel an der Piazzetta San Marco hinzu und der Palast erhielt seine endgültige Form – von ein paar Bränden und Umbauten einmal abgesehen.

Erster Stock

In den Privatgemächern der Dogen im ersten Stock finden heute Kunstausstellungen statt, für die extra Eintritt (ca. 10 €) gezahlt werden muss. Die Dogen lebten in ihren vergoldeten Gemächern wie ein Löwe im Käfig – sie durften sie nur mit Einschränkungen verlassen. Der spannendste Raum ist die Sala dello Scudo (Schildraum) mit Weltkarten, die das Ausmaß venezianischer Macht erkennen lassen.

Fassadendetail

TROTALO / SHUTTERSTOCK ©

Gut zu wissen

Dogenpalast; ☎041 271 59 11; www.palazzoducale.visitmuve.it; Piazzetta San Marco 1; Erw./erm. mit Museo Correr 20/13 €, mit Museumspass frei; ⌚Sommer 8.30–19 Uhr, Winter bis 17.30 Uhr; San Zaccaria

Kleine Stärkung

Das Schmuckkästchen-Interieur des Caffè Florian (S. 398) passt zur Ausstattung des Dogenpalasts.

★ Top-Tipp

Tickets im Voraus online buchen und vor 9 Uhr da sein, um den großen Reisegruppen aus dem Weg zu gehen.

Zweiter Stock

Sansovinos mit 24-karätigem Goldblattstuck verzierte Scala d'Oro (Goldene Treppe) führt in den zweiten Stock mit ihrer prächtigen Propaganda: In Palladios Sala delle Quattro Porte (Saal der vier Türen) warteten die Botschafter, umgeben von opulenten Darstellungen der venezianischen Tugenden aus der Hand Giovanni Cambis, Tizians und Tiepolos, auf die Audienz beim Dogen. Nur wenige wurden in Palladios Collegio (Ratssaal) eingelassen: Hier schwingt Venezia auf Veroneses Deckengemälde *Die Tugenden der Republik* (1575–1578) als verführerische Blondine ihr Zepter wie einen Zauberstab über Gerechtigkeit und Frieden. Ähnlich schmeichlerisch zeigt das Vater-Sohn-Team Jacopo und Domenico Tintoretto Venedig auf dem Deckengemälde *Venedig als Herrin der Meere* für die Sala del Senato (Senatssaal) in Gesellschaft von Apoll, Mars und Merkur. Eine tolle Kulisse für Staatsgeschäfte bildete die Sala del Consiglio dei Dieci, wo der berüchtigte Zehnerrat unter Veroneses *Juno erweist Venezia ihre Gunst* tagte. Über die Sala della Bussola (Kompassraum) spannt sich ein Veronese-Gemälde des hl. Markus.

Sala del Maggior Consiglio

Die große Sala del Maggior Consiglio (Saal des Großen Rats) von 1419 ist geschmückt mit Domenico Tintorettos *Paradies*, welches eher politisch korrekt als schön ist: Im Himmel drängeln sich 500 prominente Venezianer, darunter mehrere Mäzene Tintorettos. Veroneses politische Absicht kommt in seinem ovalen Deckengemälde *Apotheose der Venezia* eleganter daher – hier wohnen Götter der Krönung der Venezia durch einen Engel bei, während sich auf dem Balkon darunter ausländische Würdenträger und venezianische Damen tummeln.

Venezianischer Gourmetbummel

Von den bunten Märkten bis zur köstlichen Eiscreme: Venedig ist ein Feinschmeckerparadies, das erkundet und probiert werden sollte.

Start Rialto-Markt
Länge 2,9 km
Dauer 2 Stunden

7 Den Abschluss bildet ein Wein oder ein Spritz in der besten Bar am *campo*, **Al Prosecco** (☎041 524 02 22; www.alprosecco.com; Campo San Giacomo da l'Orio 1503; ⊙Mo–Fr 10–20, Sa bis 17 Uhr; San Stae).

6 Gelato di Natura (☎3402867178; www.gelatodinatura.com; Calle Larga 1628; 1 Kugel 1,50 €; ⊙Feb.–Nov. 10.30–23 Uhr; ; Riva di Biasio, San Stae) verführt zu sündhaft gutem Bio-Eisvergnügen.

5 Mit den wunderbaren Einladungen und Menükarten von **Veneziastampa** (☎041 71 54 55; www.veneziastampa.com; Campo Santa Maria Mater Domini 2173; ⊙Mo–Fr 8.15–19, Sa 9–17 Uhr; San Stae) beeindruckt man zu Hause garantiert seine Gäste.

Fotospot: Bunte Arrangements auf dem Rialto-Markt.

1 Los geht die Feinschmeckertour auf dem **Rialto-Markt** (S. 395), dem wichtigsten Markt der Stadt, der schon seit sieben Jahrhunderten den Appetit anregt.

2 Die **Drogheria Mascari** (☎041 522 97 62; www.imascari.com; Ruga dei Spezieri 381; ◷Mo, Di & Do–Sa 8–13 & 16–19.30, Mi 8–13 Uhr; ⛴Rialto Mercato) wartet mit den duftenden Gewürzen auf, denen Venedig einst seinen Reichtum verdankte.

3 Die **Casa del Parmigiano** (☎041 520 65 25; www.aliani-casadelparmigiano.it; Campo Cesare Battisti già de la Bella Vienna 214; ◷Mo–Mi 8–13.30, Do–Sa bis 19.30 Uhr; ⛴Rialto Mercato) ist ein altehrwürdiger Feinkostladen mit ausgewählten Käse- und Wurstspezialitäten.

4 Für eine Pause mit einem herrlich duftenden Espresso bietet sich die Rösterei **Caffè del Doge** (☎041 522 77 87; www.caffedeldoge.com; Calle dei Cinque 609; ◷7–19 Uhr; ⛴San Silvestro) an.

Kleine Stärkung ... Mit den vielleicht besten *cicheti* der Stadt bei **All'Arco** (☎041 520 56 66; Calle de l'Ochialer 436; *cicheti* 2–2,50 €; ◷Mo–Sa 9–14.30 Uhr; ⛴Rialto Mercato).

SEHENSWERTES

Gallerie dell'Accademia Kunstgalerie
(041 522 22 47; www.gallerieaccademia.it; Campo de la Carità 1050; Erw./erm. 12/2 €; Mo 8.15–14, Di–So bis 19.15 Uhr; Accademia) Die altehrwürdige Galerie zeichnet mit Werken sämtlicher Starkünstler der Stadt die Entwicklung der venezianischen Kunst vom 14. bis zum 19. Jh. nach. Der Komplex, in dem die Galerie residiert, konnte sich seine Stille über die Jahrhunderte bewahren, bis Napoleon hier 1807 Kunst lagerte, die er in verschiedenen religiösen Einrichtungen der Stadt zusammengerafft hatte.

Peggy Guggenheim Collection Museum
(041 240 54 11; www.guggenheim-venice.it; Calle San Cristoforo 701; Erw./erm. 15/9 €; Mi–Mo 10–18 Uhr; Accademia) Peggy Guggenheim, die ihren Vater beim Untergang der *Titanic* verlor, nutzte ihr Erbe, um sich zu einer der größten Kunstsammlerinnen des 20. Jhs. aufzuschwingen. In ihrem feudalen Haus, dem Palazzo Venier dei Leoni am Canal Grande, ist heute ihre Sammlung an moderner Kunst zu sehen. Darunter befinden sich auch Werke ihres Exgatten Max Ernst sowie von Jackson Pollock, Pablo Picasso und Salvador Dalí.

Ca' Rezzonico Museum
(Museum Venedigs im 18. Jh.; 041 241 01 00; www.visitmuve.it; Fondamenta Rezzonico 3136; Erw./erm. 10/7,50 € oder mit Museumspass; Mi–Mo 10–17 Uhr; Ca' Rezzonico) In Baldassare Longhenas Palast am Canal Grande werden Barockträume wahr: Eine Marmortreppe führt hinauf zu einem riesigen vergoldeten **Ballsaal** und zu opulenten Salons, ausgestattet mit Stilmöbeln, Gemälden, Porzellan und herrlichen Fresken.

Basilica di Santa Maria della Salute Basilika
(Hl. Maria der Gesundheit; www.basilicasalute venezia.it; Campo de la Salute 1; Sakristei Erw./erm. 4/2 €; 9.30–12 & 15–17.30 Uhr; Salute) GRATIS Die Kuppelkirche aus dem 17. Jh. an

> *In diesem Palazzo am Canal Grande werden Barockträume wahr*

Ca' Rezzonico

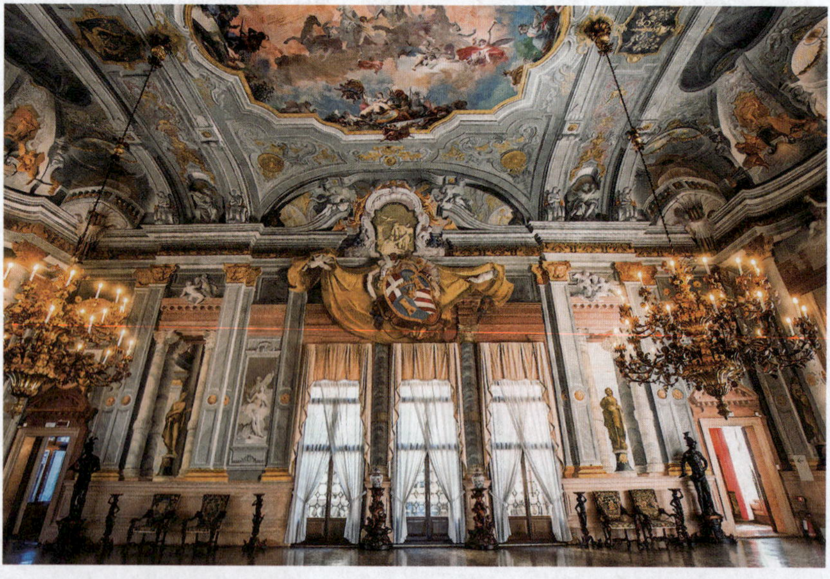

ISOGOOD_PATRICK / SHUTTERSTOCK ©

der Einfahrt zum Canal Grande wurde von den Pestüberlebenden der Stadt als Dank für ihre Rettung gestiftet. Tizian entging der Pest, bis er 94 Jahre alt war – dann erlag auch er ihr. In der Sakristei der Basilika hinterließ er zwölf Meisterwerke.

Campanile Turm

(www.basilicasanmarco.it; Piazza San Marco; Erw./erm. 8/4 €; Sommer 8.30–21 Uhr, Winter 9.30–17.30 Uhr, letzter Einlass 45 Min. vor Schließung; San Marco) Der 99 m hohe Glockenturm des Markusdoms ist seit seiner Entstehung 888 zweimal neu aufgebaut worden. 1609 testete Galileo Galilei hier sein Teleskop, heute strömen Besucher wegen des Panoramas zur Spitze.

Rialto-Markt Markt

(Rialto Mercato; 041 296 06 58; Campo de la Pescaria; 7–14 Uhr; Rialto Mercato) Der Hauptmarkt der Stadt sorgt schon seit sieben Jahrhunderten mit Obst und Gemüse für gefüllte Bäuche; nebenan befindet sich die geruchsintensivere **Pescaria** (Fischmarkt; Campo de la Pescaria; Di–So 7–14 Uhr; Rialto Mercato). Am besten läuft man gleich morgens zusammen mit den Einheimischen hier auf. Bunte Pyramiden aus Lebensmitteln locken Auge und Nase, darunter Sant'Erasmo-*castraure* (Baby-Artischocken), bitterer roter *radicchio trevisano* und dicker weißer Spargel. Wer sich mit Zutaten für ein Picknick eindecken möchte, kann bei den Händlern manchmal vor dem Kauf die eine oder andere Leckerei probieren.

I Frari Basilika

(Basilica di Santa Maria Gloriosa dei Frari; 041 272 86 18; www.basilicadeifrari.it; Campo dei Frari 3072, San Polo; Erw./erm. 3/1,50 €, mit Chorus-Pass frei; Mo–Sa 9–18, So 13–18 Uhr; San Tomà) Zu den Schätzen der gotischen Kirche I Frari zählen ein Chorgestühl mit Intarsienarbeiten, Canovas Pyramidenmausoleum, Bellinis schmerzhaft schönes Triptychon einer *Madonna mit Kind* in der Sakristei und Longhenas unheimliches Grabmal des Dogen Pesaro. Highlight ist ein Altarbild, Tizians *Assunta* (Mariä Himmelfahrt) von 1518: Darauf streckt sich eine strahlende Madonna in rotem Umhang gen Himmel und entflieht auf einer Wolke dem irdischen Dasein. Tizian selbst starb 1576 und wird hier mit einem Denkmal gewürdigt.

Gondelfahrten

Kitschig oder romantisch? Das muss jeder selbst entscheiden. Tagsüber kostet die Gondelei bis 80 € für 40 Minuten und maximal sechs Personen, von 19 bis 8 Uhr etwa 100 € für 35 Minuten. Gesangseinlagen, die separat auszuhandeln sind, und Trinkgeld sind nicht inbegriffen.

Gondoliere

SHOPPEN

Chiarastella Cattana Haushaltswaren

(041 522 43 69; www.chiarastellacattana.com; Salizada San Samuele 3216; Mo–Sa 11–13 & 15–19 Uhr; San Samuele) Mit diesen originellen gewebten venezianischen Stoffen sieht das Zuhause gleich ganz anders aus! Pummelige rosa Nashörner und launische lila Elefanten zieren Kissen und mit Jacquard-Handtüchern mit Troddeln können sich Gäste stilvoll die Hände trocknen.

Vittorio Costantini Glas

(041 522 22 65; www.vittoriocostantini.com; Calle del Fumo 5311; Mo–Fr 9.30–13 & 14.15–17.30 Uhr; Fondamente Nove) Kinder und Erwachsene haben gleichermaßen ihren Spaß an den zauberhaften kleinen Insekten, Schmetterlingen, Muscheln und Vögeln, die Vittorio Costantini aus Glas fertigt.

San Marco & San Polo

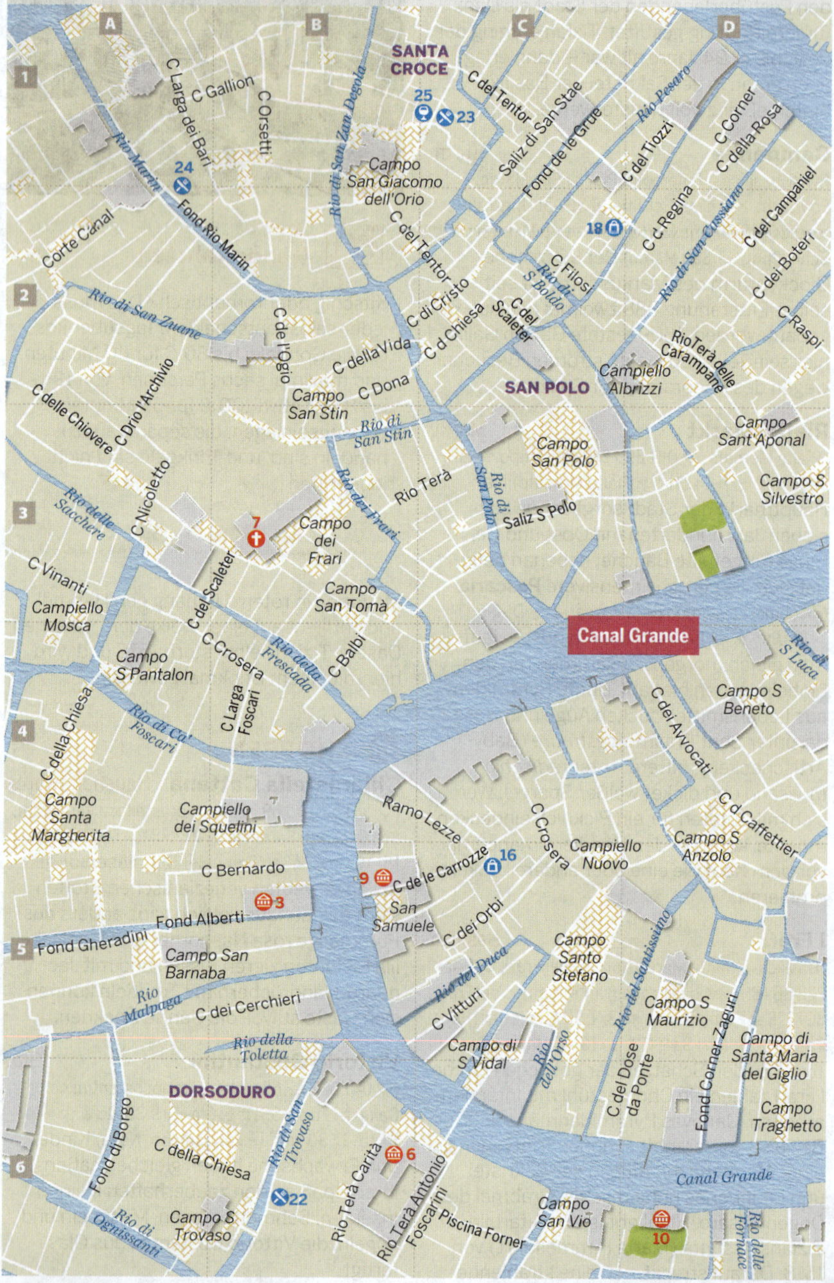

0
400 m
E
F
G
H
1
2
3
4
5
6
CANNAREGIO
RIALTO
CASTELLO
SAN MARCO
Strada Nova
Canal Grande
Fond de l'Ogio
Campo dei SS Apostoli
Campiello della Cason
Rio dei Santi Apostoli
Rio dei Gesuiti
Rio di Sanciano
C Widman
Rio Terà dei Birri
Rio de la Panada
C Stella
C d Testa
Rio dei Mendicanti
Fond dei Mendicanti
Saliz San Canzian
Campo Santa Maria Nova
C Larga G Gallina
Campo dei Miracoli
Campo delle Beccarie
C del Boteri
Ruga Vecchia
Campo San Giacomo di Rialto
C Modena
Rio di S Lio
C delle Erbe
Rio di San Marina
Campo SS Giovanni e Paolo
Corte del Tentor
C d Borgoloco
Rio del Paradiso
C Pinelli
Rio de la Tetta
C Sturion
C del Galizzi
Riva del Vin
Saliz Pio X
Campo San Lio
Fond dei Preti
Campo Santa Maria Formosa
C dei Stagneri
Saliz San Lio
Rio del Vin
Riva del Carbon
Marzaria
C del Lovo
Corte del Teatro
C d Ballotte
Rio dei Scoacamini
C Balbi
C de la Guerra
Ruga Giuffa
Rio di San Severa
C dei Fabbri
Rio di San Salvador
Campo San Luca
Campo Manin
C de la Mandola
C de le Locande
C dei Specchieri
C Spadaria
C d Corona
Rio del Vin
Rio Fuseri
C Fiubera
Basilica di San Marco
Rio de la Verona
Fond Orseolo
Campo S Gallo
Rio del Procuratie
Piazzetta dei Leoni
Saliz San Provolo
Campo San Zaccaria
Frezzaria
C Frezzaria
Rio dei Barcaroli
Piazza San Marco
C dei Albanesi
C delle Rasse
C Bognolo
Piazzetta San Marco
Riva degli Schiavoni
CoVino (400 m)
C Veste
Rio dei Giardinetti
Palazzo Ducale
Campo di San Moisè
C Vallaresso
Giardini Ex Reali
C Larga XXII Marzo
C Barozzi
C del Traghetto
Corte Barozzi
Bacino di San Marco
Campo della Salute
Rio della Salute
1
2
4
5
8
11
12
13
14
15
17
19
20
21
26
27
28
29
30
31

San Marco & San Polo

ESSEN

Cantine del Vino già Schiavi — Venezianisch €

(☎041 523 00 34; www.cantinaschiavi.com; Fondamenta Priuli 992; Cicheti 1,50 €; ⏲Mo–Sa 8.30–20.30 Uhr; ⛴Zattere) Sieht aus wie eine Weinhandlung und fungiert als Bar, aber dieses legendäre Lokal serviert auch die besten *cicheti* (venezianische Tapas) auf dieser Seite des Canal Grande. Man wählt am Tresen aus oder lässt sich etwas nach eigenem Geschmack zubereiten.

Osteria Trefanti — Venezianisch €€

(☎041 520 17 89; www.osteriatrefanti.it; Fondamenta del Rio Marin o dei Garzoti 888; Mahlzeiten 40–45 €; ⏲Di–So 12–14.30 & 19–22.30 Uhr; 📶; ⛴Riva de Biasio) Der Gewürzhandel der Lagunenstadt lebt fort im eleganten Trefanti, wo Gnocchi durch Zimt und Steinbutt durch Mandeln und Kokosnuss eine interessante Note erhalten. Im Mittelpunkt stehen Meeresfrüchte. Tipp: die „Dogen-Fettuccini". Reservieren!

CoVino — Venezianisch €€

(☎041 241 27 05; www.covinovenezia.com; Calle del Pestrin 3829; Menü mittags 27–36 €, abends 40 €; ⏲Do–Mo 12.45–14.30 & 19–24 Uhr; 📶; ⛴Arsenale) Das winzige CoVino hat nur 14 Plätze, erweist sich mit seiner kreativen venezianischen Karte aber als sehr ambitioniert.

Bistrot de Venise — Venezianisch €€€

(☎041 523 66 51; www.bistrotdevenise.com; Calle dei Fabbri 4685; Mahlzeiten 47–78 €; ⏲12–15 & 17–1 Uhr; 🖉; ⛴Rialto) Im rot-goldenen Speisesaal dieses Feinschmeckerbistros kann man sich auf eine kulinarische Zeitreise begeben: Es haucht den Rezepten des Renaissance-Kochs Bartolomeo Scappi neues Leben ein.

AUSGEHEN & NACHTLEBEN

Caffè Florian — Café

(☎041 520 56 41; www.caffeflorian.com; Piazza San Marco 57; ⏲9–23 Uhr; ⛴San Marco) Das Florian ist das älteste Café Europas und eines der ersten, in dem auch Frauen willkommen waren. Die seit 1720 geltenden Traditionen werden liebevoll gepflegt: Vornehm gewandete Kellner servieren den Capuccino auf Silbertabletts und sobald die untergehende Sonne die Mosaiken des Markusdoms zum Funkeln bringt, spielt das Orchester auf. Wer während der Konzerte auf der Piazza sitzt, zahlt 6 € mehr – aber das merken romantische Träumer kaum.

Grancaffè Quadri Café

(☎041 522 21 05; www.alajmo.it; Piazza San Marco 121; ⊙9–24 Uhr; San Marco) In dem seit 1638 bestehenden barocken Bar-Café scheinen gepuderte Perücken nicht fehl am Platz. Während des Karnevals feiern hier kostümierte Narren, als wäre es 1699. Auf der Piazza kann man abends der Sonne dabei zuschauen, wie sie die goldenen Mosaiken des Markusdoms zum Strahlen bringt – das beste Schauspiel der Stadt!

Cantina Do Spade Weinbar

(☎041 521 05 83; www.cantinadospade.com; Sotoportego de le Do Spade 860; ⊙Mi–Mo 10–15 & 18–22, Di 18–22 Uhr; ; Rialto Mercato) Das 1488 gegründete „Zwei Degen" erwähnt Casanova in seinen Memoiren – und auch heute hält es seine Gäste mit preiswerten Weinen aus dem Triveneto und Istrien und einer jungen, lockeren Leitung bei Laune. Wer marktfrische *fritture* (gebratene panierte Meeresfrüchte) oder gegrillten Tintenfisch ergattern möchte, sollte früh da sein – oder man lässt sich Zeit bei einer schönen Mahlzeit mit z. B. *bigoli in salsa* (Pasta mit Sardellen-Zwiebel-Sauce).

UNTERHALTUNG

Teatro La Fenice Oper

(☎041 78 66 54; www.teatrolafenice.it; Campo San Fantin 1977; Tickets 25–250 €; Giglio) La Fenice ist eins der besten Opernhäuser Italiens und bietet neben Oper auch Ballett und klassische Musik. Die Opernsaison dauert etwa von Januar bis Juli und von September bis Oktober. Die billigsten Plätze (25 €) sind ganz oben, wo man nicht viel sieht, aber man kann der Musik lauschen und das Flair in sich aufsaugen.

PRAKTISCHE INFORMATIONEN

Vènezia Unica (☎041 24 24; www.veneziaunica.it) betreibt sämtliche Touristeninformationen in Venedig und wartet mit den üblichen Infos auf. Ermäßigungskarten können auf der Website vorbestellt werden.

AN- & WEITERREISE

AUTO

Um per Auto nach Venedig zu gelangen, nimmt man die oft verstopfte A4 (Triest–Turin) und in Mestre die Ausfahrt „Venezia". Hinter dem Ponte della Libertà muss man sein Fahrzeug auf der Piazzale Roma oder auf der künstlichen Isola del Tronchetto an der Westspitze von Santa Croce abstellen. Das Parken ist sehr teuer und am Wochenende gibt's oft lange Staus.

FLUGZEUG

Die meisten Flieger mit Ziel Venedig steuern den Flughafen **Venezia Marco Polo** (☎Fluginformationen 041 260 92 60; www.veniceairport.it; Via Galileo Gallilei 30/1, Tessera) östlich von Mestre bzw. 12 km von Venedig an. Ryanair und andere Billig-Airlines nutzen auch den **Flughafen Treviso** (☎0422 31 51 11; www.trevisoairport.it; Via Noalese 63) rund 4 km südwestlich von Treviso bzw. 26 km von Venedig (1 Std. mit dem Auto).

SCHIFF/FÄHRE

Venedig hat regelmäßige Fährverbindungen nach Griechenland, Kroatien und Slowenien.

ZUG

Venedig hat Zugverbindungen in die meisten größeren Städte Italiens sowie nach Frankreich, Deutschland, Österreich, in die Schweiz und nach Slowenien und Kroatien. Der Hauptbahnhof ist die Stazione Venezia Santa Lucia.

UNTERWEGS VOR ORT

Traghetto Die Gondeln (2 €) pendeln tagsüber zwischen den Brücken über den Canal Grande.

Vaporetto (Linienboot für Passagiere) Das wichtigste Verkehrsmittel in Venedig. Die einfache Fahrt kostet 7,50 € (75 Min.). Wer öfter unterwegs ist, sollte sich eine Zeitkarte (1-/2-/3-/7-Tagespass 20/30/40/60 €) besorgen. Sämtliche Fahrkarten sind an den ACTV-Ticketschaltern und -Fahrkartenautomaten an den Fähranlegern sowie in Tabakläden erhältlich.

Wassertaxi Die schicken Teakholzboote kosten 15 € plus 2 € pro Minute; Vorausbuchung kostet 5 € extra, für Abendfahrten, Gepäck und große Gruppen fallen ebenfalls zusätzliche Kosten an.

FLORENZ & TOSKANA, ITALIEN

In diesem Kapitel

Florenz & Toskana, Italien

Die Toskana bietet Reisenden eine großartige Mixtur aus lyrischen Landschaften, herrlicher Kunst und einer grandiosen cucina contadina *(Bauernküche). Kein Landstrich in Italien steht in engerer Verbindung zu den Früchten seines ergiebigen Bodens als die Toskana – sie ist ein wunderbares Ziel für Feinschmecker. Dazu kommt die Kultur. Im Mittelalter und in der Renaissance schufen toskanische Baumeister, Maler und Bildhauer Meisterwerke von Weltrang. Die sieht man nicht nur im prächtigen Florenz, sondern auch in Städten wie Siena, Arezzo und Montepulciano.*

Zwei Tage in der Toskana

Man nistet sich in Florenz ein und erkundet am ersten Tag die berühmte Stadt mit dem **Duomo** (S. 404) und der **Galleria dell'Accademia** (S. 408). Am zweiten Tag geht es nach San Gimignano mit seinen **Geschlechtertürmen** (S. 410) oder nach **Arezzo** (S. 429) mit seinen Kirchen, Museen und, wenn das Timing stimmt, vielleicht auch Antiquitäten.

Vier Tage in der Toskana

Wer noch zwei weitere Tage Zeit hat, steuert am dritten Tag das legendäre **Siena** an und am vierten Tag Pisa mit seinem berühmten **Schiefen Turm** (S. 412) oder das auf einem Hügel gelegene **Montepulciano** (S. 432).

Von der Toskana aus sind Rom (S. 331) und Venedig (S. 383) die idealen nächsten Stopps.

Vorhergehende Doppelseite: Zypressenallee in der Toskana

Ankunft

Internationaler Flughafen Pisa Der wichtigste internationale Flughafen der Toskana; von hier fahren Busse nach Pisa, Florenz und Siena. Der fahrerlose schnelle PisaMover-Zug verbindet den Flughafen mit dem Bahnhof Pisa Centrale.

Flughafen Florenz An diesem kleineren Flughafen kommen Flugzeuge aus Italien und dem restlichen Europa an.

Stazione di Santa Maria Novella Der Bahnhof von Florenz ist der größte der Region; er liegt an der Hauptstrecke zwischen Rom und Mailand.

Schlafen

In Florenz empfehlen sich von Ostern bis September dringend Zimmerreservierungen – im Winter locken dagegen einige Schnäppchen: Dann kosten die Zimmer fast nur noch die Hälfte. Das toskanische Landleben lernt man am besten in einem *agriturismo* kennen, einer Unterkunft auf einem Land- oder Weingut. Das ist perfekt für Reisende, die mit einem eigenen fahrbaren Untersatz unterwegs sind, und oft auch besonders gut für Familien mit Kindern. Außerdem wartet die Toskana mit zahlreichen historischen Palazzo-Hotels auf.

Duomo

Das berühmteste Wahrzeichen von Florenz ist der Dom. Mit seiner roten Ziegelkuppel von Filippo Brunelleschi ist er wirklich überwältigend. Seine Fassade aus rosa, weißem und grünem Marmor und sein eleganter Campanile (Glockenturm) beherrschen das mittelalterliche Stadtbild.

Toll für ...

Gut zu wissen

Cattedrale di Santa Maria del Fiore; ☎055 230 28 85; www.museumflorence.com; Piazza del Duomo; ⌚Mo–Mi & Fr 10–17, Do bis 16.30, Sa bis 16.45, So 13.30–16.45 Uhr GRATIS

Dachblick auf den Dom

★ Top-Tipp

Die Reservierung für die Kuppelbesteigung gibt's im Internet und beim Ticketbüro an der Piazza San Giovanni 7 gegenüber dem Nordeingang des Baptisteriums.

GARGOLAS / GETTY IMAGES ©

Der Sieneser Baumeister Arnolfo di Cambio begann 1296 mit den Bauarbeiten. Sie dauerten fast 150 Jahre und der Dom wurde erst 1436 geweiht.

Die Fassade

Die neugotische Fassade des Architekten Emilio de Fabris aus dem 19. Jh. ersetzte das nie vollendete Original, das im 16. Jh. abgerissen wurde. Der älteste und am eindeutigsten gotische Teil des Doms ist seine Südflanke mit der Porta dei Canonici (Kanonikerpforte), eine hochgotische Arbeit von der Mitte des 14. Jhs. Hier befindet sich auch der Eingang zur Kuppel.

Die Kuppel

Die **Kuppel** (mit Baptisterium, Campanile, Krypta & Museum Erw./erm. 18/3 €; ⏲Mo–Fr 8.30–19, Sa bis 17, So 13–16 Uhr), eines der Meisterwerke der Renaissance, ist ein Wunder der Baukunst, das man eigentlich erst dann recht würdigen kann, wenn man die 463 Stufen im Inneren erklommen hat. Die Kuppel entstand von 1420 bis 1436 nach Plänen von Filippo Brunelleschi und ist wahnsinnige 91 m hoch und im Durchmesser 45,5 m breit.

Brunelleschi hatte sich das Pantheon in Rom zum Vorbild genommen und entwarf für die Kuppel einen neuartigen Bauplan mit achtgliedrigen inneren und äußeren Schalen, die nicht auf dem Dach des Doms ruhen, sondern auf dem Tambour. So konnten die Handwerker von unten nach oben bauen und brauchten keinen Holzrahmen. Insgesamt wurden über 4 Mio. Ziegelsteine verbaut, und zwar in Kreisen im Fischgrätverband um die Rippen herum.

Fresken in der Kuppel

Der Aufstieg über die Wendeltreppe ist recht steil. Auf jeden Fall sollte man an der Balustrade an der Basis der Kuppel eine Pause einlegen: Von hier blickt man auf den achteckigen *coro* (Chor) unten im Dom und die sieben runden Buntglasfenster des Tambours von Donatello, Andrea del Castagno, Paolo Uccello und Lorenzo Ghiberti.

Der Innenraum

Nach der spektakulären Fassade wirkt der 155 m lange und 90 m breite Innenraum des Doms überraschend karg – die meisten Schätze sind im Verlauf der Jahrhunderte entfernt worden und zum Teil jetzt im Museo dell'Opera del Duomo (S. 416) zu sehen. An manchen Stellen erscheint der Innenraum dazu recht weltlich, weil ein erheblicher Teil des Doms nicht von der Kirche finanziert wurde: Im linken Seitenschiff sind auf zwei riesigen Fresken Reiterstandbilder zweier *condottieri* (Söldnerführer) dargestellt – links ist Niccolò da Tolentino von Andrea del Castagno (1456) zu sehen, rechts Sir John Hawkwood (der im 14. Jh. für Florenz kämpfte) von Uccello (1436).

Zwischen dem Nordteil des Querschiffs und der Apsis befindet sich die Sagrestia delle Messe (Sakristei) mit wunderschönen Intarsienarbeiten von Benedetto und Giuliano da Maiano. Die Bronzetüren stammen von Luca della Robbia – sein einziges bekanntes Werk in Bronze. Über dem Eingang befindet sich seine *Resurrezione* (Auferstehung) aus glasierter Terrakotta.

Neben dem Haupteingang zum Dom führt eine Treppe hinunter in die Cripta Santa Reparata (Krypta). Hier wurden bei Ausgrabungen zwischen 1965 und 1974 Reste der Chiesa di Santa Reparata aus dem 5. Jh. gefunden, die an der Stelle ursprünglich gestanden hatte.

☑ Nicht versäumen

Die üppigen Domfresken von Giorgio Vasari und Federico Zuccari.

BLACKMAC / SHUTTERSTOCK ©

Der Campanile

Der Aufstieg über 414 Stufen auf den 85 m hohen **Campanile** (Glockenturm; mit Baptisterium, Kuppel, Krypta & Museum Erw./erm. 18/ 3 €; ⌚8.15–19 Uhr), mit dessen Bau Giotto 1334 begann, wird mit einem umwerfenden Blick auf die Stadt belohnt. Das erste Reliefband am Sockel der gotischen Fassade des Turms zieren Kopien der von Pisano angefertigten Werke: Sie zeigen die Schöpfung und die *attività umane* (Künste und Handwerke). Darüber sind die Planeten, die Tugenden, die Künste und die sieben Sakramente dargestellt. Bei den Plastiken der Propheten und Weissagerinnen in den Nischen der oberen Etagen handelt es sich um Kopien der Arbeiten von z. B. Donatello.

Kleine Stärkung

Toskanischen Wein im stylischen **Coquinarius** (☎055 230 21 53; www.coquinarius.com; Via delle Oche 11r; ⌚Mi–Mo 12.30–15 & 18.30–22.30 Uhr) genießen.

JOHN KELLERMAN / ALAMY STOCK PHOTO ©

Galleria dell' Accademia

Der Eingang zur Galleria dell'Accademia aus dem späten 18. Jh. ist an der langen Schlange davor zu erkennen. Hier ist eines der absoluten Meisterwerke der Renaissance zu bestaunen: Michelangelos David.

Toll für ...

☑ Nicht versäumen

David – an den beiden blassen Linien an seinem linken Unterarm ist noch zu sehen, wo dieser 1527 zerbrach.

David

Glücklicherweise ist die berühmteste Statue der Welt das Warten wert: Der über 5 m große und 19 t schwere *David* ist wirklich umwerfend. Doch er beeindruckt nicht nur durch seine Größe, sondern auch durch die offensichtliche Liebe zum Detail – die Adern seiner sehnigen Arme, die Beinmuskeln, den sich wandelnden Ausdruck, wenn man um ihn herumgeht. Das aus einem einzigen Marmorblock gehauene, berühmteste Werk Michelangelos war auch sein schwierigstes: Er hatte den Marmor nicht selbst ausgesucht, der Marmor wies Adern auf und die gewaltigen Ausmaße des Werks waren vorgegeben.

David ist hier zum ersten Mal nicht als jungenhafter Kämpfer, sondern als Mann im besten Alter dargestellt. Als er 1504 vor dem Palazzo Vecchio auf der Piazza

Skulpturen und Gemälde in der Galleria dell'Accademia

della Signoria aufgestellt wurde, sahen die Florentiner in ihm sogleich ein Symbol für Macht, Freiheit und Bürgerstolz ihrer Stadt. Bis 1873 blieb er auf dem Platz stehen, dann zog er in die Accademia um.

Andere Werke

Michelangelo schuf außerdem den unvollendeten *San Matteo* (hl. Matthäus; 1504–1508) und vier *Prigioni* (Gefangene oder Sklaven; 1521–1530), die hier ebenfalls zu sehen sind. Die Gefangenen scheinen sich zu winden und aus dem Marmor befreien zu wollen; sie waren für das Grabmal von Papst Julius II. gedacht, das ebenfalls nie vollendet wurde.

In den angrenzenden Sälen sind Gemälde von Andrea Orcagna, Taddeo Gaddi, Domenico Ghirlandaio, Filippino Lippi und Sandro Botticelli ausgestellt.

Gut zu wissen

055 238 86 09; www.galleriaaccademiafirenze.beniculturali.it; Via Ricasoli 60; Erw./erm. 12/6 €; Di–So 8.15–18.50 Uhr

Kleine Stärkung

Ein Stück Pizza beim beliebten Pugi (S. 423), einen Katzensprung von der Galleria entfernt.

★ Top-Tipp

Tickets besorgt man sich am besten vorher online auf www.firenzemusei.it; die Buchungsgebühr beträgt 4 €.

Was gibt's in der Nähe?

Östlich der Accademia thront über der **Piazza della Santissima Annunziata** Giambolognas Reiterstandbild von Großherzog Ferdinando I. de' Medici. Den majestätischen Platz beherrschen die 1250 erbaute und dann Mitte des 15. Jhs. u. a. von Michelozzo umgebaute **Chiesa della Santissima Annunziata** und das **Ospedale degli Innocenti** (wörtlich „Heim der Unschuldigen"), Europas erstes Waisenhaus, gegründet 1421. Brunelleschis klassischer Portikus wurde von Andrea della Robbia (1435–1525) mit Terrakotta-Medaillons von Wickelkindern ausgeschmückt.

Rund 200 m südöstlich der Piazza ist das **Museo Archeologico** (055 23 57; www.archeotoscana.beniculturali.it; Piazza della Santissima Annunziata 9b; Erw./erm. 4/2 €, mit Uffizien-Ticket frei; Di–Fr 8.30–19, Sa, Mo & 1. & 3. So des Monats bis 14 Uhr). Seine reiche Sammlung an Funden, darunter der größte Teil der von den Medici gehorteten Altertümer, führt die Besucher tief in die Vergangenheit.

POL89 / SHUTTERSTOCK ©

Türme von San Gimignano

Das südwestlich von Florenz tief in der Toskana gelegene San Gimignano ist ein Mekka für Tagesausflügler. In diesem „Manhattan des Mittelalters" erheben sich 15 Geschlechtertürme aus dem 11. Jahrhundert.

Toll für ...

Nicht versäumen

Die **Galleria Continua** (0577 94 31 34; www.galleriacontinua.com; Via del Castello 11; 10–13 & 14–19 Uhr) GRATIS ist eine der besten Galerien mit zeitgenössischer Kunst in Europa.

Das ursprünglich etruskische Städtchen wurde nach dem Bischof von Modena und Heiligen Germinianus benannt: Er soll San Gimignano vor dem Hunnenkönig Attila gerettet haben. 1199 wurde es eine freie *comune* und florierte insbesondere dank seiner Lage an der Pilgerstraße Via Francigena. Mit den einst bis zu 72 Geschlechtertürmen demonstrierten die Familien der Stadt ihre Macht und ihren Reichtum.

Collegiata

San Gimignanos romanische Kathedrale, die **Collegiata** (Duomo; Basilica di Santa Maria Assunta; 0577 28 63 00; www.duomosangimignano.it; Piazza del Duomo; Erw./erm. 4/2 €; April–Okt. Mo–Sa 10–19, So 12.30–19 Uhr, Nov.–März Mo–Sa 10–16.30, So 12.30–16.30 Uhr, 2. Jan.- & Nov.-Hälfte geschl.), verdankt ihren Namen dem Priesterkolleg, das sie einst verwaltete. Teile des Gebäudes entstanden

Gut zu wissen

Es verkehren regelmäßig Busse von/nach Florenz (6,80 €, 1¼–2 Std.) und Siena (6 €, 1–1½ Std.).

Kleine Stärkung

Bodenständige Kost in der **Locanda Sant'Agostino** (☎0577 94 31 41; g.pompei@me.com; Piazza Sant'Agostino 15; Mahlzeiten 45 €; ⊙März–Mitte Jan. 11.30–23 Uhr, März, April, Nov. & Dez. Mi geschl.).

★ Top-Tipp

Die **Touristeninformation** (☎0577 94 00 08; www.sangimignano.com; Piazza del Duomo 1; ⊙März–Okt. 10–13 & 15–19 Uhr, Nov.–Feb. 10–13 & 14–18 Uhr) von San Gimignano organisiert Führungen.

in der zweiten Hälfte des 11. Jhs., die lebendigen Fresken stammen aus dem 14. Jh.

Man betritt die Kirche über eine Treppe an der Seite und durch eine Loggia, die einst als Baptisterium (Taufkapelle) diente. Links vom Altar sind an der Wand Szenen aus der Genesis und dem Alten Testament von Bartolo di Fredi von etwa 1367 zu sehen. Rechts befinden sich Szenen aus dem Neuen Testament aus der Werkstatt von Simone Martini, die 1336 vollendet wurden. Die Innenwand der Westfassade ziert Taddeo di Bartolos wundervolle Darstellung des Jüngsten Gerichts – links oben zeigt ein Fresko das Paradies *(paradiso)*, rechts oben ein anderes die Hölle *(inferno)*.

Palazzo Comunale

Im **Palazzo Comunale** (☎0577 28 63 00; www.sangimignanomusei.it; Piazza del Duomo 2; Kombiticket Musei Civici Erw./erm. 9/7 €; ⊙April–Sept. 10–19 Uhr, Okt.–März 11–17 Uhr) aus dem 12. Jh. hatte die Stadtregierung ihren Sitz. 1299 versuchte in der Sala di Dante der große Dichter, den Stadtrat davon zu überzeugen, die Guelfen zu unterstützen. In dem auch als Sala del Consiglio bekannten Saal ist Lippo Memmis *Maestà* aus dem frühen 14. Jh. zu sehen: Die thronende Maria mit dem Jesuskind ist von Engeln, Heiligen und örtlichen Würdenträgern umgeben. Oben ist die Pinacoteca mit einer Sammlung von Gemälden der Sieneser und Florentiner Schule aus dem 12. bis 15. Jh.

In der Camera del Podestà befindet sich ein makellos restaurierter Freskenzyklus von Memmo di Filippuccio mit einer moralischen Botschaft: Die Freuden der Ehe sind anhand von Mann und Frau gemeinsam in Bad und Bett dargestellt.

Zum Schluss sollten noch die 218 Stufen der 54 m hohen Torre Grossa mit spektakulärem Ausblick auf die Stadt und das Umland erklommen werden.

DELPIXART / GETTY IMAGES ©

Schiefer Turm von Pisa

Die Torre Pendente, eine der berühmtesten Sehenswürdigkeiten Italiens, wird ihrem Namen wirklich gerecht: Sie neigt sich um 3,9 Grad. Pisa ist gut als Tagesausflug ab Florenz oder von einem anderen der reizenden toskanischen Städte und Städtchen machbar.

Toll für ...

☑ Nicht versäumen

Zauberhafter Besuch am Abend: Von Mitte Juni bis Ende August ist der Turm bis 22 Uhr zugänglich.

An dem 56 m hohen Turm, dem Campanile des Doms, wurde fast 200 Jahre lang gebaut, doch bereits bei seiner Einweihung 1372 neigte er sich. Im Lauf der Zeit kippte der Bau immer stärker zur Seite, bis er in den 1990er-Jahren schließlich aufwendig stabilisert wurde.

Praktische Informationen

Den Turm dürfen immer nur 40 Personen gleichzeitig besteigen. Kinder unter acht Jahren haben keinen Zutritt, Kinder von acht bis zehn müssen von einem Erwachsenen an der Hand gehalten werden.

Um die 251 teils rutschigen Stufen zu erklimmen, hat man 35 Minuten Zeit. Alle Taschen müssen an der Gepäckaufbewahrung neben dem Kartenschalter des Doms abgegeben werden – nur Kameras dürfen mitgenommen werden.

Dom und Schiefer Turm

Gut zu wissen

Torre Pendente; 050 83 50 11; www.opapisa.it; Piazza dei Duomo; 18 €; Mitte Juni–Aug. 8.30–22 Uhr, April–Mitte Juni & Sept. 9–20 Uhr, Okt. & März bis 19 Uhr, Nov.–Feb. bis 18 Uhr

Kleine Stärkung

Ehrliche toskanische Küche bietet das alteingesessene **Ristorante Galileo** (050 2 82 87; www.ristorantegalileo.com; Via San Martino 6–8; Mahlzeiten 25–35 €; 12.30–14.30 & 19.30–23 Uhr).

★ Top-Tipp

Bei 2 Mio. Besuchern im Jahr ist hier immer jede Menge los. Kürzer sind die Warteschlangen in der Zeit von November bis März.

Turm- & Kombitickets

Der Zugang zum Schiefen Turm ist begrenzt: online buchen oder gleich nach der Ankunft den ersten verfügbaren Termin wahrnehmen! Tickets gibt's hinter dem Turm und im Museo delle Sinopie. An den Ticketschaltern in Pisa sind auch Kombitickets für andere Sehenswürdigkeiten der Stadt erhältlich.

Was gibt's in der Nähe?

Das mittelalterliche Zentrum Pisas liegt nördlich des Arno. Hier bietet sich ein Bummel von der **Piazza Cairoli** mit ihren Bars und Eisdielen die **Via Cavour** entlang an. Auf der **Piazza delle Vettovaglie** findet jeden Tag ein Lebensmittelmarkt statt.

Duomo Dom

(Duomo di Santa Maria Assunta; 050 83 50 11; www.opapisa.it; Piazza dei Duomo; April–Okt. 10–20 Uhr, Nov.–Feb. bis 18 oder 19 Uhr) GRATIS Der romanische Dom wurde ab 1064 errichtet und 1118 geweiht. Der Eintritt ist frei, jedoch benötigt man einen Eintrittscoupon vom Kartenschalter oder ein Ticket für eine der anderen Sehenswürdigkeiten an der Piazza dei Miracoli.

Battistero Baptisterium

(Battistero di San Giovanni; 050 83 50 11; www.opapisa.it; Piazza dei Miracoli; 5 €, mit Camposanto & Museo 8 €; April–Okt. 8–20 Uhr, Nov.–März 9–18 oder 19 Uhr) Die ungewöhnliche runde Taufkapelle (1395) hat zwei Kuppeln übereinander, jede mit Blei und Ziegeln verkleidet. Ganz oben steht eine vergoldete Bronzestatue von Johannes dem Täufer.

Autotour durch die Toskana

Diese Route führt nach Florenz und Siena, in die Weinberge des Chianti und ins Val d'Orcia, ein Unesco-Welterbe; zu sehen gibt es Kulturschätze, herrliche Landschaften und faszinierende Renaissance-Städte.

Start Florenz
Länge 185 km
Dauer 4 Tage

1 Ausgangspunkt der Tour ist **Florenz**, die Wiege der Renaissance, mit Brunelleschis Domkuppel, den Uffizien und Michelangelos *David* in der Galleria dell'Accademia.

Kleine Stärkung ... In der **Osteria di Passignano** (☎055 807 12 78; www.osteriadipassignano.com; Via di Passignano 33; Mahlzeiten 85 €, Probiermenüs 90 €, Weinbegleitung 140 €; ⊙Mo–Sa 12.15–14.15 & 19.30–22 Uhr) in Badia a Passignano, 20 Minuten von Greve.

3 Siena gehört zu den schönsten Städten Italiens: mit der reich verzierten Fassade des Doms, der quirligen Piazza del Campo und schöner Kunst im Museo Civico.

4 Über die SR2 (Via Cassia) geht's nach **Montalcino**, das unter Weinkennern auf der ganzen Welt für seinen Brunello berühmt ist.

2 Die SR222 (Via Chiantigiana) führt Richtung Süden ins Weinland des Chianti. Nach einem Zwischenstopp in der alten Weinstadt **Greve** geht's weiter nach Siena.

5 Richtung Osten erstreckt sich das Val d'Orcia mit dem hübschen **Pienza**. Die Renaissance-Gebäude um die Piazza Pio II, die im 15. Jh. angelegt wurde, weisen noch ihr ursprüngliches Aussehen auf.

Fotospot: Das herrliche Tal Val d'Orcia mit sanft gewellten Feldern, alten Steinhäusern und eleganten Zypressenalleen.

6 Das steile **Montepulciano** wartet mit zahlreichen Palazzi und anderen schönen Gebäuden sowie tollen Blicken auf das Val di Chiana und das Val d'Orcia auf. Den krönenden Abschluss der Reise bildet ein Gläschen Vino Nobile.

Florenz

SEHENSWERTES

Die Museen von Florenz beherbergen viele wunderschöne Renaissance-Kunstwerke und auch die Stadt selbst ist unglaublich schön. Am besten sucht man sich ein paar Sehenswürdigkeiten aus und bummelt ansonsten durch die Sträßchen, um hier und da in einem Café oder einer *enoteca* (Weinbar) einzukehren.

In den Kirchen müssen sich alle Besucher an strenge Kleidervorschriften halten: keine Shorts, keine ärmellosen T-Shirts und keine tiefen Ausschnitte! In den Museen darf ohne Blitz fotografiert werden, Selfiesticks kann man direkt in der Tasche lassen – sie sind nicht gestattet.

Galleria degli Uffizi Kunstgalerie

(Uffizien; ☎055 29 48 83; www.uffizi.it; Piazzale degli Uffizi 6; Erw./erm. März–Okt. 20/10 €, Nov.–Feb. 12/6 €; ⌚Di–So 8.15–18.50 Uhr) Das wichtigste Kunstmuseum von Florenz beherbergt im U-förmigen Palazzo degli Uffizi (1560–1580) die weltweit beste Sammlung von Kunst der Renaissance. Die Sammlung, 1743 von den Medici der Stadt Florenz vermacht unter der Bedingung, dass sie die Stadt nie verlassen darf, umfasst einige der berühmtesten Gemälde Italiens, u. a. Meisterwerke von Botticelli.

Ein Drei-Tage-Kombiticket mit Palazzo Pitti, Giardino di Boboli und Museo Archeologico kostet 38/21 € (Nov.–Feb. 18/11 €).

Museo dell'Opera del Duomo Museum

(Dombaumuseum; ☎055 230 28 85; www.museumflorence.com; Piazza del Duomo 9; Erw./erm. mit Glockenturm, Kuppel, Baptisterium & Krypta 18/3 €; ⌚9–19 Uhr) Das gut konzipierte Museum erzählt die spannende Baugeschichte des Doms und seiner Kuppel. Zu den vielen sakralen Schätzen hier zählen die Originaltüren des Baptisteriums: die wunderbar goldene, 16 m hohe Bronzetür *Porta del Paradiso* (Paradiespforte; 1425–1452) von Lorenzo Ghiberti für den Osteingang, die Türen für den Nordeingang, ebenfalls von Ghiberti, und die spektakuläre *Porta Sud* (Südpforte; 1330–1336) von Andrea Pisano zum Leben und Wirken Johannes des Täufers.

In den Uffizien

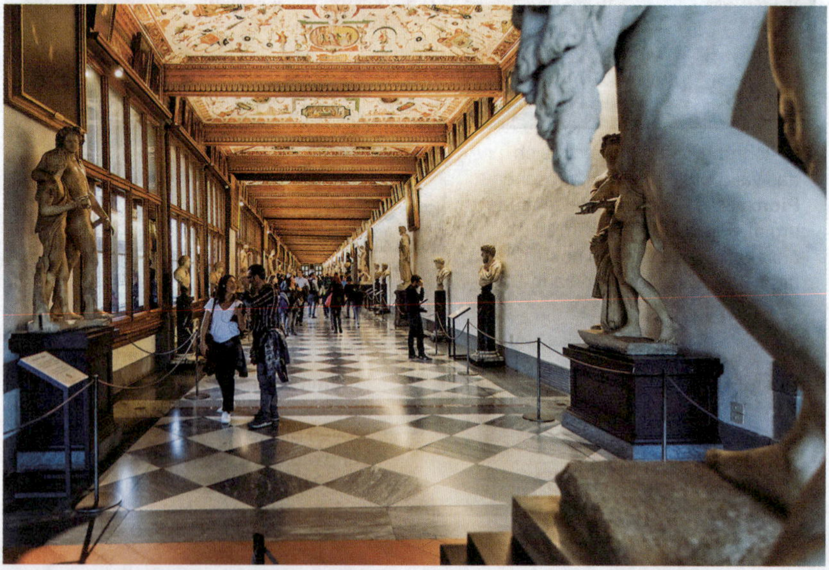

Palazzo Vecchio Historisches Gebäude

(☎055 276 85 58; www.musefirenze.it; Piazza della Signoria; Erw./erm. Museum 12,50/10 €, Turm 12,50/10 €, Museum & Turm 17,50/15 €, Museum & archäologische Führung 16/13,50 €, archäologische Führung 4 €, Kombiticket 19,50/17,50 €; ⏲Museum Sommer Fr–Mi 9–23, Do bis 14 Uhr, Winter Fr–Mi 9–19, Do bis 14 Uhr, Turm Sommer Fr–Mi 9–21, Do bis 14 Uhr, Winter Fr–Mi 10–17, Do bis 14 Uhr) Der festungshafte Palast mit seinem 94 m hohen Turm wurde zwischen 1298 und 1314 nach Plänen von Arnolfo di Cambio für die *signoria* (Stadtregierung) errichtet. Heute befindet sich hier das Büro des Bürgermeisters. Von der **Torre d'Arnolfo** bieten sich unvergessliche Ausblicke auf die Stadt. Drinnen ziert Michelangelos Skulptur *Genio della Vittoria* (Genius des Sieges) den Salone dei Cinquecento, einen prächtigen ausgemalten Saal für den Consiglio dei Cinquecento (Rat der 500), der die Stadt im 15. Jh. regierte.

Battistero di San Giovanni Wahrzeichen

(Baptisterium; ☎055 230 28 85; www.museumflorence.com; Piazza di San Giovanni; Erw./erm. mit Glockenturm, Kuppel, Krypta & Museum 18/3 €; ⏲Mo–Fr 8.15–10.15 & 11.15–19.30, Sa 8.15–18.30, So 8.15–13.30 Uhr) Das Baptisterium aus dem 11. Jh. ist ein achteckiger Bau mit weißen und grünen Marmorbändern sowie drei Eingängen. Die Reliefs erzählen die Geschichte der Menschheit und der Erlösung. Am berühmtesten sind die vergoldeten Bronzetüren von Lorenzo Ghiberti am Osteingang, *Porta del Paradiso* (Paradiespforte). Heute sieht man nur die Kopien – die Originale befinden sich im Museo dell'Opera del Duomo. Tickets fürs Baptisterium gibt's online oder im Ticketbüro an der Piazza di San Giovanni 7 gegenüber dem Haupteingang des Baptisteriums.

Piazza della Signoria Piazza

Auf diesen Platz, seit dem 13. Jh. Mittelpunkt des städtischen Lebens, zieht es die Florentiner, um in alten Cafés bei *aperitivi* am frühen Abend ein Schwätzchen zu halten. Über allem thronen der Palazzo Vecchio, das Rathaus von Florenz, und die aus dem 14. Jh. stammende **Loggia dei Lanzi** GRATIS, eine offene Galerie mit Renaissance-Skulpturen wie Giambolognas *Raub der Sabinerinnen* (ca. 1583), Benvenuto Cellinis *Perseus* (1554) und Agnolo Gaddis *Sieben Tugenden* (1384–1389).

Piazza della Repubblica Piazza

Wo sich früher das römische Forum und im Mittelalter das Herz von Florenz befanden, wurde in den 1880er-Jahren dieser Platz geschaffen. Dafür mussten der alte Markt, das jüdische Ghetto und Elends-

Geführte Touren durch Florenz

In einer Stadt mit solch einem überwältigenden und vielleicht auch überfordernden Kunsterbe können Führungen ein echter Segen sein, besonders für Erstbesucher, die nicht wissen, wo sie bei ihrer Kulturtour anfangen sollen. Ein praktischer Nebeneffekt ist, dass man es sich mit einer Führung ersparen kann, im Voraus Tickets für beliebte Museen wie die Uffizien und die Galleria dell'Accademia (S. 408) ergattern zu müssen, die in der Hauptsaison schnell vergriffen sind.

Man sollte sich jedoch genau anschauen, an welchen Führungen man teilnimmt. Einige richten sich speziell an Familien, andere an Kunstkenner und wieder andere, etwa Radtouren, erfordern manchmal einiges mehr an Einsatz, als man zu leisten bereit oder fähig ist. Bei kulinarischen Touren sollte man vorher Bescheid sagen, wenn man bestimmte Speisen nicht verträgt.

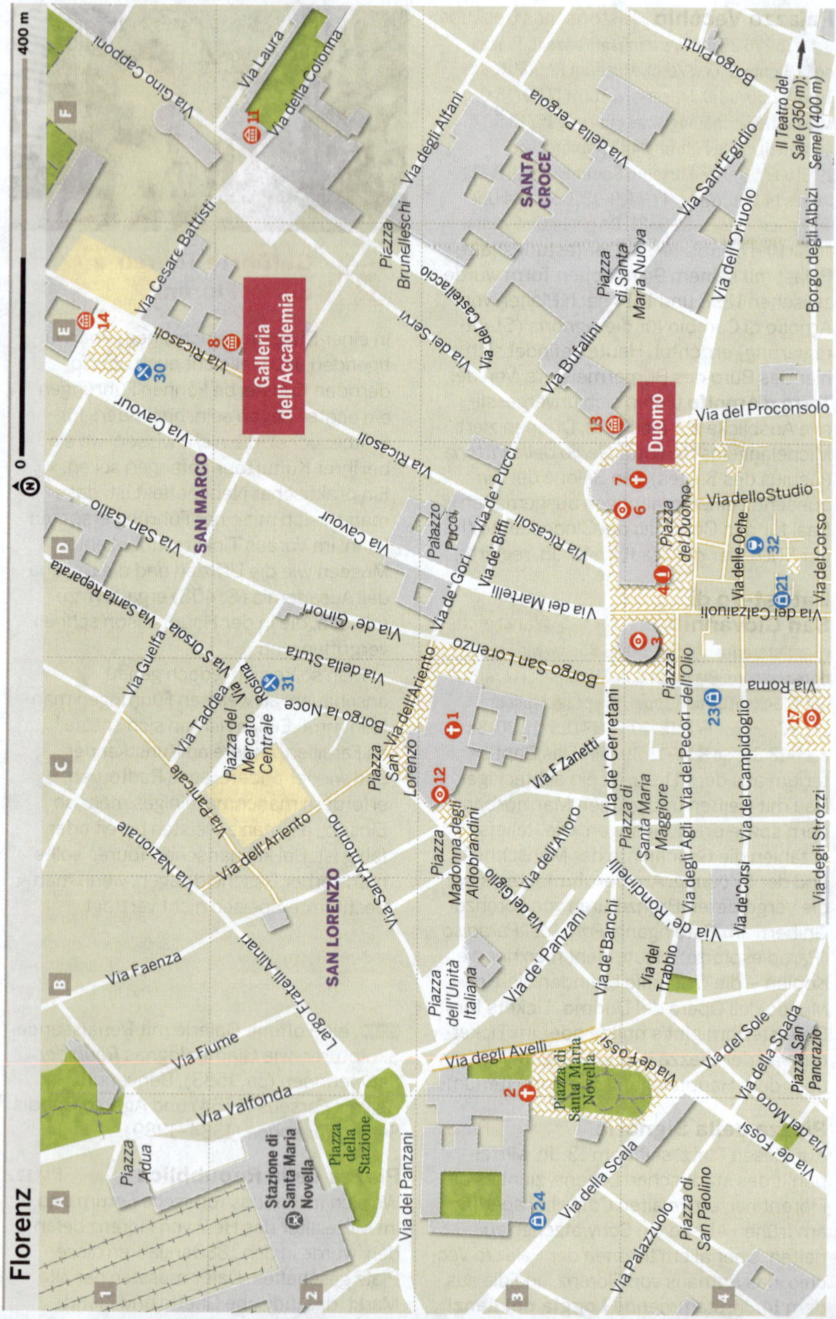
Florenz
400 m
0
N
Galleria dell'Accademia
Duomo
SAN MARCO
SAN LORENZO
SANTA CROCE
Stazione di Santa Maria Novella
Piazza Adua
Piazza della Stazione
Piazza di Santa Maria Novella
Piazza dell'Unità Italiana
Piazza Madonna degli Aldobrandini
Piazza San Lorenzo
Piazza del Mercato Centrale
Piazza Brunelleschi
Piazza di Santa Maria Nuova
Piazza del Duomo
Piazza di Santa Maria Maggiore
Piazza di San Paolino
Piazza San Pancrazio
Palazzo Pucci
Via Gino Capponi
Via Laura
Via della Colonna
Via Cesare Battisti
Via Ricasoli
Via Cavour
Via San Gallo
Via Santa Reparata
Via Guelfa
Via S Orsola
Via Taddea
Via Rosina
Via Panicale
Via Nazionale
Via dell'Ariento
Via Faenza
Via Fiume
Via Valfonda
Largo Fratelli Alinari
Via Sant'Antonino
Via de' Ginori
Via della Stufa
Borgo la Noce
Via de' Gori
Via de' Biffi
Via de' Pucci
Via dei Martelli
Borgo San Lorenzo
Via dei Servi
Via del Castellaccio
Via degli Alfani
Via della Pergola
Borgo Pinti
Via Bufalini
Via Sant'Egidio
Via dell'Oriuolo
Borgo degli Albizi
Il Teatro del Sale (350 m); Semel (400 m)
Via del Proconsolo
Via dello Studio
Via delle Oche
Via del Corso
Via dei Calzaiuoli
Via Roma
Via de' Cerretani
Via dei Pecori
Via dell'Olio
Via del Campidoglio
Via degli Strozzi
Via F Zanetti
Via dell'Alloro
Via del Giglio
Via de' Panzani
Via de' Banchi
Via degli Agli
Via de' Corsi
Via de' Rondinelli
Via del Trebbio
Via degli Avelli
Via de' Fossi
Via del Sole
Via della Spada
Via del Moro
Via della Scala
Via Palazzuolo
Via dei Panzani
A
B
C
D
E
F
1
2
3
4
1
2
3
4
6
7
8
11
12
13
14
17
21
23
24
30
31
32

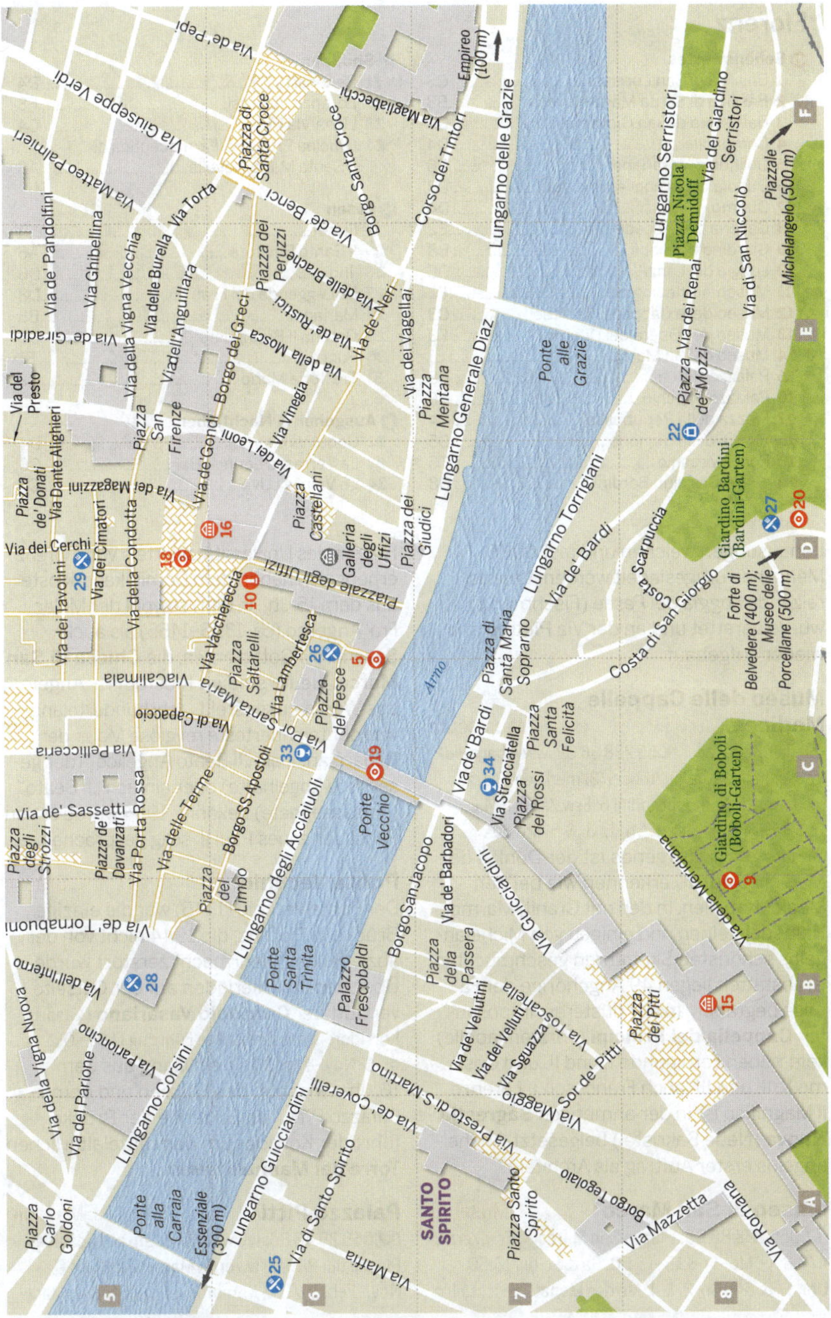
Via de' Pepi
Via Giuseppe Verdi
Via Matteo Palmieri
Piazza di Santa Croce
Via Magliabecchi
Empireo (100 m)
Borgo Santa Croce
Corso dei Tintori
Lungarno delle Grazie
Via de' Benci
Via Torta
Via de' Pandolfini
Via Ghibellina
Via della Vigna Vecchia
Via delle Burella
Via dell'Anguillara
Piazza dei Peruzzi
Via delle Brache
Via de' Neri
Via de' Rustici
Via della Mosca
Borgo dei Greci
Via de' Giraldi
Via del Presto
Via Dante Alighieri
Piazza San Firenze
Via de' Gondi
Via Vinegia
Via dei Leoni
Via dei Vagellai
Piazza Mentana
Lungarno Generale Diaz
Ponte alle Grazie
Lungarno Serristori
Piazza Nicola Demidoff
Via del Giardino Serristori
Via di San Niccolò
Piazzale Michelangelo (500 m)
Via dei Renai
Piazza de' Mozzi
22
Giardino Bardini (Bardini-Garten)
27
20
Piazza de' Donati
Via dei Magazzini
Via dei Cerchi
29
Via dei Cimatori
Via della Condotta
18
16
Piazza Castellani
Galleria degli Uffizi
Piazza dei Giudici
Piazzale degli Uffizi
10
Via dei Tavolini
Via Vacchereccia
Piazza Saltarelli
Via Lambertesca
26
5
Lungarno Torrigiani
Via de' Bardi
Costa Scarpuccia
Costa di San Giorgio
Forte di Belvedere (400 m); Museo delle Porcellane (500 m)
Arno
Via Calimala
Via Por Santa Maria
Via di Capaccio
Piazza del Pesce
Piazza di Santa Maria Soprano
Via Pellicceria
33
19
Ponte Vecchio
Via de' Bardi
34
Via Stracciatella
Piazza Santa Felicità
Piazza de' Rossi
Giardino di Boboli (Boboli-Garten)
Via de' Sassetti
Piazza degli Strozzi
Piazza de' Davanzati
Via Porta Rossa
Via delle Terme
Borgo SS Apostoli
Lungarno degli Acciaiuoli
Piazza del Limbo
Borgo San Jacopo
Via de' Barbadori
Via Guicciardini
Via della Meridiana
9
Via de' Tornabuoni
Via dell'Inferno
28
Ponte Santa Trinita
Palazzo Frescobaldi
Piazza della Passera
Via de' Velluti
Via dei Velluti
Via Toscanella
Piazza dei Pitti
15
Via della Vigna Nuova
Via del Parione
Via Parioncino
Lungarno Corsini
Via de' Coverelli
Via Presto di S. Martino
Via Sguazza
Sdr. de' Pitti
Via Maggio
Piazza Carlo Goldoni
Ponte alla Carraia
Essenziale (300 m)
Lungarno Guicciardini
Via di Santo Spirito
SANTO SPIRITO
Piazza Santo Spirito
Borgo Tegolaio
Via Mazzetta
Via Romana
25
Via Maffia
A
B
C
D
E
F
5
6
7
8

Florenz

Sehenswertes

1	Basilica di San Lorenzo	C3
2	Basilica di Santa Maria Novella	B3
3	Battistero di San Giovanni	D4
4	Campanile	D4
5	Corridoio Vasariano	C6
6	Cupola del Brunelleschi	D3
7	Duomo	D4
8	Galleria dell'Accademia	E2
9	Giardino di Boboli	B8
10	Loggia dei Lanzi	D6
11	Museo Archeologico	F2
12	Museo delle Cappelle Medicee	C3
13	Museo dell'Opera del Duomo	E3
14	Museo di San Marco	E1
15	Palazzo Pitti	B8
16	Palazzo Vecchio	D6
17	Piazza della Repubblica	C4
18	Piazza della Signoria	D5
19	Ponte Vecchio	C6
20	Villa e Giardino Bardini	D8

Shoppen

21	Benheart	D4
22	Lorenzo Villoresi	E8
23	Luisa Via Roma	C4
24	Officina Profumo-Farmaceutica di Santa Maria Novella	A3

Essen

	Floret	(s. 23)
25	Il Santo Bevitore	A6
26	'Ino	D6
27	La Leggenda dei Frati	D8
28	Mariano	B5
29	Osteria Il Buongustai	D5
30	Pugi	E1
31	Trattoria Mario	C2

Ausgehen & Nachtleben

32	Coquinarius	D4
33	La Terrazza Lounge Bar	C6
34	Le Volpi e l'Uva	C7

behausungen weichen und fast 6000 Menschen umgesiedelt werden. Vasaris reizende *Loggia del Pesce* (Fischmarkt) wurde gerettet und an der Via Pietrapiana wieder aufgebaut.

Museo delle Cappelle Medicee — Mausoleum

(Medici-Kapellen; ☎055 238 86 02; www.bargellomusei.beniculturali.it/musei/2/medicee; Piazza Madonna degli Aldobrandini 6; Erw./erm. 8/4 €; ⏱8.15–14 Uhr, 2. & 4. So, 1., 3. & 5. Mo des Monats geschl.) Nirgends ist der Dünkel der Medici so gut zu erkennen wie bei den Medici-Kapellen. In den mit Granit, Marmor, Halbedelsteinen und einigen von Michelangelos schönsten Skulpturen geschmückten Grabstätten liegen 49 Angehörige der Familie begraben. In der düsteren, imposanten **Cappella dei Principi** (Fürstenkapelle) liegt neben Ferdinando I. und II. und Cosimo I., II. und III. auch Francesco I. Lorenzo il Magnifico ist in der anmutigen **Sagrestia Nuova** (Neue Sakristei) beigesetzt, Michelangelos erster Auftrag als Architekt.

Museo di San Marco — Museum

(☎055 238 86 08; Piazza San Marco 3; Erw./erm. 4/2 €; ⏱Mo–Fr 8.15–13.50, Sa & So bis 16.50 Uhr, 1., 3. & 5. So, 2. & 4. Mo des Monats geschl.) Im Herzen des Universitätsviertels von Florenz erhebt sich neben dem Dominikanerkloster aus dem 15. Jh., in dem sowohl der Maler Fra' Angelico (ca. 1395–1455) als auch Savonarola Gott dienten, die **Chiesa di San Marco**. Heute sind im Kloster Fra' Angelicos Werke ausgestellt. Jahrhundertelang war der talentierteste religiöse Maler der Renaissance als „Il Beato Angelico" (der gesegnete Engelhafte) oder einfach „Il Beato" (der Gesegnete) bekannt; 1984 wurde er von Papst Johannes Paul II. selig gesprochen.

Ponte Vecchio — Brücke

Der Ponte Vecchio (1345) war die einzige Brücke in Florenz, die 1944 nicht von der abziehenden Wehrmacht zerstört wurde. Über den Juwelierläden auf der Ostseite verläuft der **Corridoio Vasariano** (Vasari-Korridor; vorausgebuchte Führung März–Okt. 45 €, Nov.–Feb. 20 €), ein Gang aus dem 16. Jh. zwischen den Uffizien und dem Palazzo Pitti. Am Südende der Brücke führt der Korridor um den mittelalterlichen **Torre dei Mannelli** herum.

Palazzo Pitti — Museum

(☎055 29 48 83; www.uffizi.it/en/pitti-palace; Piazza dei Pitti; Erw./erm. März–Okt. 16/8 €, Nov.–Feb. 10/5 €, Kombiticket mit Uffizien März–

Okt. 38 €, Nov.–Feb. 18 €; ⌚Di–So 8.15–18.50 Uhr) Der vom Bankier Luca Pitti 1458 in Auftrag gegebene Renaissance-Palast wurde später von den Medici übernommen. Im Verlauf der Jahrhunderte diente er als Residenz der in Florenz ansässigen Herrscher, bis die Savoyer ihn 1919 dem Staat vermachten. Heute sind hier ein eindrucksvolles Silber- und Schmuck- sowie zwei Kunstmuseen untergebracht. In ein paar Räumen ist das Palastleben zur Zeit des Hauses von Savoyen nachgestellt.

Giardino di Boboli Gartenanlage

(☎055 29 48 83; www.uffizi.it/en/boboli-garden; Piazza dei Pitti; Erw./erm. mit Giardino Bardini & Museo delle Porcellane März–Okt. 10/2 €, Nov.–Feb. 6/2 €; ⌚Sommer 8.15–18.50 Uhr, Winter kürzer, 1. & letzter Mo des Monats geschl.) Der Boboli-Garten hinter dem Palazzo Pitti wurde Mitte des 16. Jhs. nach Plänen des Architekten Niccolò Pericoli angelegt und wird derzeit langsam, aber sicher restauriert. An der oberen – südlichen – Grenze eröffnen sich hinter dem Rosengarten und dem **Museo delle Porcellane** (Porzellanmuseum; ☎055 29 48 83; www.uffizi.it/giardino-boboli; Giardino di Boboli, Piazza dei Pitti; Erw./erm. mit Giardino Bardini & Giardino di Boboli März–Okt. 10/2 €, Nov.–Feb. 6/2 €; ⌚Sommer 8.15–18.50 Uhr, Winter kürzer, 1. & letzter Mo des Monats geschl.) schöne Ausblicke auf das Umland von Florenz.

Basilica di San Lorenzo Basilika

(☎055 21 40 42; www.operamedicealaurenziana.org; Piazza San Lorenzo; 6 €, mit Biblioteca Medicea Laurenziana 8,50 €; ⌚Mo–Sa 10–17.30 Uhr) Diese unvollendete Basilika gilt als eines der harmonischsten Beispiele für Renaissance-Architektur in Florenz – sie war die Gemeindekirche und Grablege der Medici. Brunelleschi entwarf sie 1425 für Cosimo den Älteren; vorher hatte hier eine Kirche aus dem 4. Jh. gestanden. Brunelleschis auf schlichte Weise schöne **Sagrestia Vecchia** (Alte Sakristei) im ehrwürdigen Innenraum der Kirche ist mit skulpturalen Ausschmückungen von Donatello versehen. Michelangelo erhielt 1518 den Auftrag, die Fassade zu entwerfen, doch sein Entwurf in weißem Carrara-Marmor wurde nie ausgeführt – daher das unfertige Erscheinungsbild der Kirche.

Basilica di Santa Maria Novella Basilika

(☎055 21 92 57; www.smn.it; Piazza di Santa Maria Novella 18; Erw./erm. 7,50/5 €; ⌚Juli & Aug. Mo–Do 9–19, Fr 11–19, Sa 9–18.30, So 12–18.30 Uhr, sonst kürzer) Die Fassade aus grünem und weißem Marmor der Basilica di Santa Maria Novella aus dem 13. bis 15. Jh. steht am Eingang eines großen Klosterkomplexes mit Kreuzgängen und einer mit Fresken ausgemalten Kapelle. Die Basilika selbst ist eine Schatzkammer der Meisterwerke, u. a. mit Fresken von Domenico Ghirlandaio. Der untere Teil der Marmorfassade bildet den Übergang von der Romanik zur Gotik ab, der obere Teil und das Hauptportal (1456–1470) stammen von Leon Battista Alberti. Tickets vorher im Internet kaufen!

Piazzale Michelangelo Aussichtspunkt

(🚌13) Den Platz ziert eine der beiden *David*-Kopien in Florenz. Wer den zahlreichen Ständen mit kitschigen Souvenirs wie *David*-Miniaturen und *David*-Boxershorts den Rücken kehrt, kann von diesem riesigen Platz aus ein spektakuläres Stadtpanorama genießen. Besonders eindrucksvoll sind die Sonnenuntergänge. Vom Arno und von der Piazza Giuseppe Poggi sind es zu Fuß zehn Minuten hier hinauf; von der Piazza San Niccolò geht man bergan und nimmt links die lange, mit Viale Michelangelo beschilderte Treppe. Oder man besteigt an der Stazione di Santa Maria Novella einfach den Bus Nr. 13.

SHOPPEN

Lorenzo Villoresi Parfüm

(☎055 234 11 87; www.lorenzovilloresi.it; Via de' Bardi 14; ⌚Mo–Sa 10–19 Uhr) Für seine Parfüme, Körperpflegeprodukte, Duftkerzen und -steine, ätherischen Öle und Duftpotpourris vermählt Villoresi typisch toskanische Aromen wie Lorbeer, Olive, Zypresse und Iris mit ätherischen Ölen und Essenzen aus der ganzen Welt. Seine magischen Düfte sind äußerst begehrt und ein Besuch des

Die besten Panini von Florenz

'Ino (☎055 21 45 14; www.inofirenze.com; Via dei Georgofili 3r–7r; Panini 6–10 €; ⏰12–16.30 Uhr) Maßgeschneiderte Feinschmecker-Panini an den Uffizien.

Semel (Piazza Ghiberti 44r; Panini 3,50–5 €; ⏰Mo–Sa 11.30–14.30 Uhr) Kreative Beläge in Sant'Ambrogio.

Mariano (☎055 21 40 67; Via del Parione 19r; Panini 3,50–6 €; ⏰Mo–Fr 8–15 & 17–19.30, Sa 8–15 Uhr) Nachbarschaftscafé mit superfrischen Panini.

FLAVIA MORLACHETTI / GETTY IMAGES ©

Geschäfts im familieneigenen Palazzo aus dem 15. Jh. ist ein echtes Erlebnis.

Benheart Mode & Accessoires
(www.benheart.it; Via dei Calzaivoli 78; ⏰10–19.30 Uhr) Der Flagshipstore von Benheart beeindruckt mit handgemachten Lederwaren wie Schuhen, Jacken und Gürteln, kreiert von Ben, einem jungen Florentiner Modeschöpfer, der mit seinem Schulfreund Matteo nach einer Herzoperation sein Geschäft gründete. Sie schworen sich, dass, sollte Ben überleben, sie ihre Idee durchziehen würden – und das haben sie mit großem Erfolg getan.

Officina Profumo-Farmaceutica di Santa Maria Novella Drogerie
(☎055 21 62 76; www.smnovella.it; Via della Scala 16; ⏰9–20 Uhr) Die exquisite Parfümerie und Apotheke besteht seit 1612 und geht darauf zurück, dass die Dominikaner von Santa Maria Novella aus den Kräutern in ihrem Klostergarten Heilmittel und duftende Salben zubereiteten. In dem Laden mit einer Einrichtung von 1848 sind Düfte, Hautpflegemittel, alte Kräuterheilmittel und alles Mögliche erhältlich, was gegen schwere Beine hilft oder für elastische Haut, ein gutes Gedächtnis oder Vitalität sorgt.

Luisa Via Roma Mode & Accessoires
(☎055 906 41 16; www.luisaviaroma.com; Via Roma 19–21r; ⏰Mo–Sa 10.30–19.30, So ab 11 Uhr) Der Flagshipstore einer kleinen alten Boutique, die sich zum Luxus-Internethändler entwickelt hat, ist ein Muss für alle Modebewussten. Das Schaufenster lockt die *digital natives* mit riesigen Bildschirmen, während das Raumlabyrinth drinnen mit saisonalem Motto in einen Garten Eden verwandelt wird. Hier gibt's neben Luxusmodelabels auch Stücke unbekannterer Designer.

In der Café-Bar im 1. Stock, dem **Floret** (☎055 29 59 24; www.floret-bar.com; Salate & Bowls 12–16 €; ⏰Mo–Sa 10.30–19.30, So ab 11 Uhr; 📶), kann man sich bei Fair-Trade-Kaffee, Bio-Kost und kalt gepressten Säften unter die Szenegänger mischen.

ESSEN

Osteria Il Buongustai Osteria €
(☎055 29 13 04; www.facebook.com/ibuongustaifirenze; Via dei Cerchi 15r; Mahlzeiten 15–20 €; ⏰Mo–Sa 9.30–15.30 Uhr) Laura und Lucia wirbeln elegant und mit atemberaubender Geschwindigkeit durch das Lokal, in dem sich Einheimische in der Mittagspause mit kulinarisch anspruchsvollen Studenten um die Tische drängen. Kein Wunder, denn hier gibt's leckere toskanische Familienküche zu günstigen Preisen. Das Ambiente ist wohltuend einfach, die Leute rücken zusammen, bezahlt wird in bar.

Trattoria Mario Toskanisch €
(☎055 21 85 50; www.trattoria-mario.com; Via Rosina 2; Mahlzeiten 25 €; ⏰Mo–Sa 12–15.30 Uhr, Aug. 3 Wochen geschl.; ❄) Eine Legende, die sich ihre Seele und ihren Reiz bewahrt hat, obwohl sie in jedem Reiseführer steht: Um sich in dieser lauten Trattoria einen Platz zu sichern, sollte man spätestens um 12 Uhr da sein. Fabio, dessen Großvater

das Lokal 1953 eröffnete, schmeißt den Laden vorne, während Bruder und Neffe rasant in der Küche werkeln. Keine Tischreservierung möglich, nur Barzahlung.

Pugi Bäckerei, Pizza €

(☎055 28 09 81; www.focacceria-pugi.it; Piazza San Marco 9b; 15–25 € pro kg; ⌚Mo–Sa 7.45–20 Uhr, Mitte Aug. 2 Wochen geschl.) Die Florentiner versorgen sich in dieser Bäckerei mit Pizzastücken und *schiacciata* (toskanisches Fladenbrot) – einfach nur mit Salz und Rosmarin gebacken oder mit leckeren saisonalen Zutaten belegt oder gefüllt.

Il Teatro del Sale Toskanisch €€

(☎055 200 14 92; www.teatrodelsale.com; Via dei Macci 111r; Brunch/Abendessen 20/30 €; ⌚Di–Fr 12–14.30 & 19–23, Sa 12–15 & 19–23, So 12–15 Uhr, Aug. geschl.) Koch Fabio Picchi ist eine der Legenden der Stadt und stiehlt mit seinem exzentrischen Club nur für Mitglieder (jeder kann beitreten; die Mitgliedschaft kostet 7 €) in einem alten Theater allen anderen am Markt von Sant' Ambrogio mit Brunch und Abendessen die Show. Seinen Höhepunkt hat das Ganze um 21.30 Uhr mit einer Theater-, Musik- oder Comedy-Vorstellung, die seine Frau organisiert: die Komödiantin Maria Cassi.

Il Santo Bevitore Toskanisch €€

(☎055 21 12 64; www.ilsantobevitore.com; Via di Santo Spirito 64–66r; Mahlzeiten 40 €; ⌚12.30–14.30 & 19.30–23.30 Uhr, So mittags & Aug. geschl.) Nur wer reserviert hat oder Punkt 19.30 Uhr da ist, bekommt in dem beliebten Restaurant einen Platz. Hier ist Essen mit Stil angesagt: Feinschmecker speisen bei Kerzenlicht in einem weißgekalkten Raum mit Gewölbedecke und Flaschenregalen. Die Karte greift fantasievoll Klassiker der Jahreszeitenküche auf, z. B. Kürbis-Gnocchi mit Haselnüssen, Kaffee und Blu di Capra (Blauschimmel-Ziegenkäse).

Essenziale Toskanisch €€€

(☎333 7491973 055 247 69 56; www.essenziale.me; Piazza di Cestello 3r; 6-/8-Gänge-Probiermenü 65/80 €; ⌚Di–Sa 19–22 Uhr; 📶) Für die moderne toskanische Küche gibt's keine bessere Bühne als dieses loftartige Restaurant in einem Lagerhaus aus dem 19. Jh. Simone Cipriani bereitet seine Gerichte mit

Benheart

hochgekrempelten Ärmeln am Küchentresen zu. Die gesamte Palette seiner kreativen Küche, inspiriert von klassischen toskanischen Speisen, kostet man am besten mit einem seiner Probiermenüs.

Wer Glück hat, dem bringt der Meister seine Kreation selbst an den Tisch, begleitet von einer detaillierten Erläuterung: Schön ist etwa die Geschichte hinter seinem Dessert Fior d'Evo mit Grünkohl – eine andere Nachspeise beinhaltet Artischocken. Reservieren!

La Leggenda dei Frati Toskanisch €€€

(☎055 068 05 45; www.laleggendadeifrati.it; Villa Bardini, Costa di San Giorgio 6a; Menü 105 & 130 €, Mahlzeiten 90 €; ⏲Di–So 12.30–14 & 19.30–22 Uhr; 📶) Die beste Adresse für den Sommer: Das Sternerestaurant „Die Legende der Brüder" auf dem Gelände der **Villa Bardini** (☎055 2006 6233; www.villabardini.it; Costa San Giorgio 2, Via de' Bardi 1r; Erw./erm. Villa 10/5 €, Garten 6/3 €, Garten mit Ticket für den Giardino di Boboli frei; ⏲Villa Di–So 10–19 Uhr, Garten Sommer 8.15–19.30 Uhr, Winter kürzer, 1. & letzter Mo des Monats geschl.) protzt mit der romantischsten Terrasse in ganz Florenz. Das Gemüse stammt frisch aus dem Giardino Bardini und das klassisch-schicke Interieur wird durch moderne Kunst aufgewertet. Zu essen gibt es toskanische Feinschmeckerkost. Reservieren!

AUSGEHEN & NACHTLEBEN

Le Volpi e l'Uva Weinbar

(☎055 239 81 32; www.levolpieluva.com; Piazza dei Rossi 1; ⏲Sommer 11–21 Uhr, Winter Mo–Sa 11–21 Uhr) Diese unscheinbare Weinbar ist noch genauso ansprechend wie 1992, als sie eröffnete. Essen und Weinbegleitung sind erstklassig. Hier kann man Weine von kleinen Erzeugern probieren und kaufen. Käse, Wurst und Crostini passen jeweils perfekt. Absolut wunderbar ist der warme, superzarte *lardo di Cinta Sienese* (dünne Scheiben Schweinespeck).

La Terrazza Lounge Bar Dachbar

(☎055 2726 5987, 342 1234710; www.lungarnocollection.com; Vicolo dell'Oro 6r; ⏲April–Sept. 15.30–22.30 Uhr) Diese Dachbar mit Holzterrasse, zugänglich vom 5. Stock des Designhotels Continentale, ist genauso schick,

RASTOS / SHUTTERSTOCK ©

wie man es von einem Modehaus-Hotel erwarten würde. Das *aperitivo*-Buffet ist eine eher bescheidene Angelegenheit, doch wen stört's angesichts des umwerfenden Panoramas. Hier ist Aufbrezeln angesagt. Ein Cocktail kostet um die 20 €.

Empireo Dachbar
(☎055 262 35 00; www.hotelplazalucchesi.it; Lungarno della Zecca Vecchia 38; ⌚7.30–24 Uhr; 📶) Das Empireo im historischen Plaza Hotel Lucchesi ist die Lieblings-Cocktailbar vieler Florentiner und lockt schon seit 1860 Freunde fachkundig gemixter Cocktails an. In der modischen Bar im Erdgeschoss finden oft Cocktail-Meisterklassen und Konzerte statt. Im Sommer zieht es alle aufs Dach samt Pool.

PRAKTISCHE INFORMATIONEN

Touristeninformation (☎055 21 22 45; www.firenzeturismo.it; Piazza della Stazione 4; ⌚Mo–Sa 9–19, So bis 14 Uhr) Die Touristeninformation der Stadt gegenüber dem Bahnhof Santa Maria Novella verkauft die Firenze Card, hat Unterkunftsverzeichnisse und hilft bei der Buchung organisierter Touren.

Weitere Informationsquellen:

Touristeninformation Flughafen (☎055 31 58 74; www.firenzeturismo.it; Via del Termine 11, Flughafen Florenz; ⌚Mo–Sa 9–19, So bis 14 Uhr)

Infopoint Bigallo (☎055 28 84 96; www.firenzeturismo.it; Piazza San Giovanni 1; ⌚Mo–Sa 9–19, So bis 14 Uhr)

AN- & WEITERREISE

Die meisten Besucher kommen mit dem Flugzeug an den internationalen Flughäfen von Florenz oder Pisa an oder mit dem Zug an der Stazione Campo di Marte oder der **Stazione di Santa Maria Novella** (www.firenzesantamarianovella.it; Piazza della Stazione), beide im Zentrum von Florenz. Florenz liegt an der Schnellzugstrecke zwischen Rom und Mailand.

UNTERWEGS VOR ORT

Florenz ist klein und am besten zu Fuß zu erkunden. Die meisten Sehenswürdigkeiten liegen in fußläufiger Nähe voneinander entfernt.

★ Top 5: Florenz-Panoramen

Cupola del Brunelleschi (S. 406)

Piazzale Michelangelo (S. 421)

Campanile (S. 407)

Palazzo Vecchio (S. 417)

Ospedale degli Innocenti (S. 409)

FABER1893 / SHUTTERSTOCK ©

Von links: Dom (S. 404), Palazzo Vecchio (S. 417) und Campanile (S. 407)

SEAN XU / SHUTTERSTOCK ©

Auto & Motorrad In die Altstadt dürfen nur Anwohner mit dem Auto fahren; Parken ist eine echte Qual.

Fahrrad Fahrräder kann man u. a. vor der Stazione di Santa Maria Novella mieten.

Öffentliche Verkehrsmittel Es verkehren Busse und Straßenbahnen; gut für Fahrten nach Fiesole und hoch zur Piazzale Michelangelo.

Taxis Können nicht an der Straße angehalten werden; sie warten an den Zug- und Busbahnhöfen oder können unter 055 42 42 und 055 43 90 telefonisch angefordert werden.

Siena

Siena ist eine reizende mittelalterliche Stadt. Das ummauerte Zentrum präsentiert sich als wunderschönes Labyrinth aus Gassen und gotischen Palazzi. Das Herzstück bildet die Piazza del Campo, auf der zwei Mal im Jahr das berühmte Pferderennen, der Palio, ausgetragen wird.

SEHENSWERTES

Piazza del Campo Piazza

Die abschüssige Piazza, meist einfach Il Campo genannt, ließ der Consiglio dei Nove (Neunerrat) Mitte des 12. Jhs. anlegen. Seitdem ist sie das Zentrum Sienas. Die Zahl der tortenstückähnlichen Abschnitte des Pflasters entspricht der Anzahl der Ratsmitglieder. Heute ist der Platz ein beliebter Treffpunkt besonders der jüngeren Einwohnerschaft der Stadt und die Cafés rund um den Platz sind sehr beliebt für einen Kaffee oder einen Aperitif vor dem Abendessen.

Palazzo Pubblico Historisches Gebäude

(Palazzo Comunale; Piazza del Campo) Das gotische Meisterwerk aus dem 14. Jh., erbaut, um den Wohlstand und die stolze Unabhängigkeit von Siena zu demonstrieren, zieht am Campo alle Blicke auf sich. Der clever designte Bau – seine konkave Fassade passt sich der konvexen Form des Platzes perfekt an – beherbergt schon seit jeher die Verwaltung der Stadt. Vom Glockenturm, der **Torre del Mangia** (☎0577 29 26 15; ticket@comune.siena.it; Erw./Fam. 10/25 €; ⌚März–Mitte Okt. 10–18.15 Uhr, Mitte Okt.–Feb. bis 15.15 Uhr), eröffnen sich großartige Ausblicke – doch dafür muss man die steilen Treppen erklimmen!

Museo Civico Museum

(☎0577 29 26 15; Palazzo Pubblico, Piazza del Campo 1; Erw./erm. 10/9 €, mit Torre del Mangia 15 €, mit Torre del Mangia & Complesso Museale di Santa Maria della Scala 20 €; ⌚Mitte März–Okt. 10–18.15 Uhr, Nov.–Mitte März bis 17.15 Uhr) Die Säle des Museums, das über den **Cortile del Podestà** (Hof des Podestà) des Palazzo Pubblico zu erreichen ist, wurden von Künstlern der Sieneser Schule reich mit Fresken verziert. Sie wurden von der Stadtregierung statt von der Kirche in Auftrag gegeben und weisen daher weltliche Motive auf. Das Highlight sind Ambrogio Lorenzettis *Allegorien der guten und schlechten Regierung* (ca. 1338–40) und Simone Martinis *Maestà* (Thronende Madonna mit Kind; 1315).

Duomo Dom

(Cattedrale di Santa Maria Assunta; ☎0577 28 63 00; www.operaduomo.siena.it; Piazza Duomo; März–Okt./Nov.–Feb. 5 €/frei; wenn der Fußboden offen liegt 8 €; ⌚März–Okt. Mo–Sa 10.30–18.30, So 13.30–17.30 Uhr, Nov.–Feb. Mo–Sa 10.30–17, So 13.30–17 Uhr) Der im 13. und 14. Jh. erbaute majestätische Dom, zu dem viele bedeutende Künstler ihren Beitrag leisteten, wurde 1179 geweiht: Giovanni Pisano entwarf die aufwendige Fassade aus weißem, grünem und rotem Marmor, Nicola Pisano schuf die Kanzel, Pinturicchio malte die Fresken in der **Libreria Piccolomini** (Piccolomini-Bibliothek; ☎0577 28 63 00; www.operaduomo.siena.it; Piazza Duomo; 2 €; ⌚März–Okt. Mo–Sa 10.30–18.30, So 13.30–17.30 Uhr, Nov.–Feb. Mo–Sa 10.30–17, So 13.30–17 Uhr) und Michelangelo, Donatello und Gian Lorenzo Bernini steuerten Skulpturen bei.

Complesso Museale di Santa Maria della Scala Museum

(☎0577 28 63 00; www.santamariadellascala.com; Piazza Duomo 2; Erw./erm. 9/7 €; ⌚Mitte März–Mitte Okt. Fr–Mi 10–19, Do bis 22 Uhr, Mitte Okt.–Mitte März Mo, Mi & Fr 10–17, Do bis 20, Sa & So bis 19 Uhr) Der gewaltige Komplex

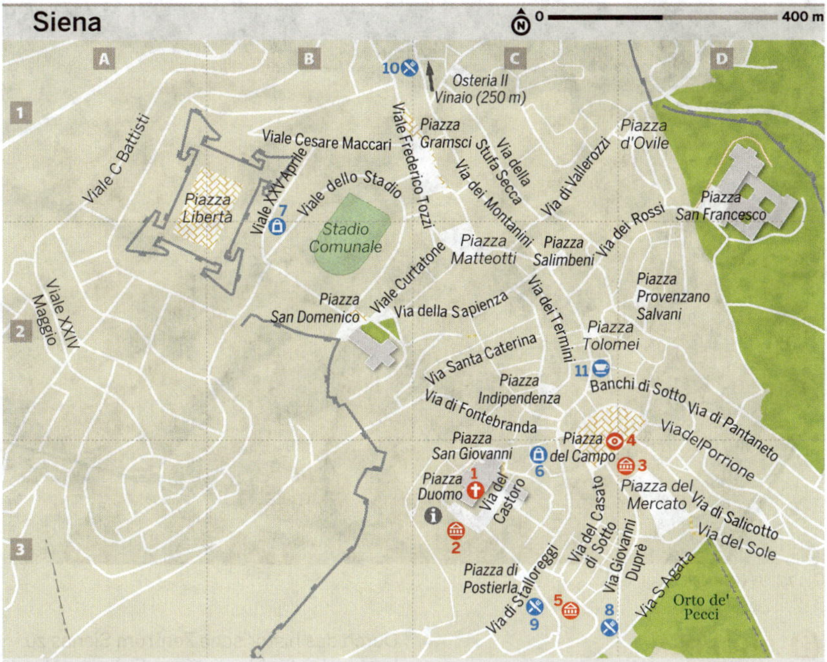

Siena

Sehenswertes

1 Duomo ... C3
Libreria Piccolomini ... (s. 1)
2 Museale Santa Maria della Scala ... C3
3 Museo Civico ... D3
Palazzo Pubblico ... (s. 3)
4 Piazza del Campo ... C3
5 Pinacoteca Nazionale ... C3
Torre del Mangia ... (s. 3)

Shoppen

6 Il Magnifico ... C3
7 Mittwochsmarkt ... B2

Essen

8 La Taverna di San Giuseppe ... C3
9 La Vecchia Latteria ... C3
10 Ristorante Enzo ... B1

Ausgehen & Nachtleben

11 Bar Pasticcheria Nannini ... C2

gegenüber dem Dom entstand im 13. Jh. als Hospiz für Pilger, die auf der Via Francigena unterwegs waren. Das Highlight des Museums ist der **Pellegrinaio** (Pilgersaal) mit lebendigen Fresken aus dem 15. Jh. von Lorenzo di Pietro (alias Vecchietta), Priamo della Quercia und Domenico di Bartolo, die das gute Werk des Krankenhauses und seiner Gönner preisen. Am eindringlichsten ist di Bartolos *Il governo degli infermi* (Versorgung der Kranken; 1440–41), auf dem Szenen aus dem Krankenhausalltag dargestellt sind.

Pinacoteca Nazionale Kunstgalerie
(☎0577 28 11 61; http://pinacotecanazionale.siena.it; Via San Pietro 29) Der derzeit zwecks einer dringend notwendigen Sanierung geschlossene Palazzo Buonsignori aus dem 14. Jh. beherbergt gotische Meisterwerke der Sieneser Schule, darunter Werke von Guido da Siena, Duccio di Buoninsegna, Simone Martini, Niccolò di Segna, Lippo Memmi, Ambrogio und Pietro Lorenzetti, Bartolo di Fredi, Taddeo di Bartolo und Sano di Pietro. Der Termin der Wiedereröffnung steht noch nicht fest.

GIORGIO ROSSI / SHUTTERSTOCK ©

Cantuccini (Mandelkekse)

SHOPPEN

Il Magnifico Lebensmittel

(☎0577 28 11 06; www.ilmagnifico.siena.it; Via dei Pellegrini 27; ⌚Mo–Sa 7.30–19.30 Uhr) Lorenzo Rossi ist Sienas bester Bäcker und sein *panforte,* die *ricciarelli* (zuckerbestäubte Mandelkekse) und *cavallucci* (weiche Kekse mit Anis und anderen Gewürzen) stehen bei vielen Haushalten der Stadt auf dem wöchentlichen Einkaufszettel. Wer die Köstlichkeiten in der Bäckerei hinter dem Dom probiert, weiß warum.

Mittwochsmarkt Markt

(⌚7.30–14 Uhr) GRATIS Der Markt rund um die Fortezza Medicea und Richtung Stadio Comunale ist einer der größten der Toskana. Hier kann man sich preiswert einkleiden; auch Lebensmittel werden verkauft.

ESSEN & AUSGEHEN

La Vecchia Latteria Gelato €

(☎0577 05 76 38; www.facebook.com/GelateriaYogurteriaLaVecchiaLatteria/; Via San Pietro 10; Gelato 2–4,50 €; ⌚12–23 Uhr, Winter bis 20 Uhr) Durch das historische Zentrum Sienas zu bummeln macht mit einem Eis in der Hand noch mehr Spaß. Das werden einem auch die vielen Stammkunden dieser *gelateria artigianale* bei der Pinacoteca Nazionale bestätigen. Fabio und Francesco produzieren aus natürlichen Zutaten frisches Frucht- und dekadent sahniges Milcheis.

Osteria Il Vinaio Toskanisch €

(☎0577 4 96 15; Via Camollia 167; Gerichte 6,50–13 €; ⌚Mo–Sa 10–22 Uhr) Weinlokale sind in Siena eher Mangelware – daher ist es auch keine Überraschung, dass Bobbes und Davides *osteria* so beliebt ist. Hier treffen sich Einheimische jeden Alters zu einer Pasta oder ein paar Häppchen vom reichhaltigen Antipastibuffet und spülen alles mit dem einen oder anderen Gläschen des sehr süffigen Hausweins hinunter.

Ristorante Enzo Toskanisch €€€

(☎0577 28 12 77; www.daenzo.net; Via Camollia 49; Mahlzeiten 52 €; ⌚Di–So 12–14.30 & 19.30–22 Uhr) Das Enzo verkörpert Essengehen auf alte Sieneser Art: Hier werden die Gäste mit einem Gratisgläschen Prosecco begrüßt und dann mit kunstfertig zubereiteten Gerichten verwöhnt. Es steht viel Fisch auf der Karte, außerdem exzellente hausgemachte Pasta und ungewöhnliche Fleischgerichte. Gleichermaßen eindrucksvoll ist das Ambiente mit hochwertiger Tischwäsche und schönen Gläsern.

Osteria La Taverna di San Giuseppe Toskanisch €€€
(☎0577 4 22 86; www.tavernasangiuseppe.it; Via Dupré 132; Mahlzeiten 49 €; ⏲Mo–Sa 12–14.30 & 19–22 Uhr) Jedes Restaurant, das auf Rindfleisch, Trüffel und Steinpilze spezialisiert ist, ist schon automatisch interessant. Hierher kommen die Einheimischen gerne zu besonderen Gelegenheiten, um diese in geselligem Ambiente und bei effizientem Service mit tollem Essen sowie regionalen und ausländischen Tröpfchen zu begehen.

Bar Pasticceria Nannini Café
(☎0577 23 60 09; www.pasticcerienannini.it; Via Banchi di Sopra 24; ⏲Mo–Do 7.30–22, Fr & Sa bis 23, So bis 22 Uhr) Das 1886 gegründete Nannini ist dank gutem Kaffee und der Lage beim Campo schon seit jeher ein Favorit der Einheimischen. Hier kann man wunderbar Sieneser Leckereien wie *cantuccini* (knusprige Mandelkekse), *cavallucci* (weiche Kekse mit Anis und anderen Gewürzen), *panforte* (Gewürzkuchen mit Mandeln, Honig und kandierten Früchten) und *panpepato* (*panforte* mit Pfeffer und Haselnüssen) probieren.

PRAKTISCHE INFORMATIONEN

Touristeninformation (☎0577 28 05 51; www.terresiena.it; Piazza Duomo 2, Santa Maria della Scala; ⏲Mitte März–Okt. 10–18 Uhr, Nov.–Mitte März bis 16.30 Uhr)

AN- & WEITERREISE

Busse von **Siena Mobilità** (☎800 922984; www.sienamobilita.it) verbinden Siena mit Florenz (7,80 €, 2¾ Std., mind. stündl.) und San Gimignano (6 €, 2¾ Std., Mo–Sa 10-mal tgl.). Außerdem fahren regelmäßig Züge nach Florenz.

Der Palio

Der Palio, der jedes Jahr im Juli und August stattfindet, umfasst neben bunten Umzügen auch ein wildes Pferderennen auf der Piazza del Campo. Zehn der 17 *contrade* (Stadtbezirke) von Siena kämpfen um den *palio* (Seidenbanner). Jede *contrade* hat ihre eigenen Traditionen, Symbole und Farben sowie eine eigene Kirche und ein Palio-Museum.

Festlichkeiten vor dem Palio
LONGJON / SHUTTERSTOCK ©

Arezzo

Arezzo ist vielleicht keine Schönheit, doch diejenigen Teile der Altstadt, die die Bombardements des Zweiten Weltkriegs überlebten, sind so faszinierend wie jedes andere Ziel in der Region: Der Hauptplatz der Stadt ist tatsächlich so schön, wie er in Roberto Benignis Filmklassiker *La vita è bella* (Das Leben ist schön) erscheint.

Heute ist die Stadt für ihre Kirchen, Museen und die abschüssige Piazza Grande bekannt, auf der an jedem ersten Wochenende des Monats ein riesiger Antiquitätenmarkt stattfindet. Wenn der Abend anbricht, bummeln die Einwohner von Arezzo bei ihrer rituellen *passeggiata* (Abendspaziergang) über den Corso Italia.

SEHENSWERTES

Cappella Bacci Kirche
(☎0575 35 27 27; www.pierodellafrancesca.it; Piazza San Francesco; Erw./erm. 8/5 €; ⏲Mo–Fr 9–18, Sa bis 17.30, So 13–17.30 Uhr, im Sommer länger) Diese Kapelle in der Apsis der

Geld sparen in Arezzo

Ein Kombiticket für 12 € umfasst den Eintritt zur Cappella Bacci, ins Museo Archeologico Nazionale und ins **Museo di Casa Vasari** (Museum Vasari-Haus; ☎0575 29 90 71; www.museistataliarezzo.it/museo-casa-vasari; Via XX Settembre 55; Erw./erm. 4/2 €; ⌚Mo & Mi–Sa 8.30–19.30, So bis 13.30 Uhr). Es gilt zwei Tage und ist in den teilnehmenden Stätten erhältlich.

Museo di Casa Vasari
V. ARCOMANO / ALAMY STOCK PHOTO ©

Basilica di San Francesco aus dem 14. Jh. beherbergt einen der bedeutendsten Kunstschätze Italiens: Piero della Francescas Freskenzyklus der *Legende vom Wahren Kreuz* (1452–1466), der die Geschichte des Kreuzes erzählt, an der Christus starb. Jede halbe Stunde erhalten nur 30 Besucher Einlass, sodass man in der Hauptsaison auf jeden Fall vorbuchen muss. Der Kartenschalter befindet sich beim Eingang zur Basilika die Treppe hinunter.

Chiesa di Santa Maria della Pieve — Kirche

(Corso Italia 7; ⌚8–12.30 & 15–18.30 Uhr) GRATIS Diese Kirche aus dem 12. Jh., die älteste Arezzos, wartet mit einer außergewöhnlichen romanischen Fassade mit jeweils auf einzigartige Weise verzierten Säulen auf. Über dem Hauptportal befinden sich Reliefs aus dem 13. Jh. zu den zwölf Monaten des Jahres, genannt *ciclo dei mesi*. Das Highlight im schlichten Innenraum ist Pietro Lorenzettis Wandelaltar *Madonna und die Heiligen* (1320–1324) – er wird zurzeit in der Werkstatt **Ricera** (☎0575 2 86 70, 333 2851179; www.ricercarestauro.wordpress.com; Via G Mazzini 1; Spende; ⌚n. V.) restauriert. Unter dem Hochalter befindet sich ein Reliquiar in Form einer Silberbüste des Schutzheiligen der Stadt, San Donato.

Duomo di Arezzo — Dom

(Cattedrale di SS Donato e Pietro; Piazza del Duomo; ⌚7–12.30 & 15–18.30 Uhr) GRATIS Mit dem Bau des Doms von Arezzo wurde im 13. Jh. begonnen, doch fertig war er erst 1511. In der Nordostecke befindet sich links des Hauptaltars ein exquisites Fresko der *Maria Magdalena* (ca. 1459) von Piero della Francesca. Interessant sind auch fünf Arbeiten aus glasierter Terrakotta von Andrea della Robbia und seiner Werkstatt in der Cappella della Madonna del Conforto.

Museo Archeologico Nazionale Gaio Cilnio Mecenate — Museum

(Archäologisches Museum Gaius Cilnius Maecenas; ☎0575 2 08 82; www.facebook.com/archeologicoarezzo; Via Margaritone 10; Erw./erm. 6/3 €; ⌚Mo–Sa 8.30–19.30 Uhr) Das Museum befindet sich in einem Klostergebäude aus dem 14. Jh. oberhalb der Ruinen eines römischen Amphitheaters, in dem einst bis zu 10 000 Zuschauer Platz fanden. Benannt ist es nach Gaius Maecenas (68–8 v. Chr.), einem Kunstmäzen und Berater von Kaiser Augustus. Ausgestellt sind etruskische und römische Artefakte. Das Highlight ist der *Cratere di Euphronios*, eine etruskische Vase aus dem 6. Jh. v. Chr., auf der in anschaulicher Weise Herkules in der Schlacht dargestellt ist.

Ebenfalls interessant ist ein klitzekleines Porträt eines bärtigen Mannes aus dem 3. Jh. n. Chr. Es entstand, indem ein dünnes Goldblatt graviert und dann zwischen zwei Glasplatten gelegt wurde.

Sonntags ist das Museum gelegentlich geschlossen – vorher anrufen!

ESSEN & AUSGEHEN

Cremì — Gelato €

(www.facebook.com/gelateriaartigianalecremi; Corso Italia 100; Waffel & Becher 2–5 €; ⌚Fr–Mi

FRANKVANDENBERGH / GETTY IMAGES ©

Blick auf die Piazza Grande von Arezzo

10–23 Uhr) Die helle, moderne *gelateria artigianale* (handwerkliche Eisdiele) liegt an Arezzos wichtigster Bummelmeile. Zu den verlockenden saisonalen Sorten zählen Pfirsich und Vanille, Erdbeer-Cheesecake, Erdnuss sowie Walnuss und Feige. Oder man entscheidet sich für die herrliche und äußerst beliebte Spezialität des Hauses: *mousse di nutella,* eine sahnige, luftige Mischung aus Mousse und Eiscreme mit Schoko- und Haselnussgeschmack.

Es gibt auch Crêpes zum Mitnehmen.

Antica Osteria Agania Toskanisch €
(☎0575 29 53 81; www.agania.com; Via G Mazzini 10; Mahlzeiten 20 €; ⏲Di–So 12–15 & 18–22.30 Uhr) Die von der Familie Ludovichi seit 1905 betriebene *osteria* serviert eine durch und durch traditionelle toskanische Küche. Zu den Spezialitäten zählen sensationelle Antipasti (mit zahlreichen vegetarischen Optionen), rustikale Suppen, hausgemachte Pasta und *secondi* von *lumache* (Schnecken) bis zu *grifi* (Lammbäckchen) mit Polenta, *baccalà* mit Kichererbsen und Würstchen mit Bohnen.

> *Die Stadt ist bekannt für ihre abschüssige Piazza Grande*

Caffè Vasari Café
(☎0575 04 36 97; Piazza Grande 15; ⏲Sommer 7.30–21 Uhr, Winter 8.30–18 Uhr) Das Café wird den ganzen Tag von der Sonne verwöhnt und ist der ideale Ort, um die altehrwürdige Eleganz und Schönheit der **Piazza Grande** bei einem Kaffee oder *aperitivo* zu genießen. Zu finden ist es in beneidenswerter Lage unter den fotogenen Arkaden des Palazzo delle Logge Vasari.

PRAKTISCHE INFORMATIONEN

Touristeninformation (☎0575 40 33 19; www.centroguidearezzo.it)

AN- & WEITERREISE

Arezzo liegt an der Bahnstrecke von Florenz nach Rom.

Montepulciano

Wer diesen schmalen vulkanischen Bergrücken erkundet, wird seine Wadenmuskeln ordentlich strapazieren. Aber zur Belohnung für all die Mühsal winkt ein Tröpfchen vom renommierten Vino Nobile, zu dem man außerdem noch die spektakulären Ausblicke aufs Val di Chiana und Val d'Orcia genießen kann.

SEHENSWERTES

Il Corso Straße

Montepulcianos Hauptstraße – die in ihren einzelnen Abschnitten Via di Gracciano, Via di Voltaia, Via dell'Opio und Via Poliziano heißt – erklimmt von der **Porta al Prato** den östlichen Bergrücken und trifft im Westen auf die Via di Collazzi. Zum Ortszentrum, der Piazza Grande, geht's auf der Via del Teatro im spitzen Winkel zurück.

Die **Colonna del Marzocca** an der Piazza Savonarola oberhalb der Porta al Prato wurde 1511 errichtet, um die Bindung Montepulcianos an Florenz zu bekunden. Zu den interessanten Gebäuden im Verlauf der Straße zählen der **Palazzo Avignonesi** (Via di Gracciano nel Corso 91) aus der Spätrenaissance, der **Palazzo di Bucelli** (Via di Gracciano nel Corso 73) mit etruskischen und lateinischen Inschriften und Reliefs an der Fassade und der **Palazzo Cocconi** (Via di Gracciano nel Corso 70).

Weiter den Berg hinauf steht Michelozzos **Chiesa di Sant'Agostino** (Piazza Michelozzo; ⌚9–12 & 15–18 Uhr). Das Bogenfeld über dem Eingang zeigt in Terrakotta eine Madonna mit Kind, Johannes den Täufer und den hl. Augustinus.

Die **Torre di Pulcinella** (Piazza Michelozzo) gegenüber, ein mittelalterlicher Wohnturm, wird von der Stadtuhr und der gebeugten Figur des Pulcinella gekrönt, der die Stunden schlägt.

Hinter dem historischen **Caffè Poliziano** (☎0578 75 86 15; www.caffepoliziano.it; Via di Voltaia 27; ⌚Mo–Fr 7–19, Sa bis 22.30, So bis 21 Uhr; 📶) führt der Corso geradeaus weiter; rechts zweigt die Via del Teatro ab.

Der Hauptplatz von Montepulciano

Museo Civico & Pinacoteca Crociani Kunstgalerie, Museum
(☎0578 71 73 00; www.museocivicomontepulciano.it; Via Ricci 10; Erw./erm. 6/4 €; ⊙April–Okt. Mi–Mo 10–18.30 Uhr, Nov.–März Sa & So 10–18 Uhr) Dem kleinen Museum von Montepulciano ist etwas Wunderbares widerfahren: Eines der Gemälde aus der Sammlung wurde 2011 Caravaggio zugesprochen. Bei dem Werk handelt es sich um das *Bildnis eines Mannes*: Es soll Kardinal Scipione Borghese zeigen, den Mäzen des Malers. Einem Touchscreen kann man Infos zu Details des Bildes, seiner Restaurierung und Zuordnung entnehmen. Weitere interessante Werke sind hier zwei Terrakotten von Andrea Della Robbia sowie Domenico Beccafumis Gemälde der Schutzheiligen der Stadt, der hl. Agnes.

Palazzo Comunale Historisches Gebäude
(Piazza Grande; Terrasse & Turm Erw./erm. 5/2,50 €, nur Terrasse 2,50 €; ⊙April–Weihnachten 10–18 Uhr) Der im 14. Jh. im gotischen Stil erbaute und im 15. Jh. von Michelozzo umgestaltete Palazzo Comunale fungiert noch immer als Rathaus. Über 67 enge Stufen geht es hinauf auf den Turm zu hervorragenden Ausblicken bis nach Pienza, Montalcino und an klaren Tagen sogar bis nach Siena.

ESSEN & AUSGEHEN

Osteria Acquacheta Toskanisch €
(☎0578 71 70 86; www.acquacheta.eu; Via del Teatro 22; Mahlzeiten 24 €; ⊙Mitte April–Dez. Mi–Mo 12.30–15 & 19.30–22.30 Uhr) Diese quirlige *osteria* ist sowohl bei den Einheimischen als auch bei Touristen beliebt. Sie ist auf *bistecca alla fiorentina* (über Holzkohle gegrilltes T-Bone-Steak) spezialisiert, das in großen, leicht angeschwärzten Scheiben auf den Tisch kommt und außergewöhnlich köstlich ist – es sich auf andere Weise zubereiten zu lassen, sollte man erst gar nicht in Erwägung ziehen! Telefonisch reservieren.

Mit den Einheimischen kommunizieren

Viele Italiener sprechen eine Fremdsprache: Englisch, Deutsch oder Französisch. Aber auf dem Land ist ein Reisewörterbuch schon sehr praktisch. Viele einfache Restaurants haben entweder gar keine Karte oder nur eine per Hand gekrakelte Tafel auf Italienisch.

E Lucevan Le Stelle Weinbar
(☎0578 75 87 25; www.locandasanfrancesco.it; Piazza San Francesco 3; ⊙Ostern–Okt. 10–24 Uhr, Nov.–Ostern Sa & So 10–23 Uhr, Nov. & Jan. jeweils 2 Wochen geschl.; 📶) Die Terrasse dieser äußerst freundlichen *osteria* ist das schönste Plätzchen in Montepulciano, um der Sonne beim Untergehen zuzuschauen. Drinnen verleihen softe Sofas, moderne Kunst und leise Jazzklänge der Bar ein relaxtes Ambiente. An kleinen Speisen gibt's u. a. *piadinas* (gefüllte Fladenbrote; 8 €), Pastagerichte (9 €) und Antipastiteller (10–28 €).

PRAKTISCHE INFORMATIONEN

Touristeninformation (☎0578 75 73 41; www.prolocomontepulciano.it; Piazza Don Minzoni 1; ⊙April–Sept. 9.30–13 & 15–19 Uhr, Okt.–März Mo–Sa 9.30–13 & 15–18 Uhr; 📶)

AN- & WEITERREISE

Von Florenz kommend nimmt man an der A1 die Ausfahrt Valdichiana (Richtung Bettolle-Sinalunga) und folgt dann der Ausschilderung. Von Siena nimmt man die Superstrada Siena–Bettolle–Perugia.

Siena Mobilità hat vier Busse täglich zwischen Siena und Montepulciano (6,60 €, 1 Std.). Diese halten unterwegs in Pienza (2,50 €). Nach/ab Florenz (11,20 €, 1½ Std.) verkehren drei Busse am Tag.

BERLIN, DEUTSCHLAND

In diesem Kapitel

Berlin, Deutschland

Die typische Berliner Mischung aus großartig und schräg zieht die meisten Besucher sofort in ihren Bann, ob es um das bunte Kulturleben geht, moderne Architektur, fantastisches Essen, coole Partys oder Geschichte zum Anfassen.

In dieser Stadt hat eine Revolution stattgefunden, hier war die Schaltzentrale der Nazi-Diktatur, Berlin wurde zerbombt, in zwei Hälften geteilt und schließlich wiedervereint – und das alles im 20. Jahrhundert. Die pulsierende multikulturelle Metropole hat sich dabei ihren geradlinigen, herzlichen Charakter bewahrt.

Zwei Tage in Berlin

Los geht's am **Reichstag** (S. 442), gefolgt von einem Bummel zum **Brandenburger Tor** (S. 448). Weiter führt der Weg Richtung Westen über die Straße des 17. Juni vorbei am Sowjetischen Ehrenmal zur **Siegessäule** (S. 454). Von oben bietet sich ein tolles Panorama über den schönen **Tiergarten** (S. 454), in dem man anschließend spazierengehen kann. Der zweite Tag ist den Museen auf der **Museumsinsel** (S. 452) gewidmet.

Vier Tage in Berlin

Der dritte Tag beginnt mit dem riesigen **Holocaust-Mahnmal** (S. 448). Über den nahen **Potsdamer Platz** (S. 453) geht's zum **Checkpoint Charlie** (S. 449). Am vierten Tag stehen die **Gedenkstätte Berliner Mauer** (S. 439) und die **East Side Gallery** (S. 439), der längste erhaltene Abschnitt der Berliner Mauer, auf dem Programm.

Als nächste Europastation bietet sich das Kontrastprogramm **Schloss Neuschwanstein** (S. 466) oder das nahe **Prag** (S. 539) an.

Vorhergehende Doppelseite: Blick auf Berlin

Ankunft

Flughäfen Tegel & Schönefeld In- und Auslandsflüge. Der Flughafen Tegel ist vom Zentrum aus nur per Bus oder Taxi zu erreichen. Von Schönefeld fahren auch S- und Regionalbahnen ins Stadtzentrum.

Hauptbahnhof Im Stadtzentrum. Erreichbar mit S-, U- und Straßenbahn, Bus und Taxi.

Zentraler Omnibusbahnhof (ZOB) Hier kommen die meisten Fernbusse an.

Schlafen

Berlin wartet mit über 137 000 Hotelzimmern auf, doch die begehrtesten sind besonders im Sommer und um die Feiertage herum schnell ausgebucht – dann steigen auch die Preise. Eine Vorausbuchung ist sehr zu empfehlen. Ansonsten sind die Preise im Vergleich zu anderen Hauptstädten eher gemäßigt. Das Angebot umfasst neben Kettenhotels und altmodischen Berliner Pensionen auch angesagte Hostels, Ferienwohnungen für Selbstversorger und schicke Boutiquehotels.

Informationen zu den einzelnen Berliner Stadtteilen siehe S. 465.

ALEXA CATALIN / SHUTTERSTOCK ©

Berliner Mauer

28 Jahre lang war die Berliner Mauer das sinnfälligste Symbol des Kalten Krieges. Im heutigen wiedervereinten Berlin stehen überraschenderweise nur noch sehr wenige der geschichtsträchtigen Stahlbetonsegmente.

Toll für ...

☑ Nicht versäumen

Die alte und neue Mauerkunst an der East Side Gallery.

Der Bau der Mauer

Am 13. August 1961 begannen kurz nach Mitternacht Soldaten und Polizisten der DDR, kilometerweise Stacheldraht zu ziehen, der wenig später durch Betonplatten ersetzt wurde. Die Mauer war eine verzweifelte Maßnahme der Regierung, um die Bevölkerungsabwanderung seit Gründung der DDR 1949 zu stoppen. Rund 3,6 Mio. Menschen waren bereits nach Westdeutschland übergesiedelt.

Der Fall der Mauer

Der Fall der Mauer kam so unerwartet wie ihr Bau. Wieder kamen der DDR ihre Bürger abhanden, diesmal auf dem Umweg über Ungarn. Es musste etwas passieren: Am 9. November verkündete der Regierungssprecher der DDR, Günter Schabowski, bei einer Pressekonferenz, dass die Reisebeschränkungen in den Westen aufgehoben

East Side Gallery

Gut zu wissen

Eine Doppelreihe von Pflastersteinen markiert den Mauerverlauf auf 5,7 km Länge. Mauergeschichte dokumentiert die Denkmallandschaft Berliner Mauer (denkmallandschaft-berliner-mauer.de).

Kleine Stärkung

Nicht weit von der Mauer-Gedenkstätte liegt **Konnopke's Imbiss** (☎030-442 7765; www.konnopke-imbiss.de; Schönhauser Allee 44a; Wurst 1,60–2,90 €; ⏲Mo–Fr 10–20, Sa 11.30–20 Uhr; 🚋M1, M10, M13, U Eberswalder Straße).

★ Top-Tipp

Vom Turm des Dokumentationszentrums bietet sich ein toller Blick.

würden. Auf Nachfrage über den Zeitpunkt äußerte er: „ ... unverzüglich." So fanden die beiden Teile Berlins nach Jahrzehnten wieder zusammen, das Volk feierte mit ausgelassenen Partys und langen Trabi-Paraden.

Im Verlauf des Jahres 1990 verschwand die Mauer fast vollständig aus Berlin. Einige Teile wurden abgeschlagen und an Touristen verhökert, andere Reste wurden in Museen, Parks, sogar Privatgärten in aller Welt geschafft. Der längste noch intakte Mauerabschnitt ist die East Side Gallery.

Gedenkstätte Berliner Mauer

Die **Gedenkstätte Berliner Mauer** (☎030-467 986 666; www.berliner-mauer-gedenkstaette.de; Bernauer Straße, zw. Schwedter Straße & Gartenstraße; ⏲Besucher- & Dokumentationszentrum Di–So 10–18 Uhr, Freiluftausstellung tgl. 8–22 Uhr; S Nordbahnhof, Bernauer Straße, Eberswalder Straße) GRATIS erstreckt sich über 1,4 km an der Bernauer Straße und umfasst einen Originalabschnitt der Mauer, Reste von Grenzeinrichtungen und Fluchttunneln, eine Kapelle und ein Denkmal. Multimedia-Stationen, Tafeln und ein Dokumentationszentrum beleuchten, wie die Grenzbefestigungen aussahen und wie sie das Leben auf beiden Seiten prägten.

East Side Gallery

Nach 1989 wurde der größte Teil der Berliner Mauer schnell abgerissen, doch ein 1,3 km langer Abschnitt wurde zur **East Side Gallery** (www.eastsidegallery-berlin.de; Mühlenstraße zw. Oberbaumbrücke & Ostbahnhof; ⏲24 Std.; U Warschauer Straße, S Ostbahnhof, Warschauer Straße) GRATIS, der weltweit größten Sammlung von Wandbildern unter freiem Himmel: In mehr als 100 Werken fingen Dutzende Künstler die Euphorie der Zeit ein.

Die Berliner Mauer

Einzigartig in der Geschichte war der Bau der Berliner Mauer nicht nur, weil sie eine Stadt physisch teilte, sondern auch, weil sie zur Grenzlinie zweier konkurrierender Ideologien und politischer Systeme wurde. Diese globale Bedeutung und das universelle Erbe faszinieren die Menschen bis heute, Jahrzehnte nach dem spektakulären Fall der Mauer. Viele originale Mauersegmente und andere Spuren existieren noch und führen gemeinsam mit Museen und Gedenkstätten den Alltag und die Herausforderungen in Berlin zu Zeiten des Kalten Kriegs vor Augen.

Hier die Top-Highlights, die Besuchern die verschiedenen Aspekte der oftmals angespannten Mauer-Jahrzehnte näherbringen. Idealer Startpunkt ist die **1 Gedenkstätte Berliner Mauer** mit einem exzellenten Überblick, wie die innerstädtische Grenze eigentlich aussah und was es hieß, in ihrem Schatten zu leben. Auf einem Abschnitt des ehemaligen Todesstreifens, auf dem sich heute der **2 Mauerpark** erstreckt, kann man in Ruhe über das Erfahrene nachdenken, bevor es weitergeht zur berührenden Ausstellung im **3 Tränenpalast**, einem ehemaligen Grenzübergang. Dem

Tränenpalast
Der Grenzpavillon von 1962 aus Stahl und Glas erhielt den Spitznamen „Tränenpalast" wegen der vielen tränenreichen Abschiede, die vor dem Gebäude zwischen Ostdeutschen und Besuchern aus dem Westen stattfanden.

CANADASTOCK/SHUTTERSTOCK ©

Brandenburger Tor
Die Welt jubelte, als Ost- und Westberliner zusammen auf der Mauer vor dem Brandenburger Tor feierten. Das Wahrzeichen gilt heute als Symbol der deutschen Wiedervereinigung.

TAKASHI IMAGES/SHUTTERSTOCK ©

Potsdamer Platz
Nirgends war der Todesstreifen breiter als im früheren Niemandsland um den Potsdamer Platz. In den 1990er-Jahren entstand hier ein neues Stadtquartier. Ein winziges Teilstück der Mauer erinnert noch an die Teilung.

ANDERSPHOTO/SHUTTERSTOCK ©

Checkpoint Charlie
Nur Diplomaten und Ausländer durften diesen Grenzübergang nutzen. Wochen nach dem Bau der Mauer standen sich hier US- und Sowjetpanzer in einem der kritischsten Momente des Kalten Kriegs gegenüber.

Freudentaumel über den Fall der Mauer lässt sich am ❹ **Brandenburger Tor** nachspüren, anschließend kann man über die Wiederbelebung am ❺ **Potsdamer Platz** staunen. Die geopolitische Bedeutung der Mauer steht am ❻ **Checkpoint Charlie** im Fokus, und welches Motiv das schönste der ❼ **East Side Gallery** ist, darf jeder selbst entscheiden.

Die genannten Orte sind mit öffentlichen Verkehrsmitteln und ein paar Schritten zu Fuß erreichbar; um den launischen Verlauf der Mauer durch Berlins Zentrum richtig zu begreifen, ist jedoch eine Tour mit dem Fahrrad die beste Wahl.

KURZINFOS

Baubeginn: 13. August 1961
Fall der Mauer: 9. November 1989
Gesamtlänge: 155 km
Höhe: 3,6m
Gewicht eines Mauersegments: 2,6 t
Anzahl der Wachtürme: 300

TORVAL MORK/SHUTTERSTOCK ©

Gedenkstätte Berliner Mauer

Deutschlands zentraler Erinnerungsort an die Berliner Mauer und ihre Opfer verdeutlicht die Komplexität und die barbarische Natur der Grenzanlage entlang einer 1,4 km langen Strecke des Mauerverlaufs.

Mauerpark

Der Park in einem umgestalteten Abschnitt des Todesstreifens ist berühmt für seinen Flohmarkt und das Karaoke. An einem noch erhaltenen 30 m langen Mauerstück dürfen sich angehende Graffitikünstler üben.

LINKA A ODOM/GETTY IMAGES ©

East Side Gallery

Parallel zur Spree verläuft auf 1,3 km das längste Überbleibsel der Mauer. Nach dem Mauerfall hielten mehr als hundert internationale Künstler ihre Interpretation dieses historischen Moments in poppig bunten Mauerbildern fest.

EWAIS/SHUTTERSTOCK ©

Reichstag

Zu den berühmtesten Wahrzeichen Berlins zählt sicherlich das Reichstagsgebäude, errichtet Ende des 19. Jhs. Es diente im Kaiserreich und in der Weimarer Republik als Sitz des Reichstags. Seit 1999 ist das Gebäude wieder Sitz des Parlaments: des Deutschen Bundestags.

Toll für ...

☑ Nicht versäumen

Kostenlose Audioguides informieren über das Gebäude, die Geschichte und die Arbeit des Parlaments.

Anfänge

Es wurde in Brand gesetzt, zerbombt, wieder aufgebaut, von der Mauer bedrängt, in Plastikplanen verpackt und schließlich von dem Stararchitekten Norman Foster aus dem Dornröschenschlaf erweckt: Um die Geschichte des berühmten Berliner Wahrzeichens zu beschreiben, reicht das Wort „turbulent" kaum aus. Der Bau im Stil des Historismus entstand bis 1894 als Sitz des Parlaments (Reichstag) und diente als solcher bis 1933. In jenem Jahr wurde er durch einen Brandanschlag schwer beschädigt. Der Vorfall lieferte Hitler und den Nationalsozialisten einen Vorwand, um ihre Diktatur auszuweiten. 1945 war das Gebäude stark umkämpftes Ziel der Roten Armee, die auf dem Reichstag schließlich die sowjetische Flagge hissen konnte – ein Symbol für den Sieg der Sowjets über die Nazis.

Reichstagskuppel

Gut zu wissen

Karte S. 450; www.bundestag.de; Platz der Republik 1, Besucherdienst, Scheidemannstraße; Aufzug 8–24 Uhr, letzter Einlass 21.45 Uhr, Besucherdienst April–Okt. 8–20 Uhr, Nov.–März bis 18 Uhr; ; 100, S Brandenburger Tor, Hauptbahnhof, U Brandenburger Tor, Reichstag/Bundestag GRATIS

Kleine Stärkung

Praktisch für einen schnellen Imbiss ist der **Berlin Pavillon** (Karte S. 450; 030-2065 4737; www.berlin-pavillon.de; Scheidemannstraße 1; Gerichte 4,50–9 €; 8–21 Uhr; 100, S Brandenburger Tor, U Brandenburger Tor, Bundestag).

★ Top-Tipp

Am besten meldet man seinen Besuch schon frühzeitig von zu Hause online an. Für den Zutritt zum Gebäude ist ein Ausweis notwendig.

Kalter Krieg

Der Reichstag stand nach dem Krieg in West-Berlin, allerdings nahe an der Grenze zum Ostteil der Stadt und ab den frühen 1960er-Jahren direkt an der Mauer. Die westdeutsche Regierung hatte sich im fernen Bonn eingerichtet und so verlor der Reichstag seinen Zweck. In den 1950er-Jahren wurde sogar vorgeschlagen, das Gebäude abzureißen. Glücklicherweise wurde beschlossen, es zu erhalten.

Wiedervereinigung & Umbau

Fast ein Jahr nach dem Mauerfall wurde die offizielle Wiedervereinigungszeremonie im Reichstag abgehalten, der, wie später entschieden wurde, auch wieder Sitz des deutschen Parlaments werden sollte. Bevor der britische Architekt Norman Foster mit den umfassenden Restaurierungsarbeiten begann, wurde das Reichstagsgebäude im Sommer 1995 spektakulär von dem bulgarisch-amerikanischen Künstler Christo in Plastikplanen verhüllt. In den folgenden vier Jahren entstand die heute berühmte Glaskuppel, ein Besuchermagnet. Von der per Aufzug zu erreichenden Kuppel bieten sich tolle Rundumblicke auf die Stadt und man kann sogar in den Plenarsaal hinunterschauen. Hoch zur Spitze geht's über eine spiralförmige Rampe, die sich rund um den verspiegelten Kern der Kuppel zieht. Foster erhielt allerdings die Auflage, bestimmte Originalbestandteile des Reichstags zu erhalten. Ein Beispiel dafür sind die kyrillischen Kritzeleien, die sowjetische Soldaten 1945 im Gebäude hinterließen.

N+T* / GETTY IMAGES ©

Berliner Nachtleben

Zu recht genießt Berlin einen Ruf als eine der Party-Hauptstädte Europas. Es gibt zahllose Möglichkeiten, sich bei Cocktails, Wein oder Bier (oder auch ohne Alkohol) einen schönen Abend zu machen.

Toll für ...

☑ Nicht versäumen

Das **Café am Neuen See** (Karte S. 456; 030-254 4930; www.cafeamneuensee.de; Lichtensteinallee 2; Restaurant 9–23 Uhr, Biergarten Mo–Fr 12 Uhr bis spät, Sa & So 11 Uhr bis spät; ; 200, U Zoologischer Garten, S Zoologischer Garten, Tiergarten) gilt als schönster Biergarten Berlins.

Bars & Kneipen

Berlin ist ein Paradies für Nachtschwärmer: Kneipen und Bars sind von Sonnenuntergang bis Sonnenaufgang gut besucht und in manchen Clubs geht es erst ab 4 Uhr morgens richtig los.

Spannende Szeneläden gibt es v. a. in Kreuzberg, Friedrichshain, Neukölln, aber auch in ehemaligen Arbeiterbezirken wie dem Wedding im Nordwesten und Lichtenberg im Osten der Stadt. Manche Betreiber legen sich richtig ins Zeug, um ihren Laden möglichst ausgefallen zu gestalten. Lokale in Charlottenburg, Mitte und Prenzlauer Berg sind eher etwas für ein gemütliches Date, Gelegenheiten für feuchtfröhliche Feiern gibt es weniger.

Die Grenze zwischen Café und Kneipe/Bar verwischt zusehends – viele Lokale sind das eine wie das andere, je nach

Mojitos in einer Berliner Bar

Uhrzeit. Alkohl wird mehr oder weniger den ganzen Tag ausgeschenkt. Die Berliner Cocktailkultur boomt und einige neue Läden haben die Messlatte noch einmal höher gelegt. Cocktailbars pflegen in der Regel ein eher elegantes, auch romantisches Flair, mit Schummerlicht und gedämpfter Musik. Ein guter Cocktail kostet 10 bis 15 €.

Biergärten, Strand- & Dachbars

Die Berliner sind ein sonnenhungriges Völkchen. Sobald die ersten Sonnenstrahlen des Frühlings den Weg in die Stadt finden, werden Tische schneller rausgestellt, als man ein Bier zapfen kann. Die traditionellen Orte für ein gepflegtes Pils oder Weizen unter freiem Himmel sind natürlich die Biergärten mit langen Tischen unter alten Kastanien, wo zum kühlen Getränk auch eine Bratwurst zu haben ist. 2002 eröffnete außerdem die erste Strandbar der Stadt, die **Strandbar Mitte** (Karte S. 450; ☎030-2838 5588; www.strandbar-mitte.de; Monbijoustraße 3; Tanz 4 €; ⏲Mai–Sept. 10 Uhr bis spät; M1, S Oranienburger Straße) in bester Lage an der Spree. Viele Strandbars mussten mittlerweile Neubauten weichen, was wiederum einen anderen Trend nach sich zog: Dachbars.

Gut zu wissen

Bars sind meist von etwa 18 bis 1 oder 2 Uhr geöffnet. Szenelokale und Cocktailbars machen frühestens um 20 oder 21 Uhr auf und schließen erst, wenn der letzte Gast gegangen ist. Die Clubs öffnen oft um 23 oder 24 Uhr und füllen sich ab 1 oder 2 Uhr; am meisten los ist zwischen 4 und 6 Uhr.

Kleine Stärkung

In Biergärten und Strandbars gibt's auch immer etwas zu essen. In Dachbars kommt dann noch ein oft großartiger Ausblick dazu.

★ Top-Tipp

In den meisten Berliner Clubs muss man sich nicht aufbrezeln. Die Einlasspolitik ist eher locker.

Clubs

In den vergangenen 25 Jahren ist Berlin dank seiner Clubkultur zu einem bevorzugten Reiseziel von Partyvolk geworden. Es gibt über 200 Clubs – hier findet jeder die richtige Location nach seinem Geschmack. Electro-Sounds in allen Variationen prägen nach wie vor das Berliner Clubleben, aber auch Hip-Hop, Dancehall, Rock, Soul und Funk sind (wieder) vermehrt zu hören. Die schrägsten Szeneclubs haben sich in alten Kraftwerken, Umspannwerken, verlassenen Wohnblocks und anderen umgenutzten Lokalitäten eingenistet. Die Szene ist in ständiger Bewegung. Die Clubbetreiber suchen ununterbrochen nach neuen Ideen und ungewöhnlichen Flächen.

Historische Highlights

Dieser Spaziergang führt durch den Bezirk Mitte vorbei an den wichtigsten historischen Sehenswürdigkeiten. Hier liegt die Keimzelle der Stadt und hier schlägt bis heute ihr kulturelles, architektonisches und kommerzielles Herz.

Start Reichstag
Länge 3,5 km
Dauer 3 Stunden

Fotospot: Das berühmte Brandenburger Tor ist heute ein freundliches Symbol des wiedervereinigten Berlin.

2 Das **Brandenburger Tor** (S. 448) befand sich in der Zeit des Kalten Krieges in nächster Nachbarschaft zur Berliner Mauer.

3 Die Straße **Unter den Linden** ist seit dem 18. Jh. der Vorzeigeboulevard der Stadt.

Kleine Stärkung ... Deftige bayerische Kost im **Augustiner am Gendarmenmarkt** (S. 457).

1 Die funkelnde Glaskuppel des **Reichstags** (S. 442) entstand nach der Wiedervereinigung.

5 Die Nordhälfte der Spreeinsel wird **Museumsinsel** (S. 452) genannt, ein Unesco-Weltkulturerbe voller Kunst und Geschichte.

7 Der mächtige **Berliner Dom** (S. 453) war ein Symbol preußischer Macht.

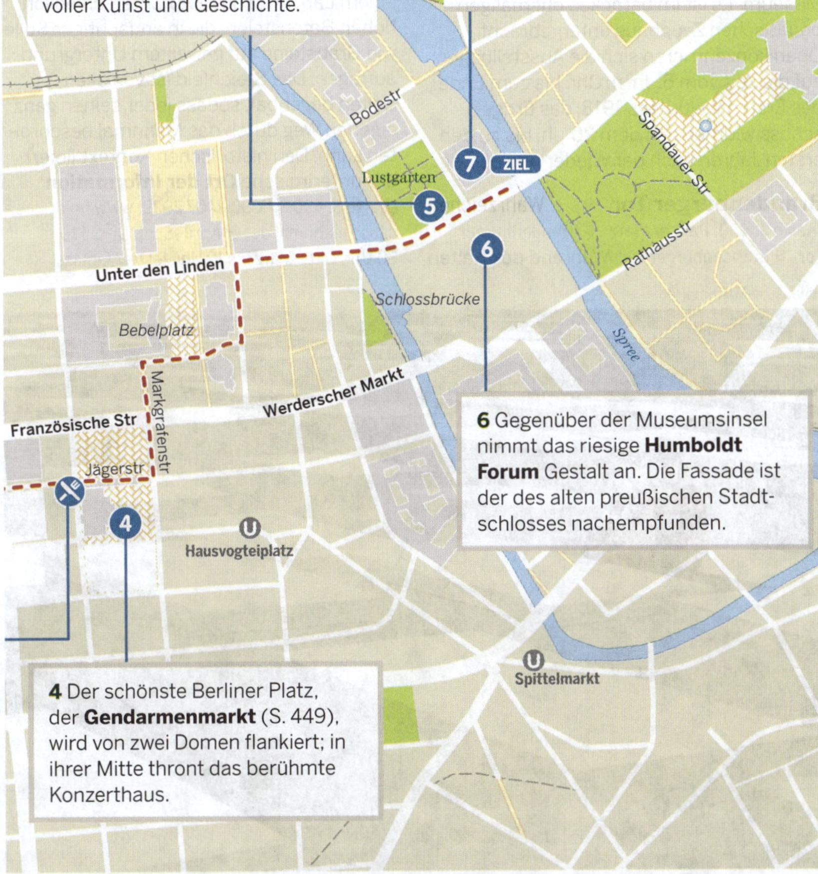

6 Gegenüber der Museumsinsel nimmt das riesige **Humboldt Forum** Gestalt an. Die Fassade ist der des alten preußischen Stadtschlosses nachempfunden.

4 Der schönste Berliner Platz, der **Gendarmenmarkt** (S. 449), wird von zwei Domen flankiert; in ihrer Mitte thront das berühmte Konzerthaus.

SEHENSWERTES

Mitte

Im geschichtsträchtigsten Teil Berlins liegen nah beieinander wichtige Sehenswürdigkeiten. Daher ist dies der Top-Bezirk für Besucher.

Deutsches Historisches Museum Museum

(Karte S. 450; ☎030-203 040; www.dhm.de; Unter den Linden 2; Erw./erm./Kind unter 18 J. mit Pei-Bau 8/4 €/frei; ⏲10–18 Uhr; 🚌100, 200, U Hausvogteiplatz, S Hackescher Markt) Wer sich je gefragt hat, was die Deutschen in den vergangenen 1500 Jahren so getrieben haben, findet Antworten in diesem Museum. Es ist im barocken ehemaligen preußischen Zeughaus untergebracht. Oben konzentrieren sich die Ausstellungen auf die Zeit vom 6. Jh. n. Chr. bis zum Ende des Ersten Weltkriegs 1918, das Erdgeschoss widmet sich dem 20. Jh. bis zu den ersten Jahren nach der Wiedervereinigung.

Brandenburger Tor Wahrzeichen

(Karte S. 450; Pariser Platz; S Brandenburger Tor, U Brandenburger Tor) Während des Kalten Krieges war es ein Symbol der deutschen Teilung, seit dem Mauerfall steht das Brandenburger Tor für die Wiedervereinigung. Von Carl Gotthard Langhans nach dem Vorbild der Athener Akropolis erbaut, wurde es 1791 als königliches Stadttor eingeweiht.

Holocaust-Mahnmal Gedenkstätte

(Denkmal für die ermordeten Juden Europas; Karte S. 450; ☎030-2639 4336; www.stiftung-denkmal.de; Cora-Berliner-Straße 1; Audioguide 3 €; ⏲24 Std.; S Brandenburger Tor, U Brandenburger Tor) GRATIS Das 2005 eingeweihte, fußballfeldgroße Mahnmal, entstanden nach einem Entwurf des amerikanischen Architekten Peter Eisenman, besteht aus einem Labyrinth aus 2711 unterschiedlich hohen Betonstelen, die in andächtiger Stille wie Grabsteine auf gewelltem Untergrund aufragen. Das Stelenfeld ist von allen Seiten begehbar, sodass jeder seinen ganz eigenen Weg durch das Mahnmal beschreiten kann. Den historischen Kontext liefert der unterirdische **Ort der Information** (Karte S. 450; ☎030-7407 2929; www.holocaust-mahnmal.de; ⏲April–Sept. Di–So 10–20 Uhr, Okt.–März bis 19 Uhr, letzter Einlass

Holocaust-Mahnmal

45 Min. vor Schließung) GRATIS mit einer bewegenden Ausstellung. Es sind auch Audioguides erhältlich.

Gendarmenmarkt Platz

(Karte S. 450; U Französische Straße, Stadtmitte) Der anmutige Platz wird vom Deutschen und vom Französischen Dom flankiert; dazwischen steht das **Konzerthaus** (Karte S. 450; ☎ 030-203 092 333; www.konzerthaus.de; Gendarmenmarkt 2; U Französische Straße, Stadtmitte) mit seinem mächtigen Portikus. Der Platz ist nach den Gens d'Armes benannt, einem preußischen Regiment des 18. Jhs. aus französischen Hugenotten.

Checkpoint Charlie Historische Stätte

(Karte S. 454; Ecke Zimmerstraße & Friedrichstraße; ⏲ 24 Std.; U Kochstraße) GRATIS Der Checkpoint Charlie war von 1961 bis 1990 der Hauptgrenzübergang für Alliierte, andere ausländische Besucher und Diplomaten, die in den Ostteil der Stadt einreisen wollten. Eine kostenlose **Freiluftausstellung** informiert über wichtige Ereignisse während des Kalten Krieges, ansonsten ist aus dem historisch bedeutsamen Ort größtenteils eine Touristenfalle geworden.

Scheunenviertel

Hackesche Höfe Historische Stätte

(Karte S. 450; ☎ 030-2809 8010; www.hackesche-hoefe.com; Eingang Rosenthaler Straße 40/41 oder Sophienstraße 6; 🚊 M1, S Hackescher Markt, U Weinmeisterstraße) GRATIS Die Hackeschen Höfe sind das größte und bekannteste Hofensemble des historischen Scheunenviertels. Die acht 1907 erbauten und miteinander verbundenen Höfe wurden 1996 mit einer schönen Mischung aus Cafés, Galerien, Läden und Unterhaltungseinrichtungen neu eröffnet. Der Haupteingang an der Rosenthaler Straße führt zum **Hof I** mit hübschen Jugendstilkacheln. Hof VII leitet über zu den romantischen **Rosenhöfen** mit einem Rosengarten und rankenartigen Balustraden.

Museum für Naturkunde Museum

(Karte S. 450; ☎ 030-2093 8591; www.naturkundemuseum.berlin; Invalidenstraße 43; Erw./erm. mit Audioguide 8/5 €; ⏲ Di–Fr 9.30–18, Sa & So 10–18 Uhr; 👪; 🚊 M5, M8, M10, 12, U Naturkundemuseum) Fossilien und Mineralien lösen keine Adrenalinschübe aus? Wie wäre es dann mit Tristan, dem T-Rex: Sein Skelett zählt zu den besterhaltenen der Welt und

Konzentrationslager Sachsenhausen

Das **KZ Sachsenhausen** (Gedenkstätte & Museum Sachsenhausen; ☎ 03301-200 200; www.stiftung-bg.de; Straße der Nationen 22, Oranienburg; ⏲ Mitte März–Mitte Okt. 8.30–18 Uhr, Mitte Okt.–Mitte März bis 16.30 Uhr, Museen Mitte Okt.–Mitte März Mo geschl.; P; S Oranienburg) GRATIS 35 km nördlich von Berlin wurde von Gefangenen errichtet und 1936 als Prototyp für weitere Konzentrationslager eröffnet. Bis 1945 saßen hier rund 200 000 Personen ein, zumeist Widerständler, Juden und Roma sowie nach 1939 auch Kriegsgefangene. Zehntausende starben durch Hunger, Erschöpfung, Krankheit, Erfrierungen, medizinische Versuche und Hinrichtungen. Weitere Tausende starben beim Todesmarsch im April 1945, als die Rote Armee vorrückte und die Nazis das Lager räumten. Ein Rundgang durch die Gedenkstätte mit den verbleibenden Gebäuden ist sehr bewegend.

Vom Berliner Zentrum (z. B. vom Bahnhof Friedrichstraße) fährt die S1 dreimal pro Stunde nach Oranienburg (3,40 €, 45 Min.). Schneller sind der RE5 und die RB12 ab Hauptbahnhof (3,40 €, 25 Min.). Das Lager liegt rund 2 km vom Bahnhof Oranienburg entfernt.

Wachturm in Sachsenhausen

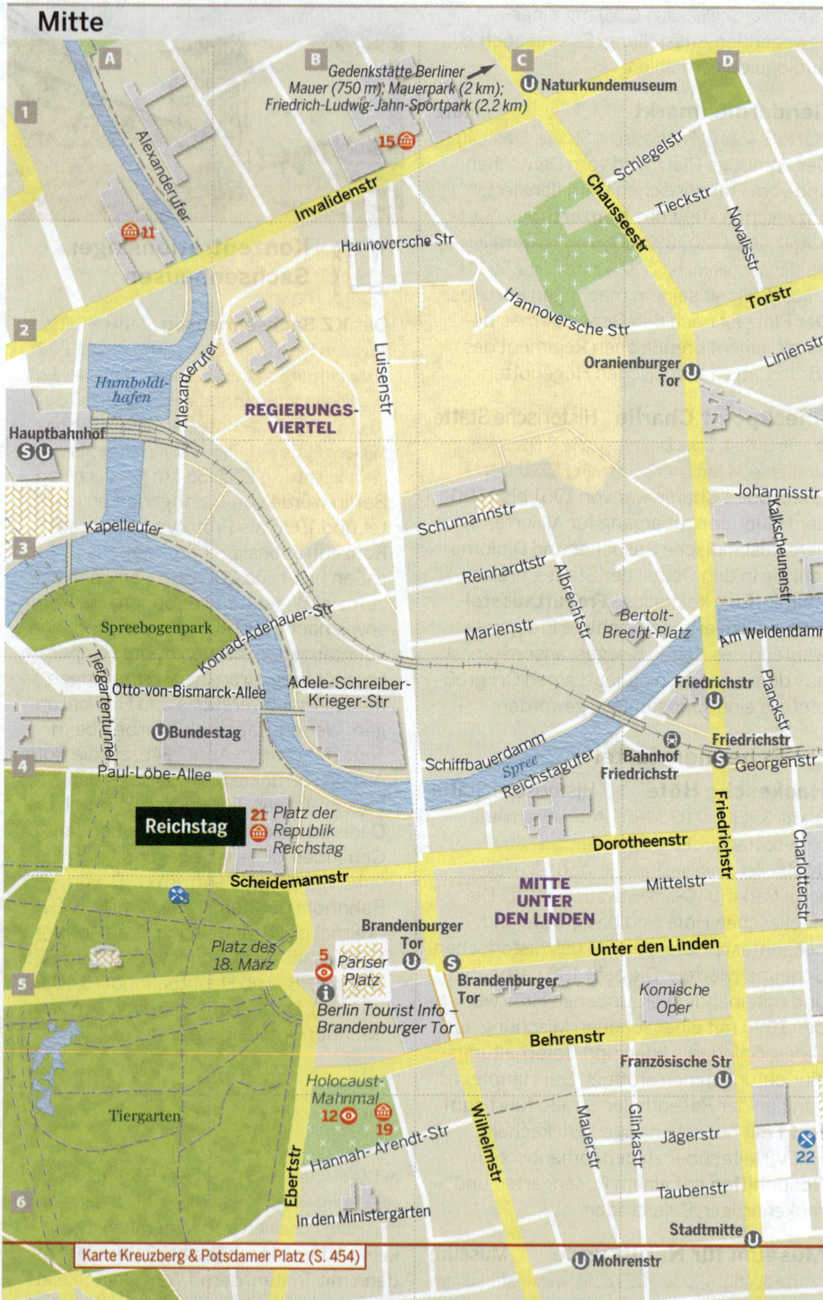
Mitte
Gedenkstätte Berliner Mauer (750 m); Mauerpark (2 km); Friedrich-Ludwig-Jahn-Sportpark (2,2 km)
Naturkundemuseum
Alexanderufer
Invalidenstr
Schlegelstr
Chausseestr
Tieckstr
Novalisstr
Hannoversche Str
Torstr
Linienstr
Oranienburger Tor
Humboldt-hafen
REGIERUNGS-VIERTEL
Luisenstr
Hauptbahnhof
Johannisstr
Kalkscheunenstr
Kapelleufer
Schumannstr
Reinhardtstr
Albrechtstr
Bertolt-Brecht-Platz
Am Weidendamm
Spreebogenpark
Konrad-Adenauer-Str
Marienstr
Tiergartentunnel
Otto-von-Bismarck-Allee
Adele-Schreiber-Krieger-Str
Friedrichstr
Planckstr
Bundestag
Schiffbauerdamm
Spree
Reichstagufer
Bahnhof Friedrichstr
Georgenstr
Paul-Löbe-Allee
Reichstag
Platz der Republik
Reichstag
Dorotheenstr
Charlottenstr
Scheidemannstr
MITTE UNTER DEN LINDEN
Mittelstr
Brandenburger Tor
Platz des 18. März
Pariser Platz
Unter den Linden
Brandenburger Tor
Komische Oper
Berlin Tourist Info – Brandenburger Tor
Behrenstr
Französische Str
Holocaust-Mahnmal
Tiergarten
Wilhelmstr
Mauerstr
Glinkastr
Jägerstr
Hannah-Arendt-Str
Ebertstr
Taubenstr
In den Ministergärten
Stadtmitte
Karte Kreuzberg & Potsdamer Platz (S. 454)
Mohrenstr

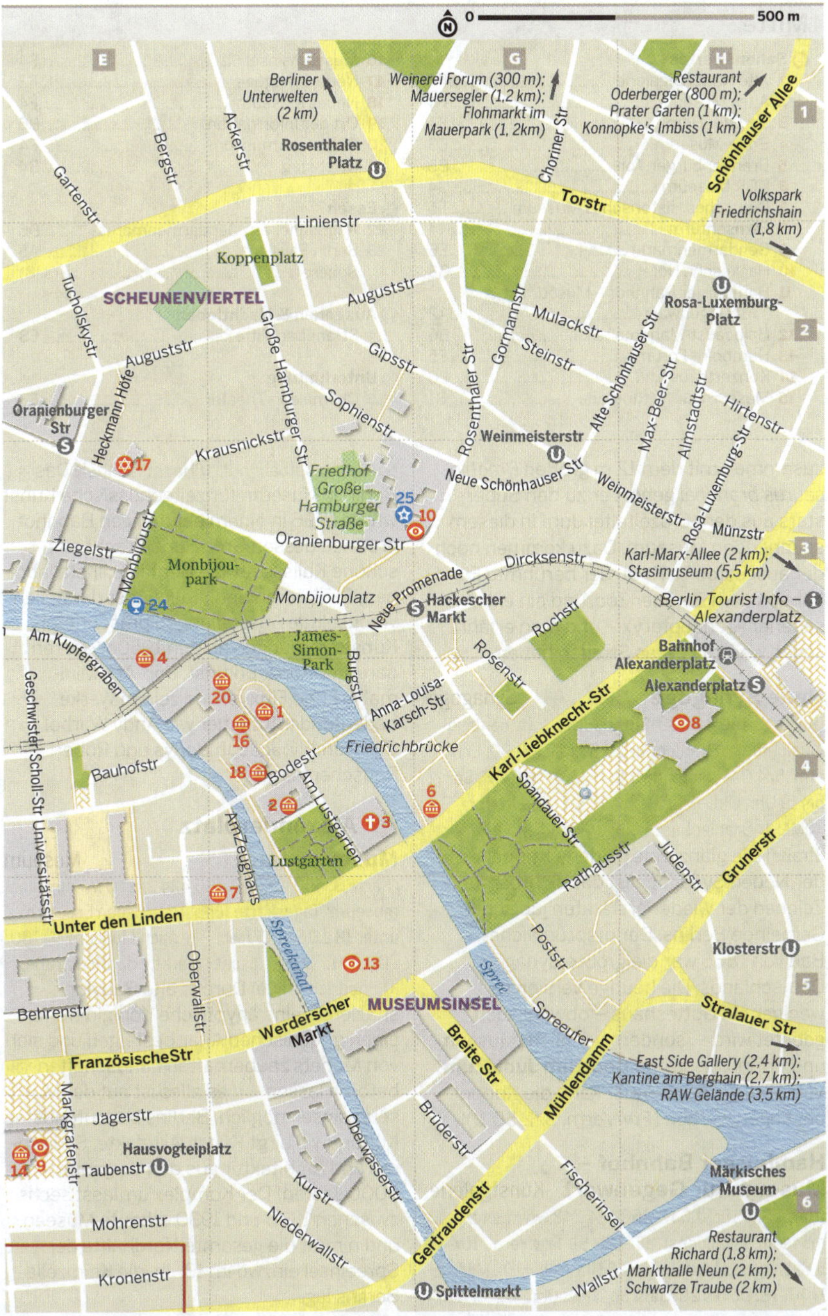
0
500 m
E
F
G
H
1
2
3
4
5
6
Berliner Unterwelten (2 km)
Weinerei Forum (300 m); Mauersegler (1,2 km); Flohmarkt im Mauerpark (1, 2km)
Restaurant Oderberger (800 m); Prater Garten (1 km); Konnopke's Imbiss (1 km)
Schönhauser Allee
Rosenthaler Platz
Bergstr
Ackerstr
Choriner Str
Torstr
Gartenstr
Volkspark Friedrichshain (1,8 km)
Linienstr
Koppenplatz
Tucholskystr
SCHEUNENVIERTEL
Auguststr
Große Hamburger Str
Gormannstr
Mulackstr
Rosa-Luxemburg-Platz
Steinstr
Gipsstr
Rosenthaler Str
Alte Schönhauser Str
Max-Beer-Str
Almstadtstr
Hirtenstr
Oranienburger Str
Heckmann Höfe
Sophienstr
Weinmeisterstr
Rosa-Luxemburg-Str
Krausnickstr
17
Friedhof Große Hamburger Straße
25
10
Neue Schönhauser Str
Weinmeisterstr
Münzstr
Oranienburger Str
Ziegelstr
Monbijoustr
Monbijou-park
Dircksenstr
Karl-Marx-Allee (2 km); Stasimuseum (5,5 km)
Neue Promenade
Monbijouplatz
Hackescher Markt
Berlin Tourist Info – Alexanderplatz
24
Rochstr
Am Kupfergraben
James-Simon-Park
Burgstr
Rosenstr
Bahnhof Alexanderplatz
Alexanderplatz
4
20
1
16
Anna-Louisa-Karsch-Str
Karl-Liebknecht-Str
8
Geschwister-Scholl-Str
Friedrichbrücke
Bauhofstr
18
Bodestr
Am Lustgarten
6
2
Spandauer Str
3
Universitätsstr
Am Zeughaus
Lustgarten
Rathausstr
Jüdenstr
Grunerstr
7
Unter den Linden
Poststr
Klosterstr
Oberwallstr
Spreekanal
13
Spree
Behrenstr
MUSEUMSINSEL
Werderscher Markt
Spreeufer
Stralauer Str
Breite Str
FranzösischeStr
Mühlendamm
East Side Gallery (2,4 km); Kantine am Berghain (2,7 km); RAW Gelände (3,5 km)
Markgrafenstr
Jägerstr
Brüderstr
Hausvogteiplatz
14
9
Taubenstr
Oberwasserstr
Fischerinsel
Märkisches Museum
Kurstr
Gertraudenstr
Mohrenstr
Niederwallstr
Restaurant Richard (1,8 km); Markthalle Neun (2 km); Schwarze Traube (2 km)
Kronenstr
Spittelmarkt
Wallstr

Mitte

Sehenswertes
- 1 Alte Nationalgalerie F4
- 2 Altes Museum F4
- 3 Berliner Dom F4
- 4 Bode-Museum E3
- 5 Brandenburger Tor B5
- 6 DDR Museum G4
- 7 Deutsches Historisches Museum F5
- 8 Fernsehturm H4
- 9 Gendarmenmarkt E6
- 10 Hackesche Höfe G3
- 11 Hamburger Bahnhof – Museum für Gegenwart A2
- 12 Holocaust-Mahnmal B6
- 13 Humboldt Forum F5
- 14 Konzerthaus E6
- 15 Museum für Naturkunde B1
- 16 Museumsinsel F4
- 17 Neue Synagoge E3
- 18 Neues Museum F4
- 19 Ort der Information B6
- 20 Pergamonmuseum F4
- 21 Reichstag B4

Essen
- 22 Augustiner am Gendarmenmarkt D6
- 23 Berlin Pavillon A5
- Sphere .... (s. 8)

Ausgehen & Nachtleben
- 24 Strandbar Mitte E3

Unterhaltung
- 25 Chamäleon Theater F3

zusammen mit dem 12 m großen *Brachiosaurus branchai* gehört er zu den Superstars aus dem Erdzeitalter Jura in diesem spannenden Museum. Dazu kommen noch der ausgestopfte Knut, der berühmte Eisbär aus dem Berliner Zoo, und ein extrem seltener Archäopteryx – und man erfährt sogar, warum Zebras Streifen haben.

Neue Synagoge — Synagoge

(Karte S. 450; ☎030-8802 8300; www.centrumjudaicum.de; Oranienburger Straße 28–30; Erw./erm. 5/4 €, Audioguide 3 €; ⏲Mo–Fr 10–18, So bis 19 Uhr, Okt.–März Fr bis 15 & So bis 18 Uhr; Tram M1, U Oranienburger Tor, S Oranienburger Straße) Die glänzende goldene Kuppel der Neuen Synagoge ist das sichtbarste Zeichen der wieder erstarkten jüdischen Gemeinde Berlins. Der ursprüngliche Bau von 1866 war die größte Synagoge Deutschlands. Die heutige Version ist weniger ein Gotteshaus – obwohl auch gebetet wird –, sondern vor allem Museum und Erinnungsstätte: **Centrum Judaicum**. Von April bis September kann die Kuppel bestiegen werden (Erw./erm. 3/2,50 €).

Hamburger Bahnhof – Museum für Gegenwart — Kunstgalerie

(Karte S. 450; ☎030-266 424 242; www.smb.museum; Invalidenstraße 50–51; Erw./erm. 10/5 €, 1. Do des Monats 16–20 Uhr frei; ⏲Di, Mi & Fr 10–18, Do bis 20, Sa & So 11–18 Uhr; Tram M5, M8, M10, S Hauptbahnhof, U Hauptbahnhof) Das Berliner Museum für zeitgenössische Kunst wurde 1996 in einem ehemaligen Bahnhof eröffnet, dessen Größe und Pracht eine schöne Kulisse für die Gemälde, Installationen, Skulpturen und Videokunst darstellen. Wechselnde Ausstellungen präsentieren Kunstströmungen ab den 1950er-Jahren, darunter Konzeptkunst, Pop-Art, Minimal Art und Fluxus, und zeigen Werke bedeutender Künstler wie Andy Warhol, Cy Twombly, Joseph Beuys und Robert Rauschenberg.

Alexanderplatz

Museumsinsel — Museum

(Karte S. 450; ☎030-266 424 242; www.smb.museum; Tageskarte für alle 5 Museen Erw./erm./unter 18 J. 18/9 €/frei; ⏲je nach Museum; Bus 100, 200, TXL, S Hackescher Markt, Friedrichstraße, U Friedrichstraße) Durchs alte Babylon spazieren, eine ägyptische Königin treffen, einen griechischen Altar besteigen und sich von Monets zauberhaften Landschaften betören lassen – dies alles ist auf der Museumsinsel möglich. Berlins bedeutendstes Kulturjuwel birgt Kunst, Artefakte, Skulpturen und Architektur aus den vergangenen 6000 Jahren! Der Komplex umfasst sechs zwischen 1830 und 1930 erbaute Museen und nimmt die gesamte Nordhälfte der Spreeinsel ein, wo im 13. Jh. die Keimzelle Berlins lag.

Als Erstes entstand das **Alte Museum** (Karte S. 450; Am Lustgarten; Erw./erm./Kind unter 18 J. 10/5 €/frei; ⏰Di, Mi & Fr–So 10–18, Do bis 20 Uhr) mit griechischen, etruskischen und römischen Kunstwerken. Dahinter präsentiert das **Neue Museum** (Karte S. 450; Bodestraße 1–3; Erw./erm./Kind unter 18 J. 12/6 €/frei; ⏰Fr–Mi 10–18, Do bis 20 Uhr) die ägyptische Sammlung mit der berühmten Büste der Königin Nofretete; hier befindet sich auch das Museum für Vor- und Frühgeschichte. Die tempelartige **Alte Nationalgalerie** (Karte S. 450; Bodestraße 1–3; Erw./erm. 10/5 €; ⏰Di, Mi & Fr–So 10–18, Do bis 20 Uhr) hat ihren Schwerpunkt auf europäischer Kunst des 19. Jhs. Der Besuchermagnet der Insel ist das **Pergamonmuseum** (Karte S. 450; Bodestraße 1–3; Erw./erm./Kind unter 18 J. 12/6 €/frei; ⏰Fr–Mi 10–18, Do bis 20 Uhr) mit seiner monumentalen Architektur in Anlehnung an die Antike; im Inneren befindet sich das atemberaubedne Ischtartor aus Babylon. Das **Bode-Museum** (Karte S. 450; Ecke Am Kupfergraben & Monbijoubrücke; Erw./erm./Kind unter 18 J. 12/6 €/frei; ⏰Di, Mi & Fr–So 10–18, Do bis 20 Uhr) an der Nordspitze der Insel ist für seine Skulpturensammlung und Byzantinische Kunst bekannt.

DDR Museum Museum

(Karte S. 450; ☎030-847 123 731; www.ddr-museum.de; Karl-Liebknecht-Straße 1; Erw./erm. 9,80/6 €; ⏰So–Fr 10–20, Sa bis 22 Uhr; 🚌100, 200, TXL, S Hackescher Markt) Anfassen ist erlaubt in diesem Museum, das auf lebendige Weise Einblicke in den Alltag der DDR gibt. So erzählen die Ausstellungen, dass Kindergartenkinder gemeinsames „Töpfchen-Training" hatten, studierte Ingenieure nur wenig mehr verdienten als Bauern und FKK-Urlaub nichts Ungewöhnliches war. Ein Highlight des Museums ist eine simulierte Fahrt mit einem Trabi.

Fernsehturm Wahrzeichen

(Karte S. 450; ☎030-247 575 875; www.tv-turm.de; Panoramastraße 1a; Erw./Kind 15,50/9,50 €, Ticket ohne Wartezeit 19,50/12 €; ⏰März–Okt. 9–24 Uhr, Nov.–Feb. 10–24 Uhr, letzte Auffahrt 23.30 Uhr; 🚌100, 200, TXL, U Alexanderplatz, S Alexanderplatz) Deutschlands höchstes Gebäude, der 368 m hohe Fernsehturm von 1969, ist genauso wenig aus dem Berliner Stadtbild wegzudenken wie der Eiffelturm aus Paris. An klaren Tagen ist der Blick von der Aussichtsetage (mit Bar) in 203 m Höhe wirklich unschlagbar. Das Restaurant **Sphere** (Karte S. 450; ☎030-247 575 875; www.tv-turm.de/de/bar-restaurant; Hauptgerichte mittags 10,50–18 €, abends 12,50–28 €; ⏰10–23 Uhr; 📶; 🚌100, 200, TXL, U Alexanderplatz, S Alexanderplatz) auf 207 m Höhe vollführt pro Stunde eine Drehung um die eigene Achse.

Berliner Dom Kirche

(Karte S. 450; ☎Ticketbüro 030-2026 9136; www.berlinerdom.de; Am Lustgarten; Erw./erm. 7/5 €; ⏰April–Okt. 9–20 Uhr, Nov.–März bis 19 Uhr; 🚌100, 200, TXL, S Hackescher Markt) Pompös und doch majestätisch wirkt die 1905 im Stil der italienischen Renaissance erbaute preußische Hofkirche, die heute als Gotteshaus, Museum und Konzertsaal genutzt wird. Der reich mit Gold verzierte Innenraum wartet mit einem opulenten Altar aus Marmor und Onyx auf sowie mit künstlerisch wertvollen Sarkophagen und einer Sauer-Orgel mit 7269 Pfeifen. Ein Aufstieg zur Kuppel (267 Stufen) wird mit einem grandiosen Ausblick über das historische Herz Berlins belohnt.

Potsdamer Platz & Tiergarten

Potsdamer Platz Stadtviertel

(Karte S. 454; Alte Potsdamer Straße; 🚌200, S Potsdamer Platz, U Potsdamer Platz) Die Wiedergeburt des historischen Potsdamer Platzes und seiner Umgebung war in den 1990er-Jahren das größte Bauprojekt Europas, ein Vorzeigeprogramm der Stadterneuerung in den Händen von Stararchitekten wie Renzo Piano und Helmut Jahn. Auf einem Areal, das einst von der Mauer zerschnitten wurde, schoss ein ganzes Stadtviertel mit Büros, Theatern und Kinos, Hotels, Wohnungen und Museen in die Höhe. Zu den Highlights hier zählen das **Sony Center** (Karte S. 454; www.potsdamer-platz.net; Potsdamer Straße) mit seinem

Kreuzberg & Potsdamer Platz

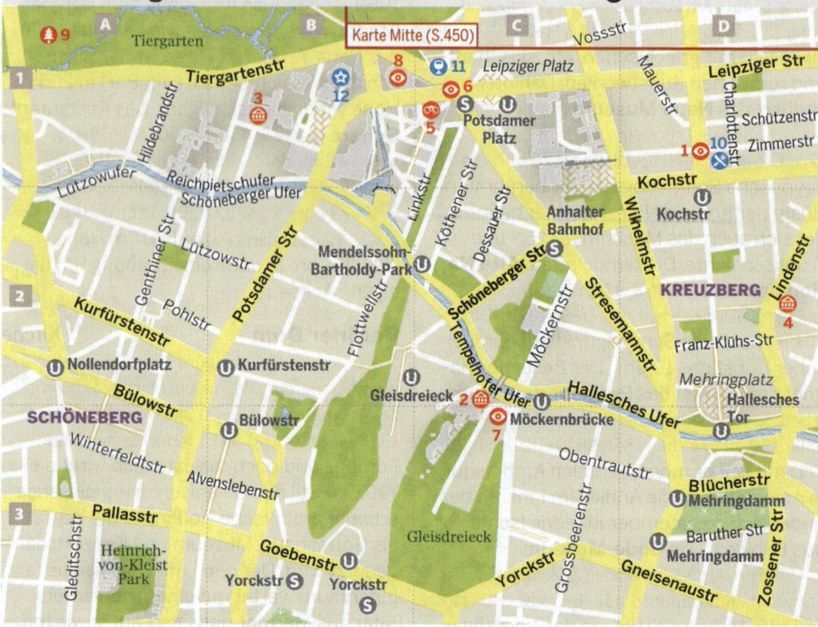

zeltartigen Glasdach und der **Panoramapunkt** (Karte S. 454; 030-2593 7080; www.panoramapunkt.de; Potsdamer Platz 1; Erw./erm. 7,50/6 €, ohne Wartezeit 11,50/9 €; April–Okt. 10–20 Uhr, Nov.–März bis 18 Uhr).

Tiergarten — Park

(Karte S. 454; Straße des 17. Juni; 100, 200, S Potsdamer Platz, Brandenburger Tor, U Brandenburger Tor) Im weitläufigen Tiergarten machten die Berliner Fürsten einst Jagd auf Wildschweine und Fasane, bis der Gartenarchitekt Peter Joseph Lenné das Gelände im 19. Jh. umgestaltete. Heute ist der Tiergarten einer der größten Stadtparks der Welt und bei Spaziergängern, Joggern, Picknickern, Frisbeewerfern, aber auch FKKlern und Schwulen – besonders rund um die Löwenbrücke – beliebt.

Gemäldegalerie — Kunstgalerie

(Karte S. 454; 030-266 424 242; www.smb.museum/gg; Matthäikirchplatz; Erw./erm./Kind unter 18 J. 10/5 €/frei; Di, Mi & Fr 10–18, Do bis 20, Sa & So 11–18 Uhr; M29, M48, M85, 200, S Potsdamer Platz, U Potsdamer Platz) Dieses Museum stellt eine der weltbesten und mit rund 1500 Gemälden größten Sammlungen europäischer Kunst vom 13. bis 18. Jh. aus. Bequeme Schuhe sind empfehlenswert für eine Entdeckungstour durch die 72 Galerien, denn ein Gang allein zu den Meisterwerken von Rembrandt (Saal X), Dürer, Hals, Vermeer, Gainsborough und vielen anderen Künstlern kann durchaus 2 km lang werden.

Siegessäule — Wahrzeichen

(Großer Stern, Straße des 17. Juni; Erw./erm. 3/2,50 €; April–Okt. Mo–Fr 9.30–18.30, Sa & So bis 19 Uhr, Nov.–März Mo–Fr 10–17, Sa & So bis 17.30 Uhr; 100, U Hansaplatz, S Bellevue) Am Großen Stern im Herzen des Tiergartens treffen in der Form eines Sterns fünf Straßen aufeinander. Die Siegessäule mitten auf dem Platz ist in Erinnerung an die militärischen Triumphe Preußens im 19. Jh. von einer goldenen Statue, der Sie-

Kreuzberg & Potsdamer Platz

gesgöttin Viktoria, von den Berlinern salopp „Goldelse"genannt, gekrönt. Heute ist sie auch ein Symbol der Berliner Homosexuellen, denn hier endet der jährliche Christopher Street Day mit einem schrill-bunten Fest. Wer die 285 Stufen erklimmt, genießt von oben weite Ausblicke auf den grünen Tiergarten.

Kreuzberg

Jüdisches Museum — Museum

(Karte S. 454; ☎030-2599 3300; www.jmberlin.de; Lindenstraße 9–14; Erw./erm. 8/3 €, Audioguide 3 €; ⌚10–20 Uhr; Ⓤ Hallesches Tor, Kochstraße) Rund 2000 Jahre deutsch-jüdischer Geschichte mit all ihren Höhen und Tiefen werden in Daniel Libeskinds sensationellem Museumsbau chronologisch dokumentiert und beleuchtet. Die Ausstellung führt Besucher durch alle wichtigen Epochen vom Mittelalter über die Aufklärung bis zur Wiedergeburt der Berliner jüdischen Gemeinde in den letzten Jahrzehnten. Dabei erfährt man vieles über die Beiträge jüdischer Bürger zur deutschen Kultur, über jüdische Feiertage, den schwierigen Weg zur Emanzipation und Persönlichkeiten wie den Philosophen Moses Mendelssohn oder den Jeans-Erfinder Levi Strauss, aber auch über das Schicksal namenloser Juden.

Deutsches Technikmuseum — Museum

(Karte S. 454; ☎030-902 540; http://sdtb.de/technikmuseum; Trebbiner Straße 9; Erw./erm./Kind unter 18 J. 8/4 €/ab 15 Uhr frei; ⌚Di–Fr 9–17.30, Sa & So 10–18 Uhr; Ⓟ 👪; Ⓤ Gleisdreieck, Möckernbrücke) Der von der Decke baumelnde „Rosinenbomber" – ein Flugzeug, wie es 1948 während der Luftbrücke eingesetzt wurde – ist nur der Auftakt zu diesem riesigen und sehr unterhaltsamen Tempel der Technik. Das Museum, das besonders bei Kindern bestens ankommt, beeindruckt mit dem ersten Computer der Welt, einer gigantischen Halle mit alten Lokomotiven und Ausstellungen zu Raumfahrt und Navigation in einem modernen Anbau. Im benachbarten **Science Center Spectrum** (Karte S. 454; ☎030-9025 4284; www.sdtb.de; Möckernstraße 26; Erw./erm./Kind unter 18 J. 8/4 €/ab 15 Uhr frei; ⌚Di–Fr 9–17.30, Sa & So 10–18 Uhr; Ⓟ) können Kinder bei Experimenten mitmachen (gleiches Ticket).

Charlottenburg

Schloss Charlottenburg — Schloss

(Karte S. 456; ☎030-320 910; www.spsg.de; Spandauer Damm 10–22; Tageskarte für alle 4 Gebäude Erw./erm. 17/13 €; ⌚je nach Gebäude; 🚌M45, 109, 309, Ⓤ Richard-Wagner-Platz, Sophie-Charlotte-Platz) Dies ist einer der wenigen Orte in Berlin, die die einstige Pracht der Hohenzollern widerspiegeln, die von 1415 bis 1918 die Region (und mehr) beherrschten. Aus dem ursprünglichen Sommerschlösschen entwickelte sich ein großer Barockkasten mit opulenten Privatgemächern, Festsälen und Sammlungen mit wertvollem Porzellan und Gemälden von französischen Meistern des 18. Jhs. Ein Besuch lohnt sich vor allem bei gutem Wetter: Dann lässt sich die Besichtigung mit einem Bummel durch den wunderschönen Park verbinden.

Charlottenburg

Sehenswertes
1 Schloss Charlottenburg A1

Shoppen
2 Bikini Berlin D3
3 KaDeWe D3

Essen
4 Kuchenladen B3
5 Mine Restaurant C3
6 Restaurant am Steinplatz C2

Ausgehen & Nachtleben
Bar am Steinplatz .... (s. 6)
7 Café am Neuen See D2
8 Monkey Bar D3

GEFÜHRTE TOUREN

Berliner Unterwelten — Touren

(☎030-4991 0517; www.berliner-unterwelten.de; Brunnenstraße 105; Erw./erm. 12/10 €; ⊙Tour „Dunkle Welten" März–Nov. Mi–Mo 12, 14 & 16 Uhr, April–Okt. außerdem Sa & So 10 Uhr, Dez.–Feb. Mi 12 & 14, Do–Mo 12, 14 & 16 Uhr; Ⓢ Gesundbrunnen, Ⓤ Gesundbrunnen) Nachdem man das Brandenburger Tor und den Fernsehturm abgehakt hat, bietet sich eigentlich eine Erkundung des dunklen und feuchten Untergrunds der Stadt an. Mit den Berliner Unterwelten geht's bei der 1½-stündigen Führung „Dunkle Welten" durch einen Bunker aus dem Zweiten Weltkrieg mit engen Räumen, schweren Stahltüren, Krankenbetten, Helmen, Gewehren, Stiefeln und jeder Menge anderen Originalgegenständen aus der Kriegszeit.

Berlin on Bike — Radtouren

(☎030-4373 9999; www.berlinonbike.de; Knaackstraße 97, Kulturbrauerei, Hof 4; Touren inkl. Leihrad Erw./erm. 24/20 €, Leihrad 10 € für 24 Std.; ⊙Mitte März–Mitte Nov. 8–20 Uhr, Mitte Nov.–Mitte März Mo–Sa 10–16 Uhr; 🚋M1,

U Eberswalder Straße) Dieser renommierte Anbieter hat verschiedene interessante und vergnügliche Radtouren im Programm, die von Berlinern geführt werden, z. B. „Streetart Berlin", „Berliner Mauer" und „Kreuzberg & Spreeufer". Reservierung ratsam für alle Touren.

Original Berlin Walks Rundgänge
(☎ 030-301 9194; www.berlinwalks.de; Erw./erm. ab 14/12 €) Der Anbieter hat deutsch- und englischsprachige Stadtrundgänge im Programm, darunter etwa die Tour „Discover Berlin".

SHOPPEN

KaDeWe Kaufhaus
(Karte S. 456; ☎ 030-212 10; www.kadewe.de; Tauentzienstraße 21–24; Mo–Do 10–20, Fr bis 21, Sa 9.30–20 Uhr; U Wittenbergplatz) Das seit 1907 bestehende größte Kaufhaus auf dem europäischen Kontinent wirkt mit seinem umwerfend großen Angebot wie ein gigantisches Shopping-Labyrinth. Wer nicht viel Zeit hat, sollte zumindest die legendäre Lebensmittelabteilung im 6. Stock in Augenschein nehmen. KaDeWe steht übrigens für „Kaufhaus des Westens".

Bikini Berlin Concept Mall
(Karte S. 456; ☎ 030-5549 6455; www.bikini berlin.de; Budapester Straße 38–50; Geschäfte Mo–Sa 10–20 Uhr, Gebäude Mo–Sa 9–20.30, So 12–18 Uhr; 100, 200, U Zoologischer Garten, S Zoologischer Garten) In einem schön sanierten Architekturwahrzeichen aus den 1950er-Jahren eröffnete 2014 die erste Concept Mall Deutschlands. Aufgrund der Gebäudegestaltung mit einem 200 m langen Ober- und Unterteil und einem offenen Stockwerk dazwischen (heute keusch von einer Glasfassade eingefriedet), trägt der Bau den Spitznamen „Bikini". Drinnen befinden sich auf drei Stockwerken unabhängige Streetwear-Boutiquen, Pop-up-Shops, die junge Modedesigner immer für kurze Zeit anmieten können, und der internationale „Foodmarket" Kantini.

ESSEN

Mitte

Augustiner am Gendarmenmarkt Deutsch €€
(Karte S. 450; ☎ 030-2045 4020; www.augustiner-braeu-berlin.de; Charlottenstraße 55; Hauptgerichte 7,50–30 €, Mittagsgericht 5,90 €; 10–2 Uhr; U Französische Straße) Touristen, Konzertbesucher und Freunde von deftigem Essen tummeln sich in diesem bayerischen Wirtshaus an rustikalen Tischen. Zum bodenständigen Ambiente passt dann auch bestens ein Krug süffiges Augustiner. Bratwürste, Schweinsbraten und Brezel sorgen für die Grundlage – für Vegetarier gibt's nur einen Alibisalat. Es werden auch preisgünstige Mittagsspeisen angeboten.

Restaurant Tim Raue Asiatisch €€€
(Karte S. 454; ☎ 030-2593 7930; www.tim-raue.com; Rudi-Dutschke-Straße 26; 3-/4-Gänge-Mittagsmenü 58/68 €, 8-Gänge-Abendmenü 198 €, Hauptgerichte 48–66 €; Mi–Sa 12–15 & 19–24 Uhr; U Kochstraße) Dies ist mal ein niedrigschwelliges 2-Sterne-Restaurant, mit unpiefigem Ambiente und einer zurückgenommenen Einrichtung aus Walnussholz und Vitra-Stühlen. Das alles passt bestens zu Raues brillanten asiatisch inspirierten Gerichten, bei denen immer nur einige wenige ausgesuchte Zutaten glänzen. Ein Publikumshit ist seine Version der Pekingente.

Prenzlauer Berg

Kanaan Orientalisch €
(☎ 0176 2258 6673; www.kanaan-berlin.de; Kopenhagener Straße 17; Gerichte 4–10 €; Mi 17–22, Do & Fr 12–22, Sa & So 10–22 Uhr; M1, U Schönhauser Allee, S Schönhauser Allee) In diesem Wohlfühllokal haben sich ein erfolgreicher israelischer Geschäftsmann und ein palästinensischer Koch zusammengetan, um Berlin mit einer modernen Mischung orientalischer Küche zu beschenken. Die Hits von der Karte sind irakischer Hummus, *hummshuka* (Hummus-Schakschuka-Gemisch) und

Ostberliner Stasimuseum

Das **Stasimuseum** (030-553 6854; www.stasimuseum.de; Haus 1, Ruschestraße 103; Erw./erm. 6/4,50 €; Mo–Fr 10–18, Sa & So 11–18 Uhr; U Magdalenenstraße) im einst gefürchteten Stasi-Hauptquartier liefert heute einen Überblick über Struktur, Arbeitsweise und Wirkung des Ministeriums für Staatssicherheit, der Geheimpolizei der DDR. Auf dem Höhepunkt ihrer Macht waren allein in diesem Gebäudekomplex 8000 Stasi-Mitarbeiter beschäftigt – das maßstabsgetreue Modell im Foyer verdeutlicht die Dimensionen. In weiteren Räumen werden Ideologie, Rituale und Institutionen der DDR-Gesellschaft erläutert. Zu den interessantesten Ausstellungsstücken gehören die oft raffiniert getarnten Überwachungsgeräte (versteckt in Gießkannen, Steinen oder auch in einem Schlips), ein Gefangenentransporter mit winzigen Zellen und die muffigen Büros von Stasi-Chef Erich Mielke. Es gibt außerdem Hintergrundinfos über die SED und die Rolle der Jungen Pioniere.

Das Museum befindet sich gleich nördlich der U-Bahn-Station Magdalenenstraße im Stadtteil Lichtenberg.

die Schoko-Tahini-Mousse. Auch die Salate sind köstlich, besonders der mit Blumenkohl aus dem Backofen. Serviert wird alles in einer einfachen, aber stylischen Hütte mit hübschem Garten.

Restaurant Oderberger Deutsch **€€€**
(030-7800 8976 811; www.restaurant-oderberger.de; Oderberger Straße 57; Hauptgerichte 18–28 €, 3-Gänge-Menü 39 €; Di–Sa 18–24 Uhr; ; M1, 12, U Eberswalder Straße) Der spannende Neuling erstreckt sich auf drei Etagen des früheren Heizkraftwerks eines alten Stadtbades und die Kreationen des Chefkochs sind genauso reizvoll wie das industrielle Ambiente. Das Menü „Dit is Berlin" umfasst Variationen lokaler Klassiker wie mit Schinkenspeck umwickelten Barsch und Kalbsklöße in Kapernsauce, während die saisonale Karte mit frischen Zutaten von Bauern der Region lockt.

Kreuzberg

Sironi Bäckerei **€**
(www.facebook.com/sironi.de; Eisenbahnstraße 42, Markthalle Neun; Snacks ab 2,50 €; Mo–Mi, Fr & Sa 8–20, Do bis 22 Uhr; U Görlitzer Bahnhof) Focaccia und Ciabatta sind hier super gut und auch ohne eine Reise nach Italien zu bekommen: dank Alfredo Sironi, der vom „Stiefel" stammt und jetzt Berliner Brotliebhaber mit seinem Backwerk verwöhnt. In der **Markthalle Neun** (030-6107 3473; www.markthalleneun.de; Eisenbahnstraße 42–43; Mo–Mi & Fr 12–18, Do 12–22, Sa 10–18 Uhr) kann man seinen Mehlzauberern in der gläsernen Küche dabei zuschauen, wie sie die nächste Ladung Brot backen.

Café Jacques Mediterran **€€**
(030-694 1048; http://cafejacques.de; Maybachufer 14; Hauptgerichte 12,50–19 €; 18 Uhr bis spät; U Schönleinstraße) Wie ein guter Wein wird auch dieses französisch-mediterrane Lokal mit fortschreitendem Alter immer besser. Die kerzenbeschienenen Tische und die mit Kunst geschmückten Backsteinwände sorgen für ein einladendes Ambiente, das wie eine Umarmung von einem alten Freund daherkommt. Und tatsächlich wird man vom charismatischen Eigentümer und Gastgeber Ahmad immer herzlichst begrüßt. Auf der Schiefertafel ist ein wechselndes Fest der Aromen versammelt, u. a. köstliche Mezze, hausgemachte Pasta und frischer Fisch.

Restaurant Richard Französisch €€€
(☎030-4920 7242; www.restaurant-richard.de; Köpenicker Straße 174; 4-/5-/6-/7-Gänge-Abendmenü 68/82/92/100 €; ⌚Di–Sa 19–24 Uhr; 🖉; ⓤSchlesisches Tor) In den 1930er-Jahren feierten hier die Nazis, in den 70ern debattierten hier die Linken – heute befindet sich in den Räumen ein fest in der französischen Tradition verankerter Gourmettempel, der sich auch mit einem Michelin-Stern schmücken darf. Mit Kassettendecke, Glasblasenlampen und erotischen Gemälden ist die Einrichtung ebenso opulent wie die edlen Speisen. Dabei bleibt die Stimmung reizend locker.

Charlottenburg

Kuchenladen Café €
(Karte S. 456; ☎030-3101 8424; www.derkuchenladen.de; Kantstraße 138; Kuchen 2,50–4,50 €; ⌚10–20 Uhr; ⓈSavignyplatz) Diesem klassischen Café kann niemand widerstehen: Der hausgemachte Kuchen hier ist echte Kunst! Vom Käse- und Karottenkuchen bis zur umwerfend feisten Sachertorte ist alles extrem lecker – bis zum letzten Krümel!

Restaurant am Steinplatz Deutsch €€€
(Karte S. 456; ☎030-554 444, Anschluss 7053; www.hotelsteinplatz.com; Steinplatz 4; 2-/3-Gänge-Mittagsmenü 19/23 €, Hauptgerichte abends 23–30 €; ⌚Mo–Fr 12–14.30 & 18–22, Sa & So 18–22 Uhr; Ⓟ; 🚌M45, ⓤErnst-Reuter-Platz, Zoologischer Garten, ⓈZoologischer Garten) In diesem stylischen Restaurant mit offener Küche, in der Nicholas Hahn und sein Team mit Können- und Leidenschaft werkeln, werden die 1920er-Jahre ins 21. Jh. katapultiert. Die Karte entführt die Gäste auf eine Reise durch Deutschland, mit gelegentlichen Abstechern in andere Länder – das Ergebnis sind sehr gelungene Gerichte, oft mit ungewöhnlichen Zutaten.

Mine Restaurant Italienisch €€€
(Karte S. 456; ☎030-8892 6363; www.minerestaurant.de; Meinekestraße 10; Hauptgerichte 15–29 €; ⌚17.30–24 Uhr; ⒷUhlandstraße) Italienische Restaurants gibt's zuhauf, doch Einrichtung, Karte und Service im Mine harmonieren so perfekt wie ein sizilianischer Eintopf. Der Berliner Laden des russischen Fernsehkochs Aram Mnatsakanow

Café Jacques

EDEN BREITZ / ALAMY STOCK PHOTO ©

ROCHARD NEBESKY / LONELY PLANET ©

Von links: Restaurant am Steinplatz (S. 459); Wein in einem Berliner Restaurant; Pratergarten

präsentiert aromatische Kost aus Italien, mit innovativen Variationen traditioneller Rezepte. Und die Weinkarte ist einfach zum Niederknien!

AUSGEHEN & NACHTLEBEN

Potsdamer Platz & Tiergarten

Curtain Club Bar

(Karte S. 454; 030-337 775 403; www.ritzcarlton.de; Potsdamer Platz 3, Ritz-Carlton Berlin; 10 Uhr bis spät; 200, S Potsdamer Platz, U Potsdamer Platz) Schwere Vorhänge weisen den Weg zu dieser Bar im Stil eines Herrenclubs mit dicken Teppichen, Marmortischen und Ledersesseln. Das Zepter hier schwingt Cocktailmeister Arnd Heißen: Er ist nicht nur ein Experte für klassische Drinks, sondern sorgt auch für frischen Wind mit seinen eigenen Kreationen: Jede in einem besonderen Gefäß, etwa Wikingerhorn oder auch Milchflasche, serviert.

Fragrances Cocktailbar

(Karte S. 454; 030-337 775 403; www.ritzcarlton.de; Potsdamer Platz 3, Ritz-Carlton Berlin; Mi–Sa ab 19 Uhr; ; 200, S Potsdamer Platz, U Potsdamer Platz) Ein weiteres Baby des Berliner Cocktailhelden Arnd Heißen ist die erste „Parfümbar" der Welt: Hier mixt der Meister trinkbare Elixiere, die berühmte Düfte nachahmen. Die schwarz verspiegelte Bar im Ritz-Carlton hält eine begehbare Karte bereit, wobei sich experimentierfreudige Genießer ihren Liebling aus einer Reihe von Flaschen erschnüffeln können; dann lehnen sie sich auf gediegenen Sofas zurück und schlürfen stilvolle Mixturen.

Prenzlauer Berg

Pratergarten Biergarten

(030-448 5688; www.pratergarten.de; Kastanienallee 7–9; Imbiss 2,50–7,50 €; April–Sept. je nach Wetter 12 Uhr bis spät; ; M1, 12, U Eberswalder Straße) Berlins ältester Biergarten (seit 1837) hat sich viel von seinem traditionellen Charme bewahrt. Er ist ein toller Ort zum Abhängen und um unter den alten Kastanien ein Prater-Pils zu trinken. Kinder können sich auf dem kleinen Spielplatz austoben.

EDEN BREITZ / ALAMY STOCK PHOTO ©

Weinerei Forum Weinbar

(☎030-440 6983; www.weinerei.com; Fehrbelliner Straße 57; ⊙10–24 Uhr; 📶; 🚋M1, Ⓤ Rosenthaler Platz) Nach 20 Uhr verwandelt sich dieses Wohnzimmercafé in eine Weinbar, die nach dem Spendenprinzip funktioniert: Die Gäste „mieten" für 2 € ein Weinglas und schenken sich dann so viel Wein ein, wie sie möchten, um am Ende selbst zu entscheiden, was sie zahlen. Eine tolle Idee, die darauf baut, dass alle fair bleiben, damit sie weiterlebt …

Kreuzberg

Schwarze Traube Cocktailbar

(☎030-2313 5569; www.schwarzetraube.de; Wrangelstraße 24; ⊙So–Do 19–2, Fr & Sa bis 5 Uhr; Ⓤ Görlitzer Bahnhof) Cocktailexperte Atalay Aktas war 2013 Deutschlands bester Barkeeper und hier in diesem klitzekleinen Laden mischen er und seine Crew ihre Zaubertränke. Es gibt keine Karte: Jedes Getränk wird auf den Geschmack und die Stimmung des Gastes abgestimmt, mit hochwertigen Spirituosen, geballtem Fachwissen und einem Schuss Psychologie.

Friedrichshain

Berghain/Panorama Bar Club

(www.berghain.de; Am Wriezener Bahnhof; ⊙Fr–Mo; Ⓢ Ostbahnhof) Das Labyrinth eines ehemaligen Elektrizitätswerks ist die Domäne von Weltklasse-DJs und begeisterten Clubgängern. In der großen Turbinenhalle (Berghain) gibt's Minimal- und Techno-Beats, in der Panoramabar ein Stockwerk höher pulsiert House. Strenge Kontrollen an der Tür, Kameras verboten. Termine für Konzerte unter der Woche sowie CD-Release-Partys im Berghain und in der benachbarten **Kantine am Berghain** (unterschiedl. Eintritt; ⊙je nach Veranstaltung) sind auf der Website zu finden.

Briefmarken Weine Weinbar

(☎030-4202 5292; www.briefmarkenweine.de; Karl-Marx-Allee 99; ⊙Mo–Sa 19–24 Uhr; Ⓤ Weberwiese) Dolce vita direkt an der Karl-Marx-Allee bietet die reizend nostalgische, italienische Weinbar in einem ehemaligen Briefmarkengeschäft. In den alten Holzschränken lagern handverlesene italienische Tropfen, zu denen kleine Speisen

POSZTOS / SHUTTERSTOCK ©

Berliner Philharmonie

wie köstlicher Käse, Schinken und Salami gereicht werden. Außerdem gibt's ein Pasta-Tagesgericht. Reservierung ratsam.

Hops & Barley Mikrobrauerei
(☎030-2936 7534; www.hopsandbarley-berlin.de; Wühlischstraße 22/23; ⏲Mo–Fr 17 Uhr bis spät, Sa & So ab 15 Uhr; 🚋M13, U Warschauer Straße, S Warschauer Straße) Die Konversationen fließen hier so schnell wie das ungefilterte Pils, das malzige Dunkel und das fruchtige Weizen. Sie werden allesamt in der netten kleinen Hausbrauerei in einer ausgedienten Metzgerei hergestellt. Es werden auch Fußballspiele auf Leinwand übertragen.

Charlottenburg

Bar am Steinplatz Cocktailbar
(Karte S. 456; ☎030-554 4440; www.hotelsteinplatz.com; Steinplatz 4; ⏲16 Uhr bis spät; U Ernst-Reuter-Platz) Christian Gentemanns Cocktailwelt im Hotel am Steinplatz wurde 2016 und 2017 zur „Hotelbar des Jahres" gekürt und das aus gutem Grund: Die Drinks hier sind einfach sensationell und das Ambiente ist ein perfekter Mix aus hip und erwachsen. Auf der illustrierten Cocktailkarte sind für jeden Drink die Zutaten und Aromen aufgeführt – sehr verlockend.

Monkey Bar Bar
(Karte S. 456; ☎030-120 221 210; www.monkeybarberlin.de; Budapester Straße 40; ⏲12–2 Uhr; 📶; 🚌100, 200, S Zoologischer Garten, U Zoologischer Garten) Der „urbane Dschungel" im 10. Stock des 25hours Hotel Bikini Berlin punktet mit fabelhaften Ausblicken auf die Stadt und den angrenzenden Zoo, vor allem aufs Affenhaus. An milden Tagen ist die große Terrasse ein tolles Plätzchen für einen Sonnenuntergangsdrink; auf der Karte stehen Tiki-Cocktails wie ein toller Mai Tai und Mixgetränke auf Ginbasis. Freitags bis sonntags legen ab 16 Uhr verschiedene DJs auf.

UNTERHALTUNG

Berliner Philharmonie Architektur, Konzertsaal
(Karte S. 454; ☎030-2548 8156; www.berliner-philharmoniker.de; Herbert-von-Karajan-Straße 1; Führung Erw./erm. 5/3 €; ⏲Führungen

Sept.–Juni 13.30 Uhr; M29, M48, M85, 200, S Potsdamer Platz, U Potsdamer Platz) Ein Meisterwerk organischer Architektur: Hans Scharouns berühmtes Konzerthaus von 1963 ist die Heimat der renommierten **Berliner Philharmoniker** (Tickets 030-2548 8999; www.berliner-philharmoniker.de; Tickets 21–290 €). Im Auditorium fühlt man sich wie in einem sorgfältig hergestellten Instrument: Von allen Plätzen hört (und sieht) man bestens.

Chamäleon Theater Kabarett
(Karte S. 450; 030-400 0590; www.chamaeleonberlin.com; Rosenthaler Straße 40/41; Tickets 37–59 €; M1, S Hackescher Markt) In einer Kombination aus Jugendstilcharme und zeitgenössischem Zirkus-Theater bietet dieses intime Varieté in einem alten Ballsaal moderne Zirkusshows – frech, frivol, atemberaubend und unkonventionell oder einfach zauberhaft. Man sitzt an der Bar, an Bistrotischen oder in bequemen Sesseln.

PRAKTISCHE INFORMATIONEN

Visit Berlin (www.visitberlin.de), die offizielle Berliner Tourismuszentrale, unterhält fünf Filialen, Infoschalter an den Flughäfen und ein **Callcenter** (030-2500 2333; Mo–Fr 9–18 Uhr). Hier wird einem bei Planung, Hotelbuchung und Ticketkauf geholfen.

Alexanderplatz (Karte S. 450; Lobby des Park Inn, Alexanderplatz 7; Mo–Sa 7–21, So 8–18 Uhr; 100, 200, TXL, U Alexanderplatz, S Alexanderplatz)

Brandenburger Tor (Karte S. 450; Pariser Platz, Brandenburger Tor, Südflügel; April–Okt. 9.30–19 Uhr, Nov.–März bis 18 Uhr; S Brandenburger Tor, U Brandenburger Tor)

ZOB (Masurenallee 4–6; Mo, Fr & Sa 8–20, Di–Do & So bis 16 Uhr; S Messe Nord/ICC)

Europa-Center (Karte S. 456; Tauentzienstraße 9, Europa-Center, EG; Mo–Sa 10–20 Uhr; 100, 200, U Kurfürstendamm, Zoologischer Garten, S Zoologischer Garten)

Hauptbahnhof (Eingang Europaplatz, EG; 8–22 Uhr; S Hauptbahnhof, Hauptbahnhof)

Berliner Flohmärkte

Die Berliner Flohmärkte finden das ganze Jahr über am Wochenende (oft sonntags) statt und sind oft auch Tummelplatz junger Modeschöpfer und Schmuckhersteller.

Flohmarkt im Mauerpark (www.flohmarktimmauerpark.de; Bernauer Straße 63–64; So 9–18 Uhr; M1, M10, 12, U Eberswalder Straße) Auf diesem stets vollen Flohmarkt mit Kultstatus auf ehemaligem Mauergelände treffen sich Schnäppchenjäger, müde Clubgänger und aufgeregte Touristen. Hier gibt es alte Klamotten, T-Shirts von Berliner Designern, Schallplatten und viel schräges Zeug, dazu Essensstände und Biergärten.

Nowkoelln Flowmarkt (www.nowkoelln.de; Maybachufer; März– mind. Okt. 2. & 4. So des Monats 10–18 Uhr; U Kottbusser Tor, Schönleinstraße) Der Flohmarkt findet zweimal im Monat am Landwehrkanal statt. Hier gibt's Vintageklamotten aus zweiter Hand, handgefertigte neue Einzelstücke und kreativen Schmuck.

RAW Flohmarkt (www.raw-flohmarktberlin.de; Revaler Straße 99; So 9–17 Uhr; M10, M13, S Warschauer Straße, U Warschauer Straße) Der Markt auf dem **RAW-Gelände**, einem zum alternativen Kulturprojekt umfunktionierten Eisenbahn-Ausbesserungswerk, lockt mit buntem Treiben. Keine professionellen Händler, sodass alles vom Waschbecken bis zu Go-go-Stiefeln aus den 70ern zu finden ist. Streetfood und ein Biergarten sind ebenfalls vorhanden.

Marmelade auf dem Flohmarkt im Mauerpark

Queeres Berlin

Die liberale Gesinnung der Berliner hat eine der weltweit vielfältigsten Spielwiesen für Schwule, Lesben, Bi- und Transsexuelle hervorgebracht. Hier geht einfach alles, von hochgeistig bis handfest, von bürgerlich bis schräg, von Mainstream bis exzentrisch. Außer in den Hardcore-Schuppen sind in den meisten Gay-Lokalen auch Angehörige des anderen Geschlechts und Heteros willkommen.

Die schwullesbische Landschaft in Berlin umfasst die gesamte Palette: von netten Cafés, originellen Bars und einschlägigen Programmkinos bis zu Saunen, Clubs mit Darkrooms und Sexclubs. Überhaupt behandelt man im urbanen Berlin Sex als etwas Alltägliches, es gibt vermutlich nur wenige Gelüste, die man, frau oder divers hier nicht ungeniert und legal ausleben kann.

Regenbogen-Community in Berlin

SERGEY KOHL / SHUTTERSTOCK ©

AN- & WEITERREISE

BUS

Die meisten Fernbusse steuern den **Zentralen Omnibusbahnhof** (ZOB; ☎030-3010 0175; www.zob-berlin.de; Messedamm 8; Ⓢ Messe/ICC Nord, Ⓤ Kaiserdamm) beim Messegelände im Westen Berlins an. Die nächste U-Bahn-Station ist Kaiserdamm (U2), ungefähr 400 m nördlich, mit der man in ca. 8 Minuten zum Bahnhof Zoo und in 28 Minuten zum Alexanderplatz kommt.

FLUGZEUG

Der neue Flughafen Berlin Brandenburg (BER) soll 2020 eröffnet werden; bis dahin werden weiterhin die Flughäfen **Tegel** (TXL; ☎030-6091 1150; www.berlin-airport.de; Flughafen Tegel) und **Schönefeld** (SXF; ☎030-6091 1150; www.berlin-airport.de; Airport-Express, RE7 & RB14, Ⓢ S9, S45) angeflogen.

ZUG

Der Berliner **Hauptbahnhof** (Europaplatz, Washingtonplatz; Ⓢ Hauptbahnhof, Ⓤ Hauptbahnhof) liegt mitten in der Stadt unmittelbar nördlich des Regierungsviertels und nicht weit von wichtigen Sehenswürdigkeiten und Hotels entfernt. Von hier verkehren U-, S- und Straßenbahnen sowie Busse in alle Ecken der Stadt. Taxis findet man vor dem Nordausgang (Europaplatz) und Südausgang (Washingtonplatz).

UNTERWEGS VOR ORT

Zuständig für das weitreichende und effiziente Berliner Verkehrsnetz aus U-Bahn, S-Bahn, Bussen und Straßenbahnen ist die BVG (www.bvg.de). Über Verkehrsverbindungen informiert die 24-Stunden-Hotline (☎030-194 49) oder auch die Website bzw. App.

U-Bahn Das praktischste Verkehrsmittel; sie fährt von 4 bis 0.30 Uhr, freitags, samstags und feiertags die ganze Nacht. An anderen Tagen füllen halbstündliche Nachtbusse die Lücke.

S-Bahn Fährt nicht so häufig wie die U-Bahn, ist aber mit weniger Haltestellen gut für längere Strecken. Betriebszeiten wie die U-Bahn.

Bus Langsam, aber gut für preiswertes Sightseeing. Die Busse verkehren von 4.30 bis 0.30 Uhr, die übrige Zeit fahren halbstündliche Nachtbusse. MetroBusse (M1, M19) fahren rund um die Uhr.

Straßenbahn Nur in den östlichen Stadtteilen; MetroTrams (M1, M2) fahren jeden Tag rund um die Uhr.

Fahrrad Viele Radwege und Leihstationen; Räder dürfen in gekennzeichneten U-Bahn- und S-Bahnwagen mitgenommen werden.

Taxi An der Straße anhalten, telefonisch bestellen oder zu einem Taxistand gehen.

Wohin zum Schlafen?

Berlin bietet die gesamte Palette an Unterkünften – man kann sogar in einer alten Bank, auf einem Boot, in einer Fabrik oder in einem „fliegenden Bett" schlafen.

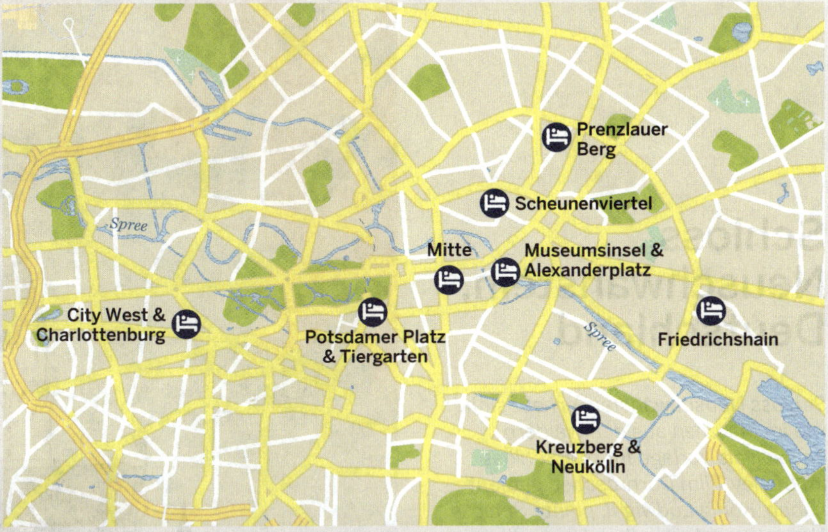

Stadtviertel	Merkmale
Mitte	Nahe an wichtigen Sehenswürdigkeiten wie dem Reichstag; beste Verkehrsverbindungen; meist Spitzenhotels und Sternerestaurants. Touristisch, teuer, nachts tote Hose.
Museumsinsel & Alexanderplatz	Zentral mit vielen Sehenswürdigkeiten; leicht zu erreichen; gut zum normalen Shoppen; große, neue Hotels. Laut, verkehrsreich, durch Großbaustellen auch staubig; kaum Nachtleben.
Potsdamer Platz & Tiergarten	Urbanes Flair im einzigen Hochhausviertel Berlins; moderne Architektur; Spitzenhotels; tolle Museen. Wenige Restaurants; teuer.
Scheunenviertel	Hip, trendig, historisch, zentral; viele Boutique- und Designhotels; tolle Cafés; Top-Galerien und Street Art. Teuer, verkehrsreich, laut, keine Parkplätze, teils touristisch.
City West & Charlottenburg	Shoppen; traditionsreiche Kneipen und Restaurants; teils günstige Unterkünfte, Pensionen. Bürgerlich, weniger Attraktionen.
Kreuzberg & Neukölln	Ideal für Kneipen- und Clubtouren; tolles Flair, tolle Restaurantszene. Viel Street Art. Alternativ, laut und verkehrsreich.
Friedrichshain	Studenten und junge Familien; super Nachtleben. Wenige Unterkünfte; nicht zentral; schlechte Verkehrsanbindung.
Prenzlauer Berg	Reizendes Wohnviertel; studentisch-familiär; lebendige Café- und Restaurantszene; kleine Läden und Flohmarkt im Mauerpark.

Das Schloss in herbstlicher Kulisse

Schloss Neuschwanstein, Deutschland

Schloss Neuschwanstein erhebt sich wie im Märchen aus den Wäldern und soll als Vorlage für das Schloss im Disney-Film Dornröschen gedient haben. König Ludwig II. plante Schloss Neuschwanstein selbst: Hier sollte die Welt der deutschen Mythen wiederaufleben, inspiriert von den Opern des königlichen Freundes Richard Wagner.

Toll für ...

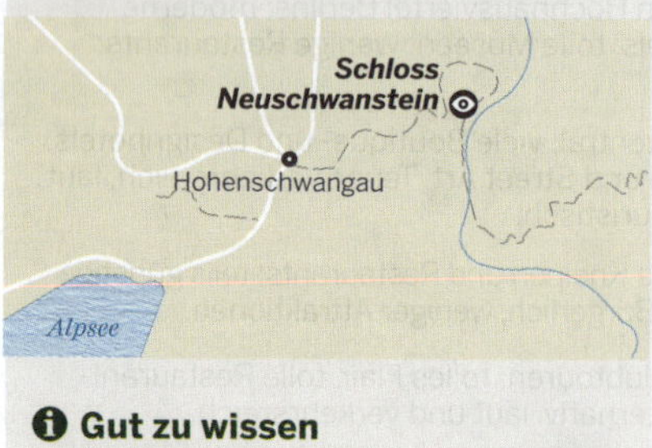

Gut zu wissen

Tickets 08362-930 830; www.neuschwanstein.de; Neuschwansteinstraße 20; Erw./Kind 13 €/frei, mit Hohenschwangau 25 €/frei; April–Mitte Okt. 9–18 Uhr, Mitte Okt.–März 10–16 Uhr

★ Top-Tipp

Schon um 8 Uhr da sein, um ein Ticket für denselben Tag zu erhalten.

SAMOT / SHUTTERSTOCK ©

Der Märchenkönig Ludwig II.

Dazu kam die Leidenschaft Ludwigs II. für die französische Kultur und den Sonnenkönig Ludwig XIV., die ihre Spuren in dem fantasievollen Bau. hinterließ

Ludwig war ein im Grunde gewissenhafter Herrscher, doch die Tage des eigenständigen Staates Bayern waren gezählt. Mit Eingliederung in das Deutsche Reich 1871 zog sich Ludwig gänzlich zurück, verfiel dem Alkohol, entwarf Schlösser und ließ sich privat Konzerte und Opern aufführen.

Im Januar 1886 wurde Ludwig auf Betreiben mehrerer Minister und Verwandter entmündigt und für regierungsunfähig erklärt. Im Juni verfrachtete man ihn ins Schloss Berg am Starnberger See. Ein paar Tage später unternahm der menschenscheue Junggeselle mit seinem Psychiater einen Sonntagabendspaziergang am See. Stunden später fand man sie: Sie waren in seichtem Wasser ertrunken. Was an diesem Abend geschah, ist nicht mit letzter Sicherheit zu sagen, es kursieren entsprechend viele Verschwörungstheorien. Im Sommer 1886 wurde Neuschwanstein zur Begleichung der immensen Schulden Ludwigs für die Allgemeinheit geöffnet. König Ludwig II. war tot, doch der Mythos war gerade erst geboren.

Der Bau des Schlosses

Der grauweiße Traum aus Granit war als romantische mittelalterliche Burg konzipiert, mit dem Bau wurde 1869 begonnen. Von Anbeginn war das Schloss völlig aus der Zeit gefallen: Als Ludwig 1886 starb, standen in New York schon die ersten Hochhäuser. Doch trotz seines altmodischen

Im Schloss

Stils verfügte das Schloss über zahlreiche moderne Ausstattungen wie ein Warmluft-Heizsystem und fließendes Wasser. Wie so viele von Ludwigs hochtrabenden Vorhaben wurde auch Neuschwanstein nie fertig. Der König gab zwar Unsummen für den Bau des Schlosses aus, verbrachte aber letztlich nur 170 Tage hier.

Die Innenräume

Der eindrucksvollste Saal ist der **Sängersaal** mit Szenen aus der Wagner-Oper *Tannhäuser*. Ebenfalls fertiggestellt wurden Ludwigs **Schlafgemach** mit einem riesigen neugotischen Prunkbett (inspiriert von *Tristan und Isolde*), eine kitschige künstliche Grotte – eine weitere Anspie-lung auf den *Tannhäuser* – und der byzantinische **Thronsaal** mit einem Fußbodenmosaik aus über 2 Mio. Steinchen. Das Gemälde gegenüber dem (thronlosen) Thronsockel zeigt ein weiteres von Ludwig erdachtes Schloss, das aber nie gebaut wurde.

☑ Nicht versäumen

Nicht weit vom Ticket Center befindet sich das hervorragende **Museum der Bayerischen Könige** (www.museumderbayerischenkoenige.de; Alpseestraße 27; Erw./Kind 11 €/frei; ⏲9–17 Uhr).

MIRONOV / SHUTTERSTOCK ©

Schloss Hohenschwangau

Ludwig II. wuchs im sonnengelben **Schloss Hohenschwangau** (☎08362-930 830; www.hohenschwangau.de; Alpseestraße 30; Erw./Kind 13 €/frei, mit Neuschwanstein 25 €/frei; ⏲April–Mitte Okt. 8–17 Uhr, Mitte Okt.–März 9–15 Uhr) auf und verbrachte hier bis zu seinem Tod 1886 die Sommer. Sein Vater Maximilian II. hatte das neugotische Schloss auf Ruinen aus dem 12. Jh. erbauen lassen. Hohenschwangau ist weit bodenständiger als Neuschwanstein und macht einen irgendwie bewohnten Eindruck – alle Möbel hier sind Originale, die auch benutzt wurden. Nach dem Tod seines Vaters ließ Ludwig an die Decke seines Schlafgemachs einen von versteckten Öllampen beleuchteten Nachthimmel malen.

Eintrittskarten & Führungen

Beide Schlösser sind nur im Rahmen von je etwa 35-minütigen Führungen zugänglich. (zuerst kommt Hohenschwangau an die Reihe). Die Zeitfenster-Tickets gibt es beim **Ticket Center** (☎08362-930 830; www.hohenschwangau.de; Alpenseestraße 12; ⏲April–Mitte Okt. 7.30–17 Uhr, Mitte Okt.–März 8.30–15 Uhr) am Fuß der Schlösser.

Zwischen den Führungen ist genügend Zeit für den steilen 30- bis 40-minütigen Marsch von Schloss zu Schloss. Sämtliche Münchner Tourenveranstalter bieten Tagesausflüge zu den Schlössern an.

★ Fotospot

Ein Postkartenausblick auf Neuschwanstein bietet sich von der zehn Fußminuten entfernten Marienbrücke.

SCHWEIZER ALPEN, SCHWEIZ

In diesem Kapitel

Schweizer Alpen, Schweiz

Im Zug ab Täsch ist schon die Spannung zu spüren: Paare schauen aus dem Fenster, Kinder zappeln herum, Leute kramen ihre Kamera hervor. Und dann, kurz vor Zermatt, verschlägt es allen beim Anblick des zauberhaft schönen, einzigartigen Matterhorns den Atem: Es erhebt sich wie ein Haifischzahn über dem Ort.

Seit Mitte des 19. Jhs. zählt Zermatt zu den schicksten Urlaubsorten der Schweiz. Heute flitzen Skifahrer sommers wie winters über gepflegte Pisten und stilbewusste Menschen führen in den Loungebars des Ortes ihre Designerklamotten vor.

Zwei Tage in den Schweizer Alpen

Nachdem man sich von der höchsten **Gondelbahn** (S. 475) Europas oder der **Zahnradbahn** (S. 475) hat hochbringen lassen, kann man vom Berg hinunter laufen oder skifahren – immer mit dem Blick auf das perfekt geformte, bezaubernde Matterhorn. Der zweite Tag ist der Erkundung von **Zermatt** (S. 478) gewidmet, mit einem **Raclette** oder **Fondue** (S. 482) als krönenden Abschluss.

Vier Tage in den Schweizer Alpen

Am Vormittag steht eine Tour auf dem **Gletscherwanderweg** (S. 480) am Matterhorn auf dem Programm, den Rest des Tages geht es auf die **Skipiste** (S. 479). Am vierten Tag steigt man in Zermatt in den **Glacier Express** (S. 476), lehnt sich zurück und genießt eine spektakuläre Zugfahrt nach St. Moritz.

Am Ende des Tages geht es mit dem Zug weiter nach Florenz (S. 401) oder in die französische Provence (S. 293).

Vorhergehende Doppelseite: Zermatt (S. 478) und Matterhorn (S. 474)

Ankunft

Zug Von Brig (38 SFr, 1½ Std.) fahren jede Stunde Züge nach Zermatt, die unterwegs auch in Visp halten. Zermatt ist außerdem Start- bzw. Endpunkt des **Glacier Express** (S. 476) nach bzw. von St. Moritz.

Auto Zermatt ist autofrei. Autofahrer müssen im Matterhorn Terminal Täsch (www.matterhornterminal.ch; 24 Std. 15,50 SFr) parken und dann für die letzten 5 km nach Zermatt den Shuttlezug (Erw./Kind 16,40/8,20 SFr hin & zurück, 12 Min., 6–21.40 Uhr alle 20 Min.) nehmen.

Schlafen

Für den Winterurlaub weit im Voraus buchen! Und nicht vergessen: Von Mai bis Mitte oder Ende Juni und von Mitte Oktober bis Ende November oder Anfang Dezember ist fast alles geschlossen. Viele Unterkünfte holen ihre Gäste mit einem Elektro-Shuttle am Bahnhof ab – bei der Buchung nachfragen und dann rechtzeitig Bescheid sagen!

Die Übernachtungsmöglichkeiten in Zermatt reichen von Hostels bis zu Edelherbergen; dazwischen tummeln sich zahlreiche Mittelklasse-Unterkünfte im Chaletstil.

JAKL LUBOS / SHUTTERSTOCK ©

Matterhorn

Kein Berg in den Schweizer Alpen übt eine so große Anziehungskraft aus wie dieser berühmte Gipfel und kein anderer wird so leidenschaftlich verehrt.

Toll für ...

☑ Nicht versäumen

Das Matterhorn Museum (S. 478) erzählt die Geschichte der Erstbesteigung des Gipfels.

Das Matterhorn möchte bewundert, beäugt und wieder und wieder fotografiert werden, bei Sonnenauf- und -untergang und aus jedem nur erdenklichen Winkel.

Besteigung des Matterhorns

Rund 3000 Bergsteiger erklimmen jedes Jahr den 4478 m hohen Gipfel. Dafür muss man nicht Superman sein, aber ein erfahrener Bergsteiger und vor allem topfit – und sich vor dem Aufstieg durch Fels und Eis eine Woche lang akklimatisieren.

Niemand versucht die Besteigung des Matterhorns ohne das Knowhow der Einheimischen: Die Bergführer des Zermatt Alpin Center (S. 479) verlangen 1600 SFr pro Person für die achtstündige Kletterpartie (hin & zurück), inklusive Seilbahn von Zermatt zum Schwarzsee und Unterbrin-

Gut zu wissen

Die beste Zeit für den Aufstieg ist Mitte Juli bis Mitte September.

Kleine Stärkung

Die Stationen Riffelalp (2211 m) und Riffelberg (2582 m) an der Gornergratbahn sind bewirtet.

★ Top-Tipp

Grandiose Ausblicke aufs Matterhorn bieten sich auch von der Standseilbahn Sunnegga Express (S. 478) nach Sunnegga.

gung mit Halbpension in einer Berghütte. Auf jeden Bergsteiger kommt dabei ein Bergführer. Wahrscheinlich muss man zuerst Übungsaufstiege absolvieren, um zu gewährleisten, dass man auch wirklich 100 % fit ist. Jedes Jahr sterben am Matterhorn Bergsteiger.

Matterhorn Glacier Paradise

Der Ausblick aus den Zahnradbahnen und Seilbahnen rund um Zermatt ist ja schon toll, doch das Sahnehäubchen ist der Blick vom **Matterhorn Glacier Paradise** (www.matterhornparadise.ch; Schluhmattstraße; Erw./Kind 9–15 J./unter 9 J. hin & zurück 100/50 SFr/frei; ⌚8.30–16.50 Uhr). Mit der höchsten Seilbahn Europas geht's hinauf zur **Panoramaplattform** auf 3883 m (nur bei gutem Wetter geöffnet). Beim Blick auf 14 Gletscher und 38 Viertausender bleibt einem die Spucke weg. Unbedingt sehenswert ist auch der **Gletscherpalast** mit funkelnden Eisskulpturen und einer Eisrutsche. Zum Abschluss lockt dann eine Runde **Snow-Tubing** im Freien.

Gornergratbahn

Die faszinierende **Zahnradbahn** (www.gornergrat.ch; Bahnhofplatz 7; Erw./Kind hin & zurück 98/49 SFr; ⌚7–18.24 Uhr) ist die höchste Europas, sie klettert seit 1898 durch eine Bilderbuchlandschaft auf den **Gornergrat** (3089 m). Die Fahrt dauert 30 Minuten. Wenn man auf der rechten Seite des kleinen roten Zugs Platz nimmt, kann man das Matterhorn sehen. Fahrgäste können unterwegs beliebig oft aus- und wieder einsteigen, etwa an der Riffelalp (2211 m) und am Riffelberg (2582 m). Im Sommer fährt einmal die Woche ein Sonderzug bei Sonnenauf- und Sonnenuntergang – das sind die mit Abstand spektakulärsten Fahrten.

ALESSANDRO COLLE / SHUTTERSTOCK ©

Glacier Express

Eine Fahrt mit dem Glacier Express zählt zu den zauberhaftesten Bahnfahrten Europas. Die Reise beginnt und endet in zwei der ältesten und schicksten Höhenkurorte der Schweiz: Zermatt und St. Moritz. Die Ausblicke auf die Bergwelt sind zum Teil spektakulär.

Toll für ...

☑ Nicht versäumen

Die Fahrt von Disentis nach Andermatt und über den Landwasser-Viadukt.

Den roten Zug mit seinen Panoramawagen kann man in St. Moritz oder Zermatt besteigen und dann einfach die Fahrt genießen: Grüne bzw. weiße Gipfel, glitzernde Bergseen, Gletscherschluchten und ähnliche umwerfende Landschaftsbilder ziehen vorbei.

Bei seiner ersten Fahrt 1930 wurde der Glacier Express noch von einer Dampflok gezogen. Auf seiner 290 km langen Fahrt passiert er 191 Tunnel und überquert er 291 Brücken.

Zu den schönsten Abschnitten gehört die einstündige Fahrt von Disentis nach Andermatt über den Oberalppass (2033 m), den höchsten Punkt und das Highlight der Reise. Toll ist auch der sechsbogige, 65 m hohe Landwasser-Viadukt auf der 50 km langen Strecke

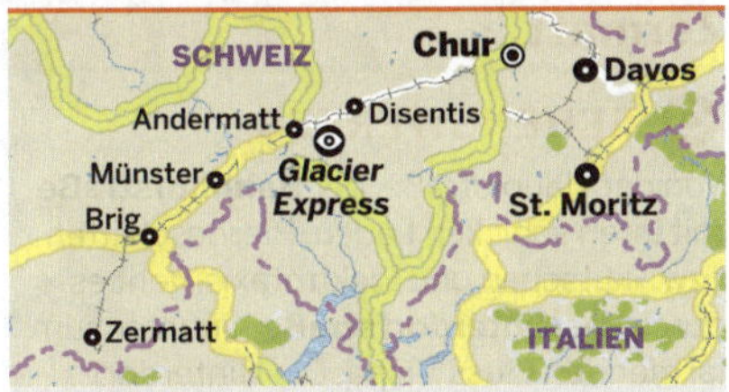

Gut zu wissen

www.glacierexpress.ch; Erw./Kind 6–16 J./unter 6 J. St. Moritz–Zermatt 152/76 SFr/frei, obligatorische Sitzplatzreservierung Sommer/Winter 43/23 SFr; Mai–Okt. 3-mal tgl., Mitte Dez.–Feb. 1-mal tgl.

Kleine Stärkung

Mittagessen im altmodischen Zugrestaurant oder Selbstversorgung – vielleicht mit einem Gläschen Sekt?

★ Top-Tipp

Vor der Buchung auf die Wettervorhersage achten: Damit die achtstündige Zugfahrt sich lohnt, sollte der Himmel blau und wolkenlos sein.

zwischen Chur und Filisur, der auf fast allen Werbematerialen für den Glacier Express abgebildet ist.

Die Fahrkarten sind nicht billig und daher lohnt es sich, einiges über diese Bahnfahrt zu wissen:

- Nicht auf der ganzen Strecke sind die Ausblicke überwältigend – in den Tunneln schon mal gar nicht!

- Die vollständige Fahrt dauert fast acht Stunden. Wer mit Kindern unterwegs ist oder keine Lust hat, sich den ganzen Tag Berge anzuschauen, was vielleicht irgendwann doch mal langweilig wird, kann auch nur eine Teilstrecke fahren. Am schönsten ist die einstündige Fahrt von Disentis nach Andermatt.

- Die Fenster in den Panoramawagen können nicht geöffnet werden, sodass es schwer ist, gute Fotos zu schießen. Foto- und Video-Enthusiasten sollten besser auf die Regionalzüge der SBB auf derselben Strecke ausweichen: Die sind billiger, man muss nicht reservieren, die Fenster lassen sich öffnen, und wenn man mal umsteigt, kann man sich auch die Beine vertreten.

- Die besten Ausblicke bieten sich angeblich auf der Südseite des Zugs.

- Kinder unter sechs Jahren fahren umsonst – will man den Nachwuchs nicht acht Stunden lang auf dem Schoß sitzen haben, sollte man einen zusätzlichen Platz reservieren – und für Kinder von sechs bis sechszehn wird der halbe Preis plus Platzreservierungsgebühr fällig.

Zermatt

SEHENSWERTES

Von der Hauptstraße, der **Bahnhofstraße** mit ihren schicken Läden, Pferdeschlitten bzw. -kutschen und Elektrotaxis, geht es durch die **Hinterdorfstraße** hinunter zum lärmenden Fluss Vispa. Die Hinterdorfstraße ist von Schweineställen aus dem 16. Jh. und von den für das Wallis typischen Holzscheunen gesäumt, die zum Schutz des Getreides vor Ratten auf kurzen Pfählen stehen. Ein **Brunnen** erinnert an Ulrich Inderbinen (1900–2004), einen Zermatter Bergsteiger, der das Matterhorn 370 Mal bestieg, zum letzten Mal mit 90 Jahren. Als er sich mit 95 Jahren zur Ruhe setzte, war der „König der Alpen" der älteste Bergführer der Welt.

Matterhorn Museum — Museum

(027 967 41 00; www.zermatt.ch/museum; Kirchplatz; Erw./Kind 10–16 J./unter 10 J. 10/5 SFr/frei; Juli–Sept. 11–18 Uhr, Okt.–Mitte Nov. 15–18 Uhr, Mitte Nov.–März Fr–So 15–18 Uhr, April–Juni 14–18 Uhr) Das hypermoderne Museum gewährt einen Einblick ins Walliser Dorfleben und informiert übers Bergsteigen, die Opfer am Berg und die Anfänge des Tourismus. In kurzen Filmen wird die Geschichte der Erstbesteigung des Matterhorns am 14. Juli 1865 durch Edward Whymper erzählt – jedoch stürzten beim Abstieg vier Bergsteiger 1200 m weit zu Tode. Zu sehen ist hier auch das berüchtigte Seil, das damals riss.

Gornerschlucht — Schlucht

(027 967 20 96; www.gornergorge.ch; Erw./Kind 5/2,50 SFr; Juni–Mitte Okt. 9.15–17.45 Uhr) Von Zermatt sind es 1,5 km zu Fuß zu dieser atemberaubenden, aus grünem Serpentinitgestein ausgewaschenen Schlucht, die über Holztreppen und -stege erschlossen ist – toll für Familien mit Kindern.

Sunnegga — Aussichtspunkt

(www.matterhornparadise.ch; Erw./Kind 9–15 J./unter 9 J. einfach 16/8 SFr/frei;) Mit dem Sunnegga Express gelangt man zur Sunnegga-Alp (2288 m) und genießt von oben grandiose Ausblicke aufs Matterhorn. Dies ist ein echtes Familienparadies: Im Winter

Eingang zum Matterhorn Museum

NAVIN TAR / SHUTTERSTOCK ©

geht's mit dem kostenlosen Leisee-Shuttle hinunter zum See und zu den leichten Pisten im Wolli-Anfängerpark, im Sommer zu einem Kinderspielplatz und zum Planschen im See. Ein paar Fußminuten von Sunnegga entfernt befindet sich eine Murmeltier-Beobachtungsstation. Von hier oben kann man recht einfach über Findeln in rund 1½ Stunden zurück nach Zermatt laufen.

Ricola-Schaugarten Garten

(www.ricola.com; Blatten; ⌚Juni–Sept.)

GRATIS Ricola, bekannt vor allem für seine Halsbonbons, bietet in Blatten einen Kräutergarten, wo man etwas über die 13 Kräuter lernen kann, die zu den Bonbons verarbeitet werden. Blatten liegt etwa auf halber Strecke der Seilbahn Matterhorn Express zwischen Füri und Zermatt und ist über einen Wanderweg zu erreichen. Der Beginn des Wegs durch den Garten ist bei der kleinen Kapelle.

Bergsteigerfriedhof Friedhof

(Kirchstraße) Ein Gang über die beiden Zermatter Friedhöfe – den Bergsteigerfriedhof im Garten der **Pfarrkirche St. Mauritius** (Kirchplatz) und den Hauptfriedhof gegenüber – ist ziemlich ernüchternd. Zahlreiche Grabsteine erzählen vom frühen Tod in den Bergen.

AKTIVITÄTEN

Eine wichtige Adresse für Aktivitäten ist das **Zermatters** (☎027 966 24 66; www.zermatters.ch; Bahnhofstraße 58; ⌚Dez.–April 8–12 & 15–19 Uhr, Mitte Juni–Sept. 9–12 & 15–19 Uhr) mit der Skischule von Zermatt und Bergführern. Im Winter sind hier Skipässe (Tag/Woche ohne Cervinia 79/430 SFr, 92/494 SFr mit Cervinia) erhältlich.

Skifahren

Das Wintersportparadies Zermatt bietet viel lange rote Abfahrten, dazu ein paar blaue Anfängerpisten und einige schwarze Abfahrten für Könner. Die wichtigsten Skigebiete im Winter sind **Rothorn**, **Stockhorn** und **Klein Matterhorn** mit insgesamt 52 Liften und 360 Pistenkilometern

Wandern mit Kindern

Für Familien mit kleinen Kindern bieten sich folgende kurze Wanderungen an:

- Mit dem Sunnegga Express geht's zunächst hoch zur Bergstation Sunnegga, dann mit dem Leisee-Shuttle (oder zehn Minuten zu Fuß) hinunter zum **Leisee**. An einem kleinen Kieselstrand kann man hier im Sommer ein erfrischendes Bad nehmen und auf einem altmodischen Floß lassen sich Kinder im Piratenstil übers Wasser ziehen.
- In Zermatt führt ein Weg in 20 Minuten am Fluss entlang zur faszinierenden Gornerschlucht mit Holztreppen und -stegen.
- Durch den Ricola-Schaugarten (S. 479) im hübschen Bergweiler Blatten (an der Gornerschlucht ausgeschildert) führt ein einfacher Rundweg. Die aromatischen Kräuter werden zu Ricola-Kräuterbonbons verarbeitet. Das „Berühr-mich-Riech-an-mir-Quiz" garantiert Spaß für die ganze Familie.
- In Furi führt ein 1¼-stündiger Rundweg (2,9 km) zum **Gletschergarten Dossen** mit seinen bizarren Gletscherfelsformationen, zu einem Picknickplatz mit steinernen Grillstellen und zur atemberaubenden 90 m hohen und 100 m langen Hängebrücke über die Gornerschlucht.

Mit Kind unterwegs an der Gornerschlucht

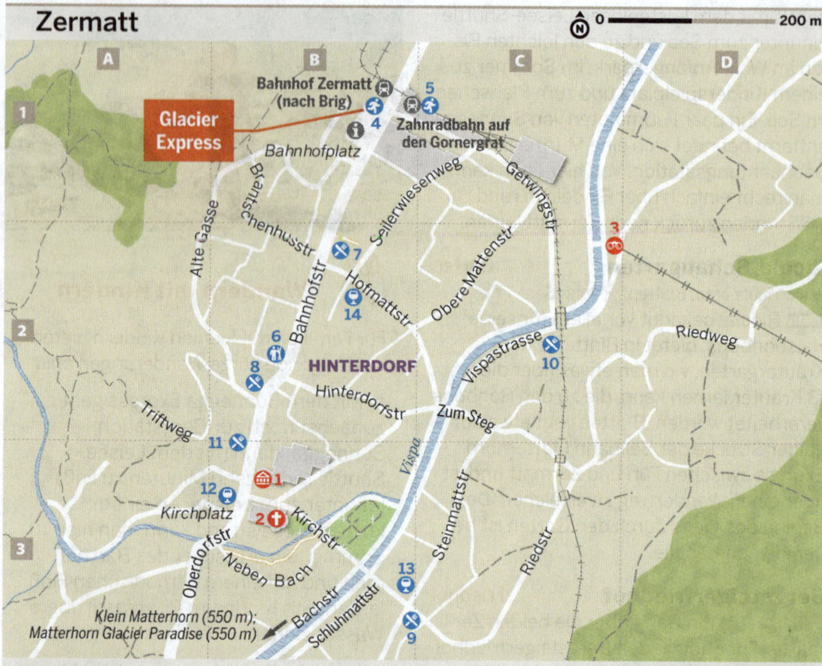

Zermatt

Sehenswertes
1 Matterhorn Museum B3
Bergsteigerfriedhof .... (s. 2)
2 Pfarrkirche St. Mauritius B3
3 Sunnegga C2

Aktivitäten, Kurse & Touren
4 Glacier Express B1
5 Gornergratbahn C1
6 Zermatters B2

Essen
7 Bayard Metzgerei B2
8 Le Gitan – Zermatterstübli B2
9 Schäferstube B3
10 Snowboat C2
11 Whymper Stube B3

Ausgehen & Nachtleben
12 Elsie's Bar B3
13 Papperla Pub B3
14 Vernissage Bar Club B2

bis hinüber ins italienische **Cervinia**. Im Sommer sind die Skimöglichkeiten (20 km Abfahrten) und das Snowboarden (Gravity Park auf dem Plateau Rosa am Theodulgletscher) so gut wie in keinem anderen Skigebiet in Europa. Ein Sommerskipass kostet 84/125 SFr für einen/zwei Tage.

Wandern

Zermatt bietet herrliches Wanderterrain mit einem 400 km langen Wegenetz durch wunderbare Alpenlandschaften. Wanderkarten hat die Touristeninformation. Das Matterhorn aus nächster Nähe erleben kann man auf dem **Gletscherwanderweg** (Trockener Steg bis Schwarzsee; 2 Std., 6,5 km). Unterwegs informieren Schilder über Gletscher sowie Flora und Fauna.

Vielwanderern bieten die Ausflugspässe günstige Möglichkeiten, um in die Berge zu kommen. Mit dem **Peak Pass** kann man unbegrenzt die Schwarzsee-, Rothorn- und Matterhorn-Glacier-Paradise-Seilbahnen und die Gornergrat-Zahnradbahn benutzen (3 Tage ab 188 SFr, eine Woche ab 269 SFr). Geeignete Wanderstrecken kann man auf der Website der Zermatter Touristen-information (www.zermatt.ch) nach Dauer, Entfernung und Schwierigkeitsgrad aussuchen.

ESSEN

Das gesamte Ortszentrum von Zermatt ist voller Gaststätten; die meisten befinden sich an der geschäftigen Bahnhofstraße.

Snowboat International €

(☎027 967 43 33; www.zermattsnowboat.com; Vispastraße 20; Hauptgerichte 26,50–49,50 SFr; ⏲14–24 Uhr) Restaurant und Bar in einem, direkt am Fluss. Knallgelbe Liegestühle sind über die sonnige Dachterrasse verteilt. Wer keine Lust mehr auf Fondue hat, kann sich hier einen Burger frisch vom Grill bestellen (auch mit Krebsfleisch oder Gemüse statt mit Rind). Die kreativ zubereiteten Salate sind echte Energiebomben (unser Favorit: der Omega-3-Salat), auch die Cocktails sind super. Und die Atmosphäre? 100 % Spaß und Stil.

Bayard Metzgerei Schweizerisch €

(☎027 967 22 66; www.metzgerei-bayard.ch; Bahnhofstraße 9; Wurst 6 SFr; ⏲Dez.–März & Juli–Sept. 8–12 & 14–19 Uhr, April–Juni & Okt./Nov. bis 18.30 Uhr) Hier gibt's zu einem Bier an Ort und Stelle gebrutzelte Bratwürste (Schwein, Kalb oder Rind), die man auch in der Gasse auf einem Barhocker verspeisen kann.

Klein Matterhorn Pizza €

(☎027 967 01 42; www.kleinmatterhorn-zermatt.com; Schluhmattstraße 50; Pizza 18–25 SFr; ⏲8–24 Uhr, Küche 11.30–22 Uhr) Diese einfache Pizzeria und Café-Bar gegenüber der Talstation der Seilbahn Matterhorn-Express ist die beste Adresse für exzellente italienische Pizza in der Sonne mit einem Blick aufs Matterhorn.

Chez Vrony Schweizerisch €€

(☎027 967 25 52; www.chezvrony.ch; Findeln; Frühstück 15–28 SFr, Hauptgerichte 25–45 SFr; ⏲Dez.–April & Mitte Juni–Mitte Okt. 9.15–17 Uhr) Mit dem Sunnegga Express auf 2288 m hinauffahren und dann die blaue Piste 6 auf Skiern runterfahren bis zum besten Pistenrestaurant von Zermatt in Findeln (oder im Sommer 15 Minuten wandern). Das köstliche Trockenfleisch, der Käse aus eigener Herstellung, die Wurst von Vronys eigenen Rindern, die im Sommer auf den Hochgebirgsalmen (2100 m) in der Umgebung weiden, und der Vrony-Burger sind legendär. Im Winter auf jeden Fall reservieren!

Schäferstube Schweizerisch €€

(☎027 966 76 05; www.julen.ch/de/restaurant-schaeferstube; Riedstraße 2; Hauptgerichte 24–50 SFr; ⏲18–23 Uhr) Die traditionelle Schäferstube mit niedrigen Holzdecken, großen Kuhglocken und jeder Menge Jagdtrophäen ist warm, rustikal und gemütlich beleuchtet – wunderbar, wenn im Winter draußen der Schnee rieselt! Geleitet wird sie vom Schäfer Paul Julen, sodass man sich auf saftiges Lamm vom Holzkohlegrill sowie Walliser Raclette und Käsefondue einstellen kann.

Le Gitan – Zermatterstübli Schweizerisch €€

(☎027 968 19 40; www.legitan.ch; Bahnhofstraße 64; Hauptgerichte ab 23 SFr; ⏲11–23 Uhr) Das Le Gitan hebt sich durch seine elegante Einrichtung im Chaletstil und seine besonders köstliche Küche hervor. Tipp: eine deftig-leckere Schweins- oder Kalbswurst mit Zwiebelsauce und Rösti und das Käsefondue z. B. mit Sekt – jawohl! – oder für Leute, die in ganz besonderer Feier- und Gönnerlaune sind, mit Sekt und frischen Trüffeln. Zum Abschluss genehmigt man sich dann noch einen Eiskaffee mit Kirschwasser oder ein Aprikosensorbet mit Abricotine, einem Walliser Aprikosenbrand.

Whymper Stube Schweizerisch €€

(☎027 967 22 96; www.whymper-stube.ch; Bahnhofstraße 80; Raclette 9 SFr, Fondue ab 25 SFr; ⏲Nov.–April & Juni–Mitte Okt. 11–23 Uhr) Das gemütliche Bistro des Hotels Monte Rosa, von dem aus Edward Whymper 1865 aufbrach, um das Matterhorn zu besteigen, ist

Ein wahres Festmahl: Fondue & Raclette

Die Schweiz sollte man nicht verlassen, ohne ein Fondue (oder Raclette) gegessen zu haben. Auf den Tisch kommt dabei ein Topf mit geschmolzenem Käse, der leicht vor sich hinköchelt. Sodann werden Brotstückchen, auf schlanke Fonduegabeln gespießt, in den Käse getaucht. Ein Fondue ist eigentlich ein Wintergericht und für Zeiten, in denen Schnee liegt – die Touristen geben sich allerdings das ganze Jahr über dem Fonduevergnügen hin.

Der klassische Schweizer Fonduemix ist halb Emmentaler und halb Gruyère, vermischt mit Weißwein und ein wenig Kirschwasser. Der Käse wird geschmolzen und dann mit Kartoffel- oder Maismehl etwas angedickt. Dazu gibt's Brotstücke. Viele bestellen sich dazu auch noch ein bisschen Aufschnitt sowie Gürkchen.

Das andere typisch Schweizer Käsegericht ist Raclette – das Wort bezeichnet sowohl den verwendeten Käse als auch das Gericht, das ganzjährig gegessen wird. Ein Käsestück wird in einen speziellen Raclette-Tischofen eingespannt. Dann beginnt die obere, flache Seite des Käsestücks zu schmelzen. Der geschmolzene Käse wird auf die Teller geschabt und mit Salzkartoffeln, Aufschnitt und Essigzwiebeln oder sauren Gurken gegessen.

Croissant mit Raclette

legendär wegen der grandiosen Raclettes und Fondues. Das beste Fondue wird in einem in drei Teile untergliederten Topf serviert, wobei in jedem Teil ein anderes Käsefondue köchelt. Der Service ist relaxt und freundlich, die Tische stehen eng zusammen und es ist abends immer jede Menge los. Eine Terrasse gibt's nicht.

AUSGEHEN & NACHTLEBEN

Wenn nach dem Pistensausen immer noch das Adrenalin pulsiert, locken in Zermatt Après-Ski-Hütten, schicke Loungebars und britische Pubs zur Party. In der Nebensaison schließen einige davon, andere verschwinden nach der Hauptsaison ganz.

Elsie's Bar Weinbar
(☎027 967 24 31; www.elsiesbar.ch; Kirchplatz 16; ⏲16–1 Uhr) Die elegante altmodische Bar mit holzvertäfelten Wänden in einem Gebäude von 1879 gegenüber der Kirche ist seit 1961 als Elsie's bekannt. Auf der Winterkarte stehen Austern, Kaviar und Schnecken und dazu werden ausgesuchte Weine und Whiskys kredenzt.

Hennu Stall Bar
(☎027 966 35 10; www.hennustall.ch; Klein Matterhorn; ⏲Dez.–April 14–20 Uhr) Der Letzte in diesem Hühnerstall im Schnee ist ein faules Ei: Das Hennu unterhalb von Furi auf dem Weg nach Zermatt ist der wildeste Après-Ski-Schuppen am Klein Matterhorn. Mit einem Karamellwodka in der Hand kann man seine Skistiefel auf der Terrasse zu Livemusik zum Grooven bringen. Nach einem meterlangen Schnaps-„Ski" gackern die Gäste bis hinunter nach Zermatt.

Vernissage Bar Club Bar
(☎027 966 69 70; www.backstagehotel.ch; Hofmattstraße 4; ⏲So–Mi 17–24, Do–Sa bis 2 Uhr) Die ultimative Après-Ski-Antithese: Das Vernissage im Backstage Hotel verströmt erwachsene Kultiviertheit. Der Zermatter Künstler Heinz Julen hat mit fließenden Samtvorhängen, Filmrollenlüstern und kerzenbeschienenen Nischen einen theatrali-

Restaurant in Zermatt

schen Raum geschaffen, für Ausstellungen und Filmvorführungen sowie als Loungebar.

Papperla Pub Pub

(www.julen.ch; Steinmattstraße 36; ⌚Winter 14–2 Uhr, Sommer Di–Do & So 14–24, Fr & Sa bis 2 Uhr; 📶) In der munteren Kneipe tummeln sich im Winter die angesäuselten Skifahrer und im Sommer fröhliche Wandergesellen. Auf der Bürgersteigterrasse stehen rote Regisseurstühle und drinnen gibt's neben pulsierender Musik Jägermeister-Bomben, eine gute Stimmung und ab 17 Uhr Kneipenessen. In der Hauptsaison ist im **Schneewittli Nightclub** unten bis zum Morgengrauen Party.

PRAKTISCHE INFORMATIONEN

Die erste Anlaufstelle für Infos ist **Schweiz Tourismus** (www.myswitzerland.com). Detaillierte Zermatt-Infos liefert die örtliche **Touristeninformation** (☎027 966 81 00; www.zermatt.ch; Bahnhofplatz 5; ⌚8–20 Uhr; 📶).

> *In Zermatt locken Après-Ski-Hütten, schicke Loungebars und britische Pubs*

AN- & WEITERREISE

Das öffentlicher Verkehrsnetz der Schweiz zählt zu den effizientesten weltweit. Doch das Reisen ist teuer und eventuell lohnt sich für Besucher der Swiss Travel Pass. Fahrpläne und -karten gibt's auf www.sbb.ch.

Für die Schweizer Autobahnen benötigt man eine Vignette, die für 40 SFr an den Grenzübergängen sowie für 36,50 € zu Hause bei den Verkehrsclubs erhältlich ist – Näheres auf www.vignette.ch und www.adac-shop.de/vignetten.

UNTERWEGS VOR ORT

Elektrotaxis summen durch den Ort und transportieren Waren und müde Besucher – und erschrecken hin und wieder nichtsahnende Spaziergänger. Ihr Hauptstandplatz ist vor dem Bahnhof in der Bahnhofstraße.

DUBROVNIK,
KROATIEN

In diesem Kapitel

Dubrovnik, Kroatien

Ob man nun zum ersten oder zum hundersten Mal in Dubrovnik ist: Die Schönheit der Altstadt löst immer wieder ein Gefühl von Ehrfurcht und Ergriffenheit aus. Unglaublich ist das Bild, dass die Straßen und Gebäude bieten, dazu das endlose Glitzern der Adria ... Die alte Stadtmauer, die lange Zeit eine kulturreiche Republik schützte, bietet sich wunderbar für einen Spaziergang an.

Die Belagerung Dubrovniks 1991 schockierte die Welt, doch die Stadt ist schnell wieder auf die Beine gekommen und verzaubert ihre Besucher heute wie eh und je.

Zwei Tage in Dubrovnik

Es geht früh los, bevor es zu heiß ist, mit einem Spaziergang über die **Stadtmauer** (S. 488). Anschließend bummelt man durch die Straßen und kehrt nach Lust und Laune in Kirchen, Palästen oder Museen ein.

Am zweiten Tag geht's per **Seilbahn** auf den Berg Srđ; dort besucht man die Ausstellung **Dubrovnik während des Unabhängigkeitskampfes** (S. 495). Danach setzt man die Erkundung der Altstadt fort.

Vier Tage in Dubrovnik

Wer noch mehr Zeit hat, kann seine Altstadterkundungen auf den Abend beschränken – dann sind die Kreuzfahrttouristen auf ihre Schiffe zurückgekehrt. Am dritten Tag steht die Insel **Lokrum** (S. 495) auf dem Programm, am vierten besteigt man ein Boot nach **Cavtat** (S. 493) und erkundet bei einem Bummel zwei oder drei Stunden lang den geschichtsträchtigen Ort.

Und weiter? Von Dubrovnik ist man per Flugzeug oder Zug schnell in Rom (S. 331) oder Venedig (S. 383).

Vorhergehende Doppelseite: Seilbahn oberhalb von Dubrovnik
CANADASTOCK / SHUTTERSTOCK ©

Karte Dubrovnik (S. 494)

Ankunft

Flughafen Dubrovnik In Čilipi, 19 km südöstlich von Dubrovnik. Ein Taxi kostet bis zu 280 KN. Atlas bietet einen Flughafenbus (40 KN, 30 Min.), der am Pile-Tor und am Busbahnhof hält.

Busbahnhof Dubrovnik Fahrpläne gibt's auf www.libertasdubrovnik.hr.

Schlafen

In der kompakten Altstadt sind nur wenige Unterkünfte zu finden. Besonders für den Sommer sollte man weit im Voraus buchen.

Eine gute, preisgünstige Alternative können Privatunterkünfte sein. Infos dazu haben örtliche Reisebüros und die Touristeninformation.

Stadtmauer & Festungen

Ein Besuch in Dubrovnik wäre nicht vollständig ohne einen Bummel über die spektakuläre Stadtmauer – die vielleicht schönste der Welt, in jedem Fall aber das bedeutendste Wahrzeichen der Stadt.

Toll für ...

☑ **Nicht versäumen**

Die wunderbaren Ausblicke über die Altstadt und die glitzernde Adria von der Stadtmauer aus.

Rundgang über die Stadtmauer

Zugänge zur Stadtmauer bieten sich beim **Pile-Tor** (Gradska vrata Pile), beim **Ploče-Tor** (Vrata od Ploča) und beim **Seefahrtsmuseum** (Pomorski muzej; ☎020-323 904; www.dumus.hr; Tvrđava Sv Ivana; Museumspass Erw./Kind 120/25 KN; ⏲April–Okt. Di–So 9–18 Uhr, Nov.–März bis 16 Uhr). Der meiste Andrang ist gewöhnlich am Pile-Tor. Wer die Stadtmauer von der Ploče-Seite erklimmt, hat dagegen außerdem den Vorteil, den steilsten Anstieg gleich am Anfang hinter sich zu kriegen. Besucher müssen die Stadtmauer übrigens gegen den Uhrzeigersinn begehen.

Der runde Minčeta-Turm schützt die landwärtige Seite der Stadt, die Festungen Revelin und Sv. Ivan den Osten und den Alten Hafen.

Gen Westen und hinaus aufs Meer blicken der Bokar-Turm und die Festung Lovrijenac. Von den Mauern der großen **Festung Lovrijenac** (Tvrđava Lovrijenac; www.citywallsdubrovnik.hr; Pile; 50 KN, mit Stadtmauerticket frei; ⌚April–Okt. 8–18.30 Uhr, Nov.–März 9–15 Uhr) schaut der hl. Blasius herab. Drinnen gibt's nicht viel zu sehen, doch von den Wehrmauern bieten sich wunderbare Blicke über die Altstadt. Im großen Innenhof finden im Sommer oft Theateraufführungen und Konzerte statt.

Vergangenheit

Die erste Stadtmauer entstand im 9. Jh. Mitte des 14. Jhs. wurden die 1,5 m dicken Mauern mit 15 viereckigen Forts verstärkt. Angesichts der Bedrohung durch die Türken im 15. Jh. baute die Stadt die bestehenden Festungen aus und ließ dazu neue errichten, sodass die gesamte Altstadt in einem 2 km langen Ring von bis zu 25 m hohen Mauern umschlossen war. Auf der Landseite sind die Mauern dicker – bis zu 6 m; auf der Seeseite sind sie 1,5 bis 3 m stark.

Gut zu wissen

Gradske zidine; ☎020-638 800; www.wallsofdubrovnik.com; Erw./Kind 200/50 KN; ⌚April–Okt. 8–18.30 Uhr, Nov.–März 9–15 Uhr

Kleine Stärkung

Snacks und besonders Getränke besser selbst mitbringen – die wenigen Händler, die unterwegs Wasser verkaufen, tun dies zu überhöhten Preisen.

★ Top-Tipp

Ein Spaziergang über die Stadtmauer kann besonders an heißen Tagen sehr anstrengend sein! Früh starten.

Jüngere Geschichte

Gefangen im Fadenkreuz des Krieges, der das ehemalige Jugoslawien heimsuchte, wurde Dubrovnik 1991 und 1992 mit rund 2000 Granaten beschossen und erheblich beschädigt. An der Stadtmauer waren 111 Einschläge zu verzeichnen.

Die Stadtmauer selbst wie auch alle beschädigten Gebäude sind inzwischen wiederaufgebaut bzw. restauriert worden. Doch beim Rundgang über die Mauer kann man sich ein recht gutes Bild vom Ausmaß der Schäden machen, wenn man über die Stadt blickt: All die Häuser, deren Dächer neue Ziegel haben, waren vom Krieg unmittelbar betroffen.

Geführte Touren

Dubrovnik Walks (☎095 80 64 526; www.dubrovnikwalks.com; Brsalje 8, Pile; ⌚März–Dez.) bietet ausgezeichnete englischsprachige Führungen, die nicht weit vom Pile-Tor beginnen. Der zweistündige Rundgang „Walls & Wars" kostet 130 KN. Eine Buchung ist nicht erforderlich.

Rektorenpalast

B-HIDE THE SCENE / SHUTTERSTOCK ©

Drehorte von Game of Thrones

Dubrovnik empfinden viele Besucher als märchenhaft, für alle Fans von Game of Thrones ist die Stadt ein im wahrsten Sinne des Wortes fantastischer Ort: Die international erfolgreiche Serie wurde zum großen Teil hier gedreht.

Toll für ...

☑ Nicht versäumen

Die Stadtmauer, die in der Serie oft eine Rolle spielt, besonders bei der Belagerung von Königsmund.

Stadtmauer & Festung Lovrijenac

Tyrion Lennister steuert während der Schlacht am Schwarzwasser die Verteidigung von Königsmund von der dem Meer zugewandten Seite der Stadtmauer (S. 488). Die Festung Lovrijenac (S. 489) ist der berühmte Rote Bergfried von Königsmund und dürfte Fans sowohl von außen als auch innen bekannt sein. Am kleinen Hafen unterhalb der Festung verabschiedete Cersei ihre Tochter Myrcella.

Rektorenpalast

Der große Innenhof des **Rektorenpalasts** (Knežev dvor; ☎020-321 497; www.dumus.hr; Pred Dvorom 3; Erw./Kind 80/25 KN, mit Museumspass 120/25 KN; ⏲April–Okt. 9–18 Uhr, Nov.–März bis 16 Uhr) diente im Film als Palast des Gewürzkönigs von Qarth – dafür wurde

Festung Lovrijenac (S. 489)

LALS STOCK / SHUTTERSTOCK ©

Gut zu wissen

Dubrovnik diente als Kulisse für die fiktiven Städte Königsmund und Qarth.

Kleine Stärkung

Die **Oliva Pizzeria** (☎020-324 594; www.pizza-oliva.com; Lučarica 5; Hauptgerichte 74–105 KN; ⌚10–23 Uhr;) beim Rektorenpalast backt hervorragende Pizza.

Top-Tipp

Sowohl **Dubrovnik Day Tours** (☎098 17 51 775; www.dubrovnikdaytours.net) als auch Dubrovnik Walks (S. 489) bieten *Game of Thrones*-Touren.

noch nicht einmal die Statue entfernt! Der Palast aus Gotik- und Renaissance-Elementen wurde im späten 15. Jh. für den gewählten Rektor erbaut, der Dubrovnik regierte. Das Gebäude umfasste das Büro des Rektors, seine Privatgemächer, öffentliche Säle und einen Kerker. Heute beherbergt der Palast ein kulturhistorisches Museum mit Porträts, Wappen und Münzen, die von der Geschichte der Stadt erzählen.

Arboretum von Trsteno

Der Garten des Roten Bergfrieds, wo die Tyrells in Staffel 3 und 4 endlos Pläne schmieden, ist im echten Leben das **Arboretum von Trsteno** (☎020-751 019; Erw./Kind 50/30 KN; ⌚Mai–Okt. 7–19 Uhr, Nov.–April 8–16 Uhr). Diese schattigen Gärten 14 km nordwestlich von Dubrovnik sind die ältesten ihrer Art in Kroatien. Die Anlage im Stil der Renaissance präsentiert sich mit gestutzten Pflanzen und Büschen, dazu gibt's Zitrusgärten, ein Labyrinth, eine schöne Palmensammlung und einen Teich. Nach Trsteno fahren vom Busbahnhof von Dubrovnik die Busse 12, 15, 21, 22 und 35.

Andere Drehorte

- **Minčeta-Turm** (Tvrđava Minčeta) Außenansicht des Hauses der Untoten in Qarth.
- **Uz Jezuite** Die Treppe zwischen der St.-Ignatius-Kirche und dem Gundulić-Platz war der Ausgangspunkt für Cersei Lennisters Bußgang. Von hier ging sie die Stradun entlang.
- **Gradac-Park** Hier fand das Fest zur Purpurnen Hochzeit statt, bei dem König Joffrey der Garaus gemacht wurde.
- **Sv.-Dominika-Straße** Die Straße und Treppe vor dem **Dominikanerkloster** (Dominikanski samostan i muzej; ☎020-321 423; www.dominicanmuseum.hr; Sv Dominika 4; Erw./Kind 30/20 KN; ⌚9–17 Uhr) wurden für Marktszenen in Königsmund genutzt.
- **Ethnografisches Museum** (Etnografski muzej; ☎020-323 056; www.dumus.hr; Od Rupa 3; Erw./Kind Museumspass 120/25 KN; ⌚Mi–Mo 9–16 Uhr) Kleinfingers Bordell.
- **Lokrum** (S. 495) Der Empfang für Daenerys in Qarth fand im Kreuzgang des Klosters statt.

SEHENSWERTES

Dubrovnik ist die wohlhabendste, eleganteste und teuerste Stadt Kroatiens. In vielerlei Hinsicht wirkt sie noch immer wie ein Stadtstaat, getrennt vom Rest des Landes durch ihre Lage und Geschichte. Inzwischen ist die Stadt so ein Touristenmagnet, dass darüber nachgedacht wird, die Zahl der Besucher in der autofreien Altstadt zu begrenzen – auf den Hauptgassen kann es unglaublich voll sein, besonders wenn mehrere Kreuzfahrtschiffe gleichzeitig ihre Passagiere in die Straßen spülen.

Kathedrale Mariä Himmelfahrt — Kathedrale

(Katedrala Marijina Uznesenja; Držićeva poljana; Schatzkammer 20 KN; ⌚Ostern–Okt. Mo–Sa 8–17, So 11–17 Uhr, Nov.–Ostern Mo–Sa 9–12 & 16–17 Uhr) Die auf dem Standort einer Basilika aus dem 7. Jh. erbaute ursprüngliche Kathedrale von Dubrovnik wurde im 12. Jh. vergrößert, angeblich dank einer Spende des englischen Königs Richard Löwenherz, der sich vor einem Schiffsunglück auf die nahe Insel Lokrum retten konnte. Kurz nach der Zerstörung der ersten Kathedrale beim Erdbeben von 1667 wurde bis 1713 dieser barocke Nachfolgebau errichtet.

Die Kathedrale besticht mit ihren schönen Altären, besonders dem Altar des Johann von Nepomuk aus violettem Marmor. Das schönste Gemälde hier ist die *Mariä Himmelfahrt* hinter dem Hauptaltar des venezianischen Malers Tizian (16. Jh.).

Links vom Hauptaltar ist die **Schatzkammer** der Kathedrale mit den Reliquien des hl. Blasius sowie über 150 weiteren Reliquiaren, die vom 11. bis 17. Jh. meist in den Goldschmieden der Stadt entstanden.

> *Sie wirkt noch immer wie ein Stadtstaat, getrennt vom Rest des Landes*

War Photo Limited — Kunstgalerie

(☎020-322 166; www.warphotoltd.com; Antuninska 6; Erw./Kind 50/40 KN; ⌚Mai–Sept. 10–22 Uhr, April & Okt. Mi–Mo bis 16 Uhr) Der Besuch der Galerie ist ein sehr berührendes Erlebnis: Die Ausstellungen werden von dem neuseeländischen Fotojournalisten Wade Goddard kuratiert, der in den

Reliquiar in der Kathedrale Mariä Himmelfahrt

PAUL PRESCOTT / SHUTTERSTOCK ©

1990er-Jahren auf dem Balkan arbeitete. Sinn und Zweck der Galerie ist es, den grausamen Alltag des Krieges zu zeigen. Im oberen Geschoss befindet sich eine Dauerausstellung zu den Jugoslawien-Kriegen, bei den Wechselausstellungen werden unterschiedliche Konflikte thematisiert.

Synagoge & Jüdisches Museum — Synagoge

(Sinagoga i Židovski muzej; Žudioska 5; 50 KN; ⏲10–17 Uhr) Die aufs 14. Jh. zurückgehende Synagoge soll die zweitälteste noch bestehende Europas und die älteste sephardische überhaupt sein. Die Synagoge im einstigen jüdischen Ghetto beherbergt ein kleines Museum mit sakralen Relikten und Informationen zur örtlichen jüdischen Gemeinde, u. a. zu den Verfolgungen im Zweiten Weltkrieg.

Franziskanerkloster & Museum — Kloster

(Franjevački samostan i muzej; ☎020-321 410; Placa 2; 30 KN; ⏲April–Okt. 9–18 Uhr, Nov.–März bis 14 Uhr) Inmitten solider Mauern verbergen sich ein wunderschöner **Kreuzgang** von der Mitte des 14. Jhs., eine alte **Apotheke** und ein kleines **Museum** mit einer Sammlung von Relikten und liturgischen Gegenständen wie Messkelchen, Gemälden und Goldschmuck sowie Laborausrüstung und medizinischen Büchern.

Museum für moderne Kunst — Museum

(Umjetnička galerija; ☎020-426 590; www.ugdubrovnik.hr; Frana Supila 23, Ploče; mit Museumspass Erw./Kind 120/25 KN; ⏲Di–So 9–20 Uhr) Das ausgezeichnete Museum zeigt auf drei Etagen eines bedeutenden modernistischen Gebäudes östlich der Altstadt kroatische Kunst, besonders des Malers Vlaho Bukovac aus dem nahen Cavtat. Von der Skulpturenterrasse eröffnen sich weite Ausblicke.

Sponza-Palast — Palast

(Palača Sponza; ☎020-321 031; Placa bb; Mai–Okt. frei, Nov.–April 25 KN; ⏲Archivausstellung & Kreuzgang Mai–Okt. 10–22 Uhr; Kreuzgang Nov.–April 10–15 Uhr) Der Sponza-Palast, eines der wenigen Gebäude der Altstadt, die das Erdbeben von 1667 überstanden, wurde 1516–1522 als Zollhaus errichtet und diente in der Folge als Münze, Schatz- und

Tagesausflüge ab Dubrovnik

Dubrovnik ist ein ausgezeichneter Ausgangspunkt für Tagestrips ins Umland sowie sogar in die Nachbarländer Montenegro und Bosnien.

Ein Tagesausflug auf die **Elaphitischen Inseln** nordwestlich von Dubrovnik ist im Sommer die perfekte Flucht vor den Touristenmassen. Von den 14 Inseln sind nur die drei größten – Koločep, Lopud und Šipan – dauerhaft bewohnt. Alle drei kann man auf einer der „Drei Inseln & Picknick"-Touren inspizieren, die am Alten Hafen von Dubrovnik angeboten werden (ca. 250–300 KN mit Getränken und Mittagessen).

Das auf einer kleinen Halbinsel gelegene alte **Cavtat** lockt mit einer hübschen Uferpromenade mit Restaurants, Kieselstränden und einer interessanten Ansammlung von Kulturattraktionen.

Ohne Cavtat gäbe es kein Dubrovnik, denn es waren Flüchtlinge aus Epidaurum, der römischen Version von Cavtat, die Dubrovnik 614 gründeten. Dessen Mauern sind in der Ferne auszumachen und beide Orte sind durch Bus und Boot gut miteinander verbunden – Cavtat bietet sich somit als Tagesausflug ab Dubrovnik oder auch als ruhigerer (und billigerer) alternativer Stützpunkt an.

Am Wasser in Cavtat
XBRCHX / SHUTTERSTOCK ©

Dubrovnik
Stadtmauer & Festungen
200 m
Museum für moderne Kunst (200 m)
Srđ (1,2 km)
Seilbahn
Alter Hafen
ADRIA
Bus-haltestelle Pile-Tor
Petra Krešimira IV
Frana Supila
Vrata od Ploča
Put Iza Grada
Zagrebačka
Srednji Kono
Uz Posat
Đura Pulića
Između Vrta
Branitelja Dubrovnika
Sv Dominika
Zlatarska
Kovačka
Žudioska
Dropćeva
Zamanjina
Vetranićeva
Petilovrijenci
Kunićeva
Nalješkovićeva
Antuninska
Palmotićeva
Peline
Prijeko
Od Sigurate
Celestina Medovića
Placa (Stradun)
Između Polača
Luža Square
Pred Dvorom
Lučarica
C Zuzorić
Gundulićeva Poljana
Držićeva Poljana
M Kaboge
Mina Pracata
Nikole Božidarovića
Sv Josipa
Široka
Od Puča
Za Rokom
Od Domina
Getaldićeva
Zlatarićeva
Garište
Poljana Paška Miličevića
Od Rupa
Od Sorte
Na Andriji
Od Kaštela
Zvijezdićeva
Strossmayerova
Od Margarite
Dinke Ranjine
Uz Jezuite
Androvićeva
Poljana Ruđera Boškovića
Kneza Hrvaša
Ilije Sarake
Pobijana
Restićeva
Đura Beljavi
Kneza Damjana Jude
Od Pustijerne

Dubrovnik

Sehenswertes
1 Kathedrale Mariä Himmelfahrt D3
2 Stadtmauer D2
3 Dominikanerkloster & Museum D2
4 Ethnografisches Museum B3
5 Festung Lovrijenac A3
6 Festung Minčeta C1
7 Franziskanerkloster & Museum C2
8 Seefahrtsmuseum E4
9 Pile-Tor B2
10 Ploče-Tor E2
11 Rektorenpalast D3
12 Sponza-Palast D3
13 Synagoge & Jüdisches Museum D2
14 War Photo Limited C2

Aktivitäten, Kurse & Touren
15 Adriatic Kayak Tours B1
16 Dubrovnik Walks A2

Essen
17 Nautika B2
18 Nishta C2
19 Oliva Pizzeria D3
20 Restaurant 360° D2

Ausgehen & Nachtleben
21 Bard Mala Buža D4
22 Buža C4
23 D'vino C2

Unterhaltung
24 Lazareti F2

Waffenkammer und als Bank. Das Gebäude bietet eine Mischung verschiedener Stile, angefangen beim Renaissance-Portikus auf sechs korinthischen Säulen. Die Fenster im ersten Stock sind spätgotisch, im zweiten befindet sich eine Statue des hl. Blasius.

Srđ — Aussichtspunkt

(Srđ bb) Von der Spitze dieses 412 m hohen Bergs wirkt Dubrovniks Altstadt wie eine Modellbaustadt. Außerdem fällt der Blick auf die Insel Lokrum und die Elaphitischen Inseln im Hintergrund. Als bedeutende Aussichtswarte spielte der Berg Srđ dann auch eine Schlüsselrolle während des Krieges der 1990er-Jahre. Diese Geschichte wird erzählt im **Museum des Unabhängigkeitskampfes** (Dubrovnik u Domovinskom ratu; ☎020-324 856; Fort Imperial, Srđ; Erw./Kind 30/15 KN; ⌚8–22 Uhr; 🅿) im Fort Imperial auf dem Gipfel.

Am einfachsten und schnellsten kommt man mit der Seilbahn nach oben oder per Auto (den Schildern nach Bosanka folgen), alternativ läuft man über den **Kreuzweg** (Križni put; Jadranska cesta, Srđ) oder nimmt an der Haltestelle Pile den Bus 17 nach Bosanka und geht dann noch 1,5 km zu Fuß.

Lokrum — Insel

(☎020-311 738; www.lokrum.hr; Erw./Kind inkl. Boot 150/25 KN; ⌚April–Nov.) Lokrum ist eine schöne bewaldete Insel voller Steineichen, Schwarzeschen, Pinien und Olivenbäume und nur zehn Minuten per Boot vom Alten Hafen von Dubrovnik entfernt. Die Strände sind zwar felsig, dennoch wird hier gern gebadet. Im Sommer fahren ungefähr jede Stunde Boote zur Insel (Juli & Aug. halbstündl.). Im Fahrpreis der öffentlichen Boote ist der Eintrittspreis für die Insel schon inbegriffen, wer mit einem anderen Boot ankommt, muss im Informationszentrum auf der Insel 120 KN zahlen.

Die wichtigste Anlaufstelle auf der Insel ist das große mittelalterliche **Benediktinerkloster** mit Restaurant und Ausstellungen zur Geschichte der Insel und zur Serie *Game of Thrones*, die zum Teil auf Lokrum gedreht wurde. Hier haben Fans die Gelegenheit, herrschaftlich auf einem Nachbau des Eisernen Throns zu posieren. Das Kloster wartet mit einem hübschen Klostergarten und einem bedeutenden botanischen Garten mit riesigen Agaven und Palmen aus Südafrika und Brasilien auf. Ungefähr in der Mitte der Insel befindet sich das runde **Fort Royal**: Mit dem Bau wurde im frühen 19. Jh. während der französischen Besatzung begonnen, es wurde aber hauptsächlich von den Österreichern genutzt. Vom Dach eröffnen sich Blicke auf die Altstadt.

Um zum **FKK-Strand** zu gelangen, geht man vom Fähranleger links und folgt den Schildern. Bei den Felsen am Ende befindet

Zerstörung & Wiederaufbau

Von Ende 1991 bis Mai 1992 dominierte die Belagerung von Dubrovnik weltweit die Schlagzeilen. Zwar ist die Erinnerung daran bei vielen vielleicht inzwischen verblasst, doch die, die die Belagerung erlebten, werden sie nie vergessen – und in Dubrovnik möchte man, dass auch Besucher davon Kenntnis nehmen.

Von den 824 Gebäuden der Altstadt wurden 68 % von Granaten getroffen. Fassaden und Pflastersteine von Straßen und Plätzen wurden 314-mal direkt getroffen, die Stadtmauer 111-mal. Neun historische Paläste brannten komplett aus, der Sponza-Palast, der Rektorenpalast, die St.-Blasius-Kirche, das Franziskanerkloster und der Amerling- und Onofrio-Brunnen wurden stark beschädigt. Schnell entschieden die Verantwortlichen der Stadt, dass Wiederaufbau und Reparaturen mit traditionellen Methoden und möglichst mit Originalmaterialien durchgeführt werden sollten.

So hat Dubrovnik sich seine einstige Pracht größtenteils wieder beschafft. Die Stadtmauer ist wieder intakt, die Marmorstraßen sind glatt gepflastert und Handwerker und Steinmetze aus dem In- und Ausland haben berühmte Wahrzeichen sorgfältig restauriert.

sich der Schwulenstrand von Dubrovnik. Beliebt zum Baden ist auch der kleine Salzsee, der als **Totes Meer** bekannt ist.

Auf jeden Fall sollte man sich vergewissern, wann das letzte Boot zurück zum Festland fährt. Auf der Insel darf nicht übernachtet werden. Auch Rauchen ist überall verboten.

AKTIVITÄTEN

Green Sea Safari Freiwilligenarbeit

(☎095 55 20 190; https://greenseasafari.com; ⏲Juni–Sept. 9.30–17 Uhr) Auf diesen Umweltexkursionen können Freiwillige mitfahren, um bei der Säuberung von abgelegenen, meist nicht mit öffentlichen Booten oder auf Touren zu erreichenden Küstenabschnitten rund um Dubrovnik zu helfen. Eine Stunde lang sammelt man Abfall auf, die restliche Zeit genießt man die Strände. Abgelegt wird bei günstigem Wetter um 9.30 Uhr in Gruž (gegenüber dem Fischmarkt); man muss sich vorher über die Website anmelden.

Die Touren von Green Sea Safari sind kostenlos, Spenden sind jedoch willkommen.

Sveti-Jakov-Strand Schwimmen

(Vlaha Bukovca bb, Viktorija) Vom Ploče-Tor gelangt man nach 1,7 km Richtung Osten zum Sveti Jakov, einem wunderschönen kleinen Strand, wo es nicht zu trubelig ist und es Duschen, eine Bar und ein Restaurant gibt.

Adriatic Kayak Tours Kajakfahren, Radfahren

(☎020-312 770; www.adriatickayaktours.com; Zrinsko Frankopanska 6, Pile; halber Tag ab 280 KN; ⏲April–Okt.) Bietet Seekajaktouren, von einem halben Tag bis zu einer Woche, Wander- und Radtouren sowie Ausflüge nach Montenegro inklusive Rafting.

Outdoor Croatia Kajakfahren

(☎020-418 282; www.outdoorcroatia.com; Tagestrip 440 KN) Verleiht Kajaks und bietet Tagestrips rund um die Elaphitischen Inseln sowie mehrtägige Touren und Kajak-Fahrrad-Kombitouren.

Lapad-Bucht Schwimmen

(Uvala Lapad; Lapad; 👪) Die auf der einen Seite von den bewaldeten Petka-Bergen und auf der anderen vom Kamm der Halbinsel Babin Kuk begrenzte Lapad-Bucht bietet beliebte Kieselstrände, Strandhotels und Uferpromenaden. Hier gibt's jede Menge Zerstreuung, u. a. einen Kinderspielplatz und zahlreiche Cafés und Bars.

Der gen Westen blickende Hauptstrand ist vor allem wegen des spektakulären Sonnenuntergangs über den Grebeni-Inseln und der Insel Koločep beliebt.

ESSEN

In Dubrovnik gibt's einige nicht gar so tolle Restaurants, also sorgfältig wählen! Viele gehen davon aus, dass man – wie die Kreuzfahrttouristen – nur einen Tag hier ist und eh nicht wiederkommt. Außerdem sind die Preise in dieser Stadt die höchsten in ganz Kroatien. Doch es gibt in der Altstadt, in Lapad und in Gruž auch einige sehr gute Restaurants.

Nishta Vegan **€€**

(☎020-322 088; www.nishtarestaurant.com; Prijeko bb; Hauptgerichte 98–108 KN; ⏲Mo–Sa 11.30–23.30 Uhr; ✎) Dass dieses winzige Altstadtlokal so beliebt ist, zeugt nicht nur vom Mangel an Speisemöglichkeiten für Vegetarier und Veganer in Kroatien, sondern auch von der Qualität des Essens hier. Jeden Tag gibt's eine gesonderte Karte mit warmen und Rohkost-Gerichten.

Veranda Kroatisch **€€**

(☎091 17 46 082; http://konobaveranda.com; Štikovica 24a; Hauptgerichte 95–140 KN; ⏲März–Nov. 13–23 Uhr) Die Karte im Veranda bietet Gerichte aus fünf Regionen (Slawonien, Dalmatien, Istrien, südliche Adria und Herzegowina) – eine Art Hitliste kroatischer und herzegowinischer Küche. Zu der erstklassigen Hausmannskost (Tipp: istrisches Lammragout!) kommen passende Weine und die Kulisse der Zaton-Bucht. Die 20-minütige Autofahrt von Dubrovnik absolviert man am besten mit dem Taxi.

Einen kurzen Bummel bergab vom Veranda gibt's einen hübschen Kieselstrand, an dem man schön den Nachmittag verbringen kann.

Nautika Europäisch **€€€**

(☎020-442 526; www.nautikarestaurants.com; Brsalje 3, Pile; Hauptgerichte 290–360 KN; ⏲April–Okt. 18–24 Uhr) Das Nautika preist sich als bestes Restaurant in Dubrovnik und ganz falsch ist das nicht: Die Lage mit Blick aufs Meer und die Stadtmauer ist herrlich, der Service ist tadellos – formell, aber freundlich. Das Essen aus den besten regionalen Zutaten präsentiert sich raffiniert, wenn auch nicht experimentierfreudig. Das größte Servierspektakel verspricht der Fisch in Salzkruste.

Kajakfahren in Dubrovnik

Restaurant 360°

> *Dubrovniks glamourösestes Restaurant bietet Küche vom Feinsten*

Pantarul Mediterran €€€
(☎020-333 486; www.pantarul.com; Kralja Tomislava 1, Lapad; Hauptgerichte 108–180 KN, 5-Gänge-Probiermenü 390–410 KN; ⏲Di–So 12–16 & 18–24 Uhr; P 📶) Das luftige Bistro richtet sein Angebot nach den Jahreszeiten aus und genießt einen erstklassigen Ruf für hausgemachtes Brot, Pasta und Risotto, es werden aber auch Speisen wie Steak, Ochsenbacken, Burger und Fisch serviert. Viele Gerichte weisen einen modernen Einschlag auf.

Restaurant 360° International €€€
(☎020-322 222; www.360dubrovnik.com; Sv Dominika bb; 2/3/5 Gänge 520/620/860 KN; ⏲April–Sept. Di–So 18.30–22.30 Uhr; 📶) Dubrovniks glamourösestes Restaurant bietet Küche vom Feinsten, mit geschmacksintensiven, schön präsentierten kreativen Gerichten, einer imposanten Weinkarte und einem makellosen professionellen Service. Die Lage oben auf der Stadtmauer ist unschlagbar: Die Tische sind so positioniert, dass man durch die Zinnen auf den Hafen blickt.

AUSGEHEN & NACHTLEBEN

In Dubrovnik wird man sicher nicht verdursten – in der Stadt tummeln sich viele schicke Loungebars, irische Pubs, in den Fels gebaute rustikale Kneipen, kultivierte Weinbars und jede Menge kroatische Café-Bars. Und das nicht nur in der Altstadt.

Bard Mala Buža Bar
(Iza Mira 14; ⏲Mai–Okt. 9–3 Uhr) Die edlere und schickere der beiden Klippenbars an der dem Meer zugewandten Seite der Stadtmauer liegt weiter unten an den Felsen. Auf der schattigen Terrasse lässt sich, verzaubert vom Ausblick auf die Adria, leicht ein ganzer Tag vertrödeln.

D'vino Weinbar
(☎020-321 130; www.dvino.net; Palmotićeva 4a; ⏲März–Nov. 9–24 Uhr; 📶) Wer erstklassige kroatische Weine probieren möchte, kann dies in dieser geselligen Bar tun. Neben

einer umfangreichen und vielfältigen Weinkarte bietet sie Probiersets (3 Weine ab 55 KN) – die Weine werden den Gästen vom fachkundigen Personal erklärt – sowie deftiges Frühstück, Snacks und Platten. Draußen lockt typisches Altstadtflair, drinnen sind die schrägen Wandsprüche unterhaltsam.

Cave Bar More Bar
(www.hotel-more.hr; Šetalište Nika i Meda Pucića bb, Babin Kuk; ⏲Juni–Aug. 10–24 Uhr, Sept.–Mai bis 22 Uhr) Die kleine Strandbar serviert Badegästen am wunderbar klaren Wasser der Lapad-Bucht Kaffee, Snacks und Cocktails, doch das ist nur die Hälfte der Geschichte – die Hauptbar befindet sich in einer echten Höhle. In der Seitenkammer, in der man durch einen Glasboden auf eine mit Wasser gefüllte Höhle blickt, kann man unter Stalaktiten abkühlen.

Buža Bar
(abseits Od Margarite; ⏲Juni–Aug. 8–2 Uhr, Sept.–Mai bis 24 Uhr) Wer diese Klippenbar endlich findet, fühlt sich nach der Suche nach dem Eingangstunnel an der Stadtmauer wie ein echter Entdecker. Doch das Buža ist kein Geheimnis – besonders zum Sonnenuntergang wird's hier wahnsinnig voll. Man wartet auf ein Plätzchen auf einer der Betonplattformen, schnappt sich ein kühles Getränk im Plastikbecher und genießt die Stimmung und den Ausblick.

✪ UNTERHALTUNG

Im Sommer finden in den alten Festungen und Kirchen Konzerte und Theater- und Tanzvorführungen statt – nach Plakaten Ausschau halten oder in den Touristeninformationen nachfragen! Abends gibt's in verschiedenen Bars der Altstadt Livemusik.

Lazareti Kulturzentrum
(www.arl.hr; Frana Supila 8, Ploče) In einer alten Quarantänestation bietet das Lazareti Film- und Clubabende, Livemusik, Volkstanz, Kunstausstellungen und jede Menge weitere tolle Sachen.

ℹ PRAKTISCHE INFORMATIONEN

Die Touristeninformation von Dubrovnik hat Filialen in **Pile** (☎020-312 011; www.tzdubrovnik.hr; Brsalje 5; ⏲8–20 Uhr), **Gruž** (☎020-417 983; www.tzdubrovnik.hr; Obala Pape Ivana Pavla II 1; ⏲Juni–Okt. 8–20 Uhr, Nov.–März Mo–Fr 8–15, Sa bis 13 Uhr, April & Mai Mo–Fr 8–20, Sa & So bis 14 Uhr) und **Lapad** (☎020-437 460; www.tzdubrovnik.hr; Dvori Lapad, Masarykov put 2; ⏲Juli & Aug. 8–20 Uhr, April–Juni, Sept. & Okt. Mo–Fr 8–12 & 17–20, Sa 9–14 Uhr).

ℹ AN- & WEITERREISE

Der **Flughafen Dubrovnik** (DBV, Zračna luka Dubrovnik; ☎020-773 100; www.airport-dubrovnik.hr; Čilipi) ist in Čilipi, 19 km südöstlich von Dubrovnik. Sowohl Croatia Airlines als auch u. a. Lufthansa, Eurowings und Austrian fliegen Dubrovnik ganzjährig an. Im Sommer kommen dazu noch Dutzende weitere Flüge.

Die Busse vom **Busbahnhof Dubrovnik** (Autobusni kolodvor; ☎060 305 070; www.libertasdubrovnik.hr; Obala Pape Ivana Pavla II 44a, Gruž; ⏲4.30–22 Uhr; 📶) können voll sein, sodass man im Sommer Tickets online kauft oder im Voraus bucht. Am Busbahnhof gibt's Toiletten und eine *garderoba* für aufzubewahrendes Gepäck. Fahrpläne gibt's online.

ℹ UNTERWEGS VOR ORT

Dubrovnik verfügt über ein ausgezeichnetes Busnetz; die Busse verkehren regelmäßig und meist pünktlich. Die wichtigsten Linien für Touristen fahren im Sommer bis nach 2 Uhr – wer also in Lapad übernachtet, kann sich Zeit lassen. Ein einfaches Ticket kostet beim Fahrer 15 KN, an einem *tisak* (Zeitungsstand) 12 KN. Fahrpläne gibt's auf www.libertasdubrovnik.hr.

Vom Busbahnhof in die Altstadt fahren die Busse 1a, 1b, 3 und 8, nach Lapad fährt Bus 7.

Von der **Bushaltestelle** am Pile-Tor fahren die Busse 4, 5, 6 und 9 nach Lapad.

ATHEN, GRIECHENLAND

In diesem Kapitel

Athen, Griechenland

Athen ist ebenso chaotisch wie charmant, eine aufregende Mischung aus Geschichte und Modernität. Die Akropolis mit dem Parthenon ist von fast jedem Punkt der Stadt zu sehen. Sie ist der Fokus, um den sich Athen noch heute dreht. Die im 5. Jh. v. Chr.erbaute Tempelstadt erinnert die Griechen tagtäglich an ihr Erbe. Im ganzen Stadtgebiet kann man von Dächern und Balkonen auf das Wahrzeichen blicken und von dort in Ruhe die vielen Stimmungen Athens auf sich wirken lassen, ob ruhmvolle Vergangenheit oder turbulente Gegenwart.

Zwei Tage in Athen

Orientierung bringt ein Rundgang durch das Herz Athens. Dann geht's hoch auf die herrliche **Akropolis** (S. 504) mit Besichtigung der unzähligen Bauten, u. a. des ikonischen **Parthenons** (S. 505) und des spektakulären **Akropolis-Museums** (S. 507) und seiner Meisterwerke. Ein Bummel durch die Plaka bietet Fotomotive, Läden gibt's in der Adrianou. Zum Schluss folgt die **Agora** (S. 510), das Zentrum des bürgerlichen Lebens im antiken Athen.

Vier Tage in Athen

Abseits der Akropolis lohnt ein Besuch des Wachwechsels am **Grab des unbekannten Soldaten** (S. 511) auf der Plateia Syntagmatos. Danach geht's ins **Benaki-Museum** (S. 510) mit seiner großen Sammlung zur griechischen Kultur über die Jahrtausende. Nach Besichtigung des **Olympieions** (S. 510) und des **Hadrianstors** (S. 511) folgt eine Fahrt mit dem O-Bus nordwärts zum **Archäologischen Nationalmuseum** (S. 511).

Nächstes Ziel: İstanbul (S. 521), vielleicht über die griechischen Inseln (S. 516).

Vorhergehende Doppelseite: Blick auf Akropolis (S. 504)

Karte Athen (S. 512)

Ankunft

Der **Flughafen Eleftherios Venizelos** hat weltweite Flugverbindungen. Die Metro fährt alle 30 Minuten ins Zentrum, Taxis fahren zum Pauschalpreis, Expressbusse sind eine günstigere Alternative.

Der **Hafen von Piräus** ist Griechenlands Knotenpunkt für sämtliche Fähren und liegt nicht weit von Athen. Die Schiffe fahren zu den griechischen Inseln sowie zu anderen Mittelmeerländern. Er ist mit der Metro zu erreichen.

Schlafen

In Athen gibt es Unterkünfte jeglicher Art, von Ein- bis Fünf-Sterne-Hotels, aber sie können für den Preis alle recht trostlos sein. Die meisten Unterkünfte verteilen sich ungefähr ringförmig um die Akropolis und besonders in der Plaka. In der warmen Jahreszeit ist Athen ziemlich überlaufen, es ist also sinnvoll, die Unterkunft ein paar Monate im Voraus zu buchen.

Parthenon

Akropolis

Die Akropolis ist die bedeutendste Stätte der Antike in der westlichen Welt. Sie wacht mit dem Partheon als Krone über Athen und ist von nahezu überall in der Stadt zu sehen. Ihre Monumente und Heiligtümer aus weißem pentelischem Marmor gleißen in der Mittagssonne und nehmen bei Sonnenuntergang einen Honigton an. Nachts sind sie strahlend beleuchtet.

Toll für ...

☑ Nicht versäumen

Im Sommer werden im Odeon des Herodes Atticus (S. 507) Schauspiel, Musik und Tanz aufgeführt.

Geschichte des Hügels

So erhaben die Bauten der Akropolis sind, so sind sie doch nur verblichene Reste der Stadt des Perikles, der keine Kosten scheute – nur die besten Materialien, Architekten, Bildhauer und Künstler waren gut genug für die Stadt der Athene.

Die **Akropolis** wurde erstmals in der Jungsteinzeit (4000–3000 v. Chr.) besiedelt. Die ersten Tempel entstanden in der mykenischen Ära zu Ehren der Göttin Athene.

Verwüstungen während der Besatzungszeit, Plünderungen durch internationale Archäologentrupps, ungeschickte Renovierungen, trampelnde Besucherscharen, Erdbeben und in jüngerer Zeit Umweltverschmutzung haben ihren Tribut von den verbliebenen Bauten gefordert.

Karyatiden

LITTLEWORMY / GETTY IMAGES ©

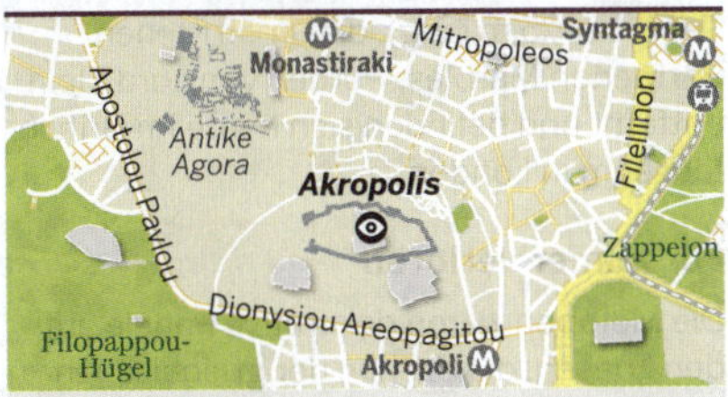

Gut zu wissen

☎210 321 4172; http://odysseus.culture.gr; Erw./erm./Kind 20/10 €/frei; ⏱Mai–Sept. 8–20 Uhr, im Winter kürzere Zeiten, letzter Eintritt 30 Min. vor Schließung; Ⓜ Akropoli

Kleine Stärkung

Das Restaurant (S. 507) im Akropolis-Museum hat tolle Aussichten auf die Akropolis sowie Tische drinnen und draußen.

★ Top-Tipp

Der Osteingang nahe der Metrostation Akropoli ist oft weniger überlaufen als der Haupteingang.

1987 wurde die Akropolis zum Welterbe der Unesco erklärt. Restaurierungsarbeiten dauern noch immer an und die meisten originalen Skulpturen und Friese wurden ins Akropolis-Museum verbracht und durch Nachbildungen ersetzt.

Der Parthenon

Mehr als jedes andere Bauwerk symbolisiert der **Parthenon** den Glanz der griechischen Antike. Die Bauzeit des größten dorischen Tempels Griechenlands und der einzige, der komplett aus weißem, pentelischem Marmor besteht (abgesehen vom Holzdach), betrug 15 Jahre. Seine Architekten waren Iktinos und Kallikrates, die ihn rechtzeitig für die Panathenäen im Jahr 438 v. Chr. fertigstellten.

Der Parthenon, das herausragendste Bauwerk der Akropolis und auf dem höchsten Punkt errichtet, hatte zwei Funktionen: Er sollte die von Perikles beauftrage Statue der Athene bergen und als neue Schatzkammer dienen. Er wurde an der Stelle von mindestens vier älteren Tempeln errichtet.

Der Tempel bestand aus jeweils acht kannelierten dorischen **Säulen** vorne und hinten und aus jeweils 17 an den Seiten. Für die perfekte Form wurden die Linien geschickt gekrümmt, um eine optische Illusion zu erzeugen – die Fundamente sind leicht konkav und die Säulen leicht konvex, sodass beide gerade aussehen. Die Giebeldreiecke und Friese waren bunt bemalt und vergoldet.

Entweihungen

Ein Großteil der **Friese**, die die Panathenäen darstellen, wurde 1687 durch eine Schießpulverexplosion beschädigt: Die Türken hatten hier Munition gelagert, die durch ein Geschoss der Venezianer explodierte. Später verschandelten Christen einige der verbliebenen Teile. Der größte erhaltene

Teil (über 75 m lang), die umstrittenen Parthenon Marbles, wurden von Lord Elgin entfernt und befinden sich heute im British Museum in London.

Für immer verloren

Die Metopen waren dekorative Panele auf den Friesen, die Szenen der griechischen Mythologie und Geschichte darstellten. Sie sind alle überwiegend verschwunden.

Die Decke des Parthenon war ebenso wie die der Propyläen blau bemalt und mit goldenen Sternen versehen. Am östlichen Ende befand sich die heilige Cella (Innenkammer eines Tempels), die nur wenige Auserwählte betreten durften. Hier stand die Statue, für die der Tempel gebaut wurde (Parthenon bedeutet „Jungfrauengemach"): die Athena Polias („Athene der Stadt"). Sie galt als eines der Wunder der antiken Welt. Die hölzerne Statue war vergoldet und stand auf ihrem Podest fast 12 m hoch. 426 n. Chr. wurde sie nach Konstantinopel verbracht, wo sie verschwand.

Highlights der Akropolis

Tempel der Athena Nike Tempel

Der kleine, perfekt proportionierte Tempel der Athena Nike steht am Südwestrand der Akropolis, vorne rechts der Propyläen. Der Tempel wurde von Kallikrates entworfen und zwischen 427 und 424 v. Chr. aus weißem, pentelischem Marmor errichtet.

Das Bauwerk ist fast quadratisch mit jeweils vier eleganten dorischen Säulen an jeder Seite.

Odeon des Herodes Atticus

Odeon des Herodes Atticus Theater

(Herodeon; ☎210 324 1807) Das große Amphitheater wurde 161 n. Chr. von dem reichen Römer Herodes Atticus zur Erinnerung an seine Frau Regilla erbaut. 1857 bis 1858 wurde es ausgegraben und in den 1950er-Jahren komplett restauriert.

Akropolis-Museum Museum

(☎210 900 0900; www.theacropolismuseum.gr; Dionysiou Areopagitou 15, Makrygianni; Erw./Kind 10 €/frei; ⌚April–Okt. Mo 8–16, Di–Do & Sa–So bis 20, Fr bis 22 Uhr, Nov.–März Mo–Do 9–17, Fr bis 22, Sa & So bis 20 Uhr) Das überwältigende Museum zu Füßen des Südhangs der Akropolis zeigt deren noch erhaltene Schätze. Die Sammlung reicht von der archaischen bis zur römischen Zeit, Schwerpunkt ist die Akropolis des 5. Jh. v. Chr., sie gilt als Krönung griechischen Kunstschaffens. Das Museum führt durch die Geschichte – von antiken Ruinen unter dem Gebäude bis zur Akropolis selbst, stets sichtbar durch die wandhohen Fenster. Das preiswerte **Restaurant** (☎210 900 0915; Hauptgerichte 8–34 €; ⌚Mo 8–16, Di–Do, Sa & So bis 20, Fr bis 24 Uhr; 📶) bietet großartige Aussichten.

Kleine Stärkung

Das **Duende** (☎210 924 7069; https://duende-bar-and-grill.business.site; Tzireon 2, Makrygianni; ⌚20–3 Uhr) in der Nähe des weniger überlaufenen Osteingangs zur Akropolis ist ideal, um abends entspannt zu essen.

VIACHESLAV LOPATIN / SHUTTERSTOCK ©

Propyläen Architektur

Die Propyläen waren der monumentale Eingang zur Akropolis. Sie wurden von Mnesikles von 437 bis 432 v. Chr. erbaut und stehen dem Parthenon (S. 505) architektonisch in nichts nach. Die Propyläen bestehen aus einer Halle mit zwei Flügeln auf jeder Seite mit jeweils einem Tor; in der Antike waren diese fünf Tore die einzigen Eingänge in die „Oberstadt".

Theater des Dionysos Theater

(Dionysiou Areopagitou) Der Tyrann Peisistratos führte im 6. Jh. v. Chr. die Dionysien ein: Diese Festspiele fanden im ersten Theater der Welt am Südhang der Akropolis statt. Das ursprüngliche Theater an diesem Standort war ein Holzbau, hier nahmen jede Menge Menschen an den Wettbewerben teil, bei denen Männer in Ziegenfellen sangen und tanzten, anschließend gab es Festmahle und wüste Trinkgelage. Schauspiel, wie wir es heute kennen, hat seine Ursprünge in jener Zeit.

★ Top-Tipp

Bei einem Besuch frühmorgens oder am späten Nachmittag lassen sich der größte Besucherandrang und die Hitze vermeiden.

Die Akropolis

EIN RUNDGANG

Wer sich auf eine gedankliche Zeitreise zweieinhalb Jahrtausende zurück begibt, spürt die Erhabenheit der damaligen Akropolis: Ihr berühmtes und geheiligtes Monument, der der Göttin Athena geweihte Parthenon, überstrahlte die kleine Stadt stolz mit seiner anmutigen Schönheit. In der Blütezeit der Akropolis im 5. Jh. v. Chr. beteten die Pilger und Priester in den hier abgebildeten Tempeln (die meisten sind in unterschiedlichen Restaurierungsstadien noch erhalten). Viele waren in kräftigen Farben bemalt und mit bildhauerischen Meisterwerken aus Elfenbein, Gold und Halbedelsteinen geschmückt.

Wer die Stätte heute betritt, sieht als Erstes rechterhand eines der am besten restaurierten Gebäude der Akropolis: den zierlichen ❶ **Tempel der Athena Nike**. Der Panathenäische Weg führt geradeaus durch die Propyläen und den Hang hinauf in Richtung Parthenon, einem Symbol der westlichen Zivilisation. Am Kopf seiner ❷ **majestätischen Säulen** sind die damals kunstvollsten Schnitzereien der Welt zu bewundern: umlaufende ❸ **Dreiecksgiebel, Metopen und ein Fries**. Ein Spaziergang um den Tempel eröffnet spektakuläre Aussichten auf Athen und Piräus.

Zurück in der Mitte der Anlage stehen jene bekannten hübschen Damen am Erechtheion, die ❹ **Karyatiden**. An der Nordseite des Erechtheions liegt der oft übersehene ❺ **Tempel des Poseidon**; er grenzt an die geniale ❻ **Mauer des Themistokles**. Wer zur Westseite des Erechtheions hinüberwandert, entdeckt Athenas Geschenk an die Stadt: den ❼ **Olivenbaum**.

TOP-TIPP

Die Akropolis ist ein Pflichtziel für jeden Athen-Besucher. Frühmorgens oder später am Nachmittag geht es hier vergleichsweise ruhig zu.

Mauer des Themistokles
(524–459 v. Chr.) hatte es mit dem Bau einer Schutzmauer um die Akropolis sehr eilig. Daher nutzte er Teile von antiken Tempeln für die Mauer; wer genau hinsieht, erkennt einzelne Säulentrommeln.

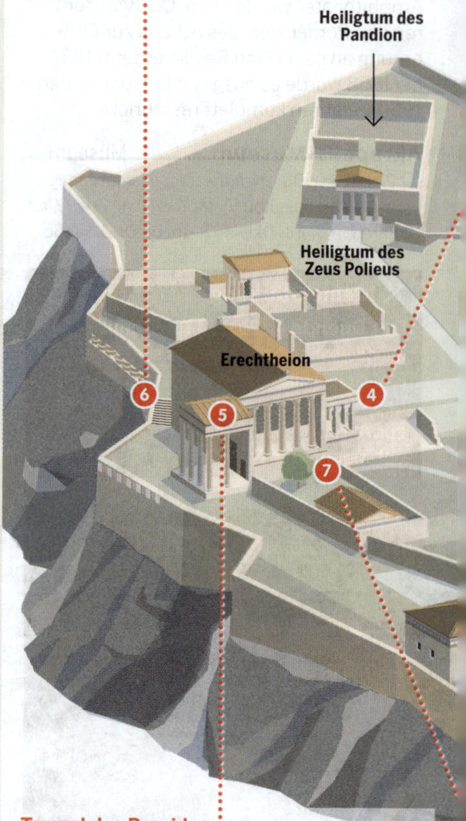

Tempel des Poseidon
Zwar verlor Poseidon den Wettstreit um die Herrschaft über die Stadt, dennoch wurde er an der Nordseite des Erechtheions verehrt. Hier ist immer noch das Mal seines Dreizacks zu sehen. Die üppig verzierte Vorhalle mit Kassettendecke war einst mit bunten Farben bemalt.

ALEXTRAVELERPHOTOGRAPHER/ GETTY IMAGES ©

Halle der Karyatiden
Die einprägsamste Skulpturen auf der Akropolis sind wahrscheinlich die majestätischen Karyatiden (etwa 415 v. Chr.). Dargestellt sind sechs Frauen aus Karyai (heute Karyes, in Lakonien); möglicherweise hielten sie in der einen Hand eine Trankopferschale und mit der anderen ihr Kleid zusammen.

Dreiecksgiebel, Metopen & Fries am Parthenon
Die Dreiecksgiebel am Kopf der Ost- und der Westfassade des Parthenon waren mit kunstvoll geschnitzten, dreidimensionalen Skulpturen verziert. Die Westseite zeigte Athena und Poseidon im Wettstreit um die Schutzherrschaft der Stadt, die Ostseite stellte Athenas Geburt aus dem Kopf des Zeus dar. Bei den Metopen handelt es sich um quadratische Fliesen, die zwischen den gekerbten Triglyphen (Zierplatten) eingelassen waren. Sie zeigten Kampfszenen wie die Eroberung Trojas und den Streit zwischen den Lapithen und den Zentauren. Die Cella wurde von einem ionischen Fries geschmückt, einem durchgehenden Skulpturenband, das die panathenäische Prozession darstellte.

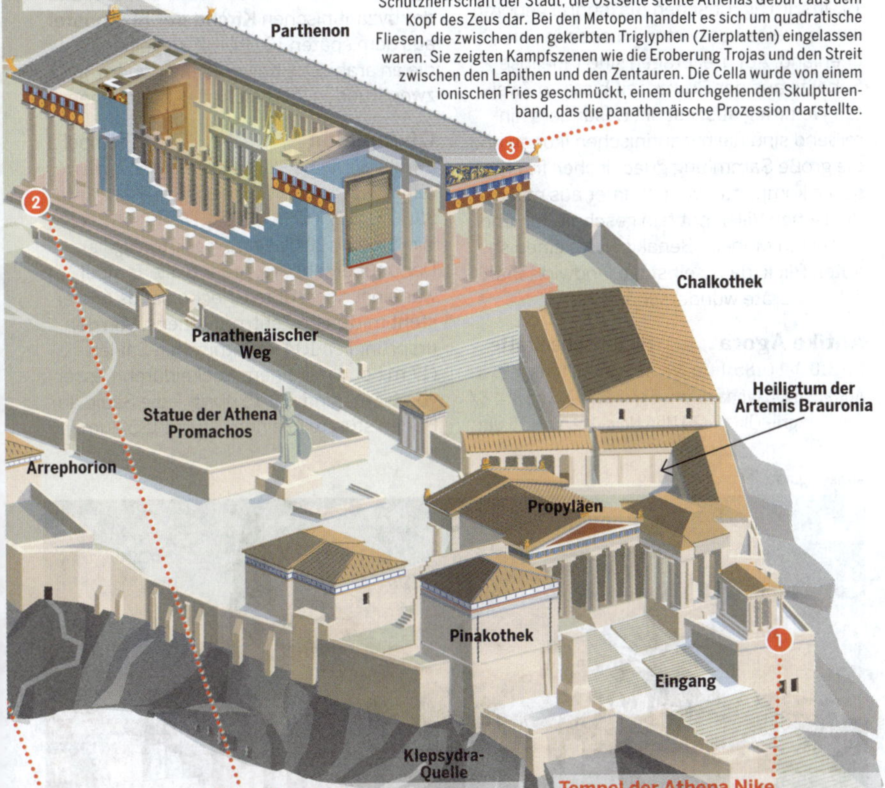

Säulen des Parthenon
Die geriffelten Säulen des Parthenon wirken ideal geformt. Der Betrachter erliegt dabei einer optischen Illusion: Wie alle horizontalen Linien des Tempels sind die Säulenpodeste leicht nach innen geneigt, also konkav, die Säulen selbst jedoch leicht konvex, wodurch sie insgesamt gerade erscheinen.

Tempel der Athena Nike
Dieser zierliche, erst kürzlich renovierte Tempel aus pentelischem Marmor entstand um das Jahr 425 v. Chr. nach einem Entwurf von Kallikrates. In der Cella befand sich eine Holzstatue der Athena als Siegbringerin (Nike); der äußere umlaufende Fries illustrierte Siege der Athener.

Athenas Olivenbaum
Der gut gedeihende Olivenbaum neben dem Erechtheion soll der heilige Baum sein, den Athena hervorbrachte, um die Herrschaft über Athen zu erlangen.

SEHENSWERTES

Benaki-Museum für griechische Kultur — Museum

(☎210 367 1000; www.benaki.gr; Koumbari 1, Ecke Leoforos Vasilissis Sofias, Kolonaki; Erw./Stud./Kind 9/7 €/frei, Do 18–24 Uhr frei; ⏲Mo, Mi, Fr & Sa 10–18, Do bis 24, So bis 16 Uhr; Ⓜ Syntagma, Evangelismos) 1930 stiftete Antonis Benakis – ein Politkersohn, der Ende des 19. Jhs. im ägyptischen Alexandria geboren wurde – eins der besten Museen in Griechenland. Auf drei Etagen sind tadellose Schätze aus der Bronzezeit bis zum Zweiten Weltkrieg ausgestellt. Besonders hinreißend sind die byzantinischen Ikonen und die große Sammlung griechischer Trachten sowie komplette Wohnzimmer aus makedonischen Villen mit fein geschnitzten und bemalten Möbeln. Benakis hatte einen so guten Blick, dass selbst die landwirtschaftlichen Geräte wunderschön sind.

Antike Agora — Historische Stätte

(☎210 321 0185; http://odysseus.culture.gr; Adrianou 24, Monastiraki; Erw./Stud./Kind 8/4 €/frei; ⏲April–Okt. 8–20 Uhr, Nov.–März bis 15 Uhr; Ⓜ Monastiraki) Die Agora war das quirlige Herz des antiken Athens, das Zentrum der Verwaltung, des Gewerbes, der Politik und des gesellschaftlichen Lebens. Sokrates lehrte hier seine Philosophie, 49 n. Chr. verbreitete Paulus von Tarsus hier das Christentum. Heute ist der Platz eine grüne Oase mit dem prächtigen **Tempel des Hephaistos**, einem guten **Museum der Antiken Agora** (⏲Mo 10–15.30, Di–So ab 8.30 Uhr) und der byzantinischen **Kirche der hl. Apostel** aus dem späten 10. Jh. mit Ziegelmustern, die an arabische Kalligrafien erinnern. In zwei Stunden lässt sich alles besichtigen.

Olympieion — Tempel

(Olympieio; ☎210 922 6330; http://odysseus.culture.gr; Leoforos Vasilissis Olgas, Plaka; Erw./Stud./Kind 6/3 €/frei; ⏲Okt.–April 8–15 Uhr, Mai–Sept. bis 20 Uhr; Ⓜ Akropoli, Syntagma) Der unübersehbare, prachtvolle Tempel war einst der größte Griechenlands und er steht mitten im Zentrum Athens. Von den ursprünglich 104 korinthischen Säulen (17 m hoch mit einem Sockeldurchmesser von 1,7 m) sind nur 15 übrig – die Säule am Boden stürzte in einem Sturm 1852 um.

Antike Agora

© INU / SHUTTERSTOCK

Hadrianstor — Denkmal

(Ecke Leoforos Vasilissis Olgas & Leoforos Vasilissis Amalias, Plaka; M Akropoli, Syntagma) GRATIS Der römische Kaiser Hadrian hatte eine Schwäche für Athen. Zwar entwendete auch er klassische Kunstwerke nach Rom, aber er ließ auch viele Tempel in Athen bauen und verbesserte die Infrastruktur. Als Dank errichteten die Athener 131 n. Chr. dieses Denkmal aus pentelischem Marmor. Es steht nun am Rand einer der verkehrsreichsten Straßen Athens.

Grab des unbekannten Soldaten — Mahnmal

(Plateia Syntagmatos, Syntagma; M Syntagma) GRATIS An diesem Grab vor dem **Parlament** (www.hellenicparliament.gr; ⏲ Führungen Juni, Juli & Sept. Mo–Fr 15 Uhr) GRATIS vollziehen *evzones* (die Präsidialgarde) in traditioneller Uniform zu jeder vollen Stunde einen Wachwechsel. Sonntags um 11 Uhr marschiert ein ganzer Zug samt Kapelle über die Vasilissis Sofias zum Grab. Die Uniform der *evzones*, bestehend aus der *fustanella* (weißer Rock) und Quastenschuhen, ist der Kleidung der *klephts* nachempfunden, der Bergkrieger im Unabhängigkeitskrieg.

Archäologisches Nationalmuseum — Museum

(☎ 213 214 4800; www.namuseum.gr; Patision 44, Exarhia; Erw./Kind Mitte April–Okt. 10 €/frei; Nov.–Mitte April 5 €/frei; ⏲ Mitte April–Okt. Mi–Mo 8–20, Di 12.30–20 Uhr, Nov.–Mitte April kürzere Zeiten; 🚌 2, 3, 4, 5 oder 11 bis Polytechneio, M Viktoria) Das Museum in einem großen klassizistischen Gebäude birgt die beste Sammlung griechischer Altertümer der Welt und ist eine der Top-Attraktionen Athens. Die Schätze bieten einen Blick auf griechische Kunst und Geschichte, von der Jungsteinzeit bis zur Antike, auch der ptolemäischen Ära Ägyptens. Dazu gehören feine Skulpturen, Keramiken, Schmuck, Fresken und Artefakte aus ganz Griechenland. Die Exponate sind weitgehend thematisch geordnet.

Kerameikos — Historische Stätte

(☎ 210 346 3552; http://odysseus.culture.gr; Ermou 148, Keramikos; Erw./Kind inkl. Museum 8 €/frei; ⏲ 8–20 Uhr, in der Nebensaison kürzere Zeiten; M Thissio) Die stille Grünanlage ist nach den Töpfern benannt, die sich hier ca. 3000 v. Chr. niederließen. Im 6. Jh. wurde sie als Friedhof genutzt. Die Marmorstelen (Grabmarkierungen) geben einen Eindruck vom Leben jener Zeit, viele zeigen lebhafte Porträts und familiäre Szenen.

Spanakopita

IGOR DUTINA / SHUTTERSTOCK ©

Führungen durch Athen

Athens Walking Tours (☎ 6945859662, 210 884 7269; www.athenswalkingtours.gr) Organisiert diverse Führungen in und um die Stadt. Toll sind die Kochkurse (77 €) in einer Taverne in Thissio, die zeigen, wie man seinen eigenen Blätterteig für *spanakopita* (Spinatpastete) rollt.

Alternative Athens (☎ 211 012 6544; www.alternativeathens.com; Führungen ab 40 €) bietet, wie der Name schon sagt, ungewöhnliche Führungen in unterschiedlichen Ecken der Stadt an. Es gibt eine tolle dreistündige Street-Art-Tour und eine andere zu lokalen Designern sowie eine LGBTQ-Kneipen- und Clubtour, kulinarische Touren und auch Tagesausflüge ins Umland.

SHOPPEN

Korres — Kosmetik

(☎ 210 321 0054; www.korres.com; Ermou 4, Syntagma; ⏲ Mo–Fr 9–21, Sa bis 20 Uhr; M Syntagma) Viele Apotheken führen Naturkosmetik dieser beliebten Marke. Das ganze Sortiment gibt's im originalen Geschäft des Unternehmens, das als homöopathische Apotheke begann.

Athen

A
B
C
D
1
2
3
4
5
6
Keramikou
Thermopylon
Plateon
Agisilaou
Pireos (Tsaldari Panagi)
Plateia Eleftherias (Koumoundourou)
Kolokinthous
Epikourou
Sapfous
24
Theatrou
Sofokleous
Athinas
Eolou
Archäologisches Nationalmuseum (1 km)
Evripidou
Aristogitonos
Kalamida
Aristofanous
Eshylou
PSYRRI
Dipylou
Agion Asomaton
Sarri
Sahtouri
Plateia Iroön
Pallados
Kain
Dragatsaniou
22
Germanou
P Patron
Praxitelous
Miltiadou
Upupa Epops (800 m)
7
Melidoni
Leokoriou
Lepeniotou
Navarhou Apostoli
Avliton
Hristokopidou
Agias Theklas
Pittaki
Miaouli
Voreou
Karori
Kolokotroni
Plateia Agia Irini
Athinaidos
Romvis
Thiseos
Ermou
Plateia Agion Asomaton
Plateia Avissynias
Plateia Monastirakiou
Eptachalkou
Thissio
THISIO
Plateia Thisiou
Poulopoulou
Adrianou
Normanou
Ifestou
Monastiraki
Mitropoleos
Plateia Mitropoleos
Iraklidon
Vasilis
13
3
MONASTIRAKI
Kladou
Peikilis
4
Nileos
Lykomidon
Apostolou Pavlou
Pelopida
Diogenous
Apollonos
18
Akamandos
Lyssiou
Hügel der Nymphen
Stisikleous
Otryneon
Prytaniou
Adrianou
Tripodon
ANAFIOTIKA
Areopag
Theorias
1
Akropolis
11
12
10
Thespidos
8
15
Vyronos
Frynihou
Dionysiou Areopagitou
Stratigou Makrygianni
EOT
Akropoli
Makri
Kallisperi
17
Rovertou Galli
Fratti
Garivaldi
27
Mitseon
20
2
Athanasiou Diakou
Propyleon
Erehthiou
Parthenos
Hatzihristou
Zitrou
Strateon
Filopappou-Hügel
Tsami Karatasou
Petmeza
Leof Andreas Syngrou
Mouson
Drakou
Veikou
Tsami Karatasi
Zaharitsa
Dimitrakopoulou N
Falirou
Nakou
Arakynthou
Panetoliou
Filopappou
Sygrou-Fix
Kallirrois
Tymfristou
Orlof
Kolokotroni Genneou
Dyovouniotí
Amynandrou
Beles
Veikou
Zini
Androutsou Od
Leof Andreas Syngrou
Kallirrois
Irakleous
Sehou D
Fotomara
Matrozou
Theodoritou Vresthenis

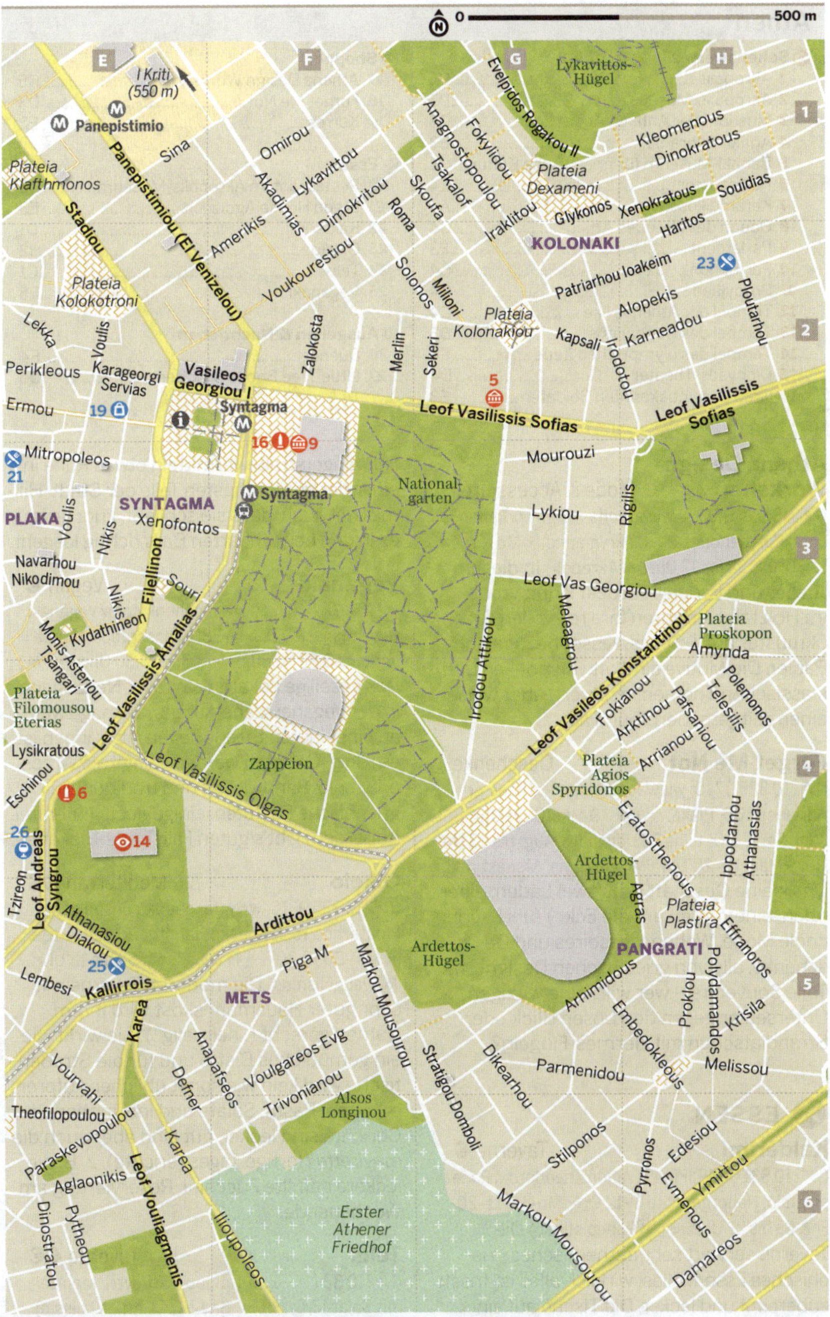
0
500 m
N
E
F
G
H
1
2
3
4
5
6
I Kriti (550 m)
Panepistimio
Plateia Klafthmonos
Stadiou
Panepistimiou (El Venizelou)
Sina
Omirou
Akadimias
Amerikis
Lykavittou
Dimokritou
Voukourestiou
Anagnostopoulou
Fokylidou
Tsakalof
Skoufa
Roma
Evelpidos Rogakou II
Lykavittos-Hügel
Kleomenous
Dinokratous
Plateia Dexameni
Glykonos
Xenokratous
Souidias
Iraklitou
KOLONAKI
Haritos
Patriarhou Ioakeim
23
Alopekis
Ploutarhou
Karneadou
Kapsali
Irodotou
Plateia Kolonakiou
Solonos
Milioni
Sekeri
Merlin
Zalokosta
Plateia Kolokotroni
Lekka
Voulis
Perikleous
Karageorgi Servias
Vasileos Georgiou I
Ermou
19
Syntagma
5
Leof Vasilissis Sofias
Leof Vasilissis Sofias
16
9
Mitropoleos
21
Mourouzi
National-garten
Syntagma
SYNTAGMA
PLAKA
Voulis
Nikis
Xenofontos
Lykiou
Rigilis
Navarhou Nikodimou
Filellinon
Souri
Leof Vas Georgiou
Nikis
Kydathineon
Monis Asteriou
Tsangari
Leof Vasilissis Amalias
Irodou Attikou
Meleagrou
Plateia Proskopon
Amynda
Leof Vasileos Konstantinou
Polemonos
Telesilis
Pafsaniou
Arktinou
Fokianou
Plateia Filomousou Eterias
Lysikratous
Eschinou
Zappeion
Leof Vasilissis Olgas
Plateia Agios Spyridonos
Arrianou
6
26
14
Eratosthenous
Ippodamou
Athanasias
Ardettos-Hügel
Agras
Plateia Plastira
Tzireon
Leof Andreas Syngrou
Athanasiou Diakou
Arditou
Efranoros
25
Piga M
Markou Mousourou
Ardettos-Hügel
PANGRATI
Polydamandos
Lembesi
Kallirrois
METS
Arhimidous
Embedokleous
Prokiou
Krisila
Karea
Anapafseos
Defner
Voulgareos Evg
Stratigou Dombolι
Dikearhou
Parmenidou
Melissou
Vourvahi
Trivonianou
Alsos Longinou
Theofilopoulou
Paraskevopoulou
Stilponos
Edesiou
Aglaonikis
Leof Vouliagmenis
Karea
Pyrronos
Evmenous
Ymittou
Dinostratou
Pytheou
Iliopoleos
Erster Athener Friedhof
Markou Mousourou
Damareos

Athen

Sehenswertes

1	Akropolis	C4
2	Akropolis-Museum	D5
3	Museum der Antiken Agora	C3
4	Antike Agora	B3
5	Benaki-Museum für griechische Kultur	G2
6	Hadrianstor	E4
7	Kerameikos	A2
8	Odeon des Herodes Atticus	C4
9	Parlament	F3
10	Parthenon	C4
11	Propyläen	C4
12	Tempel der Athena Nike	C4
13	Tempel des Hephaistos	B3
14	Tempel des olympischen Zeus	E4
15	Dionysos-Theater	D4
16	Grab des unbekannten Soldaten	F3

Shoppen

17	Athena Design Workshop	C5
18	Forget Me Not	D3
19	Korres	E2

Essen

20	Restaurant im Akropolis-Museum	D5
21	Ergon House Agora	E3
22	Kalderimi	D1
23	Oikeio	H2
24	Telis	C1
25	Veganaki	E5

Ausgehen & Nachtleben

26	Duende	E4
27	Little Tree Books & Coffee	D5

Athena Design Workshop Mode & Accessoires

(☎210 924 5713; www.athenadesignworkshop.com; Parthenonos 30, Makrygianni; ⌚Mo–Fr 11.30–19, Sa bis 17 Uhr; Ⓜ Akropoli) In diesem Atelier und Laden bedruckt Krina Vronti im Holztafelverfahren ihre reizvollen Grafikmuster auf T-Shirts, Kissenbezüge und Papier. Die Motive sind oft von antiken und klassischen Themen inspiriert, aber weisen einen zeitgemäßen Touch auf.

Forget Me Not Geschenke

(☎210 325 3740; www.forgetmenotathens.gr; Adrianou 100, Plaka; ⌚April & Mai 10–21 Uhr, Juni, Sept. & Okt. bis 22 Uhr, Juli & Aug. bis 23 Uhr, Nov.–März bis 20 Uhr; Ⓜ Syntagma, Monastiraki) Das kleine Geschäft (aus zwei Läden, einer oben, einer unten um die Ecke) führt supercoole Mode, Wohnaccessoires und Geschenke, alle von griechischen Designern. Tolle Souvenirs – wer will keine witzigen Untersetzer gegen den bösen Blick oder Strandlatschen mit Hermes-Flügeln?

ESSEN

Kalderimi Taverne €

(☎210 331 0049; Plateia Agion Theodoron, Panepistimio; Hauptgerichte 6–12 €; ⌚Mo–Do 11–20, Fr & Sa bis 22 Uhr; 📶; Ⓜ Panepistimio) Die Taverne serviert sehr authentisches griechisches Essen. Alles, wirklich alles ist frisch zubereitet und lecker. Die Tische auf einer Fußgängerstraße vermitteln etwas Ruhe in einer der geschäftigsten Teile der Stadt. Hilfreich ist auch, dass sie schließt, kurz bevor es in den benachbarten Bars richtig losgeht.

Veganaki Vegan €

(☎210 924 4322; www.facebook.com/VeganakiGR; Athanasiou Diakou 38, Kynosargous; Hauptgerichte 3,50–6,50 €; ⌚8.30–23.30 Uhr; 🌿; Ⓜ) Das gesellige Lokal ist ein toller Neuzugang in der Veganerszene Athens. Es mag zwar an einer lauten Straße liegen, aber innen ist es ruhig. Geboten werden Falafel als Wraps oder solo, Sandwiches und traditionelle griechische Pasteten, einige auch glutenfrei. Außerdem gibt's guten Fair-Trade-Biokaffee.

Oikeio Mediterran €€

(☎210 725 9216; www.facebook.com/oikeio; Ploutarhou 15, Kolonaki; Hauptgerichte 10–12 €; ⌚Mo–Do 12.30–24, Fr & Sa bis 1, So bis 18 Uhr; Ⓜ Evangelismos) Die moderne Taverne mit sehr guter Hausmannskost wird ihrem Namen gerecht („heimelig"). Sie wirkt wie ein gemütliches Bistro und für die Straßentische wird kein wie sonst üblicher Aufpreis erhoben. Pasta, Salate und internationale Gerichte sind lecker, gut sind aber auch die *mayirefta* (fertige Tagesgerichte), z. B. die leckere gefüllte Zucchini. Reservierung am Wochenende.

Telis Taverne €€

(☎210 324 9582; Evripidou 86, Psyrri; Mahlzeit mit Salat 13 €; ⌚Mo–Sa 12–24 Uhr; Ⓜ Thissio)

Das Telis ist eine Leuchte guten Essens und netter Bedienung in einer recht schmuddeligen Straße, es serviert seit 1978 Einfachheit pur. Es gibt keine Speisekarte, nur eine Mahlzeit: ein kleiner Berg gegrillter Schweinekoteletts auf Pommes frites mit Gemüsebeilage. Griechischer Salat ist optional, ebenso Bier oder trockener Hauswein.

I Kriti Kretisch **€€**
(☎210 382 6998; Veranzerou 5, Omonia; Hauptgerichte 6–12 €; ⌚Mo–Sa 12–24 Uhr; 📶; Ⓜ Omonia) In Athen gibt es reichlich kretische Restaurants, aber dieses hier wird selbst von Kretern empfohlen, besonders wegen der seltenen Delikatessen nach Saison, wie geschmorte Schnecken, süßherb eingelegte *volvi* (wilde Knollen) und zartes Zicklein mit Nüssen und Knoblauch. Es zieht sich über mehrere Zeilen in der Arkade hin; an Wochenenden ist Reservierung ratsam.

Ergon House Agora Griechisch **€€**
(☎210 010 9090; https://house.ergonfoods.com; Mitropoleos 23, Syntagma; Hauptgerichte 8–11,50 €; ⌚7.30–24 Uhr; 📶; Ⓜ Syntagma) Das Feinkostgeschäft, Café und Restaurant in einem hinreißenden, lichtdurchfluteten Atrium ist ein super Neuzugang in der kulinarischen Welt Athens. Es gibt separate Bereiche für Gemüse, Fisch, Fleisch und Backwaren sowie Regale voll mit hochwertigen griechischen Produkten von kleinen Erzeugern aus dem ganzen Land. Das Essen ist sehr gut und kaum einer deckt sich nicht auch noch üppig mit Leckereien ein.

AUSGEHEN & NACHTLEBEN

Upupa Epops Bar
(☎212 105 5214; www.facebook.com/upupaepopsthebar2016; Alkminis 7, Kato Petralona; ⌚10–2, Fr & Sa bis 3 Uhr; Ⓜ Petralona) Das wunderbare Bar-Restaurant ist einer der Gründe, warum Petralona als ziemlich cooles Stadtviertel gilt. Es besteht aus zahlreichen Räumen mit Vintagemöbeln und einem hübschen Innenhof, Essen und Getränke sind super und oft legt ein DJ auf, aber es gibt immer ruhige Ecken zum Quatschen. Und der Name? Lateinisch für Wiedehopf.

Little Tree Books & Coffee Café
(☎210 924 3762; www.facebook.com/littletreebooksandcoffee; Kavalloti 2, Makrygianni; ⌚Di–Do 8–23, Fr bis 23.30, Sa & So 9–23.30 Uhr; Ⓜ Akropoli) Der nette Treffpunkt ist bei Anwohnern sehr beliebt, neben Büchern (kleine Auswahl übersetzter Werke griechischer Autoren) gibt's super Kaffee, Cocktails und Snacks.

PRAKTISCHE INFORMATIONEN

EOT (Griechische Tourismusbehörde; ☎210 331 0347, 210 331 0716; www.visitgreece.gr; Dionysiou Areopagitou 18–20, Makrygianni; ⌚Mai–Sept. Mo–Fr 8–20, Sa & So 10–16 Uhr, Okt.–April Mo–Fr 9–19 Uhr; Ⓜ Akropoli) Gratis-Stadtpläne, aktuelle Öffnungszeiten und Infos zu Bus und Bahn.

Touristeninformationen Stadtpläne, Verkehrsinfos und allgemeine Infos zu Athen, Filialen im **Flughafen** (☎210 353 0390; www.athensconventionbureau.gr/en/content/info-kiosk-athens-international-airport; Flughafen Eleftherios Venizelos; ⌚8–20 Uhr; Ⓜ Airport) und an der **Akropolis** (www.thisisathens.org; Plateia Syntagmatos, Syntagma; ⌚9–18 Uhr; Ⓜ Syntagma).

AN- & WEITERREISE

Athens **Flughafen** (ATH; ☎210 353 0000; www.aia.gr) liegt in Spata, 27 km östlich von Athen.

Die meisten Fähren, Tragflächenboote und Schnellkatamarane zu den Inseln legen am riesigen Hafen von **Piräus** südwestlich von Athen ab. Tickets gibt's online bei **Greek Ferries** (☎2810 529000; www.greekferries.gr), telefonisch oder an Schaltern am Kai neben jeder Fähre.

UNTERWEGS VOR ORT

Alle Verkehrsmittel nutzen das Ath.ena-Ticket, eine aufladbare Papierkarte, die an Kartenschaltern und Automaten in der Metro erhältlich ist. Sie kann mit einem Geldbetrag oder mit Anzahl der Fahrten (je 1,40 €; Rabatt bei fünf oder zehn Fahrten) oder für 24 Std./5 Tage für 4,50/9 € geladen werden. Transportmittel:

Busse Fahren überall hin.

Metro Schnell, effizient und unkompliziert.

Taxis Sehr günstig und entsprechend beliebt.

Fira, Santorin (S. 518)

Griechische Inseln, Griechenland

Die griechischen Inseln beflügeln die Fantasie: Uralte, sonnengebleichte Ruinen erzählen von der an Mythen reichen Geschichte. Die meisten Urlauber genießen die Strände und träge Tage.

Toll für ...

Gut zu wissen

Viele Inseln sind per Schiff von Piräus bei Athen aus zu erreichen. Größere Inseln haben Flugverbindungen mit Athen.

★ Top-Tipp

Für den Sommerurlaub sollten Fähren und Unterkünfte auf der gewünschten Insel frühzeitig gebucht werden.

Unzählige Inseln liegen im azurblauen Ionischen und Ägäischen Meer. Hier gibt es für jeden Urlaubstyp das passende Eiland. Zu den herrlichsten Ferienfreuden gehört das Inselhopping von einem der sagenhaften Fleckchen zum nächsten.

Santorin

Die mehrfarbigen Klippen um einen von Meereswasser gefüllten Krater sind in der Tat grandios. Die atemberaubenden Hauptorte Fira und Oia erscheinen wie eine Schneewehe aus weißen, kykladischen Häusern, die sich oben auf den Klippen entlangziehen und wie eisige Gesimse an den Felsstufen kleben. Dann sind da noch die Sonnenuntergänge und die faszinierende Geschichte der Insel, die sich in der minoischen Stätte Akrotiri offenbart.

Rhodos

Rhodos bietet eine Fülle an Stränden, bewaldeten Tälern und Geschichte. Was immer man sucht, es ist vorhanden: ein quirliges Nachtleben, träges Sonnenbaden, Tauchen in kristallklarem Wasser oder Stätten vergangener Zivilisationen. Die atmosphärische Altstadt von Rhodos besteht aus einem Gewirr aus gepflasterten Straßen, das in die Zeit des Byzantinischen Reichs und noch weiter zurück entführt.

Kreta

Kreta, die größte der griechischen Inseln, präsentiert sich als buntes Gemisch aus herrlichen Stränden, Schätzen der Antike und Landschaften um lebendige Städte und verschlafene Dörfer. Es gibt hervor-

Mykonos

ragendes Essen: Meeresfrüchte direkt aus dem Wasser, weicher, würziger Käse, handgerollter Blätterteig und mit das beste Olivenöl der Welt.

Mykonos

Mykonos ist die Glamour-Insel Griechenlands, eine knisternde Mischung aus St-Tropez und Ibiza mit einem Ruf für wilde Partys. In der Hochsaison drängen sich hedonistische Urlauber, Kreuzfahrttouristen und posierende Fashionistas durch den Ort Mykonos, einem traditionellen, weißen kykladischen Labyrinth.

☑ Nicht versäumen

Sommerabende in den Ufercafés,dabei dem Scheppern der Bootsketten und dem Lachen der Menschen lauschen.

AFINOCCHIARO / GETTY IMAGES ©

Korfu

Korfu empfängt Reisende mit einer üppig grünen Landschaft, reichlich Früchten und makellosen Stränden. Die Insel ist groß genug, um den Massen zu entkommen. Wer über die von Zypressen bewachsenen Hügel fährt, entdeckt bezaubernde Dörfer im fruchtbaren Binnenland und Sandbuchten, an die kobaltblaues Wasser schwappt.

Lesbos

Lesbos, die drittgrößte Insel Griechenlands, ist nicht überlaufen. Im Westen erstreckt sich eine lange, schroffe, wüstenartige Ebene, die von Sandstränden gesäumt und im Zentrum von Salzmarschen geprägt ist. Im Osten erheben sich dicht bewaldete Berge und Olivenhaine. Gelassenes Flair ist je nach Vorliebe überall zu finden.

Tinos

Tinos ist ein Fleckchen herrlicher Natur mit über 40 mit Marmor geschmückten Dörfern in versteckten Buchten, an Terrassenhängen und auf dunstigen Bergen. In der gesprenkelten Landschaft sind auch zahllose verschnörkelte Taubenhäuser zu entdecken, ein Vermächtnis der Venezianer. Das Essen aus heimischen Erzeugnissen (Käse, Wurst, Tomaten und wilde Artischocken) gehört zum besten Griechenlands.

Naxos

Die Hauptstadt Hora (auch Naxos genannt) besitzt eine hinreißende Promenade und ein Gewirr aus steilen, gepflasterten Gassen unterhalb der Burg *(kastro)* mit vielen Läden, es herrscht touristischer Trubel. Einsame Strände, zauberhafte Bergdörfer und antike Stätten sind jedoch nicht weit entfernt.

Kleine Stärkung

Mit den Füßen im Sand schmeckt ein kaltes Getränk in einem Strandcafé nochmal so gut.

ISTANBUL, TÜRKEI

In diesem Kapitel

Istanbul, Türkei

Istanbul, der Schnittpunkt zwischen Ost und West, besitzt mehr Top-Attraktionen als Minarette. Dank der strategischen Lage hat die Stadt eine bewegte Geschichte, einst hieß sie Konstantinopel, dann Byzanz. Sie überspannt zwei Kontinente und war letzte Etappe der legendären Seidenstraße zwischen Asien und Europa, was ihr eine kulturelle Vielfalt bescherte, die sich bis heute zeigt.

Die Byzantiner verzierten ihre Kirchen und Paläste mit Mosaiken und Fresken, von denen viele noch erhalten sind. Ihre Nachfolger, die Osmanen, bauten prächtig ausgeschmückte Moscheen. All diese architektonischen Glanzlichter bilden eine großartige Skyline.

Zwei Tage in Istanbul

Am ersten Tag stehen die **Hagia Sophia** (S. 524), die **Blaue Moschee** (S. 532) und die **Cisterna Basilica** (S. 532) auf dem Programm. Es folgt ein Besuch im **Hippodrom** (S. 532), wo einst Wagenrennen stattfanden. Danach geht's abseits der Touristenpfade in das Viertel um die Küçük Ayasofya.

Am zweiten Tag bietet der **Topkapi-Palast** (S. 528) einen Einblick in das Leben der Sultane, danach geht's durch Straßen, Cafés und Boutiquen in Galata, Tophane, Karaköy und Çukurcuma.

Vier Tage in Istanbul

Am dritten Tag folgt das berühmte Basarviertel mit der prächtigsten aller osmanischen Moscheen, der **Süleymaniye** (S. 533), und einem Streifzug durch die labyrinthischen Gassen des weltberühmten **Großen Basars** (S. 532).

Der vierte Tag beginnt mit einer **langen Bootstour** den Bosporus hinauf. Zurück in die Stadt geht's mit dem Bus, mit Zwischenstopps in Museen und an tollen Bauwerken.

Adieu Istanbul? Es ist nur ein Katzensprung nach Athen (S. 501) oder zu den griechischen Inseln (S. 516).

Vorhergehende Doppelseite: Hagia Sophia (S. 524)

Ankunft

Flughafen Istanbul Der neue Flughafen liegt 52 km nordwestlich vom Zentrum Istanbuls. Zur Zeit der Recherche waren Busse und Taxis die einzigen Verkehrsmittel in die Stadt. 2020 soll jedoch eine Metrolinie eröffnet werden.

Flughafen Sabiha Gökçen Mit dem Havabüs zum Taksim Meydanı (18 ₺, 3.30–1 Uhr), wo eine Standseilbahn (5 ₺) und eine Straßenbahn (5 ₺) nach Sultanahmet fahren; mit dem Havabüs nach Kadıköy (14 ₺, 4–1 Uhr); ein Taxi nach Sultanahmet kostet 175 ₺, nach Beyoğlu 165 ₺.

Schlafen

In Istanbul gibt es jede Unterkunftsart. Man kann wie ein Sultan in einem Luxushotel der Spitzenklasse nächtigen, sich in einem Schlafsaal aufs Ohr hauen oder in einem stilvollen Boutiquehotel wohnen. Der Trick ist, den Stadtteil auszusuchen, der einem am besten gefällt, und dann die Unterkunft nach Anspruch und Preisklasse zu wählen – es gibt eine riesige Auswahl.

Hagia Sophia

In Istanbul gibt es viele bedeutende Denkmäler, aber dieses altehrwürdige Bauwerk – vom großen byzantinischen Kaiser Justinian in Auftrag gegeben, 537 als Kirche geweiht, 1453 von Mehmed dem Eroberer zur Moschee umgewandelt und 1935 von Atatürk zum Museum erklärt – übertrifft sie alle mit seiner einmaligen Architektur, bewegten Geschichte, religiösen Bedeutung und außerordentlichen Schönheit.

Toll für ...

Gut zu wissen

Aya Sofya; ☎0212-522 1750, 0212-522 0989; www.ayasofyamuzesi.gov.tr/en; Aya Sofya Meydanı 1; Erw./Kind unter 8 J. 60 ₺/frei; ⏲Mitte April–Okt. Di–So 9–19 Uhr, Nov.–Mitte April bis 17 Uhr; Sultanahmet

★ Top-Tipp

Mittags und nachmittags ist die beste Zeit, um dem Besucherandrang zu entkommen.

ARTUR BOGACKI / SHUTTERSTOCK ©

Erdgeschoss

Beim Betreten des Gebäudes ist im Narthex (Vorhalle) ein leuchtendes Mosaik vom *Christus Pantokrator* (Weltenherrscher) über der dritten und größten Tür (dem Kaisertor) zu sehen. Dahinter befindet sich der Naos (Hauptraum), berühmt für seine Kuppel, das riesige Kirchenschiff und die Goldmosaiken.

Blickpunkt auf dieser Ebene ist die Apsis mit ihrem prachtvollen Mosaik der *Jungfrau mit dem Kind* aus dem 9. Jh. Das Mosaik über der Apsis stellte einst die Erzengel Gabriel und Michael dar; heute sind nur noch Fragmente erhalten.

Die byzantinischen Kaiser wurden auf einem Thron auf dem Omphalion gekrönt, einem Kreis aus Marmorintarsien auf dem Boden des Hauptraums.

Osmanische Elemente des Gebäudes sind ein *minbar* (Kanzel) und eine *mihrab* (Gebetsnische Richtung Mekka), große Medaillions mit arabischer Schrift aus dem 19. Jh., der *hünkar mahfili* (Sultansloge) und eine ehemalige Bibliothek hinter dem Omphalion.

Beim Blick nach oben Richtung Nordwesten (links von der Apsis) sind drei Mosaiken auf dem Unterbau des nördlichen Tympanons (Halbkreis) unter der Kuppel zu sehen. Sie verbergen sich jedoch zurzeit hinter einem Gerüstturm, der für Restaurierungen genutzt wird. Es handelt sich um Porträts (9. Jh.) des hl. Ignatius des Jüngeren, des hl. Johannes Chrysostomos und des hl. Ignatius von Antiochien. Rechts von ihnen befindet sich auf einem der Pendentife (Hilfskuppel-Segmente unter der Kuppel) ein Mosaik aus dem 14. Jh. mit dem

Johannes II., Jungfrau mit Kind, Kaiserin Irene (Mosaik)

Gesicht eines Seraphen (sechsflügeliger Engel, der den Thron Gottes bewacht).

Im Seitenschiff unten an der Rampe zu den Emporen befindet sich eine Marmorsäule mit einem Loch, die Kupferverkleidung ist bereits sehr abgenutzt. Der Legende nach wurde die Säule dem hl. Gregor gewidmet, der hier Wunder vollbrachte. Wer einen Finger in das Loch steckt, soll von Krankheiten geheilt werden.

Obere Emporen

Die Emporen sind über die Serpentinenrampe am nördlichen Ende des Narthex zu erreichen. An der Südempore (geradeaus und dann links durch die Marmortür aus dem 6. Jh.) befinden sich die Relikte einer prachtvollen *Deësis*: Das Mosaik aus dem 13. Jh. stellt Christus mit Maria zur Rechten und Johannes dem Täufer zur Linken dar.

Ein Stück weiter am Ostende (Apsis) der Empore zeigt ein Mosaik aus dem 11. Jh. *Christus auf dem Thron mit Kaiserin Zoe und Konstantin IX. Monomachos*.

Rechts davon ist ein Mosaik (12. Jh.) der *Jungfrau Maria mit Kaiser Johannes II. Komnenos und Kaiserin Irene*. Der Kaiser, Johannes der Gute genannt, sitzt links der Jungfrau und die Kaiserin, die für ihre Wohltätigkeit bekannt war, rechts von ihr. Ihr Sohn Alexios, der kurz nach der Schaffung des Porträts starb, sitzt neben Irene.

☑ Nicht versäumen

Die fantastischen byzantinischen Mosaiken im Hauptraum.

ITSMEJUST / SHUTTERSTOCK ©

Mosaiken

Zu Justinians Zeiten waren die Kuppel, die Halbkuppel, die nördlichen und südlichen Tympana und die Gewölbe der Vorhallen, Seitenschiffe und Galerien von Goldmosaiken bedeckt. Es gibt noch Reste, aber den Originalzustand kann man sich nur vorstellen.

Außengelände

Beim Verlassen des Narthex lohnt ein Blick zurück auf das Mosaik aus dem 10. Jh. von *Konstantin dem Großen, der Jungfrau Maria und Kaiser Justinian* auf der Lünette des inneren Eingangs. Konstantin (rechts) bietet der Jungfrau mit dem Christuskind die Stadt Istanbul an, Justinian (links) offeriert ihr die Hagia Sophia.

Gleich nach Verlassen des Gebäudes durch das „Prachttor" (Orea Porta), ein schönes Bronzetor aus dem 2. Jh. v. Chr., befindet sich links eine Tür. Sie führt in einen kleinen Innenhof, der einst Teil einer Taufkapelle aus dem 6. Jh. war. Im 17. Jh. wurde die Taufkapelle zum Grab für die Sultane Mustafa I. und Ibrahim I. umgewidmet. Das große Steinbecken im Innenhof ist das originale Taufbecken.

Kleine Stärkung

Im Derviş Cafe & Restaurant (S. 537) gibt's Tee und Sandwiches mit Blick auf die Blaue Moschee.

Topkapi-Palast

Um den Topkapi ranken sich unzählige schillernde Geschichten. Lüsterne Sultane, ehrgeizige Höflinge, schöne Konkubinen und intrigante Eunuchen lebten und arbeiteten hier vom 15. bis 19. Jh., als der Palast der Hof des Osmanischen Reichs war.

Toll für ...

☑ **Nicht versäumen**

Den reich verzierten Ratssaal.

Erster & Zweiter Hof

Durch das Reichstor geht es in den ersten Hof, den sogenannten Hof der Janitscharen oder Paradehof. Auf der linken Seite steht die byzantinische Kirche Hagia Irene.

Der zweite Hof ist wie ein herrlicher Park angelegt. Er besteht aus mehreren Pavillons, Küchen, Stallungen, Audienzsälen und Unterkünften, die sich um einen zentralen Innenhof gruppieren.

Auf der linken (westlichen) Seite des zweiten Hofs befindet sich der prunkvolle Ratssaal (Dîvân-ı Hümâyûn). Dort besprach der Reichsrat die Staatsangelegenheiten. Der Sultan lauschte manchmal hinter dem goldenen Gitter hoch oben in der Wand.

Harem

Die Sultane hielten sich bis zu 300 Konkubinen im Harem, allerdings waren es meist

Harem

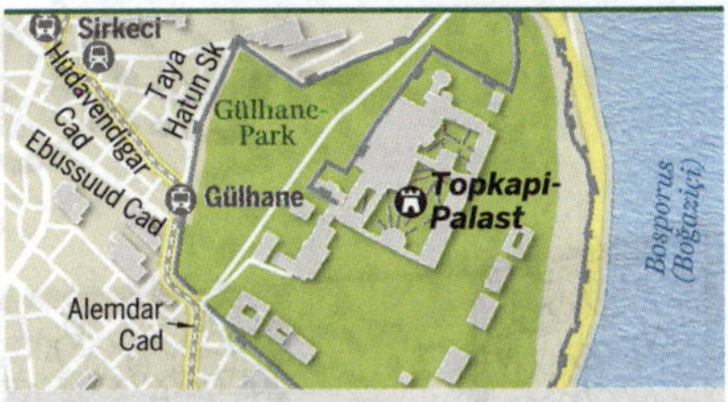

Gut zu wissen

Topkapı Sarayı; 0212-512 0480; www.topkapisarayi.gov.tr; Babıhümayun Caddesi; Palast Erw./Kind unter 8 J. 60 ₺/frei, Harem Erw./Kind unter 6 J. 35 ₺/frei; Mitte April–Okt. Mi–Mo 9–18.45 Uhr, Nov.–Mitte April bis 16.45 Uhr, letzter Eintritt 45 Min. vor Schließung; Sultanahmet

Kleine Stärkung

Osmanische Speisen nach Rezepten aus der Palastküche bietet das **Matbah** (0212-514 6151; www.matbahrestaurant.com; Ottoman Hotel Imperial, Caferiye Sokak 6/1; Mezze 14–20 ₺, Hauptgerichte 29–65 ₺; 12–22.30 Uhr; Sultanahmet).

★ Top-Tipp

Mit dem Museum Pass İstanbul oder einem Privatführer lässt sich die Warteschlange am Eingang vermeiden.

weniger. Bei der Aufnahme in den Harem erhielten die Mädchen Unterricht in islamischer und türkischer Kultur und Sprache, aber auch in der Kunst des Schminkens, Kleidens, Benehmens sowie in Musik, Lesen, Schreiben, Stickerei und Tanz. Dann durchliefen sie die Hierarchie, erst als Hofdamen der Konkubinen und Kinder des Sultans, dann für seine Mutter und schließlich – wenn sie besonders attraktiv und talentiert waren – für den Sultan selbst. Der Harem hat sechs Etagen, aber nur eine kann besichtigt werden. Eingang ist durch das Wagentor.

Dritter Hof & Schatzkammer

Der dritte Hof wird durch das Tor der Glückseligkeit betreten. Er war der private Bereich des Sultans und wurde von Eunuchen bewacht und versorgt. Im Hof befindet sich der Audienzsaal aus dem 16. Jh., der im 18. Jh. umgebaut wurde. Hohe Beamte und ausländische Botschafter wurden in diesen kleinen Pavillon geleitet, um Staatsgeschäfte zu erledigen. Der Sultan saß auf einem großen Diwan und prüfte die Geschenke der Botschafter, die durch den Durchgang links gereicht wurden.

Die Schatzkammer des Palasts am Ostrand des dritten Hofs birgt eine unglaubliche Sammlung an kostbaren Gegenständen, die aus Gold, Silber, Rubinen, Smaragden, Jade, Perlen und Diamanten gefertigt oder damit verziert sind. Das Gebäude selbst entstand 1640 unter der Herrschaft von Mehmed dem Eroberer und diente ursprünglich als Empfangssaal. Bei unserem letzten Besuch war es wegen Restaurierung geschlossen.

Entspannen im Hamam

Eine gründliche Reinigung in einem dampfenden Hamam ist ein urtypisches Erlebnis in Istanbul. Nicht jedem ist es jedoch angenehm, sich in der Öffentlichkeit ganz (oder teilweise) nackt zu zeigen. In dem Fall lassen sich in etlichen Spas der Stadt auch private Hamam-Behandlungen finden.

Toll für ...

☑ Nicht versäumen

Das wahre türkische Baderlebnis: von Angestellten persönlich gewaschen, geschrubbt und massiert zu werden.

Ayasofya Hürrem Sultan Hamamı

Das sorgfältig restaurierte **Hamam** (☎0212-517 3535; www.ayasofyahamami.com; Aya Sofya Meydanı 2; Behandlungen 55–160 €, Massagen 100–160 €; ⏲8–22 Uhr; 🚊Sultanahmet) von 1556 bietet das luxuriöseste traditionelle Badeerlebnis in der Altstadt. Es wurde von Mimar Sinan entworfen und gleich gegenüber der Hagia Sophia auf Geheiß des Sultans Süleyman des Prächtigen gebaut und zu Ehren dessen Ehefrau Hürrem Sultan, genannt Roxelane, benannt.

Die 13 Mio. US$ teure, drei Jahre andauernde und 2011 fertiggestellte Restaurierung wurde vom Denkmalamt streng überwacht. Das Ergebnis ist wunderbar: Sinans strenger Entwurf wurde beibehalten, aber mit einem dezenten, modernen Luxus ergänzt. Für Frauen und Männer gibt es separate Bäder, beide mit einem

STEFANO SCATA / GETTY IMAGES ©

Gut zu wissen

Die meisten Touristen-Hamams und Hotel-Spas sind von 8 bis 23 oder 24 Uhr geöffnet. Hamams für Einheimische mit nur einem Bad haben separate Zeiten für Frauen und Männer und schließen früher.

Kleine Stärkung

Nach dem Abschrubben geht's in den *hararet* (Dampfraum) zum Entspannen oder den *camekan* (Ruheraum) zum Ankleiden oder Ausruhen; in einigen Hamams kann man Essen oder Getränke bestellen.

★ Top-Tipp

Männer müssen sich im Hamam stets mit einem *peştemal* (Saunatuch) bedecken. Die meisten Frauen tragen einen Bikini oder Unterhosen (Türkinnen ziehen Letzteres vor). In einigen Touristen-Hamams ist es Frauen erlaubt, ganz unbekleidet zu sein.

schönen *soğukluk* (Eingangsvestibül), umgeben von Umkleidekabinen aus Holz. Die Behandlungen sind fachkundig und alles ist äußerst sauber. Die einfache, 45-minütige Behandlung kostet 80 € und enthält eine Waschung mit Seife und Massage und einen eigenen *kese* (rauer Stoffhandschuh für das Peeling). In der Hochsaison muss reserviert werden. Bei warmem Wetter öffnet draußen auf der Terrasse ein Café-Restaurant.

Kılıç Ali Paşa Hamamı

Es dauerte sieben Jahre, um für dieses ebenfalls von Mimar Sinan entworfene **Hamam** (☎0212-393 8010; http://kilicalipasahamami.com; Hamam Sokak 1, nahe Kemeraltı Caddesi, Tophane; traditionelles Hamam-Ritual 270 ₺; ⌚Frauen 8–16 Uhr, Männer 16.30–23.30 Uhr; 🚊Tophane) einen Konservierungsplan zu entwickeln und die sorgfältige Restaurierung abzuschließen. Zum Glück lohnte das Ergebnis die lange Wartezeit. Die Räume des Hamam sind schlichtweg umwerfend. Es wird äußerst professionell geführt und gewährleistet ein sauberes und angenehmes Badeerlebnis. Zum Angebot gehören ein traditionelles Hamam-Ritual (270 ₺) und Massagen (ab 160 ₺).

Cağaloğlu Hamamı

Das hinreißende **Hamam** (☎0212-522 2424; www.cagalogluhamami.com.tr; Prof Kazım İsmail Gürkan Caddesi 24; Bad, Peeling & Massage 40–120 €, ohne Service 30 €; ⌚9–22 Uhr; 🚊Sultanahmet) wurde 1741 auf Geheiß von Sultan Mahmud I. gebaut. Es bietet separate Bäder für Männer und Frauen und diverse Behandlungen, die leider überteuert sind, angesichts dessen, wie schnell und rudimentär die Reinigung, das Peeling und die Massagen sind. Besser ist wohl, sich nur für ein Bad ohne Service (30 €) anzumelden.

SEHENSWERTES

Cisterna Basilica Historische Stätte

(Yerebatan Sarnıçı; ☎0212-512 1570; www.yerebatan.com; Yerebatan Caddesi; Erw./Kind unter 8 J. 20 ₺/frei; ⊙Nov.–Mitte April 9–17.30 Uhr, Mitte April–Okt. bis 18.30 Uhr; 🚊Sultanahmet) Das unteriridische Bauwerk, die größte erhaltene byzantinische Zisterne, wurde 532 im Auftrag von Kaiser Justinian gebaut. Dazu wurden 336 Säulen verwendet, von denen viele aus Tempelruinen stammen und schön gemeißelte Kapitelle besitzen. Die Symmetrie und schiere Erhabenheit sind atemberaubend, zudem ist der weite Raum unter der Erde ein wunderbares Refugium an heißen Sommertagen.

Blaue Moschee Moschee

(Sultanahmet Camii; ☎0212-458 4468; Hippodrom; ⊙für Nichtgläubige während der 6 tgl. Gebetszeiten geschl.; 🚊Sultanahmet) Istanbuls fotogenstes Gebäude war das ehrgeizige Projekt von Sultan Ahmed I. (reg. 1603–1617), dessen Grabmal sich an der Nordseite gegenüber dem Sultanahmet-Park befindet. Der Bau besteht aus einer Kaskade aus Kuppeln sowie sechs Minaretten. Innen ist er mit blauen İznik-Kacheln verkleidet, denen das Gebäude seinen Namen verdankt.

Hippodrom Park

(Atmeydanı; Atmeydanı Caddesi; 🚊Sultanahmet) Die byzantinischen Kaiser liebten nichts mehr als einen Nachmittag beim Wagenrennen und diese rechteckige Arena am Sultanahmet-Park war ihre Lieblingsbahn. In ihrer Glanzzeit war sie mit Obelisken und Statuen geschmückt, einige stehen noch heute. In jüngerer Zeit wurde das Gelände neu gestaltet und gehört nun zu den beliebtesten Treffpunkten Istanbuls.

Großer Basar Markt

(Kapalı Çarşı, Markthalle; www.kapalicarsi.org.tr; ⊙Mo–Sa 9–19 Uhr, letzter Eintritt 18 Uhr; 🚊Beyazıt Kapalıçarşı) Der bunte und chaotische Große Basar ist seit Jahrhunderten das Herz der Istanbuler Altstadt. Er begann als kleines, überwölbtes *bedesten* (Warenhaus), das 1461 auf Befehl von Mehmed dem Eroberer gebaut wurde. Als die Gassen zwischen dem *bedesten*, den benachbarten Läden und *hans* (Karawansereien) überdacht wurden, entwickelte sich der Markt in

Cisterna Basilica

LUCIANO MORTULA - LGM / SHUTTERSTOCK ©

das weitläufige, labyrinthische Areal, das er noch heute ist.

Süleymaniye-Moschee Moschee

(Professor Sıddık Sami Onar Caddesi; ⌚Sonnenaufgang–Sonnenuntergang; Ⓜ Vezneciler) Die Süleymaniye krönt einen der sieben Hügel Istanbuls am Goldenen Horn und ist ein Wahrzeichen der Stadt. Sie ist zwar nicht die größte der osmanischen Moscheen, aber fraglos eine der prächtigsten. Ungewöhnlich ist auch, dass viele ihrer originalen *külliye* (Nebengebäude) erhalten blieben und behutsam für eine Neunutzung umgewidmet wurden.

Pera-Museum Museum

(Pera Müzesi; ☎0212-334 9900; www.peramuseum.org; Meşrutiyet Caddesi 65, Tepebaşı; Erw./Stud./Kind unter 12 J. 20/10 ₺/frei; ⌚Di–Do & Sa 10–19, Fr bis 22, So 12–18 Uhr; Ⓜ Şişhane, 🚋Tünel) In dem beeindruckenden Museum gibt es viel zu sehen, aber Hauptattraktion sind zweifellos die Gemälde mit türkisch-orientalischen Motiven im 2. Stock. Die Werke aus der erstklassigen privaten Sammlung von Suna und İnan Kıraç bieten einen faszinierenden Blick in die osmanische Welt vom 17. bis 20. Jh. und enthalten das meistgeliebte Gemälde aus dem türkischen Kanon – Osman Hamdı Beys *Der Schildkrötenerzieher* (1906). In den anderen Etagen finden Wechselausstellungen statt (in der Vergangenheit z. B. über Warhol, de Chirico, Picasso und Botero).

GEFÜHRTE TOUREN

İstanbul Walks Stadtrundgang

(☎0212-516 6300, 0554 335 6622; www.istanbulwalks.com; 1. OG, Şifa Hamamı Sokak 1; Führungen 60–130 €; 🚋Sultanahmet) Das Unternehmen mit Schwerpunkt Kulturtourismus wird von Geschichtskundigen geführt und bietet viele Stadtführungen mit Englisch sprechenden Führern an. Meist geht es um die diversen Stadtteile Istanbuls, aber es gibt auch Touren zu Baudenkmälern, zum Thema türkischer Kaffee oder auch eine Bootstour durch den Bosporus und das Goldene Horn. Kinder unter sieben Jahren zahlen wesentlich weniger.

Die sterbende Kunst des Feilschens

Der Große Basar ist wohl der einzige Ort in der Stadt, wo einige Händler noch die traditionelle Kunst des Feilschens beherrschen. Wer einen Teppich kaufen will, sollte diese Tipps beherzigen:

- Die offiziellen Preise sind fast immer künstlich überhöht, generell etwa um 20 bis 30 %.
- Es besteht kein Kaufzwang. Tee und ein Plausch sind gratis. Wer beides akzeptiert, muss im Gegenzug nichts kaufen, echtes Interesse ist aber vorausgesetzt.
- Vorab sollte man sich umschauen und Qualität und Preise vergleichen.
- Vor dem Feilschen sollte einem klar sein, wie sehr einem der Teppich gefällt und wie viel man dafür zu zahlen bereit ist. Die Händler haben Übung, zögerliche Kunden zum Kauf zu überreden.
- Das erste Angebot sollte bei etwa 60 % des geforderten Preises liegen. Der Händler wird lachen, beleidigt oder verdutzt tun – alles Teil des Rituals.
- Dann macht er ein Gegenangebot von 80 bis 90 %. Daraufhin guckt man enttäuscht, erklärt, dass man sich erkundigt hat und den Betrag nicht zahlen will, und bietet dann rund 70 % an.
- Nun haben sich Händler und Kunde eingespielt. Der Händler wird den Preis nennen, den er bereit ist zu akzeptieren, und wer damit zufrieden ist, kann einschlagen. Ansonsten: lächeln, die Hände schütteln und weitergehen.

Großer Basar

Istanbul

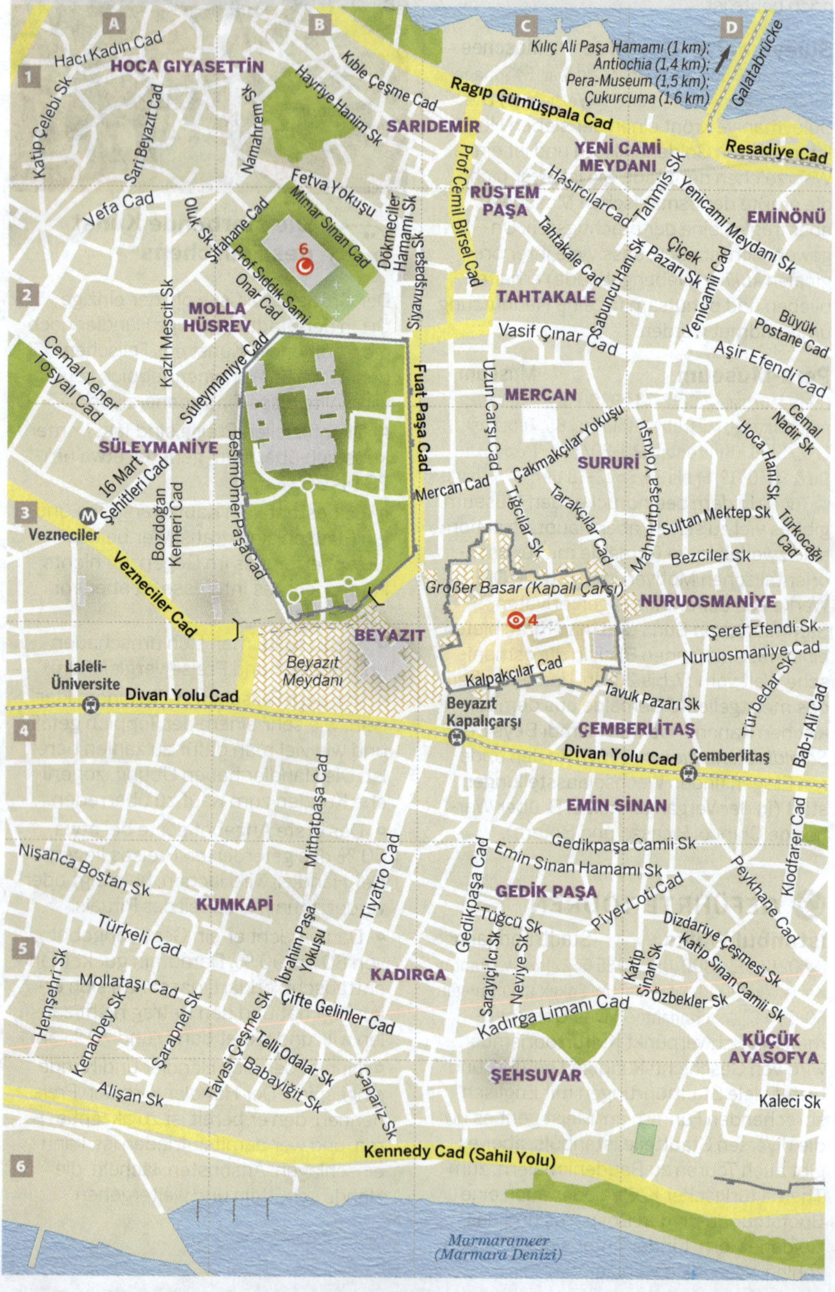
A
B
C
D
1
2
3
4
5
6
Kılıç Ali Paşa Hamamı (1 km);
Antiochia (1,4 km);
Pera-Museum (1,5 km);
Çukurcuma (1,6 km)
Galatabrücke
Hacı Kadın Cad
HOCA GIYASETTİN
Katip Çelebi Sk
Sarı Beyazıt Cad
Namahrem Sk
Hayriye Hanım Sk
Kıble Çeşme Cad
Ragıp Gümüşpala Cad
SARIDEMİR
Prof Cemil Birsel Cad
YENİ CAMİ MEYDANI
Resadiye Cad
Tahmis Sk
Yenicami Meydanı Sk
EMİNÖNÜ
Vefa Cad
Oluk Sk
Şifahane Cad
Fetva Yokuşu
Mimar Sinan Cad
Dökmeciler Hamamı Sk
Siyavuşpaşa Sk
RÜSTEM PAŞA
Hasırcılar Cad
Tahtakale Cad
Sabuncu Hanı Sk
Çiçek Pazarı Sk
Yenicamii Cad
6
Prof Sıddık Sami Onar Cad
MOLLA HÜSREV
Kazlı Mescit Sk
TAHTAKALE
Vasif Çınar Cad
Büyük Postane Cad
Aşir Efendi Cad
Cemal Yener Tosyalı Cad
Süleymaniye Cad
Fuat Paşa Cad
Uzun Carşı Cad
MERCAN
Cemal Nadir Sk
Hoca Hanı Sk
SÜLEYMANİYE
Besim Ömer Paşa Cad
Çakmakçılar Yokuşu
SURURİ
Mahmutpaşa Yokuşu
16 Mart Şehitleri Cad
Bozdoğan Kemeri Cad
Mercan Cad
Tığcılar Sk
Tarakçılar Cad
Sultan Mektep Sk
Türkocağı Cad
Vezneciler
Vezneciler Cad
Bezciler Sk
Großer Basar (Kapalı Çarşı)
NURUOSMANİYE
4
BEYAZIT
Şeref Efendi Sk
Nuruosmaniye Cad
Laleli-Üniversite
Beyazıt Meydanı
Kalpakçılar Cad
Türbedar Sk
Divan Yolu Cad
Tavuk Pazarı Sk
Beyazıt Kapalıçarşı
ÇEMBERLİTAŞ
Bab-ı Ali Cad
Çemberlitaş
Mithatpaşa Cad
EMİN SİNAN
Klodfarer Cad
Nişanca Bostan Sk
Gedikpaşa Camii Sk
Emin Sinan Hamamı Sk
Tiyatro Cad
Gedikpaşa Cad
GEDİK PAŞA
Peykhane Cad
KUMKAPİ
Piyer Loti Cad
Türkeli Cad
Tüğcü Sk
Dizdariye Çeşmesi Sk
İbrahim Paşa Yokuşu
Katip Sinan Camii Sk
Hemşehri Sk
Mollataşı Cad
KADIRGA
Sarayiçi Ici Sk
Neviye Sk
Katip Sinan Sk
Özbekler Sk
Kenanbey Sk
Şarapnel Sk
Tavaşi Çeşme Sk
Çifte Gelinler Cad
Kadırga Limanı Cad
KÜÇÜK AYASOFYA
Telli Odalar Sk
Babayiğit Sk
Çapariz Sk
ŞEHSUVAR
Alişan Sk
Kaleci Sk
Kennedy Cad (Sahil Yolu)
Marmarameer
(Marmara Denizi)

0
500 m
E
F
G
H
1
2
3
4
5
6
Goldenes Horn
(Haliç)
Eminönü
Yalı Köşkü Cad
Kennedy Cad (Sahil Yolu)
SİRKECİ
Sirkeci
Ankara Cad
Hamidiye Cad
Sirkeci
İstasyon Arkasi Sk
HOBYAR
Nöbethane Cad
Hüdavendigar Cad
Gülhane-
Park
Ankara Cad
Ebussuud Cad
Gülhane
Topkapi-
Palast
CAĞALOĞLU
Hükümet
Konağı Sk
Alayköşkü Cad
Topkapı-Palast
Hof der Janitscharen
(Erster Hof)
Molla Feneri Sk
Çatal
Çeşme Sk
Yerebatan
Cad
Alemdar Cad
Soğukçeşme Sk
ALEMDAR
Hagia Sophia
Sultanahmet
Ayasofya
Meydanı
İshakpaşa Cad
Kennedy Cad (Sahil Yolu)
İmran
Öktem Cad
BİNBİRDİREK
Sultanahmet-
Park
MEYDANI
SULTANAHMET
Atmeydanı Cad
Kutlugün Sk
Akbıyık Cad
Bosporus
(Boğaziçi)
Tavukhane Sk
Torun Sk
Cankurtaran Cad
Aksakal Cad
Küçük Ayasofya Cad
Oğul Sk
Akbıyık Değirmeni Sk
Ahırkapı Sk
Mustafa Paşa Sk
Oyuncu Sk

Istanbul

Sehenswertes

1	Hagia Sophia	F4
2	Cisterna Basilica	F4
3	Blaue Moschee	E5
4	Großer Basar	C3
5	Hippodrom	E5
6	Süleymaniye-Moschee	B2
7	Topkapı-Palast	G3

Aktivitäten, Kurse & Touren

8	Ayasofya Hürrem Sultan Hamamı	F5
9	Cağaloğlu Hamamı	E3
10	İstanbul Walks	E6

Shoppen

11	Jennifer's Hamam	E5

Essen

12	Matbah	F4
13	Sefa Restaurant	E4

Ausgehen & Nachtleben

14	Derviş Cafe & Restaurant	F5

İstanbul Eats Stadtrundgang, Kulinarisches
(http://istanbuleats.com; Führung pro Pers. 75–125 US$) Ganztägige kulinarische Rundgänge in der Altstadt, im Basarviertel, in Beyoğlu, Kadıköy und den Vororten am Bosporus sowie Abende mit Kebap-Essen in „Klein-Syrien" in Aksaray oder mit Besuchen von *meyhanes* (Tavernen) in Beyoğlu. Alle sind mit viel Essen verbunden und werden von engagierten Feinschmeckern geführt, die den Blog gleichen Namens schreiben.

SHOPPEN

Özlem Tuna Schmuck, Haushaltswaren
(☎0090-527 9285; www.ozlemtuna.com; Çukurcuma Caddesi 36, Çukurcuma; ⏲Mo–Sa 9–18 Uhr; 🚊Tophane) Özlem Tuna ist führend im zeitgenössichen Design der Türkei und kreiert stilvollen Schmuck und Haushaltswaren, die sie in ihrem Laden nahe Orhan Pamuks **Museum der Unschuld** (Masumiyet Müzesi; ☎0212-252 9738; www.masumiyetmuzesi.org; Çukurcuma Caddesi, Dalgıç Çıkmazı 2; Erw./Stud. 40/30 ₺; ⏲Di–So 10–18, Do bis 21 Uhr) verkauft. Für ihre Hamam-Schalen, Kaffee- und Teeservices, Untersetzer, Ringe, Ohrringe und Halsketten usw. verwendet sie Formen und Farben mit Bezug auf Istanbuls Geschichte und Kultur (Tulpen, Möwen, byzantinische Mosaiken, „Böser Blick"-Amulette).

Jennifer's Hamam Haushaltswaren
(☎0212-516 3022; www.jennifershamam.com; Arasta Bazaar 135; ⏲April–Okt. 8.30–21 Uhr, Nov.–März bis 19 Uhr; 🚊Sultanahmet) Der Laden der Kanadierin Jennifer Gaudet führt hochwertige Hamam-Utensilien, z. B. Handtücher, Bademäntel und *peştemals* (Saunatücher) aus Biobaumwolle und -seide, die an traditionellen Webstühlen gewebt werden. Es gibt auch Naturseifen und *keses* (raue Peelinghandschuhe). Nur Festpreise, kein Feilschen.

ESSEN & AUSGEHEN

Sefa Restaurant Türkisch €
(☎0212-520 0670; www.sefarestaurant.com.tr; Nuruosmaniye Caddesi 11, Cağaloğlu; Suppen 6–12 ₺, Portionen 16–27 ₺; ⏲7–17 Uhr; 📶🖉; 🚊Sultanahmet) Das beliebte Lokal zwischen der Sultanahmet und dem Großen Basar bietet *hazır yemek* (fertige Gerichte) zu vernünftigen Preisen. Es gibt eine englischsprachige Speisekarte, aber bei viel Betrieb ist es praktischer, einfach ein bereits warmes Tagesgericht zu wählen. Mittags sind um 13.30 Uhr viele Gerichte schon weg. Kein Alkohol.

Antiochia Anatolisch €€
(☎0212-244 0820; www.antiochiaconcept.com; General Yazgan Sokak 3, Tünel; Mezze & Salat 15–20 ₺, Pide 22 ₺, Kebap 33–62 ₺; ⏲Mo–Fr 12–24, Sa 15–24 Uhr; ❄📶👪; 🚊Tünel) Spezialität sind Gerichte aus der südöstlichen Stadt Antakya (Hatay). Kalte und warme Mezze sind beide lecker, Pide ebenfalls und die Kebaps herausragend, besonders das saftige *şiş et* (gegrilltes Lammfleisch). Die Menüs aus Mezze und einem Hauptgericht (39–66 ₺) sind schön preiswert und es gibt eine gute Auswahl an Suvla-Weinen per Glas oder Flasche.

Cuma Modern Türkisch €€€
(☎0212-293 2062; www.cuma.cc; Çukurcuma Caddesi 53a, Çukurcuma; Frühstück 16–27 ₺, mittags 25–40 ₺, abends 27–45 ₺; ⌚Mo–Sa 9–24, So bis 20 Uhr; 📶🖊👪; Ⓜ Taksim) Banu Tiryakioğulları̇s zwanglose Feinschmecker-oase im Zentrum von Çukurcuma hat mit die treueste Stammkundschaft der Stadt. Serviert wird auf der grünen Terrasse und im atmosphärischen Gastraum oben, die gesunden Speisen aus Zutaten der Saison sind würzig und unkompliziert – besonders das Frühstück ist lecker (Stammgäste teilen sich zum Frühstück die *kahvaltı*-Platte).

Alancha Modern Türkisch €€€
(☎0212-261 3535; http://en.alancha.com; Maçka Kempinski Residence, Şehit Mehmet Sokak 9, Maçka; Menü 300 ₺; ⌚Mo–Sa 19–2 Uhr; Ⓜ Osmanbey) Die Designeinrichtung des Alancha ist so beeindruckend wie die farbenfrohen und kunstvoll angerichteten Speisen, von wildem Seebarsch bis Filet mignon. Empfehlenswert ist das anatolische Probiermenü mit einem Dutzend Gängen aus Zutaten, die von Kleinbetrieben in den sieben Regionen Anatoliens stammen. Den Anfang machen gefüllte Muscheln, es geht weiter mit Pistazien-Kebap bis zu Baklava und Lokum. Mit Weinbegleitung 160 ₺.

Asitane Türkisch €€€
(☎0212-635 7997; www.asitanerestaurant.com; Kariye Oteli, Kariye Camii Sokak 6, Edirnekapı; Vorspeisen 18–28 ₺, Hauptgerichte 58 ₺; ⌚12–23.30 Uhr; 🖊; 🚌28 ab Eminönü, 87 ab Taksim, ⛴Ayvansaray) Das elegante Restaurant neben dem Kariye-Museum (Chora-Kirche) serviert osmanische Gerichte aus den Palastküchen von Topkapi, Edirne und Dolmabahçe. Die Köche stöbern seit Jahren historische Rezepte auf und ihre Versionen werden den meisten modernen Gourmets gefallen (auch vegetarische Optionen).

Derviş Cafe & Restaurant Teegarten
(Ecke Dalbastı Sokak & Kabasakal Caddesi; ⌚7–24 Uhr; 🚋Sultanahmet) Das Derviş in prima Lage direkt gegenüber der Blauen Moschee lockt mit komfortablen Korbstühlen und schattigen Bäumen. Verlässlicher Service, vernünftige Preise und Gelegenheiten zum Leutegucken – ideal für einen geruhsamen *çay* (Tee; 4 ₺), eine *nargile* (Wasserpfeife; 35 ₺), einen *tost* (getoastetes Sandwich; 10 ₺) und eine Runde Backgammon.

ℹ PRAKTISCHE INFORMATIONEN

Touristeninformationen gibt es u. a. in **Sultanahmet** (☎0212-518 1802; Hippodrom, Sultanahmet; ⌚9–17.30 Uhr; 🚋Sultanahmet).

ℹ AN- & WEITERREISE

Istanbul ist die bedeutendste Stadt des Landes, insofern leicht zu erreichen. Es gibt zwei internationale Flughäfen, einer davon ist der nagelneue Istanbul Airport. Vom einzigen *otogar* (Busbahnhof) verkehren nationale und internationale Buslinien. Zurzeit der Recherche gab es keine internationalen Zugverbindungen, aber das mag sich ändern, wenn die Modernisierung der Bahnstrecken im ganzen Land abgeschlossen ist und sich die Sicherheitslage im Osten der Türkei und in Syrien beruhigt hat.

ℹ UNTERWEGS VOR ORT

Die öffentlichen Verkehrsmittel sind billig und zuverlässig, Der Kauf einer İstanbulkart (kontaktloses Ticket) ist höchst empfehlenswert.

Straßenbahn Fährt von Bağcılar im Westen der Stadt nach Kabataş in Beyoğlu, mit Halt am Großen Basar, in Sultanahmet, Eminönü und Karaköy. Anschluss an die Metro in Zeytinburnu und Sirkeci, an Fähren in Eminönü und Standseilbahnen in Karaköy und Kabataş.

Metro Die M1A verbindet Yenikapı mit dem Flughafen, die M2 Yenikapı mit Hacıosman via Taksim und die Marmaray verbindet Kazlıçeşme westlich der Altstadt mit Sirkeci und fährt dann unter dem Bosporus weiter nach Üsküdar und Ayrılık Çeşmesi.

Fähre Verkehrt zwischen dem europäischen und asiatischen Ufer, über den Bosporus und das Goldene Horn sowie zu den Adalar (Prinzeninseln).

Bus Den Bosporus und das Goldene Horn entlang und zwischen Üsküdar und Kadıköy.

PRAG, TSCHECHIEN

In diesem Kapitel

Prag, Tschechien

Eine Tschechien-Reise beginnt in Prag, der Wiege der tschechischen Kultur. Prag präsentiert sich mit einer nahezu völlig intakten mittelalterlichen Altstadt, deren gotische Architektur Besucher 500 Jahre in die Vergangenheit zurückversetzt. Der Blick auf die Karlsbrücke aus dem 14. Jh., die zwei historische Viertel über die Moldau hinweg verbindet, darüber die Burg und die Türme des Veitsdoms, zählt zu den absoluten Klassikern. Aber Prag lebt nicht nur von seiner Geschichte, sondern ist auch eine quirlige Metropole mit einer reichen Kultur- und aufblühenden Restaurantszene.

Zwei Tage in Prag

Der Tag beginnt mit einem Bummel durch die Höfe der **Prager Burg** (S. 542). Am Nachmittag steht dann die **Kirche St. Nikolaus** (S. 548), eine Barockschönheit, auf dem Programm. Den Abschluss des Tages bildet ein Abendessen im **Field** (S. 556) oder in der **Kantýna** (S. 557). Den Vormittag des zweiten Tages verbringt man rund um den **Altstädter Ring** (S. 549), am Nachmittag besucht man die verschiedenen Stätten des **Jüdischen Museums** (S. 552).

Vier Tage in Prag

Am dritten Tag wird zunächst der **Wenzelsplatz** (S. 553) erkundet. Anschließend widmet man sich den Schätzen im **Museum der Stadt Prag** (S. 553). Am letzten Tag geht's mit der Metro hinaus nach Vyšehrad, um die zweite Prager Burg zu erkunden, die **Burg Vyšehrad** (S. 555) mit ihren wundervollen Ausblicken auf die Moldau, gefolgt von einem Mittagessen im **U Kroka** (S. 556).
Am Abend steht eine Aufführung im **Nationaltheater** (S. 560) oder im **Palác Akropolis** (S. 559) auf dem Programm.

Von Prag geht's weiter nach Budapest (S. 563) oder Wien (S. 581).

Vorhergehende Doppelseite: St. Maria vor dem Teyn (S. 552) und Altstädter Ring (S. 549)

Ankunft

Václav Havel Airport Busse zu den Metrostationen Nádraží Veleslavín (Bus 119) und Zličín (Bus 100) fahren von 4 bis 24 Uhr alle zehn Minuten vor der Ankunftshalle ab (32 Kč). Ein Taxi in die Innenstadt kostet 500 Kč.

Praha hlavní nádraží Der Prager Hauptbahnhof befindet sich im Stadtzentrum und ist mit der Metrolinie C (rot) zu erreichen. Hier kommen alle Züge aus dem Ausland an.

Busbahnhof Florenc Der Busbahnhof für Busse aus dem Ausland liegt östlich der Innenstadt und ist per Metro und Straßenbahn angeschlossen.

Schlafen

Die Zeit, als Prag ein billiges Reiseziel war, gehört der Vergangenheit an. In Sachen Qualität, Bandbreite und Kosten liegen die Hotels heute auf dem Niveau der meisten Städte Westeuropas.

Die Unterkünfte reichen von gemütlichen, romantischen Hotels in alten Stadthäusern bis zu neuen Designhotels und -hostels. Immer beliebter werden Ferienwohnungen für Selbstversorger.

Besonders für den Mai und die Zeit um Ostern und Weihnachten/Neujahr muss man so weit wie möglich im Voraus buchen.

Prager Burg

Die Prager Burg – Pražský hrad *oder einfach* hrad *– ist die Hauptattraktion der Stadt. Die Türme, Turmspitzen und Paläste der Burganlage ragen märchenhaft oberhalb des linken Moldau-Ufers auf und dominieren das Bild im Zentrum. Innerhalb der Mauern befinden sich geschichtsträchtige Gebäude und Museen, die wichtige Kulturschätze des Landes beherbergen.*

Toll für ...

☑ **Nicht versäumen**

Die bunten Häuschen aus dem 16. Jh. im Goldenen Gässchen und die Sammlungen im Palais Lobkowitz.

Erster Burghof (Ehrenhof)

Der Erste Burghof liegt hinter dem Haupttor am Hradschiner Platz (Hradčanské náměstí) und wird von riesigen Barockstatuen kämpfender **Titanen** (1767–1770) flankiert, die die Burgwache unter ihnen ganz klein erscheinen lassen.

Nach dem Ende des Kommunismus 1989 beauftragte der damalige Präsident Václav Havel seinen alten Kumpel Theodor Pistek, seines Zeichens Kostümdesigner beim Film *Amadeus* (1984), die alten Khaki-Uniformen der **Burgwache** durch neue zu ersetzen. Heute sieht man sie – in Anspielung auf die Armee der ersten tschechoslowakischen Republik 1918–1938 – in schicke blaue Uniformen gekleidet.

Jeweils zur vollen Stunde findet eine **Wachablösung** statt, die längste und eindrucksvollste ist um 12 Uhr: Dann

Prager Burg mit Veitsdom (S. 548)

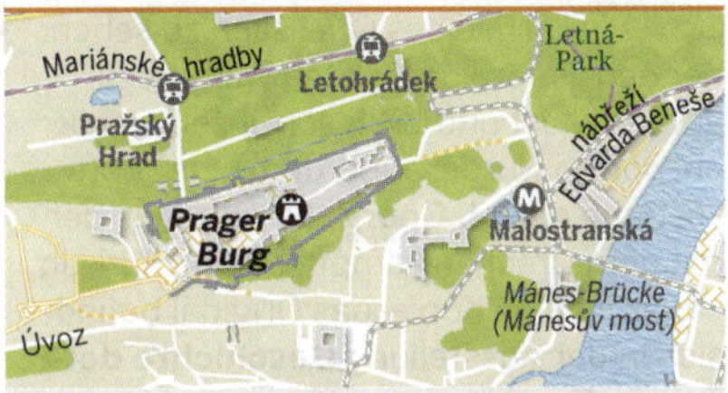

Gut zu wissen

Pražský hrad; Karte S. 549; ☎224 372 423; www.hrad.cz; Hradčanské náměstí 1; Erw./erm. ab 250/125 Kč; ⏲Außenanlagen 6–22 Uhr, Gärten April–Okt. 10–18 Uhr, historische Gebäude April–Okt. 9–17 Uhr, Nov.–März bis 16 Uhr; Ⓜ Malostranská, 🚊22, 23

Kleine Stärkung

Im Lobkowicz Palace Café (S. 556) gibt's leckeres Gulasch und herrliche Stadtblicke.

★ Top-Tipp

Um nicht im Trubel unterzugehen, kommt man am besten vor 10.30 Uhr oder nach 15.30 Uhr zur Burg. Für die Sicherheitskontrollen am Eingang Ausweis mitnehmen!

werden Fahnen ausgetauscht und aus den Fenstern des Plečnik-Saals ertönen die Fanfaren.

Zweiter Burghof

Hinter dem Matthiastor liegt der Zweite Burghof mit einem Barockbrunnen sowie einem Brunnen aus dem 17. Jh. mit hübschem Renaissance-Gitter.

Die Kapelle des Heiligen Kreuzes (1763) rechts beherbergt den **Domschatz** (Svatovítský poklad; Karte S. 549; ☎224 372 423; www.hrad.cz; nádvoří II, Pražský hrad; Erw./Kind 250/150 Kč oder mit Kombiticket C; ⏲April–Okt. 10–18 Uhr, Nov.–März bis 17 Uhr; 🚊22), eine unglaubliche Sammlung sakraler Gegenstände, zu der Karl IV. im 14. Jh. den Grundstein legte. Zu den ältesten Stücken zählt ein Reliquienarm des hl. Veit aus dem frühen 10. Jh., am eindrucksvollsten sind ein goldenes Krönungskreuz Karls IV. (1370) und eine mit Diamanten besetzte Barockmonstranz von 1708.

Die **Gemäldegalerie der Prager Burg** (Karte S. 549; Erw./Kind 100/50 Kč oder mit Kombiticket C; ⏲April–Okt. 9–17 Uhr, Nov.–März bis 16 Uhr; 🚊22) in den schönen ehemaligen Renaissance-Stallungen der Burg umfasst europäische Kunst des 16. bis 18. Jhs. Die Habsburger begründeten diese Sammlung 1650, um gestohlene Gemälde zu ersetzen; darunter sind Werke von Cranach, Holbein, Rubens, Tintoretto und Tizian.

Dritter Burghof

Geht man durch einen Gang auf der Ostseite des Zweiten Burghofs, steht man gleich vor der gewaltigen Fassade des Veitsdoms (S. 548); rechts erstreckt sich der Dritte Burghof. An seinem Eingang ist ein 16 m hoher **Granitmonolith** (Karte

S. 549) in Form eines Obelisken zu sehen, der den Opfern des Ersten Weltkriegs gewidmet ist und 1928 von Jože Plečnik entworfen wurde, außerdem eine Bronzestatue des **hl. Georg** (Karte S. 549), der mit dem Drachen kämpft, aus dem 14. Jh. – dies ist eine Kopie, das Original befindet sich in der Ausstellung **Geschichte der Prager Burg** (Karte S. 549; www.hrad.cz; Erw./Kind 140/70 Kč; ⌚9–17 Uhr, Nov.–März bis 16 Uhr; 🚋22, 23).

Der **Alte Königspalast** (Starý královský palác; Karte S. 549; ⌚9–17 Uhr, Nov.–März bis 16 Uhr; 🚋22, 23) am östlichen Ende des Hofs zählt zu den ältesten Teilen der Burg: Er stammt von 1135. Ursprünglich wurde er nur von Prinzessinnen bewohnt, vom 13. bis zum 16. Jh. residierte hier auch der König.

Den Dritten Burghof beherrscht die Südfassade des Veitsdoms (S. 548), eine der reichsten Kathedralen Mitteleuropas und Herz des Katholizismus in Tschechien.

Die Schätze hier reichen von einem Mosaik des Jüngsten Gerichts aus dem 14. Jh. und den Grabmälern des hl. Wenzel und Karls IV. bis zu dem barocken Silbergrabmal des hl. Johann von Nepomuk, der reich verzierten Wenzelskapelle und den Jugendstil-Buntglasfenstern von Alfons Mucha.

Georgsplatz

Der Georgsplatz (Jiřské náměstí), der Platz östlich des Veitsdoms, liegt im Herzen der Burganlage.

Beherrscht wird er von der frühbarocken Backsteinfassade der **St.-Georgs-**

St.-Georgs-Basilika

Basilika (Bazilika sv Jiří; Karte S. 549; www.hrad.cz; mit Kombitickets A & B; ⌚9–17 Uhr, Nov.–März bis 16 Uhr), der besterhaltenen romanischen Basilika Tschechiens, gegründet im 10. Jh. von Vratislav I., dem Vater des hl. Wenzel. Das heutige Erscheinungsbild verdankt sich größtenteils Restaurierungen, die zwischen 1887 und 1908 durchgeführt wurden.

Georgsgasse

Die Georgsgasse (Jiřská) führt von der St.-Georgs-Basilika zum Osttor der Burg.

★ Schon gewusst?

Laut *Guinness-Buch der Rekorde* ist die Prager Burg die größte alte Burganlage der Welt – 570 m lang, im Schnitt 128 m breit und mit einer Fläche von mehr als sieben Fußballfeldern.

MILAN TOMAZIN / SHUTTERSTOCK ©

An der Nordmauer der Burg entlang verläuft ein malerisches Sträßchen, das als **Goldenes Gässchen** (Zlatá ulička; Karte S. 549; ⌚9–17 Uhr, Nov.–März bis 16 Uhr; 🚋22, 23) bekannt ist. Die kleinen bunten Häuschen wurden im 16. Jh. für die Scharfschützen der Burgwache errichtet, später dann von Goldschmieden genutzt. Im 19. und frühen 20. Jh. wohnten hier Künstler, darunter der Schriftsteller Franz Kafka, der 1916/17 auch oft das Haus seiner Schwester (Nr. 22) aufsuchte.

Das **Palais Lobkowitz** (Lobkovický palác; Karte S. 549; ☎233 312 925; www.lobkowicz.com; Jiřská 3; Erw./erm. 295/220 Kč; ⌚10–18 Uhr; 🚋22, 23) aus dem 16. Jh. beherbergt die **Fürstlichen Sammlungen** mit wertvollen Gemälden, Möbeln und Musikalien.

Der Audioguide informiert über Wilhelm Lobkowitz und seine Familie und erklärt die Exponate. So wird das Palais zu einer der interessantesten Sehenswürdigkeiten innerhalb der Burg.

★ Top-Tipp

Wer am Osttor der Burg scharf rechts geht, kann durch die **Südlichen Wallgärten** (Garten auf der Schanze; Zahrada Na Valech; Karte S. 549; ⌚April–Okt. 10–18 Uhr, Nov.–März geschl.) GRATIS zurück zum Hradschiner Platz spazieren. Von den Gärten eröffnen sich herrliche Ausblicke über die Dächer von Malá Strana, der Prager Kleinseite.

Prager Fluss-spaziergang

Durch das Herz von Prag fließt der Fluss, der den Komponisten Friedrich Smetana zu seiner bewegenden Sinfonie *Die Moldau* inspirierte. Auch wer die bekannte Melodie nicht im Ohr hat, wird die Brücken- und Flusspanoramen auf diesem Spaziergang in vollen Zügen genießen.

Start St.-Agnes-Kloster
Länge 8 km
Dauer 3 Stunden

2 Bei einem Bummel durch den **Letná-Park** (S. 561) blickt man auf die Altstadt und die Prager Kleinseite.

Fotospot: Die malerische Prager Burg aus jedem Winkel.

3 Von den Mauern oder den gepflegten Wallgärten der **Prager Burg** (S. 542) bieten sich schöne Ausblicke auf die roten Dächer von Malá Strana und den Fluss.

6 Schräg und elegant: Das **Tanzende Haus** von Vlado Milunić und Frank Gehry harmoniert überraschend gut mit seinen Nachbarn.

1 Das **St.-Agnes-Kloster** ist das älteste gotische Gebäude Böhmens, erbaut ab 1231 – hier soll es spuken!

4 Auf der **Karlsbrücke** (S. 548) zeigen sich die berühmten Stadtansichten auf die großen mittelalterlichen Tore, die Burg und die träge dahinfließende Moldau.

Kleine Stärkung ... Kaffee und Kuchen im altmodischen Kaffeehaus **Kavárna Slavia** (S. 559).

5 Auf der stillen **Slawischen Insel** kann man sich ein Picknick oder ein kleines Nickerchen gönnen.

SEHENSWERTES

Wie ein Fragezeichen windet sich die Moldau durch Prag. Die ältesten Teile der Stadt drängen sich unmittelbar südlich der Flussbiegung zusammen: Hradčany, das mittelalterliche Burgviertel, und Malá Strana (Kleinseite) am Westufer sowie Stáre Město (Altstadt), Nové Město (Neustadt) und die Burg Vyšehrad am Ostufer.

Hradčany (Hradschin)

Veitsdom Dom

(Katedrála sv Víta; Karte S. 549; ☎257 531 622; www.katedralasvatehovita.cz; Prager Burg; ⏲9–17, So ab 12 Uhr, Nov.–März bis 16 Uhr; 🚋22, 23) Der über einen Zeitraum von fast 600 Jahren erbaute Veitsdom ist eine der reichsten Kathedralen Mitteleuropas. Sie bildet das Zentrum des religiösen Lebens Tschechiens und beherbergt Schätze vom Abendmahlmosaik aus dem 14. Jh. und den Grabmalen des hl. Wenzel und von Karl IV. bis zum barocken Silbergrabmal des hl. Johann von Nepomuk, der reich verzierten Wenzelskapelle und dem Jugenstil-Buntglas von Alfons Mucha.

Strahov-Bibliothek Historisches Gebäude

(Strahovská knihovna; ☎233 107 718; www.strahovskyklaster.cz; Strahovské nádvoří 1; Erw./Kind 120/60 Kč; ⏲9–12 & 13–17 Uhr; 🚋22, 23) Die Strahov-Bibliothek ist die größte Klosterbibliothek des Landes, mit zwei prächtigen Barocksälen aus dem 17. und 18. Jh. Besucher können durch die Türen spähen, dürfen die Säle selbst aber leider nicht betreten – durch den Atem der Besucher erhöht sich die Luftfeuchtigkeit, was den Fresken schadet. Außerdem ist eine Ausstellung mit historischen Kuriositäten zu sehen.

Loreta Kirche, Kloster

(☎220 516 740; www.loreta.cz; Loretánské náměstí 7; Erw./Kind 150/80 Kč, Fotoerlaubnis 100 Kč; ⏲April–Okt. 9–17 Uhr, Nov.–März 9.30–16 Uhr; 🚋22, 23) Das Prager Loreta ist eine 1626 von Benigna Kateřina Lobkowicz gegründete Pilgerstätte, eine Nachbildung der Santa Casa (Heiliges Haus; Haus der Jungfrau Maria) im Heiligen Land. Der Überlieferung zufolge wurde die echte Santa Casa von Engeln in die italienische Stadt Loreto geschafft, als die Mameluken gegen Nazareth vordrangen.

Malá Strana (Kleinseite)

Karlsbrücke Brücke

(Karlův most; Karte S. 550; ⏲24 Std.; 🚋2, 17, 18 bis Karlovy lázně, 12, 15, 20, 22 bis Malostranské náměstí) Ein Bummel über die Karlsbrücke gehört zu jedem Prag-Besuch. Ab 9 Uhr morgens ist die Brücke allerdings ein einziger Rummel, auf dem sich die Touristen unter dem kühlen Blick der Barockstatuen an Verkaufsständen, Zeichnern und Straßenmusikern vorbeidrängen. Wer die Brücke von ihrer stimmungsvollsten Seite erleben möchte, sollte zum Sonnenaufgang hier sein.

Kirche St. Nikolaus Kirche

(Kostel sv Mikuláše; Karte S. 549; ☎257 534 215; www.stnicholas.cz; Malostranské náměstí 38; Erw./Kind 70/50 Kč; ⏲März–Okt. 9–17 Uhr, sonst bis 16 Uhr; 🚋12, 15, 20, 22) Die Kleinseite wird von der riesigen grünen Kuppel der Nikolauskirche beherrscht, eine der schönsten Barockkirchen Mitteleuropas. (Sie ist nicht zu verwechseln mit der Nikolauskirche am Altstädter Ring.) Johann Krackers Deckengemälde *Apotheose des hl. Nikolaus* von 1770 ist Europas größtes Fresko – durch die clevere Trompe-l'œil-Maltechnik scheint das Gemälde nahtlos mit der Architektur zu verschmelzen.

John-Lennon-Mauer Gedenkstätte

(Velkopřevorské náměstí; 🚋12, 15, 20, 22) Nach seiner Ermordung am 8. Dezember 1980 wurde John Lennon für viele junge Tschechen zu einer Friedensikone. Auf eine Mauer an einem abgeschiedenen Platz gegenüber der französischen Botschaft wurde ein Lennon-Bild gemalt. Dazu gibt's heute politische Graffiti und Beatles-Texte.

Petřín Park

(⏲24 Std.; 🚋Nebozízek, Petřín) Der 318 m hohe Berg ist eine der größten grünen Oa-

Prager Burg

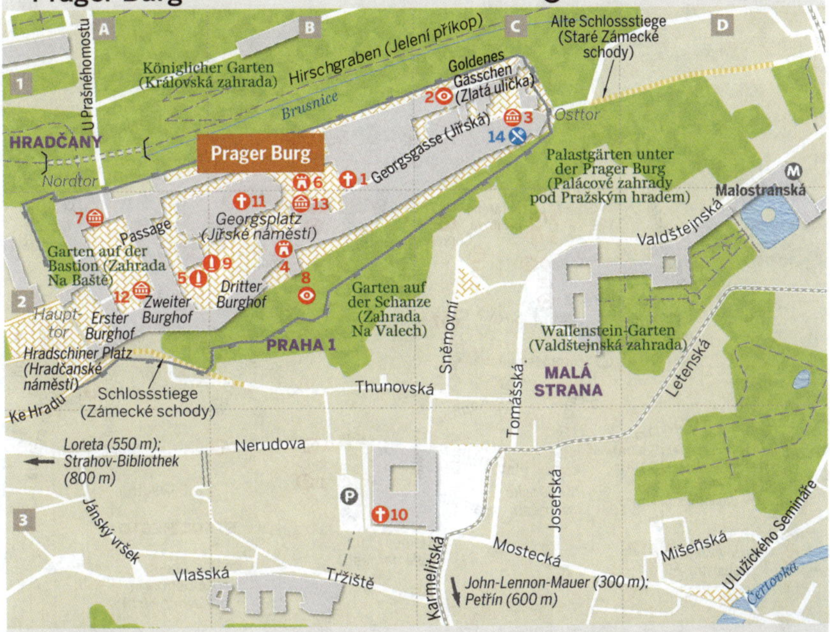

Prager Burg

Sehenswertes

1 St.-Georgs-Basilika B1
2 Goldenes Gässchen C1
3 Palais Lobkowitz C1
4 Alter Königspalast B2
5 Granitmonolith A2
6 Prager Burg B1
7 Gemäldegalerie der Prager Burg A2
8 Südliche Wallgärten B2
9 Hl. Georg im Kampf mit dem Drachen B2
10 Kirche St. Nikolaus B3
11 Veitsdom B2
12 Domschatz A2
13 Geschichte der Prager Burg B2

Essen

14 Lobkowicz Palace Café C1

sen Prags. Hier kann man wunderbar spazierengehen und dabei schöne Blicke auf die „Stadt der hundert Türme" genießen. Die meisten Attraktionen auf dem Berg wie ein Aussichtsturm und ein Spiegellabyrinth entstanden Ende des 19. und Anfang des 20. Jhs., sodass das Gelände ein nostalgisches Jahrmarktflair verströmt.

Staré Město (Altstadt)

Altstädter Ring Platz

(Staroměstské náměstí; Karte S. 550; Ⓜ Staroměstská) GRATIS Der Altstädter Ring (Staroměstské náměstí oder kurz Staromák), einer der größten Stadtplätze Europas, ist schon seit dem 10. Jh. der bedeutendste Platz Prags. Hier fand bis ins 20. Jh. hinein auch der wichtigste Markt statt.

Astronomische Uhr Kulturdenkmal

(Karte S. 550; Glockenspiel 9–21 Uhr stündl.) Jeweils zur vollen Stunde kann man am **Rathausturm** (Věž radnice; Karte S. 550; 236 002 629; www.staromestskaradnicepraha.cz; Staroměstské náměstí 1; Erw./Kind 250/150 Kč; Mo 11–22, Di–So 9–22 Uhr; Ⓜ Staroměstská) die Astronomische Uhr in Aktion erleben. Das 45-Sekunden-Schauspiel ist

Prag Zentrum

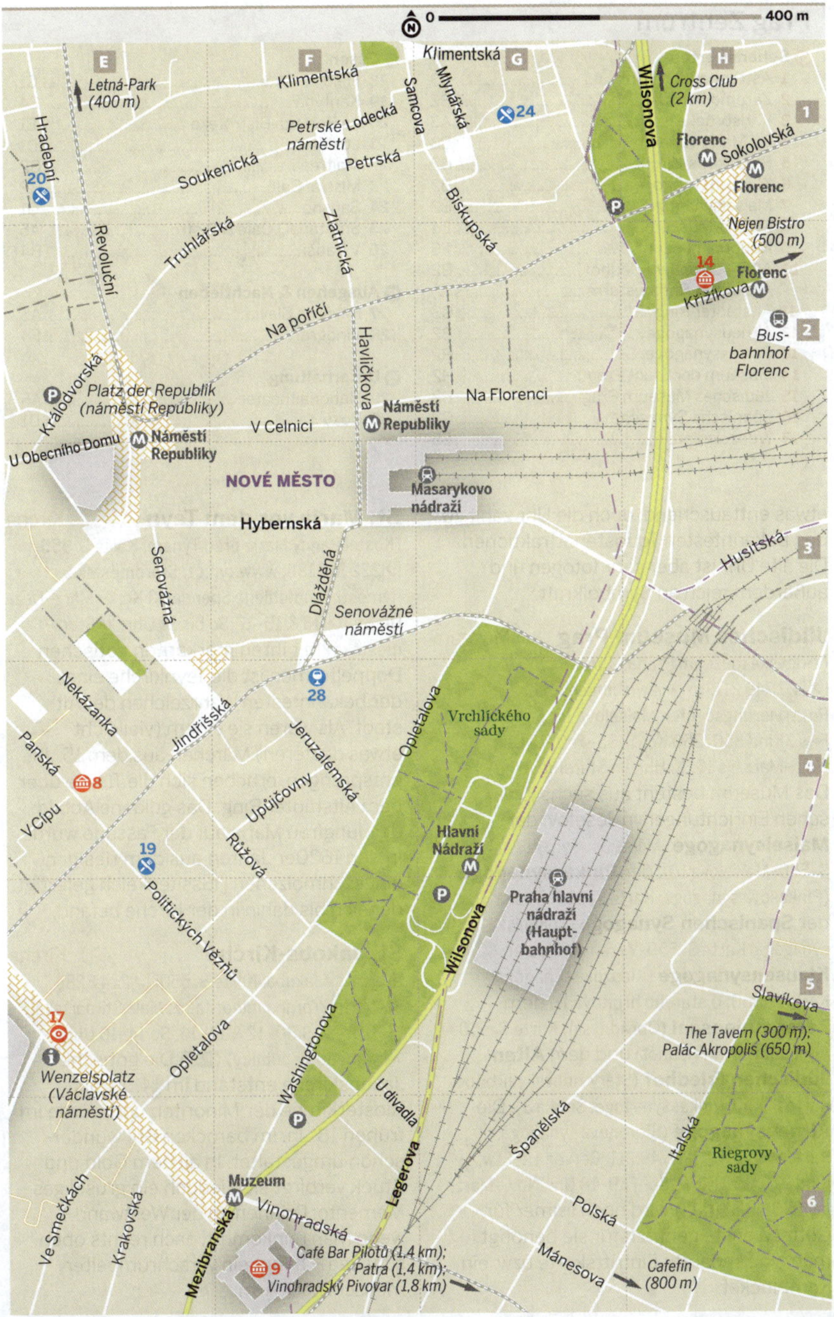
0
400 m
E
F
G
H
1
2
3
4
5
6
Letná-Park (400 m)
Klimentská
Klimentská
Samcova
Mlynářská
Lodecká
Petrské náměstí
Petrská
Soukenická
24
Cross Club (2 km)
Wilsonova
Florenc
Sokolovská
Florenc
Hradební
20
Revoluční
Truhlářská
Zlatnická
Biskupská
Nejen Bistro (500 m)
14
Florenc
Křižíkova
Na poříčí
Bus-bahnhof Florenc
Havlíčkova
Kralodvorská
Platz der Republik (náměstí Republiky)
Na Florenci
Náměstí Republiky
V Celnici
U Obecního Domu
Náměstí Republiky
NOVÉ MĚSTO
Masarykovo nádraží
Hybernská
Senovážná
Dlážděná
Husitská
Senovážné náměstí
28
Nekázanka
Jindřišská
Jeruzalémská
Opletalova
Vrchlického sady
Panská
8
Upůjčovny
V Cípu
Růžová
19
Hlavní Nádraží
Politických Vězňů
Praha hlavní nádraží (Hauptbahnhof)
Wilsonova
Slavíkova
17
The Tavern (300 m); Palác Akropolis (650 m)
Opletalova
Washingtonova
Wenzelsplatz (Václavské náměstí)
U divadla
Španělská
Italská
Riegrovy sady
Ve Smečkách
Krakovská
Muzeum
Legerova
Polská
Vinohradská
Mezibranská
9
Café Bar Pilotů (1,4 km); Patra (1,4 km); Vinohradský Pivovar (1,8 km)
Mánesova
Cafefin (800 m)

Prag Zentrum

Sehenswertes

1	Astronomische Uhr	C3
2	Zeremoniensaal	B2
3	Karlsbrücke	A3
4	St. Maria vor dem Teyn	C3
5	St.-Jakobs-Kirche	D2
6	Klausensynagoge	B2
7	Maiselsynagoge	B2
8	Mucha-Museum	E4
9	Nationalmuseum	F6
10	Alter Jüdischer Friedhof	B2
	Altstädter Rathausturm	(s. 1)
11	Altstädter Ring	C3
12	Altneusynagoge	B2
13	Pinkassynagoge	B2
14	Museum der Stadt Prag	H2
15	Jüdisches Museum Prag	B2
16	Spanische Synagoge	C2
17	Wenzelsplatz	E5

Essen

18	Field	C1
19	Kantýna	E4
20	La Bottega Bistroteka	E1
21	Lokál	D1
22	Maitrea	C2
23	Mistral Café	B2
24	Sansho	G1
25	SmetanaQ Café & Bistro	A5
26	V Zátiší	B4

Ausgehen & Nachtleben

27	Kavárna Slavia	A5
28	Vinograf	F4

Unterhaltung

29	Nationaltheater	A5
30	Roxy	D1

etwas enttäuschend, doch die Uhr zählt zu den bekanntesten Touristenattraktionen. Die alte Uhr ist aber sehr fotogen und außerdem reich an Symbolkraft.

Jüdisches Museum Prag — Museum

(Židovské muzeum Praha; Karte S. 550; ☎222 749 211; www.jewishmuseum.cz; Reservierungscenter, Maiselova 15; Kombiticket Erw./Kind 350/250 Kč; ⏲So–Fr 9–18 Uhr, Nov.–März bis 16.30 Uhr; Ⓜ Staroměstská) Das Museum besteht aus sechs jüdischen Einrichtungen in Josefov: der **Maiselsynagoge** (Maiselova synagóga; Karte S. 550; Maiselova 10), der **Pinkassynagoge** (Pinkasova synagóga; Karte S. 550; Široká 3), der **Spanischen Synagoge** (Španělská synagóga; Karte S. 550; Vězeňská 1), der **Klausensynagoge** (Klauzová synagóga; Karte S. 550; U starého hřbitova 1), dem **Zeremoniensaal** (Obřadní síň; Karte S. 550; Alter Jüdischer Friedhof) und dem **Alten Jüdischen Friedhof** (Starý židovský hřbitov; Karte S. 550; Pinkassynagoge, Široká 3). Die **Altneusynagoge** (Staronová synagóga; Karte S. 550; ☎222 749 211; Červená 2; Erw./Kind 220/150 Kč; ⏲So–Fr 9–18 Uhr, Nov.–März bis 16.30 Uhr; 🚋17) wird noch immer für Gottesdienste genutzt; für sie benötigt man eine separate Eintrittskarte bzw. ein Kombiticket.

St. Maria vor dem Teyn — Kirche

(Kostel Panny Marie před Týnem; Karte S. 550; ☎222 318 186; www.tyn.cz; Staroměstské náměstí; empfohlene Spende 50 Kč; ⏲März–Dez. Di–Sa 10–13 & 15–17, So bis 12 Uhr; Ⓜ Staroměstská) Mit ihren markanten gotischen Doppeltürmen ist die Teynkirche eines der bekanntesten Wahrzeichen der Altstadt. Als wären sie einem (vielleicht etwas düsteren) Märchen aus dem 15. Jh. entsprungen, erheben sich die Türme über dem Altstädter Ring. Das goldene Abbild der Jungfrau Maria auf der Fassade wurde in den 1620er-Jahren aus dem riesigen eingeschmolzenen Hussitenkelch gefertigt, der sich bis dahin in der Kirche befand.

St.-Jakobs-Kirche — Kirche

(Kostel sv Jakuba; Karte S. 550; ☎224 828 814; http://praha.minorite.cz; Malá Štupartská 6; ⏲Di–Sa 9.30–12 & 14–16, So 14–16 Uhr; Ⓜ Náměstí Republiky) GRATIS Die gotische Jakobskirche entstand im 14. Jh. als Klosterkirche der Minoriten und wurde im frühen 18. Jh. im barocken Stil wunderschön umgestaltet. In all dem Gold und Stuck verbirgt sich jedoch ein gruseliges Memento: Drinnen an der Westwand – wenn man reinkommt, nach rechts oben schauen – hängt ein verschrumpelter menschlicher Arm.

Nové Město (Neustadt)

Wenzelsplatz Platz

(Václavské náměstí; Karte S. 550; Ⓜ Můstek, Muzeum) Der Wenzelsplatz, eher ein breiter Boulevard als ein typischer Stadtplatz, hat schon jede Menge Geschichte erlebt: 1848 fand hier während der revolutionären Unruhen eine riesige Messe statt, 1918 wurde die Gründung der Tschechoslowakischen Republik gefeiert und 1989 gegen den Kommunismus demonstriert. Im Mittelalter fand auf dem Platz ein Pferdemarkt statt. In der Zeit der Nationalbewegung Mitte des 19. Jhs. wurde der Platz nach dem böhmischen Schutzheiligen benannt.

Nationalmuseum Museum

(Národní muzeum; Karte S. 550; ☎224 497 111; www.nm.cz; Václavské náměstí 68; Erw./Kind 250/170 Kč; ⏲10–18 Uhr; Ⓜ Muzeum) Der Wenzelsplatz wird vom Neorenaissancebau des Nationalmuseums beherrscht, in den 1880er-Jahren von Josef Schulz als Symbol für die tschechische Nationalbewegung entworfen. Das prächtige Gebäude ist ein Tempel der tschechischen Kultur-, Geistes- und Wissenschaftsgeschichte. Das Hauptgebäude des Museums wurde 2018 nach mehrjähriger Sanierung wiedereröffnet.

Museum der Stadt Prag Museum

(Muzeum hlavního města Prahy; Karte S. 550; ☎221 709 674; www.muzeumprahy.cz; Na Poříčí 52; Erw./Kind 150/60 Kč; ⏲Di–So 9–18 Uhr; Ⓜ Florenc) Dieses ausgezeichnete, 1898 eröffnete Museum widmet sich der Geschichte Prags von vorgeschichtlicher Zeit bis ins 20. Jh. (Beschriftung auch auf Englisch). Zu den zahlreichen Exponaten zählen ein wunderbares Modell der Stadt und das ursprüngliche Kalenderrad der Astronomischen Uhr (S. 549) mit den schönen Monatsbildern von Josef Mánes – der Januar wärmt sich ganz oben die Zehen am Feuer, weiter unten schneidet der August mit der Sichel das Getreide.

Mucha-Museum Kunstmuseum

(Muchovo muzeum; Karte S. 550; ☎224 216 415; www.mucha.cz; Panská 7; Erw./Kind 240/160 Kč; ⏲10–18 Uhr; 🚋3, 5, 6, 9, 14, 24) Dieses faszinierende und beliebte Museum präsentiert die sinnlichen Jugendstilplakate und -gemälde von Alfons Mucha (1860–1939) sowie Skizzen, Fotos und Erinnerungsstücke. Es wimmelt nur so von slawischen Schönheiten mit wallendem Haar und stechenden blauen Augen, symbolträchtigen Blumenbouquets und Lindenzweigen – Motive, die für Mucha so typisch sind.

GEFÜHRTE TOUREN

Prag bietet so viel Geschichte und Kultur, dass man leicht die Orientierung verliert. Eine geführte Tour kann da Abhilfe schaffen. Nähere Infos hat **Prague City Tourism** (Karte S. 550; ☎221 714 714; www.prague.eu; Staroměstské náměstí 1, Altes Rathaus; ⏲9–19 Uhr, Jan. & Feb. bis 18 Uhr; Ⓜ Staroměstská) im Alten Rathaus.

Biko Adventures Prague Aktivtouren

(☎733 750 990; www.bikoadventures.com; Vratislavova 3, Vyšehrad; Leihräder 490 Kč pro Tag, Touren ab 1300 Kč pro Pers.; ⏲April–Okt. 9–18 Uhr; 🚋2, 3, 7, 17, 21) Das Team von Biko radelt, wandert und fährt Ski – es organisiert viele verschiedene Aktivitäten unter freiem Himmel. Von April bis Oktober verleiht Biko Fahrräder und bietet eintägige Rad- und Wandertouren, im Winter auch Skitouren. Als Leihrad stehen u. a. gewöhnliche Mountainbikes, aber auch hochwertige Hardtails von Giant zur Auswahl.

ESSEN

Mistral Café Bistro €

(Karte S. 550; ☎222 317 737; www.mistralcafe.cz; Valentinská 11; Hauptgerichte 150–260 Kč; ⏲8–23, Sa & So ab 9 Uhr; 📶👪; Ⓜ Staroměstská) Dies könnte das vielleicht coolste Bistro der Altstadt sein. Heller Stein, gebleichtes Birkenholz und Kübelpflanzen sorgen für einen sauberen, knackig modernen Look und die Kundschaft aus Studenten und Büroangestellten freut sich sichtlich über das preiswerte, gut zubereitete Essen. Fisch und Pommes in zerknittertem braunem Papier mit Zitronen-Pfeffer-Mayonnaise – lecker!

Lokál Tschechisch €
(Karte S. 550; ☎734 283 874; www.lokal-dlouha.ambi.cz; Dlouhá 33; Hauptgerichte 155–265 Kč; ⏲11–1, So bis 24 Uhr; 📶; 🚋6, 8, 15, 26) Wer hätte das für möglich gehalten? Eine klassische tschechische Bierschwemme im schicken modernen Stil, ausgezeichnetes *tankové pivo* (frisches Pilsner Urquell), eine täglich wechselnde Karte mit traditionellen böhmischen Gerichten und freundlicher, effizienter Service. Die Top-Restaurantkette Ambiente hat sich der tschechischen Küche angenommen und ist dabei so erfolgreich, dass es hier immer voll ist.

Cafefin Café, Vietnamesisch €
(www.cafefinvpraze.com; náměstí Jiřího z Poděbrad 4; Hauptgerichte 120–180 Kč; ⏲Mo–Sa 8–21, So 10–19.30 Uhr; Ⓜ Jiřího z Poděbrad) Seit der Eröffnung 2017 ein Pionier der modernen vietnamesischen Küche in Prag: Hier gibt's sättigende Nudelgerichte, bunte Salate, alles Mögliche mit Avocado, kunstvoll dargereichten Kaffee, schönen Kuchen und Köstlichkeiten für Veganer, Vegetarier und überhaupt alle Foodies – eine Fusion vietnamesischer und moderner europäischer Küche.

The Tavern Burger €
(www.thetavern.cz; Chopinova 26, Vinohrady; Burger 190–230 Kč; ⏲11.30–22 Uhr; 📶; Ⓜ Jiřího z Poděbrad, 🚋11, 13) Diese gemütliche Burgerschmiede ist der Traum eines US-amerikanischen Ehepaars, das aus Bio-Produkten und Fleisch von Rindern aus Freilandhaltung den perfekten Burger kreieren wollte – Ziel erreicht. Außerdem gibt's tolle Pulled-Pork-Sandwiches, Pommes und Cocktails auf Bourbon-Basis. Reservierungen über die Website.

Levitate Restaurant Gourmetküche €€
(☎724 516 996; www.levitaterestaurant.cz; Štěpánská 611/14; Hauptgerichte 250–590 Kč; ⏲Do–So 12–15, Di–So 18–24 Uhr; ❄; 🚋Štěpánská) Das versteckte Juwel kombiniert aus regionalen Zutaten asiatische Traditionen mit nordischen Aromen. Hierher kommt man nicht einfach nur zum Essen: Die stille Oase beim trubeligen Herzen Prags greift nach den Sternen! Reservieren!

Tschechisches Gulasch und *karlovarský knedlíky* (Klöße)

SmetanaQ Café & Bistro Bistro €€
(Karte S. 550; 722 409 757; http://smetanaq.cz/#cafe-bistro; Smetanovo nábřeží 334/4; Frühstück 105–279 Kč, Salate 149–239 Kč; Mo–Sa 8–21, So 9–20 Uhr; ; 3, 6, 9, 13, 17, 18, 22, 23) Das 2017 eröffnete SmetanaQ bietet ein geräumiges Interieur mit großen Fenstern und Blick auf die Moldau bzw. im Winter auf die Prager Burg. Der Kaffee (49–70 Kč) stammt aus einer Prager Rösterei und Kuchen, Pasteten und Brot sind allesamt hausgemacht.

Sansho Fusionsküche €€
(Karte S. 550; 222 317 425; www.sansho.cz; Petrská 25; Hauptgerichte 200–250 Kč, 6-Gänge-Abendmenü 900–1200 Kč; Di–Fr 11.30–14 & 18–23, Sa 18–23 Uhr, letzte Bestellung 22 Uhr; ; 3, 8, 14, 24) 🌿 Freundlich und locker – so lässt sich die Atmosphäre in diesem Restaurant am besten bezeichnen. Der britische Küchenchef Paul Day bezieht Fleisch und Gemüse ausschließlich aus der Region. Es gibt keine Speisekarte – die Bedienung erklärt, was sich aus den marktfrischen Zutaten zubereiten lässt. Typische Gerichte sind Kaninchencurry, Schweinebauch mit Wassermelone und Hoisin-Sauce sowie ein Rindfleisch-Rendang, das zwölf Stunden vor sich hin geköchelt hat. Reservierung empfehlenswert.

La Bottega Bistroteka Italienisch €€
(Karte S. 550; 222 311 372; www.bistroteka.cz; Dlouhá 39; Hauptgerichte 265–465 Kč; 9–22.30, So bis 21 Uhr; ; 6, 8, 15, 26) Stylischer Feinkostladen mit flinker Bedienung. Die in der Thekenauslage kunstvoll dargebotenen italienischen Köstlichkeiten werden bestens zur Geltung gebracht. Toll sind z. B. die Cannelloni mit Rindsbäckchen, Parmesansauce und dicken Bohnen. Am besten reservieren, aber mittags kann man oft noch spontan ein Plätzchen ergattern.

Nejen Bistro Bistro €€
(721 249 494; www.nejenbistro.cz; Křižíkova 24, Karlín; Hauptgerichte 220–390 Kč; 11–23 Uhr; ; 3, 8, 24) 🌿 Das Nejen („Nicht nur") ist typisch für die neue Generation von Restaurants, die Karlín in einen der angesagtesten Stadtteile von Prag verwandeln. Die originelle Einrichtung wurde schon für verschiedene Designpreise nominiert. Ebenso viel Aufmerksamkeit wird dem Essen geschenkt. Dabei wird der edle Josper-Ofen in der Küche bestens genutzt: Aus ihm kommen die erstklassigen Steaks, Rippchen und Black-Angus-Burger, für die das Nejen bekannt ist.

Das spirituelle Herz der Stadt

Die Prager Hochburg Vyšehrad, leicht zu erkennen an ihrer doppeltürmigen Kirche, ist das spirituelle Herz Prags und eine schattige Oase mit reizendem Blick auf die Moldau. Der hiesige Friedhof ist ein wahres Jugendstiljuwel.

Vyšehrad (261 225 304; www.praha-vysehrad.cz; 24 Std.; M Vyšehrad) GRATIS bezeichnet eine Burganlage auf dem gleichnamigen Hügel, die seit über tausend Jahren als Königsresidenz, religiöses Zentrum und Festung eine wichtige Rolle in der tschechischen Geschichte spielt. Die meisten der noch bestehenden Bauten stammen aus dem 18. Jh. und liegen recht weit auseinander. Es bieten sich Ausblicke über die Moldau und die Stadt. Interessant ist auch der **Ehrenfriedhof**, letzte Ruhestätte tschechischer Berühmtheiten wie Antonín Dvořák, Bedřich (Friedrich) Smetana und Alfons Mucha, die mit prächtigen Grabmälern und -steinen geehrt werden.

Prager Hochburg Vyšehrad

FRANTICOO / SHUTTERSTOCK ©

CUM OKOLO / ALAMY STOCK PHOTO ©

Von links: Traditionelle Süßspeisen; Letná-Biergarten; vegetarisches Gericht im Maitrea

U Kroka Tschechisch €€

(☎775 905 022; www.ukroka.cz; Vratislavova 12, Vyšehrad; Hauptgerichte 170–295 Kč; ⏲11–23 Uhr; 📶; 🚋2, 3, 7, 17, 21) Die Besichtigung der Hochburg Vyšehrad lässt sich wunderbar mit einer deftigen Mahlzeit in dieser traditionellen Kneipe krönen: Hier bekommt man nicht nur ausgezeichnetes Bier, sondern auch sehr gutes Essen wie Gulasch, Tafelspitz, Kaninchen und Enten-Confit. Von 11 bis 15 Uhr sind Tagesgerichte (ca. 140 Kč) erhältlich. Reservierungen (ratsam!) sind erst ab 15 Uhr möglich.

Lobkowicz Palace Café Café €€

(Karte S. 549; ☎602 332 086; www.lobkowicz.com; Jiřská 3; Hauptgerichte 225–310 Kč; ⏲10–18 Uhr; 📶👪; 🚋22, 23) Das Café im Palais Lobkowitz aus dem 16. Jh. ist bei Weitem das beste Speiselokal im Burgkomplex. Am schönsten sind die Tische auf den Balkonen hinten – der Blick auf die Stadt ist genauso toll wie die Suppen, die Sandwiches und das Gulasch. Auch der Kaffee ist gut und die Bedienung schnell und freundlich.

Maitrea Vegetarisch €€

(Karte S. 550; ☎221 711 631; www.restauracemaitrea.cz; Týnská ulička 6; Mo–Fr mittags 145 Kč, Hauptgerichte 200–250 Kč; ⏲11.30–23.30, Sa & So ab 12 Uhr; 🖉👪; Ⓜ Staroměstská) Das Maitrea („zukünftiger Buddha") ist ein schön gestaltetes Restaurant mit sanften Kurven und natürlichen Formen, organisch gerundetem Eichenmobiliar und blütenartigen Lampenschirmen. Das kreative vegetarische Angebot umfasst Gerichte wie Tex-Mex-Quesadillas, würziges „Gulasch" mit Vollkornklößen und Spaghetti mit Spinat, knusprigem Tofu und Rosmarinpesto.

Field Gourmetküche €€€

(Karte S. 550; ☎222 316 999; www.fieldrestaurant.cz; U Milosrdných 12; Hauptgerichte 590–620 Kč, 6-Gänge-Probiermenü 2800 Kč; ⏲Mo–Fr 11–14.30 & 18–22.30, Sa & So 12–15 & 18–22 Uhr; 📶; 🚋17) 🍃 Das Sternerestaurant ist ziemlich locker: Die Einrichtung ist eine amüsante Mischung aus künstlerisch und bäuerlich – minimalistischer Schick mit landwirtschaftlichem Gerät. Aus der Küche kommen sagenhafte Kreationen aus den

EUROPIX / ALAMY STOCK PHOTO ©

besten heimischen Zutaten wie frisch gesammelten Kräutern und essbaren Blüten. Wer einen Tisch bekommen möchte, muss mindestens zwei bis drei Wochen im Voraus buchen.

Kantýna Tschechisch €€€
(Karte S. 550; www.kantyna.ambi.cz; Politických vězňů 5; Suppe 58–75 Kč, Fleischgericht 98–188 Kč für 100 g; 🕘11.30–23 Uhr; Ⓜ Můstek) Die Kantýna ist sowohl ein fleischlastiges Restaurant als auch eine Metzgerei für regionale Fleischwaren in einer ehemaligen Bank. Dies ist kein Ort zum längeren Verweilen: Man holt sich sein Gericht am Tresen und verzehrt es in lebhaftem Ambiente. Tischbedienung gibt's für Getränke und Gerichte von der Karte, aber nicht für Essen vom Tresen.

V Zátiší Tschechisch, Indisch €€€
(Karte S. 550; ☎222 221 155; www.vzatisi.cz; Liliová 1; mehrgängiges Probiermenü ab 1190 Kč; 🕘12–15 & 17.30–23 Uhr; 📶; 🚊2, 17, 18) Das „Stillleben", eins der Top-Restaurants von Prag, ist berühmt für seine hervorragende Küche. Die moderne Einrichtung setzt mit originellen Gläsern, bunt gemusterten Tapeten und cappuccinofarbenen Knautschsamtstühlen kräftige Akzente. Das Essen reicht von erstklassiger indischer Küche bis zu Gourmetversionen traditioneller tschechischer Gerichte – klasse ist die südböhmische Ente mit Weißkohl und Kräuterklößen.

AUSGEHEN & NACHTLEBEN

Vinograf Weinbar
(Karte S. 550; ☎214 214 681; www.vinograf.cz; Senovážné náměstí 23; 🕘11.30–24, Sa & So ab 17 Uhr; 📶; 🚊3, 5, 6, 9, 14, 24) Fachkundiges Personal, eine entspannte Atmosphäre und das Flair einer Lage abseits der ausgetretenen Pfade: In dieser netten modernen Weinbar lassen sich bestens mährische Weine verkosten. Dazu gibt's gutes Fingerfood, zumeist Käse und Aufschnitt. Was es jeweils zu essen und zu trinken gibt, steht auf Tschechisch und Englisch auf großen Tafeln hinter der Theke. Am Wochenende ist hier viel los – dann lohnt es sich, vorher einen Tisch zu reservieren.

Tschechisches Bier

Hauptsächlich gibt's zwei Arten Bier: *světlé* (hell) und *tmavy* oder *černé* (dunkel). Das Helle ist ein blass bernsteinfarbenes oder goldenes Lagerbier und schmeckt spritzig, erfrischend und hopfig. Die dunklen Biere sind süßer und vollmundiger, sie schmecken schwer, malzig oder fruchtig.

Tschechisches Bier wird mit Kellertemperatur (ca. 6–10 °C) und recht viel cremigem Schaum (auf Tschechisch *pěna*) serviert. Bier vom Fass wird gewöhnlich in 0,5-l-Gläser *(půl-litr)* gezapft, man kann aber auch nach einem kleinen Bier (*malé pivo*, 0,3 l) fragen. In einigen Kneipen gibt's 0,4-l-Gläser und teils sogar 1-l-Maßkrüge *(tuplák)* im bayerischen Stil.

Die Prager Bierstuben hatten früher gewöhnlich nur drei Biere vom Fass im Angebot, alle von einer großen Brauerei wie Pilsner Urquell. Einige Kneipiers haben diesen eine *čtvrtá pípa* („vierte Leitung") für wechselnde Sorten von unabhängigen kleinen Brauereien hinzugefügt. Heute haben viele Kneipen fünf, sechs oder auch mehr Zapfhähne.

Bierverkostung in einer Prager Kneipe

Letná-Biergarten Biergarten

(☎233 378 200; www.letenskyzamecek.cz; Letenské sady 341; ⌚Mai–Sept. 11–23 Uhr; 🚋1, 8, 12, 25, 26) Kein Überblick über die Prager Kneipen wäre komplett ohne der Hinweis auf den besten Biergarten der Stadt am östlichen Ende des Letná-Parks (S. 561) mit seinem umwerfenden Panoramablick. Man holt sich am Kiosk ein Bier und lässt sich an einem der Picknicktische nieder. Außerdem sind Imbissgerichte wie Pommes und Sandwiches erhältlich.

Vinohradský Pivovar Kneipe

(☎222 760 080; www.vinohradskypivovar.cz; Korunní 106, Vinohrady; ⌚11–24 Uhr; 📶; 🚋10, 16) Diese beliebte und sehr empfehlenswerte Gaststätte bietet neben dem eigenen Pils auch gut beleumundetes IPA. Es gibt Tische auf zwei Ebenen sowie hinten einen großen Veranstaltungsraum für Konzerte usw. Das Essensangebot umfasst klassische tschechische Kneipenkost zu vernünftigen Preisen (180–230 Kč). Fürs Abendessen reservieren!

Café Bar Pilotů Cocktailbar

(☎739 765 694; www.facebook.com/cafebarpilotu; Dónská 19, Vršovice; Getränke 160–180 Kč; ⌚Mo–Do 19–1, Fr & Sa bis 2 Uhr; 📶; 🚋4, 13, 22) Die altmodische Cocktailbar mit großer Theke und Wänden voller Bücher mixt kreative Cocktails, benannt nach Lieblingsplätzen in der Umgebung. Es gibt genügend Sitzplätze, bis 22 Uhr kann man sich auch draußen aufhalten. Freundlicher und professioneller Service.

Patra Bar

(☎226 886 622; www.patrakrymska.cz; Krymská 17; ⌚15–24 Uhr; 🚋4, 13, 22) Das Patra lässt sich schlecht auf einen Punkt bringen. Es ist eine beliebte, trendige, schwulenfreundliche Bar, in der abends zuweilen Filme laufen oder Konzerte stattfinden. Wer gerade in der Gegend ist, kann schauen, was geboten wird. Das Publikum ist offen, der Service ist freundlich und die Preise für Cocktails und Kaffee sind sehr günstig.

Cross Club Club

(☎775 541 430; www.crossclub.cz; Plynární 23; Shows 100–200 Kč; ⌚So–Do 18–5, Fr & Sa bis 7 Uhr; 📶; Ⓜ Nádraží Holešovice) Die Bezeichnung „industriell" trifft den Nagel auf den Kopf und zwar in jeder Hinsicht: Zum einen liegt der Cross Club in einem Industriegebiet – dazu passen die wummernden

Beats von DJs und Livemusik. Zum anderen wird der Innenraum von Apparaten, Schächten, Kurbeln und Rohren dominiert, die sich teils im Rhythmus der Musik bewegen oder im Licht pulsieren. Auf dem Programm stehen hin und wieder auch Theater- und Kunstevents.

Kavárna Slavia Café

(Karte S. 550; ☎224 218 493; www.cafeslavia.cz; Smetanovo nábřeží 1012/2; ⌚Mo–Fr 8–24, Sa & So 9–24 Uhr; 📶; 🚋2, 9, 18, 22) Das Slavia ist das berühmteste der alten Prager Kaffeehäuser, ein Tempel der Art-déco-Eleganz aus Kirschbaumholz und Onyx, mit Tischplatten aus poliertem Kalkstein und großen Fenstern mit Flussblick. Seit dem frühen 20. Jh. ist dies ein bedeutender Literatentreff: Hier kehrten schon Rainer Maria Rilke und Franz Kafka ein, in den 1970er- und 1980er-Jahren verkehrten hier Václav Havel und andere Dissidenten.

UNTERHALTUNG

Von Ballett bis Blues, von Jazz bis Rock, von Theater bis Film: Prag bietet eine grandiose Vielfalt an Unterhaltung. Heute ist die Stadt ebenso ein europäisches Zentrum für Jazz, Rock und Hip-Hop wie für klassische Musik; der größte Pulblikumsmagnet ist nach wie vor das Klassik- und Opernfestival **Prager Frühling** (Pražské jaro; ☎Karten 227 059 234, Programm 257 310 414; www.festival.cz) im Mai.

Palác Akropolis Livemusik

(☎296 330 913; www.palacakropolis.cz; Kubelíkova 27, Žižkov; Eintritt unterschiedlich; ⌚19–5 Uhr; 📶; 🚋5, 9, 15, 26) Das Akropolis ist eine Prager Institution: ein verwinkelter Tempel für alternative Musik und Theater. In den verschiedenen Sälen finden Musik- und Kulturevents statt, darunter ist alles von DJ-Abenden bis zu Streichquartetten und von mazedonischen Roma-Bands bis zu tschechischen und ausländischen Rockgrößen – hier haben schon Marianne Faithfull, die Flaming Lips und die Strokes gespielt.

„Prag bietet eine grandiose Vielfalt an Unterhaltung"

Hurra Torpedo spielen im Palác Akropolis

Roxy

Nationaltheater Oper, Ballett, Theater

(Národní divadlo; Karte S. 550; ☎224 901 448; www.narodni-divadlo.cz; Národní třída 2; Tickets 100–1290 Kč; ⏰Theaterkasse 9–18, Sa & So ab 10 Uhr; 🚋2, 9, 18, 22) Das heiß und innig geliebte Nationaltheater ist eine Bühne für Oper, Theater und Ballett. Aufgeführt werden Werke von Smetana, Shakespeare und Tschaikowski, auch Moderneres von Komponisten wie Philip Glass und Dramatikern wie John Osborne. Die Theaterkassen befinden sich im Nový-síň-Gebäude nebenan, im Kolowrat-Palais gegenüber dem Ständetheater und in der Staatsoper.

Roxy Livemusik

(Karte S. 550; ☎608 060 745; www.roxy.cz; Dlouhá 33; Tickets 100–700 Kč; ⏰19–5 Uhr; 🚋6, 8, 15, 26) Das legendäre Roxy in einem alten Art-déco-Kino repräsentiert schon seit über zwei Jahrzehnten den alternativeren Teil der Prager Clubszene. Hier kann man tschechische Top-DJs erleben. Im 1. Stock befindet sich das NoD, eine experimentelle Bühne für Drama, Tanz, Film und Livemusik.

Jazz Dock Jazz

(☎774 058 838; www.jazzdock.cz; Janáčkovo nábřeží 2, Smíchov; Tickets 170–400 Kč; ⏰April–Sept. Mo–Do 15–4, Fr–So ab 13 Uhr, Okt.–März Mo–Do 17–4, Fr–So ab 15 Uhr; 📶; Ⓜ Anděl, 🚋9, 12, 15, 20) Die meisten Prager Jazzclubs sind Kellerläden, doch dieser Club an der Moldau bietet eine moderne Einrichtung mit romantischem Ausblick auf den Fluss. Hier treten die besten tschechischen und manchmal auch ausländische Musiker auf. Früh da sein oder reservieren, um einen guten Tisch zu ergattern. Die Konzerte beginnen meist um 19 und 22 Uhr.

ℹ PRAKTISCHE INFORMATIONEN

Filialen von Prague City Tourism finden sich in der ganzen Stadt, u. a. in den Ankunftshallen des Flughafens. Hier ist jeweils auch die **Prague Card** (www.praguecard.com) erhältlich und es können Führungen und Touren gebucht werden.

Prague City Tourism – Altes Rathaus (S. 549)

Prague City Tourism – Rytířská (Prague Welcome; Karte S. 550; ☎221 714 714; www.prague.eu; Rytířská 12; ⏲9–19 Uhr; Ⓜ Můstek)

Prague City Tourism – Wenzelsplatz (Karte S. 550; ☎221 714 714; Václavské náměstí 42; ⏲10–18 Uhr; Ⓜ Můstek, Muzeum)

AN- & WEITERREISE

BUS

Mehrere Busunternehmen bieten Fernbusverbindungen aus anderen europäischen Ländern nach Prag. Busse aus dem Ausland und auch die meisten Inlandsbusse nutzen den benutzerfreundlichen **Busbahnhof Florenc** (ÚAN Praha Florenc; Karte S. 550; ☎900 144 444; www.florenc.cz; Pod výtopnou 13/10, Karlín; ⏲5–24 Uhr; 📶; Ⓜ Florenc).

FLUGZEUG

Der **Václav Havel Airport Prague** (Prague Ruzyně International Airport; ☎220 111 888; www.prg.aero; K letišti 6, Ruzyně; 📶; 🚌100, 119) 17 km westlich des Stadtzentrums ist das wichtigste internationale Tor nach Tschechien und der Heimatflughafen der tschechischen Fluggesellschaft Czech Airlines.

ZUG

Prag ist gut ans europäische Bahnnetz angeschlossen. Wer etwa von Berlin und Dresden im Norden oder Wien, Krakau, Bratislava und Budapest im Osten bzw. Süden anreist, tut dies am besten mit der Bahn. Die meisten Züge aus dem Inland und alle Züge aus dem Ausland steuern den Bahnhof **Praha hlavní nádraží** (Hauptbahnhof Prag; ☎Informationen 221 111 122; www.cd.cz; Wilsonova 8, Nové Město; ⏲3.30–0.30 Uhr; Ⓜ Hlavní nádraží) nicht weit vom Wenzelsplatz an.

Die meisten Strecken in Tschechien bedienen die tschechischen Staatsbahnen **České dráhy** (ČD; ☎Informationen 221 111 122; www.cd.cz), es gibt aber auch zwei private Bahngesellschaften, **Leo Express** (www.le.cz; Wilsonova 8, Praha hlavní nádraží; ⏲Ticketschalter 7.10–20.10 Uhr; Ⓜ Hlavní Nádraží) und **RegioJet** (www.regiojet.cz; Wilsonova 8, Praha Hlavní Nádraží; ⏲8–20 Uhr; Ⓜ Hlavní nádraží).

Ein Spaziergang im Park

Der reizende **Letná-Park** (Letenské sady; ⏲24 Std.; 👪; 🚋1, 8, 12, 25, 26 bis Letenské náměstí) erstreckt sich nördlich der Altstadt oberhalb der Moldau und wartet mit malerischen Ausblicken auf die Stadt und den Fluss auf. Hier kann man schön spazierengehen und im beliebten Biergarten (S. 558) am östlichen Ende des Parks etwas trinken. Von der Altstadt führt am Nordende der Pařížská ulice eine steile Treppe hinauf. Oder man nimmt bis zum Letenské náměstí die Straßenbahn und läuft dann rund zehn Minuten Richtung Süden.

Letná-Park bei Sonnenuntergang
PETR PAVLICA / SHUTTERSTOCK ©

UNTERWEGS VOR ORT

Die Innenstadt von Prag ist leicht zu Fuß zu erkunden. Für größere Entfernungen steht ein zuverlässiges öffentliches Verkehrsnetz aus Metro, Straßenbahn und Bus zur Verfügung. Für alle diese Verkehrsmittel gelten dieselben Fahrkarten, auch z. B. für den Umstieg von U- zu Straßenbahn.

Zu Fuß Die Prager Innenstadt ist kompakt und einzelne Stadtviertel lassen sich am besten zu Fuß erkunden.

Straßenbahn Mit großem Liniennetz und gut für kürzere Strecken zwischen den Stadtvierteln.

Metro Verkehrt schnell und häufig, gut für Randbezirke und längere Strecken.

Bus Im Zentrum nicht sehr praktisch, außer vom/zum Flughafen; Busse verkehren in Gegenden ohne Straßenbahn und Metro.

Taxi Relativ billig, aber Vorsicht vor Abzocke!

BUDAPEST, UNGARN

In diesem Kapitel

Budapest, Ungarn

Budapest ist ein Paradies für Entdecker. Architektonisch ist dies eine wahre Fundgrube an Barock-, Klassizismus- und Jugendstilgebäuden. An jeder Ecke stößt man auf die Geschichte der Stadt und des Landes. Einschusslöcher und andere Spuren etwa erinnern bis heute sichtbar an vergangene Konflikte. Für genussorientierte Reisende hält Budapest köstliche ungarische Gerichte, hervorragende Weine und jede Menge Thermalbäder bereit – gestärkt und ausgeruht kann man sich dann ins bunte Nachtleben stürzen.

Zwei Tage in Budapest

Der erste Tag wird größtenteils dem **Burgberg** (S. 566) mit dem **Burgpalast** (S. 566) und dem einen oder anderen Museum gewidmet. Nachmittags geht's dann über den **Clark Ádám tér** zum **Gellért-Bad** (S. 569). Abends stehen Erzsébetváros und das jüdische Viertel auf dem Programm. Am zweiten Tag bummelt man die Andrássy út entlang und legt einen Stopp am **Haus des Terrors** (S. 570) ein. Den Nachmittag verbringt man in Ruhe im **Széchenyi-Bad** (S. 569).

Vier Tage in Budapest

Der nächste Tag ist den beiden Ikonen der ungarischen Nation gewidmet: der Stephanskrone im **Parlament** (S. 574) und den sterblichen Überresten des Heiligen und Königs in der **Stephansbasilika** (S. 571). Abends lockt ein Drink in einer der **Ruinenkneipen** (S. 579). Am vierten Tag geht's nach einer Besichtigung der **Großen Synagoge** (S. 570) auf die idyllische **Margareteninsel** (S. 571). Der Rest des Tages gehört dem **Veli-Bej-Bad** (S. 569).

Als Nächstes geht's per Zug in 2½ Stunden oder per Schiff in 5½ bis 6½ Stunden nach Wien (S. 581).

Vorhergehende Doppelseite: Im Parlament (S. 574)

Karte Budapest (S. 572)

Ankunft

Ferenc Liszt International Airport Vom Flughafen fahren Minibusse, Busse und Bahnen von 4 bis 24 Uhr ins Budapester Stadtzentrum. Ein Taxi kostet zwischen 6000 und 7000 Ft.

Bahnhöfe Keleti, Nyugati & Déli An allen drei Bahnhöfen gibt's gleichnamige U-Bahn-Stationen; nachts verkehren Nachtbusse.

Busbahnhöfe Stadion & Népliget Beide Busbahnhöfe liegen an U-Bahn- und Straßenbahnlinien.

Schlafen

Die Budapester Unterkunftspalette reicht von Hostels in ehemaligen Wohnhäusern über Privatzimmer in abgelegenen Häuserblocks bis zu luxuriösen Pensionen in den Budaer Bergen und Fünf-Sterne-Hotels für über 350 € pro Nacht.

Wegen der Kursschwankungen des Forint geben viele Mittelklasse- und Top-Unterkünfte ihre Preise in Euro an.

Burgpalast

Der riesige Burgpalast (Királyi Palota) ist in den letzten 700 Jahren sechsmal zerstört und wieder aufgebaut worden. Heute befinden sich hier zwei Museen, die Nationalbibliothek und jede Menge Statuen und Denkmäler. Der Palast auf dem Budaer Burgberg ist die meistbesuchte Sehenswürdigkeit der Stadt.

Toll für ...

☑ Nicht versäumen

Spätgotische Altarbilder, gotische Statuen und Büsten und die Renaissance-Türeinfassung in Marmor

Ungarische Nationalgalerie

Die **Ungarische Nationalgalerie** (Magyar Nemzeti Galéria; ☎1-201 9082; www.mng.hu; I Szent György tér 2, Gebäude A–D; Erw./erm. 1800/900 Ft, Audioguide 800 Ft; ⌚Di–So 10–18 Uhr; 🚌16, 16A, 116) besticht mit einer umwerfenden Sammlung zur ungarischen Kunst ab dem 11. Jh. Die größten Teilsammlungen umfassen Steinarbeiten aus Mittelalter und Renaissance, gotische Holzskulpturen und Altarbilder, spätgotische Flügelaltäre und Kunst der Spätrenaissance und des Barock. Das Museum beherbergt außerdem eine bedeutende Sammlung ungarischer Bildhauerei und Malerei aus dem 19. und 20. Jh. Zuletzt war ein großer Teil des Museums zwecks Renovierung geschlossen; 2019 soll die Sammlung in ein neues Museumsgebäude im Stadtpark umziehen.

Ungarische Nationalgalerie

Gut zu wissen

Királyi Palota; Szent György tér; 16, 16A, 116

Kleine Stärkung

Etwas Heißes und/oder Süßes gibt's bei **Ruszwurm Cukrászda** (1-375 5284; www.ruszwurm.hu; Szentháromság utca 7; Mo–Fr 10–19, Sa & So bis 18 Uhr; 16, 16A, 116).

★ Top-Tipp

Wer das Museum durch die Hinterhoftür verlässt, gelangt direkt hinunter zum Szarvas tér im Stadtteil Tabán.

Burgmuseum

Das **Burgmuseum** (Vármúzeum; 1-487 8800; www.btm.hu; Szent György tér 2, Gebäude E; Erw./erm. 2400/1200 Ft; März–Okt. Di–So 10–18 Uhr, Nov.–Feb. Di–So bis 16 Uhr; 16, 16A, 116, 19, 41), eine Abteilung des Budapester Historischen Museums, präsentiert auf drei Etagen die 2000-jährige Geschichte der Stadt. Vom Untergeschoss mit seinen drei Gewölbesälen sind restaurierte Palasträume aus dem 15. Jh. zu erreichen. Einer der Säle im Untergeschoss verfügt über einen prächtigen Renaissance-Türschmuck in rotem Marmor. Von hier geht es in den Gotischen und den Renaissance-Saal, den Königlichen Keller und die dem hl. Stephan geweihte Palastkapelle (1320).

Das Erdgeschoss ist Budapest im Mittelalter gewidmet, mit Dutzenden gotischen Statuen, Büsten und Fragmenten, die 1974 bei Ausgrabungen gefunden wurden.

Im 1. Stock zeichnet eine wunderbare Ausstellung mit dem Titel „1000 Jahre einer Hauptstadt" die Geschichte Budapests von der Ankunft der Magyaren über die türkische Besatzung bis zur Gegenwart nach. Dabei wird auch auf Themen wie Wohnen, ethnische Vielfalt und Religion im Verlauf der Jahrhunderte eingegangen. Der ausgezeichnete Audioguide kostet 1200 Ft.

Széchenyi-Nationalbibliothek

Die **Széchenyi-Nationalbibliothek** (Országos Széchenyi Könyvtár, OSZK; 1-224 3700; www.oszk.hu; Szent György tér 4–6, Gebäude F; Di–Sa 9–20 Uhr, Magazin Di–Fr bis 19, Sa bis 17 Uhr; 16, 16A, 116) umfasst Kodizes und Handschriften, eine große Sammlung ausländischer Zeitungen und ein Exemplar von allem, was in Ungarn oder in ungarischer Sprache veröffentlicht wird. Gegründet wurde die Bibliothek 1802 von Graf Ferenc Széchenyi, Vater des heldenhaften István: Er stiftete 15 000 Bücher und 2000 Handschriften.

UNGVARI ATTILA / SHUTTERSTOCK ©

Thermal- & Heilbäder

In Budapest sprudeln fast 125 Thermalquellen und ein Badbesuch gehört zum Alltag der Einwohner. Einige Bäder stammen aus türkischer Zeit, andere sind Jugendstiljuwele; dazu kommen schicke moderne Anlagen mit allerlei Service-Einrichtungen.

Toll für ...

☑ Nicht versäumen

Im Széchenyi-Bad wird bei jedem Wetter auf schwimmenden Brettern im Wasser Schach gespielt.

Geschichte eines Kurorts

Die Überreste von zwei Bädern in Aquincum, eins für die Öffentlichkeit, eins für die Garnison, zeugen davon, dass schon die alten Römer die warmen Quellen Budapests zu nutzen wussten. Doch erst unter türkischer Herrschaft im 16. und 17. Jh. wurden die Bäder ein fester Bestandteil des Alltags der Stadt. Im späten 18. Jh. ordnete Kaiserin Maria Theresia an, dass die Budapester Mineralquellen analysiert und verzeichnet werden sollten. Bis zu den 1930er-Jahren entwickelte sich Budapest dann zu einem angesagten Kurort.

Heilwasser

Natürlich sucht nicht jeder die Bäder nur zum Spaß auf. Das warme, mineralstoffreiche Wasser soll auch bestimmte Leiden lindern, von Arthritis und Muskelschmerzen

Széchenyi-Bad

bis zu schlechter Durchblutung und posttraumatischem Stress. In vielen Fällen ist es auch ein Wundermittel bei einem ausgewachsenen Kater.

Ein Bad auswählen

Heute hat man unter den Bädern die Qual der Wahl: Welches man aufsucht, hängt vom Geschmack ab und davon, ob ein bestimmtes Leiden gelindert werden soll.

Rudas-Bad (Rudas Gyógyfürdő; ☎1-356 1322; http://en.rudasfurdo.hu; I Döbrentei tér 9; mit Kabine Mo–Fr/Sa & So 3500/4000 Ft, morgens/abends 2800/5100 Ft; ⌚Männer Mo & Mi–Fr 6–20 Uhr, Frauen Di 6–20 Uhr, gemischt Fr 22–4, Sa 6–20 & 22–4, So 6–20 Uhr; 🚌7, 86, 🚋18, 19) Dieses renovierte Bad von 1566 mit achteckigem Becken, Kuppel und acht dicken Pfeilern ist das türkischste aller Budapester Badehäuser. Unter der Woche sind die

Gut zu wissen

Sehr gute aktuelle Infos bietet die Website der Budapester Thermalbäder (www.spasbudapest.com).

Kleine Stärkung

Im **Rudas Restaurant & Bar** (☎06 20 538 2903; www.rudasrestaurant.hu; Döbrentei tér 9, Rudas-Bad; Hauptgerichte 3790–6890 Ft; ⌚11–22 Uhr; 🚌7, 86, 🚋18, 19) mit genialer Aussicht essen.

★ Top-Tipp

Wer Handtuch oder Badesachen und -kappe nicht dabeihat, kann sie im Bad leihen oder kaufen.

Becken meist Männern vorbehalten, an den gemischten Wochenenden ist hier abends immer der Bär los.

Gellért-Bad (Gellért Gyógyfürdő; ☎06 30 849 9514, 1-466 6166; www.gellertbath.hu; XI Kelenhegyi út 4, Danubius Hotel Gellért; mit Schließfach/Kabine Mo–Fr 5600/6000 Ft, Sa & So 5800/6200 Ft; ⌚6–20 Uhr; 🚌7, 86, Ⓜ M4 Szent Gellért tér, 🚋18, 19, 47, 49) In diesem Jugendstilbad zu planschen, ist wie in einer Kathedrale zu schwimmen. Jetzt immer für Männer und Frauen geöffnet.

Széchenyi-Bad (Széchenyi Gyógyfürdő; ☎1-363 3210, 06 30 462 8236; www.szechenyibath.hu; XIV Állatkerti körút 9-11; Tickets mit Schließfach/Kabine Mo–Fr 5200/5700 Ft, Sa & So 5400/5900 Ft; ⌚6–22 Uhr; Ⓜ M1 Széchenyi fürdő) Die große, opulente Anlage im Stadtwäldchen ist aus drei Gründen ungewöhnlich: aufgrund ihrer Größe mit zwölf Thermalbecken und drei Freiluft-Schwimmbecken, ihrer Helligkeit und Sauberkeit und der hohen Wassertemperatur von bis zu 40 °C.

Veli-Bej-Bad (Veli Bej Fürdője; ☎1-438 8587; www.irgalmasrend.hu/site/velibej/sprachen/de; II Árpád fejedelem útja 7; Eintritt 6–12 Uhr 2240 Ft, 15–19 Uhr 2800 Ft, nach 19 Uhr 2240 Ft; ⌚6–12 & 15–21 Uhr; 🚌9, 109, 🚋4, 6, 17, 19) Das türkische Bad von 1575 in Buda ist jetzt nach langer Zeit wieder zum Leben erweckt und geöffnet worden.

SEHENSWERTES

Die wichtigsten Museen Budapests befinden sich auf dem Burgberg, im Stadtwäldchen, an der Andrássy út in Erzsébetváros und im südlichen Pest. In der Nähe des Parlamentsgebäudes steht die bedeutendste Kirche Budapests, die Stephansbasilika. In dieser Gegend und in Belváros befinden sich außerdem einige der herrlichsten Jugendstilbauten der Stadt. Die schönsten Budapester Grünflächen sind die Margareteninsel und das Stadtwäldchen, die Budaer Berge wiederum sind ein Paradies für Wanderer, Höhlenkundler und Mountainbiker. Óbuda beherbergt römische Ruinen, vom Gellértberg bieten sich großartige Stadtpanoramen.

Große Synagoge — Synagoge

(Nagy Zsinagóga; ☎1-413 5584, 1-413 1515; www.greatsynagogue.hu/gallery_syn.html; VII Dohány utca 2; Erw./erm./Fam. mit Museum 4000/3000/9000 Ft; ⏲Mai–Sept. So–Do 10–19.30, Fr bis 15.30 Uhr, März, April & Okt. So–Do 10–17.30, Fr bis 15.30 Uhr, Nov.–Feb. So–Do 10–15.30, Fr bis 13.30 Uhr; Ⓜ M2 Astoria, 🚋47, 49) Die prächtige Große Synagoge ist das größte jüdische Gotteshaus der Welt außerhalb von New York. Die 1859 erbaute Synagoge weist sowohl romanische als auch maurische Architekturelemente auf. Im Innern umfasst das **Ungarische Jüdische Museum & Archiv** (Magyar Zsidó Múzeum és Levéltár; ☎1-413 5500; www.milev.hu) sowohl sakrale als auch Alltagsgegenstände. Das **Holocaustmahnmal „Baum des Lebens"** (Raoul-Wallenberg-Gedenkpark, gegenüber VII Wesselényi utca 6) auf der Nordseite der Synagoge erinnert an die 30 000 von den Nazis ermordeten Juden aus Ungarn.

Haus des Terrors — Museum

(Terror Háza; ☎1-374 2600; www.terrorhaza.hu; VI Andrássy út 60; Erw./erm. 3000/1500 Ft, Audioguide 1500 Ft; ⏲Di–So 10–18 Uhr; Ⓜ M1 Vörösmarty utca, 🚋4, 6) Das Hauptquartier der gefürchteten Geheimpolizei ÁVH ist heute das Haus des Terrors. Es beschäftigt sich in der Dauerausstellung „Doppelte Besatzung" mit den Verbrechen und Greueln der faschistischen und stalinistischen Regime Ungarns. Der größte Teil der Ausstellung befasst sich mit den Jahren nach

Große Synagoge

FROG DARES / SHUTTERSTOCK ©

dem Zweiten Weltkrieg bis zum Aufstand von 1956. Emotional besonders aufwühlend sind die rekonstruierten Gefängniszellen im Untergeschoss und die Galerie der Täter mit Fotos von Wendehälsen, Spionen und Folterern an der Treppe.

Freiheitsstatue Denkmal

(Szabadság-szobor; 27) Die Freiheitsstatue ist eine nette Dame mit Palmwedel, sie verkündet für die ganze Stadt Frieden und steht südöstlich der Zitadelle. Die rund 14 m hohe Statue wurde 1947 zu Ehren der sowjetischen Soldaten errichtet, die 1945 bei der Befreiung Budapests ihr Leben gelassen hatten. Die Namen der Opfer in kyrillischer Schrift auf dem Sockel und die Statuen der Soldaten wurden 1992 entfernt und in den Memento-Park verfrachtet. Die Inschrift lautet: „Für alle, die für Ungarns Unabhängigkeit, Freiheit und Wohlstand ihr Leben opferten."

Memento-Park Historische Stätte

(1-424 7500; www.mementopark.hu; XXII Balatoni út & Szabadkai utca; Erw./Stud. 1500/1200 Ft; 10 Uhr bis Sonnenuntergang; 101B, 101E, 150) Im 10 km südwestlich des Stadtzentrums gelegenen Memento-Parks haben über 40 Statuen, Büsten und Gedenktafeln für Lenin, Marx, Béla Kun und alle, deren Bildnisse anderswo auf dem Müll gelandet sind, eine Heimat gefunden – ein bizarrer Ort. Wer sich die Werke im Stil des sozialistischen Realismus anschaut, wird erstaunt sein, dass einige davon noch vom Ende der 1980er-Jahre stammen.

Stephansbasilika Kathedrale

(Szent István Bazilika; 1-338 2151, 06 30 703 6599; www.basilica.hu; V Szent István tér; erbetene Spende 200 Ft; Mo–Sa 9–19, So 7.45–19 Uhr; M3 Arany János utca) GRATIS Budapests klassizistische Kathedrale ist das wichtigste katholische Gotteshaus Ungarns und beherbergt die heiligste Reliquie des Landes, die mumifizierte rechte Hand des Kirchenpatrons St. Stephan. Die Kirche entstand bis 1905 im Laufe eines halben Jahrhunderts. Für eine erhebliche Verzögerung sorgte 1868 ein Fiasko: In einem Sturm stürzte die Kuppel zusammen und der ganze Bau musste wieder abgerissen und von Grund auf neu errichtet werden. Von der **Kuppel** (Panoráma kilátó; 1-269 1849; Erw./Kind 600/400 Ft; Juni–Sept. 10–18 Uhr, April, Mai & Okt. bis 17.30 Uhr, Nov.–März bis 16.30 Uhr; M3 Arany János utca) eröffnen sich phänomenale Aussichten.

Ungarische Staatsoper Historisches Gebäude

(Magyar Állami Operaház; 06 30 279 5677, 1-332 8197; www.operavisit.hu; VI Andrássy út 22; Erw./erm. 2490/2200 Ft; Führungen 14, 15 & 16 Uhr, teils auf Deutsch; M1 Opera) Die Ungarische Staatsoper wurde 1884 von Miklós

Margareteninsel

Die Margareteninsel mitten in der Donau gehört weder zu Buda noch zu Pest – Bäder und Grünanlagen bieten den Bewohnern beider Flussseiten eine Oase. Bis die Türken die Insel in einen Harem verwandelten, war sie stets die Domäne des einen oder anderen Ordens gewesen. Heute ist die Insel mit malerischen Ruinen gespickt.

Die Insel ist größer, als man vielleicht denkt, also mietet man bei **Bringóhintó** (1-329 2073; www.bringohinto.hu; XIII Margit-sziget; 30/60 Min./Tag Mountainbike 720/990/2800 Ft, Tretkutsche für 4 Pers. 2680/3980 Ft; 8 Uhr bis Sonnenuntergang; 26, 226) beim Erfrischungsstand in der Nähe des Japanischen Gartens im Norden der Insel am besten ein Fahrrad oder ein anderes Gefährt und arbeitet sich dann Richtung Süden vor.

UNGVARI ATTILA / SHUTTERSTOCK ©

Budapest

A
B
C
D
1
2
3
4
5
6
ORSZÁGÚT
VÍZIVÁROS
BURGBERG (VÁRHEGY)
KRISZTINAVÁROS
TABÁN
GELLÉRTBERG (GELLÉRT-HEGY)
Veli-Bej-Bad (1 km)
Retek u
Fény u
Lövőház u
Széll Kálmán tér
Széll Kálmán tér
Széll Kálmán tér
Varsányi Irén u
Erőd u
Kapás u
Fazekas u
Medve u
Vitéz u
Nagy Imre tér
Hattyú u
Csalogány u
Batthyány u
Batthyány u
Toldy Ferenc u
Fiáth János u
Ostrom u
Várfok u
Ignotus u
Krisztina krt
Vérmező út
Hajnóczy József u
Kagyló u
Málna u
Fő u
Mária tér
Batthyány tér
Batthyány tér
Hunfalvy u
Anjoubástya
Petermann bíró u
Táncsics Mihály u
Fortuna u
Franklin u
Iskola u
Szabó Ilonka u
Donáti u
Szilágyi Dezső tér
Sztehlo Gábor rkp
Antall József rkp
Antall József rkp
Kossuth Lajos tér
13
Maros u
Krisztina krt
Magyar jakobinusok tere
Városmajor u
Lovas út
Tóth Árpád sétány
Logodi u
Úri u
2
33
22
Corvin tér
Szalag u
Ponty u
Bem rkp
Palau
Vérmező
Déli pu. (Südbahnhof)
Greguss u
Koronaőr köz
Bugát u
Gránit l
Tárnok u
Dísz tér
Tábor u
Széchenyi-Kettenbrücke (Széchenyi lánchíd)
Clark Ádám tér
Szent György tér
Sikló (Berg-station)
Sikló (Tal-station)
Friedrich Born rkp
Alkotás u
Feszty Árpád u
Krisztina krt
Mikó u
Attila u
Pauler u
Roham u
Palota út
Váralja u
Lánchíd u
Kosciuszko Tádé u
Krisztina tér
Alagút u
8
14
Burgpalast
Szent György u
12
3
Márvány u
Márvány u
Győző u
Pálya u
Ág u
Tigris u
Gellérthegy u
Róka u
Lisznyai u
Donau
Kiss János altábornagy u
Fenyő u
Orvos u
Naphegy u
Kemal Atatürk sétaút
Ybl Miklós tér
Nyárs u
Naphegy tér
Fém u
Attila u
Krisztina krt
Fogas u
Várkert rkp
Tartsay Vilmos u
Tibor u
Derék u
Dezső u
Czakó u
Szarvas tér
Attila u
Bán u
Győri út
Táltos u
Avar u
Zsolt u
Piroska u
Galeotto u
Mészáros u
Kereszt u
Hadnagy u
Hegyalja út
Csörsz u
Aladár u
Gellért-berg
Hegyalja út
Orom u
Társ u
Berényi u
Szirtes út
Sánc u
Szirom u
Jagelló út
Fürj u
Otthon u
Alsóhegy u
Mihály u
Jubiläumspark
Zitadelle
Citadella sétány
Szirtes út
Bérc u
Szirtes út
Gyula u
Számadó u
Kelenhegyi út
Breznó köz
Ranvány u
Muskotály u
Budaörsi út
Schweidel u
Csukló u
Gombocz Zoltán u
Ménesi út
Somlói út
Citadella u
Kelenhegyi út
Bakator u
Villányi út
Rezeda u

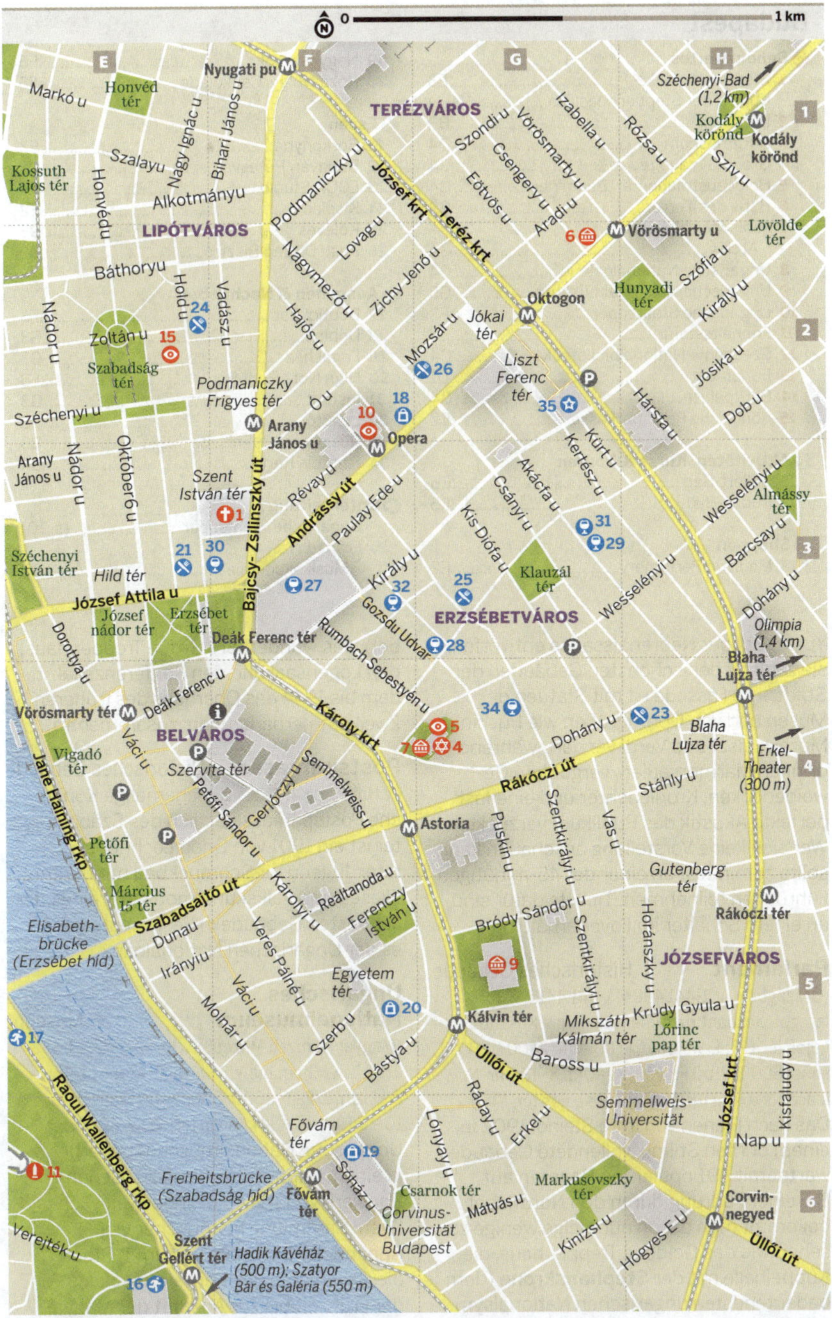
0
1 km
E
F
G
H
1
2
3
4
5
6
Nyugati pu
Markó u
Honvéd tér
Kossuth Lajos tér
Szalayu
Nagy Ignác u
Bihari János u
Alkotmányu
Honvédu
LIPÓTVÁROS
Báthoryu
Holdu
Vadász u
Nádor u
Zoltán u
Szabadság tér
Széchenyi u
Podmaniczky Frigyes tér
Arany János u
Október6 u
Szent István tér
Széchenyi István tér
Hild tér
József Attila u
József nádor tér
Erzsébet tér
Dorottya u
Deák Ferenc tér
Deák Ferenc u
Vörösmarty tér
BELVÁROS
Váci u
Vigadó tér
Szervita tér
Petőfi Sándor u
Gerlóczy u
Semmelweiss u
Jane Haining rkp
Petőfi tér
Március 15 tér
Szabadsajtó út
Elisabethbrücke (Erzsébet híd)
Dunau
Irányiu
Molnár u
Veres Pálné u
Károlyi u
Reáltanoda u
Ferenczy István u
Egyetem tér
Szerb u
Bástya u
Raoul Wallenberg rkp
Verejték u
Fővám tér
Freiheitsbrücke (Szabadság híd)
Sóház u
Szent Gellért tér
Hadik Kávéház (500 m); Szatyor Bár és Galéria (550 m)
Csarnok tér
Corvinus-Universität Budapest
Mátyás u
TERÉZVÁROS
Podmaniczky u
József krt
Teréz krt
Szondi u
Vörösmarty u
Izabella u
Rózsa u
Csengery u
Eötvös u
Aradi u
Vörösmarty u
Lovag u
Nagymező u
Zichy Jenő u
Hajós u
Mozsár u
Jókai tér
Oktogon
Liszt Ferenc tér
Hunyadi tér
Ó u
Opera
Révay u
Andrássy út
Paulay Ede u
Bajcsy-Zsilinszky út
Széchenyi-Bad (1,2 km)
Kodály körönd
Szív u
Lövölde tér
Szófia u
Király u
Jósika u
Dob u
Hársfa u
Kürt u
Kertész u
Akácfa u
Csányi u
Kis Diófa u
Klauzál tér
Wesselényi u
Almássy tér
Barcsay u
Dohány u
Olimpia (1,4 km)
Gozsdu Udvar
Rumbach Sebestyén u
ERZSÉBETVÁROS
Károly krt
Blaha Lujza tér
Erkel-Theater (300 m)
Rákóczi út
Stáhly u
Astoria
Puskin u
Szentkirályi u
Vas u
Gutenberg tér
Rákóczi tér
Bródy Sándor u
Horánszky u
JÓZSEFVÁROS
Kálvin tér
Mikszáth Kálmán tér
Krúdy Gyula u
Lőrinc pap tér
Baross u
Üllői út
Ráday u
Lónyay u
Erkel u
Semmelweis-Universität
Kisfaludy u
Nap u
Markusovszky tér
Kinizsi u
Högyes E U
Corvin-negyed
1
4
5
6
7
9
10
11
15
16
17
18
19
20
21
23
24
25
26
27
28
29
30
31
32
34
35

Budapest

Sehenswertes
1 Stephansbasilika F3
Kuppel der Stephansbasilika (s. 1)
2 Burgberg B3
3 Burgmuseum D4
4 Große Synagoge G4
5 Holocaustmahnmal "Baum des Lebens" G4
6 Haus des Terrors G2
7 Jüdisches Museum & Archiv G4
8 Ungarische Nationalgalerie C4
9 Ungarisches Nationalmuseum G5
10 Ungarische Staatsoper F2
11 Freiheitsstatue E6
12 Széchényi-Nationalbibliothek C4
13 Parlament D1
14 Burgpalast C4
15 Königliche Postsparkasse E2

Aktivitäten, Kurse & Touren
16 Gellért-Bad E6
17 Rudas-Bad E5

Shoppen
18 Madison Perfumery F2
19 Nagycsarnok F6
20 Rózsavölgyi Csokoládé F5

Essen
21 Borkonyha E3
22 Budavári Rétesvár C3
23 ESCA Studio H4
24 Kispiac E2
25 Kőleves G3
26 Pesti Disznó Bisztró G2

Ausgehen & Nachtleben
27 Boutiq' Bar F3
28 Doblo G3
29 Fogasház G3
30 High Note Roof Bar F3
31 Instant G3
32 Léhűtő F3
33 Ruszwurm Cukrászda B3
34 Szimpla Kert G4

Unterhaltung
Ungarische Staatsoper (s. 10)
35 Franz-Liszt-Musikakademie G2

Ybl im Stil der Neorenaissance entworfen, sie zählt zu den schönsten Gebäuden der Stadt. Ihre Fassade ist mit Statuen der Musen und von Operngrößen wie Puccini, Mozart, Liszt und Verdi verziert, während drinnen Marmorsäulen, vergoldete Gewölbedecken, Kronleuchter und eine fast perfekte Akustik das Publikum verzücken. Wer sich keine Vorstellung anschauen kann, sollte zumindest an einer der 45-minütigen Führungen teilnehmen. Tickets dafür sind an einem Schalter im Foyer erhältlich.

Parlament Historisches Gebäude

(Országház; ☎1-441 4904, 1-441 4415; http://latogatokozpont.parlament.hu/en; V Kossuth Lajos tér 1–3; Erw./Stud. EU-Bürger 2400/1200 Ft, sonst 6000/3100 Ft; ⏱April–Okt. 8–18 Uhr, Nov.–März bis 16 Uhr; Ⓜ M2 Kossuth Lajos tér, 🚊2) Das nach Plänen von Imre Steindl 1902 in einem bunten Stilmix vollendete Gebäude wartet mit 691 opulenten Räumen auf. Bei einer Führung durch den Nordflügel bekommt man davon nur einige wenige zu sehen wie das Goldene Treppenhaus, die Kuppelhalle mit der **Stephanskrone** (dem bedeutendsten ungarischen Nationalsymbol), das wunderbare Große Treppenhaus, den Logensaal und den Konferenzsaal, in dem bis 1944 das Oberhaus des früheren Zweikammerparlaments zusammentrat.

Postsparkasse Historisches Gebäude

(V Hold utca 4; 🚊15) Die ehemalige Königliche Postsparkasse östlich des Szabadság tér ist ein 1901 von Ödön Lechner errichteter Jugendstil-Schmuckbau mit bunten Fliesen und Volkskunstmotiven – eines der schönsten Gebäude in Pest. Heute gehört es der Ungarischen Nationalbank.

Ungarisches Nationalmuseum Museum

(Magyar Nemzeti Múzeum; ☎1-327 7773, 1-338 2122; www.hnm.hu; VIII Múzeum körút 14–16; Erw./erm./Fam. 1600/800/3600 Ft; ⏱Di–So 10–18 Uhr; Ⓜ M3/4 Kálvin tér, 🚊47, 49) Das Ungarische Nationalmuseum beherbergt in einem imposanten klassizistischen Bauwerk von 1847 die landesweit wichtigste Sammlung historischer Objekte. Anhand der Exponate wird im 1. Stock die Geschichte des Karpatenbeckens von der Frühzeit bis zur Ankunft der Magyaren im 9. Jh. erzählt; im 2. Stock wird die Geschichte bis zum Ende des Kommunismus fortgeführt.

Burgberg Berg

(Várhegy; 16, 16A, 116, M2 Batthyány tér, Széll Kálmán tér;, 19, 41;) Beim Burgberg handelt es sich um ein 1 km langes Kalksteinplateau, das sich über der Donau erhebt. Hier stehen einige der bedeutendsten mittelalterlichen Monumente und Museen der Stadt – daher ist der Burgberg auch Unesco-Weltkulturerbe. Darunter verbirgt sich ein 28 km langes Netz von Höhlen, die durch warme Quellen entstanden sind.

Das ummauerte Areal besteht aus zwei unterschiedlichen Teilen: dem Burgviertel, in dem einst die Untertanen lebten, und dem Burgpalast, wo sich auch die von Béla IV. im 13. Jh. errichtete Burg befand.

Aquincum Archäologische Stätte

(1-430 1081; www.aquincum.hu; III Szentendrei út 135; Erw./erm. Museum & archäologischer Park April–Okt. 1600/800 Ft, Nov.–März 1000/500 Ft, nur archäologischer Park April–Okt. 1000/500 Ft; Museum April–Okt. Di–So 10–18 Uhr, Nov.–März bis 16 Uhr, archäologischer Park April–Okt. Di–So 9–18 Uhr; 34, 106, (HÉV) H5 Aquincum) Die am vollständigsten erhaltene Römersiedlung Ungarns entstand etwa 100 n. Chr. und wurde im Jahr 106 Hauptstadt der römischen Provinz Pannonia Inferior. Heute können Besucher hier noch Häuser, Bäder, Höfe, Brunnen und raffinierte Fußbodenheizungen erkennen; außerdem wurden das Haus eines Malers und ein Tempel, das Symphorus Mithraeum, nachgebaut.

Im Aquincum-Museum gleich hinter dem Eingang zur Stätte wird mit einer großen Sammlung römischer Alltagsgegenstände und Wandbilder der Kontext zu den Ruinen geliefert.

SHOPPEN

Nagycsarnok Markthalle

(Große Markthalle; 1-366 3300; www.piaconline.hu; IX Vámház körút 1–3; Mo 6–17, Di–Fr bis 18, Sa bis 15 Uhr; M4 Fővám tér, 47, 49) Dies ist Budapests größter Markt (von 1897), der seit seiner Renovierung für die 1000-Jahr-Feier 1996 eine Touristenattraktion geworden ist. Doch es kommen auch immer noch jede Menge Einheimische hierher, um sich mit Obst, Gemüse, Feinkost, Fisch und Fleisch einzudecken. Im 1. Stock sind ungarische Trachten, Puppen, bemalte Eier, bestickte Tischdecken, handgefertigte Jagdmesser und andere Souvenirs erhältlich.

Madison Perfumery Parfüm, Kaffee

(06 30 386 9973, 06 30 971 0933; www.madisonperfumery.com; VI Andrássy út 26; Mo–Fr 10–20, Sa bis 19, So 12–18 Uhr; 105, M1 Opera) Für den Besuch dieses Ladens gibt es drei Gründe: Er ist die edelste Parfümerie von Budapest, er befindet sich in einer schönen Apotheke vom Beginn des 20. Jhs. und er serviert den am besten gerösteten Kaffee der Stadt, zubereitet in einer noblen Espressomaschine von Kees van der Westen.

Rózsavölgyi Csokoládé Schokolade

(06 30 504 4294; www.rozsavolgyi.com; V Királyi Pál utca 6; Mo–Fr 10.30–13 & 13.30–18.30, Sa 12–18 Uhr; M3/4 Kálvin tér) In dem winzigen, schummrig beleuchteten Laden werden kunstvoll verpackte, preisgekrönte Schokoladen und Pralinen aus dem nahen Bezirk Budafok verkauft. Die handgefertigte Schokolade gibt es in interessanten Sorten wie Kaffee mit Balsamessig oder Sternanis mit roten Pfefferkörnern.

ESSEN

Budavári Rétesvár Ungarisch €

(Strudelburg; 06 70 408 8696; www.budavariretesvar.hu; I Balta köz 4; Strudel 350 Ft; 8–20 Uhr; 16, 16A, 116) In diesem winzigen Laden in einer schmalen Gasse im Burgbezirk ist Strudel in allen möglichen Ausprägungen erhältlich, von Mohn mit Sauerkirsche bis zu Dill mit Käse und Kohl.

Olimpia Ungarisch €€

(1-321 0680; www.olimpiavendeglo.com; VII Alpár utca 5; 2/3 Gänge mittags 3050/3190 Ft, 4/5/6/7 Gänge abends 8500/9600/10 500/10 990 Ft; Di–Fr 12–15, Di–Sa 19–22

Bester Flohmarkt Budapests

Sich auf dem **Ecseri Piac** (Ecseri-Markt; www.piaconline.hu; XIX Nagykőrösi út 156; ⌚Mo–Fr 8–16, Sa 5–15, So 8–13 Uhr; 🚌54, 84E, 89E 94E), einem der größten Flohmärkte Europas, zusammen mit den Einheimischen auf Schnäppchenjagd zu begeben, ist eine wunderbare Art, einen halben Tag zu verbringen. Hier gibt's alles, ob Grammophone, Schaukelpferde, Uniformen, Geigen oder Ritterrüstungen.

Alte Elektrogeräte auf dem Ecseri Piac
WESTEND61 PREMIUM / SHUTTERSTOCK ©

Uhr; 📶; 🚌20E, 30, Ⓜ M2 Keleti pályaudvar, 🚌Trolleybus 75, 79) Das brillante Restaurant bietet traditionelle ungarische Küche mit einem besonderen Flair: Mittags gibt's Menüs mit zwei oder drei Gängen, abends sind bis zu sieben Gänge zu haben – die Mittagsmenüs sind echte Schnäppchen! Reservieren ist ein Muss.

Kőleves Jüdisch €€
(☎1-322 1011, 06 20 213 5999; www.koleves vendeglo.hu; VII Kazinczy utca 41; Hauptgerichte 2180–5080 Ft; ⌚Mo–Do 8–24, Fr 8–1, Sa 9–1, So 9–24 Uhr; 📶🖉; Ⓜ M1/2/3 Deák Ferenc tér) Die stets volle „Steinsuppe" lockt mit jüdisch inspirierter, aber nicht koscherer Küche, lebhaftem Ambiente, tollem Service und vernünftigen Preisen ein eher junges Publikum an. Toll ist auch die Auswahl für Vegetarier. Frühstück (760–920 Ft) gibt's von 8 bis 11 Uhr (am Wochenende bis 11.30 Uhr). Der Mittagstisch kostet 1350 Ft (vegetarisch 1200 Ft).

ESCA Studio Ungarisch €€
(☎06 30 752 1509; http://escastudiorestaurant.hu; VII Dohány utca 29; 2-/3-/6-Gänge-Menü 4500/8500/12 000 Ft, mit Weinbegleitung 7500/13 500/19 000 Ft; ⌚12–15 & 18–23 Uhr; 🚌Trolleybus 74, Ⓜ M2 Blaha Lujza tér, 🚋4, 6) Eins der besten neuen ungarischen Bistros bietet sowohl ausgezeichnetes Essen als auch ein erstklassiges Preis-Leistungs-Verhältnis, mit schrägen Kombinationen wie Tomatensuppe mit Blau- und Johannisbeeren oder scharf angebratene Kalbsfüße mit Räuchermayonnaise. Der Laden ist winzig, also reservieren! Mittagessen gibt's überhaupt nur mit Reservierung.

Pesti Disznó Bisztró Ungarisch €€
(☎1-951 4061; www.pestidiszno.hu; VI Nagymező utca 19; Hauptgerichte 2790–6690 Ft; ⌚9–24 Uhr; Ⓜ M1 Oktogon) Zwar könnte man annehmen, im „Pest-Schwein" drehe sich alles um Schweinefleisch, doch die Hälfte der rund zehn Hauptgerichte basiert auf Rindfleisch, Geflügel, Fisch oder Gemüse. In den wunderbaren, loftartigen Räumlichkeiten stehen Hochtische; dazu kommt charmantes, gut informiertes Personal. Die meisten Tröpfchen von der sehr guten Weinkarte sind auch glasweise erhältlich.

Kispiac Ungarisch €€
(☎1-269 4231, 06 30 430 0142; www.kispiac.eu; V Hold utca 13; Hauptgerichte 2450–4450 Ft; ⌚Mo–Sa 12–22 Uhr; Ⓜ M3 Arany János utca) Das kleine Restaurant im Retrostil serviert echte ungarische Kost wie gefüllte *csülök* (Schweinefüße, 2950 Ft), *malac* (Spanferkel, 3250 Ft) und die stets sehr beliebten Wildschweinrippchen (3950 Ft); dazu gibt's zahllose unterschiedliche *savanyúság* (eingelegtes Gemüse), sorgsam ausgewählte Weine und einen herzlichen Empfang.

Borkonyha Ungarisch €€€
(Weinküche; ☎1-266 0835; www.borkonyha.hu; V Sas utca 3; Hauptgerichte 3450–7950 Ft; ⌚Mo–Sa 12–16 & 18–24 Uhr; 🚌15, 115, Ⓜ M1 Bajcsy-Zsilinszky út) In seinem Sternerestaurant nähert sich Chefkoch Ákos Sárközi der ungarischen Küche auf moderne Art und die Karte wechselt alle ein, zwei Wochen.

Als Vorspeise bietet sich die Foie gras mit Apfel und Sellerie an, dazu ein Glas süßer Tokajer. Wenn gerade Fleisch vom ungarischen Mangalica-Schwein auf der Karte steht, sollte man es zu einem Glas trockenen Furmint-Weißwein probieren.

AUSGEHEN & NACHTLEBEN

Doblo — Weinbar

(06 20 398 8863; www.budapestwine.com; VII Dob utca 20; So–Mi 14–2, Do–Sa bis 4 Uhr; M1/2/3 Deák Ferenc tér) Das Doblo mit Backsteinwänden und Kerzen ist die Top-Adresse für alle, die ungarische Weine kennenlernen möchten: Hier werden zahlreiche Weine im 0,15-l-Glas für 900 bis 2150 Ft kredenzt. Es gibt auch etwas zu essen, z. B. Käse- und Wurstplatten, sowie jeden Abend ab 21 Uhr Livemusik.

Boutiq' Bar — Cocktailbar

(06 30 554 2323; www.boutiqbar.hu; V Paulay Ede utca 5; Di–Do 18–1, Fr & Sa bis 2 Uhr; M1 Bajcsy-Zsilinszky utca) Die schummrige Flüsterkneipe serviert fachkundig aus frischen Säften und feinen Spirituosen gemixte Cocktails (1950–5950 Ft). Ungarisch ist z. B. ein Mix mit dem Kräuterlikör Unicum oder mit Pflaumen-*pálinka* (Obstbrand). Toll ist auch der Budapest BBQ auf Ginbasis. Kenntnisreicher, reizender Service; am besten reservieren!

Léhűtő — Craft-Bier

(06 30 731 0430; www.facebook.com/lehuto.kezmuvessorozo; VII Holló utca 12–14; So–Di 16–24, Mi & Do bis 2, Fr & Sa bis 4 Uhr; ; M1/2/3 Deák Ferenc tér) Wem es nach einem Craft-Bier gelüstet, sollte in dieser sehr freundlichen Kellerbar („Faulenzer") vorbeischauen: Hier gibt's eine große Auswahl an ungarischen und ausländischen Gerstensäften. Man kann sich beraten lassen und probieren. An warmen Abenden sitzen Gäste auch oben auf dem Platz an der Straße. Als Grundlage gibt's Tapas (690–1690 Ft).

High Note Roof Bar — Dachbar

(06 20 438 8648; www.highnoteskybar.hu/en; V Hercegprímás utca 5; 12–24 Uhr; 15, 115, M1 Bajcsy-Zsilinszky út) Die Dachbar des Aria Hotel ist wirklich beeindruckend!

Doblo

WILL PERRETT / ALAMY STOCK PHOTO ©

POSZTOS / SHUTTERSTOCK ©

Ungarische Staatsoper

Hier hat man die Kuppel der Basilika direkt vor der Nase und die anderen Wahrzeichen Budapests zum Greifen nah. Dazu gibt's tolle Cocktails und freundliches Personal. Klasse! Eine Reservierung ist ratsam.

Instant Club
(☎06 70 638 5040; www.instant.co.hu; VII Akácfa utca 51; ⏲16–6 Uhr; Trolleybus 70, 74, 78, 4, 6) Diese „Ruinenkneipe" erfreut sich nach wie vor großer Beliebtheit, auch an neuer Stätte als Teil des Clubs **Fogasház** (☎06 70 638 5040; www.fogashaz.hu; VII Akácfa utca 49; ⏲16–6 Uhr; ; Trolleybus 70, 74, 78, 4, 6). Der Club verfügt über zwei Dutzend Räume, sieben Bars, sieben Bühnen und zwei Gärten, Underground-DJs und Tanzpartys. Hier steppt der Bär!

Szatyor Bár és Galéria Bar, Café
(Bar & Galerie; ☎1-279 0290; www.szatyorbar.com; XIII Bartók Béla út 36–38; ⏲12–1 Uhr; M M4 Móricz Zsigmond körtér, 18, 19, 47, 49) Das Szatyor („Beutel" oder „Tasche") teilt sich ein Gebäude mit dem Café **Hadik Kávéház** (☎1-279 0290; www.hadikkavehaz.com; XIII Bartók Béla út 36; ⏲12–24 Uhr; M M4 Móricz Zsigmond körtér, 18, 19, 47, 49) und ist das funkigere der beiden Etablissments, mit Cocktails, Street Art an den Wänden und einem vom Dichter Endre Ady gefahrenen Lada. Auch Essen wird serviert (Hauptgerichte 1990–2990 Ft).

✪ UNTERHALTUNG

Ungarische Staatsoper Oper
(Magyar Állami Operaház; ☎1-814 7100, Kasse 1-332 7914; www.opera.hu; VI Andrássy út 22; ⏲Kasse Mo–Fr 10–17 Uhr; M M1 Opera) Die Oper im herrlichen Neorenaissance-Stil lohnt sowohl wegen ihrer opulenten Einrichtung als auch für eine Aufführung unter perfekten akustischen Bedingungen einen Besuch. Auch während der Sanierung (geplant bis 2020) finden Führungen (S. 571) statt, doch die Opern und Musicals werden dann zumeist im **Erkel-Theater** (Erkel Színház; ☎1-332 6150; www.opera.hu; VIII II János Pál pápa tér 30; ⏲Kasse 10–20 Uhr; 7, M M2 Keleti pályaudvar) aufgeführt, dem zweiten Opernhaus Budapests.

Franz-Liszt-Musikakademie Klassische Musik

(Liszt Zeneakadémia; ☎1-462 4600, Kasse 1-321 0690; www.zeneakademia.hu; VI Liszt Ferenc tér 8; 1400–19 800 Ft; ⊙Kasse 10–18 Uhr; ⓂM1 Oktogon, 🚊4, 6) Die Konzerte im wichtigsten Konzerthaus Budapests sind meist mindestens eine Woche im Voraus ausverkauft, manchmal sind noch Last-Minute-Tickets erhältlich.

PRAKTISCHE INFORMATIONEN

Die zentrale Touristeninformation ist **Budapest Info** (☎1-576 1401; www.budapestinfo.hu; V Sütő utca 2; ⊙8–20 Uhr; ⓂM1/2/3 Deák Ferenc tér, 🚊47, 49); eine **Filiale** (☎1-576 1404; www.budapestinfo.hu; XIV Olof Palme sétány 5; ⊙9–19 Uhr; ⓂM1 Hősök tere) gibt's im Stadtwäldchen, Infoschalter in den Ankunftshallen der Terminals 2A und 2B des Ferenc Liszt International Airport.

AN- & WEITERREISE

FLUGZEUG

Der Budapester **Ferenc Liszt International Airport** (BUD; ☎1-296 7000; www.bud.hu/en) befindet sich 24 km südöstlich des Stadtzentrums und umfasst zwei moderne Terminals.

ZUG

Bahnhof Keleti (Keleti pályaudvar; ☎06 40 494 949; www.mavcsoport.hu; VIII Kerepesi út 2–6; ⓂM2/M4 Keleti pályaudvar) Hier kommen die meisten Züge aus dem Ausland sowie Züge aus dem Norden und Nordosten Ungarns an.

Die Ungarischen Staatsbahnen, **MÁV** (Magyar Államvasutak; ☎1-349 4949; www.mavcsoport.hu), bieten Zugverbindungen in alle Nachbarländer.

Bahnhof Nyugati (Westbahnhof; ☎1-349 4949; VI Nyugati tér) Hier kommen Züge z. B. aus Rumänien, vom Donauknie und aus der Großen Ungarischen Tiefebene an.

Bahnhof Déli (Déli pályaudvar; ☎1-349 4949; I Krisztina körút 37; ⓂM2 Déli pályaudvar) Hier fahren Züge von einigen Orten im Süden wie Osijek in Kroatien und Sarajevo in Bosnien sowie einige Züge aus Wien ein.

Ruinenkneipen

Romkocsmák (Ruinenkneipen) tauchten zuerst zu Beginn der 2000er-Jahre auf: Damals kaperten tatkräftige Freigeister verlassene Gebäude und verwandelten sie in Bars. Zunächst erfuhr man davon durch Mundpropaganda, dann wurden die Ruinenkneipen immer bekannter. Aus den abgewrackten Bars mit Flohmarktequipment haben sich oft schickere, ganzjährig betriebene Kneipen mit überdachten Bereichen für den Winter entwickelt. Budapests erste *romkocsmá*, **Szimpla Kert** (☎06 20 261 8669; http://en.szimpla.hu/szimpla-garden; VII Kazinczy utca 14; ⊙Mo–Fr 12–4, Sa & So 9–4 Uhr; ⓂM2 Astoria), steht heute bei trinkfesten Touristen hoch im Kurs und ist trotzdem ein kultiger Ort für einen Drink geblieben.

Szimpla Kert
PEDRO RUFO / SHUTTERSTOCK ©

UNTERWEGS VOR ORT

Zeitkarten für einen Tag bis zu einem Monat sind in allen Straßenbahnen, Bussen, Trolleybussen, HÉV-Vorortzügen (nur innerhalb der Stadtgrenzen) und U-Bahnen gültig.

U-Bahn Am schnellsten, aber man sieht nichts. Verkehrt von 4.30 bis etwa 23.50 Uhr.

Bus Verkehren von etwa 4.30 bis zwischen 21 und 23.50 Uhr. Von 23.50 bis 4.30 Uhr fahren dann 40 Nachtbusse, deren dreistellige Liniennummern mit einer „9" anfangen.

Straßenbahn Schneller und angenehmer fürs Sightseeing als Busse. Die Linie 6 fährt die ganze Nacht durch.

Trolleybus (Oberleitungsbus) Praktisch für die Fahrt zum und im Stadtwäldchen in Pest.

WIEN,
ÖSTERREICH

In diesem Kapitel

Wien, Österreich

Es gibt nicht viele Städte auf der Welt, die sich so beschwingt wie Wien im Walzertakt zwischen Vergangenheit und Gegenwart bewegen. Die prachtvolle Geschichte zeigt sich in den kaiserlichen Barockpalästen mit all ihrem Prunk wie auch in den altehrwürdigen Opernhäusern und Plätzen. Wien gehört gleichzeitig zu den dynamischsten Städten Europas. Nur einen Katzensprung von der Hofburg wartet im MuseumsQuartier hinter einer markanten Basaltfassade provozierende zeitgenössische Kunst. Im 1. Bezirk machen sich topaktuelle Designläden neben Herrenausstattern vom alten Schlag breit und austro-asiatische Fusionslokale existieren neben traditionellen Beisln (Wirtshäuser).

Zwei Tage in Wien

Los geht's im gewaltigen **Stephansdom** (S. 593) im Herzen Wiens. Anschließend lässt man sich von der Pracht der **Hofburg** (S. 588), eines architektonischen Meisterwerks der Habsburgerzeit, beeindrucken und beendet den Tag mit einem Craft-Bier im **Brickmakers Pub & Kitchen** (S. 600). Der Vormittag des zweiten Tages ist dem **Kunsthistorischen Museum** (S. 586) gewidmet, der Nachmittag mindestens einem Museum im **MuseumsQuartier** (S. 589).

Vier Tage in Wien

Am Vormittag steht das **Schloss Belvedere** (S. 594) mit seinen französischen **Gärten** auf dem Programm. Anschließend lockt der **Prater** (S. 589) mit Wäldern, Wiesen und Jahrmarktattraktionen. Der vierte Tag gehört dem **Schloss Schönbrunn** (S. 584). Wer noch Zeit hat, kann der **Karlskirche** (S. 593) oder der **Secession** (S. 593) einen Besuch abstatten.

Noch mehr Schlösser oder Burgen? Dann geht's mit dem Zug zum Schloss Neuschwanstein (S. 466) oder mit dem Flieger nach Dubrovnik (S. 485).

Vorhergehende Doppelseite: Blick vom Stephansdom (S. 593)

Karte Wien (S. 590)

Ankunft

Flughafen Wien Der City Airport Train (CAT; 11 €, 16 Min.) fährt von 6.09 bis 23.39 Uhr alle 30 Minuten am Flughafen ab. Außerdem fährt die billigere, aber auch langsamere S7 (4,20 €, 37 Min.) vom Flughafen nach Wien Mitte. Ein Taxi kostet 25 bis 50 €.

Wien Hauptbahnhof Am Wiener Hauptbahnhof 3 km südlich des Stephansdoms kommen alle Züge aus dem Ausland an. Ins Zentrum fahren die U-Bahnlinie 1, die Straßenbahnen D und O sowie die Busse 13A und 69A. Ein Taxi ins Zentrum kostet rund 10 €.

Schlafen

Die Wiener Unterkünfte decken die gesamte Palette ab, von preisgünstigen Jugendherbergen bis zu Luxushotels mit Kronleuchtern, antikem Mobiliar und Original-Ölgemälden aus dem 19. Jh. Dazwischen bewegen sich die heimeligen, oft von Familien geführten Pensionen, viele traditionelle und weniger prunkvolle Hotels sowie eine gute Auswahl an Ferienapartments. Es empfiehlt sich eigentlich immer vorauszubuchen; für ein gutes Preis-Leistungs-Verhältnis sollten Unterkünfte im Zentrum mindestens ein paar Wochen im Voraus reserviert werden.

Schloss Schönbrunn

Glanz und Gloria des Kaiserreichs der Habsburger zeigen sich in den Gemächern von Schloss Schönbrunn, die zu den besterhaltenen Barockräumlichkeiten in Europa zählen – ein Fest aus Fresken, Gold und Kronleuchtern.

Toll für ...

☑ Nicht versäumen

Große Galerie, Neptunbrunnen und die Aussicht von der Gloriette

Prunkgemächer

Die **Blaue Stiege** führt in fürstlicher Manier ins Obergeschoss des Schlosses. Zunächst erreicht man die Gemächer von Kaiser Franz Josef I. und seiner geliebten Gemahlin Elisabeth aus dem 19. Jh. Üppig mit Stuck verziert und von Kronleuchtern beschienen waren etwa das **Billardzimmer**, wo Armeeangehörige auf eine Audienz warteten und ein paar Kugeln versenkten, und Franz Josefs **Arbeitszimmer**, in dem der Kaiser von 5 Uhr morgens an unermüdlich arbeitete.

Im weiß-goldenen **Spiegelsaal** spielte der sechsjährige Mozart 1762 für eine begeisterte Maria Theresia. Am schönsten ist wohl die 40 m lange **Große Galerie**: Hier veranstalteten die Habsburger Bälle und Bankette unter Stuckornamenten, Kronleuchtern und einem Fresko des italienischen Künstlers Gregorio Guglielmi, das die Herrschaft Maria Theresias verherrlicht. Hier fand 1961 auch

Gut zu wissen

01-811 13-0; www.schoenbrunn.at; 13, Schönbrunner Schlossstrasse 47; Erw./Kind Imperial Tour 16/11,50 €, Grand Tour 20/13 €, Grand Tour mit Führung 24/15 €; Juli & Aug. 8–18.30 Uhr, April–Juni, Sept. & Okt. bis 17.30 Uhr, Nov.–März bis 17 Uhr; U Schönbrunn, Hietzing

Kleine Stärkung

Kaffee und Kuchen oder ein sehr gesundes Mittagsmahl bei **Waldemar** (0664 361 61 27; www.waldemar-tagesbar.at; 13, Altgasse 6; Gerichte 6–11,50 €; Mo–Fr 8–20, Sa & So 9–15 Uhr; ; U Hietzing).

★ Top-Tipp

Wer sich in Schönbrunn mehrere Sehenswürdigkeiten anschauen möchte, sollte eines der Kombitickets kaufen, die auch im Internet erhältlich sind.

das historische Treffen zwischen John F. Kennedy und Nikita Chruschtschow statt.

Mit einer Grand-Tour-Karte kann man in den **Ostflügel** des Schlosses weitergehen. Franz Stephans Gemächer beginnen mit dem herrlichen **Blauen chinesischen Salon** mit komplizierten, auf chinesisches Reispapier gemalten Blumenmustern. Hier fanden die Verhandlungen statt, die 1918 das Ende des österreichisch-ungarischen Kaiserreichs besiegelten.

Schönbrunner Schlosspark

Der **Schlosspark** (6.30 Uhr bis Abenddämmerung) GRATIS ist im französischen Stil angelegt und zu jeder Jahreszeit schön: Im Sommer mit einem bunten Blütenmeer, im Winter dominieren Grau- und Brauntöne.

Der Park, den Joseph II. 1779 der Öffentlichkeit zugänglich machte, beherbergt an den Alleen, die zwischen 1750 und 1755 raster- und sternförmig angelegt wurden, u. a. den **Neptunbrunnen** (Mitte April–Sept. 10–16 Uhr) von 1781 mit einem Figurenensemble aus der griechischen Mythologie. Glanzpunkt ist die **Gloriette** (Erw./Kind 4,50/3,20 €; Juli & Aug. 9–19 Uhr, April–Juni & Sept. bis 18 Uhr, Okt.–Anfang Nov. bis 17 Uhr; 8A, 63A Gaßmannstraße, U Schönbrunn) von 1775. Die Aussicht von hier auf den Palast und Wien in der Ferne zählt zu den schönsten der Stadt. Es ist auch möglich, auf das Dach zu steigen.

Wagenburg

Die **Wagenburg** (www.kaiserliche-wagenburg.at; Erw./Kind 9,50 €/frei; Mitte März–Nov. 9–17 Uhr, Dez.–Mitte März 10–16 Uhr) zeigt kaiserliche Prachtkutschen wie etwa Franz Stephans Krönungskutsche mit opulenter Blattgoldverzierung, venezianischen Glasfenstern und aufgemalten Putten. Insgesamt wiegt das Gefährt stolze 4000 kg!

Kunsthistorisches Museum Wien

Das Museum in einem opulenten klassizistischen Gebäude entführt seine Besucher auf eine Zeitreise und Schatzsuche – vom antiken Rom bis nach Ägypten und in die Renaissance.

Toll für ...

☑ Nicht versäumen

Die niederländische Malerei des 17. Jhs., die Kunstkammer und die Kultkammer des Ka-ni-nisut.

Gemäldegalerie

Die riesige Gemäldegalerie beherbergt die bei Weitem eindrucksvollste Sammlung des Museums. Am Anfang steht die deutsche Renaissance mit der grandiosen Dürer-Sammlung, gefolgt vom flämischen Barock mit Rubens, van Dyck und Pieter Bruegel dem Älteren.

Auf den Gemälden des niederländischen Goldenen Zeitalters (16. und 17. Jh.) zeigt sich in Werken von Rembrandt, Ruisdael und Vermeer das Bemühen, die Wirklichkeit möglichst wahrheitsgetreu abzubilden.

In den venezianischen Sälen (16. Jh.) beeindrucken vor allem Tizians *Nymphe und Schäfer* (1570), Veroneses *Lucretia* (1583) und Tintorettos *Susanna im Bade* (1556).

Raffaels **Madonna im Grünen** (1506), eines der Meisterwerke der Hochrenaissance, steht ebenso im Zeichen der Hingabe

Gut zu wissen

KHM; www.khm.at; 01, Maria-Theresien-Platz; Erw./Kind mit Museen der Neuen Burg 16 €/frei; Juni–Aug. Fr–Mi 10–18, Do bis 21 Uhr, Sept.–Mai Mo geschl.; U Museumsquartier, Volkstheater

Kleine Stärkung

Ein Burger im hippen **Said the Butcher to the Cow** (01-535 69 69; www.butcher-cow.at; 01, Opernring 11; Burger 12–20,50 €, Steaks 28,50–39 €; Küche Di & Mi 14–22, Do–Sa bis 23 Uhr, Bar Di & Mi 17–1, Do–Sa bis 2 Uhr; ; D, 1, 2, 71 Kärntner Ring/Oper, U Karlsplatz).

Top-Tipp

Wer nicht viel Zeit hat, steuert am besten schnurstracks die Alten Meister in der Gemäldegalerie an.

wie die *Rosenkranzmadonna* (1601), ein gegenreformatorisches Altargemälde des italienischen Barockkünstlers Caravaggio.

Der absolute Star unter den Künstlern in den Sälen mit spanischer, französischer und englischer Malerei ist der spanische Hofmaler Velázquez.

Kunstkammer

Die Habsburger füllten ihre Kunstkammer mit einer enzyklopädischen Sammlung des Seltenen und Wertvollen wie Kelchen aus Narwal-Stoßzähnen oder Platzkartenhaltern mit versteinerten Haizähnen.

Ägyptisch-Orientalische Sammlung

Die Geheimnisse der altägyptischen Kulturen lassen sich auf einem Streifzug durch diese Sammlung erschließen. Hier erzählt die **Kultkammer des Ka-ni-nisut** in Reliefs und Hieroglyphen vom Leben eines Beamten der 5. Dynastie.

In der Orientalischen Sammlung ist das Highlight ein Löwenrelief vom babylonischen Ischtartor (604–562 v. Chr.).

Antikensammlung

Die umfassende griechische und römische Sammlung zeugt von der kaiserlichen Leidenschaft für antike Schätze: Die 2500 Objekte überspannen drei Jahrtausende, vom Zypern der Bronzezeit bis zum Frühmittelalter.

Unter den griechischen Werken befindet sich ein Fragment vom Nordfries des Parthenons. Die große römische Sammlung umfasst z. B. das *Theseusmosaik* (4. Jh. n. Chr.) aus Salzburg und das spannende Relief einer *Löwenjagd* (3. Jh. n. Chr.).

SEHENSWERTES

Hofburg & Umgebung

Hofburg Palast
(01-533 75 70; www.hofburg-wien.at; 01, Michaelerkuppel; D, 1, 2, 71 Burgring, UHerrengasse) Nichts steht so sehr für das österreichische Kulturerbe wie die Hofburg, in der die Habsburger von 1273 bis 1918 residierten. Der älteste Bereich ist der **Schweizerhof** aus dem 13. Jh., benannt nach den Schweizergardisten, die die Hofburg einst bewachten. Das **Schweizertor** ist ein Renaissance-Tor von 1553. Der Hof grenzt an den noch größeren **Inneren Burghof**. Dort prangt ein Standbild von Kaiser Franz II. Heute ist die Burg Amtssitz des österreichischen Präsidenten und beherbergt die erhaltenen Kaiserappartements und diverse Museen.

Kaiserappartements Palast
(01-533 7570; www.hofburg-wien.at; 01, Michaelerplatz; Erw./Kind 15/9 €, mit Führung 18/10,50 €; Juli & Aug. 9–18 Uhr, Sept.–Juni bis 17.30 Uhr; D, 1, 2, 71 Burgring, UHerrengasse) Die Kaiserappartements, einst die offiziellen Wohngemächer von Franz Josef I. und Kaiserin Elisabeth, beeindrucken durch ihre Opulenz. Das **Sisi Museum** ist der beliebtesten Kaiserin Österreichs gewidmet und zeigt überwiegend Kleidung und Schmuck der Monarchin. Im Eintrittspreis enthalten sind mehrsprachige Audioguides. Auf den Führungen werden die Kaiserappartements, das Sisi Museum und die **Silberkammer** besichtigt, deren größtes Silberservice für 140 Tischgäste reicht.

Kaiserliche Schatzkammer Museum
(01-525 24-0; www.kaiserliche-schatzkammer.at; 01, Schweizerhof; Erw./Kind 12 €/frei; Mi–Mo 9–17.30 Uhr; UHerrengasse) Die Kaiserliche Schatzkammer der Hofburg beherbergt Säkulares und Sakrales von unschätzbarem Wert und ungeheurer Pracht wie Andachtsbilder und Altäre vor allem aus der Barockzeit – allein der Wert der Kronjuwelen ist gigantisch. In den verschiedenen Sälen erblickt man Highlights wie eine goldene Rose, diamantenbesetzte türkische Säbel, einen Smaragd aus Kolumbien mit 2680 Karat und – als Glanzstück– die Kaiserkrone.

Albertina Kunstmuseum
(01-534 830; www.albertina.at; 01, Albertinaplatz 1; Erw./Kind 16 €/frei; Sa–Di & Do 10–18, Mi & Fr bis 21 Uhr; D, 1, 2, 71 Kärntner Ring/

MuseumsQuartier

TASFOTONL / GETTY IMAGES ©

Oper, UKarlsplatz, Stephansplatz) Die Albertina diente zunächst als kaiserliche Gästeresidenz der Habsburger, heute birgt sie eine herausragende Kunstsammlung. Die ständige Sammlung Batliner mit über 100 Werken aus der Zeit von Monet bis Picasso und die hochkarätigen Wechselausstellungen machen die Albertina zu einem Highlight.

Die Audioguides (4 €) liefern Informationen zu allen Abteilungen und erzählen die Geschichte der Säle und Kunstwerke.

Neue Burg Museum

(01-525 24-0; www.khm.at; 01, Heldenplatz, Hofburg; Erw./Kind 16 €/frei; Juni–Aug. Fr–Mi 10–18, Do bis 21 Uhr, Sept.–Mai Mi geschl.; D, 1, 2, 71 Burgring, UHerrengasse, Museumsquartier) Drei Museen können in der Neuen Burg mit einem Ticket besucht werden. Wunderbar vielfältig ist die **Sammlung alter Musikinstrumente**. Das **Ephesos-Museum** zeigt Artefakte, die österreichische Archäologen zwischen 1895 und 1906 in Ephesos in der Türkei ausgegraben haben. Die **Hofjagd- und Rüstkammer** enthält Rüstungen vor allem aus dem 15. und 16. Jh. Im Eintrittspreis sind das Kunsthistorische Museum (S. 586) und alle drei Museen in der Neuen Burg enthalten. Audioguides kosten 5 €.

MuseumsQuartier & Neubau

MuseumsQuartier Museum

(MQ; 01-523 58 81; www.mqw.at; 07, Museumsplatz; Informations- & Ticketcenter 10–19 Uhr; 49 Volkstheater, UMuseumsquartier, Volkstheater) Das MuseumsQuartier ist ein Komplex aus Museen, Cafés, Restaurants und Bars in den ehemaligen kaiserlichen Stallungen, entworfen von Fischer von Erlach. Das Epizentrum des Wiener Kulturlebens ist ideal, um an lauen Abenden zu relaxen und Leute zu beobachten. Der Komplex ist mit mehr als 90 000 m² Ausstellungsfläche eine der ambitioniertesten Kultureinrichtungen der Welt. Hier befinden sich das Leopold Museum, das MUMOK, die **Kunsthalle** (01-521 890; www.kunsthallewien.at; beide Hallen Erw./Kind 8 €/frei; Di, Mi & Fr–So 11–19, Do bis 21 Uhr), das **Architekturzentrum** (01-522 31 15; www.azw.at; Erw./Kind 9/2,50 €; Architekturzentrum 10–19 Uhr, Bibliothek Mo,

Prater & Riesenrad

Der **Prater** (www.wiener-prater.at; ; UPraterstern) GRATIS, mit 60 km² der größte Wiener Park, umfasst Pappel- und Kastanienwälder, Wiesen und Alleen sowie Kinderspielplätze, ein Schwimmbad, einen Golfplatz und eine Galopprennbahn. Die Hauptachse des Parks ist die von Kastanienbäumen gesäumte Hauptallee, die im Herbst rostrot und golden erstrahlt. Sie führt vom Praterstern schnurstracks zum **Lusthaus** (01-728 95 65; 02, Freudenau 254; Hauptgerichte 13–20 €; Mo–Di & Do–Fr 12–22, Sa & So bis 18 Uhr; ; 77A), einem alten Jagdhaus der Habsburger aus dem 16. Jh. Hier befinden sich heute ein Café und ein Restaurant mit klassischer Wiener Küche.

Über dem Freizeitpark Würstelprater dreht sich eins der sichtbarsten Wahrzeichen der Stadt, das **Riesenrad** (www.wienerriesenrad.com; 02, Prater 90; Erw./Kind 12/5 €; 9–24 Uhr, im Winter kürzer; ; UPraterstern). Für viele ist es das Hauptziel im Prater – jedenfalls für jene, die den britischen Schwarzweiß-Thriller *Der dritte Mann* (1949) mit Orson Welles gesehen haben, der im düsteren Wien der Nachkriegszeit spielt. Das 1897 von dem Engländer Walter B. Basset errichtete Riesenrad ist 65 m hoch und 430 t schwer. Eine Umdrehung dauert etwa 20 Minuten – so hat man genügend Zeit, um fantastische Fotos von der Stadt zu schießen.

Prater
MRGB / SHUTTERSTOCK ©

Wien

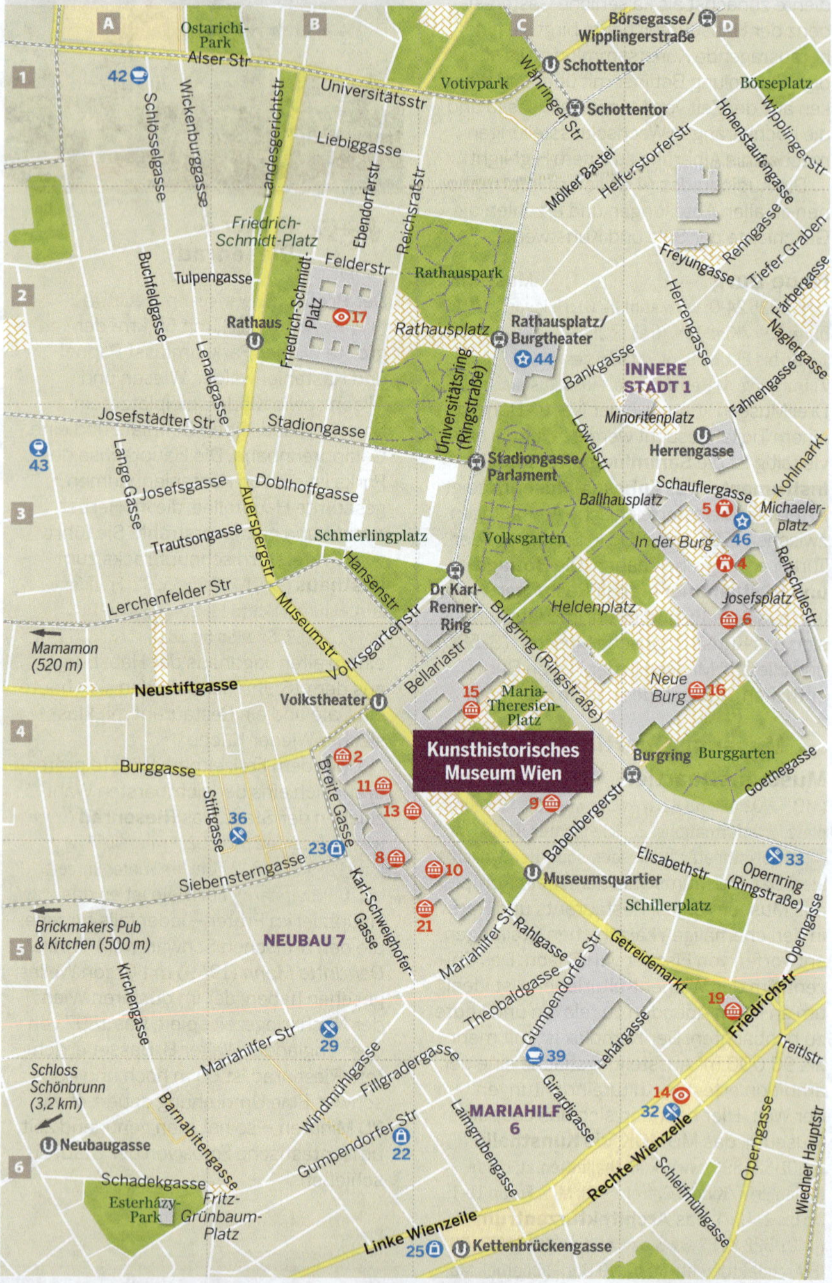
A
B
C
D
1
2
3
4
5
6
Ostarichi-Park
Alser Str
Börsegasse/Wipplingerstraße
Schottentor
Schottentor
Votivpark
Währinger Str
Universitätsstr
Börseplatz
Wipplingerstr
Hohenstaufengasse
42
Schlösselgasse
Wickenburggasse
Landesgerichtstr
Liebiggasse
Ebendorferstr
Reichsratstr
Mölker Bastei
Helferstorferstr
Friedrich-Schmidt-Platz
Felderstr
Rathauspark
Freyungasse
Renngasse
Tiefer Graben
Färbergasse
Naglergasse
Tulpengasse
Buchfeldgasse
Friedrich-Schmidt-Platz
17
Rathaus
Rathausplatz
Rathausplatz/Burgtheater
44
Universitätsring (Ringstraße)
Bankgasse
Herrengasse
INNERE STADT 1
Fahnengasse
Lenaugasse
Josefstädter Str
Stadiongasse
Minoritenplatz
Herrengasse
43
Lange Gasse
Josefsgasse
Doblhoffgasse
Auerspergstr
Stadiongasse/Parlament
Löwelstr
Ballhausplatz
Schauflergasse
Kohlmarkt
5
Michaelerplatz
46
Trautsongasse
Schmerlingplatz
Volksgarten
In der Burg
4
Reitschulestr
Lerchenfelder Str
Hansenstr
Dr Karl-Renner-Ring
Heldenplatz
Josefsplatz
6
Mamamon (520 m)
Museumstr
Volksgartenstr
Burgring (Ringstraße)
Bellariastr
Neustiftgasse
Volkstheater
15
Maria-Theresien-Platz
Neue Burg
16
Burggasse
2
Breite Gasse
Kunsthistorisches Museum Wien
Burgring
Burggarten
Goethegasse
11
13
9
Stiftgasse
36
23
8
10
Babenbergerstr
Elisabethstr
33
Opernring (Ringstraße)
Siebensterngasse
Karl-Schweighofer-Gasse
Museumsquartier
21
Schillerplatz
Brickmakers Pub & Kitchen (500 m)
NEUBAU 7
Mariahilfer Str
Rahlgasse
Getreidemarkt
Operngasse
Kirchengasse
Theobaldgasse
Gumpendorfer Str
19
Friedrichstr
Mariahilfer Str
29
39
Lehárgasse
Treitlstr
Schloss Schönbrunn (3,2 km)
Windmühlgasse
Fillgradergasse
Girardigasse
14
32
Barnabitengasse
MARIAHILF 6
Neubaugasse
Gumpendorfer Str
22
Laimgrubengasse
Rechte Wienzeile
Schleifmühlgasse
Operngasse
Wiedner Hauptstr
Schadekgasse
Esterházy-Park
Fritz-Grünbaum-Platz
Linke Wienzeile
25
Kettenbrückengasse

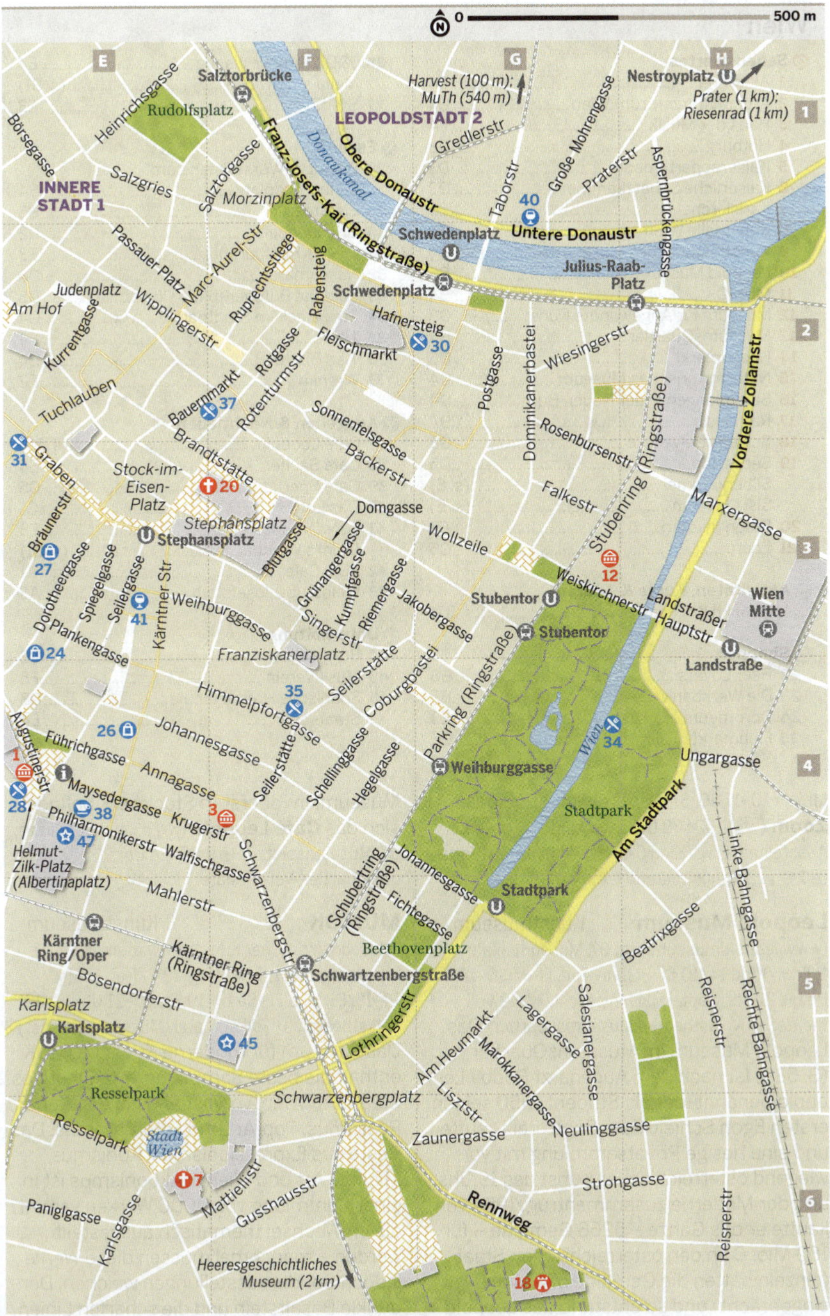
0
500 m
E
F
G
H
1
2
3
4
5
6
Salztorbrücke
Harvest (100 m);
MuTh (540 m)
Nestroyplatz
Prater (1 km);
Riesenrad (1 km)
LEOPOLDSTADT 2
INNERE
STADT 1
Rudolfsplatz
Heinrichsgasse
Börsegasse
Salzgries
Salztorgasse
Morzinplatz
Franz-Josefs-Kai (Ringstraße)
Donaukanal
Obere Donaustr
Gredlerstr
Taborstr
Große Mohrengasse
Praterstr
Aspernbrückengasse
40
Untere Donaustr
Schwedenplatz
Julius-Raab-
Platz
Passauer Platz
Marc-Aurel-Str
Ruprechtsstiege
Rabensteig
Judenplatz
Am Hof
Kurrentgasse
Wipplingerstr
Hafnersteig
Fleischmarkt
30
Ruprechtsstiege
Rotgasse
Rotenturmstr
Postgasse
Dominikanerbastei
Wiesingerstr
Stubenring (Ringstraße)
Vordere Zollamstr
Tuchlauben
Bauernmarkt
37
Sonnenfelsgasse
Bäckerstr
Rosenbursenstr
31
Graben
Brandstätte
Stock-im-
Eisen-
Platz
20
Falkestr
Marxergasse
Domgasse
Stephansplatz
Bräunerstr
27
Blutgasse
Wollzeile
12
Dorotheergasse
Spiegelgasse
Seilergasse
Kärntner Str
41
Weihburggasse
Grünangergasse
Kumpfgasse
Riemergasse
Jakobergasse
Stubentor
Weiskirchnerstr
Landstraßer
Hauptstr
Wien
Mitte
Landstraße
Plankengasse
24
Singerstr
Franziskanerplatz
Seilerstätte
Coburgbastei
Parkring (Ringstraße)
Himmelpfortgasse
35
26
Johannesgasse
Augustinerstr
1
Führichgasse
Annagasse
28
Maysedergasse
38
3
Krugerstr
Schellinggasse
Hegelgasse
Weihburggasse
Wien
34
Ungargasse
Stadtpark
Am Stadtpark
Philharmonikerstr
47
Walfischgasse
Schwarzenbergstr
Helmut-
Zilk-Platz
(Albertinaplatz)
Mahlerstr
Schubertring
(Ringstraße)
Johannesgasse
Fichtegasse
Stadtpark
Linke Bahngasse
Kärntner
Ring/Oper
Kärntner Ring
(Ringstraße)
Beethovenplatz
Beatrixgasse
Bösendorferstr
Schwartzenbergstraße
Salesianergasse
Reisnerstr
Rechte Bahngasse
Karlsplatz
Karlsplatz
45
Lothringerstr
Lagergasse
Am Heumarkt
Marokkanergasse
Resselpark
Schwarzenbergplatz
Lisztstr
Neulinggasse
Resselpark
Stadt
Wien
Zaunergasse
7
Mattiellistr
Strohgasse
Paniglgasse
Gusshausstr
Rennweg
Karlsgasse
Reisnerstr
Heeresgeschichtliches
Museum (2 km)
18

Wien

Mi & Fr 10–17.30, Sa & So bis 19 Uhr) und das **Zoom** (☎01-524 79 08; www.kindermuseum.at; Ausstellung Erw./Kind 6 €/frei, Aktivitäten Kind 5–7 €, erw. Begleitperson 6 €; ⏲Di–So).

Leopold Museum Kunstmuseum
(www.leopoldmuseum.org; 07, Museumsplatz 1; Erw./Kind 14/10 €; ⏲Juni–Aug. Fr–Mi 10–18, Do bis 21 Uhr, Sept.–Mai Mo geschl.; 🚋49 Volkstheater, Ⓤ Volkstheater, Museumsquartier) Das Leopold Museum im MuseumsQuartier (S. 589) ist nach dem Augenarzt Rudolf Leopold benannt, der als Student 1950 seinen ersten Egon Schiele zum Spottpreis kaufte und eine riesige Privatsammlung mit vorwiegend österreichischer Kunst des 19. Jhs. und der Moderne zusammentrug. 1994 verkaufte er das Ganze – 5266 Gemälde – für 160 Mio. € an den österreichischen Staat (einzeln hätten die Gemälde 574 Mio. € eingebracht) und so entstand das Leopold Museum. Im obersten Stockwerk befindet sich das **Café Leopold** (www.cafe-leopold.at; 07, Museumsplatz 1; ⏲9.30–24 Uhr; 📶; Ⓤ Museumsquartier, Volkstheater).

MUMOK Kunstmuseum
(Museum Moderner Kunst; www.mumok.at; 07, Museumsplatz 1; Erw./Kind 12 €/frei; ⏲Mo 14–19, Di, Mi & Fr–So 10–19, Do 10–21 Uhr; 🚋49 Volkstheater, Ⓤ Volkstheater, Museumsquartier) Das Museum für moderne Kunst MUMOK enthält die beste Sammlung von Kunst des 20. Jhs. in Wien, vorwiegend Fluxus, Neuer Realismus, Pop-Art und Fotorealismus. Das Beste aus Expressionismus, Kubismus, Minimal Art und Wiener Aktionismus ist in einer Sammlung von 9000 Werken vereint, die im Wechsel thematisch ausgestellt werden – manchmal müssen diese Werke jedoch Sonderausstellungen weichen. Der dunkle Basaltstein und die scharfen Linien

des Gebäudes bilden einen starken Kontrast zu den historischen Bauten des MuseumsQuartiers (S. 589).

Naturhistorisches Museum Museum
(www.nhm-wien.ac.at; 01, Maria-Theresien-Platz; Erw./Kind 12 €/frei, Planetarium extra 5/3 €, Dachführungen 8 €; Do–Mo 9–18.30, Mi bis 21 Uhr; U Volkstheater) Vier Milliarden Jahre Naturgeschichte werden in diesem Museum konzentriert dargestellt. Unter all den Mineralien, Fossilien und Dinosaurierknochen gibt's tolle Stücke zu entdecken, z. B. die winzige, 25 000 Jahre alte *Venus von Willendorf* und eine einzigartige Meteoritensammlung aus 1100 Teilen. Audioguides kosten 5 €.

Das Kuppelgebäude aus dem späten 19. Jh. mit Sälen voll Stuck und Fresken ist der identische Zwilling des Kunsthistorischen Museums gegenüber. Führungen schließen das Dach des Gebäudes ein, Kinder unter zwölf Jahren dürfen nicht mit.

Rathaus Historisches Gebäude
(01-502 55; www.wien.gv.at; 01, Rathausplatz 1; Führungen Sept.–Juni Mo, Mi & Fr 13 Uhr, Juli & Aug. Mo–Fr 13 Uhr; D, 1, 2, 71 Rathausplatz/Burgtheater, U Rathaus) GRATIS Das neugotische Wiener Rathaus, von Friedrich von Schmidt, der auch am Kölner Dom gewirkt hatte, 1883 nach dem Vorbild flämischer Rathäuser fertiggestellt, ist das Highlight des architektonischen Ensembles aus dem 19. Jh. an der Ringstraße. Den besten Blick auf die filigrane Fassade mit ihren Spitzbogenfenstern und schlanken Türmchen hat man vom **Rathauspark**, in dem Josef Lanner und Johann Strauss I., die Väter des Wiener Walzers, in Bronze verewigt sind. Die einstündigen Führungen sind kostenlos, ebenso die Audioguides.

Stephansdom & Altstadt

Stephansdom Dom
(www.stephanskirche.at; 01, Stephansplatz; Erw./Kind inkl. Audioguide oder Führung 6/2,50 €, alles inkl. 14,90/3,90 €; Mo–Sa 9–11.30 & 13–16.30, So 13–16.30 Uhr; U Stephansplatz) Das gotische Prachtstück Wiens, der Stephansdom, wird liebevoll „Steffl" genannt und ist der ganze Stolz der Stadt. Seit dem 12. Jh. steht an dieser Stelle eine Kirche – das romanische **Riesentor** und die **Heidentürme** erinnern an sie. Von außen betrachtet fällt zunächst das herrliche Ziegeldach mit den bunten Zickzackstreifen und dem Bundesadler auf. Das Langschiff dominiert die prachtvolle gotische Kanzel aus Stein. Sie stammt von 1515 und wurde von Anton Pilgram geschaffen.

Haus der Musik Museum
(www.hausdermusik.com; 01, Seilerstätte 30; Erw./Kind 13/6 €, inkl. Mozarthaus 18/8 €; 10–22 Uhr; 2, 71 Schwarzenbergplatz, U Karlsplatz) Das Haus der Musik erklärt Kindern wie Erwachsenen unterhaltsam und interaktiv die Welt des Klangs. Die Exponate sind über vier Etagen verteilt und beschäftigen sich mit der Entstehung des Klangs, von den Wiener Philharmoniker bis zum Straßenlärm. Die Treppe zwischen den Stockwerken dient als Klavier und im verglasten Innenhof im Erdgeschoss finden Konzerte statt. Nach 20 Uhr beträgt der Eintritt für Erwachsene nur noch 6,50 €.

Karlsplatz & rund um den Naschmarkt

Secession Kunstmuseum
(www.secession.at; 01, Friedrichstraße 12; Erw./Kind 9,50/6 €; Di–So 10–18 Uhr; U Karlsplatz) 1897 sagten sich 19 progressive Künstler vom Wiener Künstlerhaus los, das den Mainstream der damaligen Zeit verkörperte, und begründeten die Wiener Secession. Zu ihnen gehörten Gustav Klimt, Josef Hoffman, Kolo Moser und Joseph M. Olbrich. Olbrich entwarf das neue Ausstellungszentrum der Secessionisten. Die Hauptattraktion ist Klimts herrlich vergoldeter Beethovenfries. Einstündige Führungen (3 €) werden samstags um 14 Uhr angeboten. Ein Audioguide kostet 3 €.

Karlskirche Kirche
(www.karlskirche.at; 04, Karlsplatz; Erw./Kind 8/4 €; Mo–Sa 9–18, So 12–19 Uhr; U Karlsplatz) Wiens schönste Barockkirche an der Südostecke des Resselparks wurde zwischen 1716 und 1739 aufgrund eines Gelübdes erbaut, das Karl VI. nach dem Ende der Pest 1713 geleistet hatte. Sie wurde von Johann

Naschmarkt & Flohmarkt

Wiens berühmter **Markt** (www.wien.gv.at; 06, Linke & Rechte Wienzeile; ⏲Mo–Fr 6–19.30, Sa bis 17 Uhr; Ⓤ Kettenbrückengasse) samt Fressmeile begann im 18. Jh. als Bauernmarkt, als der Obstmarkt von der Freyung hierher verlegt wurde.

Aus dem Orient trudelten Früchte ein, die Vorläufer der heutigen Wurstbuden wurden errichtet und es entwickelten sich Abteilungen für Kohle, Holz und landwirtschaftliches Gerät. „Naschmarkt" hieß der Markt offiziell ab 1905. Ein paar Jahre zuvor hatte Otto Wagner den Wienfluss in einen offenen Sarg aus Stein und Beton gelegt. Für den Naschmarkt erwies sich dies als Segen, da so neuer Platz entstand. Heute gibt's auf dem Naschmarkt nicht nur Lebensmittel, sondern es findet auch jede Woche ein großer Flohmarkt statt.

Dieser **Flohmarkt** (05, Linke Wienzeile; ⏲Sa 6.30–18 Uhr; Ⓤ Kettenbrückengasse), eine Wiener Institution, wimmelt vor Antiquitäten und „Altwaren" wie Büchern, Bekleidung und Schallplatten sowie Elektrogeräten, Postkarten und Teppichen. Man sollte möglichst früh da sein, da es im Verlauf des Vormittags sehr voll werden kann – und es darf ruhig ordentlich gehandelt werden!

Fundstücke auf dem Flohmarkt

Bernhard Fischer von Erlach entworfen, den Bau vollendete sein Sohn Joseph. Die mächtige elliptische kupferne **Kuppel** ist 72 m hoch; Highlight ist die Fahrt mit dem Aufzug hoch zur Kuppel (im Eintrittspreis inbegriffen), wo die Fresken von Johann Michael Rottmayr ganz aus der Nähe zu sehen sind.

Vom Schloss Belvedere zum Donaukanal

Schloss Belvedere — Palast

(www.belvedere.at; Prinz-Eugen-Straße 27; Erw./Kind Oberes Belvedere 16 €/frei, Unteres Belvedere 14 €/frei, Kombiticket 22 €/frei; ⏲Sa–Do 9–18, Fr bis 21 Uhr; 🚊D, 71 Schwarzenbergplatz, Ⓤ Taubstummengasse, Südtiroler Platz) Das Belvedere ist eines der schönsten Barockschlösser der Welt, entworfen von Johann Lukas von Hildebrandt (1668–1745) für den Türkenbezwinger Prinz Eugen von Savoyen. Welch überschäumende Romantik die üppig mit Fresken ausgestalteten und mit Werken von Klimt, Schiele und Kokoschka geschmückten Säle hervorrufen, welche Geschichten die gepflegten Gärten, die sich wie ein Theatervorhang öffnen und einen Blick auf die Skyline Wiens freigeben, zu erzählen haben!

Heeresgeschichtliches Museum — Museum

(www.hgm.at; 03, Arsenal; Erw./unter 19 J. 7 €/frei, 1. So des Monats frei; ⏲9–17 Uhr; Ⓤ Südtiroler Platz) Das ausgezeichnete Heeresgeschichtliche Museum residiert im Arsenal, einer großen neobyzantinischen Kaserne samt Munitionsdepot. Auf zwei Etagen beschreitet das Museum den Weg vom Dreißigjährigen Krieg (1618–1648) bis zum Zweiten Weltkrieg und behandelt unterwegs etwa den Ungarnaufstand und den Deutschen Krieg von 1866, die napoleonischen und Türkenkriege und den Ersten Weltkrieg. Zu den Highlights im 1. Stock zählen das Große Siegel von Mustafa Pascha, das dem Prinzen Eugen 1697 in der Schlacht von Zenta in die Hände fiel.

Museum für Angewandte Kunst — Museum

(MAK, www.mak.at; 01, Stubenring 5; Erw./unter 19 J. 12 €/frei, Di 18–22 Uhr 5 €, Führungen 3,50 €; ⏲Mi–So 10–18, Di bis 22 Uhr, Führung Sa 11 Uhr; 🚊2 Stubentor, Ⓤ Stubentor) Das MAK widmet sich Kunsthandwerk und Kunst im Alltag. In jedem Raum wird ein Stil vorgestellt, darunter Renaissance, Barock, Orientalismus, Historismus, Empire und Art déco; dazu kommen die Metallarbeiten der Wiener Werkstätte. Gegenwartskünstler haben die Räume gestaltet, sodass sehr faszinierende Säle entstanden sind. Der Raum zum Design und zur Baukunst des 20. Jhs. ist ein Highlight.

AKTIVITÄTEN

Wrenkh Kochsalon Kochkurse

(01-533 15 26; www.wrenkh-wien.at; 01, Bauernmarkt 10; pro Pers. ab 48 €; U Stephansplatz) Die Kochschule im gleichnamigen **Restaurant** (Hauptgerichte 11,50–30 €; Mo–Sa 11–22 Uhr;) gibt Unterricht in der Zubereitung österreichischer Klassiker wie Schnitzel, Tafelspitz, Süßwasserfisch und Apfelstrudel sowie ausländischer (indisch, thailändisch usw.) und vegetarischer und veganer Speisen. Es werden auch Touren angeboten. Die Kochkurse kosten ab 48 € für 2½ Stunden bis 130 € für sechs Stunden. Das Programm ist auf der Website zu finden.

Donauinsel Natur

(U Donauinsel) Die grazile Donauinsel erstreckt sich über 21,5 km von Klosterneuburg im Norden bis zum Nationalpark Donau-Auen im Süden und teilt die Donau in zwei Hälften, wodurch als Nebenarm die Neue Donau entstanden ist. Die 1970 angelegte Insel weist Strandabschnitte – mit nur wenig Sand – zum Baden, Bootfahren und ein bisschen Wasserskifahren auf.

SHOPPEN

Beer Lovers Getränke

(www.beerlovers.at; 06, Gumpendorfer Straße 35; Mo–Fr 11–20, Sa 10–17 Uhr; U Kettenbrückengasse) Das Craft-Bier-Mekka hat über 1000 Biere von über 125 verschiedenen Brauereien in mehr als 70 Stilen vorrätig und täglich kommen neue hinzu. Regelmäßig werden Verkostungen angeboten. In einem begehbaren gläsernen Kühlschrank und in wiederbefüllbaren Behältern steht kaltes Bier zur Verfügung. Zudem gibt's handwerklich produzierten Cidre, Spirituosen von Kleinerzeugern und alkoholfreie Getränke wie Ingwerbier.

Julius Meinl am Graben Lebensmittel

(www.meinlamgraben.at; 01, Graben 19; Mo–Fr 8–19.30, Sa 9–18 Uhr; U Stephansplatz) Wiens renommiertestes Feinkostgeschäft ist ein Paradies aus hochwertigen Lebensmitteln aus der ganzen Welt (über 17 000 Produkte).

Karlskirche

CÉSAR ASENSIO / 500PX©

★ Top-Cafés

POC Café (S. 599)
Café Sperl (S. 599)
Café Sacher (S. 599)
Waldemar (S. 585)
Café Leopold (S. 592)

Von links: Sachertorte im Café Sacher (S. 599); Café Leopold (S. 592); Café Sperl (S. 599)

ALEXANDROS MICHAILIDIS / SHUTTERSTOCK ©

ALLOVER IMAGES / ALAMY STOCK PHOTO ©

Im Erdgeschoss prägen Schokolade und Pralinen das Bild, oben gibt's verführerisch Käse (über 400 Sorten) und Wurst. Das Untergeschoss lockt mit Wein und Obstlikör aus Österreich und dem restlichen Europa; hier ist auch eine edle **Weinbar** (Mo–Sa 11–24 Uhr). Auch befindet sich hier ein hervorragendes **Restaurant** (01-532 33 34 6000; Hauptgerichte 27–39 €, 4-Gänge-Menü 79 €; Mo–Fr 8–23, Sa 9–23 Uhr;).

J. & L. Lobmeyr Wien Haushaltswaren
(www.lobmeyr.at; 01, Kärntner Straße 26; Mo–Fr 10–19, Sa bis 18 Uhr; U Stephansplatz) Das Geschäft, das über eine schöne schmiedeeiserne Treppe zu erreichen ist, bietet eines der opulentesten Einkaufserlebnisse Wiens. Das Sortiment besteht aus Biedermeier-Stücken, von Adolf Loos entworfenen Trinkservices, schönen Glaswaren und feinem Porzellan – alles glitzert im Licht des Kronleuchters im Atrium. Lobmeyr besteht seit 1823: Damals belieferte das Geschäft exklusiv den kaiserlichen Hof.

Steiff Spielzeug
(www.steiff-galerie-wien.at; 01, Bräunerstraße 3; Mo–Fr 10–12.30 & 13.30–18, Sa 10–12.30 & 13.30–17 Uhr; U Stephansplatz) Das 1880 in Deutschland gegründete Unternehmen Steiff gilt gemeinhin als Erfinder des Teddybären, der 1902 auf der Leipziger Spielwarenmesse erstmals vorgestellt wurde: Ein amerikanischer Geschäftsmann kaufte 3000 Stück und vermarktete sie unter dem Namen, der auf den US-Präsidenten Theodore („Teddy") Roosevelt zurückgeht. Der österreichische Flagshipstore der Firma präsentiert neben knuddeligen Bären auch andere hochwertige Plüschtiere.

Die Werkbank Design
(www.werkbank.cc; 07, Breite Gasse 1; Di–Fr 13–18.30, Sa 11–17 Uhr; U Volkstheater) Möbel, Lampen, Teppiche, Vasen, Schmuck, Uhren, Grafik, Taschen und sogar Fahrräder gehören zu den Kreationen in der „Werkbank", den ganz in Weiß gehaltenen Räumlichkeiten einer Design-Kooperative, in denen innovative Designer Wiens ihre Arbeiten vorstellen.

Dorotheum Antiquitäten
(www.dorotheum.com; 01, Dorotheergasse 17; Mo–Fr 10–18, Sa 9–17 Uhr; U Stephansplatz) Das Dorotheum zählt zu den größten Auktionshäusern Europas, aber für zufällige Besucher ist es eher ein Museum. Zu sehen sind hier altes Spielzeug und Geschirr,

MOJMIR FOTOGRAFIE / SHUTTERSTOCK ©

Handschriften, antiquarische Gewehre und hochwertige Gemälde. Jeder kann hier bei Auktionen mitbieten, aber sich auch einfach nur umschauen.

ESSEN

Mamamon — Thailändisch €

(☎01-942 31 55; www.mamamonthaikitchen.com; 08, Albertgasse 15; Hauptgerichte 7,50–10,90 €; ⏲Mo–Fr 11.30–21.30, Sa 12–21.30 Uhr; Ⓤ Josefstädter Straße, Rathaus) Eigentümerin Piano, die ihr Restaurant nach ihrer Mutter Mon benannte, hat der florierenden südostasiatischen kulinarischen Szene der Stadt mit ihren südthailändischen Gerichten, einer Street-Food-Einrichtung und einem Indie-Soundtrack die Sporen gegeben. An milden Abenden sitzen fröhliche junge Gäste auch draußen im Hof, wo sie sich an einen großen Gemeinschaftstisch hocken – oder sie lassen sich drinnen am Fenster nieder.

Bitzinger Würstelstand am Albertinaplatz — Imbiss €

(www.bitzinger-wien.at; 01, Albertinaplatz; Würstchen 3,50–4,70 €; ⏲8–4 Uhr; 🚊D, 1, 2, 71 Kärntner Ring/Oper, Ⓤ Karlsplatz, Stephansplatz) Wiens bester Würstelstand hinter der Staatsoper genießt Kultstatus. Hier nippen aufgebrezelte Damen und Herren nach Vorstellungsschluss an den Tischen draußen oder am beheizten Tresen Bier, Wein oder Champagner und genehmigen sich dazu eine Bratwurst. Senf gibt's süß und scharf.

Eis Greissler — Eiscreme €

(www.eis-greissler.at; 06, Mariahilfer Straße 33; 1/2/3/4/5 Kugeln 1,60/3/4,30/5,30/6; ⏲11–20 Uhr; Ⓤ Museumsquartier) 🍃 Eis Greissler ist leicht an der unvermeidlichen Schlange zu erkennen. Die Wiener lassen sich bei jedem Wetter von der leckeren Eiscreme aus Biomilch, -joghurt und -sahne vom eigenen Hof in Unterösterreich hierherlocken; Veganer freuen sich über Eis aus Soja- und Hafermilch. Die Sorten verändern sich mit den Jahreszeiten und vielleicht gibt's gerade Ziegenkäse, Kernöl, Zimt, Birne oder Marzipan.

Harvest — Vegan €

(☎0676 492 77 90; www.harvest-bistrot.at; 02, Karmeliterplatz 1; Hauptgerichte 4,50–11 €, Brunch 16,60 €, mittags 8,80 €; ⏲Mo–Fr 14–24, Sa & So 10–24 Uhr; 🖉; 🚊2 Karmeliterplatz, Ⓤ Nestroyplatz) Das freundliche, szenige Harvest verwendet nur Saisonales für seine gesunden vegetarischen und veganenen Gerichte, ob

ALIAKSEI KRUHLENIA / SHUTTERSTOCK ©

Griechenbeisl mit Weihnachtsschmuck

beim Salat aus Linsen, Birne, Walnuss und geräuchertem Tofu oder bei Gemüsecurrys mit Kokos. Kerzen, sanftes Licht und alte Möbel bilden das Ambiente, im Sommer öffnet die Terrasse. Hinzu kommen Kaffee aus der Rösterei Alt Wien, hausgebackener Kuchen und Brunch am Wochenende.

Griechenbeisl Österreichisch €€
(☎01-533 19 77; www.griechenbeisl.at; 01, Fleischmarkt 11; Hauptgerichte 17–29 €; ⌚11.30–23.30 Uhr; ✎; 🚋1, 2 Schwedenplatz, Ⓤ Schwedenplatz) Wiens ältestes Restaurant (von 1447), in dem schon Beethoven, Brahms, Schubert und Strauss verkehrten, wartet mit Gewölbedecken, Holzvertäfelung und einer am Fuße eines Brunnens beim Eingang steckenden Augustin-Figur auf. Auf der Karte sind alle klassischen Wiener Speisen versammelt, dazu kommen jeden Tag drei vegetarische Gerichte. Im Sommer sitzt es sich schön auf der von Pflanzen umringten Terrasse vorm Haus.

Tian Bistro Vegetarisch €€
(☎01-890 466 532; www.tian-bistro.com; 07, Schrankgasse 4; Hauptgerichte 9–18 €; ⌚Mo 17.30–22, Di–Fr 12–22, Sa & So 10–22 Uhr; ✎; 🚋49 Siebensterngasse) Im Sommer stehen auf dem Kopfsteinpflaster vor dem Tian bunte Tische, drinnen lässt ein Glasdach viel Licht in den atriumartigen Gastraum voller Grünzeug. Dies ist der günstigere und entspanntere Ableger des vegetarischen Sternerestaurants **Tian** (☎01-890 46 65; www.tian-restaurant.com; 01, Himmelpfortgasse 23; 4-/6-/8-Gänge-Mittagsmenü 89/109/127 €, 8-Gänge-Abendmenü 127 €; ⌚Di 18–21, Mi–Sa 12–14 & 18–21 Uhr; ✎; 🚋2 Weihburggasse, Ⓤ Stephansplatz) 🌿. Serviert werden vegetarische und vegane Gerichte wie Schwarztrüffelrisotto mit piemontesischen Haselnüssen. Am Wochenende gibt's bis 13 Uhr Brunch.

Steirereck im Stadtpark Sterneküche €€€
(☎01-713 31 68; http://steirereck.at; 03, Am Heumarkt 2a; Hauptgerichte 38–58 €, 6-/7-Gänge-Menü 149/165 €; ⌚Mo–Fr 11.30–14.30 & 18.30–24 Uhr; Ⓤ Stadtpark) In dem mit zwei Michelin-Sternen bedachten Restaurant in einer alten Molkerei aus dem 20. Jh. im Stadtpark schwingt Heinz Reitbauer das Zepter. Seine Verkostungsmenüs sind ein Fest für die Sinne: Die natürlichen Aromen, die sich hier entfalten dürfen, zeugen von einem Koch mit hohem Anspruch. Die Weinbegleitung kostet 79/89 € (6/7 Gänge) zusätzlich.

AUSGEHEN & NACHTLEBEN

POC Cafe Café

(www.facebook.com/pg/poccafe; 08, Schlösselgasse 21; Mo–Fr 8–17 Uhr; 5, 43, 44, U Schottentor) Der freundliche Robert Gruber ist eine Wiener Kaffeelegende und seine ansteckende Passion ist auch in diesen verwinkelten, laborartigen Räumlichkeiten zu spüren. POC steht für „People on Caffeine"; Filterkaffee, Espresso und eiskalte Sommerkaffees stehen im Mittelpunkt. Dazu gibt's Leckeres für Zuckerschnuten wie Mohn- und Käsekuchen sowie saisonale Obstkuchen.

Café Sperl Café

(www.cafesperl.at; 06, Gumpendorfer Straße 11; Mo–Sa 7–22, So 10–20, Juli & Aug. So geschl.; ; U Museumsquartier, Kettenbrückengasse) Mit seiner herrlichen Jugendstil-Einrichtung, den stattlichen Ausmaßen, gemütlichen Nischen und dem gemächlichen Flair ist das Sperl (ca. 1880) eins der schönsten Kaffeehäuser Wiens. Auf jeden Fall sollte man die Sperl Torte probieren, einen Traum aus Mandel-Schokoladen-Creme, dazu eine der rund drei Dutzend Kaffeevarianten. Sonntags von 15.30 bis 17.30 Uhr spielt ein Pianist live.

Weinstube Josefstadt Weinbar

(www.facebook.com/WeinstubeJosefstadt; 08, Piaristengasse 27; April–Dez. 16–24 Uhr; U Rathaus) Die Weinstube Josefstadt ist ein wunderbarer Stadtheuriger, eine grüne Oase zwischen hohen Mietshäusern. Die Tische mit freundlichen, angeheiterten Einheimischen stehen zwischen Bäumen und Sträuchern, mit Blick auf ein bemaltes Gartenhäuschen, das Salettl. Der Wein ist heimisch und günstig, das typische Essen besteht aus einer Art Buffet mit Fleisch und Schmalzgebackenem. Nur Barzahlung.

Das Loft Bar

(www.dasloftwien.at; 02, Praterstraße 1; Mo–Sa 12–2, So 12.30–2 Uhr; 2 Gredlerstraße, U Schwedenplatz) Was für ein Ausblick! Wenn man per Lift zum Loft im 18. Stock des Sofitel hochfährt, schrumpft Wien zur Spielzeugstadt. Von der schicken gläsernen Lounge kann man bei einem Tonkabohnen-Sour oder einem Mojito Stephansdom und Hofburg ausmachen. Abends erstrahlt die Decke in der Farbpalette impressionistischer Malerei.

Wiener Spezialitäten

Die Wiener Küche ist reich an Klassikern, die teils ursprünglich gar nicht aus Wien stammen.

Wiener Schnitzel Das echte ist paniert und aus Kalbfleisch, es wird aber auch aus Schweinefleisch zubereitet.

Gulasch Rindsgulasch gibt's überall in Wien, stammt aber eigentlich aus Ungarn. Die österreichische Version wird oft mit Semmelknödeln serviert.

Tafelspitz Gewöhnlich schwimmt das Schwanzstück vom Rind in einer mit Suppengrün angereicherten Brühe und wird mit Kren (Meerrettich) serviert.

Beuschel Innereien, meist Lunge und Herz, in einer leicht rahmigen Sauce.

(Steirisches) Backhendl Panierte, frittierte Stücke vom Huhn.

Zwiebelrostbraten Rinderbratenscheiben mit dunkler Sauce und Bratzwiebeln.

Schinkenfleckerln Nudelauflauf mit Schinken.

Bauernschmaus Aufschnittplatte.

Spitzenreiter unter den Desserts sind Kaiserschmarrn (zerrupfter süßer Pfannkuchen mit Rosinen) und Apfelstrudel. Im Sommer unbedingt Marillenknödel (mit Aprikosen) probieren!

Wiener Schnitzel

STEPANEK PHOTOGRAPHY / SHUTTERSTOCK ©

Café Sacher Café

(www.sacher.com; 01, Philharmonikerstraße 4; 8–24 Uhr; D, 1, 2, 71 Kärntner Ring/Oper, U Karlsplatz) Das Edelcafé mit seinem Kellnerbatail-

POSZTOS / SHUTTERSTOCK ©

Oper & Klassische Musik

Die **Staatsoper** (☎01-514 44 7880; www.wiener-staatsoper.at; 01, Opernring 2; Tickets 14–287 €, Stehplätze 4–10 €; Ⓤ Karlsplatz) ist Wiens wichtigstes Opern- und Konzerthaus. Hier geht's formell zu, das Publikum wirft sich in Schale. In den Pausen kann man im Foyer und in den Erfrischungsräumen die Pracht aus Gold und Kristall bewundern. Im Juli und August finden keine Vorstellungen statt (Führungen schon). Eintrittskarten sind bis zu zwei Monate im Voraus erhältlich.

lon und dem vornehmen Flair ist berühmt für seine Sachertorte, eine schwere Schokoladentorte mit Aprikosenkonfitüre, die schon Kaiser Franz Josef schätzte. Am besten genießt man sie im opulenten Café selbst, es gibt auch eine überdachte Terrasse. Das Sacher Eck nebenan, ein Teesalon im Stil der 1920er-Jahre, hat das gleiche Angebot.

Loos American Bar Cocktailbar
(www.loosbar.at; 01, Kärntner Durchgang 10; ⏲12–4 Uhr; Ⓤ Stephansplatz) Das Loos ist *die* Adresse für einen klassischen Cocktail wie den trockenen Martini, für den die Bar bekannt ist. Die 1908 vom österreichischen Architekten Adolf Loos entworfene, nur 27 m² große Bar mit Sitzplätzen für rund 20 Gäste ist von oben bis unten in Onyx, Marmor, Mahagoni und Messing ausgekleidet, samt raumerweiternden Spiegelwänden.

Brickmakers Pub & Kitchen Craft-Bier
(☎01-997 44 14; www.brickmakers.at; 07, Zieglergasse 42; ⏲Mo–Mi 16–1, Do & Fr bis 2, Sa 10–2, So bis 1 Uhr; 🚋49 Westbahnstraße/Zieglergasse) Dunkelgrüne U-Bahn-Kacheln, ein Mosaikfußboden und ein Soundtrack aus Disco, Hip-Hop, Funk und Soul bilden den Rahmen für tolle Craft-Biere und -Cidres: Es gibt 30 Sorten vom Fass und über 150 Flaschenbiere. Zu essen gibt's amerikanische Grillgerichte wie geräucherte Rinderbrust und Rippchen in Bourbon-Marinade. Happy Hour ist montags bis freitags von 17 bis 19 Uhr.

✪ UNTERHALTUNG

Spanische Hofreitschule Darstellende Kunst
(☎01-533 90 31-0; www.srs.at; 01, Michaelerplatz 1; Tickets 27–225 €, Stehplatz 13 €; ⏲unterschiedl. Zeiten; Ⓤ Herrengasse) Die berühmte Spanische Hofreitschule ist eine Wiener Institution, ein Sinnbild der Kaiserzeit. Bei den Vorführungen kommen Lipizzaner-Hengste zum Einsatz, die einst auf dem kaiserlichen Gestüt in Lipizza gezüchtet wurden. Die schönen Tiere führen zu klassischer Musik ein wahres Pferdeballett auf.

Burgtheater Theater
(☎01-514 44 4140; www.burgtheater.at; 01, Universitätsring 2; Sitze 7–61 €, Stehplatz 3,50 €; ⏲Theaterkasse Mo–Fr 9–17 Uhr, Juli & Aug. geschl.; 🚋D, 1, 71 Rathausplatz/Burgtheater) Das Burgtheater spielt traditionell am Puls der Zeit und ist eines der wichtigsten Häuser der deutschsprachigen Theaterwelt. Die rund 800 Vorstellungen pro Jahr reichen von Shakespeare bis Woody Allen. Zum Haus gehört ebenfalls das 1911 bis 1913 erbaute Akademietheater mit 500 Plätzen.

Musikverein Konzertsaal
(☎01-505 81 90; www.musikverein.at; 01, Musikvereinsplatz 1; Tickets 15–105 €, Stehplatz 7–15 €; ⏲Kartenschalter Sept.–Juni Mo–Fr 9–20, Sa bis 13 Uhr, Juli & Aug. Mo–Fr 9–12 Uhr; Ⓤ Karlsplatz) Der opulente Musikverein verfügt über die beste Akustik aller Konzerthäuser in Österreich. Das machen sich die Wiener Philharmoniker natürlich zunutze! Das Konzerthaus kann auf 45-minütigen Führungen (Erw./Kind 8,50/5 €, Mo–Sa 13.45 Uhr) besichtigt werden. Kleinere Konzerte finden im Brahmssaal statt. Es gibt keine Studentenkarten.

AFP CONTRIBUTOR / CONTRIBUTOR / GETTY IMAGES ©

Spanische Hofreitschule

MuTh Konzertsaal
(☎01-347 80 80; www.muth.at; 02, Obere Augartenstraße 1e; Konzerte der Wiener Sängerknaben 39–89 €; ⌚Mo–Fr 16–18 Uhr & 1 Std. vor Vorstellungsbeginn; UTaborstraße) Die Mischung aus Barock- und moderner Architektur ist die Heimat der Wiener Sängerknaben, die vorher nur in der Hofburg auftraten. Neben den Chorkonzerten mit den engelsgleichen Jungenstimmen freitags um 17 Uhr kommen hier auch Tanz, Theater, Oper, klassische Musik, Rock und Jazz zum Zuge.

PRAKTISCHE INFORMATIONEN

Tourist Info Wien (☎01-245 55; www.wien.info; 01, Albertinaplatz; ⌚9–19 Uhr; ; D, 1, 2, 71 Kärntner Ring/Oper, UStephansplatz) Die Touristeninformation hat Gratis-Stadtpläne und Broschüren.

AN- & WEITERREISE

Wer mit dem eigenen Fahrzeug anreist, benötigt eine Autobahnvignette (10 Tage/2 Monate Pkw 9/26,20 €, Motorräder 5,20/13,10 €). Erhältlich sind die „Pickerl" auf dem Weg nach Österreich an Tankstellen in den Nachbarländern. Weitere Infos unter www.austria.info.

UNTERWEGS VOR ORT

Streckenpläne hängen in allen U-Bahnhöfen und vielen Bus- und Straßenbahnhaltestellen aus. Kostenlose Pläne gibt's bei **Wiener Linien** (☎01-7909-100; www.wienerlinien.at) in U-Bahnhöfen.

U-Bahn Schnell, bequem und sicher. Die Züge fahren montags bis donnerstags von 5 bis 24 Uhr sowie durchgehend von Freitag um 5 Uhr bis Sonntag um 24 Uhr. Tickets gibt's an Automaten und Schaltern, vor dem Einsteigen entwerten.

Straßenbahn Langsamer, aber schöner. Je nach Strecke fahren die Bahnen von etwa 5.15 bis 23.45 Uhr. Tickets gibt's an Kiosken oder beim Fahrer (teurer), vorm Einsteigen entwerten.

Bus Zuverlässig, pünktlich, mit mehreren sehr praktischen Strecken für Besucher. Die meisten Busse fahren von 5 bis 24 Uhr; am Wochenende seltener oder gar nicht. Tickets gibt's beim Fahrer und in Kiosken; vorm Einsteigen entwerten.

Nachtbus Besonders gut für die Randbezirke; fahren jede halbe Stunde von 0.30 bis 5 Uhr. Die wichtigsten Haltestellen sind Schwedenplatz, Schottentor und Kärntner Ring/Oper.

Spiegelsaal, Château de Versailles (S. 266)

Im Fokus

Teilnehmer beim Eurovision 2019

VYACHESLAV PROKOFYEV / CONTRIBUTOR / GETTY IMAGES ©

Europa aktuell

Europa steckt in schwierigen Zeiten. Wirtschaftlich geht es vielen Ländern nicht gut, politisch kämpfen Pro- und Anti-EU-Kräfte um die Seele des Kontinents. In Großbritannien stimmte eine knappe Mehrheit für den „Brexit" – den Austritt aus der EU – und dieser Prozess hat sich als komplizierter herausgestellt, als viele angenommen hatten.

Die Lage der EU

Wie es mit Europa als politischer Einheit weitergehen soll, bleibt für die EU-Länder eine brennende Frage, besonders für jene, die dem EU-Parlament nicht noch mehr Macht übertragen wollen. 2016 stimmte in einem Referendum in Großbritannien eine knappe Mehrheit für den „Brexit". Ende März 2017 leitete die konservative Regierung gemäß Artikel 50 des Vertrags von Lissabon den Austritt aus der EU im Jahr 2019 ein. Bei Redaktionsschluss war noch offen, ob das britische Unterhaus einem Austrittsabkommen zustimmen würde.

Die EU-Mitgliedschaft wirft auch Fragen der demokratischen Vertretung auf: Finanziell klamme Länder wurden im Gegenzug zur finanziellen Rettungsaktion gezwungen, sich dem politischen Willen Brüssels zu beugen, was oft nicht dem Willen der eigenen Wähler entsprach und zu beträchtlichem Unbehagen in der gesamten EU führte.

Religionszugehörigkeit
(% der Bevölkerung)

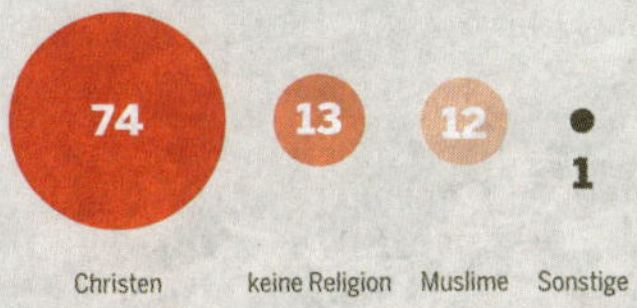

Gäbe es nur 100 Europäer, sprächen ...

Einwohner pro km²

Flüchtlingskrise

Infolge der größten Flüchtlingskrise in Europa seit dem Zweiten Weltkrieg breitete sich Islamfeindlichkeit aus. Seit 2015 kamen über eine Million Flüchtlinge und Migranten in die EU; die Mehrheit floh vor Krieg und Terror in Syrien und anderen Krisengebieten. Einige Länder im Schengen-Raum schlossen daraufhin ihre bis dato offenen Grenzen, andere, darunter Deutschland, nahmen Flüchtlinge auf.

Trotz des allgemeinen Unbehagens errang der liberale Pro-EU-Kandidat Emmanuel Macron bei den französischen Präsidentschaftswahlen 2017 einen klaren Sieg über Marine Le Pen, Vorsitzende des rechtsextremen Rassemblement National.

Ähnlich sah es in den Niederlanden aus. Bei den Wahlen im März 2017 setzte sich die Mitte-Rechts-Partei Volkspartij voor Vrijheid en Democratie (VVD) gegen die rechte Partij voor de Vrijheid (PVV) von Geert Wilders durch, einem Anti-EU-Politiker, der ein Einreiseverbot für Muslime und die Schließung von Moscheen fordert. Anderswo jedoch, wie in Ungarn und Italien, sind rechtsextreme und EU-feindliche Kräfte auf dem Vormarsch.

Ein grüneres Europa

Erfreulich ist hingegen, dass viele europäische Länder ihren Kampf gegen den Klimawandel verschärfen. Hochgeschwindigkeitszüge sorgen zunehmend für eine umweltfreundliche Alternative zu Kurzstreckenflügen, in den Städten sprießen Grünanlagen und Fahrradverleihsysteme sind inzwischen Standard. Emissionen werden durch mehr Elektro- und Hybridfahrzeuge und Biokraftstoff reduziert. Der Londoner Bürgermeister Sadiq Khan führte zusätzlich zur bestehenden innerstädtischen Staugebühr eine Abgabe von 10 £ für ältere Fahrzeuge mit höherem Schadstoffausstoß ein. Die Bürgermeister von Paris, Madrid und Athen planen zudem, Dieselfahrzeuge bis 2025 aus dem Verkehr zu ziehen.

Die Sache mit der Eurovision

Jedes Jahr im Mai macht Europa es sich auf dem Sofa bequem, im Fernsehen läuft der Eurovision Song Contest. Der Musikmarathon wird seit 1956 jährlich ausgestrahlt und ist damit die älteste Sendung ihrer Art. Einst als Symbol für die Harmonie Europas ins Leben gerufen, hat er sich auch zum Spiegelbild der europäischen Uneinigkeit entwickelt. Ist die Abstimmung manipuliert? Sollen die Teilnehmer auf Englisch oder in ihrer Muttersprache singen? Enthält ein kitschiger Popsong eine verschlüsselte politische Message?

Jedes Land tritt mit einem Lied an und stimmt für seine Favoriten von der Konkurrenz ab. Oft gibt es den Vorwurf der „Blockabstimmung", seltsam ist auch, dass mehrere nicht europäische Länder teilnehmen dürfen. Der Austragungsort befindet sich i. d. R. im Land des Vorjahressiegers, wo sich die Städte um die Ehre und den erhofften Tourismusschub rangeln.

Dubrovnik

DREAMER4787 / SHUTTERSTOCK ©

Geschichte

Die lange und oft turbulente Geschichte Europas zu begreifen, ist der Schlüssel zu einem besseren Verständnis des ganzen Kontinents. Fragmente dieser Geschichte zeigen sich noch in den Ruinen römischer Amphitheater und Badehäuser, in der herrlich pompösen Architektur französischer Schlösser und deutscher Burgen und in den verwinkelten Straßen, breiten Boulevards und Regierungsinstitutionen der vielen imposanten Städte.

4500–2500 v. Chr.
Neolithische Stämme bauen in ganz Europa Grabstätten, Hügelgräber, Steinkreise und -reihen.

1. Jh. v. Chr.–4 n. Chr.
Die Römer erobern fast ganz Europa. Das römische Reich floriert unter Augustus und seinen Nachfolgern.

410
Die Plünderung Roms durch die Westgoten beendet die römische Vormachtstellung.

Vorgeschichte

Die ersten Menschen trafen vor etwa 2 Mio. Jahren in Europa ein, aber erst Ende der letzten großen Eiszeit zwischen 12 000 und 8000 v. Chr. ließen sie sich dauerhaft nieder. Als die Gletscher und Eisdecken schmolzen, drangen Jäger und Sammler auf der Suche nach Neuland weiter nach Norden vor. Einige der ältesten europäischen Siedlungen gehen auf neolithische Stämme zurück.

Griechen & Römer

Die Zivilisation des antiken Griechenlands entstand um 2000 v. Chr. und machte gewaltige Fortschritte im Bereich der Wissenschaft, Technologie, Architektur, Philosophie und Demokratie. Viele Dichter, Denker und Mathematiker der alten Griechen, von Pythagoras bis Plato, haben noch heute großen Einfluss. Dann kamen die Römer, die fast ganz Europa eroberten und die erste Republik der Welt schufen. Die Macht der Römer erstreckte sich auf

1066
Wilhelm der Eroberer besiegt in der Schlacht von Hastings den angelsächsischen König Harald.

1340er- bis 1350er-Jahre
Die Pestepidemie erreicht in Europa ihren Höhepunkt. 30 bis 60 % der Bevölkerung sterben.

15. Jh.
Die italienische Renaissance revolutioniert Kunst, Architektur und Wissenschaft.

★ Bedeutende Bauwerke

Kolosseum (S. 334), Rom
Pompeji (S. 374), Italien
Stadtmauer (S. 488), Dubrovnik
Tower of London (S. 70), London
Prager Burg (S. 542), Prag
Trinity College (S. 116), Dublin
Holocaust-Mahnmal (S. 448), Berlin

Prager Burg (S. 542)

VLADA ZHI / SHUTTERSTOCK ©

ihrem Höhepunkt vom keltischen Britannien bis zum alten Persien. Ihre Errungenschaften sind immens: Sie gründeten auf dem ganzen Kontinent Städte, bauten Aquädukte, Straßen, Abwasserkanäle und Bäder und brachten etliche brillante Dichter, Redner, Politiker, Philosophen und Heerführer hervor.

Mittelalter

Die Expansionsbestrebungen der Römer erreichten eine Grenze. Nach politischen Krisen und militärischen Niederlagen fielen die Westgoten 410 in Rom ein. Römische Kaiser konnten zwar ihr Byzantinisches Reich im Osten noch weitere 1000 Jahre halten und erklärten Konstantinopel (das heutige Istanbul) zu ihrer neuen Hauptstadt, aber die Vorherrschaft Roms in Westeuropa war zu Ende. Eine neue Ära, das Mittelalter, hatte begonnen.

Die nächsten Jahrhunderte waren von zahlreichen Konflikten geprägt, als verschiedene Königreiche auf dem europäischen Festland um politische und strategische Vormacht kämpften. 711 n. Chr. überquerten die Mauren – nordafrikanische Araber und Berber, die zum Islam übergetreten waren – die Straße von Gibraltar und schlugen die Armee der Westgoten. Sie herrschten fast 800 Jahre über die Iberische Halbinsel, bis zum Fall von Granada 1492, und hinterließen ein reiches architektonisches, geistiges und wissenschaftliches Erbe.

Derweil einte Karl der Große, der König der Franken, Ende des 8. Jhs. einen Großteil Westeuropas, das sogenannte Heilige Römische Reich. Diese Allianz christlicher Staaten entsandte in mehreren Schüben Truppen, um der islamischen Herrschaft das Heilige Land in den sogenannten Kreuzzügen abzuringen.

Renaissance

Die Unruhen in Europa setzten sich bis ins 14. und 15. Jh. fort. Nach weiteren Konflikten, politischen Umbrüchen und der verheerenden Pestepidemie (die schätzungsweise ein bis zwei Drittel der Bevölkerung Europas dahinraffte), fiel die Herrschaft über das Heilige Römische Reich an die österreichischen Habsburger, eine politische Dynastie, die sich zu einer der Großmächte des Kontinents entwickeln sollte.

1517
Martin Luther nagelt seine Thesen an die Kirchentür in Wittenberg – der Auftakt zur Reformation.

1789
Frankreich wird nach der Französischen Revolution zur Republik. Zahlreiche Aristokraten werden guillotiniert.

1815
Frankreichs Niederlage in der Schlacht von Waterloo beendet das Erste Kaiserreich und die Militärkarriere von Napoleon Bonaparte.

Die italienischen Stadtstaaten Genua, Venedig, Pisa und Amalfi festigten ihre Kontrolle über das Mittelmeer, schufen Handelsverbindungen mit fast ganz Europa und dem Fernen Osten und unternahmen eine der ersten Expeditionen auf der Suche nach der Neuen Welt.

Mitte des 15. Jhs. brach auf dem ganzen Kontinent eine neue Epoche künstlerischer und philosophischer Entwicklungen an. Die Renaissance beflügelte Künstler und Denker, die gültigen Lehrmeinungen der Theologie, Philosophie, Architektur und Kunst zu hinterfragen. Zentrum dieses künstlerischen Tsunamis war Florenz, wo große Persönlichkeiten wie Michelangelo und Leonardo da Vinci Meilensteine der Kunst und Architektur schufen. Eine weitere epochale Entwicklung entstand in Deutschland mit der Erfindung der Druckerpresse durch Johannes Gutenberg um 1440. Durch die „beweglichen Lettern" wurden gedruckte Bücher erstmals auch dem einfachen Volk zugänglich.

Die Reformation

Die Renaissance hinterfragte künstlerische Konzepte, die Reformation die religiösen. Der deutsche Theologe Martin Luther, der katholische Korruption und die göttliche Autorität des Papstes anprangerte, spaltete 1517 die katholische Kirche und begründete den Protestantismus. Bald darauf folgte der englische König Heinrich VIII. Luthers Vorbild, brach 1534 mit Rom und gründete seine eigene (protestantische) anglikanische Kirche. Somit war der Boden für den jahrhundertelangen Konflikt zwischen Katholiken und Protestanten bereitet.

Neue Welt

Die Kirchenspaltung war nicht der einzige Grund für Spannungen. Die Entdeckung der „Neuen Welt" Ende des 15. Jhs. führte zu einem kolonialen Wettlauf zwischen den großen europäischen Staaten, bei dem jedes Land neu entdeckte Territorien für sich beanspruchte und dabei oft auch die einheimische Bevölkerung versklavte oder tötete.

Für noch mehr Unheil sorgte der Dreißigjährige Krieg (1618–1648), der als Auseinandersetzung zwischen Katholiken und Protestanten begann und schließlich fast alle Großmächte Europas in den Konflikt zog. Der Krieg endete 1648 mit dem Westfälischen Frieden, auf den in Europa eine vergleichsweise stabile Zeit.

Aufklärung

Als Aufklärung (manchmal auch als „Zeitalter der Vernunft") wird eine philosophische Strömung genannt, die sich Mitte bis Ende des 17. Jhs. in der europäischen Gesellschaft verbreitete. Sie zog Logik, Vernunft und Wissenschaft den Lehren der Religion vor. Zu den Schlüsselfiguren gehörten die Philosophen Baruch Spinoza, John Locke, Immanuel Kant und Voltaire sowie der Wissenschaftler Isaac Newton.

19. Jh.
Die industrielle Revolution verändert die europäische Gesellschaft; Eisenbahnen und Fabriken läuten die moderne Zeit ein.

1914
Die Ermordung des Erzherzogs Franz Ferdinand ist Auslöser des Ersten Weltkriegs (1914–1918).

1939–1945
In Europa wütet der Zweite Weltkrieg und zerstört viele Städte. Nach dem Friedensschluss wird ein Großteil Osteuropas kommunistisch.

Die Aufklärung hinterfragte auch den politischen Status quo. Seit dem Mittelalter befand sich der Großteil des Reichtums und Einflusses in Europa in den Händen einer allmächtigen Elite, die weitgehend aus Monarchen und Adligen bestand. Dies widersprach einem der Grundsätze der Aufklärung: der Gleichheit. Viele Denker hielten dies für eine ausweglose Situation, die nur mit einer Revolution gelöst werden konnte.

Französische Revolution

1789 lief das Fass über, als eine bewaffnete Volksmenge das Gefängnis Bastille in Paris stürmte und damit die Französische Revolution auslöste. Sie begann mit hohen Idealen, inspiriert von dem legendären Schlachtruf *Liberté, Egalité, Fraternité* (Freiheit, Gleichheit, Brüderlichkeit). Die Stimmung schlug jedoch bald um und binnen Kurzem rollten die Köpfe. Republikanische Hardliner ergriffen die Macht und forderten Vergeltung für Jahrhunderte der Unterdrückung. Unzählige Aristokraten starben unter der Guillotine, auch der französische König Ludwig XVI. Er wurde im Januar 1793 auf der Place de la Concorde in Paris öffentlich hingerichtet, im Oktober des gleichen Jahres auch seine Frau Marie Antoinette.

Während der Schreckensherrschaft von September 1793 bis Juli 1794 wurde die Religionsfreiheit aufgehoben, Kirchen wurden geschlossen, Kathedralen in „Tempel der Vernunft" umgewidmet und Tausende Menschen geköpft. In dem Chaos erkannte ein verwegener junger General aus Korsika namens Napoleon Bonaparte (1769–1821) seine Chance.

1799 ergriff Napoleon die Macht, 1804 wurde er zum Kaiser gekrönt. Er unternahm etliche Feldzüge in ganz Europa und eroberte riesige Landstriche für das französische Kaiserreich. Doch nach dem katastrophalen Russlandfeldzug von 1812 war seine Macht geschwächt, 1815 wurde er schließlich von einem Bündnis britischer und preußischer Truppen in der Schlacht von Waterloo besiegt.

Industrialisierung, Britisches Weltreich & Erster Weltkrieg

Nach dem Sieg über Napoleon stieg das britische Weltreich zur stärksten Macht Europas auf. Großbritannien löste mit Erfindungen wie der Dampfmaschinen, der Eisenbahn und der Fabrikarbeit die industrielle Revolution aus und begann, ebenso wie viele andere Großmächte Europas (darunter Frankreich, Spanien, Belgien und Österreich-Ungarn), seine Kolonien in Afrika, Australien und Ozeanien sowie im Nahen und Fernen Osten auszubauen.

Bald gerieten diese konkurrierenden Weltreiche erneut in Konflikt, mit absehbaren katastrophalen Folgen. Die Ermordung des österreich-ungarischen Thronfolgers Franz-Ferdinand 1914 war Auslöser des Ersten Weltkriegs. Nach dem Ende der Kampfhandlungen 1918 waren weite Teile Nordfrankreichs und Belgiens vernichtet und über 16 Mio. Menschen in ganz Europa tot.

Durch den Vertrag von Versailles verloren die geschlagenen Länder Österreich-Ungarn und Deutschland weite Gebiete ihres Territoriums und mussten gewaltige Reparationszahlungen leisten. Das bereitete den Boden für jene Verbitterung, die sich ein Jahrzehnt später ein fanatischer österreichischer Maler namens Adolf Hitler zunutze machte.

1957
Einige westeuropäische Länder gründen die Europäische Wirtschaftsgemeinschaft (EWG).

1989
Der Fall der Berliner Mauer läutet den Niedergang der Unrechtsregime in fast ganz Osteuropa ein.

1993
Der Vertrag von Maastricht besiegelt die Gründung der Europäischen Union (EU).

Aufstieg des Faschismus

Hitlers Aufstieg zur Macht verlief erstaunlich schnell. 1933 wurde er Reichskanzler und übernahm als Führer der NSDAP die totale Kontrolle über Deutschland. Nachdem er zunächst eine beachtliche Kriegsmaschinerie aufgebaut und General Francos nationalistische Armee im Spanischen Bürgerkrieg unterstützt hatte, annektierte Hitler ehemals deutsche Gebiete in Österreich und der Tschechoslowakei. 1939 fiel er schließlich in Polen ein.

Mit dem Überfall auf Polen war das Maß voll. Großbritannien, Frankreich und deren Commonwealth-Verbündete erklärten Deutschland den Krieg, das wiederum ein Zweckbündnis mit den Achsenmächten Italien (unter dem Faschisten Mussolini) und Japan geschlossen hatte.

Zweiter Weltkrieg

Der Blitzkrieg Hitlers, der mit Stalin einen Nichtangriffspakt geschlossen hatte, traf Westeuropa völlig unvorbereitet. Innerhalb weniger Monate eroberte er große Gebiete, zwang die Franzosen zur Kapitulation und nötigte die britischen Truppen in Dünkirchen zu einem schmachvollen Rückzug. Europa sollte für die nächsten sechs Jahre im eisernen Griff der Nazi-Besatzung bleiben.

Die Achsenmächte behielten die Oberhand, bis der japanische Angriff auf Pearl Harbour die zögerlichen USA 1941 in den Krieg zwang. Hitlers Entscheidung, 1941 in die Sowjetunion einzumarschieren, erwies sich als katastrophaler Irrtum mit verheerenden deutschen Verlusten. Das ermöglichte letztlich die Invasion der Alliierten in der Normandie im Juni 1944.

Nach monatelangen erbitterten Kämpfen wurden Hitlers verbliebene Truppen Richtung Berlin zurückgedrängt. Hitler beging am 30. April 1945 Selbstmord. Die Russen nahmen die Stadt ein und zerschlugen die letzten deutschen Widerstandsherde. Am 8. Mai erklärten Deutschland und Italien die bedingungslose Kapitulation. Der Krieg in Europa war zu Ende.

Der Eiserne Vorhang

Unvereinbare Standpunkte zwischen den Westmächten und der kommunistischen Sowjetunion führten bald zu einer Pattsituation. Die UdSSR riegelte ihre Sektoren ab: Ostberlin, Ostdeutschland und ein Großteil Osteuropas verschwanden hinter dem Eisernen Vorhang, es war der Beginn des Kalten Kriegs. Diese Zeit der politischen Spannungen und gesellschaftlichen Teilung Europas dauerte 40 Jahre; Volksaufstände in Prag und Budapest wurden von den kommunistischen Streitmächten niedergeschlagen.

Als Ende der 1980er-Jahre die ohnehin wackelige Wirtschaft der Sowjetunion einknickte, lockerte sich auch die Kontrolle der einstigen Supermacht über Osteuropa. Der Kalte Krieg endete 1989 mit dem Fall der Berliner Mauer. Deutschland wurde 1990 wiedervereint, ein Jahr später zerfiel die UdSSR. Kurz darauf führten Rumänien, Bulgarien, Polen, Ungarn und Albanien die Mehrparteiendemokratie ein. In der Tschechoslowakei (heute Tschechische

2002

Zwölf Mitgliedsstaaten der EU treten der Währungsunion des Euro bei.

2009

Europa wird von Finanzkrisen erschüttert; in der Folge erhalten Irland, Griechenland, Portugal und Spanien teure Rettungspakete.

2014

Schottland stimmt über die Unabhängigkeit ab, die keine Mehrheit findet, und bleibt ein Teil Großbritanniens.

Republik und Slowakei) führte die Samtene Revolution mit Massendemonstrationen und anderen gewaltfreien Mitteln zum Sturz der kommunistischen Regierung.

Vereintes Europa

Seit dem Ende des Zweiten Weltkriegs ist die politische und wirtschaftliche Integration Europas rasch vorangeschritten. Die Bildung der Europäischen Wirtschaftsgemeinschaft (EWG) 1957 war zunächst als loses Handelsbündnis zwischen sechs Staaten gedacht. 1992 hatte sich diese Allianz zur Europäischen Union (EU) entwickelt. Seit Inkrafttreten des Vertrags von Maastricht 1993 besteht das Staatenbündnis aus 28 Ländern. Großbritannien befindet sich zwar im Prozess, die EU zu verlassen, aber fünf andere Kandidaten – Türkei, Mazedonien, Montenegro, Albanien und Serbien – haben sich um die Mitgliedschaft beworben. Alle außer Albanien und Mazedonien stehen bereits in Verhandlungen.

Ein weiterer Meilenstein war die Umsetzung des Schengener Abkommens 1995, das Grenzkontrollen zwischen fast allen Ländern auf dem europäischen Kontinent abschaffte und EU-Bürgern freien Personenverkehr in Mitgliedsländern gewährt (mit Ausnahme von Großbritannien und Irland).

Von noch größerer Tragweite war die Einführung der Gemeinschaftswährung Euro am 1. Januar 1999 als bargeldlose Abrechnungswährung, seit 1. Januar 2002 auch als Bargeld. Bislang gehören 19 Länder der Eurozone an, nur Großbritannien, Dänemark und Schweden behielten ihre Landeswährung. Zukünftig ist es jedoch eine Bedingung für alle neuen Staaten, die der EU beitreten, den Euro als Währung zu übernehmen. Das Thema ist zentral, besonders seit der Finanzkrise in Ländern wie Griechenland und Spanien, die es erforderlich machte, dass reichere Länder (vor allem Frankreich und Deutschland) mehreren ihrer verschuldeten Nachbarn aus der Klemme halfen.

Wirtschaftliche Probleme

Seit der europäischen Schuldenkrise von 2009 ist das Wirtschaftswachstum schleppend und viele Länder fallen immer wieder in die Rezession zurück. Die Arbeitslosenzahlen sind in etlichen Ländern nach wie vor hoch, besonders in Spanien und Griechenland.

Der Euro hat sich zwar nach mehreren milliardenschweren Rettungspaketen für Griechenland, Irland, Portugal und Spanien stabilisiert, aber die Währungsunsicherheit bleibt bestehen. 2015 wurde eine Verlängerung der Rettungsaktion für Griechenland genehmigt, in der Hoffnung, das Land in der Eurozone zu halten, einen griechischen Ausstieg („Grexit") zu vermeiden und weitere schuldengeplagte Länder vom gleichen Schritt abzuhalten. Die Europäische Zentralbank hat durch vermehrten Gelddruck und Anleihenkauf über eine Billion Euro in die Wirtschaft gepumpt, um sie anzukurbeln.

2019 waren die meisten Ökonomien der Eurozone auf einem guten Weg der Erholung, aber die Unsicherheit um die britische Entscheidung, die EU zu verlassen, warf ganz neue politische und wirtschaftliche Fragen für die Zukunft Europas auf.

2015
Griechenland wird zahlungsunfähig, Rettungsvorschläge zu harten Bedingungen führen zu Aufständen und Schließung der Banken.

2016
Einige EU-Grenzen werden geschlossen, als Millionen Flüchtlinge und andere Migranten das sichere Europa erreichen wollen.

2017
Nach einem Referendum zugunsten des EU-Austritts beginnt Großbritannien gemäß Artikel 50 mit dem „Brexit".

MAXXI Nationalmuseum der Künste des XXI. Jhs., Rom

PHOTO HUFTON + CROW. COURTESY FONDAZIONE MAXXI ©

Kunst & Architektur

Seit Jahrtausenden entstehen in Europa großartige Kunst und Architektur. Die Museen und Galerien des Kontinents bergen Kunstschätze aller Art. Kaiser, Könige und reiche Gönner waren Mäzene von großen Künstlern wie Michelangelo, Rembrandt und Monet. Moderne und zeitgenössische Architekten wie Antonio Gaudí und Richard Rogers haben Gebäude entworfen, die selbst schon gigantische Kunstwerke sind.

Bildende Kunst

Mittelalterliche Kunst

Ein Großteil der mittelalterlichen Kunst hat religiöse Motive, was auf den Einfluss der Kirche und ihre Bedeutung als Kunstmäzen zurückzuführen ist. Szenen aus dem Alten Testament, die Kreuzigung, die Apostel und das Jüngste Gericht waren übliche Themen. Einige der schönsten mittelalterlichen Kunstwerke finden sich in Form von Fresken auf Decken oder Wänden der Kirchen Europas.

★ Museen für Moderne Kunst

Tate Modern (S. 81), London

Museu Picasso (S. 208), Barcelona

Centre Pompidou (S. 276), Paris

Designmuseum Danmark (S. 138), Kopenhagen

Centre Georges Pompidou (S. 276)
Entwurf: Renzo Piano und Richard Rogers

PICS FACTORY / SHUTTERSTOCK ©

In dieser Zeit brachten die Flamen und Deutschen einige wichtige Künstler hervor, z. B. Jan van Eyck (ca. 1390–1441) und Hans Memling (ca. 1430–1494), bekannt für ihre naturgetreuen Gemälde, sowie Hieronymus Bosch (1450–1516) mit seiner fantastischen Bildsprache und den allegorischen Motiven.

Die Renaissance

Die Renaissance war das goldene Zeitalter der europäischen Kunst. Leonardo da Vinci (1452–1519), Michelangelo (1475–1564), Raffael (1483–1520), Tizian (ca. 1488/90–1576), Botticelli (1445–1510) und andere führten neue Techniken, Farben und Formen in der Kunst ein und ließen sich von Bildhauern und Künstlern der klassischen Antike inspirieren.

In der Renaissance gewannen Landschaften und der menschliche Körper zunehmend an Bedeutung. Michelangelos Meisterwerk *David* wird oft als perfekte Darstellung des Menschen bezeichnet (obwohl der Künstler die Proportionen absichtlich verzerrte, um sie optisch ansprechender zu machen). Die Skulptur ist heute in der Galleria dell'Accademia in Florenz ausgestellt. Die Uffizien in Florenz verfügen über die großartigste Sammlung italienischer Kunst der Renaissance.

Auf die Renaissance folgten die großen Namen des Barock, verkörpert durch den Italiener Caravaggio (1571–1610) und die Niederländer Rembrandt (1606–1669), Rubens (1577–1640) und Johannes Vermeer (1632–1675). Die Barockkünstler setzten Licht und Schatten *(chiaroscuro)* ein, um die Spannung einer Szene zu erhöhen und ihren Werken eine quasi fotografische Intensität zu verleihen.

Romantik & Impressionismus

Im 18. Jh. beschäftigten sich Vertreter der Romantik wie Caspar David Friedrich (1774–1840) und William Turner (1775–1851) mit der Poesie urwüchsiger Landschaft – wolkenverhangene Berge, einsame Hügel, idyllische Wiesen und stimmungsvolle Sonnenuntergänge. Andere Künstler wie Théodore Géricault (1791–1824) und Eugène Délacroix (1798–1863) ließen sich von der französischen Geschichte und berühmten Zeitgenossen inspirieren. Und einer der bedeutendsten Künstler Spaniens, Francisco Goya (1746–1828), machte alles, ob Königsporträts und Kriegsszenen, Stierkampfradierungen oder Entwürfe für Tapisserien.

Ende des 19. Jhs. versuchten Künstler wie Claude Monet (1840–1926), Edgar Degas (1834–1917), Camille Pissarro (1830–1903), Édouard Manet (1832–1883) und Pierre-Auguste Renoir (1841–1919) den Eindruck *(l'impression)* einer Landschaft einzufangen statt sie natürlich darzustellen (daher der Name Impressionismus).

Ihre kühnen Experimente mit Licht, Farbe und Form wurden von den Post-Impressionisten weiterentwickelt, unter ihnen Paul Cézanne (1839–1906), Vincent van Gogh (1853–1890) und Paul Gauguin (1848–1903).

Vom Fauvismus zur Konzeptkunst

Die Umbrüche des 20. Jhs. inspirierten viele neue Kunstströmungen. Fauvisten wie Henri Matisse (1869–1954) waren von Farben fasziniert, die Kubisten wie Georges Braque (1882–1963) und Pablo Picasso (1881–1973) zergliederten ihre Werke in abstrakte Formen und zogen ihre Inspiration aus vielerlei Quellen, von primitiver Kunst bis zur Psychoanalyse.

Die Dadaisten und Surrealisten entwickelten diese Konzepte ins absurde Extrem, ins Traumhafte und Unterbewusste. Schlüsselfiguren sind der Belgier René Magritte (1898–1967), der Deutsche Max Ernst (1891–1976) und die Spanier Joan Miró (1893–1983) und Salvador Dalí (1904–1989).

Große Musikstädte

Wien Die Staatsoper ist das Glanzlicht in einer Stadt, die gleichbedeutend mit Oper und klassischer Musik ist.

Berlin In der musikbesessenen deutschen Hauptstadt gibt's alles, vom berühmtesten Technoschuppen der Welt bis zu den Berliner Philharmonikern.

Dublin Die Iren haben Musik im Blut und es braucht nicht viel, um sie zum Singen zu bringen, besonders im Pub.

Lissabon Die Portugiesen lieben ihren melancholischen und nostalgischen Fado-Gesang, zu hören im Stadtteil Alfama.

Reykjavík Islands Hauptstadt hat eine lebendige Musikszene und berühmte Poptalente wie Björk und Sigur Rós.

Moderne & zeitgenössische Kunst

Im späten 20. Jh. und dem bisherigen 21. Jh. entstanden viele weitere Kunstrichtungen: abstrakter Expressionismus, Neoplastizismus, Minimalismus, Formalismus und Pop-Art, um nur einige zu nennen.

Zeitgenössische Kunst blüht besonders in Großbritannien. Nach wie vor kontroverse Vertreter sind Tracy Emin (geb. 1963), die Chapman Brothers Dinos (geb. 1962) und Jake (geb. 1966), Rachel Whiteread (geb. 1963), Mark Wallinger (geb. 1959) und Damien Hirst (geb. 1965), berühmt für seinen „eingelegten" Hai und diamantenbesetzten Totenschädel.

Architektur

Griechische & römische Architektur

In Athen lässt sich das goldene Zeitalter Griechenlands am besten würdigen: Die spektakulären Monumente der Akropolis veranschaulichen die hochentwickelte Kenntnis der alten Griechen von Geometrie und Gestaltung und waren das Modell für viele architektonische Prinzipien, die bis heute gültig sind.

Die Römer waren sogar noch ambitionierter und errichteten zahlreiche Monumentalbauten, die die Macht und Erhabenheit des Römischen Reichs vermitteln sollten. Römische Architektur war von einer Kombination aus Form und Funktion geprägt – der Pont du Gard in Südfrankreich z. B. belegt die Vorliebe der Römer für Architektur, die schön aussieht, aber gleichzeitig auch einem praktischen Zweck dient. In Rom sind die meisten der großartigen Architekturschätze konzentriert, darunter das berühmte Kolosseum. Ruinen römischer Bauwerke sind jedoch auf dem ganzen Kontinent zu finden.

Romanische & gotische Architektur

Die solide und elegante Architektur der alten Römer fand sich in den Gebäuden der Romanik im 10. und 11. Jh. wieder. Viele der ältesten Kirchen Europas sind klassische

★ Architektur des 20. Jhs.

Reichstagskuppel (S. 442), Berlin

Centre Pompidou (S. 276), Paris

La Sagrada Família (S. 188), Barcelona

Reichstag (S. 442)

Beispiele der romanischen Bauweise, deren Merkmale Rundbögen, Gewölbedecken und massiven Säulen und Mauern sind.

Als noch dominanter erwies sich die gotische Architektur, nach deren Prinzipien viele der spektakulärsten Kathedralen Europas entstanden sind. Charakteristisch sind deren Spitzbögen, Kreuzrippengewölbe, großartige Prunkfenster und Strebebögen.

Renaissance & Barock

Die Renaissance war eine Zeit der architektonischen Experimente. Italienische Architekturpioniere wie Brunelleschi, Michelangelo und Palladio ließen die strenge Gotik hinter sich und wandten sich einem menschlicheren Ansatz zu. Sie verbanden Elemente der Klassik mit neuen Baumaterialien sowie mit Skulpturen und ornamentaler Kunst. Besonders viele Renaissance-Bauten entstanden in Florenz und Venedig, aber der Einfluss dieser Stilrichtung ist in ganz Europa zu spüren.

Den Höhepunkt des architektonischen Prunks bildet jedoch der Barock. Die Architekten zogen alle Register, um Reichtum und Ansehen ihrer Auftraggeber zur Schau zu stellen. Oft beschäftigten Architekten ganze Truppen von Kunsthandwerkern und verwendeten die teuersten Materialien, um den gewünschten spektakulären Effekt zu erzielen. Das Hôtel des Invalides in Paris ist ein gutes Beispiel für den Pomp und den Aufwand in der Barockarchitektur.

Das Industriezeitalter

Das 19. Jh. war das Zeitalter der Stadtplanung, als die chaotischen Straßen und Elendsviertel vieler europäischer Städte repräsentativen Plätzen und schnurgeraden Boulevards weichen mussten. Eine der bekanntesten Stadterneuerungen war die Neugestaltung von Paris Ende des 19. Jhs. durch Baron Haussmann, der die Prachtboulevards und viele der charakteristischen Gebäude der Stadt bauen ließ.

Die Architekten des 19. Jhs. rückten allmählich vom Protz des Barock und Rokoko ab und wandten sich neuen Materialien wie Ziegel, Eisen und Glas zu. Die neugotische Architektur sollte Beständigkeit, Stabilität und Macht repräsentieren und damit die Zuversicht des Industriezeitalters widerspiegeln. In dieser Zeit entstanden viele großartige öffentliche Gebäude, darunter zahlreiche bedeutende Museen, Bibliotheken, Rathäuser und Bahnhöfe.

Das 20. Jahrhundert

Etwa ab der Jahrhundertwende wurde in Kunst und Architektur ein neuer Umgang mit Form und Gestalt erprobt. Die fließenden und natürlichen Formen des Jugendstils hatten einen enormen Einfluss auf die Werke Charles Rennie Mackintoshs in Glasgow, des belgischen Architekten Victor Horta und auf die Modernisme-Bauten des spanischen Visionärs Antonio Gaudí. Andere Architekten reduzierten hingegen ihre Gebäude auf das Wesentliche und stellten Funktion über Form: Le Corbusier, Ludwig Mies van der Rohe und Walter Gropius gehörten zu den einflussreichsten Gestalten jener Zeit.

Funktionale Architektur war Mitte des 20. Jhs. dominierend, vor allem da die zerstörten europäischen Städte nach zwei Weltkriegen schnell wiederaufgebaut werden mussten. In den letzten Jahrzehnten ist die „Betonklotzarchitektur" jedoch weitgehend aus der Mode gekommen. Die Europäer mögen zwar eine Art Hassliebe für moderne Architektur empfinden, aber die besten Gebäude setzten sich letztendlich durch. Ein gutes Beispiel ist das Centre Pompidou in Paris (von den Architekten Richard Rogers, Renzo Piano und Gianfranco Franchini entworfen), das erst Protestgeschrei auslöste, aber heute als eine der Ikonen der Architektur des 20. Jhs. gilt.

Zeitgenössische Architektur

Die Mode der himmelhohen Wolkenkratzer scheint in mehreren europäischen Städten angekommen zu sein, besonders in London, wo jüngst etliche Hochhäuser fertiggestellt wurden, alle mit einem Spitznamen (Walkie Talkie, Cheesegrater usw.). Der offizielle Name des „Gherkin" (Gürkchen) von Norman Foster lautet 30 St Mary Axe. Überragt werden sie alle vom Shard – mit 309,6 m das höchste Gebäude der EU bei seiner Fertigstellung 2013.

Inmitten der klassischen Bauten Roms sticht das eigenwillige Maxxi heraus, ein Museum für zeitgenössische Kunst von Zaha Hadid. Norman Fosters Reichstagskuppel ist ein Symbol des modernen, vereinten Deutschlands und Frank Gehrys Museo Guggenheim ein glitzerndes Meisterwerk und das vielleicht schillerndste Stück moderner Architektur in Europa.

Italienischer Käse, Speck, Wurst und Fladenbrot

KABVISIO / GETTY IMAGES ©

Essen & Trinken

Was Europa vereint, ist die Freude am Essen und Trinken. Jedes Land weist typische Spezialitäten auf: im heißen Süden Olivenöl und sonnengereiftes Gemüse, im kühleren Norden Sahne und Butter, an den Küsten fangfrische Meeresfrüchte, aus Flüssen und Seen schmackhafte Fische und von Bergen und fruchtbaren Weiden Fleisch. Dazu gibt es landestypische Getränke: Weine, Biere, Stouts, Cidre und Schnäpse.

Großbritannien & Irland

Großbritannien mag keine ausgeprägte Landesküche haben, besitzt aber insbesondere in London eine gelebte Esskultur mit zahlreichen Promiköchen und berühmten Restaurants. Das koloniale Erbe bescherte Großbritannien eine Vorliebe für Curry – eine Umfrage ergab unlängst, dass das Lieblingsgericht der Briten Chicken Tikka Masala ist.

Die Briten schätzen einen guten Braten, der mit Röstkartoffeln, Gemüse und Bratensauce traditionell am Sonntag gegessen wird. Der Klassiker ist Rinderbraten mit Yorkshire Pudding (knusprige Plunderfladen), Lamm, Schwein und Huhn sind ebenfalls beliebt. *Bangers and mash* (Bratwurst und Kartoffelbrei) und natürlich *fish and chips* (panierter Kabeljau oder Schellfisch mit Pommes frites) sind ebenso britische Leibspeisen.

Eine schottische Spezialität ist *haggis* (mit Innereien gefüllter Schafsmagen), serviert mit *tatties and neeps* (Kartoffeln und Kohlrüben). Die traditionellen Gerichte Irlands spiegeln die ländliche Vergangenheit, z. B. *colcannon* (Kartoffelbrei mit Kohl), *coddle* (Wurstscheiben mit Speck, Kartoffeln und Zwiebeln) und *boxty* (Kartoffelpfannkuchen) sowie der klassische Irish Stew (Eintopf mit Lamm oder Hammel).

Das traditionelle britische Bier ist Ale, es wird warm und schal serviert, um die Hopfennote zur Geltung zu bringen – etwas gewöhnungsbedürftig, besonders wenn man sonst nur ein kaltes, frisches Bierchen kennt. Das typisch irische Bier ist das dunkle Stout, meist Guinness. Es wird aber auch von Murphy's und Beamish gebraut.

Schottland und Irland sind für ihren Whisky bzw. Whiskey berühmt. Viele Brennereien bieten Führungen und Verkostungen an.

Käse aus Europa

Großbritannien Cheddar steht an erster Stelle, lecker sind auch Wensleydale, Red Leicester und Stilton.

Spanien Manchego ist ein halbfester Schafskäse mit buttrigem Geschmack.

Frankreich Berühmt sind Camembert, Brie, Pont l'Évêque und Époisses (alles Weichkäse), Roquefort und Bleu d'Auvergne (Blauschimmelkäse) sowie Comté, Cantal und Beaufort (Hartkäse).

Niederlande Edamer und Gouda, als Kneipenimbiss gern mit Senf serviert.

Italien Parmesan, Ricotta und Mozzarella sind allgegenwärtig.

Schweiz Emmentaler und Gruyère sind die bekanntesten Schweizer Käsesorten.

Dänemark & Island

In Kopenhagen gibt es die besten Gelegenheiten, Kreationen der Neuen Nordischen Küche zu probieren, von der Feinschmecker in aller Welt schwärmen. Einfacher, aber nicht weniger lecker ist *smørrebrød*, Roggenbrotscheiben mit allen möglichen Belägen, von Rindertatar bis zu Eiern und Garnelen.

Der Kümmelschnaps *akvavit* ist der beliebteste Schnaps in Dänemark, pur getrunken, gefolgt von einem *øl* (Bier). Apropos Bier, aus Dänemark stammt auch das Carlsberg, zudem gibt es hier zahllose Kleinbrauereien, z. B. Mikkeller und Grauballe.

Fisch, Meeresfrüchte, Lamm, Brot und einfaches Gemüse bestimmen noch immer die isländische Speisekarte. Ein beliebter Imbiss ist *harðfiskur*, getrocknete Schellfischstreifen mit Butter. Gewöhnungsbedürftiger sind hingegen *svið* (angesengter Schweinskopf samt Augen, in zwei Hälften gesägt, gekocht und frisch oder eingelegt verspeist) und der berühmte Magenumdreher *hákarl* (Grönlandhai) – ein so ungenießbares Tier, dass es sechs Monate in der Erde verwesen muss, bevor Menschen es überhaupt verdauen können.

Runtergespült wird das alles mit dem traditionellen *brennivin* (ein Schnaps aus Kartoffeln und Kümmel), der liebevoll „schwarzer Tod" genannt wird. Wer das nicht so mag, kann sich auch eines der vielen köstlichen Craft-Biere bestellen.

Spanien

Die spanische Küche ist typisch für mediterrane Kochkunst, die reichlich Gebrauch von Tomaten, Zwiebeln, Knoblauch und viel Olivenöl macht. Der spanische Klassiker ist Paella, ein Reisgericht mit Huhn, Fleisch oder Meeresfrüchten, das mit Safran gewürzt in einer großen Pfanne köchelt. Valencia gilt als Heimat der Paella.

Spanien ist auch berühmt für seine Schinken und herzhaften Würste (z. B. Chorizo, *lomo* und *salchichón*). Sie werden oft als Tapas (im Baskenland *pintxos*) genossen, mehr ein Imbiss – drei oder vier Tapas pro Person können aber auch ein Hauptgericht ersetzen.

Spanien besitzt die größte Weinanbaufläche der Welt (1,2 Mio. ha). Die wichtigsten Weinregionen sind Rioja und Ribera del Duero.

Portugal

Die Portugiesen sind stolz auf ihre einfachen, aromatischen Speisen, die über die Jahrhunderte verfeinert wurden. Brot gehört zu jeder Mahlzeit und wird sogar in manchen Hauptge-

★ Kulinarische Spezialitäten

Braten im englischen Pub (S. 88)
Luftig-leichte *macarons* in Paris (S. 284)
Knusprige römische Pizza aus dem Holzofen (S. 365)
Kaffee und Kuchen in einem Wiener Kaffeehaus (S. 597)

Britischer Sonntagsbraten

ISTETIANA / GETTY IMAGES ©

richten verwendet. Beispiele sind *açorda* (Broteintopf, oft mit Schalentieren), *migas* (Brotstücke als Beilage) und *ensopados* (Schmorgerichte mit geröstetem oder frittiertem Brot). Eintöpfe mit Fisch und Meeresfrüchten sind lecker, besonders *caldeirada* (Fisch und Schalentiere in einer reichhaltigen Brühe), ähnlich der Bouillabaisse. *Bacalhau* (getrockneter und gesalzener Kabeljau) ist mit Mythos, Geschichte und Tradition verwoben und schmeckt prima in Ofengerichten. Klassische Fleischgerichte sind *porco preto* („schwarzes" Schwein in süßem Wein), *cabrito assado* (Ziegenbraten) und *arroz de pato* (Entenrisotto).

Auch portugiesische Weine lohnen sich, wie Portwein und Rotweine aus dem Douro-Tal sowie *alvarinho* und *vinho verde* (spritziger, leicht moussierender Wein) aus dem Minho.

Frankreich

Jede Region in Frankreich hat ihre typischen Gerichte. Grob gesagt werden im heißen Süden Gerichte mit Olivenöl, Knoblauch und Tomaten bevorzugt, im kühleren Norden Wurzelgemüse, Deftiges und Sahne- oder Buttersauce.

Der Fischeintopf Bouillabaisse ist ein typisches Gericht des Südens und wird mit scharfer Rouille-Sauce, Gruyère und Croutons serviert. In den Alpen ist das Fondue eine Spezialität: Geröstete Brotstücke werden in geschmolzenen Käse getunkt. Meeresfrüchte, besonders Muscheln und Austern, sind in der Bretagne und Normandie angesagt. Das Zentrum Frankreichs ist stolz auf seine deftige Küche, z. B. Foie gras (Gänseleber), *bœuf bourgignon* (in Rotwein geschmortes Rindfleisch), *confit de canard* (Entenconfit) und schwarze Trüffeln.

Frankreich ist der größte Weinproduzent Europas. Die Hauptanbaugebiete sind Elsass, Bordeaux, Burgund, Languedoc und die Täler der Loire und der Rhone. In allen werden Rot-, Weiß- und Roséweine erzeugt. Nicht zu vergessen die Champagne, die Heimat des gleichnamigen Schaumweins, der in jahrhundertealten Kellern in Reims und Épernay reift.

Niederlande

Ihre koloniale Vergangenheit hat den Niederländern eine Vorliebe für indonesisch und surinamisch inspirierte Gerichte beschert, z. B. *rijsttafel*, ein Mahl aus diversen Gerichten wie geschmortes Rindfleisch, Schweinespießchen und -rippchen serviert mit Reis. Weitere Gerichte sind *erwtensoep* (Erbsensuppe mit Zwiebeln, Möhren, Wurst und Speck), *kroketten* (panierte und frittierte Teigsticks mit Füllung) und natürlich *friet* (Pommes frites).

Bier ist das bevorzugte Getränk. Kleine niederländische Brauereien wie Gulpen, Jopen aus Haarlem Bavaria, Drie Ringen und Leeuw sind alle hervorragend. Genever (Gin) wird ebenfalls gerne getrunken.

Italien

Die beiden tragenden Säulen der italienischen Küche sind seit der Zeit der alten Römer Pizza und Pasta. Eine komplette Mahlzeit besteht aus *antipasto* (Vorspeise), *primo* (Pasta-

oder Reisgericht), *secondo* (meist Fleisch oder Fisch), *contorno* (Gemüsebeilage oder Salat), *dolce* (Nachtisch) und Espresso.

Italienische Pasta kommt in vielen Formen daher, von Schleifchen-*farfalle* und Korkenzieher-*fusilli* bis zu geriffelten *rigatoni* und langen *pappardelle*. Pasta wird aus Hartweizenmehl gemacht, was ihnen den typischen *al dente*-Biss verleiht. Welche Pastaform verwendet wird, hängt meist von der Zubereitung ab (geriffelte oder geformte Pasta z. B. nimmt Saucen besser auf).

Bei der Pizza gibt es zwei Typen: Die römische Pizza hat einen dünnen, knusprigen, die neapolitanische einen dickeren, teigigen Boden. Die besten Pizzas stammen immer aus dem *forno a legna* (Holzofen).

In Italien wird von vollmundigen Rotweinen wie Barolo aus dem Piemont bis zu leichten Weißweinen aus Sardinien und Prosecco aus Venetien so ziemlich die ganze Palette erzeugt.

Süße Verlockungen

Ob Pralinen oder Desserts – Europäer mögen es süß und klebrig. Besonders Deutsche und Österreicher sind Schleckermäuler: Köstlichkeiten sind z. B. Salzburger Nockerln (ein luftig-leichtes Soufflé) und Schwarzwälder Kirschtorte sowie viele Variationen von Apfeltaschen und Strudel.

Die Italiener sind vor allem für ihre *gelaterie* (Eisdielen) berühmt. Die besten Läden sind mit *produzione propria* (aus eigener Herstellung) gekennzeichnet. In Lissabon sollte man unbedingt die köstlichen Puddingtörtchen *pastéis de nata* probieren.

Die Franzosen haben das Dessert zur Kunstform erhoben. Wer an dem Schaufenster einer *boulangerie* (Bäckerei) oder *pâtisserie* (Konditorei) vorbeiläuft, wird unweigerlich in Versuchung geraten: Da locken *éclairs* (Brandteig mit Sahnefüllung), knusprige *macarons* (Baisergebäck), locker-weiche *madeleines* (muschelförmige Biskuitküchlein) und sündhafte *gâteaux* (Torten).

Deutschland, Österreich & Schweiz

In den deutschsprachigen Ländern liegt der Schwerpunkt traditionell auf deftigen Speisen in großen Portionen. Wurst gibt's in Hunderten Variationen, als typisch für Deutschland gilt auch Sauerkraut.

Die häufigsten Würste sind Bratwurst, Weißwurst und Currywurst. Das klassische österreichische Gericht ist das Wiener Schnitzel aus Kalbfleisch, aber Schnitzel (meist vom Schwein) ist auch in Deutschland und in der Schweiz weit verbreitet.

Die Schweizer sind für ihre Spezialität Fondue und Raclette (geschmolzener Käse mit Kartoffeln) bekannt.

Das Nationalgetränk in Deutschland ist Bier, vor allem das spritzige, oft leicht herbe Pils. Weizenbier wird aus Weizen gebraut statt aus Gerstenmalz und in einem hohen Weizenglas ausgeschenkt. Ein Helles ist ein leichteres Bier, ein Dunkles ein malziges Bier.

In Deutschland werden in erster Linie Weißweine gekeltert; sie sind preisgünstig, leicht und sehr fruchtig. Die größten Anbaugebiete sind das Rhein- und das Moseltal.

Kroatien

Kroatisches Essen spiegelt die vielfältigen Kulturen wider, die das Land im Lauf seiner Geschichte beeinflusst haben. Es gibt eine klare Trennlinie zwischen eher italienischer Küche an der Küste und ungarischen, österreichischen und türkischen Tendenzen im Binnenland. Jede Region hat ihre eigenen Spezialitäten, von gegrilltem Seebarsch in Olivenöl in Dalmatien bis zu deftigen Fleischeintöpfen mit viel Paprika in Slawonien.

Kroatien ist berühmt für seinen *rakija* (Grappa) mit verschiedenen Geschmacksrichtungen. Am häufigsten getrunken werden *loza* (aus Traubenmaische, wie der italienische Grappa), *šljivovica* (Pflaumenschnaps) und *travarica* (Kräuterschnaps).

Vegetarier & Veganer

Vegetarier haben es vielerorts in Europa nicht leicht. Fleisch oder Fisch ist noch immer die Norm. Auf den Speisekarten steht jedoch immer häufiger auch etwas Fleischloses, aber viel Auswahl ist nicht überall zu erwarten. Veganer haben es noch schwerer, da Milchprodukte wesentliche Bestandteile in den meisten europäischen Landesküchen sind.

Antipasti (Vorspeisen), Tapas und Mezze auf Gemüsebasis sowie Pasta, Beilagen und Salate sind immer eine gute Option. Selbst auf den Märkten einzukaufen ist der beste Weg, um heimische Spezialitäten kennenzulernen, ohne seinen Prinzipien untreu zu werden.

Griechenland & Türkei

Die traditionelle griechische Küche beruht auf Erzeugnissen der Saison. Typische Gewürze und Aromen sind Zitronensaft, Knoblauch, Oregano und natives Olivenöl, ebenso Tomaten, Petersilie, Dill, Zimt und Nelken.

Die Griechen sind Meister für Fleisch vom Grill oder Spieß. Souvlaki – ohne Frage das Nationalgericht – kommt in vielen Formen vor, von gegrillten Fleischwürfeln am Spieß bis zu Gyros aus Schweine- oder Hühnerfleisch nach Döner-Art in Pitta-Brot. Fisch wird häufig als Ganzes gegrillt und mit *ladholemono* (Zitrone-Öl-Dressing) beträufelt. Ebenfalls beliebt sind *mayirefta* (Auflauf- oder Schmorgerichte), *mezedhes* (Tapas) und der allgegenwärtige griechische Salat (*horiatiki* oder „Dorfsalat") aus Tomaten, Gurke, Zwiebeln, Feta und Oliven.

Ouzo, der bekannte griechische Schnaps, wird aus Trauben mit Rückständen von Obst, Korn und Kartoffeln gebrannt und mit Gewürzen, vor allem Anis, aromatisiert, was ihm einen Lakritzgeschmack verleiht. Der wieder entdeckte griechische Wein gewinnt auch international Aufmerksamkeit.

Türken gehen gerne essen, vor allem in Lokalen, die ihre geliebte Nationalküche zubereiten. In Istanbul sind derzeit besonders die syrisch beeinflussten Gerichte der Südosttürkei im Trend, beliebt sind auch Fischrestaurants oder eine *meyhane* (Schenke) mit Schwarzmeerflair. Die Gerichte, die als typisch für Istanbul gelten, werden in osmanischen Restaurants serviert, in denen die üppigen Speisen der Sultane und ihrer Höflinge nachgekocht werden.

Tschechien

Wie in vielen osteuropäischen Ländern stehen auch in der tschechischen Küche Fleisch, Kartoffeln und Knollengemüse im Mittelpunkt. Sie werden als Eintopf, Gulasch oder Auflauf zubereitet. *Pečená kachna* (Entenbraten) ist das typische tschechische Restaurantgericht, *klobása* (Wurst) wird üblicherweise als Imbiss zum Bier gereicht. Eine beliebte Beilage sind *knedliky*, Knödel aus Weizen- oder Kartoffelmehl.

Tschechien hat eine ausgeprägte Bierkultur. Einige der besten *pive* (Biere) Europas werden hier gebraut, meist helle Sorten. Mähren ist angehendes tschechisches Weinbaugebiet.

Ungarn

In Ungarn gibt es eine immer größere Restaurantauswahl, besonders in Budapest. Für die meisten Lokale reicht es, wenn überhaupt, einen Tag vorher zu reservieren; für Edelrestaurants in Budapest ist eine Reservierung möglichst eine Woche zuvor angeraten.

Restaurants Das Angebot reicht von billigen ungarischen bis zu noblen Sushi- und Sternerestaurants.

Vendéglő Restaurants, die in der Regel preisgünstige Hausmannskost servieren.

Cafés Tagsüber prima für Kaffee, Kuchen und leichte (oder manchmal deftigere) Mahlzeiten.

Csárda In der Regel rustikale Lokale, die große Portionen ungarischer Gerichte servieren, oft begleitet von Folkloremusik.

Ungarn hat ein halbes Dutzend Weinregionen, deren Tropfen meist relativ preisgünstig und von guter Qualität sind; sie werden in Bars und Restaurants im ganzen Land ausgeschenkt.

Straßenbahnen in Lissabon (S. 238)

Praktische Informationen

Allgemeine Informationen

Barrierefreies Reisen

Mittelalterliche Kopfsteinpflasterstraßen, „klassische" Hotels, verstopfte Innenstädte und U-Bahnen können Menschen mit Mobilitätseinschränkungen die Reise schwer machen. Die Ausstattung der Züge ist jedoch meist gut und in einigen Städten gibt es moderne Verkehrsbetriebe und Bahnsteig-Aufzüge.

Der Ratgeber *Accessible Travel* von Lonely Planet kann kostenlos heruntergeladen werden: http://lptravel.to/AccessibleTravel. Die folgenden Websites sind hilfreich für spezifische Informationen:

Accessible Europe (www.accessibleurope.com) Spezialist für Reisen in Europa mit Kleinbustransport.

Mobility International Schweiz (www.mis-ch.ch) Gute Website mit Verzeichnis barrierefreier Reiseziele in der Schweiz und anderen Ländern sowie von rollstuhlgerechten Hotels in der Schweiz.

DisabledGo.com (www.disabledgo.com) Detaillierte Informationen über tausende Orte, Einrichtungen und Hotels in Großbritannien und Irland.

Essen

Die im Buch angegebenen Preise beziehen sich auf eine Hauptmahlzeit.

Feiertage

Die europäischen Länder haben jeweils ihre eigenen und höchst unterschiedlichen gesetzlichen Feiertage. Die folgenden gelten jedoch für (fast) alle:

Neujahr 1. Januar

Karfreitag März/April

Ostersonntag März/April

Maifeiertag 1. Mai

Pfingsten Mai/Juni

Weihnachten 25. Dezember

Frauen unterwegs

- In der Türkei, in ländlichen Gebieten Spaniens und in Süditalien, besonders in Sizilien, wo Männer Hinterherpfeifen als Schmeichelei betrachten, können Frauen unerwünschte Aufmerksamkeit auf sich ziehen. Konservative Kleidung kann davor schützen.
- Allein zu trampen ist nirgendwo empfehlenswert.
- Leserinnen haben von tätlichen Übergriffen in türkischen Hotels mit Gemeinschaftsbad berichtet. Frauen, die in die Türkei reisen, sollten daher ein teureres Zimmer mit eigenem Bad in Betracht ziehen.
- Journeywoman (www.journeywoman.com) veröffentlicht online einen Newsletter für allein reisende Frauen in allen möglichen Ländern der Welt.

Geld

Bargeld

Es ist immer ratsam, etwas Bargeld in der jeweiligen Landeswährung mitzuführen, um über die Runden zu kommen, bis ein Geldautomat oder eine Wechselstube gefunden ist. Der Gegenwert von 150 € sollte ausreichen. Eine gewisse Menge Bargeld in Euro oder Schweizer Franken kann allgemein in ländlichen Gegenden oder auch in Osteuropa nicht schaden.

Debit-/Bankkarten

Es lohnt sich immer, eine Maestro-Karte mitzuführen: eine Bankkarte, mit der anders als mit einer Kreditkarte Geld direkt vom Konto abgebucht wird. Die Hausbank informiert, ob sie im Ausland einsetzbar ist.

Geldautomaten

Geldautomaten, die internationale Karten akzeptieren, sind in allen größeren Orten und Städten zu finden. Aber Störungen kann es bei den Geräten immer geben, ein Plan B sollte also stets vorhanden sein. In einigen abgelegenen Gegenden sind Geldautomaten eher selten.

In Westeuropa werden überwiegend Chip-Karten mit PIN verwendet. Wer keine Karte mit Chip oder die PIN vergessen hat, kann also vor Problemen stehen.

Beim Eingeben der PIN sollte immer die Tastatur abgedeckt und auf ungewöhnliche Geräte geachtet werden, die Karteninformationen kopieren oder ein Steckenbleiben der Karte verursachen können. Wird die Karte vom Automaten geschluckt und der Bildschirm bleibt leer, bevor die PIN eingegeben wurde, sollte diese nicht eingetippt werden, besonders wenn ein „hilfsbereiter" Beobachter dazu auffordert. Wenn die Karte nicht mehr ausgespuckt wird, sollte man, wenn möglich noch vor Verlassen des Geldautomaten, die Notfallnummer seiner Bank anrufen.

Geldwechsel

Mit Ausnahme von Großbritannien, Dänemark, Island, Ungarn, Kroatien, der Türkei, der Schweiz und Tschechien wird in den hier behandelten Ländern mit dem Euro bezahlt, der auch problemlos überall gewechselt wird. In kleinen Banken kann es jedoch schwierig sein, weniger geläufige Währungen wieder umzutauschen.

Der Im- oder Export einiger Währungen ist eingeschränkt oder verboten, vor der Abreise sollte man also die jeweilige Landeswährung loswerden. Schottische Banknoten sollten ebenfalls vor der Abreise ausgegeben werden, da sie niemand außerhalb Großbritanniens wechseln wird.

Wechselschalter gibt es in den meisten Flughäfen, Hauptbahnhöfen, großen Hotels und an vielen Grenzposten, manche davon sind rund um die Uhr geöffnet. Postämter bieten oft auch Bankdienstleistungen an; sie sind meist länger geöffnet und in abgelegenen Gegenden verbreiteter als Banken. Sie wechseln zwar immer Bargeld, verweigern aber oft Reiseschecks in ausländischer Währung.

Die besten Wechselkurse haben in der Regel die Banken. Wechselstuben *(bureaux de change)* bieten meist, aber nicht immer, schlechtere Kurse an oder verlangen eine höhere Kommission. Hotels und Flughäfen haben fast immer die schlechtesten Kurse.

Internationale Überweisungen

Internationale Geldüberweisungen sind eine sichere Methode, um einmalig große Geldbeträge zu verschicken. Es kann aber drei bis fünf Tage dauern und es wird oft eine recht happige Gebühr erhoben. Für die Überweisung müssen der Name der Bank, die Bankleitzahl und die Adresse der Filiale angegeben werden, von der das Geld abgeholt werden soll. Um Bankgebühren zu vermeiden, sollte ein Online-Überweisungsservice in Betracht gezogen werden, wie z. B TransferWise.

Im Notfall geht's schneller, ist aber teurer, wenn Geld über Amex (www.americanexpress.com), Western Union (www.westernunion.com) oder MoneyGram (www.moneygram.com) überwiesen wird.

Kreditkarten

Am gängigsten sind Visa und MasterCard/Eurocard; Visa (auch Carte Bleue genannt) ist besonders in Frankreich und Spanien verbreitet.

Es gibt jedoch länderspezifische Unterschiede bei der Akzeptanz von Kreditkarten; in Deutschland z. B. nehmen Restaurants selten Kreditkarten an. In weniger touristischen Gebieten werden sie ebenfalls nicht überall akzeptiert.

Zum Schutz vor Betrug sollte die Karte bei Transaktionen immer im Auge bleiben, z. B. in Restaurants erst bei Verlassen direkt an der Kasse zahlen. Ratsam ist es auch, Kassenbelege immer aufzubewahren und daheim oder unterwegs online mit dem abgebuchten Betrag auf dem Konto zu vergleichen.

Wer seine Kreditkartengesellschaft wissen lässt, wo die Reise hingeht, vermindert die Gefahr von Betrug – oder dass die Bank die Karte sperrt, wenn ungewöhnliche Ausgaben getätigt werden.

Steuern & Erstattungen

Viele Waren und Dienstleistungen in Europa sind mehrwertsteuerpflichtig. Die normale, also nicht ermäßigte Mehrwertsteuer liegt in den EU-Ländern zwischen 17 und 27 % und ist meist im Preis bereits enthalten. Schweizer als Nicht-EU-Bürger können sich die Mehrwertsteuer (ab einem Warenwert von rund 75 €, ist aber von Land zu Land unterschiedlich) bei der Ausreise erstatten lassen.

Allerdings gilt dies nur für Waren, die in einem Geschäft gekauft wurden, das zollfreien Kauf anbietet (meist hat es einen Aufkleber an der Tür mit der Aufschrift „Tax-Free Shopping"). Beim Kauf muss um einen Ausfuhrschein mit dem korrekten Betrag und Datum gebeten werden, der an die Quittung angeheftet wird. Damit kann die Erstattung direkt an internationalen Flughäfen beantragt werden oder der Ausfuhrschein wird an Grenzübergängen oder Fährhäfen gestempelt und zur Erstattung an das Zollamt des Einkauflands geschickt.

Trinkgeld

„Bedienungsgeld" wird immer häufiger automatisch auf die Rechnung aufgeschlagen. Theoretisch ist also kein Trinkgeld mehr nötig. Praktisch geht das Geld allerdings oft nicht an die Bedienung. Zweimal zahlen muss man nicht. Wenn das Bedienungsgeld freiwillig ist, sollte es von der Rechnung abgezogen und als Trinkgeld der Bedienung gegeben werden; 5 bis 10 % sind meist ausreichend. Ist das Bedienungsgeld verbindlich, gibt's auch kein Trinkgeld.

Währung

Kroatien, Tschechien, Dänemark, Island, Norwegen, die Schweiz, die Türkei und Großbritannien haben jeweils ihre eigenen Währungen. Alle anderen hier beschriebenen Länder gehören zur Eurozone.

Gesundheit

Vor der Reise

Empfohlene Impfungen

Impfungen sind für kein Land in Europa notwendig. Die Weltgesundheitsorganisation (WHO) empfiehlt jedoch, dass alle Reisende gegen Diphterie, Tetanus, Mumps, Röteln und Polio geimpft sind, gleichgültig welches Urlaubsziel. Da die meisten Impfstoffe erst mindestens zwei Wochen nach der Impfung Immunität gewährleisten, sollte ein Arzt mindestens sechs Wochen vor der Reise aufgesucht werden.

Krankenversicherung

Eine Reiseversicherung ist in jedem Fall ratsam, egal wohin es geht. Eine gute Police sollte eine umfassende Krankenversicherung einschließlich ärztlicher Betreuung und Rückführung im Notfall abdecken. Wer gefährliche Sportarten betreibt, muss unter Umständen eine zusätzliche Versicherung abschließen.

Für EU-Bürger deckt die Europäische Krankenversicherungskarte (EHIC) die meisten ärztlichen Versorgungen in den 28 Mitgliedsländern ab, auch Geburtshilfe und Behandlung von chronischen Krankheiten wie Diabetes (sie gilt jedoch nicht für Notfallrückführungen). Für Medikamente aus Apotheken muss oft selbst gezahlt werden, auch wenn sie verschrieben wurden, manchmal auch für bestimmte Untersuchungen und Behandlungen. Die EHIC gilt jedoch nicht für private Arztbesuche und Behandlungen im Ausland. Dazu zählen fast alle Zahnärzte und Behandlungen in einigen der besseren Kliniken und Arztpraxen.

Nicht-EU-Bürger sollten herausfinden, ob ein wechselseitiges Abkommen für kostenlose medizinische Versorgung zwischen ihrem Heimatland und dem EU-Reiseziel besteht.

Medizinische Versorgung in Europa

Die medizinische Versorgung ist überall in Westeuropa gut und bei kleineren Unpässlichkeiten haben Apotheken meist Rat und rezeptfreie Medikamente parat. Sie wissen auch, wann ein Arzt nötig ist und

Leitungswasser

Leitungswasser kann in Westeuropa generell unbedenklich getrunken werden. Flaschenwasser ist jedoch in fast ganz Osteuropa empfehlenswert, in Ländern, wo Giardia-Parasiten eine Gefahr sein können, auch in Russland und der Ukraine, ein unbedingtes Muss. Wasser aus Flüssen und Seen sollte auf keinen Fall getrunken werden, da es von Bakterien und Viren verunreinigt sein kann.

wo einer zu finden ist. Auch der Standard der zahnärztlichen Versorgung ist in der Regel gut.

Die Lage in Osteuropa hat sich seit dem EU-Beitritt vieler Länder zwar verbessert, aber gute ärztliche Versorgung ist außerhalb größerer Städte nicht immer einfach zu finden. Botschaften, Konsulate und Fünf-Sterne-Hotels können meist Ärzte und Kliniken empfehlen.

Kondome sind überall in Europa erhältlich, die „Pille danach" allerdings nicht immer. Entsprechende Vorsichtsmaßnahmen sind also ratsam.

Mit dem drohenden Brexit ist es ungewiss (Stand Oktober 2019), ob die EHIC-Karte dann noch für Großbritannien gültig ist. Bei einem harten Brexit wird sie nicht mehr anerkannt, eine separate Auslandskrankenversicherung ist dann ratsam.

Websites

Die Weltgesundheitsorganisation (www.who.int) veröffentlicht jedes Jahr das kostenlose Online-Buch *International Travel and Health*, das jährlich aktualisiert wird. MD Travel Health (www.mdtravelhealth.com) bietet aktuelle Gesundheitsempfehlungen für jedes Land.

Es lohnt sich, vor der Abreise die Website des Auswärtigen Amtes bzw. der Regierung im Hinblick auf Reisehinweise und Gesundheitstipps zu konsultieren:

- **Deutschland** (www.bundesregierung.de)
- **Österreich** (www.bmeia.gv.at)
- **Schweiz** (www.eda.admin.ch)

Internetzugang

Der Internetzugang ist in Europa höchst unterschiedlich. In den meisten Orten gibt es irgendwo WLAN, aber nicht immer ist es kostenlos und gut.

Dort, wo bei einer Adresse in diesem Buch das WLAN-Symbol erscheint, ist es kostenlos, entweder frei zugänglich oder per Code (beim Personal erhältlich).

Der Zugang ist generell problemlos, aber ein paar Tipps können nicht schaden. Ist auf einer Tastatur das Symbol @ nicht vorhanden, bekommt man es mit Alt Gr + 2 oder Alt Gr + Q. Bei englischen Tastaturen sind die Positionen Z und Y vertauscht, auch viele Satzzeichen stehen an anderer Stelle. Die Benutzung einer französischen Tastatur ist eine Kunstform für sich.

Je nach Landessprache klickt man auf dem Bildschirm unten rechts auf die Sprachauswahl oder Ctrl + Shift, um zwischen kyrillischem und lateinischem Alphabet zu wechseln.

Karten & Stadtpläne

In Touristeninformationen sind in der Regel kostenlose, meist aber ziemlich einfache Stadtpläne und Karten erhältlich.

Für Auto- und Radfahrer sind Straßenkarten unerlässlich. Führende deutschsprachige Verlage sind Freytag & Berndt, Hallwag, Kümmerly + Frey und Michelin.

Karten, die von europäischen Automobilclubs veröffentlicht werden, wie ADAC (www.adac.de) in Deutschland oder AA (www.theaa.co.uk) in Großbritannien, sind in der Regel hervorragend und manchmal auch für Mitglieder anderer Automobilclubs kostenlos erhältlich, wenn es zwischen den jeweiligen Clubs eine wechselseitige Abmachung gibt.

Klima

London

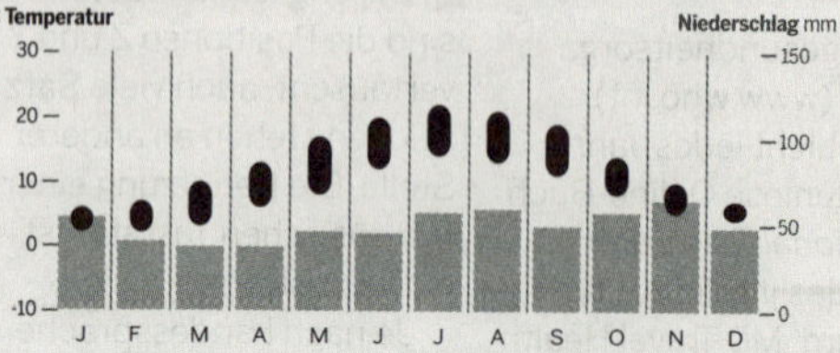

Paris

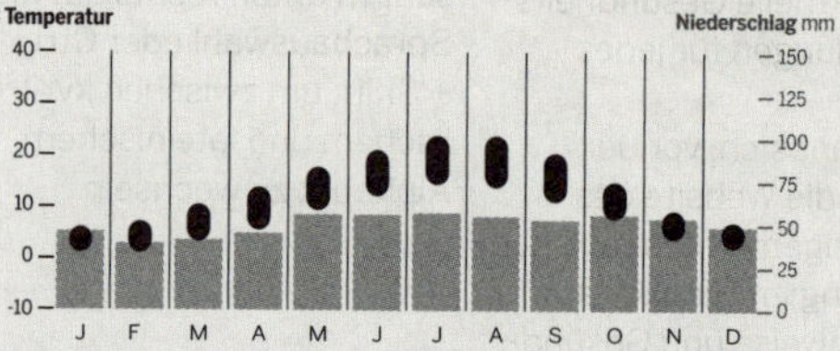

Rom

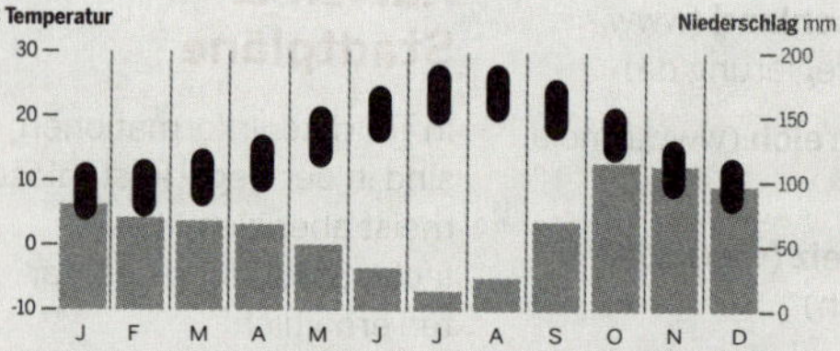

LGBT+ unterwegs

In Westeuropa ist die Haltung gegenüber Homosexualität sehr liberal. Die Niederlande, Belgien und Spanien waren die ersten Länder der Welt, die jeweils 2001, 2003 und 2005 die gleichgeschlechtliche Ehe legalisierten. In Osteuropa ist Homosexualität zwar nicht verboten, wird aber von vielen Einheimischen missbilligt, besonders außerhalb von Großstädten. Diskretion ist daher ratsam.

London, Paris, Berlin, München, Amsterdam, Madrid, Lissabon und Istanbul haben eine lebhafte Schwulengemeinde und Pride-Events. In Budapest gibt es eine kleine Schwulenszene und in Dubrovnik einen Schwulenstrand. Die griechischen Inseln Mykonos und Lesbos sind beliebte Urlaubsziele für Schwule und Lesben, die spanischen Inseln Gran Canaria und Ibiza sind große Zentren für schwules Clubbing und Strandurlaub.

Öffnungszeiten

Die Öffnungszeiten sind in den jeweiligen Ländern sehr unterschiedlich. Die folgenden Angaben bieten einen groben Überblick.

Geschäfte Mo–Fr 9–18, Sa bis 13 oder 17 Uhr. In kleineren Ortschaften wird oft ein bis zwei Stunden über Mittag geschlossen. Geschäfte schließen auch an gesetzlichen Feiertagen und regionalen Festtagen.

Banken Mo–Fr 9 bis zwischen 15 und 17 Uhr. Gelegentlich mittags geschlossen.

Restaurants 12–24 Uhr

Bars 18–24 Uhr oder länger

Museen Mo oder (weniger üblich) Di geschlossen

Rechtsfragen

Generell liegt das Mindestalter beim Alkoholkauf (Bier und Wein) zwischen 16 und 18 Jahren (bei Spirituosen bei mindestens 18 Jahren), aber falls es unklar ist, besser nachfragen. Autofahren ist zwar schon ab 17 oder 18 Jahren erlaubt, aber Autovermieter verlangen oft ein Mindestalter von 25 Jahren.

Drogen sind eher einfach erhältlich, was aber nicht heißt, dass sie legal sind. Besonders die Niederlande sind für ihre liberale Haltung bekannt. Coffeeshops verkaufen dort offen Cannabis, obwohl die Droge eigentlich nicht legalisiert ist. Meist wird jedoch ein Auge zugedrückt, da der Besitz und Kauf kleiner Mengen (5 g) „weicher Drogen" (z. B. Marihuana oder Haschisch) erlaubt ist und Konsumenten nicht für den Konsum oder Besitz strafrechtlich verfolgt werden. Die lockere Haltung ist jedoch keine Einladung, härtere Drogen zu kaufen. Wer damit erwischt wird, erhält eine Strafe. Seit 2008 sind Magic Mushrooms in den Niederlanden verboten.

Spanien hat ebenfalls eine ziemlich liberale Gesetzgebung in Sachen Marihuana, der Konsum ist allerdings meist auf private Räumlichkeiten beschränkt.

In Belgien ist der Besitz von bis zu 3 g Cannabis legal, der Handel damit jedoch nicht. Wer also beim Verkauf erwischt wird, muss mit unangenehmen Folgen rechnen. Auch die Schweiz, Italien, Moldawien, Russland, die Ukraine, Malta, Luxemburg, Estland, Kroatien, Österreich, Slowenien und Tschechien haben den Besitz von Marihuana entkriminalisiert, aber der Verkauf ist noch immer illegal. Portugal war das erste Land, das 2001 den Gebrauch aller Drogen entkriminalisiert hat.

Wer mit Drogen erwischt wird, muss in einigen Ländern Europas mit Gefängnisstrafe rechnen. Im Zweifel ist Vorsicht angesagt. An die Mitnahme von Drogen über Grenzen hinweg sollte man gar nicht erst denken.

Sicherheit

Reisen in Europa ist in der Regel sehr sicher.

Diebstahl

In Teilen Europas ist Diebstahl ein ernstes Problem, vor allem ist Vorsicht vor skrupellosen Mitreisenden angesagt. Wichtig ist, auf seine Sachen einfach jederzeit gut aufzupassen.

- Wertsachen sollten nicht in Bahnhofsschließfächern oder in der Gepäckaufbewahrung deponiert werden. Vorsicht auch vor Leuten, die ihre Hilfe bei der Bedienung von Schließfächern oder beim Tragen des Gepäcks anbieten – sie könnten sich damit aus dem Staub machen.
- Wertsachen sollten nicht im Auto, im Zug auf Sitzen oder im Zimmer gelassen werden. Auch ist es nicht ratsam, unterwegs Kameras, Laptops und andere teure Geräte offen herumzutragen.
- Am besten ist ein kleiner Rucksack, da Schultertaschen eine offene Einladung für Diebe sind, die sich auf das Wegreißen von Taschen spezialisiert haben. Nützlich sind auch kleine Schlösser für Reißverschlüsse am Rucksack.
- Taschendiebe sind in Menschenmengen am aktivsten, vor allem in stark frequentierten Bahnhöfen und in öffentlichen Verkehrsmitteln zur Rush Hour. Wachsamkeit ist in diesen Situationen angesagt.
- Wertsachen, Bargeld und Kreditkarten sollten an verschiedenen Stellen am Körper verteilt oder in unterschiedlichen Taschen aufbewahrt werden.
- Ein Geldgürtel mit allen wichtigen Dingen (Reisepass/Ausweis, Bargeld, Kreditkarten, Flugtickets) ist in der Regel sinnvoll. Um darin aber nicht in aller Öffentlichkeit rumkramen zu müssen, empfiehlt sich eine Börse mit Bargeld für den Tagesbedarf.
- Wird der Pass oder Ausweis gestohlen, ist der Verlust weniger schlimm, wenn Nummer und Ausstellungsdatum notiert sind. Noch besser ist es, wenn die entsprechenden Seiten fotokopiert wurden. Möglich ist auch, sie zu scannen und an sich selbst per E-Mail zu schicken. Gehen Pass oder Ausweis verloren, müssen sofort die Polizei für eine Anzeige und die nächste Botschaft benachrichtigt werden.
- Empfehlenswert ist auch, Kreditkarten, Flugtickets

Notfalltelefon

Die kostenlose Telefonnummer 112 gilt für Notfälle in allen EU-Ländern. In den Länderkapiteln sind jeweils individuelle Notfallnummern vermerkt.

und andere Reisedokumente zu fotokopieren.

Diskriminierung

In einigen Teilen Europas werden Reisende afrikanischer, arabischer und asiatischer Herkunft unfreundlich behandelt, ungeachtet ihrer Person. In ländlichen Gebieten können Reisende aufgrund ihrer Hautfarbe unerwünschte Aufmerksamkeit erregen.

Die Haltung ist von Land zu Land unterschiedlich. In der Regel sind Großstadtbewohner toleranter als Landbewohner. Rassismus ist zudem weniger ein Problem in Westeuropa als in Regionen des ehemaligen Ostblocks.

K.-o.-Tropfen

Es kommt zwar selten in Europa vor, aber es passiert schon, dass Reisende mit Drogen betäubt werden. Das kann besonders in Zügen und Bussen passieren, wenn ein neuer „Freund" Essen oder Getränke anbietet, die einen benebeln und dem Übeltäter Zeit zum Klauen geben.

Auch von Betäubungen mit Gas in einigen internationalen Nachtzügen wurde schon berichtet. Der beste Schutz ist die Verriegelung der Abteiltür (wenn kein Schloss vorhanden ist, ein eigenes benutzen) und die Taschen an der Gepäckablage anschließen, am besten mit einem stabilen Kombinationsschloss.

Wenn möglich, sollte man nicht allein in einem Abteil schlafen.

Unruhen & Terrorismus

Unruhen und terroristische Bombenanschläge sind in Europa selten, aber sie kommen vor. Extremistische Anschläge in Großbritannien, Frankreich, Deutschland, Belgien und Spanien traten Mitte der 2010er-Jahre gehäuft auf, sieben allein zwischen 2015 und 2017. Allerdings hat sich die Lage seither beruhigt. Es empfiehlt sich, die Nachrichten zu verfolgen und Gegenden zu vermeiden, wo Anschläge befürchtet werden.

Die Türkei ist zwar kein grundsätzlich gefährliches Reiseland, aber besondere Vorsicht ist in allen Grenzgebieten mit Syrien und Irak geboten. Im Südosten der Türkei brechen immer wieder Unruhen aus.

Strom

Im Allgemeinen liegt die Voltzahl in Europa bei 220 V und 50 Hz, aber es gibt Ausnahmen. In Großbritannien beträgt die Netzspannung 230/240 V und in einigen

Typ C
220 V / 50 Hz

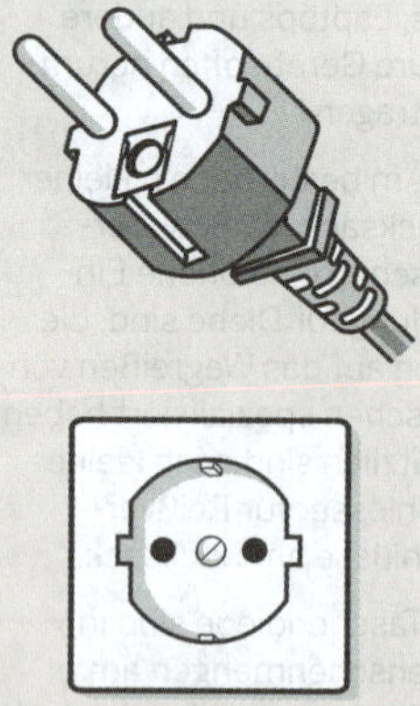

Typ F
230 V / 50 Hz

Typ G
230 V / 50 Hz

alten Gebäuden in Italien und Spanien 125 V (oder sogar 110 V in Spanien). Der Standard soll bald 230 V in ganz Europa betragen. Falls sich die Stromspannung vom jeweiligen Heimatland extrem unterscheidet, ist für empfindliche und wichtige Geräte ein Adapter empfehlenswert.

Stecker in Großbritannien und Irland sind rechteckig und dreipolig. In den meisten europäischen Ländern sind die Stecker zweipolig und rund. In Griechenland, Italien und der Schweiz befindet sich in den Steckdosen ein dritter runder Pol, in die ein zweipoliger Stecker meist passt – aber nicht immer in Italien und der Schweiz. Ein Adapter im Reisegepäck ist in jedem Fall gut – zur Not auch im Flughafen erhältlich.

Telefon

Handys

EU-Bürger, die ihr Handy von zu Hause mitbringen, können damit innerhalb der EU kostengünstig telefonieren, seit die Roaming-Gebühren abgeschafft wurden.

Festnetz

Von fast allen Telefonzellen in Europa – sofern noch vorhanden – lassen sich Auslandsgespräche führen. Für öffentliche Telefone sind Telefonkarten (erhältlich in Postämtern, Telefonzentren, Zeitungsläden und Geschäften) die Norm; Münztelefone sind hingegen selten, wenn nicht gar unmöglich zu finden.

Wer keine Telefonkarte besitzt, kann in einer Fernsprechkabine in einem Postamt oder in einem Telefonzentrum telefonieren und am Schalter bezahlen. Oft sind auch R-Gespräche möglich. Von vielen Ländern aus kann man auch den Telefonservice Country Direct benutzen. Er ermöglicht Anrufe ins Heimatland, die dann der eigenen Telefongesellschaft daheim in Rechnung gestellt werden. Diese Nummern können in Telefonzellen auch oft ohne Telefonkarte gewählt werden.

Toiletten

Für viele öffentliche Toiletten fällt eine kleine Gebühr an, die entweder in einen Kasten geworfen oder einer Reinigungskraft gegeben wird. Die Versorgung mit öffentlichen Toiletten ist von Stadt zu Stadt unterschiedlich. Wer keine findet, bittet einfach in einem Hotel oder Restaurant um Erlaubnis, die Toilette zu benutzen.

Touristeninformation

Wenn nicht anders angegeben, sind Touristeninformationen üblich und weit verbreitet. Sie sind aber nicht immer und überall gleichermaßen hilfreich.

Unterkunft

Reservierungen

In den Hauptferienzeiten, besonders um Ostern, im Sommer und um Weihnachten sowie zu jeder Jahreszeit in viel besuchten Städten wie London, Paris und Rom, ist es sinnvoll, zu reservieren. Die meisten Unterkünfte können online gebucht werden. Am besten ist immer, direkt bei der Unterkunft zu reservieren, da dann nur der Zimmerpreis anfällt und nicht der Aufschlag für das Buchungsportal.

B&Bs & Pensionen

Pensionen (in Frankreich *chambre d'hôtes*, in Großbritannien und Irland *guesthouse*) und B&Bs bieten größeren Komfort als Hostels für etwas höhere Preise.

Preiskategorien

Die in diesem Buch angegeben Preise gelten für die Hochsaison und sind außerhalb der Hochsaison oft bis zu 50 % niedriger. Hochsaison in Skigebieten ist meist zwischen Weihnachten und Neujahr sowie in den Schulferien im Februar/März.

Die meisten sind schlicht und normalerweise mit Gemeinschaftsbad.

In einigen Orten, besonders in Osteuropa, gehen Einheimische an Bahnhöfen auf Kundenfang für Privatzimmer. Es ist darauf zu achten, ob diese Unterkünfte in Vororten liegen, die teure Taxifahrten aus der bzw. in die Stadt erfordern. Der Preis sollte zuvor vereinbart werden, auch Wertsachen sollten auf keinen Fall im Zimmer bleiben, wenn man ausgeht.

B&Bs in Großbritannien und Irland sind oft nicht gerade billig. Selbst die schlichtesten verlangen meist Preise der mittleren Hotelkategorie; zudem gibt es die neue Generation von „Design"-B&Bs, die bereits in die Luxuskategorie fallen.

Camping

Die meisten Campingplätze liegen eine ganze Ecke von Stadtzentren entfernt. Die jeweiligen Touristeninformationen haben ein Verzeichnis von Campingplätzen und Organisationen. Infos zu den besten Campingplätzen in ganz Europa sind auch über www.coolcamping.co.uk erhältlich.

Unterkünfte online buchen

Weitere Unterkunftstipps von Lonely Planet Autoren gibt's unter http://hotels.lonelyplanet.com/europe. Dort sind unabhängige Bewertungen und Empfehlungen für die besten Adressen zu finden. Und das Schönste: Man kann gleich online buchen.

Hostels

Eine längere Reise durch Europa ist durchaus allein mit Übernachtungen in billigen Hostels möglich – wie jeder nostalgische Inter-Railer gerne erzählt.

HI-Hostels (alle, die zum Verband Hostelling International gehören; www.hihostels.com) bieten in der Regel das billigste (sichere) Dach über dem Kopf, auch sind sie nicht unbedingt nur jungen Leuten vorbehalten. Allerdings müssen alle über 26 Jahre in einem offiziellen Hostel oft einen kleinen Aufpreis zahlen (meist um die 3 €).

Die Hostelregeln sind je nach Haus und Land unterschiedlich, aber einige verlangen, dass ihre Gäste die Zimmer für die Reinigung verlassen, oder sie legen eine Sperrstunde fest. In den meisten Hostels ist im Preis auch ein Frühstück enthalten, dessen Qualität aber schwankt.

Für eine Übernachtung in einem HI-Hostel ist ein Jugendherbergsausweis oder eine HI-Mitgliedschaft nötig, auch Nichtmitglieder können hier gegen ein paar Euro zusätzlich nächtigen, die auf eine zukünftige Mitgliedschaft angerechnet werden. Nach einer bestimmten Anzahl von Übernachtungen (meist sechs) wird man automatisch Mitglied. Ein Beitritt ist über jedes Hostel oder den heimatlichen Jugendherbergsverband möglich. Kontaktadressen stehen auf der HI-Website, über die auch gebucht werden kann.

In Europa gibt es viele private Jugendherbergsverbände und Hunderte freie Backpacker-Hostels. Die haben weniger Regeln, mehr Selbstversorgerküchen und weniger große, lärmende Schulgruppen. Schlafsäle in privaten Hostels sind oft gemischtgeschlechtlich. Wer nicht in einem gemischten Schlafsaal nächtigen will, sollte vor der Buchung fragen.

Hotels

Hotels sind in der Regel die teuerste Unterkunft, in der unteren Preiskategorie sind sie jedoch kaum von Pensionen oder sogar Hostels zu unterscheiden.

Billige Hotels um Bahnhöfe und Busbahnhöfe sind bei später Ankunft oder früher Abreise manchmal recht praktisch, aber einige sind auch inoffizielle Bordelle oder schlichtweg schäbig. Das Zimmer sollte man sich vorher anschauen, auch der Preis und was er beinhaltet sollten geklärt werden.

Ermäßigungen für längere Aufenthalte sind meist möglich, auch sind Hotelbesitzer in Südeuropa bei schlechter Belegung eventuell offen für Preisverhandlungen. In vielen Ländern ist es üblich, dass Businesshotels (meist mit mehr als zwei Sternen) freitags und samstags ihre

Preise um bis zu 40 % reduzieren.

Privatzimmer & Bauernhöfe

Freiwillige Mitarbeit auf einem Bauernhof ist nicht nötig, um dort zu nächtigen. In der Schweiz und in Deutschland gibt es die Möglichkeit, in Scheunen bzw. „Heuhotels" zu schlafen. Die Bauern stellen Unterlagen (gegen pieksendes Stroh) und Wolldecken zur Verfügung, die Gäste müssen selbst einen Schlafsack und eine Taschenlampe mitbringen. Mehr Infos gibt's auf Abenteuer im Stroh (www.schlaf-im-stroh.ch).

In Italien gibt es ein ähnliches und zunehmend beliebtes Netzwerk von Bauernhofunterkünften, den *agriturismo*. Teilnehmende Bauernhöfe müssen selbst Anbau betreiben. Ansonsten reicht das Angebot von kleinen, rustikalen Höfen bis zu herrschaftlichen Landsitzen. Mehr Infos stehen auf www.agriturismo.it.

Versicherung

Ohne Auslandskrankenversicherung und eine gegen Diebstahl/Verlust sollte niemand verreisen. Es gibt vielerlei Reiseversicherungen, die jeweils unterschiedliche Bedürfnisse abdecken können.

Einige Versicherungen schließen „gefährliche Aktivitäten" ausdrücklich aus, z. B. Tauchen, Motorradfahren, Wintersport, Abenteuersportarten oder sogar Wandern.

Wichtig ist zudem, dass die Versicherung auch Kranken- und Rücktransport ins Heimatland abdeckt.

Eine weltweit gültige Reiseversicherung lässt sich online auch über www.lonelyplanet.com/travel-insurance abschließen, erweitern und geltend machen, auch von unterwegs.

Visa

EU-Bürger und Schweizer benötigen kein Visum, innerhalb des Schengen-Raums gibt es normalerweise auch keine Passkontrollen. In Großbritannien und Irland muss bei der Einreise zumindest ein Personalausweis vorgelegt werden.

Zeit

Europa ist in vier Zeitzonen aufgeteilt. Die Länder, die in diesem Buch vorkommen, fallen in folgende Zeitzonen:

UTC (Großbritannien, Irland, Portugal) entspricht GMT (GMT+1 im Sommer)

MEZ (Mitteleuropäische Zeit; die meisten europäischen Länder) GMT+1 (GMT+2 im Sommer)

In den meisten europäischen Ländern (mit Ausnahme u. a. von Island) werden die Uhren am letzten Sonntag im März um eine Stunde vorgestellt (Sommerzeit) und am letzten Sonntag im Oktober wieder zurückgestellt.

Aktuell wird in der EU über die Abschaffung der Zeitumstellung diskutiert – wann es jedoch zu einer Einigung und entsprechenden Umsetzung kommt, ist noch ungewiss.

- Großbritannien, Irland und Portugal (GMT)
- Mitteleuropa (GMT + eine Stunde)
- Griechenland, Türkei und Osteuropa (GMT + zwei Stunden)

Zoll

In der EU gelten zwei unterschiedliche Zollbestimmungen: Eine für Waren, die zollfrei zur Ein- und Ausfuhr gekauft wurden, und eine für Waren aus einem anderen EU-Land, für die bereits Steuern und Zölle bezahlt wurden.

- Zollfreie Waren zur Ein- oder Ausfuhr in die bzw. aus der EU: 200 Zigaretten, 50 Zigarren oder 250 g Tabak, 2 l Wein plus 1 l Spirituosen über 22 % Alkoholgehalt oder weitere 4 l Wein (oder Schaumwein) sowie andere Waren (z. B. Kaffee, Parfum, elektronische Geräte) bis zum Wert von 430 € (via Flugzeug/

Schiff) oder 300 € (auf dem Landweg).

- Bei Reisen innerhalb der EU gelten folgende Regeln: 800 Zigaretten, 200 Zigarren, 1 kg Tabak, 10 l Spirituosen, 20 l Likörwein, 90 l Wein (davon nicht mehr als 60 l Schaumwein) und 110 l Bier.

Verkehrsmittel & -wege

An- & Weiterreise

Flüge, Touren, Mietwagen und Bahnfahrkarten können online auf lonelyplanet.com/bookings gebucht werden.

Flugzeug

Am günstigsten sind Flugtickets außerhalb der Hochsaison. Wenn möglich sind die Zeiten zwischen Mitte Juni und Anfang September, Ostern, Weihnachten und die Schulferien als Reisezeitpunkt zu vermeiden.

Grenzübergänge

Grenzformalitäten sind in der EU weitgehend gelockert, aber es gibt sie noch in aller bürokratischen Herrlichkeit in den entfernteren Teilen Osteuropas.

Entsprechend dem Schengen-Abkommen werden an den Grenzen von 26 europäischen Ländern offiziell keine Passkontrollen mehr durchgeführt. Manchmal jedoch gibt es in grenzüberschreitenden Zügen stichprobenartige Kontrollen, ein Pass/Ausweis sollte daher immer mitgeführt werden. Zudem haben einige Länder wegen der Flüchtlingskrise und der anhaltenden Terrorbedrohung wieder Grenzkontrollen eingeführt. Großbritannien behielt die Grenzkontrollen im Reiseverkehr mit anderen EU-Ländern bei (außer mit Irland, mit dem es eine offene Grenze teilt), führt aber keine Zollkontrollen durch, das Gleiche gilt für Irland. Aktuelle Informationen stehen auf www.schengenvisainfo.com.

Übers Meer

Statt mit dem Flugzeug lassen sich viele Länder auch etwas umweltfreundlicher mit der Fähre erreichen, vor allem Großbritannien und Irland, aber auch die skandinavischen Länder und natürlich die Inseln im Mittelmeer. Infos zu Fährverbindungen sind auf www.directferries.at/europa.htm zu finden.

Unterwegs vor Ort

Auto & Motorrad

Ein eigenes Auto gibt viel Bewegungsfreiheit und es lassen sich damit auch entlegene Orte erreichen. Diese Unabhängigkeit verhindert jedoch manchmal den Kontakt mit Einheimischen. Zudem können Autos auch Diebe anlocken und sind oft

Der Schengen-Raum

Das Schengen-Abkommen hat Grenz- und Passkontrollen zwischen allen 26 Vertragsstaaten praktisch abgeschafft. Zu den Ländern gehören Österreich, Belgien, Tschechien, Dänemark, Estland, Finnland, Frankreich, Deutschland, Griechenland, Island, Italien, Ungarn, Lettland, Liechtenstein, Litauen, Luxemburg, Malta, die Niederlande, Norwegen, Polen, Portugal, Slowenien, die Slowakei, Spanien, Schweden und die Schweiz. Großbritannien und Irland sowie etliche osteuropäische Länder gehören dagegen nicht zum Schengen-Raum, Reisende müssen in diesen Ländern ihren Pass bei der Grenzüberschreitung vorlegen. Zudem haben einige Länder im Zuge der Flüchtlingskrise und anhaltender Terrorbedrohung wieder Grenzkontrollen eingeführt.

Aktuelle Informationen stehen auf www.schengenvisainfo.com.

in Stadtzentren unpraktisch, wo Staus, fehlende Parkplätze und häufiges Verfahren in unbekannten Straßen die Nutzung öffentlicher Verkehrsmittel weitaus stressfreier machen. Mit Autozügen lassen sich lange Fahrten vermeiden.

Benzin

- Benzinpreise sind generell sehr unterschiedlich.
- Bleifreies Benzin ist in ganz Europa erhältlich. Diesel ist meist billiger, in Großbritannien, Irland und der Schweiz jedoch nur geringfügig.
- Auf der Website des irischen Automobilclubs sind aktuelle Benzinpreise in ganz Europa aufgelistet: www.theaa.ie/aa/motoring-advice/petrol-prices.aspx.

Mietwagen

- Ein Mietwagen ist ideal für Leute, die nicht länger als 16 Tage ein Auto benötigen. Bei längeren Zeiten ist Leasing besser.
- Große internationale Mietwagenfirmen bieten zuverlässigen Service und gute Fahrzeuge, nationale oder lokale Firmen sind jedoch oft bis zu 40 % billiger.
- Generell besteht die Möglichkeit, das Auto am Ende der Reise in einer anderen Vertriebsstelle abzugeben (One-way rental). Das kostet jedoch meist extra und wenn die Abgabestation weit entfernt von der Ausgangsstation ist, kann es sehr teuer werden.
- Die günstigsten Preise gibt es bei früher Buchung, auch sollte man die Preise in verschiedenen Städten vergleichen. Die Steuern liegen bei 15 bis 20 % und die Anmietung an einem Flughafen ist teurer.
- Ein Auto, das in der EU gemietet wurde, darf nicht außerhalb der EU gefahren werden und wer ein Auto außerhalb der EU mietet, darf innerhalb der EU nur acht Tage lang damit fahren. Der jeweilige Autovermieter gibt Auskunft zu weiteren Vorschriften.
- Es ist wichtig, sich genau zu informieren, was im Mietpreis enthalten ist (unbegrenzte Kilometerzahl oder nicht, Steuern, Unfallversicherung, Vollkaskoversicherung etc.) und für was man selbst haftet. Wir empfehlen eine Vollkaskoversicherung, die Unfallversicherung kann man sich jedoch schenken, wenn Fahrer und Beifahrer eine gute Reiseversicherung haben.
- Das Mindestalter für Mietwagen liegt meist bei 21, manchmal bei 25 Jahren. Verlangt werden eine Kreditkarte und ein mindestens ein Jahr alter Führerschein.
- Der Verleih von Motorrädern und Mopeds ist in einigen Ländern gängig, z. B. in Italien, Spanien, Griechenland und Südfrankreich.

Motorradtouren

Europa ist ideal für Motorradtouren: Es gibt gute, kurvenreiche Straßen, hinreißende Landschaften und eine rege Motorradszene. Die (Schlechtwetter) Kleidung sollte den Anforderungen des Landes entsprechen.

- Helme sind für Fahrer und Beifahrer in ganz Europa Pflicht.

Klimawandel & Reisen

Jede Form des Reisens, die auf Brennstoff auf Kohlenstoffbasis beruht, erzeugt CO_2), die Hauptursache des von Menschen verursachten Klimawandels. Modernes Reisen ist von Flugzeugen abhängig, die vielleicht pro Kilometer und Person weniger Kraftstoff als die meisten Autos verbrauchen, aber sehr viel weitere Strecken zurücklegen. Auch die hohen Luftschichten, in die Flugzeuge Treibhausgase (auch CO_2) und Schadstoffe ausstoßen, spielen eine wichtige Rolle beim Klimawandel. Viele Websites bieten „Emissionsrechner", mit denen Reisende die CO_2-Emissionen ihrer Reise ausrechnen und die Auswirkung dieser Treibhausgase mit einem Beitrag für klimafreundliche Projekte in der ganzen Welt ausgleichen können. Lonely Planet gleicht die CO_2-Bilanz aller Reisen der Mitarbeiter und Autoren aus.

- In Österreich, Frankreich, Deutschland, Portugal und Spanien müssen Motorradfahrer auch tagsüber mit Licht fahren, in anderen Ländern wird es lediglich empfohlen.
- Motorradfahrer müssen selten einen Platz auf der Fähre buchen, da die Maschinen in der Regel noch irgendwo dazwischengeschoben werden können.
- Nicht selten ist es üblich, das Motorrad auf dem Bürgersteig zu parken. Das ist zwar in einigen Ländern verboten, aber die Polizei drückt oft ein Auge zu, solange Fußgänger nicht behindert werden.

Straßenzustand & Verkehrsregeln

- Straßenzustände und -arten sind in Europa unterschiedlich. Die schnellsten Strecken führen über die vier- bis sechsspurigen Autobahnen (*motorway*, *autoroute*, *autostrada* usw.). Sie führen in der Regel um Städte herum und schnurgerade durch die Landschaft, meist nicht durch die schönste.
- Für einige Autobahnen wird Maut fällig, die oft ziemlich gepfeffert ist (besonders in Italien, Frankreich und Spanien), aber es gibt immer alternative Strecken. Autobahnen und andere Schnellstraßen sind generell in gutem Zustand.
- In einigen Ländern (z. B. in Teilen Osteuropas und in Irland) sind die Nebenstraßen in weniger gutem Zustand, aber ausreichend.
- Außer in Großbritannien und Irland wird überall rechts gefahren. Wer vom Kontinent nach Großbritannien oder Irland mit einem Linkslenker fährt, sollte die Scheinwerfer entsprechend einstellen lassen, um Gegenverkehr nicht zu blenden. Die Regel „Rechts vor Links“ wie auf dem Kontinent gilt in Großbritannien und Irland nur im Kreisverkehr.
- Geschwindigkeitsbegrenzungen sind je nach Land unterschiedlich. Die Missachtung der Verkehrsregeln in einigen Ländern (besonders in Italien und Griechenland) mag verblüffend sein, aber als Besucher ist es immer am besten, vorsichtig zu sein und sich an die Regeln zu halten. Für viele Verkehrsverstöße wird an Ort und Stelle ein Bußgeld fällig. Eine Quittung sollte immer verlangt werden.
- Die Regelungen zu Alkohol am Steuer sind sehr streng. Die Promillegrenze liegt meist zwischen 0,5 ‰ und 0,8 ‰, in manchen Ländern kann sie auch bei 0 ‰ liegen.
- Wer mit dem eigenen Auto unterwegs ist, muss immer den Kfz-Schein und einen in der EU gültigen Führerschein mit sich führen.
- Jedes Fahrzeug, das in ein anderes Land fährt, muss einen Aufkleber mit dem Kürzel des Ursprungslands haben. Ein Warndreieck mitzuführen, ist in fast allen Ländern verbindlich.
- Empfehlenswert ist auch die Mitnahme von Verbandskasten sowie Signalwesten für jede Person im Fahrzeug; dies ist in etlichen Ländern sogar Pflicht. Manchmal muss auch ein Feuerlöscher mitgeführt werden.

Versicherung

- Eine Autohaftpflichtversicherung ist in allen europäischen Ländern vorgeschrieben, allerdings muss der Nachweis, die sogenannte Grüne Karte, in den meisten EU-Ländern nicht mehr mitgeführt werden. Ausnahmen sind einige osteuropäische Länder und, nach dem Brexit, vermutlich auch Großbritannien.

Wohnmobil

Ein beliebtes Verkehrsmittel für Reisen durch Europa ist das Wohnmobil, das sich drei bis vier Personen auch günstig mieten können. Es gibt zahlreiche Mietfirmen, u. a. auch den ADAC (www.adac.de/produkte/autovermietung/wohnmobile).

Bus

Internationale Fernbusse

Die größte Dachorganisation für internationale Fernbusse verschiedener nationaler Busgesellschaften ist Eurolines (www.eurolines.com). Mit einem Eurolines Pass (www.eurolines-pass.eu/de) haben Vielreisende die Wahl zwischen 53 europäischen Städten, die sie im Zeitraum von 15 oder 30 Tagen besuchen können. In der Hochsaison (Mitte Juni–Mitte Sept.) kostet der Pass für unter 26-Jährige 315/405 €, für über 26-Jährige 375/490 €. Außerhalb der Hochsaison ist er billiger.

Busabout (www.busabout.com) bietet einen Hop-on-Hop-off-Service durch ganz Europa an; Stationen sind größere Städte. Die Busse sind oft überbucht, jede Etappe sollte daher extra gebucht werden, um nicht irgendwo hängen zu bleiben. Die Busse fahren von Mai bis Ende Oktober alle zwei Tage los.

Stadt- & Regionalbusse

In den meisten Ländern sind Busreisen eine realistische Alternative zu Bahnfahrten. Sie sind meist etwas billiger und langsamer. Busse eignen sich am besten für Kurzstrecken, z. B. in Städten oder für Fahrten zu entlegenen Dörfern. In Bergregionen sind sie oft die einzige Option.

Fahrrad

Europa ist in weiten Teilen ideal zum Fahrradfahren, auch ist es fast überall möglich, ein Fahrrad zu mieten. Für größere Radtouren ist ein vertrautes Fahrrad am besten, es ist also überlegenswert, das eigene Rad mitzunehmen.

Wichtig bei einer Fahrradtour ist leichtes Gepäck, aber ein paar Werkzeuge und Ersatzteile, z. B. Flickzeug und ein Ersatzschlauch, sollten nicht fehlen. Radtaschen sind wichtig, um seine Habseligkeiten gleichmäßig auf beiden Seiten des Fahrrads zu verteilen. In den meisten Ländern besteht keine Helmpflicht, aber sinnvoll ist ein Helm dennoch.

Erfahrene Radler schaffen im Schnitt 80 km pro Tag, die Strecke hängt aber auch vom Gepäck und von der Fitness ab.

European Cyclists' Federation (www.ecf.com) Bietet Informationen über „EuroVelo", das europäische Radwegenetz mit zwölf Radstrecken quer durch Europa, sowie Tipps zu anderen Touren.

SwitzerlandMobility (www.veloland.ch/en/cycling-in-switzerland.html) Infos zu Schweizer Radstrecken und mehr.

Flugzeug

Airpässe

Verschiedene Reisebüros und Fluggesellschaften bieten Airpässe an, auch die drei großen Fluglinienverbände: **Oneworld** (www.oneworld.com), **Star Alliance** (www.staralliance.com) und **SkyTeam** (www.skyteam.com). In Reisebüros sind aktuelle Werbeaktionen zu erfahren.

Fluglinien

Billigflieger haben Reisen in Europa revolutioniert. Die meisten Fluggesellschaften haben eine ähnliche Preisgestaltung, der zufolge Ticketpreise steigen, je mehr Plätze für einen Flug verkauft sind. Es lohnt sich also, so früh wie möglich zu buchen.

Einige Billiglinien, in erster Linie Ryanair, tendieren dazu, kleinere und ungünstiger gelegene Flughäfen außerhalb des Zielorts oder sogar Flughäfen in benachbarten Städten anzufliegen. Vor der Buchung sollte man also den genauen Abflug- und Zielflughafen herausfinden. Viele Flüge starten auch im Morgengrauen oder landen spät in der Nacht. Die Weiterfahrt ist dann schwierig.

Extra Abgaben (z. B. Buchungs- und Gepäckgebühren) können sich schnell summieren und sind im Endpreis zum Schluss des Buchungsvorgangs enthalten – meist sehr viel mehr als gedacht. Mit sorgfältiger Auswahl und frühzeitiger Buchung lassen sich aber prima Schnäppchen machen.

Einen umfassenden Überblick über Billiglinien und ihre Flugziele steht auf der exzellenten Website www.flycheapo.com.

Schiff/Fähre

Die Hauptfährstrecken werden von mehreren konkurrierenden Fährgesellschaften befahren, was einen weitreichenden, aber komplizierten Service zur Folge hat. Die gleiche Fährgesellschaft kann eine Menge unterschiedlicher Preise für die gleiche Strecke haben, je nach Tages- oder Jahreszeit, Gültigkeitsdauer des Tickets und Länge des Fahrzeugs. Im Ticketpreis für ein Auto sind in der Regel der Fahrer und oft bis zu fünf Mitfahrer enthalten.

Es lohnt sich, im Voraus zu buchen, da es oft Ermäßigungen zu verkehrsschwachen Zeiten und beim Vorverkauf gibt. Auf den Strecken über den Ärmelkanal gibt es, außer Tages- oder Kurzzeittickets, kaum Preisunterschiede zwischen einem Rückfahrticket und zwei Einzeltickets.

Inhaber von InterRail-Pässen erhalten auf einigen Linien Ermäßigungen oder müssen nichts zahlen. Das Essen auf Fähren ist oft teuer (und schlecht), es lohnt sich also, selbst etwas mitzunehmen. Zu beachten ist auch, dass Autofahrer während der Überfahrt keinen Zugang zu ihrem Fahrzeug haben.

In vielen Ländern, u. a. in Österreich und der Schweiz, verkehren auch See- und Flussfähren. Diese Überfahrten sind landschaftlich oft sehr reizvoll.

Taxis

In Taxis läuft normalerweise überall ein Taxameter und die Tarife sind im Allgemeinen ziemlich hoch. Manchmal müssen auch Zuschläge für Gepäck, zusätzliche Fahrgäste, Tageszeit und Abfahrtsort gezahlt werden.

Gute Bus-, Bahn- und U-Bahnnetze machen Taxis oft überflüssig, aber wer eines benötigt, findet sie vor Bahnhöfen und großen Hotels. In einigen Ländern wie Spanien, Griechenland, Portugal und der Türkei sind die Preise niedriger, Taxifahren lohnt sich daher.

Uber ist in den meisten europäischen Großstädten vertreten, allerdings nicht in Bulgarien, Dänemark und Ungarn, wo Uber derzeit verboten ist.

Zug

Komfortable, häufige und zuverlässige Züge sind das perfekte Transportmittel schlechthin.

- Viele Bahngesellschaften haben interaktive Websites mit Fahrplänen und -preisen, darunter www.bahn.de (Deutschland) und www.sbb.ch (Schweiz). Mit InterRail (www.interrail.eu/de) sind Reisen in 30 europäische Länder möglich.

- Die Züge werden manchmal unterwegs zu zwei verschiedenen Zielbahnhöfen geteilt. Es ist also wichtig darauf zu achten, dass man im richtigen Waggon oder Zugteil sitzt, auch wenn es bei der Abfahrt der richtige Zug ist.

- Bahnreisen zu fast jedem Bahnhof in Europa können über Voyages-sncf.com (http://de.voyages-sncf.com/de) gebucht werden. Dort werden auch InterRail-Pässe verkauft.

Sprache

Damit die Sprachbarriere nicht zum Hindernis auf Reisen wird, bietet dieses Kapitel ein paar wichtige Sätze mit Aussprachehilfe, um in verschiedenen Ländern zurechtzukommen. Die betonten Silben sind in der Lautschrift jeweils kursiv gedruckt.

Zur Vertiefung der Kommunikation auf Reisen gibt's den ausführlicheren Sprachführer für all diese Sprachen auf **lonely planet.com**, für einige auch auf **lonely planet.de**.

Englisch

Hallo.	*Hello.*	*häl*·lo
Tschüss.	*Goodbye.*	*gud* bai
Ja.	*Yes.*	jes
Nein.	*No.*	no
Bitte.	*Please.*	plihs
Danke.	*Thank you.*	*θänk* ju
Verzeihung.	*Excuse me.-*	ix·*kjus* mi
Hilfe!	*Help!*	hälp

Sprechen Sie Deutsch?
Do you speak German? — du ju spihk *dschör* men

Ich verstehe nicht.
I don't understand. — ai dont an·der·*ständ*·

Was kostet das?
How much is this? — Hau matsch is ðiss

Ich hätte gern …, bitte.
I'd like …, please. — aid laik … *plihs*

Wo ist (die Toilette)?
Where is (the toilet)? — uär is (ðe *toi*·let)?

Ich habe mich verirrt.
I'm lost. — aim *lost*

Französisch

Hallo.	*Bonjour.*	bon·*zhur*
Tschüss.	*Au revoir.*	o rö·*woa*
Ja.	*Oui.*	ui
Nein.	*Non.*	nong
Bitte.	*S'il vous*	sil wu plä
Danke.	*Merci.*	mär·si
Verzeihung.	*Excusez-moi.*	ex·kü·se·moa
Hilfe!	*Au secours!*	o se·kur

Sprechen Sie Englisch/Deutsch?
Parlez-vous anglais/ allemand? — par·le wu ong·*glä*/ all·*mong*

Ich verstehe nicht.
Je ne comprends pas. — zhö ne kom·prong *pa*

Was kostet das?
C'est combien? — sä kom·*bjäng*

Ich hätte gern …, bitte.
Je voudrais …, — zhö wu·*drä* …,
s'il vous plaît. — sil wu plä

Wo ist (die Toilette)?
Où sont (les toilettes)? — u song (leh toa·lett)

Ich habe mich verirrt
Je suis perdu(e). (m/f) — zhö süi pär·dü

Isländisch

Hallo.	*Halló.*	*ha*·llou
Tschüss.	*Bless.*	bless
Ja.	*Já.*	jau
Nein.	*Nei.*	nej
Danke.	*Takk./ Takk fyrir.*	tak/ tak *fü*·rir
Verzeihung.	*Afsakið.*	*af*·sa·kið
Hilfe!	*Hjálp!*	chjälp

Sprechen Sie Englisch/Deutsch?
Talar þú ensku/ þýska? — ta·lar ðu *ens*·kö/ðiska

Ich verstehe nicht.
Ég skil ekki. — jäch skil *ähk*·ki

Was kostet das?
Hvað kostar þetta? — kwað *kos*·tar ða·ta

Ich hätte gern…, bitte.
Get ég fengið…, takk — gjät jäch *fejn*·gið …, tak

Wo ist (die Toilette)?
Hvar er snyrtingin? — kwar er *snir*·tin·gin

Ich habe mich verirrt.
Ég er villtur/villt. (m/f) — jäch er *wil*·tür/willt

Italienisch

Hallo.	*Buongiorno.*	buon·*dschor*·no
Tschüss.	*Arrivederci.*	a·rive·*der*·tschi
Ja.	*Sì.*	si
Nein.	*No.*	no
Bitte.	*Per favore.*	per fa·*wo*·re

Danke.	*Grazie.*	*gra*·zi·e
Verzeihung.	*Mi scusi.*	mi *sku*·si
Hilfe!	*Aiuto!*	a·*ju*·to

Sprechen Sie Englisch/Deutsch?
Parla inglese/tedesco? — *par*·la in·*gle*·se/te·*des*·ko
Ich verstehe nicht.
Non capisco. — non ka·*pis*·ko
Was kostet das?
Quanto costa? — *kuan*·to *ko*·sta
Ich hätte gern …, danke.
Vorrei …, per favore. — wo·*rey* … per fa·*wo*·re
Wo ist (die Toilette)?
Dove sono (i gabinetti)? — *dowe so*·no (i ga·bi·*net*·ti)
Ich habe mich verirrt.
Mi sono perso/a. (m/f) — mi *so*·no *per*·so/a

Niederländisch

Hallo.	*Dag.*	dach
Tschüss.	*Dag.*	dach
Ja.	*Ja.*	ja
Nein.	*Nee.*	ney
Bitte.	*Alstublieft.*	ass·stü·*bliehft*
Danke.	*Bedankt.*	be·*dankt*
Verzeihung.	*Excuseer mij.*	ex·kü·*sehr* mä
Hilfe!	*Help!*	hell·öp

Sprechen Sie Englisch/Deutsch?
Spreekt u Engels/Duits? — spreykt ü *eng*·els/döits
Ich verstehe nicht.
Ik begrijp het niet. — ig be·*chreyp* ett niet
Was kostet?
Wat kost het? — wat *kost* eet
Ich hätte gern …, bitte.
Ik wil graag … — ik wil chrahch …
Wo ist (die Toilette)?
Waar zijn (de toiletten)? — wahr sein (de toa·*le*·ten)
Ich habe mich verirrt.
Ik ben verdwaald. — ik ben ver·*dwahlt*

Spanisch

Hallo.	*Hola.*	*o*·la
Tschüss.	*Adiós.*	a·*djos*
Ja.	*Sí.*	si
Nein.	*No.*	no
Bitte.	*Por favor.*	por fa·*wor*
Danke.	*Gracias.*	*gra*·sjas
Verzeihung.	*Disculpe.*	dis·*kul*·pe
Hilfe!	*¡Socorro!*	so·*ko*·ro

Sprechen Sie Englisch/Deutsch?
¿Habla inglés/alemán? — *a*·bla in·*gläs*/a·le·*man*
Ich verstehe nicht.
No entiendo. — no en·*tjän*·do
Was kostet das?
¿Cuánto cuesta? — *kuan*·to *kues*·ta
Ich hätte gern …, bitte.
Quisiera …, por favor. — ki·*sje*·ra … por fa·*wor*
Wo ist (die Toilette)?
¿Dónde están (los servicios)? — *don*·de es·*tan* (los ser·*wi*·sjos)
Ich habe mich verirrt.
Estoy perdido/a. (m/f) — es·*toi* per·*di*·do/a

Tschechisch

Hallo.	*Ahoj.*	*ah*·hoj
Tschüss.		
Na shledanou.	*Na* schlä·de·nu	
Ja./Nein.	*Ano./Ne.*	*a*·no/nä
Bitte.	*Prosím.*	*pross*·ihm
Danke.	*Děkuji.*	*Djäck* ku·ji
Verzeihung.	*Promiňte.*	*promm*·min'·tä
Hilfe!	*Pomoc!*	*pom*·motz

Sprechen Sie Englisch/Deutsch?
Mluvíte anglicky/německy? — *mlu*·wih·tä·*ann*·glitz·ki/*njä*·metz·ki
Ich verstehe nicht.
Nerozumím. — *nä*·ro·su·mihm
Was kostet das?
Kolik to stojí? — *kol*·lik to *sto*·jih
Ich hätte gern …, bitte.
Chtěl/Chtěla bych …, prosím. (m/f) … — chtjel bich/ *chtjel*·la bich *pross*·ihm
Wo ist (die Toilette)?
Kde je (záchod)? — gde je (*sah*·chodd)
Ich habe mich verirrt.
Zabloudil/Zabloudila jsem. (m/f) — *sabb*·lou·djill/*sabb*·lou djill la ßemm

Register

A

000 Kartenverweise

B

L

M

N

O

P

Hinter den Kulissen

Quellennachweis

Die Angaben auf der Klimakarte stammen von Peel MC, Finlayson BL & McMahon TA (2007) „Updated World Map of the Köppen-Geiger Climate Classification", *Hydrology and Earth System Sciences*, 11, 1633–44.

Illustrationen S. 194–195, S. 264–265, S. 272–273, S. 380–381, S. 508–509 von Javier Zarracina

Titelfoto: Lavendelfeld in Frankreich, Linhking/Getty Images ©

Wir freuen uns über ein Feedback

Post von Travellern zu bekommen ist für uns ungemein hilfreich – Kritik und Anregungen halten uns auf dem Laufenden und helfen, unsere Bücher zu verbessern. Unser reiseerfahrenes Team liest alle Zuschriften genau durch, um zu erfahren, was an unseren Reiseführern gut und was schlecht ist. Wir können solche Post zwar nicht individuell beantworten, aber jedes Feedback wird garantiert schnurstracks an die jeweiligen Autoren weitergeleitet, rechtzeitig vor der nächsten Auflage.

Wer Ideen, Erfahrungen und Korrekturhinweise zum Reiseführer mitteilen möchte, hat die Möglichkeit dazu auf www.lonelyplanet.com/contact/guidebook_feedback/new. Anmerkungen speziell zur deutschen Ausgabe erreichen uns über www.lonelyplanet.de/kontakt.

Hinweis: Da wir Beiträge möglicherweise in Lonely Planet Produkten (Reiseführer, Websites, digitale Medien) veröffentlichen, ggf. auch in gekürzter Form, bitten wir um Mitteilung, falls ein Kommentar nicht veröffentlicht oder ein Name nicht genannt werden soll. Wer Näheres über unsere Datenschutzpolitik wissen will, erfährt das unter www.lonelyplanet.com/privacy.

Über dieses Buch

Dies ist die 2. Auflage des Lonely Planet-Reiseführers *Topziele in Europa*. Sie basiert auf der 2. englischen Auflage von *Best of Europe*, koordiniert von Alexis Averbuck, Anthony Ham, Catherine Le Nevez, Andy Symington und Nicola Williams, die ihn auch, gemeinsam mit Mark Baker, Oliver Berry, Cristian Bonetto, Kerry Christiani, Belinda Dixon, Peter Dragicevich, Steve Fallon, Emilie Filou, Damian Harper, Virginia Maxwell, Christopher Pitts, Kevin Raub, Brendan Sainsbury, Andrea Schulte-Peevers sowie Neil Wilson recherchierten und schrieben. Dieser Reiseführer wurde produziert von:

Titelredaktion Daniel Fahey, Gemma Graham, Niamh O'Brien, Tom Stainer, Anna Tyler, Brana Vladislavljevic, Clifton Wilkinson

Leitung Produktredaktion Sandie Kestell

Regionale Leitung Kartografie Mark Griffiths, Anthony Phelan

Produktredaktion Will Allen

Layout Wibowo Rusli

Redaktionsassistenz Sarah Bailey, Judith Bamber, Michelle Bennett, Nigel Chin, Katie Connolly, Joel Cotterell, Melanie Dankel, Andrea Dobbin, Victoria Harrison, Gabrielle Innes, Kellie Langdon, Lou McGregor, Kate Morgan, Rosie Nicholson, Lorna Parkes, Susan Paterson, Monique Perrin, Sarah Reid, Fionnuala Twomey, Maja Vatrić, Sam Wheeler, Simon Williamson

Kartografieassistenz Anita Banh, Mick Garrett, Corey Hutchison

Titelbildrecherche Naomi Parker

Dank an Jennifer Carey, Vesna Čelebić, Fiona Flores Watson, Esme Fox, Evan Godt, Jennifer Hattam, Sandra Henriques Gajjar, Amy Lysen, Anne Mason, Emily Matarczyk, Catherine Naghten, Claire Naylor, Karyn Noble, Zora O'Neill, Genna Patterson, Joseph Q, Antonia Roberts, Kathryn Rowan, James Smart, Angela Tinson, Donna Wheeler

Symbol- & Kartenlegende

Mit diesen Symbolen sind wichtige Kategorien leicht zu finden:

- Sehenswertes
- Aktivitäten
- Kurse
- Touren
- Festivals & Events
- Essen
- Ausgehen
- Unterhaltung
- Shoppen
- Praktisches & Transport

Diese Symbole bieten hilfreiche Zusatzinformationen:

- Nachhaltig und umweltverträglich
- GRATIS Hier bezahlt man nichts

- Telefon
- Öffnungszeiten
- Parken
- Nichtraucher
- Klimaanlage
- Internet verfügbar
- WLAN verfügbar
- Swimmingpool
- Bus
- Fähre
- Straßenbahn
- Bahn
- Englischsprachige Karte
- Vegetarische Auswahl
- Kinder willkommen

Die Toll für …-Symbole stehen für besondere Tipps in verschiedenen Kategorien:

- Kunst & Kultur
- Strände
- Budget
- Café/Kaffee
- Radfahren
- Abstecher
- Ausgehen
- Unterhaltung
- Veranstaltungen
- Mit Kindern
- Essen & Trinken
- Geschichte
- Lokalkolorit
- Natur & Tiere
- Fotospot
- Landschaft
- Shoppen
- Ausflug
- Sport
- Wandern
- Winterreisen

Sehenswertes

- Strand
- Vogelschutzgebiet
- buddhistisch
- Burg/Schloss/Palast
- christlich
- konfuzianisch
- hinduistisch
- islamisch
- jainistisch
- jüdisch
- Denkmal
- Museum/Galerie/historisches Gebäude
- Ruine
- shintoistisch
- Sikh
- taoistisch
- Weingut/Weinberg
- Zoo/Wildschutzgebiet
- sonstige Sehenswürdigkeit

Aktivitäten

- Bodysurfen
- Camping
- Café
- Kanu/Kajak fahren
- Kurs/Tour
- Tauchen
- Ausgehen & Nachtleben
- Essen
- Unterhaltung
- Thermalbad/Sento/Onsen
- Shoppen
- Skifahren
- Schlafen
- Schnorcheln
- Surfen
- Schwimmen/Pool
- Wandern
- Windsurfen
- sonstige Aktivitäten

Praktisches

- Bank
- Botschaft/Konsulat
- Krankenhaus/Arzt
- Internet
- Polizei
- Post
- Telefon
- Toilette
- Touristeninformation
- sonstige Informationen

Geografie

- Strand
- Tor
- Hütte/Unterstand
- Leuchtturm
- Aussichtspunkt
- Berg/Vulkan
- Oase
- Park
- Pass
- Rastplatz
- Wasserfall

Transport

- Flughafen
- BART-Station
- Grenzübergang
- Boston T-Station
- Bus
- (Stand-)Seilbahn
- Radweg
- Fähre
- Metro/MRT-Station
- Schwebebahn
- Parkplatz
- Tankstelle
- Subway-/S-Bahn-/Skytrain-Station
- Taxi
- Bahnhof/Bahnlinie
- Straßenbahn
- Underground-/U-Bahn-Station
- sonstiger Transport

Die Autoren

Alexis Averbuck

Alexis Averbuck ist schon an die unterschiedlichsten Orte der Welt gereist und hat dort gelebt, von Sri Lanka über Ecuador und Sansibar bis zur Antarktis. In den letzten Jahren hatte sie ihren Wohnsitz auf der griechischen Insel Hydra, in der Wildnis von New York und an der kalifornischen Küste. Für Lonely Planet erkundet sie die Pflastergassen von Rom und das azurfarbene Meer um Sardinien, probiert Austern in der Bretagne, kurvt durch provenzalische Bergdörfer und wagt sich an Islands surreale Lavafelder, glitzernde Fjorde und Gletscherzungen. Außerdem malt sie – siehe www.alexisaverbuck.com – und macht Video- und Fernsehwerbung zum Thema Reisen und Abenteuer.

Anthony Ham

Anthony ist freier Autor und Fotograf mit Schwerpunkt auf Spanien, Ost- und Südafrika, der Arktis und dem Nahen Osten. Wenn er gerade nicht für Lonely Planet unterwegs ist, schreibt Anthony für Zeitungen und Magazine in Australien, Großbritannien und den USA über Spanien, Afrika und den Nahen Osten und fotografiert. Nachdem er jahrelang in der Welt umhergezogen war, fand Anthony 2001 schließlich seine Seelenheimat, als er sich bei seinem ersten Besuch in Madrid rettungslos in die Stadt verliebte. Kaum ein Jahr später kehrte er mit einem One-Way-Ticket zurück, ohne ein Wort Spanisch zu sprechen und ohne irgend jemanden in der Stadt zu kennen. Als er Madrid zehn Jahre später verließ, sprach Anthony mit madrilenischem Akzent Spanisch, war mit einer Madrileña verheiratet und Madrid war seine zweite Heimat geworden. Mittlerweile zurück in Australien, reist Anthony weiterhin auf der Suche nach Geschichten um die Welt.

Catherine Le Nevez

Catherines Reiselust setzte ein, als sie mit vier Jahren von ihrem Zuhause in Paris aus durch Europa tourte. Seitdem ist sie unterwegs, sobald sich die Gelegenheit bietet, und hat gut 60 Länder bereist. Zwischenzeitlich hat sie einen Doktor im Kreativen Schreiben und einen Master im Professionellen Schreiben gemacht sowie weitere Qualifikationen in Redaktion und Verlagswesen erworben. Über die letzten 15 Jahre hat sie zig Lonely Planet-Reiseführer und Artikel über Paris, Frankreich, Europa und andere Ziele geschrieben und ihre Texte sind in zahlreichen Online- und Printpublikationen erschienen. Catherines wichtigster Reisetipp ist, ohne irgendwelche Erwartungen loszufahren.

Andy Symington

Andy hat an über hundert Büchern und sonstigen Aktualisierungen für Lonely Planet und andere Verlage mitgearbeitet, mit Schwerpunkt auf Europa und Lateinamerika. Zudem hat er in einer Reihe von Zeitungen, Zeitschriften und Onlinepublikationen Artikel zu diversen Themen veröffentlicht. Nebenbei ist er Mitinhaber und Betreiber einer Rockbar, hat einen Roman geschrieben und arbeitet an mehreren Belletristik- und Sachbuchprojekten. Ursprünglich aus Australien, lebt Andy seit vielen Jahren in Nordspanien. Wenn er gerade nicht mit dem Rucksack in irgendwelchen entlegenen Ecken der Welt unterwegs ist, kann man ihn wahrscheinlich beim Zuschauen eines tragisch schlechten örtlichen Fußballspiels oder beim Probieren lokaler Weine nach einer ausgedehnten Wanderung in den nahe gelegen Bergen antreffen.

Nicola Williams

Grenzen zu überqueren gehört für Nicole Williams, britische Autorin, Läuferin, Feinschmeckerin, Kunstliebhaberin und Mutter dreier Kinder zum Lebensstil. Sie lebt seit über zehn Jahren in einem französischen Dorf am Südufer des Genfer Sees. Nicola hat für Lonely Planet an über 50 Reiseführern über Paris, die Provence, Rom, die Toskana, Frankreich, Italien und die Schweiz mitgearbeitet und ist Frankreichexpertin für den *Telegraph*. Sie schreibt auch für *Independent*, *Guardian*, lonelyplanet.com, *Lonely Planet Magazine*, *French Magazine*, *Cool Camping France* und weitere Publikationen. Sie ist auf Twitter und Instagram unter @tripalong zu finden.

Mark Baker

Mark Baker ist freiberuflicher Reiseautor mit einem Hang zu abseitigen Geschichten und vergessenen Orten. Er stammt ursprünglich aus den USA, lebt aber inzwischen in der tschechischen Hauptstadt. Er schreibt für Lonely Planet und andere führende Reiseverlage vorwiegend über Ost- und Mitteleuropa. So richtig Spaß macht es ihm, Geschichten an Orten auszugraben, die für Reiseführer viel zu entlegen oder seltsam sind. Bevor er anfing, als Reisebuchautor zu arbeiten, arbeitete er als Journalist u. a. für *Economist*, Bloomberg News und Radio Free Europe. Mark ist auf Instagram und Twitter unter @markbaker prague zu finden, sein Blog: www.markbaker prague.com.

Oliver Berry

Oliver Berry ist Autor und Fotograf und lebt in Cornwall. Er arbeitet seit über zehn Jahren für Lonely Planet und hat über Reiseziele von Cornwall bis zu den Cook Islands geschrieben. Er ist an über 30 Reiseführern beteiligt, außerdem arbeitet er regelmäßig für diverse Zeitungen und Magazine, darunter den *Lonely Planet Traveller*. Für seine Texte ist er mehrfach ausgezeichnet worden, u. a. mit dem The Guardian Young Travel Writer of the Year und dem TNT Magazine People's Choice Award. Seine jüngsten Arbeiten sind auf www. oliverberry.com zu finden.

Cristian Bonetto

Cristian hat bisher zu über 30 Lonely Planet Reiseführern beigetragen, darunter *New York City*, *Italy*, *Venice & the Veneto*, *Naples & the Amalfi Coast*, *Denmark*, *Copenhagen*, *Sweden* und *Singapore*. Neben der Arbeit für Lonely Planet erscheinen seine Gedanken über Reisen, Gastronomie, Kultur und Design in diversen Publikationen in aller Welt, darunter *Telegraph* und *Corriere del Mezzogiorno*. Wenn er gerade nicht unterwegs ist, kann man den ehemaligen Theater- und Drehbuchautor beim Espresso-Schlürfen in seiner geliebten Heimatstadt Melbourne antreffen. Instagram: @rexcat75.

Kerry Christiani

Kerry ist eine preisgekrönte Reisejournalistin, Fotografin und Lonely Planet-Autorin mit Schwerpunkt auf Mittel- und Südeuropa. Sie lebt in Wales und ist Autorin und Koautorin von über einem Dutzend Lonely Planet-Titeln. Als Abenteuer-Junkie liebt sie Berge, kalte Orte und echte Wildnis. Ihre jüngsten Arbeiten sind unter https://its-a-small-world.com zu finden, sie twittert unter @kerrychristiani.

Belinda Dixon

Belinda, die nur glücklich ist, wenn ihre Füße angemessen sandig sind, reist, recherchiert und schreibt seit 2006 (mit Begeisterung) für Lonely Planet. Dabei ist sie über Bergpässe gekurvt, hat in Hot Pots an den isländischen Westfjorden entspannt, hat Stonehenge bei Sonnenaufgang bewundert, ist italienische Bergpfade hinaufgekraxelt, ist über den goldenen Sand von Donegal geritten, hat Veronas Fresken betrachtet und an Dorsets Jurassic Coast Fossilien gesucht. Belinda produziert außerdem Podcasts, ist Abenteuerautorin und begleitet Wildnisexpeditionen. Sie bloggt unter https://belindadixon.com.

Peter Dragicevich

Nach einer erfolgreichen Karriere in Nischenzeitungs- und -zeitschriftenverlagen in seiner Heimat Neuseeland und in Australien konnte Peter der typisch neuseeländischen Wanderlust nicht länger widerstehen und kündigte seine Jobs, um seine Wurzeln in diversen Teilen Europas zu suchen. In den letzten zehn Jahren hat er Dutzende Reiseführer für Lonely Planet über eine seltsam unzusammenhängende Auswahl an Ländern geschrieben, die er alle lieben gelernt hat. Inzwischen lebt er wieder in Auckland, Neuseeland – obwohl seine derzeitige nomadische Existenz mit sich bringt, dass er häufig anderswo ist.

Steve Fallon

Gebürtig in Boston, Massachusetts, absolvierte Steve an der Georgetown University einen Bachelor of Science in modernen Sprachen. Nachdem er mehrere Jahre für eine amerikanische Tageszeitung gearbeitet und einen Master in Journalismus erworben hatte, führte ihn seine Faszination für das „neue" Asien nach Hongkong, wo er über 12 Jahre lebte, für diverse Medien arbeitete und seinen eigenen Reisebuchladen betrieb. Bevor Steve 1994 nach London zog, lebte er auch noch drei Jahre in Budapest. Er hat über 100 Lonely Planet-Titel geschrieben oder dazu beigetragen. Steve ist qualifizierter London Blue Badge Tourist Guide. Seine Website ist www. steveslondon.com.

Emilie Filou

Emilie ist freiberufliche Journalistin mit Schwerpunkt auf Wirtschafts- und Entwicklungsthemen. Ihr besonderes Interesse gilt Afrika. Gebürtig in Frankreich, lebt Emilie heute in London, von wo aus sie regelmäßig nach Afrika reist. Ihre Arbeiten sind in Publikationen wie *Economist*, *Guardian*, bei der BBC, im *Africa Report* und im *Christian Science Monitor* erschienen. Sie hat zu über 20 Lonely Planet-Reiseführern beigetragen, darunter *France, Provence, London, West Africa, Madagascar* und *Tunisia*. Mehr über Emilie gibt's auf www.emilie filou.com.

Damian Harper

Damian schreibt seit über 20 Jahren für Lonely Planet und hat an so unterschiedlichen Titeln wie China, Vietnam, Thailand, Irland, Mallorca, Malaysia, Hong Kong und Großbritannien mitgearbeitet. Als erfahrener Reiseautor hat Damian auch Artikel für diverse Zeitungen und Zeitschriften verfasst, darunter *Guardian* und *Daily Telegraph*. Er lebt derzeit in Surrey, England und bringt sich gerade selbst das Trompetespielen bei, fotografiert, praktiziert Taekwondo und sammelt moderne Erstauflagen. Mehr auf Instagram: @damian.harper.

Virginia Maxwell

Sie ist zwar in Australien zuhause, aber mindestens die Hälfte des Jahres verbringt Virginia in aller Welt, um Lonely Planet-Titel zu aktualisieren. Ihr Hauptinteresse gilt dem Mittelmeerraum und sie hat an Lonely Planet-Reiseführern über Spanien, Italien, die Türkei, Syrien, den Libanon, Israel, Ägypten, Marokko und Tunesien mitgearbeitet. Virginia schreibt aber auch über Finnland, Bali, Armenien, die Niederlande, die USA und Australien. Auf Instagram und Twitter ist sie unter @maxwellvirginia zu finden.

Christopher Pitts

Geboren im Jahr des Tigers, endete Chris' allererste Expedition mit Misserfolg, als er im Alter von sechs Jahren versuchte, sich von Pennsylvania bis nach China durchzugraben. Von der Realität abgehärtet, aber immer noch unendlich neugierig in Bezug auf die andere Seite der Welt, studierte er Chinesisch und lebte mehrere Jahre in Kunming, Taiwan und Shanghai. Eine Zufallsbegegnung in einem Fahrstuhl führte zu einem Umzug nach Paris, wo er über zehn Jahre mit seiner Frau und seinen zwei Kindern lebte, bevor die Verlockung von Colorados sonnigem Himmel und Outdoorabenteuern sich als zu groß erwies, um ihr widerstehen zu können.

Kevin Raub

In Atlanta geboren, begann Kevin Raub seine Karriere als Musikjournalist in New York, u. a. für das *Men's Journal* und den *Rolling Stone*. Irgendwann gab er den Rock 'n' Roll-Lifestyle für den Reisejournalismus auf und hat inzwischen an über 95 Lonely Planet-Reiseführer mitgeschrieben. Dabei konzentrierte er sich vorwiegend auf Brasilien, Chile, Kolumbien, die USA, Indien, die Karibik und Portugal. Raub schreibt zudem Beiträge für diverse Reisemagazine in den USA und Großbritannien. Unterwegs ist der selbstbekennende Hopfen-Junkie stets auf der Suche nach irrsinnig hohen Bittereinheitswerten in lokalen Bieren. Auf Twitter und Instagram ist er unter @RaubOnTheRoad zu finden.

Brendan Sainsbury

Geboren und aufgewachsen in England in einem Ort, der nie in irgendeinem Reiseführer erwähnt wird (Andover, Hampshire), verbrachte Brendan die Ferien seiner Jugend mit dem Wohnmobil im Lake District. Erst mit 19 verließ er zum ersten Mal sein Heimatland. Seitdem hat er, um verlorene Zeit wettzumachen, 70 Länder in eine manchmal prekäre Existenz als Autor und professioneller Vagabund gequetscht. In den letzten 11 Jahren hat Brendan über 40 Bücher für Lonely Planet geschrieben. Wenn er gerade nicht Recherchenotizen hinkrizzelt, nimmt Brendan gern an seltsamen Ausdauerläufen teil, schrabbelt alte Clash-Songs auf der Gitarre und durchlebt Schmerz und seltene Genugtuungen als Fan des Southampton Football Club.

Andrea Schulte-Peevers

Andrea ist in Deutschland geboren und aufgewachsen und hat in London und Los Angeles studiert. Bei ihren Reisen in gut 75 Länder hat sie die zweifache Entfernung zum Mond zurückgelegt. Sie verdient ihre Brötchen seit über 20 Jahren als Autorin und hat zu knapp 100 Lonely Planet-Titeln beigetragen sowie für Zeitungen, Magazine und Onlinepublikationen in aller Welt geschrieben. Nebenbei arbeitet sie als Reiseberaterin, Übersetzerin und Lektorin. Besonders gut kennt sie sich in Deutschland, den Vereinigten Arabischen Emiraten sowie auf Kreta und den Karibikinseln aus. Sie lebt in Berlin.

Neil Wilson

Neil ist in Schottland geboren und hat die meiste Zeit seines Lebens dort verbracht. Er lebt in Perthshire und ist seit 1988 Vollzeit-Autor. Er hat an über 80 Reiseführern für verschiedene Verlage mitgearbeitet, darunter die Lonely Planet-Titel *Scotland*, *England*, *Ireland* und *Prague*. Schon als Kind war Neil am liebsten draußen unterwegs, er ist aktiver Wanderer, Mountainbiker, Segler, Snowboarder, Kletterer und qualifizierter Guide und Anleiter im Fliegenfischen. Er ist schon auf vier Kontinenten gewandert und geklettert, u. a. auf den Jebel Toubkal in Marokko, den Mount Kinabalu auf Borneo, den Old Man of Hoy auf den schottischen Orkney-Inseln und die Nordwestwand des Half Dome im kalifornischen Yosemite Valley.

Mit Beiträgen von

Kate Armstrong, James Bainbridge, Jade Bremner, Fionn Davenport, Marc Di Duca, Duncan Garwood, Gemma Graham, Paula Hardy, Craig McLachlan, Isabella Noble, John Noble und Simon Richmond